RILKE-KOMMENTAR
ZUM LYRISCHEN WERK

VON AUGUST STAHL

UNTER MITARBEIT VON
WERNER JOST UND
REINER MARX

WINKLER VERLAG MÜNCHEN

INHALT

VORWORT

Die Kommentierung der Lyrik Rilkes ist ein reizvolles und zugleich beunruhigendes Unternehmen: reizvoll im Hinblick auf die Sache und im Hinblick auf die Erfahrung der Komplexität des Rilkeschen Gedichts und seiner vielfältigen Beziehungen zu seinem Entstehungszusammenhang. Beunruhigend ist die Arbeit wegen der wahrscheinlich sehr unterschiedlichen Erwartungen, die trotz aller Einsicht in die notwendige Beschränkung erfüllt sein wollen. Ganz abgesehen einmal von den Rilke-Spezialisten, fragt der Fachmann nach Daten, Fundorten, stofflichen Anlässen, Vorlagen, Anregungen, Quellen und Belegen, nach Eindeutigem, Nachweisbarem und Unbestrittenem (wenn nicht gar nach Unbestreitbarem), der begeisterte Liebhaber, der Schüler, der Student und der Lehrer womöglich auch nach Verstehensanleitungen und Deutungshilfen. Das Problem, auf alles gefaßt sein zu müssen, ohne alles leisten zu können, wurde nicht schematisch, von vornherein und für alle Fälle in gleicher Weise gelöst, sondern für jedes einzelne Gedicht, für jede Zeile und jedes Wort und in Abhängigkeit zur Einschätzung der jeweiligen Textstelle entschieden.

Was die Wort- und Sacherklärungen angeht, so sind die Zweifelsfälle nicht sehr zahlreich. Auf eine Erklärung wurde nur dann verzichtet, wenn das entsprechende Wort (z. B. Hymne) als bekannt angenommen werden konnte und seine Bedeutung leicht in jedem Nachschlagewerk zu ermitteln ist.

Der biographische und entstehungsgeschichtliche Hintergrund wurde durch die chronologische Anlage des Kommentars sozusagen systematisch berücksichtigt und immer gegenwärtig gehalten. Durch die zeitliche Anordnung soll die Berücksichtigung der Lebensdaten, die Lektüre der im zeitlichen Zusammenhang entstandenen Gedichte, Briefe, Tagebuchaufzeichnungen oder Prosaarbeiten nicht nur erleichtert, sondern auch nahegelegt werden. Wo freilich zwischen Werk und Biographie durch einen allzu großen zeitlichen Abstand der Zusammenhang nur mehr sehr schwer zu durchschauen ist oder es sich um nicht leicht zu ermittelnde Daten handelt, wurde selbstverständlich im Kommentar auf das in Frage kommende Faktum besonders hingewiesen.

In vielen Fällen wurde als Anleitung und Erläuterungshilfe auf stofflich, motivlich oder thematisch verwandte Texte aufmerksam gemacht.

Den einzelnen Gedichtzyklen ist jeweils eine Einleitung gewidmet, die sich an den Kommentar zu dem zeitlich frühesten Gedicht des Zyklus anschließt.

Im ganzen will der Kommentar weder Widerspruch noch Kritik ausschließen, sondern einen Beitrag leisten zur lebendigen Auseinandersetzung mit dem Werk Rilkes, und das ebensosehr durch sachliche Informationen wie – gegebenenfalls – durch anregende Deutungsvorschläge.

Die Lyrik Rilkes umfaßt insgesamt mehr als zweieinhalbtausend Einzelstücke, von denen nur die deutschsprachigen Gedichte in den Kommentar aufgenommen wurden. Bei den Gedichten in fremden Sprachen stellen neben einigen Texten in italienischer und russischer Sprache die französischen die Hauptgruppe (rd. 450). Diese wurden, wie gesagt, nicht einzeln in den Kommentar aufgenommen, wohl aber als Gruppe berücksichtigt. Der Überblick über den Gesamtbestand muß auch die zahlreichen Übertragungen Rilkes erwähnen. Unter ihnen sind die Michelangelo- und Valéry-Übertragungen die größte Teilgruppe (s. Bibliographie).

Rein zahlenmäßig hatte Rilke zu Beginn seiner reiferen Produktion (*Der Panther* – K 1106/November 1902) schon mehr als die Hälfte seiner Gedichte geschrieben. Die Numerierung der Gedichte und die chronologische Anlage ermöglichen in dieser Richtung einen guten Einblick.

Etwas mehr als ein Drittel seiner lyrischen Produktion hat Rilke in Sammlungen (bzw. Zyklen) veröffentlicht. Bis zum *Stunden-Buch* ist dieser Anteil höher, beträgt mehr als die Hälfte (480 von 840), in der Zeit danach ist er wesentlich geringer und umfaßt weniger als ein Viertel (250 von 1000). Dieser Umstand verweist auf Rilkes sehr viel kritischer gewordenes Verhältnis zu seinen Produktionen und spiegelt auch das Bedauern darüber, daß er, wie er später meinte, zu früh mit Veröffentlichungen begonnen habe. Für die Zeit der *Neuen Gedichte,* der *Duineser Elegien* und der *Sonette an Orpheus* bedeutet die Aufnahme in den Zyklus auf jeden Fall so etwas wie eine Bewertung der Qualität. Für die Zeit vom Abschluß der NG (1908) bis etwa zum

ersten Muzoter Winter (1922) und dann die Zeit danach ist allerdings festzuhalten, daß dieses Kriterium wegfällt. Viele Gedichte
aus diesen beiden Zeiträumen sind in jedem Sinne als vollendet
anzusehen (auch solche, die in den SW unter den ›Entwürfen‹
zu finden sind), und wenn Gedichte wie *Ausgesetzt auf den Bergen des Herzens* oder *Vorfrühling* in keinem besonderen Gedichtband erschienen sind, so liegt das nicht an ihrer Qualität, sondern
wohl nur daran, daß sich der Textbestand dieser Jahre nicht zu
einem großen Ganzen fügen ließ.

Eine besondere Gruppe stellen die sogenannten Widmungsgedichte
dar. Unter diesem Titel sind in den Sämtlichen Werken (2, 191 ff.)
nahezu 200 Gedichte zusammengefaßt, die Rilke einer Person,
einem Freund, einem Verehrer oder (häufiger) einer Verehrerin,
einem Gastgeber oder Bekannten, als Geschenk, Begleittext zu
einem Geschenk (Widmung in einem Buch) oder als Eintragung
in ein Gästebuch zugedacht hat. Bei diesen Texten ist die Kenntnis der näheren Umstände außerordentlich wichtig für das Verständnis und die Deutung. Gerade für diese Gedichtgruppe sind
die Anmerkungen in den SW von allerhöchstem Wert.

In diesem Zusammenhang ist auch darauf hinzuweisen, daß
natürlich auch für die Datierung der einzelnen Gedichte die Angaben Ernst Zinns in den SW in den allermeisten Fällen die einzige und bis jetzt unverzichtbare Grundlage der Rilke-Philologie
darstellen.

EINLEITUNG

In einem bemerkenswerten Satz hat Ernst Zinn, der Altmeister der Rilkephilologie, die Unsicherheit artikuliert, die früher oder später jeden befällt, der sich mehr als beiläufig mit einem Gedicht Rilkes beschäftigt. Im Hinblick auf die Gedichte *Der Geist Ariel* und *Zu der Zeichnung John Keats im Tode darstellend* schrieb er 1948 (S. 234):

Was man ›voraussetzungslos‹ nennt, sind solche Gedichte nicht. Aber man braucht die ›Voraussetzungen‹ nicht zu kennen (ich meine damit: die vorausgesetzte Anschauung nicht schon, von vornherein, aus Eigenem teilen zu können), um die Gedichte als ›G e d i c h t e‹ in sich aufnehmen zu können.

Die liebenswürdige Nachsicht des Verehrers und die kritische Luzidität des Philologen haben diese Sätze befrachtet mit Gesten, Zusätzen, Einschränkungen und Nachträgen, mit einem In- und Gegeneinander von Pflicht und Neigung, Form und Inhalt, das sich schon vom Schriftbild her aufdrängt. Anführungsstriche, Klammern, Sperrdruck und differenzierte Interpunktion bilden die anschauliche Entsprechung zu der beruhigenden Bedenklichkeit und der zweifelnden Zuversicht des Meisters, der, als er diesen Satz formulierte, wußte, was es mit dem *Geist Ariel* auf sich hat und wer *John Keats* ist und um welche *Zeichnung* es sich handelt. Der Satz steht in einem Vortrag, den Ernst Zinn vor einem interessierten, aber nicht spezialisierten Publikum gehalten hat, und es ist zu vermuten, daß er den eigenen Vorsprung an Informationen wohl ebenso sehr um seiner Hörer willen wie aus Freude an den Texten selbst gern gering geachtet hätte, trotz der Zweifel.

Nun ist freilich die zögernd vorgebrachte Verheißung Zinns nicht nur aus der konkreten Redesituation erklärlich, sondern trifft auch den Kern der Lyrik Rilkes, soweit jedenfalls die Wirkung auf den Leser oder Hörer in Frage steht.

Einer der auffallendsten Züge der Rilkeschen Lyrik ist nämlich ihre gewinnende, um nicht zu sagen verführerische Melodik. Als ›G e d i c h t e aufnehmen‹ kann man Rilkes Versfolgen auch dann, wenn man nicht einmal ahnt, worum es stofflich, motivlich oder thematisch in ihnen eigentlich geht. Ja, es ist häufig so, daß der Wohlklang und Klangzauber seiner Verse geradezu als vollgültiger Ersatz für die dunkel bleibende Botschaft, wenn nicht gar als eigentliches Ziel der Aussage gelten kann. So wie die Kunst und das Dichten in seiner Lebensführung und seinem Weltbild die im letzten immer maßgeblichen Größen waren, das gelingende Gedicht nach seinem eigenen Geständnis ihm wirklicher war als jede *Beziehung oder Zuneigung* (Br. a. Lou vom 8. 8. 1903), so sind viele seiner Gedichte als Klangereignisse unabhängig von dem in ihnen mitschwingenden Sinngefüge erfahrbar. Die Kantabilität und Melodik des Rilkeschen Verses beseitigen bei seinem Publikum in der Regel den Widerstand gegen offen bleibende Details der Botschaft und vermitteln die Erfahrung einer Übereinstimmung, die Verstehensprobleme meist, falls sie überhaupt aufkommen, sehr stark zurückdrängt. Nur so ist es zu erklären, daß diese Dichtung auch heute noch – und ziemlich unabhängig von den verschiedendsten Lagern der Deutung – begeisterte Anhängerschaft findet und daß mancher dem Zauber seiner Worte erliegt, der sich gegen seine ›Botschaft‹ zur Wehr setzen möchte.

Die Praxis der wohllautenden Diktion ist keine Eigentümlichkeit irgendeiner bestimmten Phase seines Schaffens, sondern läßt sich durch alle Werkstufen hindurch beobachten. Von den mehr oder weniger beiläufigen und vorläufigen Produktionen der Frühzeit bis in die reifsten Leistungen des späten Rilke ist die Vorliebe für den Reim, die Assonanzen und Alliterationen, kurz, das Bestreben, die Gedichte lautlich zu dekorieren, zu verfolgen.

Ein Adelshaus

Das Adelshaus mit seiner breiten Rampe:
wie schön will mir sein grauer Glast erscheinen.
Der Gangsteig mit den schlechten Pflastersteinen
und dort, am Eck, die trübe fette Lampe.

Auf einer Fensterbrüstung nickt ein Tauber,
als wollt er durch den Stoff des Vorhangs gucken;
und Schwalben wohnen in des Torgangs Lucken:
das nenn ich Stimmung, ja, das nenn ich Zauber. (SW 1, 10)

Der doppelte Endreim (Glast erscheinen – Pflastersteinen // Vorhangs gucken – Torgangs Lucken) wird in diesem Text von

1895 in seiner Wirkung dadurch noch betont, daß die reim-
tragenden Wörter mit vorhergehenden bzw. nachfolgenden
assonieren und alliterieren. So klingt das im Reim erscheinende
a in der ersten Strophe ebenso an wie das ei, und in der zweiten Strophe assoniert vor allem das o.

Neben der Alliteration *grauer Glast* wirken in der ersten
Strophe die l-Verbindungen: *Glast/schlechten Pflastersteinen.*
Auch in den weniger auffälligen Zonen dieses Klanggefüges
gibt es eine Fülle von klanglichen Entsprechungen. In den Zeilen 4/5 fallen die t-Laute auf (*dort, trübe, fette, nicht, Tauber*)
und in 6/7 die w-Kombinationen (*wollt, Schwalben, wohnen*).

In der Folgezeit verwendet Rilke die klanglichen Mittel zwar
etwas dezenter, weniger aufdringlich als in diesem Beispiel,
ohne aber je darauf zu verzichten. Im *Stunden-Buch* schon
verfügt er über eine Meisterschaft, die Tonalität ohne Gewaltsamkeit zu gestalten vermag:

> Dich wundert nicht des Sturmes Wucht, –
> du hast ihn wachsen sehn; –
> die Bäume flüchten. Ihre Flucht
> schafft schreitende Alleen.
>
> Da weißt du, der vor dem sie fliehn
> ist der, zu dem du gehst,
> und deine Sinne singen ihn,
> wenn du am Fenster stehst. (SW 1, 305)

Vergleicht man dieses *Stunden-Buch*-Gedicht vom September
1901 mit einem späten Gedicht, z. B. mit dem Gedicht *Die
Frucht* (SW 2, 148) vom Januar 1924, so wird man gerade in
diesem Punkte große Ähnlichkeit feststellen können:

> Das stieg zu ihr aus Erde, stieg und stieg,
> und war verschwiegen in dem stillen Stamme
> und wurde in der klaren Blüte Flamme,
> bis es sich wiederum verschwieg.

Die Wortwiederholungen, die Alliterationen, ie-Assonanzen,
die Folge von l-Verbindungen und die Reime schließlich machen aus diesem Text ein jedes Teil einbeziehendes und einord-
nendes orchestriertes Klanggefüge.

Auch in den *Duineser Elegien* und den *Sonetten an Orpheus*
hat Rilke das Klangliche bewußt und gezielt eingesetzt. In den
reimlosen Elegien finden sich gerade an entscheidenden Stellen
des Preisens und Rühmens zahlreiche Assonanzen, Alliteratio-

nen, Reihungen und Parallelismen, die die Kantabilität seiner
Verse wirkungsmächtig steigern. So etwa in der zweiten Strophe
der Zweiten Elegie, die die Vollkommenheit der Engel feiert:

> Frühe Geglückte, ihr Verwöhnten der Schöpfung,
> Höhenzüge, morgenrötliche Grate
> aller Erschaffung, – Pollen der blühenden Gottheit,
> Gelenke des Lichtes, Gänge, Treppen, Throne,
> Räume aus Wesen, Schilde aus Wonne, Tumulte
> stürmisch entzückten Gefühls und plötzlich, einzeln,
> S p i e g e l : die die entströmte eigene Schönheit
> wiederschöpfen zurück in das eigene Antlitz.

In eben diesem Sinne, nämlich der Steigerung der klanglichen
Erlesenheit des Textes, sind im Werk Rilkes insbesondere die
konjunktivischen Verbformen eingesetzt:

> Daß mich Eines ganz ergreifen möge.
> Schauernd berg ich meine Stirn,
> denn ich weiß: die Liebe überwöge. (SW 2, 80)

Ob sie wie hier im Reim oder ob sie sonst im Innern des Verses
stehen – die subtilen Konjunktivformen akzentuieren immer
die lautliche Qualität, und das zwar nicht gerade auf Kosten
der Deutlichkeit der dichterischen Botschaft, wohl aber auf
Kosten ihrer Verbindlichkeit und Bewertbarkeit. Immer dann,
wenn Rilke Stellung nimmt zu Fragen der Moral, des Glaubens
oder der Lebensführung, muß man zwischen seiner theoretischen und seiner praktischen Antwort unterscheiden. Theore-
tisch neigt er dazu, dem recht zu geben, was er das ›Leben‹
nennt, praktisch aber hat er sich immer für das andere, für die
Kunst, entschieden. Seine Äußerungen, so vorsichtig und
schwankend sie auch gehalten sind, durch so viele vielleicht,
fast, beinahe oder kaum sie auch inhaltlich in der Schwebe bleiben, die Gestalt des Werkes wird dadurch nie beeinträchtigt.
Die außerordentliche Musikalität der Rilkeschen Lyrik hat
aber die Forschung nicht davon abgehalten, die große Leistung
dieses Mannes in seinen Gedanken und Programmen zu suchen.
Dabei führt seine Forderung nach Verwandlung in Worte notwendigerweise zu einer ungewöhnlichen Kultur der Form. Die
Bemühung um formale Abrundung ist in seinem Opus nicht
nur Schmuck, keine beiläufige Zutat und kein bloßes Super-
additum. Der Glanz der Form ist bei Rilke kein, wie man im
17. Jahrhundert sagte, Zucker um die Pillen, sondern schon im

tiefsten Sinne die Sache selber. Eine Dichtung, die das Kunstwerk als eine sich selbst genügende, *mit sich selbst beschäftigte*
(Br. a. eine junge Frau v. 2. 8. 19) Leistung begreift, muß na-
turgemäß so strukturiert sein, daß es seine Verheißungen in
sich selbst erreicht, nicht erst in einem Vollzug, in einer Haltung oder Handlung, die außerhalb seiner anzusiedeln wäre.
In sich vollendet aber ist das Rilkesche Gedicht vor allem
durch seine unmittelbar im Lesen sich verwirklichende Klanggestalt. Sie ist als schöner Zauber, als *gekrönte Luft* (SW 2,
129) die Gegenwärtigkeit dessen, wovon das Gedicht spricht.
Darin ist sie der Musik vergleichbar, von der Rilke einmal ge-
dichtet hat:

> Ach, du auch weißt am Ende nur zu rühmen,
> gekrönte Luft, was du uns schön versagst. (SW 2, 129)

Der ästhetische Reiz der Form ist mit anderen Worten der
Ausgleich für die (im Grenzfalle) leerbleibende Botschaft oder
die offen, nur hypothetisch, fragend oder gar verneint formulierte Verheißung des Rilkeschen Gedichtes.
Aus diesem Grunde sind Musik, Gesang und Leier so häufig
gebrauchte Metaphern für die Dichtung und ist der *singende
Gott* Orpheus eine ihrer zentralen Gestalten.

> O Orpheus singt! O hoher Baum im Ohr!

In einer Zeile wie dieser ist das überwältigende Glücksgefühl
des Dichters zu Beginn der großen Schaffensperiode im Februar 1922 jenseits des Inhaltes, aber in voller Harmonie mit
ihm spürbar, allein schon durch die intensive Wirkung der
o-Assonanzen als bare Begeisterung für die Musik der Worte.
Die Tendenz, das Gedicht auf diese Weise zur sich selbst genügenden Gestalt zu formen, hat Rilke bis zur äußersten Grenze
der Entpflichtung von jeder Semantik programmatisch gut-
geheißen:

> In Wahrheit singen ist ein andrer Hauch.
> Ein Hauch um nichts. Ein Wehn im Gott. Ein Wind.

Nun ließe sich freilich leicht nachweisen, daß die Faszination
für die lautliche Wirkung der Sprache, ihre Melodik und
Rhythmik, eine traditionell lyrische Leistung ist. Wer aber
Rilke mit dem Hinweis auf die von ihm verwendeten sprach-
lichen Mittel zur Vor-Moderne rechnen will (Demetz 1965,
S. 7) und etwa Paul Celan gegen ihn ausspielen möchte, gerät

in die Gefahr schlimmer Vereinfachung. Natürlich beachtet
Rilke bis in sein letztes Gedicht die Regeln der Syntax, ist genau in der Interpunktion, verwendet immer noch Wie-Vergleiche und hält immer noch viel vom Reim, ist auch im Vers-
technischen und Strophischen bis auf überschaubare Ausnahmen (die gar nicht überbewertet werden sollen) traditionell.
Rilkes Anhänglichkeit an tradierte Mittel der lyrischen Diktion
wird ergänzt durch seinen schonenden Umgang mit der Welt
der Erscheinungen. Rilke hat sich eher als Bewahrer der sinnlichen Außenwelt gefühlt denn als einer, der ihr Erscheinungs-
bild zu revolutionieren hätte. Er hat zwar eine eigenwillige
Auswahl getroffen, hat sehr eigenwillig gedeutet und von seinen Ausdrucksbedürfnissen her gestaltet, aber er hat sich
grundsätzlich an die vorgegebene Ordnung gehalten. Soweit
seine Kreativität verwandelnd mit der dinglichen Welt um-
geht, tut sie dies ohne Gewaltsamkeit und ohne den Willen der
Destruktion. Die Plastizität des ›wiederspiegelnden‹ Ding-
gedichts (Demetz) haben manche getadelt, andere, wie etwa
Käte Hamburger, haben die ›auf die Sache ... gerichtete
Aussage‹ (1976 S. 18) gelobt. Die unterschiedliche Einschätzung gründet in je unterschiedlichen Erwartungen, die die Ur-
teilenden an die Dichtungen Rilkes herantragen. Um den formalen wie den inhaltlichen Mitteln, der Sprache wie der Bildlichkeit Rilkes gerecht zu werden, müßten sie von ihrer Funktion her eingesehen werden. Sie müßten begriffen werden als
Ausdruck einer innerweltlichen Feier des Wirklichen, als Ausdruck einer neuen Weihe der Welt, als Zeichen auch eines
Künstlers, dem das eigene Tun zur Rechtfertigung der eigenen
Existenz wurde.
Die entschiedene Formkunst Rilkes steht nicht im Widerspruch
zu seiner lebenslangen Bemühung um die Wirklichkeit. Gerade
der, so scheint es, im Grenzfalle für die Kunst votierende
Rilke (*und das einzige, das mich selbst verschöbe, ist der Schritt
der Tänzerin.* SW 2, 138) hat sich programmatisch und auf
verschiedenen Werkstufen, vor allem aber seit seiner Pariser
Zeit als der Dichter des *Seienden,* des *Wirklichen,* der *beweg-
ten, lebendigen Welt* (Br. a. Lou A.–S. v. 8. 8. 1903) verstanden. Das Seiende, das *gilt,* wollte er absichtslos anschauen und
gestalten. Käte Hamburger hat ihn daher als einen phänome-
nologisch arbeitenden Künstler im Sinne der Philosophie Hus-
serls gedeutet und sie bescheinigt schon dem Gedichtband *Mir*

zur Feier einen ›auf die Sache, das Phänomen gerichteten dichterischen Aussage- oder Beschreibungswillen‹ (1976 S. 13). Die Welthaltigkeit der Rilkeschen Dichtung ist freilich niemals, zu keiner Zeit und auf keiner Werkstufe außer vielleicht in einigen Gedichten des späten Rilke nach Abschluß der *Duineser Elegien* ohne Spannungen und Widersprüche, wie denn schon das, was ihm das Seiende im einzelnen war, nicht problemlos ist. Aber im Kern und in der Hauptrichtung wird sein erstes Anliegen Zustimmung erwarten können. Das, worum es Rilke schließlich in seiner Kunst ging, das Ziel, zu dem er sich durch alle Wandlungen seiner Sprache, durch Krisen und Enttäuschungen schließlich durchrang, ist die Rechtfertigung des Daseins, ja, die Verherrlichung und der Preis des Lebens. Mit Recht hat Angelloz den Satz *Hiersein ist herrlich* aus der *Siebenten Elegie* einen legendären Satz genannt (1955 S. 340). Legendär ist dieser Satz in der Tat geworden, weil er als die offenbarste Formulierung der Grundausrichtung des Rilkeschen Werkes aufgefaßt werden konnte. *Das Leben ist eine Herrlichkeit* soll der bereits todkranke Dichter zu Nanny Wunderly-Volkart gesagt haben.

Die Verteidigung und Rühmung des Daseins hat Rilke nicht ohne die Berücksichtigung der Einwände und nicht mit einem leichtfertig beruhigten Bewußtsein verantworten wollen. Die Preisung wollte er immer trotzdem, dennoch und im Wissen um das, was sie erschwert:

> Zwischen den Hämmern besteht
> unser Herz, wie die Zunge
> zwischen den Zähnen, die doch,
> dennoch die preisende bleibt. (IX.DE)

Es wäre möglich und ist auch häufig versucht worden, die Geschichte der Rilkeschen Lyrik als den Weg zu dieser Bejahung des *Hiesigen* zu deuten und die Aspekte seiner Dichtung als Modi, ihre Schwächen und Vertracktheiten sogar als Mittel zu diesem Zweck auszulegen. Der frühe Rilke mit seiner Vorliebe für erbauliche Bilder und erhebende Visionen, mit seiner Nachgiebigkeit gegenüber arkadischen Einfällen und seiner Sympathie für edle Stoffe, utopische Traumlandschaften und den schönen Schein wählte den später oft bereuten Weg der Beschönigung. Die Gedichtsammlungen von *Leben und Lieder* bis *Mir zur Feier* sind weitgehend geprägt von einem

Wortfeld, zu dem Begriffe gehören wie *Pracht* und *Glanz,* Adjektive wie *prächtig* und *prunkend,* Verben wie *prangen, prahlen, glänzen, leuchten* und *schimmern.* Die dekorative Kulisse dieser frühen Produkte, die *so reich sind an Zauber und an Poesie* (3, 59), ist mit Samt und Seite drapiert, mit Gold und Silber überzogen. Da haben die Schiffe *silberne Kiele,* und wenn sie schon landen, dann nur an *Blütengestaden* (1, 136).

Die wirklichkeitsferne Märchen- und Traumwelt seiner frühen Gedichte mit ihrer freischwebenden und nur einer gefühligen Stimmung folgenden Phantasie hat Rilke spätestens seit seinem ersten Parisaufenthalt aufgegeben zugunsten einer sich an der dinglichen Außenwelt orientierenden genauen Diktion. Im Umgang mit Rodin und den Werken Cézannes und van Goghs entwickelte er ein Programm des *sachlichen Sagens* und ein Ethos des Arbeitens vor der Natur, dem wir die sogenannten Dinggedichte verdanken. In den Jahren bis etwa zum Abschluß der *Neuen Gedichte,* der beiden großen *Requien* und der *Aufzeichnungen des Malte Laurids Brigge* hat sich Rilke bewußt der sinnlichen Außenwelt zugewandt, dem, was er im *Stunden-Buch* das *Irdische* (SW 1, 330) nennt und später das *Hiesige* nennen wird. Meistens aber spricht er in den Jahren nach seinem ersten Parisaufenthalt von den *Dingen,* wenn er das Objektive, das Vorgefundene, Sachliche und die Welt der Erscheinungen meint:

Nur die Dinge reden zu mir. Rodins Dinge, die Dinge an den gothischen Kathedralen, die antikischen Dinge, – alle Dinge, die vollkommene Dinge sind. Sie wiesen mich auf die Vorbilder hin; auf die bewegte lebendige Welt, einfach und ohne Deutung gesehen als Anlaß zu Dingen. Ich fange an, Neues zu sehen: schon sind mir Blumen so unendlich viel und aus Thieren kamen mir Anregungen seltsamer Art. Und auch Menschen erfahre ich schon manchmal so, Hände leben irgendwo, Munde reden, und ich schaue alles ruhiger und mit größerer Gerechtigkeit (Br. a. Lou A.-S. v. 8. 8. 1903).

Aus der Sicht der schwärmerischen Innerlichkeit des Frühwerkes erforderte dieses auf die Phänomene gerichtete Programm eine gewaltige Umstellung. Die Umorientierung von der neuromantischen Seelen- und Stimmungsmalerei weg hin zur dinglichen Außenwelt beschrieb Rilke stets als einen Akt der Entsagung und des demütigen Dienstes an der Wirklichkeit:

Im Blicke noch der Kindheit Angst und Blau
und Demut da und dort, nicht eines Knechtes
doch eines Dienenden und einer Frau. (NG SW 1, 522)

Das zentrale Organ dieser neuen Ästhetik wird das Auge, und
das absichtslose Schauen wird zur einzigen Tugend des Künstlers erhoben.

Und so wie Früchte sahst du auch die Fraun
und sahst die Kinder so, von innen her
getrieben in die Formen ihres Daseins.
Und sahst dich selbst zuletzt wie eine Frucht,
nahmst dich heraus aus deinen Kleidern, trugst
dich vor den Spiegel, ließest dich hinein
bis auf dein Schauen; das blieb davor
und sagte nicht: das bin ich; nein: dies ist.
So ohne Neugier war zuletzt dein Schaun
und so besitzlos, von so wahrer Armut,
daß es dich selbst nicht mehr begehrte: heilig. (SW 1, 649)

In den etwa gleichzeitig mit den *Neuen Gedichten* entstehenden *Aufzeichnungen des MLB* ist daher nicht zufällig das Verbum sehen das am weitaus häufigsten gebrauchte Zeitwort.
Die programmatische Selbsterziehung zeigt sich auch in der
Wahl ganz bestimmter Stoffe. Das Häßliche, das Verwerfliche
und das Abstoßende findet im Rahmen der *harten Sachlichkeit* (Br. v. 19. 8. 09) ebenso seinen Platz wie das Schöne und
das Erhabene. Die Spannweite der Stoffe reicht daher vom
König von Münster (SW 1, 573) bis zum *Frühen Apollo* (SW 1,
481). Nach dem Abschluß der *Neuen Gedichte* und der Vollendung des Malte-Romans beginnt Rilkes dritte Phase in der
Auseinandersetzung mit der Wirklichkeit. Nach gefühlshafter
Verbrämung und nach sachlicher Einübung und genauer Beobachtung folgt die Phase der Feier, die Dichtung des Rühmens.
Die Entstehungsgeschichte der als das anspruchsvollste Werk
geltenden Elegien zeigt, daß der Übergang von der Sachlichkeit zur Preisung, von der Beschreibung zur Hymne nicht ohne
Spannungen und Rückschläge sich vollzog. Genau 10 Jahre
brauchte Rilke, bis ihm die Zustimmung zur Wirklichkeit gelang. Das Ziel, das er schon 1912 mit den ersten Versen der
X.DE formulierte:

Daß ich dereinst, an dem Ausgang der grimmigen Einsicht,
Jubel und Ruhm aufsinge zustimmenden Engeln.

dieses Ziel läßt sich vom Ansatz her schon in den frühesten
Zeugnissen Rilkes erkennen und ist schon eindeutig und entschieden belegbar in der hymnischen Seligpreisung der Armen des
Stunden-Buches. Der Weg seiner Lyrik ist insoweit gradlinig
und ohne Sprünge. Das erklärte Anliegen seiner künstlerischen
Bemühungen wurde die Preisung der Welt, das *Erde, du Liebe,
ich will* der IX. Elegie aber erst nach errungener Meisterschaft
im genauen und sachlichen Sagen.
Die Bejahung der Welt und des menschlichen Daseins ist eine
besondere Leistung vor allem aus historischer Sicht. Nichts Ge-
ringeres nämlich ist der Inhalt dieses Anspruchs als der Wille
zur Überwindung der pessimistischen und nihilistischen Posi-
tionen, die etwa seit der Mitte des 19. Jahrhunderts sich verstärkt zu Worte meldeten. Die lebensfeindliche Philosophie
Schopenhauers und die Untergangsvisionen der Kulturkritiker
in der Nachfolge Rousseaus, die Veränderungen der Lebens-
formen durch die Industrialisierung und Urbanisierung seit
dem ausgehenden 19. Jh. wirkten sich verstärkt aus, weil die
meisten Zeitgenossen Nietzsches ohne den Jenseitstrost des
Christentums auskommen mußten oder wollten. Das ›ratlose
Antlitz‹ (Paul Böckmann) der Moderne, das sich in Werken
wie etwa dem Kafkas oder Trakls Ausdruck verschaffte, gründet in dem Verlust einer umfassenden und positiven, d. h. sinn-
stiftenden Deutung der Welt, wie sie das Christentum vermittelt
hatte. In dem gleichen Jahr, in dem Rilke seine Elegien begann, schrieb Gottfried Benn seinen Morgue-Zyklus, in dem
er polemisch-aggressiv das christliche Menschenbild mit Spott
und Hohn dem Ruin übergab. Der Sehnsucht nach Erneuerung
und Erhebung stehen im expressionistischen Jahrzehnt Verzweiflung und ›Verlust der Sicherheit‹ (Sokel) gegenüber. In
dieser Zeit des Suchens und der Verzweiflung, des Bedürfnisses
nach einer Neuorientierung und der Orientierungslosigkeit
hat Rilkes Bekenntnis zur Welt seine Bedeutung. Sein legen-
därer Satz *Hiersein ist herrlich* ist in dieser Epoche des Nihi-
lismus, der Untergangsängste und der Skepsis – Anschauungen,
die natürlich auch im Werk Rilkes ihre stofflichen, motivlichen
und thematischen Spuren hinterlassen haben – ein wertsetzen-
der Akt. Mit ihm reiht sich Rilke ein in eine Tradition, die
sich weithin mit dem Begriff der Renaissance verbindet. Schon
im *Florenzer Tagebuch*, auf dessen Bedeutung Eudo C. Mason
immer wieder hingewiesen hat, zeichnet Rilke ein Bild dieser

Epoche, das geprägt ist vom Bekenntnis zu Lust und Freude. So charakterisiert er beispielsweise die Kunst des Benozzo Gozzoli, eines Malers aus dem 15. Jahrhundert:

Und es ist seltsam, daß gerade Benozzo Gozzoli der freiste und fröhlichste Verkünder der irdischen Freudigkeit werden sollte. Auf dem Campo santo von Pisa hat er glänzende Beweise seiner Gesinnung, seines Könnens und seines inneren Reichtums hinterlassen; die eine Längswand ist fast ganz mit seinen Fresken geschmückt, und es ist bewundernswert, wie trefflich er den knappen biblischen Stoffen Herrlichkeit und Menschlichkeit abgewann und die Mauern eines Kirchhofs in unbedenklicher Sorglosigkeit mit lauter Triumphen des Lebens überdeckte, als wollte er dem, der hier unbeschränkter Gebieter ist, die Herrschaft verleiden und streitig machen. (TF S. 104)

Der gleiche Grundton spricht aus dem ein Vierteljahrhundert später entstandenen *Brief des jungen Arbeiters:*

Christus mochte recht haben, wenn er, in einer von abgestandenen und entlaubten Göttern erfüllten Zeit, schlecht vom Irdischen sprach, obwohl es (ich kann es nicht anders denken) auf eine Kränkung Gottes hinauskommt, in dem uns hier Gewährten und Zugestandenen nicht ein, wenn wir es nur genau gebrauchen, vollkommen, bis an den Rand unserer Sinne uns Beglückendes zu sehen! D e r r e c h t e G e b r a u c h , d a s i s t s. Das Hiesige recht in die Hand nehmen, herzlich liebevoll, erstaunend, als unser, vorläufig, Einziges: das ist zugleich, es gewöhnlich zu sagen, die große Gebrauchsanweisung Gottes, d i e meinte der heilige Franz von Assisi aufzuschreiben in seinem Lied an die Sonne, die ihm im Sterben herrlicher war als das Kreuz, das ja nur dazu da stand, in die Sonne zu weisen. (SW 6, 1115)

Die angeführten Texte belegen, daß Rilke seine Botschaft von der Herrlichkeit des Lebens nicht nur gegen, sondern auch in enger Anlehnung an die christliche Weltdeutung formuliert hat. Je mehr man sich mit seinem Werk einläßt, um so offenbarer wird Rilkes tiefe Verbundenheit mit dem Christentum. Die ihm nachgesagte ›rabiate Antichristlichkeit‹ (Mason) ist nur ein Zug seines Werkes und seiner Auseinandersetzung, wenn auch – je nach Auslegung und Deutung der Dichtung und des Christentums – ein natürlich sehr wesentlicher Zug. Selbst aber dann, wenn man sein Verhältnis zur christlichen Heilslehre hauptsächlich in der polemischen Distanzierung sehen will, bleibt das Christliche eine nicht zu übersehende Energiequelle seines Dichtens wie seines Denkens. Allein solche

Lieblingsvokabeln Rilkes wie *Hiersein,* das *Irdische* oder das *Hiesige* sind Entsprechungen zum christlichen Jenseitsglauben. Ganz abgesehen einmal von der dem Gebet verwandten Sprache des *Stunden-Buchs* und den zahlreichen biblischen, alt- wie neutestamentlichen Stoffen, die er in seinen Gedichten verarbeitet, hat er sich gerade in seinen späteren Schaffensperioden 1912 und 1922 sehr intensiv mit christlichen Glaubensinhalten befaßt. Das *Marien-Leben* von 1912 und der *Brief des jungen Arbeiters* von 1922 sind eindringliche Zeugnisse der innigen Beziehung.

Die ›katholisierende Frömmigkeit‹ (Werner Marholz) des *Marien-Lebens* hat ein sonst sehr überzeugender Rilke-Kenner wie Mason in ihrer Bedeutung allzusehr heruntergespielt. Für sein Urteil über dieses ›verhältnismäßig unbedeutende, kleine‹ Werk hätte er sich auf Rilke selbst berufen können. In einem Brief vom Drei-Königs-Tage 1922 an die Gräfin Sizzo distanzierte er sich auf sehr subtile Weise von diesem Opus. Er wolle, so schrieb er damals, dieses *kleine Buch nur sehr nebenbei zu* seinen *Produktionen* rechnen, und es sei auch nur *äußerlich veranlaßt* und stamme zudem in *vielen Details und der Anordnung nicht aus* seiner *Erfindung.* In seiner Identifikationsangst geht er sogar so weit, nur noch sehr ungenaue Kenntnis des Zyklus anzudeuten *(ich glaube/wenn ich nicht irre).* Alle Einwände, die er anführt, könnten ebensogut auf die meisten seiner anderen Gedichte angewendet werden, und seine Erinnerung ist in allen Punkten, die das *Marien-Leben* betreffen, genau und präzis.

Die Gedichte sprechen denn auch eine andere Sprache und geben eher Werner Marholz recht als Eudo C. Mason. Stücke wie *Die Darstellung Mariae im Tempel, Mariae Heimsuchung* oder *Geburt Christi* sind so frei von jeder Distanzierung oder Ironie, sind von so echter Ergriffenheit, daß Rilkes Bemühen im Brief an die Gräfin Sizzo geradezu als dialektisch bedingte Empfindlichkeit verstanden werden muß. Weil ihm die heilsgeschichtlichen Ereignisse nahegingen, vielleicht näher, als ihm lieb war, deshalb versuchte er, sich von ihnen öffentlich, entschieden und so pathetisch loszusagen. Daß eine solche Auslegung nicht ganz irrig ist, bestätigt übrigens Rilkes Anhänglichkeit an bestimmte katholische Formen der Frömmigkeit und der Heiligenverehrung. An seine Besuche der Santa Maria a Cetrella (S. K 1275), der kleinen verschlossenen Kirche

auf Capri, wäre hier zu denken, an die Osterfeier in Rußland
oder auch an seine teils leicht ironische, teils teilnehmungsvolle
Beschreibung der Weihnachtsfeier des ersten Muzoter Winters.
Ausführlich schildert er die *recht-liebe kindliche, etwas kin-
dische Freude* seiner reich beschenkten Haushälterin Frieda.
Dann heißt es weiter in dem Brief an Nanny Wunderly-Volkart
vom 26. 12. 1922:

... sie war ganz zitternd vor Erregtheit, und es war schön für sie,
daß diesem Gefühl ein Ausweg bereitet war, dadurch, daß sie dann
in unser kleines Kapellchen hinaufstieg, das, der walliser Tradition
entsprechend, hell erleuchtet blieb die ganze Christnacht. Alle diese
Kapellchen stehen so strahlend im Schnee in der Weihnacht, so war
das immer hier, und wir freuten uns, der Überlieferung recht zu geben, indem wirs noch ein wenig heller werden ließen, als die Bauern
es erleuchtet hätten. Ich hatte schon um fünf eine Vase mit Christ-
rosen hinaufgetragen auf den Altar, dann um acht hatte Frieda die
Altarkerzen angezündet, nachdem schon vorher jemand, auf uns
unerforschliche Weise hineinlangend, (denn die Kapelle war verschlossen, und der einzige Schlüssel ist in unserer Verwahrung!) ein
Kerzlein auf die Stufen des Altars gestellt hatte. Dorthin stellten
wir dann um elf, ..., auch die übrigen Lichter, und das sah lieb
aus, dieses tiefe wie aus einer Krippe gegen den hohen Altar zu,
hinauf strahlende Scheinen!

Der Ton dieser Briefstelle ist keineswegs einmalig. Wenn er in
einem Weihnachtsbrief an die Mutter im darauffolgenden
Jahre die weihnachtliche Vorfreude des Kindes vergleichsweise
heranzieht, um die Grundgedanken seiner beiden *neuen Bücher*
zu erklären, so ist das mehr als bloß ein Eingehen auf die Er-
fahrungswelt der Adressatin, sondern gleichzeitig auch Berufung auf Eigenes.
Wesentliche Fragestellungen seines Werkes sind in ihrem Ge-
wicht nur vom Christentum her zu verstehen. Daß er dabei die
Akzente vom Jenseits auf das Diesseits verschob, den Begriff der
Sünde ablehnte und für eine Aufwertung des *Hiesigen* warb
und eintrat für *Lust und Vertrauen* (SW 6, 1114) zur Welt
und daß er in diesem Vorhaben auch die polemische Auseinandersetzung nicht scheute, ist offensichtlich. Aber die Leidenschaftlichkeit, mit der er die *hiesigen Entzückungen* verkün-
den und rühmen wollte, verraten eine Befangenheit gegenüber
der Jenseitsverheißung des Christentums, die er niemals ablegte.
Franz Josef Brecht (1949 S. 37) konnte daher mit einigem

Recht die These vertreten, daß Rilke in den Elegien das soge-
nannte Jenseits mit seinem Duft und Zauber nur ins Diesseits
herübergezogen habe: ›Die Transzendenz ist in die Immanenz
hineingenommen, aber so, daß die Immanenz in ihrer vollen
Härte bestehen bleibt und dennoch zugleich die transzenden-
tale Qualität bewahrt; das Jenseitige wird im Diesseits beheima-
tet, aber so, daß dieses nicht Stufe und Brücke zum Jenseitigen
wird, sondern in der Tat selber den Duft und Zauber des Ganz-
Anderen enthält.‹

Großes hat Rilke geleistet, um im Sinne seines Bekenntnisses für
die Wirklichkeit zu werben oder sie doch wenigstens zu zeigen
in ihrer Besonderheit. Er hat sein Gedicht außerordentlich emp-
findlich gemacht für die zartesten Nuancen der dinglichen
Erscheinungswelt. Seine für die differenziertesten Schattie-
rungen empfängliche Beobachtungsgabe, geschult im Umgang
mit bildenden Künstlern und Werken der Malerei, hat ihn zu
einer bis dahin nicht gekannten delikaten Sehensweise und
Darstellungskunst befähigt. Er wurde schließlich zu einem
Künstler der Nuancen, der Übergänge, der minimalsten Veränderungen und der ephemersten Effekte. Mit unerhörter Aufmerksamkeit gestaltete er immer wieder gerade solche Erscheinungen, die dem ungeübten Beobachter entgehen müssen. Der
häufige Gebrauch von Wörtern wie »fast«, »kaum« oder »ungenau« sind die Stützen seiner um die geringste Differenz be-
mühten Beschreibungen. *Deutliche, preisgekrönte, unanfechtbare Schönheit,* so schrieb er einmal an Lou A.-S. aus Capri
(11.12.1906), *mache ihn recht traurig.* Schon im Mai 1904
hieß es in einem Brief:

Wie dem auch sei – jedenfalls haben nördlichere und ernstere Länder meine Sinne seither zu Leisem und Einfachem erzogen, so daß
sie jetzt das Grelle und Starke, Schematische und Unabgewandelte
italienischer Dinge wie einen Rückfall in den Bilderbogenunterricht
empfinden.

So bemüht er sich in dem Gedicht *Blaue Hortensie* durch alle
vier Strophen hindurch, das Blau dieser Blume zu beschreiben,
das ja bekanntermaßen kein simples Blau ist:

> Sie spiegeln es verweint und ungenau,
> als wollten sie es wiederum verlieren,
> und wie in alten blauen Briefpapieren
> ist Gelb in ihnen, Violett und Grau;

Der folgende Vergleich mit einer verwaschenen Kinderschürze und der in der ersten und letzten Strophe betonte Gegensatz zum Grün der Blätter: alles dient einzig der Vermittlung eines sinnenhaften Eindrucks von äußerster Abgestuftheit. Dem Adverb *ungenau* kommt in dieser nuancenreichen Rhetorik der Sinnlichkeit eine Schlüsselstellung zu. Damit ist nicht etwa auf die Präzision verzichtet. Vielmehr soll es die genaueste und exakteste Wiedergabe einer sonst sprachlich nicht mehr einholbaren Beobachtung leisten, einer Beobachtung, die bewußt auf Flüchtiges und im Sinne des üblichen Vokabulars Undeutliches gerichtet ist. Das Undeutliche, Unaussprechliche, Verschwebende und Schwebende ist das Gebiet, auf dem Rilke zum Lehrer oder bescheidener: zum Vermittler der Wirklichkeit werden wollte. Den Duft einer Zitrone, den Geschmack eines Apfels, das Spiel von Licht und Schatten in Worte zu verwandeln, waren Aufgaben, die wohl gerade wegen der Schwierigkeiten gereizt haben. Aus dem gleichen Grunde hat er besonders die Momente der Veränderung ausgewählt, die Augenblicke des Zuvor oder den Zeitpunkt des Danach, Zustände des Werdens oder Vergehens. Das erste Ahnen des Frühlings gehört zu den Lieblingsmotiven Rilkes ebenso wie der letzte Schimmer vor dem Untergang, das »noch nicht« wie das »eben noch«. *Vorfrühling* und *Spätherbst* sind dafür bezeichnende Titel. Natürlich hat diese motivliche Eigentümlichkeit auch ihre weltanschaulichen Implikationen. Symbolisch für die Vergänglichkeit, sind die Phasen des Werdens und Vergehens in ihrer Schönheit gezeigt, weil sie geeignet sind, rührende Werbung für das Vergängliche selbst zu bewirken.

In dem Kampf um die Wirklichkeit hat Rilke notwendigerweise seine Sprache immer weiter verfeinern müssen. Dabei entwickelte er neben einer außerordentlich abwechslungsreichen Syntax eine erstaunliche Bereitschaft zur Ausweitung seines Wortschatzes. Rilke scheut weder den Gebrauch eines Fremdwortes noch eines Terminus technicus, gebraucht ungeniert Wörter französischer Herkunft wie *mauve* oder *lasse*, bedient sich aber ebensogut alten abgesunkenen Wortguts. Sein großes Gespür für die Kraft der Sprache offenbart er dort, wo er sozusagen den schlummernden Sinn eines Wortes wieder aktiviert, wo er Doppelbedeutungen ausnutzt wie etwa bei dem Begriff Gesicht (Anlitz und Gesehenes) oder dem Wort Becken (Becken des Körpers und Becken eines Brunnens). In

dem Gedicht *Der Schwan* gelingt ihm, dem im allgemeinen nur
noch eine seelische Haltung bezeichnenden Adjektiv *gelassen*
durch die Assoziation von »sich-niederlassen« überraschende
Anschaulichkeit zu verleihen:

Der Schwan

Diese Mühsal, durch noch Ungetanes
schwer und wie gebunden hinzugehn,
gleicht dem ungeschaffnen Gang des Schwanes.

Und das Sterben, dieses Nichtmehrfassen
jenes Grunds, auf dem wir täglich stehn,
seinem ängstlichen Sich-Niederlassen –:

in die Wasser, die ihn sanft empfangen
und die sich, wie glücklich und vergangen,
unter ihm zurückziehn, Flut um Flut;
während er unendlich still und sicher

immer mündiger und königlicher
gelassener zu ziehn geruht.

Die Schwäche des Rilkeschen Bekenntnisses zur Wirklichkeit
liegt trotz aller Beteuerungen und auch gegenteiligen Versuche
in der Einseitigkeit und eklektischen Ausrichtung zunächst im
Stofflichen. Die von ihm seit seiner Pariser Zeit so häufig be-
schworene Absichtslosigkeit und Demut des künstlerischen An-
schauns (Br. an Clara v. 19. 10. 1907) hat nicht die Auswirkungen, die man erwarten könnte. Daß keine *Auswahl zugelassen* sei, gehört zwar zu dem Programm dieser Zeit und hat
auch zu einigen Darstellungen von scheinbar nur Widerwärti-
gem geführt, ohne daß dadurch aber, jedenfalls in seiner Lyrik,
die Vorliebe für eine ganz bestimmte Sorte von Gegenständen
überwunden worden ist.
Die Tiergedichte z. B. haben alle nicht nur edle Tiere zum
Gegenstand wie etwa den Panther und die Flamingos, die auch
in diesem besonderen Falle sozusagen Ausstellungsstücke sind,
sondern mehr oder weniger durch die Kunst und den Mythos
stilisierte wie den Schwan oder die Delphine, wenn es nicht
das überhaupt nur sagenhafte Einhorn ist. Gedichte wie *Corrida, Falken-Beize* oder *Schlangen-Beschwörung* stellen ästhetische Ereignisse dar, Demonstrationen einer hohen Kunst.
Ähnlich verhält es sich mit der Pflanzenwelt in Rilkes Lyrik.
Auch hier herrscht eine strenge Selektion, die dem Programm
widerspricht. Neben der Rose natürlich blühen da nur Pflan-

zen, die allein schon von ihrem Namen her poetische Qualität haben wie das *Persische Heliotrop,* die *Hortensie* oder Gewürzpflanzen wie *Majoran und Koriander.* Die Natur ist überhaupt immer gepflegt, zeigt sich als Kulturlandschaft, als Garten oder noch häufiger als Park. Dem fügt sich die große Zahl der Gedichte ein, deren stoffliche Vorgabe ein Kunstgegenstand ist wie etwa die *Römische Fontäne* in den NG und die literarische (mythologische, biblische) Vorlagen umsetzen oder motivlich angeregt sind durch Bilder, Skulpturen, Bauwerke oder sonstige Denkmäler. Die russischen Ikonen, die Säule von Karnak, die filigranen Wachspüppchen der Lotte Pritzel, eine Prozession in Brügge, wertvolle Spitzen und edle Wandteppiche, die Kathedralen von Moskau und Chartres, Gemälde von Kramskoi, Wasnetzow, Rembrandt oder Patinier, von Fragonard oder Tizian, von Dürer oder Fra Angelico, Werke der Kunst haben Rilkes Bild der Wirklichkeit in seiner Lyrik so stark geprägt, daß von einem *einfachen* Sehen nicht gesprochen werden kann.

Die biographische Entsprechung zu diesem ästhetisch geprägten Kosmos ist Rilkes gewaltige kunstgeschichtliche Bildung. Im Nachhinein stellt sich sein bildungsmäßiger Werdegang als eine konsequente Entfaltung seiner künstlerischen Neigungen dar. Das Studium der Rechts- und Staatswissenschaften gibt er wie vorher die militärische Ausbildung und die Kurse auf der Linzer Handelsakademie vorzeitig auf. Zwar kann auch in der Folgezeit und in den freigewählten kunstgeschichtlichen und kunsttheoretischen Studien von einer geregelten Ausbildung nicht die Rede sein, schon gar nicht von einem auf einen bürgerlichen Beruf ausgerichteten Studiengang. Nur sehr kurze Zeit besucht er Vorlesungen in München und Berlin und macht auch nie ein Examen. Aber man sieht ihn zeit seines Lebens mit den Werken der Kunst beschäftigt. Auf seinen ausgedehnten Reisen nach Italien (Rom, Florenz, Venedig), nach Rußland, nach Ägypten und nach Spanien, während seiner Aufenthalte in München, Berlin und vor allem Paris ist er ununterbrochen mit Kunstdingen befaßt. Er besucht Museen, besichtigt die Baudenkmäler, studiert die Literatur, arbeitet in Bibliotheken. Theatervorstellungen und Kunstausstellungen gehören zu den prägenden Erlebnissen. Die Cézanne-Gedächtnisausstellung, die Ausstellung von Frauenbildnissen, die Ausstellung der Wachsfiguren der Lotte Pritzel, die Besuche in Versailles,

Chantilly, Brügge, Gent, alle diese Kunsterlebnisse haben ihre
Spuren hinterlassen in Gedichten. Hier hatte der Kommentar
eine wichtige Aufgabe. Den vielen Bezügen zwischen Rilkes
Dichtung und den kunstgeschichtlichen Anlässen nachzugehen,
war eine lohnende Arbeit.

Der Stellenwert der Kunst für die Lyrik Rilkes wäre nur unvollständig bezeichnet, erwähnte man nicht seine zahlreichen
Bekanntschaften und Freundschaften mit bildenden Künstlern
und Poeten, mit Musikern und Musikerinnen, Malern und
Malerinnen, mit Dichtern und Dichterinnen. Es führte hier zu
weit, sie alle aufzuführen. Es gilt nur festzuhalten, daß Rilkes
Leben fast ausschließlich und intensiv, rezeptiv und produktiv,
der Kunst gewidmet war. Es darf daher nicht wundern, daß
der Konflikt zwischen seinem Künstlertum und seiner bürgerlichen Existenz (als Ehemann, Vater, Geliebter) zu den bestän-
digsten Themen seines Werkes gehören. Manchmal, so scheint
es, kamen Rilke selbst Zweifel, ob er das ›Leben‹ nicht
überhaupt nur aus zweiter Hand kenne:

> Uns verwirrt es, die wir seiend heißen
> immer so zu leben: nur aus Bildern;
> und wir möchten manchesmal mit wildern
> Griffen Wirklichkeiten in uns reißen
> Stücke, Abzufühlendes, ein Sein (Entwurf SW 2, 352)

Auf diesen Umstand gründet Mason seine in der Rilke-Forschung häufig umstrittene These, daß das Werk dieses Künstlers nur dann angemessen gedeutet werden könne, wenn man
davon ausgeht, daß alle darin aufgestellten Lehren nicht für
den Menschen schlechthin und als solchen gelten dürften, sondern nur für den Künstler oder doch für den Künstler in erster
Linie. Die V. Duineser Elegie sei daher nicht eine Gestaltung
der Lage des Menschen schlechthin, sondern zuallererst eine
Darstellung des besonderen Künstlerloses.

Die stoffliche und motivliche Auswahl, die Rilke trotz seines
anders lautenden Programms getroffen hat, wird in ihrer
Wirkung noch intensiviert durch die von ihm verwendete Technik der Isolierung. Kaum je hat Rilke die Wirklichkeit, die er
in seiner Dichtung gestaltet hat, in ihrer geschichtlichen Rela-
tion gezeigt. Wie er seinen Buddha (*Buddha in der Glorie*) dem
Umkreis seiner Anhänger und dem Zugriff der Gläubigen ent-
zog, so entrückte er auch die anderen Gestalten jeder Bedingtheit durch die Geschichte. Die einzige Bedingtheit, die er aner-

kannte, war die ungeschichtliche der allgemeinen Vergänglichkeit und des Todes. Politische und gesellschaftliche Zustände
als Ursache für menschliches Leid wollte er im letzten nicht
anerkennen. Ein Beispiel für die ungeschichtliche Sehweise
Rilkes ist die teils etwas peinliche Apotheose der 1919 im Insel-
Verlag erschienenen Familienchronik von S. T. Aksákow. Die
in diesem Buch geschilderten Brutalitäten und Grausamkeiten
der despotischen Willkür im zaristischen Rußland sind so em-
pörend, daß sie den Einspruch des Lesers provozieren müssen,
gerade weil Aksákow selbst das Unmenschliche sachlich und
kommentarlos im Stile Flaubertscher *impassibilité* berichtet.
Rilke aber reagiert mit einer ganz ungeschichtlichen Dialektik
und verweigert jeden Gedanken an eine Veränderbarkeit der
Situation, und das 1920! Er, der das Aksákowsche Buch verschenkte und es in vielen Briefen erläuternd anpries, versah
das Exemplar für die Schwester C. J. Burckhardts mit folgender Widmung:

> Letztes ist nicht, daß man sich überwinde,
> nur daß man still aus solcher Mitte liebt,
> daß man auch noch um Not und Zorn das Linde,
> Zärtliche fühlt, das uns zuletzt umgiebt (SW 2, 242)

Die konsequente Ästhetik des *sachlichen Sagens*, d. h. die
programmatische Umgehung der kritischen Stellungnahme leitet sich ab aus dem Glauben, daß Welt und Dasein schlechthin,
unabhängig von möglichen konkreten Leiderfahrungen und womöglich auch mit diesen ein eindeutiger Wert sei:

> Oh, n i c h t, weil Glück i s t,
> dieser voreilige Vorteil eines nahen Verlusts.
> . . . . .
> Aber weil Hiersein viel ist. . . . . . (IX,DE)

Ein sich geschichtlich engagierendes Temperament möchte wohl
(wie etwa Egon Schwarz) mit einem gewissen Recht gegen die
Verteidigung der puren Existenz einige Einwände und Bedenken erheben. Rilkes Haltung wird indes verständlich (auch
in ihrer Begrenztheit), wenn man seine Äußerungen in ihrem
Zusammenhang sieht und von ihrer Intention her beurteilt.
Ihm ging es nicht um irgendeine Verbesserung der konkret geschichtlichen Welt, sondern einzig um das Bekenntnis zur Welt
überhaupt.

In diesem grundsätzlichen Ansatz scheint er wiederum in der christlichen Weltsicht und der Polemik gegen ihre Jenseitsverheißungen befangen zu sein. Unversehens geraten ihm daher die Reformbestrebungen der Neuzeit und die revolutionären Umsturzversuche zu Ablenkungsmanövern, die der christlichen Jenseitsverkündigung gleichen. Es ist kein Zufall, daß der *Brief des jungen Arbeiters* beides zusammen anführt und beides in gleicher Weise verurteilt, den *Betrug* der christlichen Jenseitsverheißung und die *merkwürdigen Überstürzungen unserer Zeit*. Die Zukunftsverheißungen der politischen Kräfte wurden ihm von daher ebenso verdächtig wie die Jenseitsverheissungen der Religion. Seine antichristliche Diesseitigkeit verband sich aus dieser Logik heraus mit einer ungeschichtlichen Unerbittlichkeit. An dieser seiner Haltung scheiden sich die Bewunderer seines Werkes von seinen Kritikern oder, was häufiger ist, schwanken seine Leser zwischen Bewunderung und Kritik. Sein demütiges Werben für das, was *gilt*, für das Seiende, kann da leicht als Verteidigung des status quo, sein Einverständnis mit dem Unausweichlichen leicht als Befürwortung des Vermeidlichen ausgelegt werden. Tatsächlich fördert seine Gleichsetzung des Naturgesetzes mit der organisierten Macht, der Krankheit mit der Folter, gefährliche Mißdeutungen seines Bekenntnisses zur Welt. Daß solche Deutungen nicht allzu zahlreich sind, liegt wiederum an der scheinbar ganz und gar in politischer Hinsicht unverdächtigen Wahl seiner Stoffe und Motive und seinem konsequenten Absehen von geschichtlichen Implikationen. Selbst das oben erwähnte Widmungsgedicht für die Schwester Burckhardts ist ohne den Bezug zum Aksákowschen Buch kaum als Absage an eine geschichtliche Veränderung zu erkennen.

Die zugegebenermaßen unpolitische Leidenschaftlichkeit, mit der Rilke die *Herrlichkeit des Lebens* als das eigentliche Anliegen seines Werkes gedeutet hat, ist der unmittelbare Ausdruck und die Folge, ja der polemische Widerpart der Leiderfahrungen, die er in eben dieses Werk eingebracht hat und deren Hinnahme und Annahme er dichtend verwirklichen wollte. Seine Rühmung des Daseins (*Rühmen, das ists!* – SO 1,7) sollte sich gerade dem Leid gegenüber bewähren.

In welcher Form auch sich das Leid in seinem Werk findet, als körperliches Gebrechen (z. B. Blindheit), als Schmerz, als Armut, als Angst, als Irrsinn oder Gefangenschaft, als Vergänglichkeit oder als Tod schließlich, auf allen Werkstufen hat er die gleiche Haltung durchgesetzt. In seinen Gedichten ebenso wie in seinen Briefen hat er die Not als etwas dem Dasein des Menschen Zugehöriges, Wesensgemäßes behandelt. Die Armen, die Bettler und Irren, die Sträflinge und die Gedemütigten wurden in seinem Werke zu Symbolfiguren des Menschen und des Künstlers. Auch Orpheus ist schließlich ein leidender Sänger. Den Versuch, dem Schmerz tröstend auszuweichen, ihn zu verdecken oder zu vergessen, hat er in der X. Elegie in einer aggressiven Bildlichkeit verurteilt, die bis zum banalsten Zeichen des Vergessens reicht: dem Bier. Demgegenüber betont dieselbe Elegie in intensiv rhetorischer Sprache die Gültigkeit und den Wert des Schmerzes:

> Wir, Vergeuder der Schmerzen.
> Wie wir sie absehn voraus, in die traurige Dauer,
> ob sie nicht enden vielleicht. Sie aber sind ja
> unser winterwähriges Laub, unser dunkles Sinngrün,
> e i n e der Zeiten des heimlichen Jahres –, nicht nur
> Zeit –, sind Stelle, Siedelung, Lager, Boden, Wohnort.

Nur wer das Leid wie *winterwähriges Laub* annimmt, nur dem ist auch das Selige beschert:

> Wer verzichtet, jenen Gram zu kennen,
> welcher schluchzend wie aus Quellen quillt,
> weiß auch nicht das Selige zu nennen:
> es berührt ihn und entgeht ihm mild. (SW 2, 393)

Für diesen Umschlag des Furchtbaren ins Selige, für die geradezu biblische Seligpreisung der Armen, hat Rilke seit dem *Stunden-Buch* ein Bild verwendet, das offensichtlich auf seine Begegnung mit der russischen Ikonenkunst zurückgeht: das Bild der leeren Form. Im *Stunden-Buch* taucht dieses Bild häufig auf zur Charakterisierung der Frömmigkeit und Kunst des russischen Malermönches, dem das Göttliche nur in der Entbehrung erfahrbar ist. Das Besondere an der Kunst dieses Ikonenmalers ist die Überzeugung, daß das Göttliche in den Bildern, die er malt, nicht anwesend ist, daß die Bilder nur Zeichen sind, die auf das nicht anwesende Göttliche nur andeutend verweisen. Die äußerste Zurückhaltung in der Ausmalung der Bilder, die Tendenz, nur andeutende Konturen zu zeichnen und im Verzicht auf den Besitz die Distanz des Göttlichen zu achten, spiegelt sich in Attributen wie »dunkel«, »still«

oder auch »leer«. Das Verfahren, die Ikonen (= Heiligenbilder)
durch Silber- oder Goldplatten abzudecken, und nur durch ovale
Öffnungen im Metall eine Durchsicht auf Gesicht und Hände
freizugeben, verstärkte die Wirkung noch, indem dadurch die
Gestalten der Heiligen weit ins Dunkel gerückt wurden:

> Bilden wir dich noch so klein
> in dem dunkelnden Ikone,
> wenn wir bitten: Komm und wohne, –
> geht der Pinsel endesohne,
> und der Weg um deine Krone
> bringt ihn schon ans Mutlossein. (SW 2, 657)

Der Titel dieses Gedichts *Die Znamenskaja* ist eine Ableitung
von einem alten russischen Wort aus der Kunsttheorie der
Ikonenmalerei und ist als adjektivisches Attribut auf die Ikone
zu beziehen: Znamanskaja ukona. Das Substantiv Známeni(j)e
hat den Sinn von Vorzeichen, Vorgefühl oder auch Symbol, und
zwar in dem speziellen Sinne des Abbildungsverbots, nach
dem das Heilige im Symbol nicht anwesend, sondern nur ange-
deutet geschaut werden darf. In Anwendung dieser Vorstellungen gilt dann schließlich die Ikone selbst nur noch als
frommste aller Formen (SW 1, 284), d. h. als eine leere Form,
deren vom Betrachter erst zu leistende Ausfüllung das Göttliche oder Heilige wäre:

> Was im höchsten Sinne von jedem Kunstwerke gilt, dem Fühlenden
> gegenüber: daß es nur eine Möglichkeit ist, der Raum, in welchen
> der Schauende wiederschaffen muß, was der Künstler zuerst geschaf-
> fen hat, das erfüllt sich im Rahmen dieser Bilder durch die Fröm-
> migkeit derjenigen, die davor beten. Unzählige Madonnen schaut das
> Volk in die hohlen Ikone hinein, und seine schöpferische Sehnsucht
> belebt beständig mit milden Gesichtern die leeren Ovale. (*Russische
> Kunst*, SW 5, 496)

Orientiert an diesem Verständnis der Ikone und dann auch am
Modell der Formen, wie sie für den Guß von Figuren hergestellt werden, hat Rilke in unendlichen Variationen das Bild
der hohlen Form verwendet als Zeichen für eine Deutungsab-
sicht, die den Mangel immer umschlägig als ›Form‹ der An-
wesenheit des Mangelnden auslegen möchte:

> Vielleicht vom Abendsonnenschein belebt,
> wird das Erwarten selber zu Vollendung. (SW 2, 302)

Der Umschlag von der Bejahung der *schrecklichsten Furcht-
barkeit* in die *Ahnung des Seligsten* (Br. an die Gräfin Sizzo

v. 12. 4. 1923) ereignet sich in erster Linie in der lyrischen Diktion Rilkes selbst. Seine Gedichte sind der Ort, an dem sich die verheißene Erfüllung immer unmittelbar einstellt. Wenn er in seiner *Blauen Hortensie* noch so sehr die entgleitende Hinfälligkeit der Farbe umschreibt, unversehens endet das Gedicht mit der freudigen Entdeckung ihres Bestands:

> Doch plötzlich scheint das Blau sich zu verneuen
> in einer von den Dolden, und man sieht
> ein rührend Blaues sich vor Grünem freuen.

Ähnlich endet das Gedicht *Der Tod* von 1915 in der beschwörenden Erinnerung eines schönen (wenn auch sehr vergänglichen) Ereignisses:

> O Sternenfall,
> von einer Brücke einmal eingesehn –:
> Dich nicht vergessen. Stehn.

Zu den von der Forschung stark vernachlässigten Deutungswegen gehört im Fall Rilkes der über die Biographie des Autors. Die Scheu, das Verständnis des Logos seines Werkes auch vom Bios her zu sichern, gründet wohl auf dem durchgehenden Verdikt Rilkes selbst. Er bestand darauf, daß das Werk eines Künstlers schließlich sein Leben so sehr in den Hintergrund zu drängen habe, daß er nicht mehr für dieses in Betracht käme. Herman Meyer hat aber am Beispiel von Rilkes Cézanne-Rezeption nachgewiesen, wie sehr er selbst gerade über die Biographie dieses Malers zur Einschätzung des Werkes gekommen ist.

Der Fall Cézanne (und ähnliches gilt auch für Rilkes Verhältnis zu Rodin, Tolstoj oder van Gogh) ist deshalb besonders interessant, weil er zeigt, daß die Bedeutung der Biographie dieses Malers für Rilke sich aus der biographischen Situation Rilkes verstehen läßt. Was er aus der Biographie der großen Künstler als entscheidend festhielt, war ihre unbürgerliche Lebensführung und die Vernachlässigung einfachster menschlicher Beziehungen:

Die großen Menschen alle haben ihr Leben zuwachsen lassen wie einen alten Weg und haben alles in ihre Kunst getragen. Ihr Leben ist verkümmert wie ein Organ, das sie nicht mehr brauchen... (Br. an Clara v. 3. 9. 1902)

Die in diesen Zeilen konstatierte Spannung fungiert selbstverständlich im Brief an die eigene Frau auch als eine Art Selbstverteidigung, wie denn überhaupt die außerordentliche Vorstellung vom Künstlertum, das nach Rilke vom Künstler die äußerste Selbstverleugnung verlangt, im Ganzen seiner Lebensführung die Rolle einer Selbstrechtfertigung hat:

In solcher Auffassung allein konnte sich ausgleichen, was man mir sonst als ein Versäumnis anrechnen müßte: daß ich sie [gemeint ist die Tochter Ruth] das eigentlich Familiale, die konstante Gemeinsamkeit und Gemeinschaft habe entbehren lassen. Sie empfand von Klein auf, daß dies nicht aus Lieblosigkeit, aus Willkür, aus Leichtsinn geschah, sondern weil die ausschließliche Berufung zu den i n n e r e n Verwirklichungen meines Lebens so groß war, daß die Arbeit an den ä u ß e r e n , nach einem kurzen Versuch, aufgegeben werden mußte. Man darf mir vorwerfen, daß meine Kraft und meine Auffassung b e i d e s zu leisten nicht ausreiche; ich habe solchem Tadel nichts entgegenzusetzen, als den stillen Hinweis auf jene Gebiete, in die ich alle meine Fähigkeiten geworfen habe, um abzuwarten, ob man mich am Ende anklage oder freispreche. (Br. an Carl Sieber v. 10. 11. 1921)

Die Auseinandersetzung zwischen den ›inneren‹ und den ›äußeren‹ Verwirklichungen seines Lebens ist eines der großen Themen seiner Dichtung und zugleich eines der Bindeglieder zwischen Biographie und Dichtung.
Wie sehr Rilke eigene Erfahrung umgesetzt hat in seinem Werk, sei an einigen Beispielen verdeutlicht.
Der 2. Teil des *Stunden-Buchs* entstand in Westerwede zwischen dem 18. und dem 25. September 1901. Rilke hatte am 28. April geheiratet, die Tochter Ruth wurde am 12. Dezember geboren. Rilke lebte also damals im eigenen Hausstand. Diese Tatsache ist in vielfältiger Weise eingegangen in den 2. Teil des *Stunden-Buchs* trotz der werkimmanenten Bezüge zum ersten, früher entstandenen Teil 1. Ein Gedicht wie das bekannte *Wenn etwas mir vom Fenster fällt* wird beispielsweise erst vor diesem biographischen Hintergrund lebendig und verständlich, vor allem in der 2. Strophe:

> Ein jedes Ding ist überwacht
> von einer flugbereiten Güte
> wie jeder Stein und jede Blüte
> und jedes kleine Kind bei Nacht.
> Nur wir, in unsrer Hoffahrt, drängen
> aus einigen Zusammenhängen
> in einer Freiheit leeren Raum,
> statt, klugen Kräften hingegeben,

> uns aufzuheben wie ein Baum.
> Statt in die weitesten Geleise
> sich still und willig einzureihn,
> verknüpft man sich auf manche Weise, –
> und wer sich ausschließt jedem Kreise,
> ist jetzt so namenlos allein. (SW 1, 320)

Ein konkretisierender Nachvollzug des Sinngefüges bleibt ohne den biographischen Hintergrund und Zusammenhang unscharf. Vor allem die identische Bewertung, d. h. Verurteilung des Sich-Hinausdrängens und des Sich-Verknüpfens bereitet Schwierigkeiten. Die biographische Situation Rilkes zur Zeit der Niederschrift des Gedichts füllt dagegen eine Zeile wie *verknüpft man sich auf manche Weise* mit einem klaren Sinn. Die eheliche Bindung an eine Frau erscheint als der Erfahrungshintergrund, der die *weitesten Geleise* als Unabhängigkeit und das *sich auf manche Weise verknüpfen* als Eingehen einer Bindung deutbar werden läßt.
Die Schlußverse des Gedichts:

> Trümmern von Vögeln, Pinguinen
> gleichen sie, wie sie verkümmern . . .)

evozierten konsequent das Bild des im bürgerlichen Hausstand seiner Freiheit beraubten Dichters.
Damit ist freilich das Gedicht in seiner Gedankenführung noch nicht ganz erklärt. Rilke arbeitet in diesem Gedicht mit einer raffinierten Argumentationsstrategie, die durch Übertreibung und Unterschlagung vertraute Wertvorstellungen derart entfremdet und aufweicht, daß akzeptierte Differenzierungen nicht mehr greifen. Natürlich ist *sich einreihen* ein Akt der Unterordnung. Aber gilt das auch noch, wenn die *weitesten Geleise* alle Begrenzung aufheben? Und, wer sich auf *manche Weise verknüpft*, wird sich anderem entziehen. Aber schließt er sich gleich *jedem Kreise* aus? Ist der allein, der sich verknüpft, nur weil er sich nicht allem offen hält?
An Emanuel von Bodmann schrieb Rilke wenige Wochen vor diesem Gedicht (17. 8. 1901) seine Ansichten über die Ehe, und in dem Brief findet sich dasselbe Verfahren, durch Akzentuierung der Extreme die vertrauten Maße auszuhöhlen:

Aber, das Bewußtsein vorausgesetzt, daß auch zwischen den n ä c h - s t e n Menschen unendliche Fernen bestehen bleiben, kann ihnen ein wundervolles Nebeneinanderwohnen erwachsen, wenn es ihnen gelingt, die Weite zwischen sich zu lieben, die ihnen die Möglichkeit gibt, einander in ganzer Gestalt und vor einem großen Himmel zu sehen!

Das Pathos der Maßlosigkeit ist der sprachliche Spiegel des Versuchs, widersprüchliche Erfahrungen zu versöhnen, das Bedürfnis nach Unabhängigkeit und die Verpflichtung aus einem Bündnis, Erfahrungen, die biographisch belegbar sind.

Ähnlich sind auch die *Neuen Gedichte,* diejenigen Texte also, die unter dem Programm der Sachlichkeit stehen, immer auch aus dem persönlichen Leben Rilkes nicht nur zu deuten, sondern auch aus ihm hervorgegangen. So ist bspw. das Gedicht *Der Gefangene* nicht nur im Sinne Brigitte Bradleys (1976 S. 73) als Gestaltung einer ›Lebenswirklichkeit‹ auszulegen, die ›als Ganzes zum Kerker‹ geworden sei. Wer sich in der Biographie des Autors umsieht und aus diesem Grunde die Briefe aufmerksam studiert, findet sehr bald, daß die ›Lebenswirklichkeit‹ nicht ganz allgemein gemeint sein kann, sondern insbesondere Rilkes eigene Lage als Sekretär Rodins. Diese Arbeit empfand Rilke im Frühjahr 1906 als eine ihn ganz konkret in seiner dichterischen Produktion einengende Fron:

Rodin ist gestern nach London gefahren, und ich habe das dringend gebraucht; denn der Dienst war schwer, seit ich wieder zurück bin, und für mich und mein Alleinsein blieben fast nur Minuten ... (Br. v. 21. 2. 1906)

Die biographische Deutbarkeit schließt natürlich keine andere Erklärungsweise aus. Selten ist ein Rilkesches Gedicht von einer einzigen Stelle aus zu begreifen. Die Großstadtkritik im 3. Teil des *Stunden-Buchs* (K 1121) ist beispielsweise nicht nur auf Rilkes Paris-Erlebnisse zurückzuführen. Schon bevor Rilke nach Paris gekommen war, war er bereits vertraut mit der kulturkritischen Thematik, nicht zuletzt durch seine Lektürekenntnisse (Obstfelder, Baudelaire). In den meisten seiner Theorien, nicht nur in seiner Kulturkritik, auch in seiner Polemik gegen das Christentum, ist Rilke ein Kind seiner Zeit, wie übrigens auch in seinem ästhetisch begründeten Individualismus. Die Geschichte seiner Rezeption zeigt aber, daß es ihm in seiner Kunst gelungen ist, das Zeitbedingte und das ganz Persönliche so zu verwandeln, daß auch Menschen mit ganz anderen Schicksalen sich in seinem Werk wiederzuerkennen glauben und sich verstanden fühlen können.

ZEITTAFEL

Die Zeittafel enthält nur die wichtigsten Stationen und Ereignisse aus Rilkes Leben und nur die relevantesten Daten der Entstehungs- und Publikationsgeschichte seines Werkes. Unentbehrlich für jede intensive Beschäftigung mit dem Werk und der Person Rilkes ist die verdienstvolle Rilke-Chronik von Ingeborg Schnack (2 Bde., Insel 1975).

1875 Am 4. Dezember wird Rainer Maria (René Karl Wilhelm Johann Josef Maria) Rilke in Prag geboren. Eine früher geborene Schwester war bereits verstorben. Der Vater Josef Rilke (1838–1906) war nach gescheiterter Offizierslaufbahn schließlich Inspektor bei einer Eisenbahngesellschaft. Diese berufliche Entwicklung wurde vor allem für Rilkes Mutter zu einer Quelle schwerer Enttäuschung und war auch für Rilkes Werdegang von entscheidender Bedeutung. Die Mutter, Phia Rilke geb. Entz (1851–1931), entstammte einer wohlhabenden Familie. Sie verließ ihren Mann wenige Jahre nach Rilkes Geburt.

1882 Bis 1884 besucht Rilke die von Piaristen geleitete Volksschule in Prag. Nach der Trennung der Eltern (1884) bleibt Rilke bei der Mutter.

1886 Am 1. September tritt Rilke als Stipendiat in die Militärunterrealschule St. Pölten ein. Zeit seines Lebens wird er die folgenden Jahre als schwere Heimsuchung darstellen. Rilke schreibt seine ersten Gedichte.

1890 Nach Abschluß der Militärunterrealschule wechselt Rilke in die Militäroberrealschule Mährisch-Weißkirchen über.

1891 Wegen Krankheit verläßt Rilke die Militäroberrealschule. Beginn eines dreijährigen Kurses auf der Handelsakademie in Linz, den er Mitte des folgenden Jahres wieder aufgibt.

1892 Ab Herbst beginnt Rilke mit der privaten Vorbereitung auf das Abitur.

1893 Beginn der Freundschaft mit Valerie von David-Rhonfeld (Vally).

1894 Nach vielen Einzelveröffentlichungen in Zeitschriften erscheint Rilkes erstes selbständiges Gedichtbuch *Leben und
Lieder* mit einer Widmung an Vally.

1895 Abitur in Prag (»mit Auszeichnung«), ab Wintersemester
Studium in Prag: Kunstgeschichte, Literaturgeschichte, Phi-
losophie.
Der Gedichtband *Larenopfer* erscheint, das erste Heft der
Wegwarten wird zusammengestellt. Die frühen Veröffent-
lichungen wird Rilke später bedauern.

1896 Mit dem Sommersemester wechselt Rilke in die Rechts-
und Staatswissenschaftliche Fakultät der Prager Universi-
tät über. Umfangreiche literarische Tätigkeit, zahlreiche
Veröffentlichungen, darunter die unter dem Eindruck der
Nietzsche-Lektüre geschriebene Erzählung *Der Apostel.*
Aufführung der dramatischen Szene *Jetzt und in der
Stunde unseres Absterbens.* Übersiedlung nach München,
Rilke belegt für 2 Semester Kunstgeschichte (Renaissance),
Ästhetik, Darwinsche Theorie.

1897 München. 28.–31. 3. Rilkes erster Venedigaufenthalt. Rilke
begegnet Lou Andreas-Salomé, mit der ihn eine lebenslange Freundschaft verbinden wird. Ab Herbst Fortsetzung der Studien in Berlin. Stefan George, Carl und
Gerhart Hauptmann.
Traumgekrönt erscheint, in Prag wird das Drama *Im Frühfrost* aufgeführt.

1898 Berlin, Reise nach Arco, Florenz (Florenzer Tagebuch),
zahlreiche Gedichte entstehen. Begegnung mit Stefan George und Heinrich Vogeler. Im Mai in Viareggio, Juni in
Berlin (Beginn des Schmargendorfer Tagebuchs).

1899 Berlin, Besuch der Mutter in Arco, Wien: Arthur Schnitz-
ler, H. v. Hofmannsthal. Fortsetzung der Studien in Ber-
lin. Vom 24. 4.–18. 6. erste russische Reise zusammen mit
dem Ehepaar Andreas (Warschau, Moskau, Besuch bei Tol-
stoi, Petersburg, Moskau, Petersburg, Berlin). Meiningen:
Studium der russischen Kunst, Geschichte und Sprache.
Berlin: der erste Teil des *Stunden-Buchs* entsteht, das
Schmargendorfer Tagebuch wird weitergeführt.
Zum Jahresende erscheint die Gedichtsammlung *Mir zur
Feier* und die Geschichten *Vom lieben Gott und Anderes.*
Im Herbst entsteht die erste Fassung des *Cornet.*

1900 Zweite russische Reise von Mai bis August zusammen mit

Lou Andreas-Salomé, Rückkehr am 26. August. Am 27. August fährt Rilke nach Worpswede zu Heinrich Vogeler, Bekanntschaft mit den Worpsweder Künstlern, unter ihnen die Malerin Paula Modersohn-Becker und die Bildhauerin Clara Westhoff, Rilkes spätere Frau. Die stark autobiographisch geprägte Szene *Die weiße Fürstin* erscheint Ende September. Beginn des Worpsweder Tagebuchs, ab Oktober ist Rilke wieder in Berlin-Schmargendorf.

1901 Berlin. März Besuch bei der Mutter in Arco. Am 28. April heiratet Rilke Clara Westhoff, am 12. Dezember Geburt der einzigen Tochter Ruth. Die jungen Eheleute wohnen in Westerwede bei Worpswede. Im September schreibt Rilke den 2. Teil des *Stunden-Buchs. Das tägliche Leben* in Berlin aufgeführt. Rilke schickt die erste Fassung des *Buchs der Bilder* an Axel Juncker nach Berlin.

1902 Westerwede. Im Mai schreibt Rilke die Monographie *Worpswede.* Haseldorf. (Juni/Juli). Paris: vom 28. 8. 1902 bis Ende Juni 1903 ist Rilke zum ersten Mal in Paris; 11, rue Toullier. Am 1. 9. Besuch bei Rodin. Das *Buch der Bilder* erscheint. Im November schreibt Rilke das erste der *Neuen Gedichte,* das berühmte *Der Panther.*

1903 Paris: Rilke arbeitet an seiner Monographie über Rodin. Von der Großstadt und einer Krankheit erschöpft, reist Rilke nach Viareggio (22. 3.–28. 4), wo er den 3. Teil des *Stunden-Buchs* in wenigen Tagen niederschreibt. Paris. Worpswede. Oberneuland. Im September Reise nach Rom, wo er bis Juni 1904 bleibt.

1904 8. 2. Beginn der Arbeit an den *Aufzeichnungen der MLB.* Auf Einladung Ellen Keys fährt Rilke von Rom über Kopenhagen nach Schweden (Borgeby, Gård, Lund, Kopenhagen, Furuborg, Göteborg).

1905 Den Winter 1904/05 verbringt Rilke mit Frau und Kind in Oberneuland. Dresden (1. 3). Berlin. In Göttingen Wiedersehen mit Lou A.-S. 28. 7.–9. 8. Schloß Friedelhausen. Am 11. September Aufbruch zum 2. Parisaufenthalt (12. 9. bis 29. 6. 1906). Vortragsreise vom 21. 10. bis zum 2. 11. Jahreswechsel in Worpswede. *Das Stunden-Buch* erscheint.

1906 Paris: Privatsekretär bei Rodin in Meudon. Vortragsreise. Worpswede. Prag: Tod des Vaters am 14. 3. Berlin. 1. April wieder in Paris-Meudon. Trennung von Rodin. Ein großer Teil der *Neuen Gedichte* entsteht. Reise nach Flandern (Furnes, Brügge, Gent). September auf Schloß Friedelhausen. *Das Buch der Bilder* erscheint in der 2., stark vermehrten Auflage. Erste Ausgabe des *Cornet*.

1907 4. Dezember–20. Mai ist Rilke Gast in der Villa Discopoli auf Capri. Am 31. Mai wieder in Paris, vom 6. Juni bis zum 30. Oktober wohnt er 29, rue Cassette (Rilkes 3. Parisaufenthalt.

Ein großer Teil der *Neuen Gedichte* entsteht. 30. Oktober bis 3. November Vortragsreise (Prag, Breslau, Wien). Begegnung mit Rudolf Kassner. 19.–30. November in Venedig *(Spätherbst in Venedig)*, Beginn der Beziehungen zu Mimi Romanelli (amie vénitienne). Jahreswechsel in Oberneuland. Die *Neuen Gedichte* erscheinen im Dezember.

1908 Berlin. München. Rom (Februar). Capri, Villa Discopoli vom 29. Februar bis 18. April. Neapel. Rom. Paris: vom 1. Mai bis zum 31. August; 17, rue Campagne-Première/31. August–12. Oktober 1911 Hotel Biron, 77, rue de Varenne. Der größte Teil der *Neuen Gedichte anderer Teil* entsteht im Sommer, im November schreibt Rilke die beiden *Requien* (für eine Freundin, für Wolf Graf von Kalckreuth). Erfolgreiche Arbeit an den *Aufzeichnungen des Malte Laurids Brigge,* deren Anfänge bis ins Jahr 1904 zurückreichen. Weihnachten allein in Paris. Der *Neuen Gedichte anderer Teil* erscheint.

1909 Paris. Reise in die Provence (Saintes-Maries-de-la-mer, Arles, Aix-en-Provence). September: Reise in den Schwarzwald, Bad Rippoldsau, Paris. September/Oktober: Avignon. 13. Dezember Begegnung mit der Fürstin Marie von Thurn und Taxis.

1910 Rilke verläßt Paris am 8. Januar. Elberfeld. Leipzig. Weimar. Berlin. Letzter Aufenthalt in Rom März/April. 20. bis 27. April erstmals Gast auf Schloß Duino bei Triest. Venedig April/Mai. 12. Mai zurück nach Paris. *Die Aufzeichnungen des Malte Laurids Brigge* erscheinen am 31. Mai. Rilke begegnet André Gide. Juli/August Rilkes letzter Aufenthalt in Oberneuland bei Frau und Tochter. August Lautschin. Prag. August/September Schloß Janowitz in Böhmen. München. Paris. Begegnung mit Rudolf Kassner.

1911 19. November 1910 bis 29. März 1911 Reise nach Nord-
afrika (Algier, Tunis, Ägypten–Luxor, Karnak). Venedig.
Paris am 6. April. 19. Juli letzte Reise nach Böhmen (Leipzig, Prag, Schloß Lautschin, Janowitz, Berlin, München).
Paris. Im Auto der Fürstin Taxis wird Rilke Mitte Oktober
von Paris über Lyon, Bologna, Venedig nach Duino chauf-
fiert.

1912 Vom 22. Oktober 1911 bis zum 9. Mai 1912 auf Schloß
Duino. Die ersten *Elegien* (Anfang der X., I., II., Fragmente) und *Das Marien-Leben* entstehen. Den Sommer
(9. Mai bis 11. September) verbringt Rilke in Venedig
(Agapia Valmarana/Eleonora Duse). Oktober in München.

1913 1. November 1912–24. Februar 1913 Reise nach Spanien
(Toledo, Cordoba, Sevilla, Ronda, Madrid). Paris vom
25. Februar bis zum 6. Juni. Schwarzwald (Bad Rippoldsau). Göttingen. Leipzig. Berlin. München: mit Lou A.-S.
nimmt Rilke an Sitzungen des »psychoanalytischen Con-
gresses« teil. Begegnung mit Freud und anderen Psycho-
analytikern. Paris.

1914 18. Oktober 1913–25. Februar 1914 Paris. Berlin: Begeg-
nung mit Magda von Hattingberg (Benvenuta). 26. März
wieder in Paris. Duino vom 20. April bis 4. Mai. Venedig:
Trennung von Benvenuta. Assisi vom 9.–23. Mai. Mai-
land. Paris vom 26. Mai bis zum 19. Juli. In Göttingen bei
Lou A.-S., bei Kriegsausbruch verliert Rilke seine gesamte
Habe in Paris. In den *Fünf Gesängen* vom August 14 feiert
Rilke den Ausbruch des Krieges. In Leipzig bei seinem Verleger. In Irschenhausen lernt Rilke die Malerin Lulu
Albert-Lazard kennen. Rilke erhält eine Schenkung von
20000 Kronen. November: Frankfurt. Würzburg. In Ber-
lin vom 22. November 1914 bis zum 6. Januar 1915.

1915 In München, wo mittlerweile auch Clara und Ruth wohnen, lebt Rilke vom 7. Januar bis Ende November. Lulu
Albert-Lazard, Regina Ullmann, Annette Kolb, Helling-
rath. Besuch Lou A.-S.s bei Rilke vom 19. März bis zum
27. Mai. Begegnung mit Walter Rathenau, Alfred Schuler,
Hans Carossa, Paul Klee. Ab 14. Juni wohnt Rilke im
Hause Herta Koenigs, in deren Wohnung Picassos Gemälde ›Saltimbanques‹ hängt. Im Herbst sieht Rilke seine
Mutter zum letzten Mal.

Die *IV. Duineser Elegie* entsteht im November. Musterung und Einberufung. In Berlin (1.–11. Dezember) bemüht sich Rilke um eine Zurückstellung oder Beurlaubung vom Militärdienst. Zum Geburtstag der Tochter (12. Dezember) in München, ab 13. Dezember in Wien, Wohnung bei der Fürstin Taxis. Besuch bei Freud.

1916 Militärdienst in Wien, ab Januar Tätigkeit als Schreiber im Kriegsarchiv. Besuch bei Hofmannsthal. Kokoschka, Kassner. Am 9. Juni wird Rilke demobilisiert. München.

1917 München. Berlin. Vom 25. Juli bis zum 4. Oktober Gut Böckel in Westfalen bei Herta Koenig. Berlin bis 9. Dezember. München.

1918 München. Vorträge Alfred Schulers. Wiedersehen mit Kippenberg. Begegnung mit Eisner und Toller. Sympathie für die Revolution. Freundschaft mit Claire Studer (spätere Frau Goll).

1919 München. Wiedersehen mit Lou A.-S. Hoher Absatz der Rilkeschen Bücher. 11. Juni: Rilke verläßt München. Schweiz. Zürich, Genf, Soglio, Winterthur: Brüder Reinhart, Nanny Wunderly-Volkart. Vortragsreihe. 7. Dezember–Ende Februar 1920 im Tessin.

1920 Locarno bis 27. Februar. Basel, Gut Schönenberg – Frau von der Mühll, 3. März–17. Mai. Venedig, Basel, Zürich. Begegnung mit Baladine Klossowska (Merline), mit der Rilke auf Jahre eine enge Freundschaft verbinden wird. Ragaz. Paris. Ende Oktober Rückkehr nach Genf. Schloß Berg am Irschel vom 12. November bis zum 10. Mai 21.

1921 Berg. Valéry-Lektüre. Etoy vom 20. Mai bis zum 28. Juni. An diesem Tag trifft Rilke mit Baladine in Sierre ein. Am 30. Juni entdecken sie in einem Schaufenster die Photographie des Schlößchens Muzot. Juli erster Besuch in Muzot. Einzug am 26. Juli 1921. Bis zu seinem Tode bleibt Muzot der Wohnsitz Rilkes. Am 8. November reist Baladine ab. Erster Winter im Valais (Wallis).

1922 Rilke vollendet die *Duineser Elegien* und schreibt die beiden Teile der *Sonette an Orpheus*. Gleichzeitig entsteht der inhaltsschwere *Brief des jungen Arbeiters*. Rilkes Tochter heiratet am 18. Mai. Besuch der Fürstin Taxis im Juni, der Kippenbergs im Juli. Valéry-Übertragungen.

1923 Rilke empfängt Besuche: C. J. Burckhardt, Regina Ullmann, Werner Reinhart, Kassner u. a. 22. August–22. Sep-

tember im Sanatorium Schöneck. Oktober/November mit
Baladine in Muzot. Weihnachten allein in Muzot. 29. De-
zember–20. Januar Rilkes erster Aufenthalt im Sanatorium
Val-Mont sur Territet über dem Genfer See.

1924 Val-Mont. Muzot: es entstehen viele Gedichte in französischer Sprache, u. a.: *Vergers, Quatrains Valaisans, Les
Roses*. Erste Begegnung mit Paul Valéry am 6. April. Besuch Clara Westhoffs. Mitte Mai empfängt Rilke das erste
Briefgedicht Erika Mitterers, Anlaß zum *Briefwechsel in
Gedichten* mit Erika Mitterer. Bad Ragaz vom 28. Juli bis
zum 23. Juli. 2. August wieder in Muzot. Im September
in Lausanne, Anfang November in Bern. 24. November bis
6. Januar 25 zweiter Kuraufenthalt in Val-Mont.

1925 7. Januar–18. August Rilkes letzter Aufenthalt in Paris.
Gespräche mit seinem Übersetzer Maurice Betz. Zusammen-
sein mit Baladine Klossowska. Begegnungen mit Valéry,
Claudel, Burckhardt, Thankmar von Münchhausen, H. von
Hofmannsthal, Gide u. a. 1. September wieder in Muzot.
16.–30. September 2. Aufenthalt in Ragaz. 14. Oktober
wieder in Muzot, 22. Oktober schreibt Rilke sein Testament. Den 50. Geburtstag allein in Muzot.

1926 20. Dezember 1925 abends–Ende Mai 26 im Sanatorium
Val-Mont. 1. Juni in Sierre/Muzot. Gedichte in französischer Sprache. Valéry-Übertragungen. 20. Juli–30. August
Bad Ragaz. Treffen mit Valéry in Anthy Mitte September.
30. November ist Rilke wieder in Val-Mont. Dort stirbt
er am 29. Dezember an Leukämie.
Das späteste Gedicht: *KOMM du, du letzter, den ich anerkenne, / heilloser Schmerz im leiblichen Geweb* ist vermutlich Mitte Dezember entstanden; es ist die letzte Eintragung in Rilkes letztem Taschenbuch.

1927 2. Januar wird Rilke in Raron beigesetzt. Die Gesammelten Werke I–VI erscheinen.

KOMMENTAR

ZUR BENUTZUNG DES KOMMENTARS

A. ABKÜRZUNGEN

I. ZEICHEN:

ED: Erstdruck. Unter diesem Zeichen erscheint der Erstdruck in Zeitungen, Zeitschriften, Almanachen und Anthologien dann, wenn der entsprechende Text nicht schon vorher im Rahmen einer Ausgabe, Teilausgabe oder Sammelausgabe des Rilke-schen Werkes erschienen ist.

EA: Erstausgabe. Hinter diesem Zeichen ist das zeitlich früheste Erscheinungsdatum im Rahmen einer Werkausgabe, Teilausgabe oder Sammelausgabe angeführt. In Frage kommen vor allem die Ausgaben der Zyklen (z. B. MzF, BB, NG, SO), Werk-ausgaben (SW, GW, GG, TF) und Briefausgaben (GB). Er-folgte nach einem Erstdruck (ED) die Erstausgabe innerhalb der SW, ist dies nicht mehr eigens aufgeführt.

K: Kommentar. Dieses Zeichen verweist auf Erläuterungen unter der ihm folgenden Nummer.

Diese Verweispraxis soll auch Querverbindungen und Beziehun-gen aufzeigen.

II. WERKSIGEL:

Ad	Advent
AG	Ausgewählte Gedichte
AW	Ausgewählte Werke
BB	Buch der Bilder
BTF	Briefe und Tagebücher aus der Frühzeit
CV	Christus-Visionen
CW	Aus dem Nachlaß des Grafen C. W.
DE	Duineser Elegien
DzF	Dir zur Feier
EG	Erste Gedichte
EM	Briefwechsel in Gedichten mit Erika Mitterer
FG	Die frühen Gedichte
Fz	Aus der Frühzeit Rainer Maria Rilkes
G	Gedichte 1906–1926
GB	Gesammelte Briefe

GG	Gesammelte Gedichte
GW	Gesammelte Werke
Lo	Larenopfer
LuL	Leben und Lieder
ML	Das Marien-Leben
MLB	Die Aufzeichnungen des Malte Laurids Brigge
MzF	Mir zur Feier
NG	Neue Gedichte
SG	Späte Gedichte
SO	Die Sonette an Orpheus
STB	Das Stunden-Buch
TF	Tagebücher aus der Frühzeit
Tg	Traumgekrönt
VPN	Verse und Prosa aus dem Nachlaß
WW	Wegwarten

B. LESEANLEITUNG

Alle kommentierten Texte tragen eine Nummer, die dem ermittelten
Entstehungsdatum des Stückes entspricht, in einigen seltenen Fällen
dem des Erscheinungsdatums. Je ungenauer eine Datierung ist, desto
weiter vorne erscheint der Text in der Chronologie, d. h. unter dem
frühest möglichen Zeitpunkt. Ansonsten bedeutet die kleinere Nummer in der Regel die frühere Entstehung. Die entscheidende Funktion
der Numerierung ist allerdings rein technischer Natur; sie soll das
Auffinden der einzelnen Stücke erleichtern, vor allem im Hinblick auf
die Benutzung des Registers. Register und Kommentar gehören insofern zusammen, als zwar das Register sowohl die Überschrift als auch
die Anfangszeile eines Gedichts, der Kommentar aber aus Gründen
der Raumersparnis entweder nur den Titel oder, falls das Gedicht
ohne Titel ist, nur die erste Zeile aufführt. Es darf daher nicht über-
raschen, wenn unter der gleichen Nummer im Register die erste Zeile,
im Kommentar aber dann nur der Titel erscheint. Die Nummer verbindet Register und Kommentar zu einem Ganzen.
Die Daten eines Kommentars sind auf folgende Weise zu lesen:
Beispiel: 1334 TOTEN-TANZ (NG II, 20): 1, 574. Paris, 20. 8. 1907.
ED: Hyperion H. 1 1908. EA: NG II Nov. 1908.
Lies: Das Gedicht Nr. 1334 hat den Titel *Toten-Tanz*, es steht im
II. Teil der *Neuen Gedichte* an 20. Stelle. In den Sämtlichen Werken
(SW) ist es im 1. Band auf Seite 574 abgedruckt (angegeben ist jeweils
nur die Seite, auf der das entsprechende Gedicht beginnt). Entstehungs-
ort ist Paris, der 20. 8. 1907 das Entstehungsdatum. In der Zeitschrift
»Hyperion« Heft 1 1908 ist es zum ersten Mal gedruckt worden (vgl.
Zeichenerklärung). Steht hinter der Jahresangabe ein Komma und eine
Zahl, so ist damit die Seitenzahl bezeichnet, auf der der ED des Stücks

beginnt. Die Erstausgabe erfolgte im II. Teil der *Neuen Gedichte* 1908.

Es gibt Gedichte, die eine sehr viel schwierigere Entstehungs- und Publikationsgeschichte haben.

Beispiel: 701 IHR MÄDCHEN SEID WIE DIE KÄHNE [LIEDER DER MÄDCHEN VI] (MzF 59/FG 51): 3, 235/1, 175. Florenz, 3. 5. 1898. ED: Pan. Jg. 4 1898 H. 4. EA: MzF 1899.

Das Gedicht ist in mehreren Sammlungen erschienen und hat in jeder eine verschiedene Stellungsnummer. Außerdem erscheint es in den SW an zwei verschiedenen Stellen (Bd. I Seite 175 und Bd. 3 Seite 235). Die eckigen Klammern besagen: das Stück ist in einem Zyklus *(Lieder der Mädchen)* an VI. Stelle eingereiht, der als Ganzes in die Sammlung *Mir zur Feier* eingefügt wurde; sie kennzeichnen also einen kleineren Zyklus innerhalb einer größeren Sammlung.

Steht hinter einer Stellungsnummer ein kleiner arabischer Buchstabe (a, b, c), dann heißt dies, daß der Text in einer späteren Auflage des entsprechenden Zyklus hinter dem mit der reinen Zahl ausgezeichneten Gedicht eingefügt wurde. So ist z. B. das Gedicht 1093 *Die Aschanti* (BB 16 d) hinter das 16. Gedicht der 1. Ausgabe des *Buchs der Bilder* (1902) später als 4. Stück eingereiht worden. Diese Nomenklatur wurde aus praktischen Gründen von Walter Ritzers Bibliographie (Wien 1951) übernommen.

Im Kommentarteil in gekürzter Form angegebene Literatur kann mit Hilfe der Bibliographie ergänzt werden.

Titel und Zitate von Rilke selbst wurden kursiv gedruckt.

1 FÜR EUEREN TRAUUNGS-TAG: 3, 475. Prag, 24. 5. 1884. EA: SW 1959.

Gedicht zum 11. Hochzeitstag der Eltern am 24. 5. 1884. Seit 1882 hat Rilke Gedichte zu festlichen Anlässen für seine Eltern aus einer Anthologie abgeschrieben. Diese ersten selbstverfaßten Verse fallen in Rilkes neuntes Lebensjahr, das er später als den Beginn seiner schriftstellerischen Tätigkeit überhaupt bestätigte (am 10. 7. 1900 ins Stammbuch des russischen Bauerndichters S. B. Droźźin).

Hannibal: Identifikation Rilkes, wohl mit einem Helden seiner ersten Bildungseindrücke. Hannibal (korrekte Schreibweise) war einer der größten Heerführer und Staatsmänner des Altertums, bekannt durch seinen Kampf gegen Rom. Zu Rilkes früher Neigung, sich mit den Namen antiker Feldherrn (Cäsar) auszustatten, vgl. auch K 181, sowie die beiden Beiträge zu Franz Brümmers »Lexikon der deutschen Dichter« (SW 6, 1204 u. 1524). S. Zinn 1948, 218.

Zum ständigen Wechsel der Anrede (Ihr – Du) vgl. die Situation der sich in diesem Jahre räumlich trennenden Eltern. Das »Du« richtet sich wohl an die Mutter, der die Erziehung oblag.

2 KLAGE ÜBER TRAUER: 3, 475. Prag, 18. 1. 1885. ED: Sieber 1932, 82.
Unterschrift für die Eltern: *Euer Euch innig liebender Sohn René.* Die stoffliche Quelle ist unbekannt. Die Kriegsthematik erklärt sich aus dem Vorhaben der Eltern, den Sohn Offizier werden zu lassen.

3 RESIGNATION: 3, 476. St. Pölten, Frühjahr 1888. EA: SW 1959.
Mit den drei folgenden Gedichten und anderen nicht gedruckten mit trist-melancholischen oder militärischen Inhalten (Sieber 1932, 95–97) in ein Schulnotizbuch des Jahres 1888 (St. Pölten) eingeschrieben. Die Hauptgruppe stammt aus der Zeit zwischen dem 2. u. 7. 5. 1888. Diese produktive Phase charakterisiert Rilke später in einem Briefgedicht an Vally von David-Rhonfeld (SW 3, 813. K 158). Die depressiven Themen spiegeln, genau wie das Tagebuch mit *traurigen und ernsten Gedanken,* die Verfassung des jungen Rilke in der Militärunterrealschule St. Pölten.
Amélie: Spielgefährtin Rilkes im Sommer 1885 (Osann 1941, 21).

4 DER KAMPF: 3, 477. St. Pölten, 2./5. 5. 1888. EA: SW 1959. – Vgl. Sieber 1932, 96. Zinn korrigiert Siebers Meinung, das in die Überschrift eingefügte Wort heiße »gemalt«, vielmehr laute es »genial«. Er vermutet dahinter ein Selbstlob (SW 3, 814).
Furien: römische Rachegöttinnen; übertragen für: Schrecken. S. K 3.

5 DAS GEWITTER: 3, 478. St. Pölten, 2./5. 5. 1888. EA: SW 1959. S. K 3.

6 ... SO IST MEIN HERZ!: 3, 478. 26. 7. 1888. ED: Sieber 1932, 96.
In einem tagebuchartigen Rückblick auf die Sommerreise mit dem Datum 26.7. 1888 heißt es: *Wir fuhren hin und hier lebten wir glücklich den Sommer – und hier fand ich die erste süße Pflanze meiner Liebe – hier konnte ich beglückt zum ersten Male rufen: »Die ersten Küsse sind die größten Wonnen.«,* woran sich das Gedicht anschließt.
Christen [...]: Die Eigennamen beziehen sich wohl auf Kameraden Rilkes in St. Pölten.
Vgl. Sieber 1932, 96 u. Osann 1941, 25. S. K 3.

7 LIEBSTE MAMA!: 3, 478. St. Pölten, etwa 2. 5. 1889. EA: SW 1959.
Gedicht an die Mutter zu ihrem Geburtstag am 4. 5. 1889. Unterschrieben mit: *Tausend innige Küsse sendet mit herzinnigem Glückwunsch und adee ton René.* Ähnliche Gedichte schreibt Rilke auch zum Namenstag seiner Mutter am 15. 5. 1889 und 1890. Vgl. auch das Gedicht zum Geburtstag seiner Mutter am 4. 5. 1890 (SW 3, 480).

8 WILD ENTFESSELT STREITEN DIE NATIONEN: 3, 482. St. Pölten, 1. Halbjahr 1890. ED: Sieber 1932, 106.
Rilke beginnt im ersten Halbjahr 1890 mit der Abfassung einer

Geschichte des dreißigjährigen Krieges in Prosa. Der erste Band
(81 Seiten) ist erhalten; die ersten drei Kapitel sind noch in St.
Pölten entstanden, also vor Anfang Juli 1890. Das vierte und
letzte Kapitel ist mit *Februar 1891 (Mährisch-Weißkirchen)* datiert. Den zweiten Band schreibt Rilke im April 1891 in Prag. Von
11 eingestreuten Gedichten sind 2 bisher veröffentlicht (S. auch
Weiset mir den Weg SW 3, 482); dieses steht zwischen dem zweiten
und dritten Kapitel des ersten Teils. Zum programmatischen Vorwort s. SW 6, 1244. Dem Manuskript beigefügt ist die Zeichnung
eines geborstenen Turmes mit der Unterschrift *Ringsum schmach-
ten die Gefilde,* ferner eine Skizze mit den eingezeichneten
Schlachtorten.
Rilkes Mutter berichtete von ihres Sohnes frühem Interesse am Dreißigjährigen Krieg, und daß er in der Schule der
Piaristen oft schon mehr darüber wußte als sein Lehrer. Die Quellen für Rilkes Geschichtsdarstellung sind unbekannt. – *»Gustav
Adolf –, Wallenstein!«:* gegnerische Heerführer des Dreißigjährigen Krieges; Gustav II. Adolf (1611–32 schwedischer König),
Führer des protestantischen Heeres, fiel in der Schlacht bei Lützen
1632 gegen Wallenstein (1583–1634), den Feldherrn des kaiser-
lich-katholischen Heeres.
Bemerkenswert schon beim frühen Rilke die Reduktion geschicht-
licher Ereignisse auf große Führerpersönlichkeiten. Zur Thematik
des Dreißigjährigen Krieges vgl. auch *Der Meistertrunk* (SW 3, 68),
Kaiser Rudolf (SW 1, 50) und *Aus dem Dreißigjährigen Kriege
1–12* (SW 1, 57). S. Sieber 1942, 104/6 u. Osann 1941, 36.

9 HOCH!/DEM GEBURTSFESTE: 3, 480. St. Pölten, etwa 2. 5. 1890.
EA: SW 1959.
Gedicht an die Mutter zu ihrem Geburtstag am 4. 5. 1890. S. K 7.
Unterschrieben mit *René.*
Vertumnus: röm. Gott der Vegetation und Fruchtbarkeit. *Fortu-
nas goldnem Horn:* röm. Göttin des Glücks, meist mit Füllhorn
dargestellt. *»'s ist ein Lied [..]«:* Zitat aus der Fabel »Die Katzen
und der Hausherr« von Magnus Gottfried Lichtwer (1719–83) aus
den »Vier Büchern Äsopischer Fabeln« (1748).

10 VORBEI (LuL 1): 3, 9. Linz oder Prag, 1891/4. EA: LuL 1894.
Als typisches Gedicht der Sammlung charakterisiert durch drei-
hebig-jambische Volksliedstrophe, poetisierende Wortwahl, klischeehafte Bilder aus dem Bereich Natur und Kunst, sprachlose
Gefühligkeit andeutende Zeichensetzung und die bereits für den
jungen Rilke bezeichnende Liebesklage. Die Lösung im dichterischen Lied darf als Antizipation der späteren orphischen Thematik
gelten.

LEBEN UND LIEDER

Bilder und Tagebuchblätter von René Maria Rilke. [1894]: 3, 7–94.
Der erste Gedichtband Rilkes erschien im November 1894 und
trägt die Widmung *Vally von R ... zu eigen.* Gemeint ist Valerie
von David-Rhonfeld, Rilkes Jugendfreundin von 1893–95, die er
über seine Kusine Gisela Mähler von Mählersheim (S. K 67) kennenlernte. Sie ist Tochter eines Artillerieoffiziers, ihre Mutter die
Schwester des Dichters Julius Zeyer (S. K 233). Rilke schrieb der
ein Jahr älteren Vally zahlreiche Briefe, von denen 130 erhalten
waren, aber heute verschollen sind. Sie war wohl seine erste
Liebe, war künstlerisch begabt und betätigte sich auch literarisch.
Von den über hundert Gedichten an sie sind in den SW nur 6
wiedergegeben (3, 487–488, 498–500 u. 813).
Die Entstehung des Gedichtbands reicht um Jahre zurück. Ein
Teil der Gedichte entstand schon in Linz, zwischen September
1891 und Mai 1892, andere sind im Sommer 1892 in Schönfeld
sowie seit September 1892 und im Jahre 1893 in Prag geschrieben
worden. Bereits am 3. 1. 1893 (also schon vor der ersten Begegnung mit Vally) bot Rilke das erste Manuskript erfolglos dem
Verlag J. G. Cotta (Stuttgart) an. Der Druck von 1894, Straßburg
i. E. u. Leipzig. G. L. Kattentidt. Jung Deutschlands Verlag, für
dessen Kosten Vally aufkam, enthält zahlreiche Fehler, die wohl
daher rühren, daß die Druckvorlage von anderer Hand geschrieben war. Von dem Gedichtbändchen sind nur 7 Exemplare erhalten.
Rilke schloß seinen Erstling in der Folgezeit von jedem Neudruck
aus, auch von den »Gesammelten Werken« in 6 Bänden. In einem
Brief an Zdenek Broman Tichy vom 7. 1. 1906 heißt es: *Die
früheste Publikation »Leben und Lieder« ist ganz ohne Belang
und, soviel ich weiß und hoffe, eingestampft worden,* und am
2. 9. 1907 an E. L. Schellenberg: *Von dem einstigen Buch »Leben
und Lieder« besteht tatsächlich kein Exemplar; was ... in keiner
Weise zu bedauern ist.* In die von F. A. Hünich geplanten Sammlung »Aus der Frühzeit R. M. Rilkes« möchte er *Leben und Lieder*
unter keinen Umständen aufgenommen wissen (Brief vom 19. 2.
1919).
Die Sammlung besteht aus 73 Gedichten. Ihr Inhalt sind »im
wesentlichen sentimentale, kindliche Liebeslieder, an –, wenn nicht
nachempfundene Balladen und ein Zyklus ›Die Sprache der Blumen‹, der uns an Familienzeitschriften erinnert«. (Sieber 1932,
119). Die Balladen zeigen Mitleid mit den Armen und Bedrückten.
Den breitesten Raum nehmen die kunstlos-epigonalen Liebeslieder
ein.
S. Rilkes Zuschrift an »Das deutsche Dichterheim« von 1895 (SW
6, 1201). S. Sieber 1932, 117/9 u. Heygrodt 1921, 11/6.

11 DIE MENSCHEN WOLLENS NICHT VERSTEHN! (LuL 2): 3, 10. Linz oder Prag, 1891/4. EA: LuL 1894.

12 DAS WAR IM MAI ... (LuL 3): 3, 11. Linz oder Prag, 1891/4. EA: LuL 1894.
selband': zu zweit (altertüml.).

13 DER ALTE INVALID (LuL 4): 3, 11. Linz oder Prag, 1891/4. EA: LuL 1894.
Radetzky-Marsch: österr. Militärmarsch von Johann Strauß (Vater).

14 BIS DIE SONNE WIEDER SCHEINT (LuL 5): 3, 13. Linz oder Prag, 1891/4. EA: LuL 1894.

15 MEIN HERZ (LuL 6): 3, 15. Linz oder Prag 1891/4. EA: LuL 1894.
Ed. Joh. Hübner: Prager kontemporärer Musiker.
Heygrodt sieht hier eine Reminiszenz an den jungen Heinrich Heine. Vgl. K 143. (Heygrodt 1921, 12/3).

16 WUNSCH (LuL 7): 3, 16. Linz oder Prag, 1891/4. EA: LuL 1894.

17 LORBEEREN (LuL 8): 3, 17. Linz oder Prag 1891/4. EA: LuL 1894.

18 DER SCHAUSPIELER (LuL 9): 3, 19. Linz oder Prag, 1891/4. EA: LuL 1894.
schier: hier: klar, rein. *jach:* jäh.
Bajazzo-Motiv (der Künstler, der andere zum Lachen bringen muß, während er von Schmerz zerrissen ist).

19 ABENDSEGEN (LuL 10): 3, 24. Linz oder Prag, 1891/4. EA: LuL 1894.
»Kreuzberg«: möglicherweise topographischer Punkt mit Anspielung auf »Golgotha«; Kalvarienberg, Berg mit Kreuzwegstationen.

20 KOMM, SCHÖNES KIND (LuL 11): 3, 25. Linz oder Prag, 1891/4. EA: LuL 1894.
Anakreontischer Ton.

21 WIE FÜHLTEN IM BUSEN WIRS QUELLEN! [STIMMUNGSBILDER] (LuL 12): 3, 26. Linz oder Prag, 1891/4. EA: LuL 1894. Vgl. 22, 48.

22 VERSTEHST DU, WAS DIE BÄUME SÄUSELN [STIMMUNGSBILDER] (LuL 12): 3, 27. Linz oder Prag, 1891/4. EA: LuL 1894.

23 ZIGEUNERMÄDCHEN (LuL 13): 3, 28. Linz oder Prag, 1891/4. EA: LuL 1894.

24 WENN DIE NACHT SINKT ... (LuL 15): 3, 30. Linz oder Prag, 1891/4. EA: LuL 1894.
selbander: zu zweit (altertüml.).

25 WENN GROSSMÜTTERCHEN ERZÄHLT (LuL 18): 3, 32. Linz oder Prag, 1891/4. EA: LuL 1894.
Postille: Andachtsbüchlein.

26 GESEHN, GEHOFFT, GEFUNDEN (LuL 19): 3, 33. Linz oder Prag, 1891/4. EA: LuL 1894.

27 ICH LIEBE! (LuL 20): 3, 34. Linz oder Prag, 1891/4. EA: LuL 1894.

28 DIE SPRACHE DER BLUMEN (LuL 22): 3, 36. Linz oder Prag, 1891/4. EA: LuL 1894.
   Ein kleiner Gedichtzyklus, bestehend aus einem Motto, einem Einleitungsgedicht, 32 Gedichten auf verschiedene Blumenarten und einem Schlußgedicht. In einigen Fällen ist neben der gängigen Bezeichnung der Blumen der botanische Terminus hinzugefügt, offenbar zur Demonstration von Gelehrsamkeit. Die Blumennamen dienen lediglich als Motto für Sinnsprüche, die im Zusammenhang mit Familien-Poesiealben resp. Familienzeitschriften jener Zeit zu sehen sind.

29 DEIN BILD (LuL 23): 3, 44. Linz oder Prag, 1891/4. EA: LuL 1894.

30 DIE FERNEN DUNKELN SCHNELL [ABENDGEDANKEN I] (LuL 24): 3, 44. Linz oder Prag, 1891/4. EA: LuL 1894.

31 WENN VON LINDEM TRAUM UMFANGEN [ABENDGEDANKEN II] (LuL 24): 3, 45. Linz oder Prag, 1891/4. EA: LuL 1894.

32 SAGT MIR, STERNE, WISST IHR [ABENDGEDANKEN III] (LuL 24): 3, 45. Linz oder Prag, 1891/4. EA: LuL 1894.

33 ES WAR EINMAL ... (LuL 25): 3, 46. Linz oder Prag, 1891/4. ED: ICAEA Nr. 11, Nov. 1893. EA: LuL 1894.

34 AM FENSTER (LuL 26): 3, 46. Linz oder Prag, 1891/4. EA: LuL 1894.

35 DIE WALDFEE (LuL 27): 3, 47. Linz oder Prag, 1891/4. EA: LuL 1894.
   verwogen: verwegen (Konzession an den Reim). *Waidmannsfang:* Todesstoß des Jägers. *Hüfthorn:* Horn zum Blasen von Jagdsignalen.

36 EIN ALLTAGSLIED (LuL 28): 3, 53. Linz oder Prag, 1891/4. EA: LuL 1894.

37 FRÜHLING *(wenn sich schwer)* (LuL 34): 3, 67. Linz oder Prag, 1891/4. EA: LuL 1894.

38 ASTROLOGIE (LuL 35): 3,67. Linz oder Prag, 1891/4. EA: LuL 1894.

39 DER MEISTERTRUNK (LuL 36): 3, 68. Linz oder Prag, 1891/4. EA: LuL 1894.
   »Im Stadtarchiv Rothenburg ob der Tauber fand der Archivar Heinrich Schmidt 1955 eine Handschrift des Gedichts, die Rilke (gegen 1895) *In tiefster Ehrfurcht der Stadt »Rothenburg«* gewidmet hat (Rothenburger Zeitung, 7. 9. 1955, 7). Widmung und Unterschrift sind eigenhändig, der Text von andrer Hand, offenbar von Vally von David-Rhonfeld, geschrieben. Der Foliobogen

stammt möglicherweise aus dem Druckmanuskript zu *Leben und Lieder.* Überschrift hier: »*Der Meistertrunk von Rothenburg.*« (SW 3, 788)

Tilly: Feldherr des Dreißigjährigen Krieges (1559–1632), eroberte 1631 Rothenburg mit dem kaiserlichen Heer; zur Erinnerung an das im Gedicht beschriebene Ereignis findet jährlich zu Pfingsten das Spiel »Der Meistertrunk« statt. *zum Feind des Reichs:* Gemeint sind die Union der Protestanten und die sie stützenden ausländischen Mächte (Schweden, England, Dänemark u. Holland). *traun:* fürwahr (altertüml.). *schier:* hier: gerade. S. K 8.

40 WEISET MIR DEN WEG, IHR STILLEN STERNE: 3, 482. Mährisch-Weißkirchen, Februar 1891. EA: SW 1959.

Das Gedicht steht am Schluß des ersten Bandes der »Geschichte des Dreißigjährigen Krieges« (S. K 8). Es ist als Monolog Wallensteins vor seiner Ermordung in Eger 1634 gedacht. Nachdem der Kaiser ihn offen des Hochverrats bezichtigt hatte, dachte er an eine Vereinigung mit dem schwedischen Heer. *ihr stillen Sterne:* Wallenstein pflegte vor wichtigen Entscheidungen sich ein Horoskop stellen zu lassen. Vgl. auch Schiller, Wallensteins Tod, 3. Aufzug, 10. Auftritt: »Nacht muß es sein, wo Friedlands Sterne strahlen.« *Friedlands Herzog:* Wallenstein.

41 DIE SCHLEPPE IST NUN MODE: 3, 415. Prag-Smichov, Hochsommer 1891. ED: Das interessante Blatt, Wien Jg. 10 Nr. 37 vom 10. 9. 1891, 9.

Rilkes erstes von ihm selbst veröffentlichtes Gedicht; es handelt sich dabei um seine Einsendung zu dem Preisausschreiben »Schleppe oder keine Schleppe?«, zu dem »Das interessante Blatt«, eine illustrierte Wiener Wochenschrift, am 6. 8. 1891 aufgerufen hatte. Sein Gedicht wird zum Abdruck empfohlen und erscheint unter 27 anderen Beiträgen (die preisgekrönten Arbeiten sind bereits am 27. 8. erschienen) an zweiter Stelle in obiger Ausgabe. Das Gedicht ist unterzeichnet *René Rilke in Prag, Smichov.* *Sanität:* Gesundheitsbehörde.

42 TEUERSTER PAPA!: 3, 483. Linz, 23. 9. 1891. EA: SW 1959. – Gedicht an den Vater zu seinem Geburtstag am 25. 9. 1891, unterschrieben: *Ewig Dein René. Linz, am 23. September 1891.* – *bei meiner Arbeit:* bezieht sich auf Rilkes begonnenen Kursus auf der Handelsakademie in Linz (Mitte September). Bezeichnend für sein Verhältnis zum Vater die Betonung von Arbeit und Pflicht.

43 WAS IM HELLEN SONNENSTRAHLE: 3, 484. Linz, 6. 11. 1891. EA: SW 1959.

In ein Stammbuch geschrieben mit der Unterschrift: *Diese Zeilen widmet Dir/René Rilke/Linz a./D., den 6. November 1891.* Der Empfänger ist nicht mehr zu ermitteln.

44 WAS GIEBT ES SCHÖNRES: 3, 485. Linz, 26. 11. 1891. ED: Sieber
1932, 103.
Aus einem Brief an die Mutter aus Linz vom gleichen Tage. Das
Gedicht bezieht sich wohl auf den Vorsatz, nach Absolvierung der
Linzer Handelsakademie Offizier zu werden, an dem Rilke bis
Sommer 1892 festhält. S. K 2.

45 ANTWORT AUF DEN RUF »DIE WAFFEN NIEDER!«: 3, 415. Linz,
vor Ostern 1892. ED: Böhmens deutsche Poesie und Kunst,
Wien Jg. 2 April 1892, 326.
Rilkes zweites veröffentlichtes Gedicht, unterschrieben: *Linz a./D.
René Rilke.* Gegen den berühmten Roman »Die Waffen nieder!«
(1889, 2 Bde.) von Bertha von Suttner (1843–1914) gerichtet, in
dem sie, wie auch in der gleichnamigen Monatsschrift (1892/9)
pazifistische Ziele verfolgte. Vgl. K 44.

46 SWANHILDE (LuL 21): 3, 35. Schönfeld, Nordböhmen, Sommer
1892. EA: LuL 1894.
Tollenstein: S. K 47. Ferner erzählt Rilke die Sage von Swanhilde
(auch Eva oder Berechta) in den *Böhmischen Schlendertagen II*
(SW 6, 297). Das Gedicht zählt offenbar zu denen, die vom Herausgeber der »Mitteilungen des Nordböhmischen Excursions-
Clubs« für den Druck abgelehnt wurden. S. K 49.

47 WIE LIEGT IHR DA: 3, 485/6, 1217. 28. 7. 1892. ED: Berliner Zeitung am Mittag vom 26. 7. 1936.
SW 6 gibt das Gedicht mit genauer Zeichensetzung wieder (nach
der Originalseite), während sich die Wiedergabe in SW 3 auf den
Zeitungsabdruck bezieht.
Rilke besuchte am 28. 7. 1892 die Burgruine Tollenstein in Nordböhmen und trug die Verse in das Gästebuch der dortigen Restau-
ration ein.
Ihr Zinnen [...]: Beispiel für Rilkes frühe kulturkritische Haltung, wie z. B. in: *Der Bau* (1, 13), *Brunnen* (1, 27), *Barbaren*
(1,43) u. *Die alte Uhr* (1, 64). Vgl. auch die Schilderung der Burgruine Tollenstein in *Böhmische Schlendertage II* (5, 296). Vgl.
Swanhilde (3, 35).

48 HOCH DORT AM BERGE [STIMMUNGSBILDER] (LuL 12): 3, 26/
3, 485. Schönfeld (Ruine Böhmisch-Kamnitz), 4. 9. 1892. EA:
LuL 1894.
Ursprünglich am 4. 9. 1892 bei einem Ausflug zur Schloßberg-
ruine bei Böhmisch-Kamnitz ins Gästebuch eingeschrieben, begin-
nend *Noch spät am Schloßberg saß ich.* Etwas verändert in LuL
aufgenommen.

49 WOHIN?: 3, 417. Prag, Herbst 1892 (vor dem 29. 10.). ED: Mitteilungen des Nordböhmischen Excursions-Clubs, Leipa Jg. 16
1893, 45.
Abschrift in einem Brief an Phia Rilke, die Mutter des Dichters,

vom 29. 10. 1892. Erhalten ist auch der Brief des Herausgebers
vom 8. 12. 1892, in dem das Gedicht zum Druck angenommen
wird, während andere (wahrscheinlich auch *Swanhilde* 3, 35; K
46) abgelehnt werden.

50 VERBLÜHST DU SCHON?: 3, 417. Prag, Herbst 1892 (vor dem
29. 10.). ED: ICAEA 1893, Nr. 11. S. K 49.

51 ICH LIEB EIN PULSIERENDES LEBEN (LuL 16): 3, 31. Prag, 29. 10.
1892. EA: LuL 1894.
Abschrift in einem Brief an Phia Rilke vom gleichen Tag. S. K 49.

52 ES TRÄUMET DER SEE ... (LuL 17): 3, 31. Prag, 29. 10. 1892.
EA: LuL 1894.
In einem Brief an Phia Rilke vom gleichen Tag. S. K 49. Die
hier wiedergegebenen Gedichte sind mit Nummern *meiner Samm-
lung* versehen.
Jugendstil-Motive.

53 SO DIES HERZ EINST STILLE WERDE: 3, 486. Prag, 2. 11. 1892. EA:
SW 1959.
Zum Allerseelen-Motiv vgl. bes. *Allerseelen* (1, 24) u. *Friedhofs-
gedanken* (3, 73). S. Demetz 1953, 124 ff.

54 SPLITTER (LuL 14): 3, 30. Prag, 17. 12. 1892. EA: LuL 1894. – In
einem Brief an Franz Keim, einen St. Pöltener Lehrer, vom gleichen Tage (GB 1, 5). S. Sieber 1932, 119 u. Demetz 1953, 114.

55 DAS AUGE FEUCHT VON TRÄNEN [LAUTENLIEDER IV] (LuL 32):
3, 64. Prag, Jahreswende 1892/93. ED: Jung-Deutschland's Musen-
Almanach Jg. 1 1894, 108. EA: LuL 1894.

56 DAS PARADIES (LuL 29): 3, 53. Prag, 1893. EA: LuL 1894.
Explizites Liebesgedicht an Vally von David-Rhonfeld (S. K 10).
Elysium: In der griech. Mythologie Land der Seligen.

57 TÖNET ZU DER TRAUTEN WIEDER [LAUTENLIEDER I] (LuL 32):
3, 62. Prag. 1893. ED: K 55. EA: LuL 1894.

58 WIE ICH SO GERNE WÜSST [LAUTENLIEDER II] (LuL 32); 3, 63.
Prag, 1893. ED: K 55. EA: LuL 1894.

59 ICH BIN VON DIR SO FERNE [LAUTENLIEDER III] (LuL 32); 3, 64.
Prag, 1893. ED: K 55. EA: LuL 1894.

60 RINGS ÜBERALL IM WEITEN TAL [LAUTENLIEDER V] (LuL 32):
3, 65. Prag, 1893. ED: K 55. EA: LuL 1894.
Altanes: balkonartige Plattform.

61 WENN IHR EINST MICH IN DIE TRAUTE [LAUTENLIEDER VI] (LuL
32): 3, 66. Prag, 1893. ED: K 55. EA: LuL 1894.
Unter dem Titel *Bitte* abgedruckt in: Das deutsche Dichterheim,
Wien Jg. 14 1894 Nr. 5, 82.

62 TROST (LuL 33/WW 1, 9): 3, 66/3, 117. Prag, 1893. EA: LuL
1894.
Später mit unwesentlicher Variante in das 1. Heft der WW (1896)
aufgenommen.

WEGWARTEN

Lieder, dem Volke geschenkt von René Maria Rilke. Frei. Er-
scheint ein- bis zweimal jährlich. Selbstverlag des Verfassers, Prag
[1896]: 3, 111–125.
Unmittelbar nach Erscheinen seiner zweiten Gedichtsammlung
Larenopfer stellt Rilke sein erstes Heft der WW zusammen (Dezember 1895). Der Druck wird am 2.1.1896 beendet. Das Heft
enthält 21 Gedichte, das früheste aus dem Jahre 1893. Ein Ge-
dicht stammt aus LuL, eins aus *Larenopfer;* drei weitere werden
später in *Traumgekrönt* aufgenommen, zwei andere erscheinen in
Zeitschriften. Das zweite Heft vom 1.4.1896 enthält das einaktige
Drama: *Jetzt und in der Stunde unseres Absterbens. Scene. Von*
René Maria Rilke. Frei. Selbstverlag Prag II. Wassergasse 15^B I.
Das dritte und letzte Heft erscheint am 29.10.1896 unter dem Titel
René Maria Rilke und Bodo Wildberg (K 291). *Deutsch-moderne*
Dichtungen. (Zwangloses Erscheinen.) Wegwarten-Verlag, Mün-
chen, Dresden und vereinigt Beiträge von 13 Schriftstellern, darunter S. 12–14 6 Gedichte von Rilke, die später in *Traumgekrönt*
und *Advent* eingereiht werden. Die Auflage betrug 1000 Exemplare. Ein geplantes viertes Heft ist nicht mehr erschienen.
Rilke verschenkte die Hefte an Krankenhäuser, Volks- und Hand-
werkervereine. Seine idealistischen Intentionen hat er in einem
programmatischen Vorwort zum ersten Heft (3, 112) zusammengefaßt. Danach bezieht sich der Titel *Wegwarten* auf eine zäh-
lebige Pflanze, die nach Paracelsus *alle Jahrhunderte zum leben-*
digen Wesen wird. Sie dient ihm als Allegorie für seine Gedichte.
Demetz weist nach, daß Rilke mit dem kostenlosen Verteilen
von Dichtung »unter das Volk« den Dichter Karl Henckell pla-
giierte, der dasselbe im Sinne sozialdemokratischer Aufklärungs-
arbeit praktizierte. Er unterstellt Rilke jedoch, das soziale Anliegen seines Vorgängers zugunsten eigener Publicity in den Hintergrund gedrängt zu haben. Vgl. Rilkes Besprechungen von
Henckells »Sonnenblumen« (5, 300 u .306). S. Demetz 1953, 56.
Es handelt sich bei den WW weitgehend um Stimmungsgedichte
vom Niveau der LuL. Immerhin schlug Rilke 1919 Hünich vor,
die ersten beiden Hefte der WW in die Sammlung »Aus der
Frühzeit RMRs« aufzunehmen. Wie sehr sich indes seine Intention, Dichtung für das Volk zu schreiben und das Volk zum
Gegenstand von Dichtungen zu machen (s. auch *Larenopfer*),
wandelte, zeigen seine späteren Werke wie auch zahlreiche Brief-
stellen. In einem Brief an Lisa Heise vom 2.8.1919 heißt es
z. B.: *Das Kunst-Ding kann nichts ändern und nichts verbessern,*
sowie es einmal da ist, steht es den Menschen nicht anders als die

Natur gegenüber, in sich erfüllt, mit sich beschäftigt (wie eine Fontäne), also, wenn man es so nennen will: teilnahmslos.
S. Rilkes Vorworte u. Nachwort zu den WW (6, 1205). S. Heygrodt 1921, 16–22 u. Demetz 1953, 65–62.

63 EIN LANDHAUS STEHT ... [NEBELBILDER I] (LuL 31): 3, 57. Prag, Anfang 1893. EA: LuL 1894.
Pontus: (lat.) Meer.

64 FRIEDE [NEBELBILDER II] (LuL 31): 3, 59. Prag, Anfang 1893. EA: LuL 1894.

65 NACH UNSERER ERSTEN BEGEGNUNG: 3, 487. Prag, 4. 1. 1893. ED: Sieber 1932, 124.
Erstes Gedicht an Vally (K 10). Sieber weist auf die Kindlichkeit dieser Verse hin.

66 MORGENGRUSS: 3, 487. Prag, Anfang 1893. ED: Sieber 1932, 125. Das Liebesgedicht steht im 13. Brief an Valéry von David-Rhonfeld und ist nach Sieber das »einzige wirklich gefühlte Gedicht« an die Freundin. S. K 10.

67 DIES SEI DAS HÖCHSTE ZIEL: 6, 1218. Prag, März 1893. ED: Mises 1966, Nr. 470.
Stammbuchverse für Gisela Mähler von Mählersheim, deren Mutter Rilkes Tante mütterlicherseits war; s. K 10.
Bezeichnend für Rilkes Theorie von der schöpferischen Leistung.

68 DASS DICH DOCH DAS WORT: 3, 488. Prag, Frühjahr 1893. EA: SW 1959.
An Vally (K 10).

69 GLAUBENSBEKENNTNIS: 3, 489. Prag, 2. 4. 1893. EA: SW 1959.
Rilkes erste lyrische Äußerung zu Religion und Glauben fällt be-bereits exponiert kritisch aus. Vgl. *Noch hatten kaum die Fernen* (3, 491) sowie die Sammlungen *Christus-Visionen, Das Stunden-Buch* u. *Das Marien-Leben.*
der »unfehlbare« Hirt: Gemeint ist das päpstliche Unfehlbarkeits-dogma.

70 EIN WUNSCH (LuL 37): 3, 72. Prag, Herbst 1893. EA: LuL 1894. Heygrodt hält dieses Gedicht für das »ausgeprägteste« des Zyklus. (1921, 15)

71 FRIEDHOFSGEDANKEN (LuL 38): 3, 73. Prag, Herbst 1893. EA: LuL 1894.
traun: fürwahr. S. K 53.

72 DIE HOFFNUNG: 3, 420. Prag, Herbst 1893. ED: ICAEA 1894, Nr. 6, 46.

73 MÄCHTIG ZIEHT EIN FRÜHLINGSSEHNEN [SEHNSUCHTSGEDANKEN I] (LuL 40): 3, 76. Prag, Spätherbst 1893. EA: LuL 1894.

74 WENN OFT DER TAG [SEHNSUCHTSGEDANKEN II] (LuL 40): 3, 76. S. K 73.

75 ICH SEH SO GERN [SEHNSUCHTSGEDANKEN III] (LuL 40): 3, 77.
S. K 73.

76 KANNST DU MIR SAGEN [SEHNSUCHTSGEDANKEN IV] (LuL 40):
3, 78. S. K 73.

77 MEIN HERZ MACHT SEHNSUCHT HÄMMERN [SEHNSUCHTSGEDANKEN
V] (LuL 40): 3, 79. S. K 73.

78 ICH WEISS, DASS ES ERST STILLE WERDE [SEHNSUCHTSGEDANKEN
VI] (LuL 40): 3, 79. S. K 73.

79 DORTHIN MEIN SEHNEN FLIEHT [SEHNSUCHTSGEDANKEN VII] (LuL
40): 3, 80. S. K 73.

80 DIE BAJADERE (LuL 41): 3, 81. Prag, Spätherbst 1893. EA: LuL
1894.
Bajadere: Indische Berufstänzerin. Entgegen den zahlreichen kindlichen Liebesgedichten der Sammlung preist Rilke hier die sinn-
liche Liebe. Vgl. Goethe, Der Gott und die Bajadere.

81 AN DIE KRITTLER! (LuL 42): 3, 82. Prag, Spätherbst 1893. EA:
LuL 1894.
Vgl. Rilkes spätere Weigerung, Kritiken seiner lyrischen Werke
zur Kenntnis zu nehmen.

82 VORWÄRTS (LuL 43): 3, 83. Prag, Spätherbst 1893. EA: LuL
1894.

83 IM ALTEN SCHLOSS (LuL 44): 3, 84. Prag, Spätherbst 1893. EA:
LuL 1894.

84 ALTE PFADE (LuL 46): 3, 85. Prag, Spätherbst 1893. EA: LuL
1894.

85 WEIHNACHT: 3, 418. Prag, Spätherbst 1893. ED: ICAEA 1893,
Nr. 12, 105.

86 DIE STERNENNACHT: 3, 419. Prag, Spätherbst 1893. ED: Jung-
Deutschland und Jung-Elsaß Bd. 3, Nr. 8, 15. 4. 1894, 76.

87 NICHT JAUCHZEN, NICHT KLAGEN: 3, 419. Prag, Nov. 1893. ED:
Jung-Deutschland und Jung-Elsaß Bd. 3, Nr. 2/3, 1. 2. 1894, 20.

88 FÜRST POPPOV (LuL 30): 3, 55. Prag, Winter 1893/4. ED: Das
deutsche Dichterheim, Wien Jg. 14 1894, Nr. 9, 149. EA: LuL
1894.
Bosporus: Meerenge zwischen Balkan und Kleinasien.

89 HEIMAT (LuL 39): 3, 74. Prag, Ende 1893. EA: LuL 1894.
Das Motiv der Heimatlosigkeit ist von der Frühzeit an eine the-
matische Konstante bei Rilke (vgl. z. B. *Der Dichter* 1, 511 u.
Brief an Sieber vom 10. 11. 1921).

90 WENN DES TAGES LICHT [LIEDER DES ZIGEUNERKNABEN I] (LuL
47): 3, 86. Prag, Ende 1893. EA: LuL 1894.

91 WENN NACH TAGES PLAG [LIED DES ZIGEUNERKNABEN II] (LuL
47): 3, 87. S. K 90.
Cymbal: Hackbrett; ein Saiteninstrument, das sich vor allem in
Zigeunerkapellen findet.

92 MANCHER, DER MIR EINE GABE [LIEDER DES ZIGEUNERKNABEN III]
(LuL 47): 3, 88. S. K 90.
deutet: hier: bedeutet.

93 MÜDE LAGERFEUER RAUCHEN [LIEDER DES ZIGEUNERKNABEN IV]
(LuL 47): 3, 88. S. K 90.
Puszte: Pußta, ungarische Steppengegend.

94 VON DER ERDE GEFÜHRT [LIEDER DES ZIGEUNERKNABEN V] (LuL
47): 3, 89. S. K 90.

95 KANN DIR KEINE EINZGE GABE [LIEDER DES ZIGEUNERKNABEN VI]
(LuL 47): 3, 90. S. K 90.

96 DEN CYMBAL GUT ZU SCHLAGEN [LIEDER DES ZIGEUNERKNABEN
VII] (LuL 47): 3, 90. S. K 90.
Cymbal: S. K 91.

97 DU BRAUCHST MIR DEINE HÄNDE [LIEDER DES ZIGEUNERKNABEN
VIII] (LuL 47): 3, 91. S. K 90.

98 MANCHMAL ERMATTET [EMPOR I] (LuL 48): 3, 91. Prag, Ende
1893. EA: LuL 1894.
S. Rolleston 1970, 14.

99 PLÖTZLICH ERFASST' MICH [EMPOR II] (LuL 48): 3, 92. S. K 98.

100 IRREN FÜRWAHR [EMPOR III] (LuL 48): 3, 93. S. K 98.

101 NOCH HATTEN KAUM DIE FERNEN: 3, 491. Prag, Ende 1893. EA:
SW 1959.
Zu Rilkes früher kritischer Haltung dem Christentum gegenüber
vgl. *Glaubensbekenntnis* 3, 489 (K 69).

102 SCHAUDERST DU, TEUERES KIND: 3, 493. Prag, Ende 1893. EA:
SW 1959.
Cocyt: (griech.) Strom der Unterwelt. *Träume dann [...]:* bezieht
sich wohl auf die Prüfung der Seelen durch die Totenrichter in
der Unterwelt. Zu diesem Themenkomplex vgl. vor allem *Orpheus. Eurydike. Hermes.* (1, 542) und *Die Sonette an Orpheus*
(1, 727). Das Gedicht steht in Distichen, einem in der Antike häufig
verwendeten Doppelvers.

103 LOSUNG (LuL 45): 3, 85. Prag, Jahreswende 1893/94. EA: LuL
1894.

104 ICH MÖCHTE DRAUSSEN DIR BEGEGNEN [FUNDE] (Ad 34 a): 1, 122.
Undatiert (1894–96). ED: Neue litterarische Blätter. Berlin. Jg. 4
1895/96 Nr. 7, 200 u. d. T.: *Wunsch.* EA: EG 1913.
Ursprünglich nicht in *Advent.*
Zur jugendstilhaften Gebärde der sich emporrankenden Pflanze
vgl. *Wenn wie ein leises Flügelbreiten* (1, 122).

ADVENT (1897): 1, 99–141

Am 26. 1. 1897 liegt die erste Fassung von Rilkes vierter Gedichtsammlung *Advent* handschriftlich vor. Die Texte entstanden in

Prag und München (September–Oktober 1896 und Januar 1897). Später werden noch weitere Gedichte von der Frühjahrsreise 1897 und aus Wolfratshausen aufgenommen, die letzten vom Juli 1897. Vor Weihnachten 1897 erscheint der Gedichtband in der endgültigen Fassung: *Advent. Von RMR. Leipzig: P. Friesenhahn.* Die Widmung lautet: *Gedichte/(München 1896/97)/ meinem guten Vater unter den Christbaum.* Die Abteilung *Gaben* enthält 22 Widmungsgedichte an Dichter, die Rilke nachhaltig beeinflußten (Jacobsen, Maeterlinck u. a.) und an Münchner Gönner. In den *Ersten Gedichten* von 1913 erscheint ein Neudruck von *Advent* neben *Larenopfer* und *Traumgekrönt.* Fünf einzelne Gedichte (1894/97) werden neu eingereiht; die ursprünglichen Widmungen in den *Gaben* sind getilgt. Die Sammlung besteht aus 79 Gedichten, die in die vier Abteilungen *Gaben an verschiedene Freunde, Fahrten, Funde* und *Mütter* aufgeteilt sind.

Heygrodt (1921, 46–57) hält *Advent* für einen wichtigen Markstein in der Entwicklung von Rilkes Lyrik, weil der Dichter sich »im eigenen Phantasie- und Gefühlsbereich vertieft und gefestigt« habe, sich »seiner Eigenart bewußt geworden« sei und um den Widerstreit zwischen »Zagheit« (Sehnsüchtelei, Reflexion) und »Zorn« (Wille gegen Müdigkeit und Zagheit) wisse. Zum entscheidenden Einfluß Jacobsens vgl. Heygrodt 1921, 50 ff. und K 430. Stilistisch ähneln die Texte denen aus der vorangehenden Gedichtsammlung *Traumgekrönt.*

105 FALTER UND ROSE (WW 1, 3): 3, 114. Prag, 1894. EA: WW 2. 1. 1896.
Nach Heygrodt (1921, 19) Variation von Goethes »Sah ein Knab' ein Röslein stehn«.

106 DER GESPENSTERTURM (WW 1, 4): 3, 115. 1894–1895. EA: WW 2. 1. 1896.

107 KÜNSTLER-LOS (WW 1, 5): 3, 115. 1894–1895. EA: WW 2. 1. 1896.
Nedda: möglicherweise Anspielung auf die gleichnamige weibliche Figur aus »Bajazzo« (Oper von Leoncavallo). Widerstreit Kunst–Ökonomie thematisiert.

108 ABENDWOLKEN (WW 1, 11): 3, 119. Prag, 1894. EA: WW 2. 1. 1896.
Fergen: (ahd.) Fährmann, Schiffer (dicht.).

109 DURCH EINEN WALD VON UNGEMACH ... (WW 1, 17): 3, 122. 1894–95. EA: WW 2. 1. 1896.

110 SEHNSUCHT (WW 1, 18): 3, 123. 1894. ED: ICAEA 1894 Nr. 3, 24. EA: WW 2. 1. 1896.
Aar: Adler (dicht.). S. Heygrodt 1921, 20.

111 MIR GESCHAH ... (WW 1, 19): 3, 123. 1894–95. EA: WW 2. 1 1896.

112 ZUKUNFT (WW 1, 20): 3, 124. 1894–95. EA: WW 2. 1. 1896.

schummert: dämmert. *Fra Fiesole:* auch Fra Angelico, ital. Maler
der Spätgotik resp. Frührenaissance (1387 oder 1388–1455), schuf
leuchtendfarbige Altarbilder. *Bambini:* (ital.) Kindlein; vor allem
die Darstellung des Jesuskindes in der ital. Kunst.

113 DAS HEIMATLAND (Lo 79): 1, 68. Prag, wohl 1894. EA: Lo 1895.
Kde domov můj: S. K 237.

LARENOPFER

Von René Maria Rilke. Prag. Verlag von H. Domenicus. 1896.

Die *Larenopfer* sind Rilkes zweiter selbständig gedruckter Gedichtband und entstanden im Herbst 1895 in Prag. Den Umschlag
des Bändchens hat Vally entworfen (S. K 10). Rilke schreibt darüber: *Dieses Werk, das in Böhmen die »starken Wurzeln seiner
Kraft« hat, ragt doch weit ins Allgemein-Interessante und eignet
sich seiner vornehmen Ausstattung wegen vorzüglich zu Geschenk-
zwecken.* (Selbstanzeige 6, 1203). In den *Wegwarten II* (S. K 62)
weist Rilke darauf hin, daß Fontane *Larenopfer* mit Anerkennung
genannt habe. Im Jahre 1913 erscheint im Insel-Verlag der Band
Erste Gedichte von RMR, eine zweite Ausgabe früher Sammlungen; der erste Teil ist der Neudruck der *Larenopfer*.
Die Sammlung enthält 99 Gedichte. Der Titel symbolisiert die
Volks- und Heimatverbundenheit der Texte: wie die Römer den
Laren, den Schutzgöttern der Familie und der Feldflur, opferten,
so bringt der Dichter seiner Vaterstadt Prag, der böhmischen Heimat und dem böhmischen Volk seine Werke als Gabe dar.
Bezeichnend für diesen Gedichtband ist Rilkes Griff in die Realität, vor allem in den Schilderungen der Stadt Prag, die mehr als
ein Drittel der Verse einnehmen, ferner in den Gedichten, die
historische Gestalten oder zeitgenössische Künstler besingen. Auch
der Alltag der kleinen Leute ist vertreten.
    Demetz unterscheidet fünf Gedichttypen in den *Larenopfern:*
das deskriptive Gedicht, dem vor allem die Stadtgedichte zu-
zuordnen sind und das bereits auf das spätere Dinggedicht verweist; den neuromantischen Gefühlserguß, der schon die epigonalen
Stimmungsgedichte der *Wegwarten* bestimmte; die impressionistische Momentaufnahme, die sich stark an Liliencrons (S. K 182)
Lyrik orientiert; das naturalistische Tendenzgedicht, das Schicksal
und Not der Armen thematisiert, in den *Larenopfern* jedoch zum
letzten Mal in Rilkes Lyrik auftaucht; und eine mißglückte Misch-
form aus naturalistischer Thematik mit neuromantischer Technik
(Jugendstil). Eines der zentralsten Themen ist das des Todes in
den Motiven vom Frühling über den Gräbern und vom Aller-
seelentag. Entsprechend zahlreich sind die Schauplätze Friedhof,
Gruft, Kloster u. s. f. vertreten.

Sprachlich und stilistisch stellen die *Larenopfer* eine entscheidende
Weiterentwicklung dar. Die technische Eleganz hat zugenommen,
die Sprache wird biegsamer. An Stilmitteln tauchen häufig auf:
Alliteration, Gleichklang der Laute innerhalb zusammengesetzter
Worte und die Neigung, mehrere Endsilben zu reimen und den
Akzent im Enjambement der fließenden Melodie einzuordnen. Am
wichtigsten sind die Experimente mit dem Reim, in dem Bestreben, verbrauchte Möglichkeiten zu verwerfen und ungewöhnliche
Lautkombinationen zu suchen (z. B. fremdsprachige Worte als Reime zu verwenden, besonders tschechische). Auch der Rhythmus
nimmt an Komplexität zu.

Zu Rilkes slawophiler Haltung, seinen tschechischen Themen, der
politischen wie persönlichen Situation in Prag, zu seinem Umgang und seiner völkerversöhnenden Haltung s. die vorzüglichen
Ausführungen bei Demetz 1953, 136 ff.

Zu Rilkes Stadtbild in den *Larenopfern* s. Blume, 1951, 66 ff.

S. Rio Preisner, Rilke in Böhmen, in: Rilke heute I, 1957, 207.

114 REDENSART: 3, 423. Undatiert. ED: Das deutsche Dichterheim.
Wien. Jg. 14 1894 Nr. 27, 585 (30. 11. 1894).

115 STIMMUNGSBILD: 3, 423. Undatiert. ED: Die Penaten. Dresden.
Jg. 2 1894 Heft 24, 595 (15. 12. 1894).
Vgl. *Stimmungsbilder* 3, 26.

116 WER DAS LIED VERSTEHT [WALDESRAUSCHEN I]: 3, 424. Undatiert
(1894). ED: Jung-Deutschlands Musenalmanach. Jg. 2 1895, 177.
EA: Fz 1921.
Vgl. *Gern gäb ich dir* 3, 499 (K 157).

117 EIN RAUNEN ZIEHT [WALDESRAUSCHEN II]: 3, 424. Undatiert.
S. K 116.

118 HEILGER HOCHWALD [WALDESRAUSCHEN III]: 3, 425. Undatiert.
S. K 116.
Sibylle: im Altertum Name für weissagende Frauen, am bekann-
testen die Sibylle von Cumae, die Aeneas die Zukunft weissagte.
Die Prophezeiungen sollen unter betäubenden Dünsten erfolgt
sein.

119 DIE STUNDE KOMMT GAR OFT: 3, 496. Prag, erstes Halbjahr 1894.
EA: SW 1959.
Erste kritische Hinterfragung des Dichtertums.

120 NACHTGEDANKEN (WW 1, 15/Tg 18): 3, 121/1, 82. Prag, Frühjahr 1894. ED: Die Penaten. Dresden. Jg. 2 1894 H. 12, 305
(15. 6. 1894). EA: WW 2. 1. 1896.
Später leicht verändert und ohne Titel als *Träumen XVII* in
Traumgekrönt aufgenommen. In den *Ersten Gedichten* (1913)
wohl das früheste Stück.
Weltenweiter Wandrer: gemeint ist wohl der Mond.

TRAUMGEKRÖNT

Neue Gedichte von René Maria Rilke. (1896).

Im Dezember 1896 erscheint bei Friesenhahn in Leipzig Rilkes dritte Gedichtsammlung *Traumgekrönt.* Die Texte entstanden in den Jahren 1894–96. Der Band trägt die Widmung: *Richard Zoozmann in treuer Verehrung zu eigen.* Zoozmann (1863–1934) war Schriftsteller und finanzierte zur Hälfte den Druck von *Traumgekrönt.* Er konnte Rilke auch dazu veranlassen, die geplanten vier Abschnitte in zwei Teile zusammenzuziehen, die die Überschriften *Träumen* und *Lieben* tragen. Jedem seiner Eltern sendet Rilke ein Exemplar der Sammlung mit einem Widmungsgedicht; sie ist auch sein erstes Geschenk an Lou Andreas-Salomé (S. K 502). In den *Ersten Gedichten* von 1913 werden die 51 Texte wieder-aufgelegt.

Im Gegensatz zu den *Larenopfern,* die einen starken Bezug zur wirklichen Umwelt aufweisen, ziehen sich die Gedichte aus *Traumgekrönt* in die »inhaltlose Atmosphäre neuromantischer Ge-fühlsstilisierung« (Demetz, 1953, 132) zurück. Während Rhyth-mus und Reim eine neue Beschränkung und Disziplin erfahren, entwickelt sich Rilkes Neigung zu klangintensiven Wortneubil-dungen zur Manie. Der Rückzug zum »narzistischen Seelenspiegel-bild« bringt Rilke zur »ersten Vorstellung von seiner dichterischen Existenz zurück«, »das ursprüngliche Dichterideal« verbindet sich »mit den ästhetischen Kategorien der zeitgenössischen Neuroman-tik« (a.a.O., 134). Es entsteht das »Symbol des königlichen Dich-ters«.

Zum besonders zentralen Begriff der Gebärde s. Heygrodt 1921, 42 ff. (»Das Ich der Traumgekrönt-Gedichte ist immer in Bewe-gung, immer im Fluß, allen Gefühlsschwankungen unterworfen, allen Stimmungsreizen ausgeliefert: es gebärdet sich, aber es ist nicht.«).

Zum entscheidenden Einfluß Jacobsens s. auch Heygrodt 1921, 38 ff.

S. auch die Selbstanzeigen Rilkes 6, 1208/9.

121 DIE LEHRE DES LEBENS: 3, 420. Prag, Frühjahr 1894. ED: Die Penaten. Dresden. Jg. 2 1894 H. 9, 215 (1. 5. 1894).

122 ABEND *(Der Abend deckt die Erd'):* 3, 426. Prag, Frühjahr 1894. ED: Jung-Deutschland und Jung-Elsaß. Jg. 3 1895 Nr. 2, 13 (15. 1. 1895). – Von der Redaktion preisgekrönt.

123 FLUCH DES FRÜHLINGS: 3, 427. Prag, Frühjahr 1894. ED: Jung-Deutschland und Jung-Elsaß. Jg. 3 1895 Nr. 6/7, 49 (1. 4. 1895). Ein »freilich heillos primitives« Beispiel für Rilkes Humor. (Ma-son 1972, 221).

124 Lieb' und Freundschaft: 3, 494. Prag, Frühjahr 1894. EA: SW
     1959.
125 Was aus der Freundschaft erkeimt: 3, 494. Prag, Frühjahr
     1894. EA: SW 1959.
126 An manche: 3, 495. Prag, Frühjahr 1894. ED: Kneipzeitung des
     Vereins Deutscher Bildender Künstler in Böhmen 1896; Auswahl
     in der 11. Veröffentlichung der Gesellschaft deutscher Bücherfreun-
     de in Böhmen als Jahresgabe 1929–1932. (1933), Tafel VII. EA:
     BVP 1946.
     Phidias: berühmter attischer Bildhauer (5. Jahrhundert v. Chr.).
     Die Ansicht, daß der schaffende Künstler für ein Kunstwerk ent-
     scheidender als der Stoff ist, hält sich bei Rilke auch später noch
     (Rodin).
     S. Mises RMR im Jahr 1896, Bd. III, 1946, 108.
127 O könnt ich nicht singen: 3, 496. Prag, Frühjahr 1894. EA:
     SW 1959.
     traun: fürwahr.
128 Tränen: 3, 421. Prag, April 1894. ED: Jung-Deutschland und
     Jung-Elsaß Jg. 1894 2. Sem. Nr. 4, 35. (15. 8. 1894) EA: Fz 1921.
129 Auf der Heide: 3, 428. Prag, April 1894. ED: Neue litterarische
     Blätter. Berlin Jg. 3 1894/95 Nr. 10, 258 (1. 7. 1895). EA: Fz 1921.
130 Wenn auch einsam oft: 3, 494. Prag, 18. 4. 1894. EA: SW 1959.
     Zum Thema der Kunst, die den »Kerker« des Lebens sprengen
     kann, vgl. *Trotzdem* 1, 35. (K 231).
131 Jene Wolke will ich neiden [Träumen VIII] (Tg 9): 1, 78.
     Prag, Mai 1894. EA: Tg 1896.
132 Die Rose (WW 1,7/Tg 6): 3, 116/1,77. Prag, um den 1. Mai 1894.
     EA: WW 2. 1. 1896.
     Spätere Fassung, um die mittlere Strophe verkürzt und leicht ver-
     ändert, in *Traumgekrönt* ohne Titel als *Träumen V* .
     S. Wolf 1930, 70 (zum Motiv der Rose).
133 Geständnis: 3, 422. Prag, um den 1. 5. 1894. ED: Jung-Deutsch-
     land und Jung-Elsaß. Jg. 2 1894 2. Sem. Nr. 8/9, 81 (1. 11. 1894).
134 Von Kronen träumte ...: 3, 421. Prag. 6. 5. 1894. ED: Die
     Penaten. Dresden. Jg. 2 1894 H. 18, 451 (15. 9. 1894).
     Zum Märchenthema vgl. *Der Sohn* 1, 424.
135 Mittag (WW 1, 6): 3, 116. Prag, Sommer 1894. EA: WW 2. 1.
     1896.
     Bemerkenswert die Tendenz, statt des einen Zustand ausdrücken-
     den attributiven Adjektivs eine entsprechende, die fließende Be-
     wegung vollziehende verbale Wendung zu setzen *(blauenden
     Waldsee, schwärmendes Schweigen, blütenbezwungenen Zweigen).*
     S. Heygrodt 1921, 22.
136 Abendstimmung: 3, 432. Lautschin, Juli 1894. ED: Der Gesell-
     schafter. Hamburg I. Jg. Nr. 3 1894, 54 (1. 12. 1894).

137 WAS SIND LIEDER [WALDESRAUSCHEN IV]: 3, 425. Lautschin,
     12. 7. 1894. S. K 116.
138 MITTELBÖHMISCHE LANDSCHAFT (Lo 78): 1, 68. Lautschin, Böh-
     men, Juli 1894. EA: Lo 1895.
     Nach Blume (1951) eines der gegenständlichsten Gedichte der
     Larenopfer, im Unterschied zu den Stadtgedichten, die Prag nur
     als dekorative Kulisse verstehen. S. auch Damian: Rilkes Gestal-
     tung der Landschaft. In: Zeitschrift für Ästhetik Bd. 32 (zum
     Bildcharakter des Gedichts).
139 AUSWANDRERSCHIFF! DRAUF LEUTE: 3, 497. Lautschin, 19. 7. 1894.
     EA: SW 1959.
     Entwurf in Blankversen (unter dem Titel *Phantasie* in den
     SW). Spätere Fassung als *Gedicht in Prosa: Phantasie* 4, 473. Zum
     Motiv vgl. *Auswanderer-Schiff. Neapel.* 1, 598.
140 ABEND IM DORFE (WW 1, 10): 3, 118. Lautschin, Ende Juli 1894.
     EA: WW 2. 1. 1896.
141 DU WARST NIE SO: 3, 498. Prag, 5. 8. 1894. ED: Paul Leppin, Der
     neunzehnjähriger Rilke, in: Literatur. Jg. 29 1926/27, 634.
     Sonett an Vally. S. K 10.
142 DER TAG ENTSCHLUMMERT LEISE [GABEN] (Ad 25 a): 1, 115. Prag,
     Sept. 1894. ED: Neue litterarische Blätter. Berlin. Jg. 3 1894/95
     Nr. 9, 230. (1. 6. 1895) u. d. T.: *Am Abend.* EA: EG 1913.
     Ursprünglich nicht in *Advent.*
143 NOCHMAL »HEINE«: 3, 433. Prag, Dezember 1894. ED: Runen.
     Paderborn. Jg. 1 1896 Nr. 2, 20 (25. 2. 1896). EA: BVP 1946.
     Das Gedicht stammt aus einem Gedichtkreis auf Heinrich Heine
     aus dem Dezember 1894, der im Manuskript erhalten ist. Gedruckt
     wurde nur dieses Gedicht.
     Heinrich Heine (1797–1856), politisch engagierter Schriftsteller
     zwischen Spätromantik und Vormärz, lebte lange in Paris. Sein
     politisch-satirisches Versepos »Deutschland. Ein Wintermärchen«
     (1844), gleichfalls in der Pariser Emigration geschrieben, ange-
     regt durch eine Reise nach Deutschland, stellt eine scharfe Kritik
     an Deutschland, vor allem an Preußen, dar.
     Franken; im Sinne von Franzosen.
144 IRRLICHT (WW 1, 12): 3, 119. Prag, Ende 1894. EA: WW 2. 1.
     1896.
145 STERNE (WW 1, 14): 3, 120. Wohl Prag, Ende 1894. EA: WW
     2. 1. 1896.
146 ZUM LICHT (WW 1, 21): 3, 124. Wohl Prag, Ende 1894. EA: WW
     2. 1. 1896.
     Aufforderung zum aktiven Dichtertum (Heygrodt 1921, 20).
147 MORGEN (WW 1, 2): 3, 113. Prag, wohl 1895. EA: WW 2. 1.
     1896.

148 ICH WOLLT, SIE HÄTTEN STATT DER WIEGE [TRÄUMEN VII] (Tg 8):
1, 78. Vermutlich 1895. EA: Tg 1896.
S. Panthel 1973, 18.

149–156 SPRÜCHE: 3, 434. Undatiert (wohl 1895). ED: Runen. Paderborn. Jg. 1 1896 Nr. 2 (25. 2. 1896). EA: BVP 1946.
ES SETZT DER TOR
DIE STRENGEN HERRN
MENSCHEN! SONDERBARE KÄUZE
MÖG UNS DAS SCHICKSAL
WIE DOCH SO MANCHER
OFT MÖCHTE MAN MEINEN
EIN JEDES WEIB
WAS IHNEN FEHLT: Rilkes Beurteilung der naturalistischen Dramatiker Max Halbe und Gerhart Hauptmann (1862–1946). Zu Halbe s. K 185.
Nebenmänner: vgl. dazu den Aufsatz *Moderne Lyrik* 5, 382, wo ebenfalls die mangelnde Selbstsicherheit Hauptmanns gegenüber Dichterkollegen kommentiert wird.

157 GERN GÄB ICH DIR: 3, 499. Prag, 2. 1. 1895. EA: SW 1959.
Mit diesem Gedicht widmete Rilke seinen Zyklus *Waldesrauschen* 3, 424 ff., der in Jung-Deutschlands Musenalmanach 2. Jg. 1895 erschien, Valerie von David-Rhonfeld (S. K 10). Über den Gedichten steht *in memoriam* und die Anrede *Meine Vally!,* darunter *2. Januar 1895. Immer Dein René.* Der Almanach selbst enthält eine gedruckte Widmung *Ihrer Excellenz der Frau Baronin E. von Breidenbach auf Schloß Luisenberg im Thurgau.* und ein Porträt der *angewidmeten* Baronin.
Du bist ja selber [...]: vgl. 1. Moses 2, 23.

158 SIE KENNT MICH JA: 3, 813. 25. 2. 1895.
Briefgedicht an Vally. S. K 10 und K 3.

159 IM DUNKEL (WW 1, 16): 3, 121. Prag, Frühjahr 1895. EA: WW 2. 1. 1896.
Die erste und vierte Strophe ursprünglich als Improvisation in einem Brief an Vally, Frühjahr 1895. S. K 10.

160 IM SCHOOSS DER SILBERHELLEN SCHNEENACHT [TRÄUMEN XV] (Tg 16): 1, 81. Prag, März 1895. EA: Tg 1896.

161 GHASELE: 3, 500. Prag, 21. 3. 1895. EA: SW 1959.
Ghasele: komplizierte oriental. Gedichtform, in Deutschland vor allem bei Goethe, Rückert und Platen (vgl. *An den Grafen von Platen,* 3, 501, vom selben Tag). *Zelot:* fanatischer Eiferer. *Helot:* Staatssklave im alten Sparta; Unterdrückter.
Zur Kritik an Deutschland vgl. *Nochmal »Heine«* 3, 433.

162 AN DEN GRAFEN VON PLATEN: 3, 501. Prag, 21. 3. 1895. EA: SW 1959.
August Graf von Platen (1796–1835), deutscher Lyriker der Nachromantik von großer Formbegabung (Ode, Sonett, Ghasel

[S. K. 161]), hielt sich seit 1826 in Italien auf. Seine »Sonette aus Venedig« (1825) haben wohl auch Rilkes Venedig-Dichtung nachhaltig beeinflußt. Platen starb am Fieber in Syrakus (Sizilien). Sein Grab befindet sich im Garten der Villa Landolina. U. a. kritisierte Heine (S. K 143) die Glätte Platenscher Verse. Rilkes Vorliebe für Heine und Platen zu derselben Zeit bezieht sich bei dem ersten wohl auf die inhaltliche Kritik an deutschen Zuständen, bei dem zweiten mehr auf seine Formkunst.
Sandolina: (ital.) leichter Kahn. *Wanddolina:* möglicherweise Italienisierung des deutschen Wortes Wand. *Baiern:* Platen wurde in Ansbach geboren und hielt sich häufiger in Erlangen und München auf.

163 BEI ST. HEINRICH (Lo 77): 1, 67. Prag, 22. 3. 1895. EA: Lo 1895.
St. Heinrich: kleine Prager Kirche, in der Rilke getauft worden war.

164 NACHT *(Nacht!/Nahst du dich):* 3, 501. Prag, 26. 3. 1895. EA: SW 1959.
Wat: Kleidung, Gewand (mhd.). *Demantphiole:* diamantne Glasflasche. *glastenden:* glänzenden. *Requiem aeternam dona ei...:* Gib ihnen die ewige Ruhe (lat.); Anfang der kath. Totenmesse. Anklänge an die ›Hymnen an die Nacht‹ (1800) von Novalis.

165 VOR MIR LIEGT EIN FELSENMEER [TRÄUMEN XIX] (Tg 20): 1, 83. Prag, 29. 3. 1895. ED: Jung-Deutschland und Jung-Elsaß Jg. 4 1896 Nr. 2/3, 28 u. d. T.: *Auf Felsgrund.* EA: Tg 1896.

166 DIE MADONNE: 3, 505. Prag, 31. 3. 1895. EA: SW 1959.
Zur Kritik an christlichem Gedankengut schon in der Frühzeit vgl. *Glaubensbekenntnis* 3, 489 und *Noch hatten kaum* 3, 491.
Das Motiv der Madonna (vor allem der bildlichen Darstellung) durchzieht Rilkes Werk bis hin zum *Marien-Leben.*

167 IM ERLENGRUND: 3, 505. Prag, 1. 4. 1895. EA: SW 1959.
Joseph von Eichendorff (1788–1857): einer der bedeutendsten romantischen Lyriker; der Text variiert Eichendorffs Gedicht ›Das zerbrochene Ringlein‹ mit dem berühmten Anfang: »In einem kühlen Grunde/Da geht ein Mühlenrad«.

168 IM PARKE: 3, 506. Prag, 6. 4. 1895. EA: SW 1959.
Pan: griech. Hirtengott. Vgl. vor allem *Noch hatten kaum* 3, 491.

169 EINE ALTE GESCHICHTE (WW 1, 8/Tg 5): 3, 117/1, 77. Prag, 17. 5. 1895. EA: WW 2. 1. 1896.
Später in *Traumgekrönt* ohne Titel und leicht verändert als *Träumen IV.*

170 VELASQUEZ: 3, 506. Prag, 18. 5. 1895. EA: SW 1959.
Diego de Silva Velasquez (1599–1660): einer der berühmtesten spanischen Maler, Hofmaler von Philipp IV. *Ohmacht:* Vormacht, Bedeutung. *Sturm von dreißig Jahren:* der Dreißigjährige Krieg (1618–48). S. K 8. »*Hofnarr von Lepanto*« und *Madonna mit den Engelscharen:* Gemälde von Velasquez.

171 NÄCHTLICHES BANGEN: 3, 507. Prag, 22. 5. 1895. ED: Sieber 1932, 117.
Puszte: Pußta, ungarische Steppe. *aufschlichten:* das Wort bedeutet eigentlich »glätten«, dann auch soviel wie »geordnet aufschichten«. Der Ausdruck taucht noch zweimal bei Rilke auf *(Böhmische Schlendertage II, 5, 296* und *Toskanisches Tagebuch, Florenz, Ende April 1898 [Tagebücher aus der Frühzeit 1942, 22]).* Sieber 1932, 118 und Osann 1941, 42 loben das Gedicht als eines der besten dieser Zeit.

172 IN ZEITEN DES ZWIESPALTS: 3, 508. Prag, 24. 5. 1895. EA: SW 1959.
Thor: Donnergott, bedeutende altgermanische Gottheit; er trägt einen Hammer, ihm geweiht ist die Eiche.

173 MIR IST: DIE WELT, DIE LAUTE [TRÄUMEN IX] (Tg 10): 1, 79. Dittersbach, Juli 1895. EA: Tg 1896.
S. Heygrodt 1921, 43.

174 ABENDLÄUTEN. AUS DEN BERGEN [TRÄUMEN XVI] (Tg 17): 1, 82. Dittersbach, Juli 1895. ED: Jung-Deutschlands Musenalmanach Jg. 3 1896, 210 u. d. T.: *Abend im Felsland.* EA: Tg 1896.
Vgl. *Abendsegen 3, 24.*

175 RÜCKSCHAU: 3, 508. Dittersbach (Böhmen), Juli 1895. EA: SW 1959.
Das Gedicht bezieht sich auf die Vorbereitungszeit zur Matura (9. Juli 1895). *Ramadan:* mohammedanischer Fastenmonat.

176 KÖNIGIN SEE (WW 1, 13): 3, 120. vermutlich Misdroy, wohl August 1895. EA: WW 2. 1. 1896.

177 AM MEER: 3, 429. Wahrscheinlich Misdroy, August 1895, ED: Neue litterarische Blätter. Berlin. Jg. 4 1895/96 Nr. 1, 13 (Oktober 1895). EA: Fz 1921.
Wohl aus dem Zyklus *Strandgut.* S. K 179.

178 DIE ALTE FISCHERHÜTTE: 3, 430. Wahrscheinlich Misdroy, August 1895. ED: Neue litterarische Blätter. Berlin. Jg. 4 1895/96 Nr. 1, 13 (Oktober 1895). EA: Fz 1921.
Wohl aus dem Zyklus *Strandgut.* S. K 179. Das Gedicht erinnert an das Märchen der Brüder Grimm »Vom Fischer und seiner Frau« (Kinder- und Hausmärchen 1812/15).

179 BAD: 3, 432. Misdroy, August 1895. ED: Monatsblätter. Organ des Vereins »Breslauer Dichterschule« Jg. 22 Nr. 2 (2. 2. 1896). EA: RMR Briefe, Verse und Prosa aus dem Jahre 1896. 1946.
Im Erstdruck steht der Vermerk: *(Aus dem im Laufe 1896 erscheinenden Cyclus Strandgut, bisher unveröffentlicht).* Der Zyklus entstand im August 1895 im Ostseebad Misdroy und wurde im September des gleichen Jahres in Prag abgeschlossen, ist jedoch nie erschienen und auch handschriftlich nicht erhalten. Dazu gehören wohl auch die Gedichte *Am Meer* 3, 429, *Die alte Fischerhütte* 3, 430 und *Vergessen* 3, 433.

180 VERGESSEN: 3, 433. Misdroy, August 1895. S. K 179.

181 MIR WAR: IN MEINER SEELE: 3, 509. Misdroy, 25. 8. 1895. ED:
Philobiblon. Wien Jg. 8 1935 H. 10, 472 (Dem Gedenken RMRs
zu seinem 60. Geburtstage, 449–87).
Im August ist Rilke zur Erholung im Ostseebad Misdroy, wo er
Ella Glässner, die Tochter eines seiner Familie bekannten Prager
Arztes, kennenlernte. Für sie schreibt er am 25. 8. dieses Albumblatt. Er hatte zu seiner Freude in dem Album seine Novelle *Die
goldene Kiste* (vermutlich 1894; 4, 426) entdeckt, die rührselige
Geschichte vom Tode eines kleinen Jungen und dem Schmerz seiner verwitweten Mutter. Über dem Gedicht steht: *Misdroy, den
25. VIII. 1895*, darunter: *Dank für die Vergünstigung, Sie, wer-
tes gnädiges Fräulein, durch diese Zeilen meiner Ergebenheit ver-
sichern zu dürfen. René Maria Caesar Rilke.* (S. Demetz 1953, 46
und K 1). Sieber meint, daß die Begegnung mit Ella Glässner Rilkes Beziehung zu Vally (S. K 10) stark relativiert habe (1932,
126).

182 DER SÜHNVERSUCH: 3, 430. Prag, September 1895. ED: Das deut-
sche Dichterheim. Wien. Jg. 15 1895 Nr. 23, 563 (November 1895).
EA: Fz 1921.
Die gleichnamige Novelle von Liliencron erschien in dem Band
»Eine Sommerschlacht« (Berlin 1895). Detlev von Liliencron (1844–
1909) beeinflußte mit seiner Dichtung, vor allem auch mit seiner
Lyrik, Rilke nach eigenen Aussagen nachhaltig. Nach anfänglichem
brieflichem Kontakt (seit 1896) und einer Lesung zugunsten des
Dichters, lernte Rilke ihn 1898 persönlich kennen. (S. Demetz 1953,
75–86). S. u. a. Rilkes Besprechung des »Poggfred« 5, 317 und seine
bewundernden Worte in *Moderne Lyrik* 5, 37. Vgl. *Wie man den
Staub* 3, 551, *Für Ihre Zeilen* 3, 552, *Ich würde gern* 3, 597, *Ich
wollte eigentlich* 3, 603, *Wie früher unter den Pinien* 3, 621, *An
Detlev von Liliencron* 3, 776 und *Es kommt in prunkenden Gebreiten* 1, 113.
Ränfte: Ränder. *Schlaf:* wohl für Schläfe.

183 INES DE CASTRO: 3, 509. Prag, September 1895. EA: SW 1959.
Sapphische Strophe: nach der griech. Dichterin Sappho benannte
antike vierzeilige Odenstrophe (Horaz, Klopstock, Hölderlin,
Platen s. K 162). *Ines de Castro:* Geliebte des Infanten *Don Pedro*
von Portugal, die auf Betreiben von dessen Vater Alfons IV.
durch den Staatsrat verurteilt und 1355 hingerichtet wurde. Nach
dem Tod seines Vaters rächte Pedro sich an den Mitschuldigen und
ließ Ines als seine rechtmäßige Gemahlin in der königlichen Gruft
von *Alcobaza* beisetzen. Der Stoff erfuhr zahlreiche literarische
Bearbeitungen.
Granden: höchste spanische Adlige.

184 AN DEN GRAFEN ADOLF FRIEDRICH VON SCHACK: 3, 510. Prag,
September 1895. EA: SW 1959.
Gedicht auf den Tod des Grafen Adolf Friedrich von Schack 1894
zu Rom, eines formgewandten, aber epigonalen Dichters, Mitglied
des Münchener Dichterkreises. Bedeutender als Übersetzer spani-
scher und arabischer Literatur und als Besitzer einer wertvollen
Gemäldesammlung, die er 1894 dem deutschen Kaiser vermachte.
Rilke erwähnt mehrfach die Schack-Galerie in München. Am 28. 1.
1922 kritisiert er in einem Brief an Frau von Wedel Schacks Übertragung der Gedichte des Omar Chajj'am.
Chrysam: geweihtes Salböl.

185 MOTTO: ALS SOLLTE SICH MEIN HERZ: 3, 818. Prag, 23. 9. 1895.
ED: Festschrift der Max-Halbe-Gesellschaft, hrsg. zum 90. Geburtstag des Dichters, am 4. 10. 1955.
Vor einem Brief an Max Halbe vom 23. 9. 1895 aus Prag. Max
Halbe (1865–1944), Dramatiker des Naturalismus, vor allem bekannt durch sein Liebes-Drama ›Jugend‹ (1893), das Rilke in
einer Aufführung auf der Prager Sommerbühne durch ein Berliner
Ensemble gesehen hatte, was der Anlaß zu Brief und Gedicht
war. Am Tag zuvor hatte er sein Drama *Im Frühfrost* beendet
und bittet Halbe, ihm dieses Werk widmen zu dürfen. Wie auch
der Brief zeigt, hat das Drama ›Jugend‹ auf Rilke einen starken
Eindruck gemacht. Er muß sich wohl weitgehend mit dem Helden
des Stücks auf Grund seiner eigenen Situation identifiziert haben
(Student, beendete Beziehung zu Vally [S. K 10], christentum-
feindliche Haltung u. a. m.). S. auch *Was ihnen fehlt* 3, 435 und
Auch ein Münchner Brief 5, 328, wo Rilke die bevorstehende Aufführung von Halbes Drama ›Mutter Erde‹ erwähnt.
S. Sigfrid Hoefert »Einige unveröffentlichte Briefe aus Rilkes
Frühzeit« in: Euphorion 61 1967, 187–195.

186 ST. PETER: 3, 511. Prag, Oktober 1895. EA: SW 1959.
Sonett aus einem Skizzenbuch neben einer Zeichnung: St. Peter
nach dem Plane Bramantes, Denkmünze Papst Julius II., 18. April
1506. Der Grundstein der Papstkirche St. Peter in Rom in der
heutigen Gestalt wurde unter Papst Julius II. 1506 gelegt; *Bramante* (um 1444–1514) begann den Bau und plante einen qua-
dratischen Zentralbau mit Rundkuppel über griech. Kreuz. Nach
zahlreichen Planwechseln seiner Nachfolger griff *Michelangelo*
(1475–1564) den Zentralbaugedanken wieder auf (1547) und
führte den Bau bis zum Tambour der berühmten Kuppel, deren
gewaltiger Bau Michelangelos größte Leistung als Baumeister darstellt.

187 IM ALTEN HAUSE (Lo 1): 1, 9. Prag, wohl Spätherbst 1895. EA:
Lo 1895.

Sankt Nikolas: barocke Kirche auf der Kleinseite. Das erste Gedicht der *Larenopfer* eröffnet das Panorama Prags.

188 AUF DER KLEINSEITE (Lo 2): 1, 9. Prag, wohl Spätherbst 1895. EA:
Lo 1895.
Kleinseite: einer der ältesten Ortsteile Prags, erstreckt sich unter-
halb des Hradschin bis zur Moldau. *Amoretten:* geflügelte Kindergestalten, Putten.

189 EIN ADELSHAUS (Lo 3), 1, 10. Prag, wohl Spätherbst 1895. EA: Lo
1895.
Glast: Glanz (dicht.).

190 DER HRADSCHIN (Lo 4): 1, 10. Prag, wohl Spätherbst 1895. EA:
Lo 1895.
Hradschin: alte Prager Hofburg. *Veitsturm:* Turm des gotischen
St. Veits-Doms. S. Blume 1951, 70 und Demetz 1953, 120.

191 BEI ST. VEIT (Lo 5): 1, 11. Prag, wohl Spätherbst 1895. EA: Lo
1895.
St. Veit: gotischer Prager Dom. *Idiom:* Spracheigentümlichkeit.
casus rei: (lat.) Grund der Sache, Sachverhalt. *Abbé:* (frz.) Welt-
geistlicher. *roi soleil:* Sonnenkönig (frz.), Beiname Ludwigs XIV.
S. Berger 1931, 10.

192 IM DOME (Lo 6): 1, 11. Prag, wohl Spätherbst 1895. EA: Lo 1895.
Gemeint ist der Veitsdom.
Goldgeglaste: Goldglanz. *»Prosim!«:* (tschech.) bitte!

193 IN DER KAPELLE ST. WENZELS (Lo 7): 1, 12. Prag, wohl Spätherbst 1895. EA: Lo 1895.
Kapelle St. Wenzels: Kapelle für den Schutzherrn Böhmens (erbaut 1347–67) mit dem Reliquienschrein des Heiligen. *Bergkri-
stalle, Rauchtopase, Amethyste, Karneole:* wertvolle Schmucksteine. *Goldglast:* S. K 192.

194 VOM LUGAUS (Lo 8): 1, 13. Prag, wohl Spätherbst 1895. EA: Lo
1895.
Lugaus: Aussichtspunkt vom Hradschin. Vgl. *König Bohusch* 4, 131.
St. Mariens Doppeltürme: Gemeint ist die Doppelturmkirche Maria
am Teyn.

195 DER BAU (I) (Lo 9): 1, 13. Prag, wohl Spätherbst 1895. EA: Lo
1895.
traun: fürwahr. *Zinskasernen:* Mietskasernen.
Beispiel für Rilkes kulturpessimistisch-bewahrende Haltung, die
sich über das *Stunden-Buch* 1, 249 bis zu den *Duineser Elegien*
(vor allem 7. Elegie 1, 711) und den *Sonetten an Orpheus* (S. K
1831) erhält.

196 IM STÜBCHEN (2) (Lo 10): 1, 14. Prag, wohl Spätherbst 1895. EA:
Lo 1895.
Rocken: Spinnstab, um den das Fasergut aufgewickelt ist. *Postille:*
Andachtsbüchlein.

197 ZAUBER (3) (Lo 11): 1, 15. Prag, wohl Spätherbst 1895. EA: Lo 1895.
198 EIN ANDERES (4) (Lo 2): 1, 15. Prag, wohl Spätherbst 1895. EA: Lo 1895.
199 NOCH EINES (5) (Lo 13): 1, 16. Prag, wohl Spätherbst 1895. EA: Lo 1895.
200 UND DAS LETZTE (6) (Lo 14): 1, 16. Prag, wohl Spätherbst 1895. EA: Lo 1895.
   Katafalk: Gerüst zur Aufbahrung.
201 IM ERKERSTÜBCHEN (7) (Lo 15): 1, 17. Prag, wohl Spätherbst 1895. EA: Lo 1895.
202 DER NOVEMBERTAG (Lo 16): 1, 17. Prag, wohl Spätherbst 1895. EA: Lo 1895.
   Totenkarmen: Totengesang.
203 IM STRASSENKAPELLCHEN (Lo 17): 1, 18. Prag, wohl Spätherbst 1895. EA: Lo 1895.
   St. Loretto: S. K 208. Zu Loretto gehören 6 Kapellen. Das Heili-genbild in der Mauernische bei St. Loretto, offensichtlich V. V. Reiners heute schon fast verwischtes Bild des Verwundeten, dem ein Priester das Sakrament erteilt, ist gemeint. Es befindet sich in dem Straßenkapellchen St. Barbara in der Klostermauer gegen-über der Hradschiner Blindenanstalt. S. Černý 1966, 16.
204 DAS KLOSTER (Lo 18): 1, 18. Prag, wohl Spätherbst 1895. EA: Lo 1895.
   Nonnen des Ordens vom Karmel: Bettelorden der Karmeliterin-nen.
205 BEI DEN KAPUZINERN (Lo 19): 1, 19. Prag, wohl Spätherbst 1895. EA: Lo 1895.
   Kapuziner: Zweig des Bettelordens der Franziskaner; gemeint sind die Kapuziner von St. Loretto. *Pater Guardian:* Vorsteher eines Kapuzinerkonvents.
206 ABEND *(Einsam hinterm letzten Haus)* (Lo 20): 1, 20. Prag, wohl Spätherbst 1895. EA: Lo 1895.
   S. Demetz 1953, 121.
207 JAR. VRCHLICKÝ (Lo 21): 1, 20. Prag, wohl Spätherbst 1895. EA: Lo 1895.
   Jaroslav Vrchlický: Pseudonym des tschech. Dichters Emil Frída (1853–1912), behandelte Stoffe aus der Heimat und der tschech. Geschichte. S. Demetz 1953, 152.
208 IM KREUZGANG VON LORETTO (Lo 22): 1, 21. Prag, wohl Spätherbst 1895. EA: Lo 1895.
   Loretto: Loretokirche, wohl bekannteste Wallfahrtsstätte Prags, auf dem Hradschin, Bau zu Ehren der Jungfrau Maria, um 1620 begonnen, der größten Teil der Kirche stammt aus dem 1. Drittel des 18. Jhs. Der Hof des Heiligtums ist von einem zweistöcki-

gen Kreuzgang (1634–1747) umgeben. In der Mitte steht eine Kopie der berühmten ›Casa Santa‹ des Bramante in Loreto. Der fensterlose, dämmrige Innenraum wurde 1795 mit Fresken geschmückt. *Säulenarabesken:* Säulenornamente. *im Stile Tintorettos:* Tintoretto (1518–1594), ital. Maler zahlreicher religiöser Gemälde. Zwei seiner Bilder hängen in der Prager Nationalgalerie.

209 DER JUNGE BILDNER (Lo 23): 1,21. Prag, wohl Spätherbst 1895. EA: Lo 1895.
Vgl. auch *Der Dichter* 1, 511 zum Thema des Künstlertums, das sich nur außerhalb von Bindungen verwirklichen kann.

210 FRÜHLING *(Die Vögel jubeln)* (Lo 24): 1, 22. Prag, wohl Spätherbst 1895. EA: Lo 1895.
Syringenkranz: Fliederkranz.

211 LAND UND VOLK (Lo 25): 1, 22. Prag, wohl Spätherbst 1895. EA: Lo 1895.
Spreizen: Stützen.

212 DER ENGEL (Lo 26): 1, 23. Prag, wohl Spätherbst 1895. EA: Lo 1895.
Malvasinka: Friedhof in Prag.

213–214 ALLERSEELEN (Lo 27): 1, 24. Prag, wohl Spätherbst 1895. EA: Lo 1895.
I RINGS LIEGT DER TAG VON ALLERSEELEN
II »JETZT BETEN, WILLY, – UND NICHT REDEN!«
Zum Allerseelenmotiv s. Demetz 1953, 124.

215 BEI NACHT (Lo 28): 1, 25. Prag, wohl Spätherbst 1895. EA: Lo 1895.

216 ABEND *(Der Abend naht)* (Lo 29): 1, 26. Prag, wohl Spätherbst 1895. EA: Lo 1895.
Motiv und Gestaltung s. auch *König Abend* 1, 30.

217–218 AUF DEM WOLSCHAN (Lo 30): 1, 26. Prag, wohl Spätherbst 1895. EA: Lo 1895.
Wolschan: Prager Friedhof mit Familiengrab der Rilkes.
I DIE DÜRREN ÄSTE
II FERNER LÄRM VOM WAGENDAMM: *Tam-Tam:* Gong.
Vgl. Allerseelen 1, 24. (K 213–214).

219 WINERMORGEN (Lo 31): 1, 27. Prag, wohl Spätherbst 1895. EA: Lo 1895.

220 BRUNNEN (Lo 32): 1, 27. Prag, wohl Spätherbst 1895. EA: Lo 1895.
Triton: griech. Meergottheit, halb Mensch, halb Fisch. *Röhrenkasten:* wohl Leierkasten. *Glasten:* Glänzen (dicht.) *Misogyn:* Weiberfeind. Zum kulturkritischen Aspekt s. K 195.

221 SPHINX (Lo 33): 1, 28. Prag, wohl Spätherbst 1895. EA: Lo 1895.
Sphinx: hier wohl im Sinne einer rätselhaften Gestalt, deren Ge-

heimnis niemand lüftet. Es handelt sich offensichtlich um eine Selbstmörderin. *heißes Rohr von Stahl:* wohl für Revolver. Der Text ist dem naturalistischen Gedichttypus zuzurechnen. S. K 113.

222 TRÄUME *(Es kommt die Nacht)* (Lo 34): 1, 29. Prag, wohl Spätherbst 1895. EA: Lo 1895.

223 MAITAG (Lo 35): 1, 29. Prag, wohl Spätherbst 1895. EA: Lo 1895. *Syringendolden:* Fliederdolden. *Blütenhekatomben:* Blütenmassen.

224 KÖNIG ABEND (Lo 36): 1, 30. Prag, wohl Spätherbst 1895. EA: Lo 1895.
König Balthasar: einer der hl. drei Könige. Vgl. *Der König Abend weiß sich schwach* 1, 114 und *Die Heiligen Drei Könige* 1, 411.

225 AN DER ECKE (Lo 37): 1, 30. Prag, wohl Spätherbst 1895. EA: Lo 1895.

226 HEILIGE (Lo 38): 1, 31. Prag, wohl Spätherbst 1895. EA: Lo 1895.
Gemeine: Gemeinde. *Wenzel:* böhmischer Nationalheiliger. *Nepomucken:* Nepomuk: böhmischer Schutzheiliger.
Zum Humor bei Rilke s. Mason 1972.

227 DAS ARME KIND (Lo 39): 1, 32. Prag, wohl Spätherbst 1895. EA: Lo 1895.
Angebind: Brautgeschenk.
Zwitter aus naturalistischen und jugendstilhaften Elementen (Demetz 1953, 124). Zum Allerseelenmotiv s. K 213–214.

228 WENNS FRÜHLING WIRD (Lo 40): 1, 33. Prag, wohl Spätherbst 1895. EA: Lo 1895.

229 ALS ICH DIE UNIVERSITÄT BEZOG (Lo 41): 1, 33. Prag, wohl Spätherbst 1895. EA: Lo 1895.
Skolar: Student. *Pandekten:* Hauptteil des Corpus iuris civilis; juristische Akten. *Alma mater:* (lat.) Universität. *Magister:* akademischer Titel.
Im Wintersemester 1895 begann Rilke sein Studium an der Deutschen Carl-Ferdinands-Universität zu Prag. Er hörte Vorlesungen über Literaturgeschichte, Philosophie und Kunstgeschichte, im Sommersemester 1896 wechselte er in die Rechts- und Staatswissenschaftliche Fakultät über. Im Spätsommer ist er in München wieder »Studierender der Philosophie«. Einen Studienabschluß hat Rilke nie erreicht. S. Heygrodt 1921, 32 und Demetz 1953, 48.

230 SUPERAVIT (Lo 42): 1, 34. Prag, wohl Spätherbst 1895. EA: Lo 1895.
Superavit: (lat.) er hat gesiegt, überwunden. *Reformator Hus:* Johannes Hus (1370–1415), tschechischer Reformator, Nationalheld und Märtyrer, wurde 1415 zu Konstanz als Ketzer verbrannt (Hus-Denkmal in Prag). Vgl. *Vision* 3, 449. S. Demetz 1953, 141.

Feuertaufen: offenbar im Sinne von Feuerproben (mittelalterl. Gottesurteile).

231 TROTZDEM (Lo 43): 1, 35. Prag, wohl Spätherbst 1895. EA: Lo 1895.
Schopenhauer: deutscher Philosoph des Pessimismus (1788–1860) mit großem Einfluß auf die deutsche Literatur. Aus den Briefen vom 16. und 18. 2. 1897 geht Rilkes Kenntnis des Schopenhauer-schen Werkes hervor. Im Herbst 1892 bekam er von seinem Vater Schopenhauers Werke geschenkt. Ob die Formulierung *»Kerker voller Trauer«* von Schopenhauer stammt, kann nicht bestätigt werden, dem Sinne nach beschreibt sie den Kern Schopenhauer-schen Denkens, daß Leben Leiden bedeutet. Der hier ausgespro-chene Zusammenhang von Poesie und Leiderfahrung ist für die Entwicklung Rilkes bedeutend bis zu den Elegien. *Dalibor:* Dali-bor von Kozojed lebte zur Regierungszeit König Wladislaws II. (1457–1516). Als der freiheitlich gesonnene Ritter sich mit Hilfe seiner Bauern, denen er die Freiheit geschenkt hatte, das Gut seines Nachbarn angeeignet hatte, wurde er als Landfriedensbre-cher gefangengenommen und in dem neuerrichteten Turm der Prager Burg als erster Häftling festgehalten. Danach heißt dieser Turm »Daliborka« (vgl. die Erzählung *Die Geschwister* 4, 186). 1498 wurden seine Güter eingezogen, er selbst gefoltert und schließlich enthauptet. Die Sage, er habe mit seinem Geigenspiel seinen Kerkermeister bezaubert, ist wohl darauf zurückzuführen, daß im Volksmund die Folterbank »Geige« und die Folterstricke »Saiten« genannt wurden (vgl. Rudolf Kloiber, Handbuch der Oper, München 1973). Der Stoff erfuhr zahlreiche literarische Bearbeitungen und wurde von Smetana vertont (1868). Durch das Dalibormotiv stellt sich Rilke einerseits in die böhmisch-vater-ländische Tradition, andererseits dient es ihm als Chiffre seiner eigenen familiären Situation. S. Demetz 1953, 143. Vgl. auch das spätere, ähnlich gelagerte Orpheusmotiv.

232 HERBSTSTIMMUNG (Lo 44): 1, 35. Prag, wohl Spätherbst 1895. EA: Lo 1895.
Bekassinen: Sumpfschnepfen.

233 AN JULIUS ZEYER (Lo 45): 1, 35. Prag, wohl Spätherbst 1895. EA: Lo 1895.
Julius Zeyer: tschech. Dichter (1841–1901), Hauptvertreter der tschech. Neuromantik und Vorkämpfer der tschech. Dichtung, Onkel von Valerie von David-Rhonfeld (S. K 10), über die Rilke ihn kennenlernte; in vielem Rilkes Vorbild, seine Sicht Zeyers als Dichter des »Volkes« ist jedoch eine Fehleinschätzung. S. De-metz 1953, 146. *glasten:* glänzen.
Alhambrahof: Burg der maurischen Könige von Granada mit prunkvollen Innenhöfen.

234 DER TRÄUMER (Lo 46): 1, 36. Prag, wohl Spätherbst 1895. EA:
Lo 1895.
I Es war ein Traum
II Träume scheinen mir wie Orchideen

235 DIE MUTTER (Lo 47): 1, 37. Prag, wohl Spätherbst 1895. EA:
Lo 1895.
Klischeehafte Darstellung der elterlichen Angst vor dem Künstlertum (Rilkes Vater wie auch das Oberhaupt der Familie Rilke,
Onkel Jaroslav, waren gegen die künstlerischen Ambitionen Renés, was bei ihm einen antibürgerlichen Affekt und eine lebenslange Apologie der Künstlerexistenz auslöste).

236 UNSER ABENDGANG (Lo 48): 1, 38. Prag, wohl Spätherbst 1895.
EA: Lo 1895.
Nusler Tal: Nusle: Ortsteil von Prag. *Dow:* Gerard Dou (1613–
1675), niederl. Genremaler, Schüler Rembrandts; s. vor allem die
Anmerkung zu dem Psychodrama *Die Hochzeitsmenuett* 3, 101.
Karlshof: Platz mit gotischer Kirche in Prag, 1350 von Karl IV.
gestiftet und 1377 Karl dem Großen geweiht.

237 KAJETAN TÝL (Lo 49): 1, 38. Prag, wohl Spätherbst 1895. EA: Lo
1895.
Kajetan Týl: tschech. patriotischer Dichter (1808–1856). Sein Lied
»*Kde domov můj*« (Wo ist meine Heimat?) aus der Posse Fidlo-
vačka (1834), von F. Škroup vertont, wurde Nationalhymne. Die
ethnographische Ausstellung, von den Veranstaltern »tschechoslo-
wakisch« genannt, war von den Deutschen Böhmens aus nationa-
len Motiven geächtet worden. Die Deutschen besuchten die Ausstellung nicht, und selbst über den Besuch des Kaisers berichtete
die Presse nicht. Rilke bekennt sich mit diesen Versen zum »Geist
der Sympathie zwischen den Völkern« (kosmopolitische Denk-
weise). S. Demetz 1953, 144. *Louis:* Louisdor, Münze. *Fiber:*
Faser.

238 VOLKSWEISE (Lo 50): 1, 39. Prag, wohl Spätherbst 1895. EA: Lo
1895.
Rilkes Bekenntnis zum böhmischen Volk. Das »Lied« stiftet den
Bezug zur Heimat. Das wohl meistzitierte Gedicht der Frühzeit.
(Vgl. Ritzer 1951, W 1616.)

239 DAS VOLKSLIED (WW 1, 1 / Lo 51): 3, 113 / 1, 40. Prag, wohl Spätherbst 1895. EA: Lo 1895.
Liebscher: Adolf Liebscher, Prager zeitgenössischer Maler mit folk-
loristischer Thematik. *Gotteswort des Sinai:* Verkündigung der
10 Gebote.
Bekenntnis zur volksnahen Schlichtheit. S. Heygrodt 1921, 18 und
Sieber 1932, 130.

240 DORFSONNTAG (Lo 52): 1, 40. Prag, wohl Spätherbst 1895. EA:
Lo 1895.

»Verkauften Braut«: komische Oper aus dem böhmischen Leben von Friedrich Smetana (1866).

241 MEIN GEBURTSHAUS (Lo 53): 1, 41. Prag, wohl Spätherbst 1895. EA: Lo 1895.
Rilkes Geburtshaus stand in der Heinrichsgasse 19 (Prag) gegenüber der Hauptpost. Sowohl der *blauseidene Salon,* das *Puppenkleid* (Rilke wurde bis zu seinem 5. Lebensjahr wie ein Mädchen erzogen und spielte daher auch mit Puppen) als auch die Schwierigkeit mit dem *»Rechnen«* sind autobiographische Fakten. Nur dieses Gedicht ist nach Sieber (1932, 65) »lebensbeschreibend«, während die zahlreichen anderen Äußerungen über Kindheit, vor allem auch die im *Malte,* nicht unbedingt autobiographisch zu lesen seien. Überhaupt bietet Sieber das umfänglichste Material zu Rilkes Kindheit.

242–243 IN DUBIIS (Lo 54): 1, 42. Prag, wohl Spätherbst 1895. EA: Lo 1895.
I ES DRINGT KEIN LAUT: *In dubiis:* (lat.) in Zweifelsfällen. *Horaz:* röm. Dichter (65–8 v. Chr). *aurea mediocritas:* (lat.) die goldene Mitte, der goldene Mittelweg (aus Horaz »Oden« II 10, 5). Zur Rolle des Latein in Rilkes Frühzeit s. Zinn 1948, 217.
II DER ERSCHEINT MIR: Die Gedichte spiegeln deutlich Rilkes neutral-gemäßigte politische Haltung (kosmopolitisch). S. K 113 und 237, 248 (nationale Frage in Böhmen).

244 BARBAREN (Lo 55): 1,43. Prag, wohl Spätherbst 1895. EA: Lo 1895.
Fürstenpark Clam-Gallas: Park des barocken Palais Clam-Gallas. *Pallas:* Beiname der griech. Göttin Athene. *Pythia:* weissagende Priesterin des Orakels zu Delphi. Zu Rilkes bewahrender Haltung s. K 195.

245 SOMMERABEND (Lo 56): 1, 43. Prag, wohl Spätherbst 1895. EA: Lo 1895.
jach: jäh.

246 GERICHTET (Lo 57): 1, 44. Prag, wohl Spätherbst 1895. EA: Lo 1895.
»Ring«: Pragei »Altstädter Ring«, weiter Marktplatz. *heilgen Teyn:* gotische Teynkirche am »Altstädter Ring«. Am 21. 6. 1621 fand am »Altstädter Ring« zwischen Rathaus und Teynkirche als Folge der verlorenen Schlacht (Aufstand von 1618) auf Befehl Ferdinands II. das Blutgericht für 27 böhmische Standesherren deutscher und tschechischer Herkunft statt. Gedicht nach einer Bildvorlage von J. Fr. Gretsch (1866–1894).

247 DAS MÄRCHEN VON DER WOLKE (Lo 58): 1, 45. Prag, wohl Spätherbst 1895. EA: Lo 1895.

248 FREIHEITSKLÄNGE (Lo 59): 1, 45. Prag, wohl Spätherbst 1895. EA: Lo 1895.

Das Gedicht drückt nach Schwarz (1972, 10), ähnlich wie in Rilkes frühen Erzählungen, des Dichters Sympathie für die tschechische Befreiungsbewegung und gleichzeitig seine Vorbehalte gegen den nationalistischen Aktivismus aus. S. auch Demetz 1953, 161.

249 NACHTBILD (Lo 60): 1, 46. Prag, wohl Spätherbst 1895. EA: Lo 1895.

250 HINTER SMICHOV (Lo 61): 1, 46. Prag, wohl Spätherbst 1895. EA: Lo 1895.
   Smichov: Vorort von Prag mit Industrie. – Thematisch dem naturalistischen Bereich zuzuordnendes Gedicht.

251 IM SOMMER (Lo 62): 1, 47. Prag, wohl Spätherbst 1895. EA: Lo 1895.
   Zlichov: Vorort von Prag. *Smichov:* S. K 250. *»Loreley«:* wohl Schiffsname. *»Hej, Slované!«:* tschech. Lied. *Prachtzyane:* Zyane: Kornblume.

252 AM KIRCHHOF ZU KÖNIGSAAL (Lo 63): 1, 47. Prag, wohl Spätherbst 1895. EA: Lo 1895.
   Königsaal: 10 km von Prag entferntes Kloster. *Aula regis:* (lat.) Königsaal. *Kustode:* Küster, Kirchendiener. *Blust:* Blüte (dicht.). *Syringen:* Flieder. – Der Friedhof als bevorzugte Kulisse der frühen Gedichte Rilkes (S. Vorwort *Larenopfer* K 113 und Demetz 1953, 125: »nekrophile Imagination«).

253–256 VIGILIEN (Lo 64): 1, 48. Prag, wohl Spätherbst 1895. EA: Lo 1895.
   Vigilien: Nachtwachen.
   I DIE FALBEN FELDER
   II AM OFFENEN STUBENFENSTER
   III HORCH, DER SCHRITT DER NACHT
   IV SIE HAT, HALB KIND

257 DER LETZTE SONNENGRUSS (Lo 65): 1, 50. Prag, wohl Spätherbst 1895. EA: Lo 1895.
   Beneš Knüpfer: tschech. Maler (1848–1910), mehrere seiner Bilder (teils Genre- und Historienbilder, teils hellgestimmte ital. Landschaften und Meeresbilder) hängen im Prager Rudolfinum. *Glasten:* Glänzen. – Bildgedicht.

258 KAISER RUDOLF (Lo 66): 1, 50. Prag, wohl Spätherbst 1895. EA: Lo: 1895.
   Kaiser Rudolf: Rudolf II., deutscher Kaiser (1576–1612), begünstigte die Gegenreformation, sicherte jedoch den böhmischen Ständen im »Majestätsbrief« von 1609 Religionsfreiheit zu. Infolge zunehmender Geisteskrankheit immer tatenscheuer, lebte er als Einsiedler auf dem *Hradschin* (S. K 190) zu Prag. Seinem Bruder *Matthias* mußte er 1608 die Regierung in Österreich, Ungarn und Mähren, 1611 auch in Böhmen abtreten (vgl. Grill-

parzer: »Ein Bruderzwist im Hause Habsburg« 1873). Rudolf hatte eine Vorliebe für Astronomie und berief 1599 Tycho Brahe und 1600 Johannes Kepler nach Prag.

259–270 AUS DEM DREISSIGJÄHRIGEN KRIEGE (Lo 67): 1, 51. Prag, wohl Spätherbst 1895. EA: Lo 1895.

Bildgedichte. *Callots Manier:* Jacques Callot (1592–1635), frz. Kupferstecher und Radierer, schuf u. a. wirklichkeitsnahe Darstellungen aus dem Dreißigjährigen Kriege (»Misères de la Guerre« 1633). Vgl. auch E. T. A. Hoffmannn »Phantasiestücke in Callots Manier« (1814/15). S. vor allem K 8.

1. KRIEG

2. ALEA JACTA EST: *alea jacta est:* (lat.) Der Würfel ist gefallen, angeblicher Ausspruch Cäsars beim Überschreiten des Rubikon zu Beginn des Bürgerkriegs (49 v. Chr.); Sentenz, die die Endgültigkeit einer Entscheidung ausdrücken soll.

3. KRIEGSKNECHTS-SANG

4. KRIEGSKNECHTS-RANG

5. BEIM KLOSTER: *Peccavi, pater:* (lat.) ich habe gesündigt, Vater (liturgische Wendung).

6. BALLADE

7. DER FENSTERSTURZ: 1609 hatte Kaiser Rudolf (S. K 258) im Majestätsbrief den böhmischen Ständen volle Religionsfreiheit und ständische Privilegien erteilt. Am 23. 5. 1618 führte die Unzufriedenheit der böhmischen Protestanten zum Prager Fenstersturz, der den Dreißigjährigen Krieg eröffnete. Die kaiserlichen Statthalter *Martinitz* und Slavata wurden aus einem Fenster des Hradschin (S. K 190) gestürzt. *Colonna, Turn:* Anführer der aufständischen Protestanten. *Popel, Platter:* kaiserliche Beamte.

8. GOLD

9. SZENE

10. FEUERLILIE

11. BEIM FRIEDLAND: *Friedland, Wallensteiner:* S. K 8 und 40. *Turn:* S. K 265.

12. FRIEDEN: Mit der Einnahme der Prager Kleinseite durch die Schweden 1648 endete der Dreißigjährige Krieg (Westfälischer Friede 24. 10. 1648). *Karlsbrücke:* berühmte gotische Brücke in Prag.

271 BEI DEN URSULINEN (Lo 68): 1, 60. Prag, wohl Spätherbst 1895. EA: Lo 1895.

Ursulinen: nach der hl. Ursula benannter Orden nach der Augustinerregel. Gemeint ist wahrscheinlich das Ursulinenkloster in der Nationalstraße.

272 AUS DER KINDERZEIT (Lo 69): 1, 60. Prag, wohl Spätherbst 1895. EA: Lo 1895.

»Golka«: wohl Schiffsname. *Polka:* böhmischer Rundtanz. *Schwä-*

ne [...]: gemeint ist das Märchen »Die wilden Schwäne« des dänischen Dichters Hans Christian Andersen (1805–1875). *Holka:* (tschech.) Mädchen.

273–275 RABBI LÖW (Lo 70): 1, 61. Prag, wohl Spätherbst 1895. EA: Lo 1895.

Rabbi Löw: Der »Hohe Rabbi« Jehuda Löw ben Bezalel (um 1520–1609), soll einen Homunculus (Golem) aus Lehm geschaffen, ihm Leben eingehaucht und befohlen haben, den Prager Juden beizustehen, die von kriegerischen Unruhen bedroht waren. Sein Grab befindet sich auf dem Prager Judenfriedhof. (Vgl. *Ein Maienabend* 3, 156.) S. auch den Roman Der Golem (1915) von Gustav Meyrink.

»WEISER RABBI: *Liva:* Form des Namens Löw. *Beth Chaim:* (hebr.) Haus des Lebens, hier: Friedhof. *Bocher:* Talmudstudierender.

MITTERNACHT UND MONDGEGLEISSE: *jach:* jäh.

KAUM, DASS AUS DEM NACHTKELCH.

276 DIE ALTE UHR (Lo 71): 1, 64. Prag, wohl Spätherbst 1895. EA: Lo 1895.

Das Gedicht bezieht sich auf die berühmte Kunstuhr (1490) des Prager Altstädter Rathauses. Zu jeder vollen Stunde öffnen sich die beiden Fenster über der Uhrenscheibe, und der »Apostelzug« erscheint: Christus, Judas und die 12 Apostel ziehen vorbei, dann schließen sich die Fenster, ein Hahn flattert mit den Flügeln und kräht, der Tod dreht die Sanduhr um und läutet das Totenglöckchen.

Zu Rilkes bewahrender Haltung s. K 195.

277 KÄMPFEN (Lo 72): 1, 64. Prag, wohl Spätherbst 1895. EA: Lo 1895.

Barmherzgen Schwester: kath. Frauengenossenschaft für Krankenpflege. *Emaus:* 1347 gegründetes Kloster für Benediktinermönche des slawischen Ritus.

278 SIEGEN (Lo 73): 1, 65. Prag, wohl Spätherbst 1895. EA: Lo 1895.

279 IM HERBST (Lo 74): 1, 66. Prag, wohl Spätherbst 1895. EA: Lo 1895.

Laurenziberg: oberhalb der Kleinseite mit Kirche und Aussichtsturm über Prag. *Habit:* Kleidung, Gewand. *Valladolid:* span. Stadt, Sterbeort von Kolumbus; wohl bildlich für Ruheort.

280 DER KLEINE »DRÁTENÍK« (Lo 75): 1, 66. Prag, wohl Spätherbst 1895. EA: Lo 1895.

»*Drátenik*«: (tschech.) Drahtbinder, Rastelbinder. »*türkischen Hunger*«: sprichwörtl. Redensart für großen Hunger. *Krajcar:* slowakisch für krejcar: der Kreuzer (Münze). *milost' pánků!:* gnädiges Herrchen; typische Anredeform slowakischer Drahtbinder (Verkleinerungsform). Zu Rilkes Verhältnis zur tschech. Sprache s. Černý 1966, 9–10 und Demetz 1953, 151 ff.

281 In der Vorstadt (Lo 76): 1, 67. Prag, wohl Spätherbst 1895.
EA: Lo 1895.

282–286 Eine Nacht: 3, 438. Prag, 3. 11. 1895. ED: Deutscher Mu-
sen-Almanach. Wien und Leipzig 1897, 64. EA: BVP 1946.
I Er sinnt und sinnt: ursprünglich in Blankversen 3, 803.
II ». . . lass mich fein sacht ein!«
III Seit das im Stübchen: *Lailach:* Leintuch.
IV Die da ruhn
V . . . und immer noch kein Schlaf: ursprünglich in Blank-
versen 3, 803. *jach:* jäh.
Naturalistische Thematik.

287 Der schwarze Tod: 3, 444. Prag, 3. 11. 1895. ED: Moderní
Revue pro Literaturu, Umíní a Život. Bd. 3 H. 6 (Sommer 1897).
Schwarze Tod: mittelalterl. Bezeichnung für die Pest. *Sterbent:*
frnhd. Ausdruck für Massensterben, Epidemie, Pest (erscheint auch
in Gotthelfs »Schwarzer Spinne«).

288 Die Flagellanten: 3, 512. Prag, 3. 11. 1895. EA: SW 1959.
Flagellanten: Menschen, die sich aus religiösen Gründen geißeln,
vor allem kirchliche Büßergenossenschaften im 13.–15. Jahrhundert. Den Höhepunkt erreichte die Bewegung während der Pest
(vgl. *Der schwarze Tod* 3, 444) 1348/49. *Signorie:* im spätmittel-
alterl. Italien die Herrschaft über ein Stadtgebiet. *Campanile:* freistehender Glockenturm.

289 Park im Winter: 3, 435. Undatiert (vermutl. Winter 1895/96).
ED: Der Gesellschafter. Hamburg 2. Jg. Nr. 6, 262 (1. 3. 1896).
EA: BVP 1946.
Demantzwirn: Diamantzwirn. *Altan:* balkonartige Plattform. *Ve-
netianer-Filigran:* feingeschmiedetes Ziergeflecht.

290 Die Mutter (*»Liebling, hast du gerufen?«*) [Mütter] (Ad 70):
1, 140. Undatiert 1896–97. EA: Ad 1897.
Vgl. *Die Mutter* 1 ,37 (K 235).

291 Stimmung . . .: 3, 513. Prag, 26. 1. 1896. EA: SW 1959.
Eingeschrieben in *Larenopfer* mit der Widmung: *Wir dienen einer*
»Königin«!/Dies Buch Ihnen, werter Herr von Dickinson, als Zei-
chen dieser Übereinstimmung und Beweis meiner innnigen Sym-
pathie und Ergebenheit: René M. Rilke. 26. I. 1896. Bodo Wildberg ist der Künstlername des Schriftstellers Harry Louis von
Dickinson-Wildberg in Dresden (1862–1942), mit dem Rilke im
gleichen Jahr einen »Bund der wahrhaft Modernen« gründen
wollte und im Oktober die dritte Ausgabe der *Wegwarten* (S. K 62)
herausgab. Romantisierender, von Wagner und Schopenhauer be-
einflußter Lyriker und Prosaist, in dessen Biographie Rilke Elemente seiner eigenen Entwicklung erkannt haben mag (Verhältnis
zur Mutter, Isolation). Vgl. Rilkes Artikel *Bodo Wildberg* 5, 311.
Vigne: kleines Landhaus.

292 DAS LEBEN IST/EIN LEERES HEFT: 3, 514. Prag, Februar 1896. – Das
Gedicht trägt die Widmung: *Gewidmet der feinsinnigen Dichterin
Frau Ottilie Malybrock-Stieler-Kleinschrod in großer Sympathie
und Ergebenheit vom Verfasser, Prag, Februar 1896* und ist in die
Larenopfer eingeschrieben. Ottilie Stieler (1836–1913) war Toch-
ter des Hofmalers Stieler in München. Ein Gedichtband von ihr
erschien 1887 in Prag. Sie begeisterte sich für Julius Zeyer (S.
K 233).

293 SCHON BLINZT AUS ARGZERFETZTEN LAKEN [TRÄUMEN XI] (Tg 13):
1, 80. Prag, März 1896. EA: Tg 1896.
Glast: Glanz.

294 FANTASIE: 3, 514. Prag, 7. 3. 1896. ED: GB 1. Bd., 1939, 19.
In einem Brief an Bodo Wildberg (S. K 291) gleichen Datums
mitgeteilt. Erwiderung auf ein gleichnamiges Gedicht Wildbergs.
die Stadt: offenbar eine idyllische Phantasie.

295 AN STEPHAN MILOW: 6, 1219. Prag, 7. 3. 1896. EA: SW 1966.
In einem Brief (6, 1532) zum 60. Geburtstag von Stephan Milow,
eigentlich Stephan Millenkovich, Schriftsteller und Offizier (1836–
1915). *wir Modernen:* S. K 291.

296 MOTTO: EIN MILDER MÄRZENMORGEN: 3, 517. Prag (Weleslavin),
16, 3. 1896. EA: RMR, Briefe an Baronesse von Oe., New York
1945 (Band II der Reihe RMR im Jahre 1896, Hrsg. Richard von
Mises).
Das Briefgedicht eröffnet den Briefwechsel mit Láska van Oesté-
ren, der ebenfalls dichtenden Schwester des Schriftstellers Friedrich
Werner van Oestéren (S. K 343). Rilke korrespondiert mit ihr bis
Dezember 1896. (Vgl. zu diesem wie auch zu allen folgenden Ge-
dichten an Láska van Oestéren vor allem den oben angegebenen
Band von Richard von Mises.)
Weleslavin: Schloß Veleslavin, Sommersitz der Familie van
Oestéren. Rilke bezeichnet sich in den Briefen als *Schloßpoet.*
Doctor Klaar: Alfred Klaar (1848–1927), Professor für deutsche
Literatur an der Dt. Technischen Hochschule in Prag und Theater-
kritiker. *»Freie Bühne«:* innerhalb des »Bundes der wahrhaft
Modernen« (S. K 291) war auch die Gründung eines neuen Thea-
ters beabsichtigt. Vgl. den Brief an Láska vom 23. 3. 1896 und
s. Demetz 1953, 67. *Schnitzlers »Liebelei«:* Das Neue Dt. Theater
in Prag hatte in der Spielzeit 1895/96 diesen Einakter des österreichischen Dichters aufgeführt. Vgl. den Brief vom April 1896
an Schnitzler (in: Wort und Wahrheit Jg. 13. 1. Halbjahr 1958).
Halbe: S. K 185. *»Ganzsein«:* Vgl. *Sprüche: Was ihnen fehlt*
3, 435.

297 LIED *(Nicht ein Lied):* 3, 515. Prag, 1896 (wohl Frühjahr). ED:
S. K 126, Tafel N. EA: BVP 1946.
»der deutschen bildenden Künstler«: in Böhmen. *Bierbankprose:*

Stammtischalltag. *Sezession:* Zusammenschluß von Künstlern mit neuen Zielen (ursprüngl.: Absonderung). *Scolaren:* Studenten. *Manchen Hut* [...]: Anspielung auf Schillers »Wilhelm Tell« (I. Akt, 3. Szene); Symbol erzwungener Verehrung, hier: von modischen Auffassungen (Idolen). *nach bekannter Melodie zu singen:* »Gott erhalte Franz den Kaiser« von Joseph Haydn. S. Demetz 1953, 71.

298 EINE ALTE GESCHICHTE: 3, 516. Prag, 1896 (wohl Frühjahr). ED: S. K 126, Tafel V. EA: BVP 1946.
Zum biographischen Hintergrund dieser ironischen Selbstanalyse vgl. auch die satirische Erzählung *Ewald Tragy* 4, 512.

299 DIESE LIEDER, FEUERTRUNKEN: 3, 519. Prag, 22. 3. 1896. EA: S. K 296.
Briefgedicht an Láska van Oestéren (S. K 296). Thema ist der Liederabend einer Sängerin namens Julie Kopacsi.

300 ... WENN ICH SEIN AUG': 3, 520. Prag, 22. 3. 1896. EA: S. K 296.
Schluß einer Improvisation für den Schriftsteller Hans Olden (1859–1932) an Láska van Oestéren (S. K 296). Olden hielt sich in Prag zu Proben und Aufführungen seines Schauspiels »Die offizielle Frau« auf. Rilke, den er besuchte, widmete ihm ein Exemplar der *Larenopfer.*

301 MAN BRÄCHTS AM BESTEN VOR DEN RICHTER: 3, 520. Prag, 23. 3. 1896. EA: S. K 296.
An Láska van Oestéren (S. K 296).

302 MAN MERKTE: DER HERBST KAM [LIEBEN XX] (Tg 49): 1, 96. Prag, Anfang April 1896. EA: Tg 1896.

303 MIR IST SO WEH [TRÄUMEN XXV] (Tg 26): 1, 86. Prag, 4. 4. 1896. EA: Tg 1896.
Nach Heygrodt 1921, 42 der »Wehleidigkeit der jungen Heinrich Heineschen Lyrik« ähnlich.

304 DIE NACHT IM SILBERFUNKENKLEID [LIEBEN XII] (Tg 41): 1, 93. Prag, 4. 4. 1896. EA: Tg 1896.

305 WIE, JEGLICHES GEFÜHL VERTIEFEND [TRÄUMEN XXIII] (Tg 24): 1, 85. Prag, 7. 4. 1896. EA: Tg 1896.
Nachtviole: veilchenähnliche Pflanze.

306 O GÄBS DOCH STERNE [TRÄUMEN XXIV] (Tg 25): 1, 85. Prag, 7. 4. 1896. EA: Tg 1896.

307 OFT SCHEINST DU MIR EIN KIND [LIEBEN XV] (Tg 44): 1, 94. Prag, 7. 4. 1896. EA: Tg 1896.

308 FAHLGRAUER HIMMEL [TRÄUMEN XIII] (Tg 14): 1, 81. Prag, 8. 4. 1896. EA: Tg 1896.

309 EINE HEILIGE: 3, 440. Prag, 8. 4. 1896. ED: Das große illustrierte Dichter- und Künstlerbuch. Berlin 1896, 38.
Nimbus: Heiligenschein. *Byzanz:* gemeint ist die byzantinische Kunst (500–1200).

310 IM FRÜHLING ODER IM TRAUME [LIEBEN XVIII] (WW 3/Tg 47):
1, 96. Prag, 9. 4. 1896. EA: WW 29. 10. 1896.
Zuerst im 3. Heft der *Wegwarten*, später in *Traumgekrönt* aufgenommen.

311 WEISS ICH DENN, WIE MIR GESCHIEHT? [TRÄUMEN XI] (Tg 12):
1, 80. Prag, 10. 4. 1896. EA: Tg 1896.

312 MIR IST: EIN HÄUSCHEN [TRÄUMEN III] (Tg 4): 1, 76. Prag,
13. 4. 1896. EA: Tg 1896.
Ave: Mariengebet.

313 MATT DURCH DER TALE GEQUALME [TRÄUME XXVI] (Tg 27):
1, 86. Prag, 13. 4. 1896. ED: Das große illustrierte Dichter- und
Künstlerbuch. Berlin 1896, 38 u. d. T.: *Abend.* EA: Tg 1896.

314 GLAUBT MIR, DASS ICH, MATT VOM KRANKEN [TRÄUMEN XXVIII]
(Tg 29): 1, 87. Prag, 13. 4. 1896. EA: Tg 1896.

315 WIE EINE RIESENWUNDERBLUME PRANGT [TRÄUMEN XXII] (Tg
23): 1, 85. Prag, 14. 4. 1896. EA: Tg 1896.
Blütenspelze: Hochblatt in Blütenständen der Gräser.

316 EIN ERINNERN, DAS ICH HEILIG HEISSE [TRÄUMEN XXVII] (Tg 28):
1, 87. Prag, 14. 4. 1896. EA: Tg 1896.

317 ES IST EIN WELTMEER [LIEBEN X] (Tg 39): 1, 92. Prag, 14. 4. 1896.
EA: Tg 1896.

318 WENN DAS VOLK, DAS DROHNENTRÄGE [TRÄUMEN X] (Tg 11):
1, 79. Prag, Mitte April 1896. EA: Tg 1896.
drohnenträge: die männliche Biene als Sinnbild des Nichtstuers.
Beispiel für Rilkes Verachtung der Durchschnittlichkeit.

319 ES LEUCHTET IM GARTEN [LIEBEN XIV] (Tg 43): 1, 94. Prag, 19. 4.
1896. EA: Tg 1896.
In: Jung-Deutschlands Neuer Musenalmanach. Jg. 4 1897, 172
u. d. T.: *Abschied.*
Syringen: Flieder. *Ave:* S. K 312.

320 STELLDICHEIN: 3, 436. Prag, 22. 4. 1896. ED: Simplicissimus.
München, Jg. 1 1896/97 Nr. 23, 3 (5. 9. 1896). EA: BVP
1946.

321 SO DU FÜR JEMAND LIEBEN: 3, 521. Prag, 6. 5. 1896. EA: S. K 296.
Briefgedicht an Láska van Oestéren (S. K 296).

322 ES IST LANG, – ES IST LANG [LIEBEN XXII] (Tg 51): 1, 97. Prag,
15. 5. 1896. EA: Tg 1896.

323 FLAMMEN: 3, 436. Undatiert. ED: Jung-Deutschland und Jung-
Elsaß. Jg. 4 Nr. 9/10, 78 (15. 5. 1896). EA: BVP 1946.
Nach Osann 1941, 54 Reaktion auf literarische Fehlschläge.

324 AUS IHREM WORT MIT MÄCHTIGER GEWALT: 3, 521. Prag, 21. 5.
1896. EA: S. K 296.
Briefgedicht an Láska van Oestéren (S. K 296).

325 DIE NACHT LIEGT DUFTSCHWER [TRÄUMEN XIV] (Tg 15): 1, 81.
1896, wohl Juni. EA: Tg 1896.

326 DIE FENSTER GLÜHTEN [TRÄUMEN XX] (Tg 21): 1, 84. Anfang Juni 1896. EA: Tg 1896.

327 AUS PRAG SCHON KOMMT DER BRIEF: 3, 521. Prag, 16. 6. 1896. ED: S. K 296.
traun: wahrlich. *Veleslavin:* S. K 296. Briefgedicht an Láska van Oestéren (S. K 296).

328 BLONDKÖPFCHEN HINTER DEN SCHEIBEN [LIEBEN VII] Tg 36): 1, 90. Prag, 23. 6. 1896. EA: Tg 1896.

329 IM FRÜHLENZ MOCHT ICH MAL: 3, 522. Prag-Weinberge, 9. 7. 1896. EA: S. K 296.
Veleslavin: S. K 296. Briefgedicht an Láska van Oestéren (S. K 296). Im Sommer besucht Rilke mehrfach Veleslavin.

330 EIN GLÜCK WARS: 3, 523. Prag-Weinberge, 13. 7. 1896. EA: S. K 296.
Märchenfiligran: Filigran: feingeschmiedetes Zierwerk. Briefgedicht an Láska van Oestéren (Rilkes erster Besuch auf Veleslavin) (S. K 296).

331 NACH EINEM GLÜCK IST MEINE SEELE [LIEBEN XVI] (Tg 45): 1, 95. Prag, 18. 7. 1896. EA: Tg 1896.

332 WEISS NICHT, WAS ICH PREISEN SOLL: 3, 524. Prag-Weinberge, 20. 7. 1896. EA: S. K 296.
Mit den folgenden 5 Gedichten Inhalt des Briefes vom gleichen Tag an Láska van Oestéren (S. K 296). *Veleslavin:* S. K 296.

333 ICH SAH DEM SONNENSTÄUBCHENSPIELE: 3, 525. Prag-Weinberge, 20. 7. 1896. EA: S. K 296.
Meister Weri's: gemeint ist Friedrich Werner (Weri) van Oestéren, der Bruder von Láska. S. K 332 und K 343.

334 MAUDIT PRINTEMPS, REVIENDRAS-TU TOUJOURS *(Es liegt so wie ein Duft): 3, 525.* Prag-Weinberge, 20. 7. 1896. EA: S. K 296.
Maudit [...]: (frz.) verwünschter Frühling, wirst du immer wiederkehren. Refrain eines Liedes von Pierre-Jean Béranger (1780–1875): »Je la voyais de ma fenêtre«. Hier Titel einer Erzählung von Láska van Oestéren (S. K 296), wie wohl auch in den beiden folgenden Gedichten *chambre séparée* und *Epochemachend.* S. K 332.

335 DOCH AUCH DIE CHAMBRE SÉPARÉE-GESCHICHTE: 3, 526. Prag-Weinberge, 20. 7. 1896. EA: S. K 296.
S. K 332. *chambre séparée-Geschichte:* S. K 334.

336 UND AUCH DEN WAHNSINN: 3, 526. Prag-Weinberge, 20. 7. 1896. EA: S. K 296.
S. K 332. *Professor Marly in »Epochemachend«:* S. K 334.

337 JA, GLAUBEN SIE, ES TUT SO WOHL ZU HÖREN: 3, 526. Prag-Weinberge, 20. 7. 1896. EA: S. K 296.
S. K 332. *die edlen Frauen von Oestéren:* Baronin von Oestéren, ihre Tochter Láska und deren Schwester. *Ihr Schloß:* Veleslavin,

S. K 296. *Herwegen:* Peter Herwegen, Münchner Maler und Zeichner (1814–1893). *Tasso:* der verträumte Dichter Torquato Tasso (1544–1595) aus Goethes gleichnamigem Schauspiel (1790). Er lebte, wie Rilke auf Veleslavin, als Gast auf dem Lustschloß des Herzogs von Ferrara. *Antonio:* Gegenspieler Tassos im Goetheschen Schauspiel. *Jerusalem befreie:* Anspielung auf Tassos Epos »Gerusalemme liberata«, für das er den Lorbeerkranz erhält.

338 ... SO HAT MAN DEM DICHTER: 3, 527. Prag-Weinberge, 28. 7. 1896. EA: SW 1959.
Mit den folgenden 5 Gedichten zusammen Inhalt des unveröffentlichten Briefes vom 28. Juli an Láska van Oestéren (S. K 296).
Symphonien in Rot und Blau: Vgl. die beiden folgenden Gedichte.

339 SYMPHONIE IN ROT: 3, 527. Prag-Weinberge, 28. 7. 1896. EA: SW 1959.
S. K 338. *die Dichterin:* Láska van Oestéren (S. K 296).

340 SYMPHONIE IN BLAU: 3, 528. Prag-Weinberge, 28. 7. 1896. EA: SW 1959.
S. K 338. *laulich:* veraltet für lau.

341 ICH HAB NUN ZUSAMMENGEHEFTET GENAU: 3, 528. Prag-Weinberge, 28. 7. 1896. EA: SW 1959.
S. K 338.

342 MOTTO: BEIM GONG: 3, 529. Prag-Weinberge, 28. 7. 1896. EA: SW 1959.
Briefgedicht an Láska van Oestéren (S. K 296) über einen Vortrag eines Missionars auf Schloß Veleslavin. Eine in Knittelversen geschriebene Verspottung der christlichen Missionare im Kongo (Mason 1972, 218).
Holubhelm: nach dem böhm. Afrikareisenden Emil Holub (1847–1902). Die Zusammensetzung ist wohl eine Prägung Rilkes.
Strauß: Kampf (dicht.). *syrtet:* Syrte: zwei Buchten des Mittelmeers an der afrikanischen Nordküste. *Cyklopen:* einäugige Riesen (griech. Sage). *Pfeffer-Risi:* Reisgericht. *Sykomoreflüstern:* Sykomore: Maulbeerfeigenbaum. *»Deserten«:* Wüsten.

343 OFT GLAUBTE ICH: 3, 532. Prag-Weinberge, Ende Juli 1896. EA: SW 1959.
Briefgedicht für Friedrich Werner van Oestéren (S. K 296) (1874–1958), Schriftsteller. S. K 376 (Einleitung).
Amoretten: geflügelte Kindergestalten.

344 FAST WILL VERSAGEN MIR DES TRAUTEN: 3, 533. Prag-Weinberge, Ende Juli 1896. EA: SW 1959.
Briefgedicht vermutlich für die Schwester Láska van Oestérens (S. K 296).
Monsignore: Vgl. *Motto: Beim Gong* 3, 529, *Trianon:* Lustschloß im Park von Versailles.

345 AUF RAUHEM PFLASTER KLANG: 3, 534. Prag, Anfang August 1896.
ED: Artemis Bücherpost. Zürich. Nr. 3 Sommer 1947, 16 (Faks.);
Siegfried Trebitsch, »Chronik eines Lebens«. Zürich, Stuttgart, Wien
1951, 82. – Eingeschrieben in *Larenopfer* mit der Widmung: *Herrn
Siegfried Trebitsch, dem verborgenen, feinfühligen Dichter als Erinnerung an die Heimfahrt aus Veleslavin.* (S. K 296). Trebitsch
(1896–1956) war ein österreichischer Schriftsteller und Übersetzer.
Vgl. Rilkes Besprechung von Trebitschs Novellensammlung »Welt-
untergang« 5, 627.

346 DAS WAR DER TAG DER WEISSEN CHRYSANTHEMEN [LIEBEN II]
(WW 3/Tg 31): 1, 88. Prag, 2. 8. 1896. EA: WW 29. 10. 1896.
Unter dem Titel *Liebesnacht* im 3. Heft der *Wegwarten,* später in
Traumgekrönt.

347 ICH WAR NOCH EIN KNABE [LIEBEN XI] (Tg 40): 1, 92. Prag, 2. 8.
1896. EA: Tg 1896.
Base Olga: Tochter von Rilkes Tante Gabriele, Schwester von Rilkes Vater.

348 OB DU'S NOCH DENKST [LIEBEN V] (Tg 34): 1, 89. Sommerreise im
Nordböhmischen, 16./18. 8. 1896. EA: Tg 1896.
»Werther«: »Die Leiden des jungen Werthers«, Briefroman Goe-
thes (1774); die Leiden eines jungen, von extrem gesteigerter Emp-
findsamkeit erfaßten Menschen an einer unglücklichen Liebe, die im
Suizid enden.

349 WIR GINGEN UNTER HERBSTLICH BUNTEN BUCHEN [LIEBEN XVII]
(Tg 46): 1, 95. Sommerreise im Nordböhmischen, 19. 8. 1896. EA:
Tg 1896.

350 ... EIN TAGEBUCH: 3, 534. Attnang (Österreich), 23. 8. 1896. EA:
RMR. Briefe, Verse und Prosa aus dem Jahre 1896, New York
1946, 43. – Briefgedicht an Jacob Elias Poritzky (1876–1935), einen
Schriftsteller polnischer Herkunft, mit Bezug auf dessen Novelle
»... Keinen Kadosch wird man sagen« (1896). (Brief vom 24. 8.
1896 aus Goisern bei Ischl). *Kadosch:* poln. Ritter; Freimaurer-
grad.

351 UND WIE MAG DIE LIEBE DIR KOMMEN SEIN? [LIEBEN I] (Tg 30):
1, 88. Goisern bei Ischl, 31. 8. 1896. EA: Tg 1896.
Nach Hermann Meyer (1972, 206) eine Parodie auf ein Gedicht
von Marie von Ebner-Eschenbach (1830–1916):

> Ein kleines Lied! Wie geht's nur an,
> Daß man so lieb es haben kann,
> Was liegt darin, Erzähle!
>
> Es liegt darin ein wenig Klang,
> Ein wenig Wohllaut und Gesang
> Und eine ganze Seele.

Von zahlreichen Jugendstilelementen durchsetzt.

352 MÜHLE VON GOISERN: 3, 535. Goisern bei Ischl, 31. 8. 1896. ED:
Rilkes Leben und Werk im Bild, 1956, Abb. 25.
Gedicht zu einer Bleistiftskizze der Mühle vom gleichen Tag. Ende
August 1896 machte Rilke einen kurzen Urlaub im Salzkammer-
gut.

353 ICH TRÄUME TIEF IM WEINGERANK [LIEBEN IX] (Tg 38): 1, 91.
Prag, vermutlich September 1896. EA: Tg 1896.
Gedicht nach dem Vorbild Liliencrons (S. K 182). S. Holthusen
1958, 28.

354 ICH WEISS NICHT, WIE MIR GESCHIEHT [LIEBEN IV] (Tg 33): 1, 89.
Prag, 5. 9. 1896. EA: Tg 1896.

355 ABER LIEBER HERR . . .: 3, 441. Prag, 5. 9. 1896. ED: Jugend. Jg. 2
Nr. 10, 162 (6. 3 1897). EA: Fz 1921.
Kurz vor Rilkes Übersiedelung von Prag nach München eine satirische Invektive gegen die aus bürgerlicher Gesinnung vorge-
brachten Einwände des Vaters gegen sein Dichtertum. S. Mason
1972, 218. Vgl. *IV. Duineser Elegie* 1, 698.

356 ... ICH LAUSCHE GERNE IHREM MUNDE: 3, 535. Prag, 5. 9. 1896.
EA: SW 1959.
Schlußworte eines Briefs an Richard Zoozmann (S. K 120) vom
gleichen Tag. *»Drum will ich nützen jede Stunde«:* Zitat aus
Zoozmanns »Episoden«, aus denen Rilke fünf Motti für sein Buch
Traumgekrönt vorschlug. (SW 3, 821)

357 AN MANCHEM TAG IST MEINE SEELE STILL [GABEN] (WW 3/Ad 10):
3, 437/1, 106. Prag, 7. 9. 1896. EA: WW 29. 10. 1896.
In den *Wegwarten* H. 3 unter dem Titel *Seelenstille,* verändert
später in *Advent* aufgenommen und darin ursprünglich Peter
Altenberg, dem österreichischen Schriftsteller (1859–1919), gewidmet.

358 WIR SASSEN BEIDE IN GEDANKEN [LIEBEN VI] (Tg 35): 1, 90. Prag,
8. 9. 1896. EA: Tg 1896.

359 KÖNIGSLIED (WW 3/Tg 1): 1, 73. Prag, 9.9.1896. EA: WW 29. 10.
1896.
Nicht wesentlich abweichender Entwurf: *Aber du darfst es mit
Würden tragen* 3, 536. S. Heygrodt 1921, 42 (zur Gebärde) und
Demetz 1953, 135.

360 IMPROMPTU: 3, 535. Prag, 9. 9. 1896. EA: SW 1959.
Impromptu: Stegreifdichtung.
SCHALTENDES SCHICKSAL
ABER DU DARFST ES MIT WÜRDEN TRAGEN: S. K 359.
DAS IST DIE NACHT: *Tarantellatanzen:* Tarantella: span. Tanz.
Bacchanale: Trinkgelage.
DER FRIEDE KOMMT: *Ave:* Mariengebet.
WEIL DICH SO MANCHE WUNDE: *Selbanderweilenwollen:* selbander:
zu zweit.

LIEBE AUCH LÄSST SICH DEN WELLEN VERGLEICHEN: Zur Strophe
Liebeleuchtende Liebe spannte vgl. *Einmal wartet die bange ver-
bannte* 3, 638 (verselbständigte Strophe in neuer Fassung). S. Eva
Siebels, Dante im Erleben RMRs, Deutsches Dante-Jahrbuch
23. Band (Neue Folge 14. Band), Weimar 1941, 183. (ED der
Strophe aus *Impromptu*). *Dante:* (1265–1321), bedeutendster ital.
Dichter des Mittelalters. Sein Hauptwerk »La Divina Commedia«
ist eine visionäre Wanderung durch die 3 Jenseitsreiche Hölle,
Läuterungsberg und Paradies. *»Lasciate«:* (lat.) Laßt ab, Zitat aus
»L'Inferno«, dem I. Teil der »Divina Commedia«.

ICH WILL NICHT, DASS SIE MEINEN NAMEN PREISEN
MEIN LEBEN IST EIN OPFERRAUCHEN

SEHNSUCHT – AUCH SEHNSUCHT IST WELLENGEWIEGE: *Sieger-
quadrige:* röm. Siegerwagen. Rhythmische Anspielung auf die
Schlußverse im 2. Teil von Goethes »Faust«.

361 MEIN HERZ GLEICHT DER VERGESSENEN KAPELLE [TRÄUMEN I]
(Tg 2): 1, 75. Prag, 10. 9. 1896. EA: Tg 1896.

362 EIN HÄNDEINEINANDERLEGEN [FUNDE] (WW 3/Ad 49): 1, 129.
Prag, 11. 9 .1896. EA: WW 29. 10. 1896.
In den *Wegwarten* unter dem Titel: *Morgengang,* später in *Advent*
aufgenommen.
Gebreite: ausgebreitetes Gefilde.

363 KRAUSE SCHNÖRKELGIEBEL SPREITEN: 3, 542. Prag, 11. 9. 1896.
EA: SW 1959.
Ironisches Pamphlet auf das kleinbürgerliche Prag.

364 DER ALLTAG HAT EISIGE, EISERNE KRALLEN: 3, 542. Prag, 11. 9.
1896. EA: SW 1959.
Ausdruck der Ernüchterung beim Aufenthalt in Prag, vgl. *Krause
Schnörkelgiebel spreiten* 3, 542.

365 ICH LIEBE VERGESSENE FLURMADONNEN [GABEN] (WW 3/Ad 5):
1, 104. Prag, 12, 9. 1896. EA: WW 29. 10. 1896.
Ursprünglich Prinz Emil zu Schönaich-Carolath (1852–1908) gewidmet, einem Dichter, den Rilke um einen Beitrag für die
Wegwarten III bat und den er 1901 und 1902 auf seinem Besitz
in Haseldorf besuchte. Vgl. *Wenn uns das Leben lieb gewinnt,*
3, 755.

366 WAS REISST IHR AUS MEINEN BLASSEN, BLAUEN [FUNDE] (Ad 52):
1, 130. Dresden (?), 13. 9. 1896. EA: Ad 1897.
Nach Heygrodt 1921, 49 ist dieses Gedicht symptomatisch für die
wirklichkeitsferne, träumerisch-müde Haltung des jungen Rilke
im Gegensatz zu der späteren Bändigung des Leids. Vgl. dazu
u. a. Rilkes letztes Gedicht *Komm du, du letzter* 2, 511, vor allem
die Zeilen *Verzicht. Das ist nicht so wie Krankheit war/einst in
der Kindheit. Aufschub. Vorwand um/größer zu werden* ...

367 WIEDER EINMAL DRESDEN! GALERIE: 3, 543. 15. 9. 1896. Entwurf:
14. 9. 1896. EA: S. K 296.
Verse in einem Brief an Láska van Ostéren (S. K 296) vom
gleichen Tag. Eindrücke beim Besuch der Dresdener Gemälde-
galerie. *Teniers, Ostade* (niederl. Genremaler), *Rubens, Raphael,
Rembrandt* (dem Rilke ein späteres Gedicht, in dem offensichtlich
bestimmte Motive aus Gemälden des Malers umschrieben sind,
widmet: 3, 762), *Cranach, van Dyck* (dessen Gemälde »Die Kinder
Karls I.« Rilke erwähnt), *Corregio, Velasquez* (S. K 170), *Goya,
Murillo, Dürer, Tizian:* Gemälde dieser Maler hängen in Dresden. – *Der Saskia Auge:* gemeint ist das Rembrandt-Bild »Der Maler als verlorener Sohn mit Saskia« (um 1636) in Dresden. Saskia
van Uylenburgh war Rembrandts Frau.
HIER SELBST, WO MAN VIELER JAHRHUNDERTE: *Trianon:* gemeint
ist Veleslavin (S. K 296 und 344).

368 SONNE VERLODERT AM HIMMELSRAIN [GABEN] (Ad 14): 1, 109.
Dresden oder Prag, 16. 9. 1896 für den Druck umgearbeitet. EA:
Ad 1897.
Ursprünglich Walter Caspari gewidmet.

369 ASRAEL: 3, 544. Dresden, 16. 9. 1896. EA: SW 1959.
Gedicht über ein Bild der Malerin und Dichterin Hermione von
Preuschen (1857–1918), das Rilke in Dresden sah. Vermutlich hat
er die Verse der Künstlerin zugesandt. Am selben Tag entstanden
noch weitere Gedichte zu Bildern Hermione von Preuschens. Vgl.
Rilkes Aufsatz *Hermione von Preuschen* 5, 308–311, besonders die
Bildbeschreibung S. 311 und das Gedicht *Er war von jenen
Großen* 3, 557.
Asrael: islam. Todesengel, der die Seele vom Leib trennt.

370 NENNT IHR DAS SEELE [GABEN] (Ad 11): 1, 107. Prag, 17. 9. 1896.
EA: Ad 1897. – Ursprünglich Michael Georg Conrad (S. K 657)
gewidmet. Widerstreit zwischen »Zagheit« und »Zorn« (s. Heygrodt 1921, 46).

371 PURPURROTE ROSEN BINDEN [FUNDE] (Ad 48): 1, 128. Prag,
17. 9. 1896. ED: Jugend. München Jg. 2 1897 Nr. 17, 268 (24. 4.
1897). EA: Ad 1897.
Anakreontischer Ton.

372 WENN AUCH DER ALLTAG: 3, 545. Prag, 17. 9. 1896. EA: SW
1959. Vgl. *Der Alltag hat eisige, eiserne Krallen* 3, 542.

373 DER ABEND BRINGT EIN »AVE SANTA/MARIA«: 3, 545. Prag, 17. 9.
1896. ED: Die schöne Literatur. Leipzig. 25. Jg. (15. 3. 1924). EA:
BVP 1946. Gedicht in einem Brief an den Dichter Christian Mor-
genstern (1871–1914) vom gleichen Tag; es bezieht sich auf dessen
Gedicht-Buch »In Phanta's Schloß« (Berlin 1895). Rilke schrieb die
Verse in sein Exemplar des Buches ein. S. auch Briefe, Verse und
Prosa aus dem Jahre 1896, New York 1946, 47 u. 106.

»*Ave santa* / *Maria*«: Gegrüßet seist du Maria; Mariengebet.
374 SCHON STARB DER TAG [LIEBEN XIII] (Tg 42): 1, 93. Prag, 22. 9.
1896. EA: Tg 1896.
Farren: hier für Farn. *Zyklamen:* Veilchenart.
375 FLECKT AUCH VOM ZUGE DER ANDERN: 3, 546. Prag, 24. 9. 1896.
EA: SW 1959.
Traumgekrönt: Übernahme der Schlußzeile als Titel der neuen
Gedichtsammlung (S. K 120). Vgl. Brief an Richard Zoozmann
vom 25. 9. 1896. Das Gedicht selber wurde nicht in *Traumgekrönt*
aufgenommen.
Vgl. auch K 356.
376 DIE WAISE (CV 1, 1): 3, 129. München, 5. 10. 1896. EA: SW 1959.

CHRISTUS-VISIONEN: 3, 127–169

Mit dem Titel *Christus-Visionen* bezeichnet Rilke unter anderem
in seinen Briefen an Lou Andreas-Salomé eine Folge von elf vollendeten epischen Gedichten, die er nie zu einem abgeschlossenen
Gedichtkreis zusammengestellt und weder einzeln noch in einer
Folge veröffentlicht hat. Nach unausgeführten Ideen für eine Gedichtgruppe *Visionen,* die bis zum Mai 1896 zurückzuverfolgen
sind, entstehen in der Zeit zwischen dem 5. Oktober 1896 und
Sommer 1897 in München acht Epen. In einem Brief an Ganghofer vom 16. 4. 1897 kündigt Rilke das Erscheinen von fünf
Christusvisionen in Michael Georg Conrads Zeitschrift »Die Ge-
sellschaft« an; es unterbleibt aber. Eine wohl damals angefertigte
Reinschrift ist nicht erhalten. Im Juli 1898 entstehen drei weitere
Epen, deren Zugehörigkeit zum Komplex der *Christus-Visionen*
erst von Ernst Zinn, dem Herausgeber der SW, erkannt wird.
Belegt ist sie in einem Brief an den Verleger Adolf Bonz vom
11. 7. 1898, in dem von der Wiederaufnahme der Arbeit an dem
Gedichtkreis berichtet wird. Dieser ist nach Zinn in seiner Ge-
samtkonzeption schließlich als unvollendet anzusehen.
Eine Veröffentlichung, in einem Brief vom 9. 2. 1899 an den
Dichterfreund Wilhelm von Scholz entschieden abgelehnt, wird
nur bei der Redigierung der *Ersten Gedichte* im Winter 1911/12
noch einmal erwogen. Nach dem Abdruck einiger Proben bei
Ruth Mövius 1937, 149–152 und Marianne Sievers 1938, 80–84
erscheinen die Epen unter dem Titel *Christus/Elf Visionen* erstmals 1959 in Bd. 3 der SW. Die Anordnung der bis 1897 entstandenen Stücke richtet sich dabei nach einem Verzeichnis Rilkes
auf einem von zwei Umschlagblättern aus dem Jahre 1898 mit
dem Titel *Christus.* Eine dort nicht aufgeführte Vision wurde mit
dem vom Herausgeber versehenen Titel »Judenfriedhof« ange-
reiht. Die drei späteren Epen sind als zweite Folge aufgeführt und

willkürlich angeordnet; der Titel *Die Kirche von Nago* ist als einziger autorisiert.

Die thematische Verbindung aller elf Episoden ist ein in der Gegenwart ziellos umherschweifender, heimatlos gewordener Christus, am sinnfälligsten charakterisiert in der Vision *Jahrmarkt* als *Ewiger Jude*. Rilkes Auseinandersetzung mit dem Stoff läßt sich bis ins Jahr 1893 zurückverfolgen, wo in den Gedichten *Glaubensbekenntnis* 3, 489 und *Noch hatten kaum die Fernen* 3, 491 bereits die antichristliche Position formuliert wird: *Er* [Christus] *wär als Mensch so göttlich groß geblieben, / und nun als Gott erscheint er menschlich klein!* Es ist die christliche Vorstellung der Lebens- und Sinnenfeindlichkeit des Göttlichen, die Christus für Rilke so hilflos und einsam werden läßt und ihn zu ewiger Verständnis- und Teilnahmslosigkeit dem Menschlichen gegenüber verurteilt.

In der Ablehnung der christlichen Jenseitigkeit und Askese steht Rilke dabei sowohl in der Nachfolge Nietzsches wie auch Heines. In des Dichters Umkreis sind es vor allem Diskussionen mit dem Schriftsteller Friedrich Werner van Oestéren (S. K 296 u. 343), der 1906 den Roman »Christus, nicht Jesus« veröffentlichte, und Lou Andreas-Salomé mit ihrem Essay »Jesus der Jude« (vgl. Briefe RMR-Lou, Anmerkungen S. 509) im Aprilheft 1896 der »Neuen Deutschen Rundschau«, die Rilke, wenn nicht unmittelbar angeregt, so doch in der Gestaltung seiner religiösen Anschauungen bestätigt haben (vgl. Briefe RMR-Lou, S. 9). Nach Mason 1964, 22 sind die unvermittelte Deutlichkeit des religiösen Bekenntnisses und der bisweilen heftig pointierte Ton Rilkes in den *Christus-Visionen* Hauptgrund für die Entscheidung, sie nicht preiszugeben. In der Tat können sie – im Vergleich zu früheren jugendstilhaft-unverbindlichen und späteren subtilen Ausdrucksformen (mit ihrem Hang, Konkretes durch Entziehung des konkreten Zusammenhangs mehrdeutig werden zu lassen, wie etwa im *Stunden-Buch*) – als eine Ausnahmeerscheinung angesehen werden. Sie markieren, ähnlich wie die Gedichte an Lou Andreas-Salomé im Gefühlsausdruck, im mehr gedanklich-anschaulichen Bereich einen Übergang zu eigener Diktion. Vgl. auch *Uhdes Christus* 5, 351, *Der Ölbaum-Garten* 1, 492, aber auch 6, 1111.

S. Mason 1964, 19–24, Briefwechsel RMR-Lou 1952, 9 f., 257 f., 300 f., 511 f., Sievers 1938, 78–102, RMR Visions of Christ, Colorado 1967, by Siegfried Mandel, 3–48.

377 EIN MAIENABEND. – UND DER HIMMEL FLITTERT (CV 1, 8): 3, 156. München, 6. 10. 1896. EA: SW 1959.
Spiro: geläufiger jüd. Name. *Rabbi Löw, Liwa:* S. K 273–75.
Gethsemane: Garten am Fuße des Ölbergs, Gebetsstätte und Verhaftungsort Jesu.

378 JAHRMARKT (CV 1, 5): 3, 143. München, 9. 10. 1896. EA: SW
1959.
Theresienwiese: Festwiese bei München. *Noah und Konsorten:*
Gestalten des Alten Testaments (Sintflut). *Polichinell:* frz. für Pul-
cinella; listig-gefräßige Dienergestalt, Charaktermaske aus Volks-
possen. *deo natus:* (lat.) gottgeboren, Sohn Gottes. *»Ecce homo«:*
(lat.) siehe, welch ein Mensch; Worte des Pilatus, mit denen er
den dornengekrönten Jesus der Menge vorstellt. *Bacchanalen:*
Trinkgelage. *Ahasver:* Name des ewigen Juden, Sagengestalt aus
dem Volksbuch um 1600, verweigerte dem leidenden Christus
Rast und zieht zur Strafe ewig rastlos durch die Welt. *gepichte:*
verschmierte.
Zum Jahrmarktmotiv vgl. vor allem X. *Duineser Elegie* 1, 721.

379 SEHNSUCHT *(In veratmendes Entzücken):* 3, 441. München, 9. 10.
1896. ED: Monatsschrift für neue Litteratur und Kunst. Berlin
Jg. 1 1896/97, H. 4, 255 (Januar 1897). EA: Fz 1921.
Zelter: Reitpferd für Damen.

380 ZUM FEST: 3, 445. München, 9. oder 10. 10. 1896. ED: Moderne
Dichtung. Prag 1897 H. 1. EA: Fz 1921.

381 ES GIBT SO WUNDERWEISSE NÄCHTE [TRÄUMEN XXI] (Tg 22):
1, 84. München, 10. 10. 1896. EA: Tg 1896.

382 DAMIT ICH GLÜCKLICH WÄRE [GABEN] (Ad 9): 1, 106. München,
12. 10. 1896. EA: Ad 1897.
Ursprünglich Emil Orlik gewidmet, Prager Freund Rilkes, Maler
und Graphiker (1870–1932), bekannt seine Karikatur von Rilke
(Holthusen 1958, 26). Vgl. auch Rilkes Aufsatz *Ein Prager Künstler* 5, 469–75.

383 WO SIND DIE LILIEN AUS DEM HOHEN GLAS [FUNDE] (Ad 63):
1, 136. München, 13. 10. 1896. ED: Simplicissimus. München. Jg. 2
1897/98 Nr. 34, 270. (20. 11. 1897) u. d. T.: *Zukunft.* EA: Ad
1897.

384 MÖCHTE MIR EIN BLONDES GLÜCK [TRÄUMEN XVIII] (Tg 19):
1, 83. München, 19. 10. 1896. EA: Tg 1896.

385 WEISST DU, DASS ICH DIR MÜDE ROSEN [FUNDE] (Ad 62): 1, 135.
München, 21. 10. 1896 (ursprüngl. Fassung, später umgearbeitet).
EA: Ad 1897.

386 ICH SEHNE OFT NACH EINER MUTTER MICH [MÜTTER] (Ad 64):
1, 137. München, 24. 10. 1896. EA: Ad 1897.
Ursprünglich Baronin von Dickinson-Hennet gewidmet. S. K 291.
Zu Rilkes realem Verhältnis zu seiner Mutter s. K 1268 und 1705.

387 WIR SASSEN BEISAMMEN IM DÄMMERLICHTE [TRÄUMEN VI] (Tg 7):
1, 77. München, 26. 10. 1896. EA: Tg 1896.
Vgl. *Ich sehne oft nach einer Mutter mich* 1, 137 (K 386).

388 OFT DENK ICH AUF DER ALLTAGSREISE [GABEN] (Ad 8): 1, 105.
München, 28. 10. 1896. EA: Ad 1897.

Ursprünglich Frau Hofrat Stieler gewidmet, Mutter von Ottilie
Stieler (S. K 292).

389 ICH MUSS IHNEN SAGEN, WIE FROH: 3, 549. München, November
1896. ED: Wilhelm von Scholz: Eine Jahrhundertwende. Leipzig
1936, 205.
Eingeschrieben als Widmung in die *Larenopfer* für den Dichterfreund Wilhelm von Scholz (1874–1965), dessen Werke Rilke besprach; vgl. z. B. die Rezension des Lyrikbandes »Frühlingsfahrt«
(1896) 5, 319, auf den sich das Gedicht bezieht. Der Briefwechsel
zwischen beiden Dichtern läßt sich bis 1902 verfolgen.

390 WAS DAS HERZ IN STILLEN STUNDEN SANN: 6, 1219. München, 3. 11.
1896. ED: Mises 1966, 132.
Widmungsgedicht der *Larenopfer* für Nathan Sulzberger (Chemie-
student in München, Studienfreund Rilkes aus Amerika). Vgl.
auch die Briefe an Sulzberger (Briefe, Verse und Prosa aus dem
Jahre 1896, New York 1946, 53–56 u. 107).

391 UND DU WARST SCHÖN [FUNDE] (Ad 55): 1, 131. München, 6. 11.
1896. EA: Ad 1897.
Vesta: altitalische Göttin des Herdes und Herdfeuers, sie
hatte im alten Rom einen Rundtempel auf dem Forum mit
einem ewig brennenden Feuer, das Priesterinnen, die Vestalinnen,
unterhielten.

392 AGATHE: 3, 547. München, 8. 11. 1896. EA: SW 1959.
Einem Brief an die Schriftstellerin Gabriele Reuter (1859–1941)
vom gleichen Tag beigelegt, mit Bezug auf ihren im S. Fischer
Verlag, Berlin, erschienenen Roman »Aus guter Familie / Leidens-
geschichte eines Mädchens« (namens Agathe).

393 DU ...: 3, 447. München, 12. 11. 1896. ED: Moderne Dichtung.
Prag 1897, 1. Heft. EA: Fz 1921.
Vgl. dazu die im Oktober entstandenen *Christus-Visionen Die
Waise, Ein Maienabend* und besonders *Jahrmarkt* (3, 129; 156;
143).
Golgotha: Kreuzigungsstätte Jesu.

394 DÄMMERSTUNDE: 3, 446. München, 15. 11. 1896. ED: Moderne
Dichtung. Prag. 1. Heft 1897. EA: Fz 1921.

395 WIE MEINE TRÄUME NACH DIR SCHREIN [FUNDE] (Ad 54): 1, 131.
München, 16. 11. 1896. EA: Ad 1897.

396 MIR IST OFT, DASS ICH FRAGEN MÜSST [MÜTTER] (Ad 65): 1, 137.
München, 16. 11. 1896. EA: Ad 1897.

397 DU SAHST IN HOHE LICHTHOFMAUERN [FUNDE] (Ad 57): 1, 132.
München, 18. 11. 1896. EA: Ad 1897.
Lichthofmauern: Lichthof: ein von Gebäudeteilen umschlossener
Hof oder Schacht, durch den Tageslicht in die anliegenden Räume
gelangt.

398 ICH GEHE UNTER ROTEN ZWEIGEN [MÜTTER] (Ad 66): 1, 138.
München, 18. 11. 1896. EA: Ad 1897.
Zum Motiv der werdenden Mutter vgl. auch *Abendgang* 3, 445.

399 ABENDGANG: 3, 445. München, 18. 11. 1896. ED: Moderne Dichtung. Prag 1897 1. Heft. EA: Fz 1921.
Taxusbäume: Nadelholzart. S. K 398.

400 DU HAST SO GROSSE AUGEN, KIND [FUNDE] (Ad 56): 1, 131/3, 443/
3, 804. München, 19. 11. 1896. ED: Monatsblätter. Organ des
Vereins »Breslauer Dichterschule« Jg. XIII Nr. 3, 28 (März 1897)
u. d. T.: *Sehnsucht.* EA: Ad 1897. S. a. BVP 1946.
Der Erstdruck gibt eine verkürzte Fassung wieder (3, 443). Auf die
erste Niederschrift (3, 804) bezieht sich die Wiedergabe in *Advent.*

401 WARST DU EIN KIND IN FROHER SCHAR [GABEN] (Ad 6): 1, 104.
München, 20. 11. 1896. EA: Ad 1897.
Ursprünglich Gustav Falke gewidmet, einem Lyriker aus Hamburg (1853–1916), von Liliencron gefördert (S. K 182). Vgl. die
Rezension *Gustav Falke, Neue Fahrt* 5, 460. Nach Heygrodt
1921, 31 erinnern die Verse an Rilkes Militärschulzeit (1885–1890)
mit ihren negativen Seiten.

402 ICH WEISS, ALS KIND: MEIN SPIELZEUG FIEL: 3, 548. München,
20. 11. 1896. EA: SW 1959.
Zu der Kindheitsepisode mit der *Hand* vgl. *Malte* 6, 792–97 und
Osann 1941, 16.

403 JA, FRÜHER, WENN ICH AN DICH DACHTE [FUNDE] (Ad 60): 1, 134.
München, 21. 11. 1896. EA: Ad 1897.
Aureolenglanz: Aureole: Heiligenschein, der die ganze Person
umgibt.

404 WIR SIND EIN VOLK VON FREMDEN FRAGERN: 3, 548. München,
21. 11. 1896. EA: SW 1959.
Runensilber: Die Wortzusammensetzung rührt wohl daher, daß
diese germanischen Schriftzeichen häufig in Silbergegenstände ein-
graviert waren.

405 MIR WAR SO WEH, ICH SAH DICH BLASS UND BANG [FUNDE] (Ad
53): 1, 130. München, 28. 11. 1896. ED: S. K 483 u. d. T.: *Mor-
genschlaf.* EA: Ad 1897.

406 ICH GING DURCH EIN LAND [FUNDE] (Ad 61): 1, 134. München,
28. 11. 1896. EA: Ad 1897.

407 ICH DENKE AN: / EIN DÖRFCHEN SCHLICHT [TRÄUMEN II] (Tg 3):
1, 75. Undatiert. EA: Tg 1896.

408 EINEN MAITAG MIT DIR BEISAMMEN SEIN [LIEBEN III] (Tg 3):
selbander: zu zweit.*Maiblust:* Blust: Blüte (dicht.).
1, 88. Undatiert. EA: Tg 1896.

409 DIE LIESE WIRD HEUTE JUST SECHZEHN JAHR [LIEBEN VIII] (Tg 37):
1, 91. Undatiert. EA: Tg 1896.

Riesenpan: Pan: griech. Hirten- und Weidegott; Urheber plötz-
licher Schrecken.

410 SIE HATTE KEINERLEI GESCHICHTE [LIEBEN XIX] (Tg 48): 1, 96.
Undatiert. EA: Tg 1896.

411 MANCHMAL DA IST MIR: NACH GRAM UND MÜH [LIEBEN XXI]
(Tg 50): 1,97. Undatiert. EA: Tg 1896.

412 IN DIESES BUCHES SEITEN: 3, 554. München, Dezember 1896. EA:
S. K 296.
Widmungsgedicht für Frau van Oestéren und deren Tochter Láska
(S. K 296), eingeschrieben in *Traumgekrönt: Frau Baronin von
Oestéren und Baronesse Láska, der feinsinnigen Dichterin, in gro-
ßer, treuer Verehrung und Dankbarkeit: René Maria Rilke. Mün-
chen, im Dezember 1896.*

413 ES HIESS: JE BESSER – JE KANTIGER: 3, 555. München, Dezember
1896. ED: Ernst Hauswedell. Antiquariatskatalog 85. Hamburg
1949, 35. – Eingeschrieben in *Traumgekrönt* für den Schriftsteller
Otto Julius Bierbaum (1865–1910) in Berlin, der von 1896–99
auf Schloß Englar im Eppan lebte. Vgl. 486. Die Widmung
lautet: *Otto Julius Bierbaum auf Schloß Englar im Eppan sendet
dieses Buch herzlicher Verehrung voll: René Maria Rilke. München, im Dezember 1896.*

414 DAS WAREN ZEITEN VOLLER RINGEN: 3, 549. München, Anfang
Dezember 1896. EA: SW 1959.
Mit folgender Widmung an die Mutter Phia Rilke eingeschrieben
in *Traumgekrönt: Meiner lieben guten Mama in kindlicher Dank-
barkeit und Treue: René. München, im Dezember 1896.*
Syringen: Flieder.

415 WIE MAN DEN STAUB WISCHT: 3, 551. München, Anfang Dezem-
ber 1896. EA: SW 1959.
Mit Datum und Unterschrift eingeschrieben in *Traumgekrönt* für
Detlev von Liliencron (S. K 182).
»Poggfred«: S. vor allem K 420. *Gelichter:* Gesindel, Sippschaft.
Babel: hier: Sündenpfuhl. *Gebt unserm Dichter [...]:* bezieht sich
auf die finanzielle Notlage Liliencrons; im Januar 1897 hält
Rilke zu dessen Gunsten einen Vortragsabend. *Abel:* Tochter
Liliencrons. *Sabel:* Säbel (altertüml.). *Attaque:* Schlachtruf: Zum
Angriff.

416 DIE NACHT *(Nach Mitternacht ists)* (CV 1, 6): 3, 149. München,
1. 12. 1896. EA: SW 1959.
Bacchanalen: Trinkgelage. *Piccolo:* Kellnerlehrling.

417 SO REIT ICH IMMER WEITER: 3, 549. München, 3. 12. 1896. EA: SW
1959. – Für den Vater Joseph Rilke eingeschrieben in *Traumgekrönt* mit der Widmung: *Dir, bester Papa, sende ich vor Allem
mein neues Buch, mit dem Wunsche, Dich damit zu erfreuen und
Dir einen neuen Beweis zu geben von der Ehrlichkeit meines*

künstlerischen Strebens. Dein sehr dankschuldiger, alter René.
München, 3. Dezember 1896.
Das Gedicht ist von dem Willen getragen, dem Vater gegenüber
eine künstlerische Existenz zu rechtfertigen *(Professor* und *Richter*
erscheinen als bürgerliche Berufsperspektiven seines bisherigen
Studiums von Geisteswissenschaften und Jura). S. auch K 42 u.
235. Zur Stanzenform vgl. 415 u. 420.

418 DIE NACHT HOLT HEIMLICH [FUNDE] (Ad 40): 1, 125. München,
4. 12. 1896. ED: Wiener Rundschau Jg. 1 Nr. 8, 290 (1. 3. 1897)
u. d. T.: *Abend.* EA: Ad 1897
Molen: Hafendämme.

419 TRÄUME *(Du, meine Träume singen leise):* 3, 466. München, 6. 12.
1896. ED: Moderne Dichtung. Prag. 1. Heft 1897. EA: Fz 1921.

420 FÜR IHRE ZEILEN DANK VON GANZEM HERZEN: 3, 552. München,
8. 12. 1896. EA: SW 1959.
Briefgedicht an Detlev von Liliencron (S. K 182) mit der Anrede: *Lieber verehrter Meister.* Die *Zeilen* Liliencrons enthielten
Lob für Rilkes neues Buch *Traumgekrönt* (S. K 415).
Poggfreds: »Kunterbuntes Epos in zwölf Cantussen«, 1896 in
Berlin erschienen. Vgl. die Rezension 5, 317. *Stanzenranken:* Im
»Poggfred« verwendet Liliencron die Stanze, eine ital. Strophenform, in der Rilke auch dieses Gedicht abgefaßt hat. Vgl. 415,
417, 453, 490.
traun: wahrlich. *Schlachtgranatensplittern:* bezieht sich auf Liliencrons militärische Laufbahn. *Teckeln:* Dackeln. *»sie hieß«:* »Und
sie hieß Fite«, Zitat aus dem fünften Kantus des »Poggfred«. *Pla-*
giat: täuschende Kopie. *Enfin, je prends [...]:* (frz.) ich nehme
das Gute, wo ich es finde; anekdotischer Ausspruch Molières.
Herr von Scholz: Rilkes Dichterfreund Wilhelm von Scholz (S.
K 389).

421 EINMAL MÖCHT ICH DICH WIEDERSCHAUEN [GABEN] (Ad 22 a):
1, 112. München: 9. 12. 1896. ED: Das Narrenschiff. Jg. 1 1898
Nr. 15, 231. (April). EA: EG 1913.
Im Erstdruck u. d. T.: *Im Parke.* Ursprünglich nicht in *Advent.*

422 UND REDEN SIE DIR JETZT VON SCHANDE [MÜTTER] (Ad 68):
1, 139. München, 9. 12. 1896. EA: Ad 1897.
Ursprünglich Richard Dehmel gewidmet. Dehmel (1863–1920),
Lyriker im Umkreis des Naturalismus mit Hang zum Kosmischen. Am 19. 11. trat Rilke brieflich mit ihm in Verbindung,
am 28. 1. 1898 fand die erste persönliche Begegnung statt. In der
kosmischen Dimension und der Diktion an Dehmels Gedichtband »Weib und Welt« erinnernd, der 1896 erschien und den Rilke
zur gleichen Zeit las. Vgl. auch Rilkes Aufsatz *Moderne Lyrik*
5, 375–77.

423 LEISE WEHT EIN ERSTES BLÜHN [MÜTTER] (Ad 67): 1, 138. München, 12. 12. 1896. EA: Ad 1897.

424 EIN WEISSES SCHLOSS IN WEISSER EINSAMKEIT [GABEN] (Ad 20): 1, 111. München, 19. 12. 1896. ED: Wiener Rundschau Jg. 1 Nr. 6 1. 2. 1897, 212. u. d. T.: *Das weiße Schloß.* EA: Ad 1897.
Ursprünglich Frau Carry Brachvogel gewidmet, einer Erzählerin und Essayistin (1864–nach 1935) in München, verheiratet mit dem Schriftsteller Wolfgang Brachvogel.

425 ... UND MÜSSEN SIE AUCH DURCH IHR LEBEN: 3, 555. München, Winter 1896/97. EA: SW 1959.
Eingeschrieben in *Traumgekrönt* für Nathan Sulzberger (S. K 390). *Die Gift:* die Gabe (altertüml.).

426 DU WILLST DIR EINEN PAGEN KÜREN? [FUNDE] (Ad 50): 1, 129. Prag, 27. 12. 1896. EA: Ad 1897.
Aventüren: mhd./frz. Abenteuer; gemeint sind die Abenteuererzählungen der mittelalterl. höfischen Dichter, die sehr häufig von Minne handeln.

427 IM ELEND: 3, 437. Undatiert. Ende 1896. ED: Deutscher Musen-Almanach für das Jahr 1897, Leipzig/Wien, 64. EA: BVP 1946. Naturalistischer Gedichttypus.

428 DER NARR (CV 1, 2): 3, 131. München, Ende 1896. EA: SW 1959.
Mars: röm. Kriegsgott; hier: der kühne Held. *Lode:* Mantelstoff.

429 WIEGENLIED: 3, 447. Undatiert. ED: Moderne Dichtung. Prag. Heft 2 1897. EA: Fz 1921.
Das Gedicht ist mit der Anmerkung *Aus meinem Dramencyclus »Mutter«* versehen, der jedoch nicht überliefert ist. Am 16. 4. 1897 schreibt Rilke an Ludwig Ganghofer aus München, u. a. sei *Mutter, drei Einakter* abgeschlossen, aber ohne Verleger (GB 1, 41). Ob die Szene *Mütterchen,* die im Winter 1896/97 entstand und Januar 1898 gedruckt wurde (4, 797), zu diesem Zyklus gehörte, ist ungeklärt.

430 DIE VOR UNS UND – WIR: 3, 448. Undatiert (wohl 1897). ED: Das Narrenschiff. Berlin Jg. 1 1. Heft 1898, 7 (Januar). EA: Fz 1921. – Das Motto *»Licht übers Land – Das ists, was wir gewollt.« 1884. Jens Peter Jacobsen* (übersetzt von Robert F. Arnold) ist am Schluß der Gedichte Jacobsens in der dreibändigen Ausgabe des Eugen Diederichs-Verlages, Florenz und Leipzig 1899, I. Band, 391 zu finden. Der dänische Dichter Jens Peter Jacobsen (1847–1885) beeinflußte mit seinem schmalen Werk (die Romane »Fru Marie Grubbe« und »Niels Lyhne«, Novellen und Lyrik), das naturalistische wie impressionistische Elemente enthält und als Vorläufer der Dekadenzliteratur anzusehen ist, Rilke nachhaltig (vgl. vor allem die dänischen Episoden im *Malte*). Rilkes Übersetzungen von Jacobsen sind erschienen in: Lydia Baer, Rilke and Jacobsen, Publications of the Modern Language

Association of America, Vol. LIV, Nr. 3/4 1939. S. auch Heygrodt 1921, 50 und die Dissertation von Paula Huber: RMR und Jens Peter Jacobsen. Wien 1934.
Heygrodt sieht in der ersten Strophe des Gedichts eine Absage an den Naturalismus und in der folgenden Rilkes eigenes Programm, das dem Jacobsens entspricht. (1921, 39). S. 496 u. 499.

432 ES KOMMT IN PRUNKENDEN GEBREITEN [GABEN] (Ad 23): 1, 113. Prag, 1. 1. 1897 (1. Fassung). EA: Ad 1897.
Für den Druck später umgearbeitet. Ursprünglich Detlev von Liliencron gewidmet. (S. K 182).
Gebreiten: ausgebreitetes Gefilde (dicht.). Nach Heygrodt (1921, 47) »Anklang an Liliencronsche Verse«.

433 AN DIE GELIEBTE: 3, 555. Prag, 5. 1. 1897. ED: Wilhelm von Scholz, Eine Jahrhundertwende. Leipzig 1936, 210.

434 MEERLEUCHTEN: 3, 556. Prag. 10. 1. 1897. ED: GB Bd. I 1939, 30.
Gedicht über das 1898 in München uraufgeführte Schauspiel »Meerleuchten« des Romanschriftstellers Ludwig Ganghofer (1855–1920), in einem Brief vom gleichen Tag an den Autor. Vgl. auch den Brief vom 21. 12. 1896 an Ganghofer, in dem Rilke bereits sein Interesse an diesem Schauspiel bekundet. S. auch 438 u. 459.
Kärrner: Karrenschieber, hier: gewöhnliches Volk.

435 ICH KAM AUS BLASSEN FERNEN: 3, 556. München, 17. 1. 1897. ED: GB Bd. 1 1939, 33.
Einen Monat nach ihrer Entstehung sandte Rilke die Verse an Karl Freiherrn Du Prel (1839–1899), Reiseschriftsteller und Okkultist, der versuchte, den Spiritismus wissenschaftlich zu begründen. Rilke las damals Du Prels Schriften »Das Rätsel des Menschen« und »Der Spiritismus«.

436 ES IST IN MIR UND TIEF: 3, 557. München, 19. 1. 1897. EA: SW 1959. – Erste Anklänge an spätere Texte (*Stunden-Buch*-Emphase und -Diktion).

437 ADVENT (Ad 1): 1, 101. München, 26. 1. 1897. EA: Ad 1897.
Spätere Fassung: Berlin, Ende 1897.

438 DIE HOHEN TANNEN ATMEN HEISER [GABEN] (Ad 12): 1, 107. München, zwischen dem 26. und 30. 1. 1897. EA: Ad 1897.
Ursprünglich Ludwig Ganghofer gewidmet (S. K 434).

439 DER BLONDE KNABE SINGT [MÜTTER] (Ad 69): 1, 140. München, 1. 2. 1897. EA: Ad 1897.
Ursprünglich Alphonse Mucha gewidmet.

440 ER WAR VON JENEN GROSSEN, TIEFEN: 3, 557. München, 3. 2. 1897. ED: Philobiblon. Wien VIII. Jahr Heft 10 1935, 473 (Faks.); Fraenkel: Autographenkatalog 22. Berlin 1922 Nr. 350; Briefe, Verse und Prosa aus dem Jahre 1896, New York 1946, 51.
Kondolenz-Gedicht in einem Brief an Hermione von Preuschen

(S. K 369), deren Gatte, der Schriftsteller Konrad Telmann (1854–1897), am 24. 1. in Rom gestorben war.

441 DU BIST SO FREMD [FUNDE] (Ad 37): 1, 124. München, 5. 2. 1897. EA: Ad 1897.
Vgl. 452.

442 BIST GEWANDERT DURCH WAHN UND WEH [FUNDE] (Ad 42): 1, 126. München, 10. 2. 1897. EA: Ad 1897.
Feberflocken: Feber: österr. Februar.

443 WENN ICH DIR ERNST INS AUGE SCHAUTE [FUNDE] (Ad 59): 1, 133. München, 10. 2. 1897. EA: Ad 1897.
Für den Druck umgearbeitet.

444 BIST DU SO MÜD? [FUNDE] (Ad 46): 1, 127. München, 18. 2. 1897. EA: Ad 1897.

445 DAS IST MEIN STREIT [GABEN] (Ad 2): 1, 103. München, 25. 2. 1897. EA: Ad 1897.
Ursprünglich *Mir* (RMR) gewidmet. S. Heygrodt 1921, 48.

446 WENN WIE EIN LEISES FLÜGELBREITEN [FUNDE] (Ad 34): 1, 122. München, 1. 3. 1897. EA: Ad 1897.
Winden: sich emporrankende Pflanzen mit weißen Blüten (jugendstilhafte Bildlichkeit).

447 IMPROVISATION: ICH HABE OFT IM FESTESKREISE und ICH ZÄHLE DIESE STUNDE: 3,558. München, 2. 3. 1897. EA: SW 1959.
Hochzeitsverse für Wilhelm und Irmgard von Scholz (geb. Wallmüller). S. K 389. Die Reinschrift war für die Mutter des Bräutigams bestimmt und trug die Widmung: *Ihrer Excellenz der Frau Staatsminister von Scholz* [die Adressatin war die Gattin des Staatsministers Dr. Adolf von Scholz. Anmerkung des Hrsg.] *in Verehrung, den Trinkspruch und Festvers vom Vermählungstage Ihres Sohnes, meines verehrten treuen Collegen.*
Frühlingsfahrt: S. K 389. Zu Rilkes späterer Auffassung der Künstlerehe vgl. *Requiem für eine Freundin* 1, 647 (vor allem 651).

448 MIR IST: ICH MUSS DIR DEN BRAUTNACHTSTRAUSSS [FUNDE] (Ad 45): 1, 127. München, 3. 2. 1897. EA: Ad 1897.
Brautnachtstrauß: Vgl. 447 (Hochzeitszusammenhang).

449 SIE WAR: / EIN UNERWÜNSCHTES KIND [FUNDE] (Ad 58): 1, 133. München, 3. 2. 1897. EA: Ad 1897.

450 PFAUENFEDER [GABEN] (Ad 7): 1, 105. München, 4. 3. 1897. EA: Ad 1897.
Ursprünglich Emil Orlik gewidmet (S. K 382).
Wünschegerten / Rätselrute: Wünschelrute, Instrument (gegabelter Zweig), das bei bestimmten Bodenschätzen oder Wasser ausschlägt.

451 ICH MUSSTE DENKEN UNVERWANDT [FUNDE] (Ad 35): 1, 123. München, 5. 3. 1897. EA: Ad 1897.

452 FREMD IST, WAS DEINE LIPPEN SAGEN [FUNDE] (Ad 36): 1, 123.
München, 5. 3. 1897. EA: Ad 1897.
Vgl. 441.

453 MEIN HERR VERLEGER MACHTE AUCH PROSPEKTE: 3, 443 / 6, 1208.
ED: Die Zukunft. Berlin V. Jg. Bd. 18 Nr. 23, 6. 3. 1897, 473.
Selbstanzeige des Gedichtbandes *Traumgekrönt*. Zur Stanzen-
form S. K 420.

454 IRGENDWO MUSS ES PALÄSTE GEBEN [GABEN] (Ad 21): 1, 112. München, 7. 3. 1897. EA: Ad 1897.
Ursprünglich Wilhelm und Irmgard von Scholz gewidmet. (S. K
389, 447 u. 457).

455 IM SCHLOSSE MIT DEN ROTEN ZINKEN [GABEN] (Ad 22): 1, 112.
München, 7. 3. 1897. EA: Ad 1897.
Ursprünglich Loris [Hugo von Hofmannsthal] gewidmet. Mit
dem großen österreichischen Dichter (1874–1929) verband Rilke
eine lebenslange Bekanntschaft. S. 1926. Vgl. Briefwechsel mit
Hofmannsthal (in Vorbereitung).

456 DU ARME, ALTE KAPELLE [GABEN] (Ad 15): 1, 109. München, 8. 3.
1897. EA: Ad 1897.
Ursprünglich Hugo Salus gewidmet. (S. K 685).

457 MIT EINER FEDER ECHT UND GOLDEN: 3, 560. München, 8. 3. 1897.
Zum Anlaß des Gedichts vgl. Wilhelm von Scholz, Eine Jahrhundertwende. Leipzig 1936, 211.
Eingeschrieben in *Traumgekrönt*, wohl für Irmgard von Scholz
(S. K 447) mit der Widmung, welche die Strophe unmittelbar
fortsetzt: ... *in dem ich am 8. März den ersten schönen Abend
verbringen durfte. In größter, herzlicher Verehrung an Frau
von Scholz. René Maria Rilke. München, 1897.*

458 HORCH, VERHALLT NICHT EIN SCHEUER [GABEN] (Ad 24): 1, 114.
München, 9. 3. 1897. EA: Ad 1897.
Ursprünglich Ernst von Wolzogen gewidmet. (S. K 682).
Heuer: Heumacher, Landarbeiter.

459 DER KÖNIG ABEND WEISS SICH SCHWACH [GABEN] (Ad 25): 1, 114.
München, 9. 3. 1897. EA: Ad 1897.
Ursprünglich Lolo Ganghofer gewidmet, der Frau Ludwig Gang-
hofers (S. K 434). Vgl. 224.

460 DU, HÄNDE, WELCHE IMMER GEBEN [FUNDE] (Ad 41): 1, 125. München, 14. 3. 1897. EA: Ad 1897.
Wundenmalen: wohl auf die Wundmale Christi angespielt.

461 JUGEND: 3, 453. München, 14. 3. 1897. ED: Ein Wiener Stammbuch. Carl Glossy zum 50. Geburtstage. Wien, März 1898, 204.
EA: Fz 1921.

462 UND DIESER FRÜHLING MACHT DICH BLEICHER [FUNDE] (Ad 44):
1, 127. München, 15. 3. 1897. EA: Ad 1897.
Vgl. auch das Frühlingsgedicht 463.

463 WILL DIR DEN FRÜHLING ZEIGEN [FUNDE] (Ad 43): 1, 126. München, 16. 3. 1897. EA: Ad 1897.
Vgl. 462.

464 DU: / EIN SCHLOSS AN WELLENSCHWEREN [FUNDE] (Ad 47): 1, 128. München, 16. 3. 1897. EA: Ad 1897.

465 ARCO [FAHRTEN] (Ad 30): 1, 120. Arco in Südtirol, 19. 3. 1897. EA: 1897.
Arco: Ort in Südtirol am Gardasee, wo Rilke zwischen 1897 und 1901 regelmäßig seine Mutter besuchte.
Nerone: Nero, röm. Kaiser (54–68 n. Chr.), zündete wohl im Juli 64 einen Teil Roms an und lenkte den Verdacht der Brandstiftung auf die Christen.

466 WIR STANDEN HAND IN HAND UND SCHWIEGEN: 3, 560. Arco, Südtirol, 19. 3. 1897. EA: SW 1959.
Castell: Burg, Schloß. Vgl. 467. Gemeint ist wohl Schloß Arco.

467 UM EINSAME CASTELLE: 6, 1220. Malcesine oder Riva, 19. 3. 1897.
Auf einer Postkarte gleichen Datums an Mathilde Nora Goudstikker, eine Münchener Photographin, die Rilke beim Besuch seiner Mutter in Arco Mitte März traf. (13 Briefe an sie sind erhalten, z. T. Berichte über die erste Italienreise.) Vgl. 497, 498, 500.
Castelle: S. K 466.

468 DIE GANZE SPRACHE IST VERBRAUCHT: 3, 560. Arco, Südtirol, 21. 3. 1897. EA: SW 1959.
Campanile: freistehender Glockenturm.
Frühes Beispiel der Resignation gegenüber der Darstellbarkeit. Vgl. u. a. 568 u. 586 (Sprachproblem).

469 ICH WEISS EIN GRAUES SCHLOSS AM SEE: 3, 561. Arco, Südtirol, 21. 3, 1897. ED: Rilkes Leben und Werk im Bild. Frankfurt 1956, Abb. 41. (Faks.) – Neben einer eigenen Zeichnung von Varone am Gardasee.

470 WEISST DU, WAS ICH OFT IN BANGEN: 3, 561. Arco, Südtirol, 21. 3. 1897. EA: SW 1959.
Castelle: S. K 466. S. K 469.

471 CASABIANCA [FAHRTEN] (Ad 29): 1, 119. Arco in Südtirol-Castell, 24. 3. 1897. EA: Ad 1897.
Ursprünglich Agnes Gräfin von Klinckowström gewidmet (1850–1909), Erzählerin (Vgl. *Auch ein Münchner Brief* 5, 333).
Casabianca: (ital.) wörtl.: weißes Haus; einsames Bauernhaus auf dem Monte Lomego bei Arco.

472 AVE: 3, 448. Arco, Südtirol, 24. 3. 1897. ED: Moderne Dichtung. Prag. 2. Heft 1897, 29. EA: Fz 1921.
Vgl. 471. Gemeint ist wohl wie in 471 die Kapelle S. Maria di Laghel.

473 I MULINI [FAHRTEN] (Ad 31): 1, 120. Arco in Südtirol, 25. 3.

1897. EA: Ad 1897. ED: Simplicissimus 2. Jg. Nr. 16, 17.7.1897, 126.
Ursprünglich Heinrich von Reder gewidmet (S. K 474).
Im Erstdruck unter dem Titel *Mühle.*
I Mulini: (ital.) die Mühlen.

474 AQUARELL: 3, 562. Arco, Südtirol, 25. 3. 1897. EA: SW 1959.
Das Gedicht ist Heinrich von Reder gewidmet, einem Münchener
Landschaftsmaler und Dichter (1824–1909). Vgl. 473.
Aquarell: mit Wasserfarben gemaltes Bild.

475 ALLE BURGEN, DIE WIR TRÄUMEN: 3, 562. Malcesine, Gardasee,
25. 3. 1897. EA: SW 1959.
Auf einer Postkarte an Bodo Wildberg aus Malcesine vom gleichen
Tag. S. K 291.

476 FREMDES RUFEN [VENEDIG I] [FAHRTEN] (Ad 26): 1, 116. Venedig, 28. 3. 1897. EA: Ad 1897.
Rilkes erster Venedigaufenthalt dauerte vom 28.–31. 3. 1897. Die
ital. Lagunenstadt mit ihren zahlreichen historischen Bauten und
ihrer großen Vergangenheit war ein beliebtes Motiv der deutschen
Literatur. (Vgl. Goethe, »Venezianische Epigramme«; Platen, »Sonette aus Venedig«, S. K 162; C. F. Meyer, »Venedigs erster Tag«,
»Venedig«, »Auf dem Canal Grande«; Nietzsche, »Venedig«.) Vgl.
Rilkes Venediggedichte 477, 478, 479–82, 484 und die Texte aus
den *Neuen Gedichten.*
traun: fürwahr.

477 NACHT AM KANAL [VENEDIG]: 3, 563. Venedig, 28. 3. 1897. EA:
SW 1959.
S. K 476.

478 FAHRT [VENEDIG]: 3, 563. Venedig, 28. 3. 1897. EA: SW 1959.
Lagunensaum: Lagune: vom offenen Meer abgetrenntes Flach-
wassergebiet vor einer Küste (Lagunenstadt Venedig). *Serenade:*
Abendständchen. S. K 476.

479 IMMER IST MIR, DASS DIE LEISEN [VENEDIG II] [FAHRTEN] (Ad
26): 1, 116. Venedig, 29. 3. 1897. ED: Wiener Rundschau Bd. I
Nr. 12, 1. 5. 1897, 447. EA: Ad 1897. – Ursprünglich Frau Luise
Max-Ehrler gewidmet, Malerin in München, die sich auch mit
Spiritismus wie der Baron Du Prel (S. K 435 und *Auch ein Münch-
ner Brief* 5, 333) beschäftigte.
Markusplätze: Mittelpunkt Venedigs mit der berühmten Markus-
kirche. S. K 476.

480 MEIN RUDER SANG [VENEDIG III] [FAHRTEN] (Ad 26): 1, 117.
Venedig, 29. 3. 1897. EA: Ad 1897.
Ursprünglich Nathan Sulzberger gewidmet (S. K 390). Rilke war
auf Einladung von Sulzberger in Venedig. Das Gedicht steht
in einem Brief an M. N. Goudstikker vom 28./29. 3. 1897 (S.
K 467).
S. K 476.

481 Ave weht von den Türmen her [Venedig IV] [Fahrten]
(Ad 26): 1, 118. Venedig, 31. 3. 1897. ED: Wiener Rundschau
Bd. I Nr. 12, 1. 5. 1897, 447. EA: Ad 1897.
Ursprünglich Fritz Graf von Jenison gewidmet.
S. K 476.

482 Venedig *(Die junge Nacht liegt)* (CV 1, 7): 3, 153, wahrscheinlich München, April/Mai 1897. EA: SW 1959.
toten Kaiser: vgl. zu diesem Bild 476. *Canal grande:* Haupt-
wasserstraße Venedigs. *Gondolier:* Gondelführer. *Vorrei morir:*
(ital.) ich möchte sterben. *Dogenhofs:* Dogenpalast; der Doge war
das Staatsoberhaupt Venedigs. *Flagellanten:* Geißler. S. K 288.
Fenster Pellico's: Silvio Pellico (1789–1854), Dichter der Tragödie
»Francesca da Rimini« (1815), von 1820–30 aus politischen Gründen
eingekerkert, u. a. im Dogenpalast. *Nazarener:* Beiname Jesu oder
seiner Anhänger; vielleicht auch Anspielung auf den gleichnamigen Künstlerbund. *Sündendramen:* die Dramen Pellicos. *Arkaden:*
Bogengänge. *Frohne:* Fron, Dienst, Zwang. *Padrone:* (ital.) Herr.
Vendramin und Papadopoli: venezianische Familien der Renais-
sancezeit (vgl. Tizians Gemälde »Die Familie Vendramin«). *Ge-
breste:* Gebrechen, Leiden.
Zur großen Gebärde des Knienden am Schluß vgl. den Schluß des
Malte 6, 945–46 .
S. K 476.

483 Ein echtes Lied muss auch für Kinder passen: 6, 1209.
ED: Neue Bremer Sonntagshefte, Jg. I, Nr. 1, 1. 4. 1897, 7.
Lichthof: S. K 397.
Selbstanzeige für den Gedichtband *Traumgekrönt.*

484 Wes Farbe die Fahne auch hat [Venedig]: 3, 564. Meran,
2. 4. 1897. EA: SW 1959.
Die erste Zeile bezieht sich auf die wechselvolle Geschichte Venedigs. *Dogengeister:* S. K 482.
S. K 476.

485 Wenn zwei sich finden: 3, 564. Meran, 4. 4. 1897. EA: SW
1959.

486 Englar im Eppan [Fahrten] (Ad 27): 1, 118. Schloß Englar bei
Meran, 6. 4. 1897. ED: Simplicissimus. München. Jg. 2 Nr. 37,
10. 12. 1897, 296 u. d. T.: *Das alte Schloß.* EA: Ad 1897.
Ursprünglich Otto Julius Bierbaum gewidmet (S. K 413).
Englar im Eppan: Schloß Englar im Eppan, eine Gemeinde in
Südtirol (Provinz Bozen), oberhalb davon Burg- und Schloß-
ruinen.
brachen: ungenutzten.

487 Aus der Burg von Fensterbänken: 3, 564. Meran, Schloß Le-
benberg, 7. 4. 1897. EA: SW 1959.

488 Tenno [Fahrten] (Ad 28): 1, 119. Brenner-Fahrt, 8. 4. 1897.

ED: Moderní Revue pro Literaturu, Umění a Život. Prag. Bd. 3
1897 H. 5, 54 u. d. T.: *Der Kirchhof.* EA: Ad 1897.
Ursprünglich Frau Hanna Hegeler gewidmet.
Tenno: Bergdorf mit alter Burg in Südtirol, in der Nähe von
Arco (vgl. 465), am Lago di Tenno gelegen.
frühfrostfahl: Vgl. Rilkes Drama *Im Frühfrost* (1895) 4, 707.

489 BEI DIR IST ES TRAUT [FUNDE] (Ad 39): 1, 124. München, 13. 4.
1897. EA: Ad 1897.

490 ICH TRAGE IN MIR TAUSEND WILDE FRAGEN: 3, 565. München, 13. 4.
1897. EA: SW 1959.
Zur Strophenform der Stanze in dieser Zeit S. K 420.

491 SCHWARZ TRÄUMEN TÜRME UND ZINNEN: 3, 566. Konstanz, 17. 4.
1897. EA: SW 1959.
S. K 492.

492 BODENSEE [FAHRTEN] (Ad 32): 1, 121. Konstanz, 18. 4. 1897. ED:
Moderne Dichtung. Prag. 1897 Heft 2, 28. EA: Ad 1897.
Ursprünglich Emanuel von Bodman gewidmet, einem Schweizer
Schriftsteller (1874–1946).
Rilke war vom 17.–21. 4. 1897 am Bodensee, vor allem in Kon-
stanz (S. 493). Er besuchte u. a. das Elternhaus von Wilhelm von
Scholz (S. K 389) und fuhr an der Meersburg vorbei, dem Wohn-
sitz der Dichterin Annette von Droste-Hülshoff (1797–1848)
(Uferschlösser). Vgl. den Brief an M. N. Goudstikker (S. K 467)
vom 17. 4. 1897. S. auch 491.

493 KONSTANZ [FAHRTEN] (Ad 33): 1, 121. Konstanz, 18. 4. 1897.
EA: Ad 1897.
Ursprünglich Franziska Gräfin zu Reventlow gewidmet, Schrift-
stellerin in München (1871–1918). Vgl. auch Rilkes Besprechung
von Reventlows Roman »Ellen Olestjerne« 5, 653.
Zu Rilkes Aufenthalt am Bodensee s. K. 492. Vgl. auch 230 u. 494.
Uferschleh: Schlehe: Strauchart.

494 VISION: 3, 449. Konstanz, 18. 4. 1897. ED: Frühling, Heft III,
März 1898, 90. EA: Fz 1921.
Konstanz, In der Osternacht 1897 geschrieben.
S. K 493. *Münsterturm.* Konstanzer Münster (11. 16. Jh.) *Huß:*
S. K 230. Hus wurde auf dem *Konzil* zu Konstanz verurteilt.

495 WEISST DU, ICH WILL MICH SCHLEICHEN [FUNDE] (Ad 38): 1, 124.
Konstanz, 19. 4. 1897. EA: Ad 1897.

496 AN JENS PETER JACOBSEN: 3, 566. München, 25. 4. 1897. EA: SW
1959. – Eingetragen in »Frau Marie Grubbe« in der Bearbeitung
von Adolf Strodtmann, 2. Aufl., Berlin o. J., ein Exemplar, das
Rilke seit 1896 besaß und am 18. 10. 1900 an Paula Becker verschenkte. Zu Jacobsen s. K 430. Die letzte Strophe bezieht sich auf
dessen lange Krankheit und seinen frühen Tod im Alter von 38 Jahren.

498 WIDMUNG: VIELE MÜSSEN MÜHSAM EMPOR: 6, 1221. München, 25. 4. 1897. Widmung des Einakters *Höhenluft* (4, 813) für Mathilde Nora Goudstikker (S. K 467).

499 DU MEINE HEILIGE EINSAMKEIT [GABEN] (Ad 3): 1, 103. München, 30. 4. 1897. EA: Ad 1897.
Ursprünglich Jens Peter Jacobsen gewidmet (S. K 430 u. vgl. 496). Panthel 1973, 24 verweist auf die Annahme von Hartmann Goertz (»Frankreich und das Erlebnis der Form im Werke RMRs«. Stuttgart 1932, 4), das Gedicht sei Maeterlinck in der ersten Ausgabe von *Advent* gewidmet. S. K 544.

500 BLÜHEN BLAUE ENZIANE: 6, 1221. Starnberg, 3. 5. 1897.
Briefgedicht vom gleichen Tag an Mathilde Nora Goudstikker (S. K 467). *Schleh:* S. K 493.

501 DAS LOG DAS MITTELALTER: 3, 566. München, Mitte Mai 1897. ED: RMR-Lou Andreas-Salomé Briefwechsel 1952, 10.
Eingeschrieben in *Traumgekrönt* für Lou Andreas-Salomé mit der Widmung: *Frau Lou Andreas-Salomé / aus Dank dafür, daß ich ihr begegnen durfte! René Maria Rilke. München, im Mai 1897.* Zur Bedeutung Lous für Rilke s. K 502 (Vorwort). Alle Liebesgedichte der Folgezeit bis 1900 sind an sie gerichtet. Dies ist das erste Gedicht für sie überhaupt. Zur Christusthematik vgl. auch den ersten Brief an Lou (a.a.o., 9 u. Anmerkungen 509), wo ein Vergleich zwischen Rilkes *Christus-Visionen* und der Anschauung Lous in ihrem Essay »Jesus der Jude« gezogen wird.

502 ICH MÖCHTE DIR EIN LIEBES SCHENKEN (DzF 1): 3, 173. München, 26. 5. 1897. EA: SW 1959.
Erstes Liebesgedicht für Lou. S. auch K 501.

DIR ZUR FEIER: 3, 171–198

Diese handschriftliche Sammlung von Gedichten an Lou Andreas-Salomé aus der Zeit zwischen dem 26. 5. 1897 und dem 22. 5. 1898 wurde wohl im Jahre 1898 zusammengestellt und fand sich im Nachlaß der Empfängerin. Von den etwa 100 Gedichten des ursprünglichen Bestandes, die fortlaufend numeriert sind, enthält dieses Manuskript 48 Gedichte; die übrigen wurden aus nicht eindeutig bestimmbaren Gründen, jedoch nach gemeinsamem Beschluß, herausgenommen und wohl vernichtet. Eine weitere Fundstelle zu dieser Gedichtgruppe sind Rilkes Skizzenbücher von 1897 und 1898, welche die mehr oder weniger stark von der Endfassung abweichenden ersten Niederschriften enthalten. Die in den Skizzenbüchern eingereihten Gedichte können nicht eindeutig auf die Fehlstellen der zusammengestellten Gedichtfolge bezogen werden, auch wenn die Abfolge der in beiden Manuskriptfassungen niedergeschriebenen Texte identisch ist. Zu den vermutlich in die Sammlung aufgenommenen Gedichten vgl. 3, 792. Die Numerierung der

gesicherten Texte entspricht derjenigen des Manuskripts aus dem
Nachlaß Lous. Aus der in Bd. 3 der SW erstmals gedruckten Gedichtfolge wurden nur drei Stücke einzeln veröffentlicht (S. Kommentar zu diesen Texten). Eine Publikation zu Lebzeiten Rilkes
unterblieb auf Wunsch von Lou Andreas-Salomé.

Frei von jeder zyklischen Strukturierung oder Abgeschlossenheit –
denn Rilke richtete seine Liebesgedichte noch bis zum Herbst 1900
an die Freundin – liegt die Bedeutung dieser Sammlung hauptsächlich darin, daß sie sowohl biographisch wie werkgeschichtlich eine entscheidende Wende im Schaffen und Leben Rilkes doku-
mentiert. Louise (Lou) Salomé (12. 2. 1861 in Petersburg–5. 2. 1937
in Göttingen), Schriftstellerin, Freundin Nietzsches und spätere
Mitarbeiterin Sigmund Freuds, war seit 1887 mit dem Professor
für Iranistik Friedrich Carl Andreas verheiratet und lebte in Berlin, nach 1903 in Göttingen. Rilke begegnete ihr erstmals in München am 15. 5. 1897 und schrieb am folgenden Tag seinen ersten
Brief an sie. Nach einer heftigen Leidenschaft (das erste Liebesgedicht der Sammlung *Dir zur Feier* datiert vom 26. Mai) blieb
Lou die für Rilke bis zu seinem Tode bedeutendste und bestän-
digste Freundin. Zu einzelnen Stationen dieser Beziehung (vor
allem etwa den beiden Rußlandreisen) s. die Lebenschronik.

Werkgeschichtlich bedeutet diese Begegnung erstmalig einen
Zwang, im Ringen nach Ausdruck für diese Erfahrung das bis-
herige epigonale, jugendstilhaft-unverbindliche lyrische Ungefähr
durch einen eigenen adäquaten und verbindlichen Sprachduktus zu
überwinden. Die Verse *Lösch mir die Augen aus* 1, 313 im 2. Teil
des *Stunden-Buchs*, die nach Lous Erinnerung bereits aus dem Sommer des Jahres 1897 stammen, markieren wohl am deutlichsten
diesen Wandel, der sich in der Sammlung *Dir zur Feier* erst an-
deutet.

Vgl. Briefwechsel zwischen Rilke und Lou Andreas-Salomé, Zürich
und Wiesbaden 1952. Neue erweiterte Ausgabe 1975.
Lou Andreas-Salomé, Lebensrückblick. Zürich und Wiesbaden
1951.⁹1968. Lou Andreas-Salomé, Rainer Maria Rilke, Leipzig 1928.

502a DANN BRACHTE MIR DEIN BRIEF DEN SANFTEN SEGEN: 3, 636. Undatiert (1897/98). ED: Lou Andreas-Salomé, Lebensrückblick.
1951, 156.
Lou Andreas-Salomé zitiert das Gedicht als an sie gerichtet aus
dem Gedächtnis.

503 SINGEN MÖCHT ICH OFT LEISE: 3, 567. München, 26. 5. 1897. EA:
SW 1959.
Diese Verse gelten noch nicht Lou (S. K 502).

504 HAST DU STARKE SCHMERZEN?: 3, 568. München, 26. 5. 1897. EA:
SW 1959.
Nach Zinn (3, 827) ist diese wie auch die folgende Version

Schlummerlied einer Kranken (505) über den gleichen Gegenstand noch nicht an Lou gerichtet (S. K 502).

505 SCHLUMMERLIED EINER KRANKEN: 3, 568. München, 26. 5. 1897. EA: SW 1959.
S. K 504.

506 »AUS FREMDER SEELE«: 3, 569. München, 27. 5. 1897. EA: SW 1959. – Eingeschrieben in Rilkes Exemplar der Erzählung »Aus fremder Seele«. Eine Spätherbstgeschichte von Lou Andreas-Salomé. Stuttgart 1896, auf die sich das Gedicht bezieht. (S. K 502).

507 LIEDER DER SEHNSUCHT: 3, 570. EA: SW 1959.
Gedichtkreis für Lou Andreas-Salomé. Die ersten 4 Stücke sind dem Skizzenbuch entnommen, da die brieflich übersandte Reinschrift nicht zugänglich war. S. K 502.
I SEIT DEINEM ERSTEN LEIDEN: München, 27. 5. 1897.
II SAHST DU SCHON JE NACH MEINEM KLEIDE: München, 28. 5. 1897.
III DU DARFST MIR NICHT INS AUGE SEHN: München, 28. 5. 1897.
IV – – –: DU FRAGST MICH OFT: München, 29. 5. 1897.
V SEHNSUCHT SINGT: / ICH BIN DIR WIE EIN VORBEREITEN: München, 31. 5. 1897. ED: RMR-LAS Briefwechsel 1952, 11.
Als einziges Stück des Gedichtkreises brieflich erhalten (Brief vom 31. 5. 1897).
Prose: Alltag.

508 FAND AUF FERNENTLEGNEN / WEGEN ROSEN: 3, 572. München, 30. 5. 1897. ED: RMR-LAS Briefwechsel 1952, 12.
S. K 502. Im Englischen Garten aufgezeichnet.
Reis: Zweiglein, Schößling.

509 DA IST MEIN GRAM: 3, 574. München, 30. 5. 1897. ED: RMR-LAS Briefwechsel 1952, 18.
An Lou in einem Brief vom 6. Juni. (S. K 502).

510 DER BACH HAT LEISE MELODIEN [GABEN] (Ad 4): 1, 103. München, 31. 5. 1897. ED: Simplicissimus. München. 2. Jg. Nr. 14, 3. 7. 1897, 110 u. d. T.: *Einsamkeit*. EA: Ad 1897.
Ursprünglich Albert Langen gewidmet, Verleger in München (1869–1909), Gründer der Wochenzeitschrift »Simplicissimus«, in der Rilke auch veröffentlichte. Zum Einfluß Maeterlincks s. Panthel 1973, 24. S. K 544.

511 SEHNSUCHT SINGT: / ICH BIN DIR WIE EIN VORBEREITEN [LIEDER DER SEHNSUCHT V]: München, 31. 5. 1897.
S. K 507.

512 PFINGSTGRÜSSE / NICHT WEIL SIE HEUTE: 3, 573. München, 6. 6. 1897. ED: RMR-LAS Briefwechsel 1952, 16.
In einem Brief an Lou vom gleichen Tage (S. K 502).

513 DU, GÜTIGE / IN DEINER GRÖSSE GLANZ: 3, 573. München, 6. 6. 1897. ED: S. K 512, 1952, 16.
In einem Brief an Lou vom gleichen Tage (S. K 502).

514 ICH HABS NOCH KEINEN MAI EMPFUNDEN: 3, 574. München, 6. 6.
1897. ED: S. K 512, 1952, 17.
S. K 512.

515 DU MEINE HOHE, WEISE (DzF 4): 3, 173. München 7. 6. 1897. EA:
SW 1959.

516 DIE MÄDCHEN SINGEN: / ALLE MÄDCHEN ERWARTEN WEN [GABEN]
(Ad 16): 1, 109. München, 8. 6. 1897. EA: Ad 1897.
In der Druckfassung des »Simplicissimus« 2. Jg. Nr. 51, 19.3.1898,
406 u. d. T.: *Klage*. In einer noch späteren Druckversion (Mises
Nr. 273) u. d. T.: *Die Näherin*.
Ursprünglich Steinlen gewidmet, einem Zeichner, der neben die-
sem noch weitere Gedichte Rilkes im »Simplicissimus« illustrierte.
Vgl. die Gedichtgruppe *Lieder der Mädchen* in *Mir zur Feier*
3, 233–242 (K 559).

517 IM KREISE DER BARONE [GABEN] (Ad 19): 1, 111. München, 8. 6.
1897. EA: Ad 1897.
Ursprünglich u. d. T.: *Dekorativ* Frau Kommerzienrat Weinmann
gewidmet, einer in München lebenden Gönnerin und kunstfördern-
den Dame.

518 KANNST DU DIE ALTEN LIEDER NOCH SPIELEN? [FUNDE] (Ad 62 a):
1, 136. München, 8. 6. 1897. ED: Simplicissimus 4. Jg. Nr. 20,
August 1899, 154 u. d. T.: *Erinnerung*. EA: EG 1913.
Ursprünglich nicht in *Advent*.

519 ES KLINGT EIN GLÜCK: 3, 574. München, 8. 6. 1897. ED: RMR-
LAS Briefwechsel 1952, 19.
In einem Brief an Lou vom gleichen Tage (S. K 502).
frühfrostbang: S. K 488.

520 VON DIR DURCH REGENGASSEN STEHLE: 3, 575. München, 9.6.1897.
ED: S. K 519, 1952, 21.
S. K 519.

521 OB AUCH DIE STUNDEN UNS WIEDER ENTFERNEN (DzF 5): 3, 174.
München, 10. 6. 1897. EA: SW 1959.
Erste Niederschrift s. 3, 576 mit der ersten Zeile *Ob uns die blassen
Stunden entfernen*.

522 ICH MÖCHTE PURPURSTREIFEN SPANNEN (DzF 6): 3, 174. München,
10. 6. 1897. EA: SW 1959.
Frühe Brieffassung *Ich möchte Purpurdecken spannen* s. 3, 576.
ED: RMR-LAS Briefwechsel 1952, 24.
Onyxkannen: Onyx: Halbedelstein; auch farbiges Kunstglas.

523 MEIN LEBEN IST WIE LEISE SEE (DzF 8): 3, 174. München, 10. 6.
1897. EA: SW 1959.

524 ABEND HAT MICH MÜD GEMACHT [FUNDE] (Ad 51): 1, 130. Wolfratshausen, 11. 6. 1897. EA: Ad 1897.

525 LEISE RUFT DER BUCHENWALD (DzF 10): 3, 175. München, 11. 6.
1897. EA: SW 1959.

526 MEINE SEELE: 3, 451. München, 11. 6. 1897. ED: Monatsschrift für
Neue Litteratur und Kunst. Berlin. 2. Jg. 1898 H. 6, 420. (März).
EA: Fz 1921.

527 HERRGOTT, VERZEIH: 3, 576. Dorfen im Isartal, 11. 6. 1897. EA:
SW 1959.

528 WEISSES GLÜCK *(Fern, fern von uns):* 3, 454/3, 577. 1. Fassung:
München, 12. 6. 1897. Umarbeitung: Berlin, 8. 2. 1898. ED: Moderní Revue pro Literaturu, Umění a Život. Prag. Jg. IV H. 7,
1898, 173 in einer tschech. Übersetzung von Arnošt Procházka
u. d. T.: Bílé štěstí; Der Bibliophile, Beilage zu: Das Antiquariat
VIII, 1957 Nr. 3 in dem Aufsatz »Sprach Rilke tschechisch?« von
Clara Mágr, S. 83–85, deutsche Fassung.

529 ... FÜR DIE WIR UNS DIE TRÄUME GABEN (DzF 12): 3, 175. Wolfratshausen, 14. 6. 1897. EA: SW 1959.

530 ICH GEH DIR NACH, WIE AUS DER DUMPFEN ZELLE (DzF 13): 3, 176.
Wolfratshausen, 18. 6. 1897. EA: SW 1959.

531 DIE KINDER (CV 1, 3): 3, 136. München, 1897 (Sommerhalbjahr).
EA: SW 1959.
Ursprünglicher Anfang: *Er hat einmal ein Bild gemalt. Das war ...*
Dieses Gedicht wie auch die Christus-Vision *Der Maler* (533) ist in
engem Zusammenhang mit der Kunst des Malers Fritz von Uhde
(1848–1911) zu sehen; Rilke hatte im November 1896 den Maler
in seinem Atelier besucht und dessen Kinderbilder und das Gemälde »Christi Himmelfahrt« kennengelernt. Vgl. Rilkes Aufsatz
Uhde's Christus 5, 351–57. Möglicherweise war das Bild »Lasset
die Kindlein zu mir kommen« Vorlage zu diesem Gedicht. *Ihr wollt
ins Leben [...]:* vgl .501.

532 LEISE HÖR ICH DICH RUFEN (DzF 14): 3, 177. Wolfratshausen,
22. 6. 1897. EA: SW 1959.

533 DAS LAND IST LICHT UND DUNKEL IST DIE LAUBE (DzF 16): 3, 177.
Wolfratshausen, 25. 6. 1897. EA: SW 1959.

534 ICH BIN SO MÜDE. VOR MEINEN TAGEN: 3, 578. Wolfratshausen,
25. 6. 1897. EA: SW 1959.
Erste Niederschrift des 15. Gedichts aus *Dir zur Feier.* Die endgültige Fassung ist nicht erhalten, kann aber in einigem vom Entwurf abgewichen sein.
falbe: gelbliche.

535 ZWEI WEISSE NONNENHÄNDE MÜHEN (DzF 19): 3, 177/3, 454.
Wolfratshausen, 27. 6. 1897. ED: Ein Wiener Stammbuch. Carl
Glossy zum 50. Geburtstage. Wien 1898, 205 (März) u. d. T.:
Nonnenhände. EA: Fz 1921. – Der Erstdruck unterscheidet sich
leicht von der Manuskriptfassung von DzF.

536 WIE TIEF HAT MICH IHR SCHÖNER BRIEF BELOHNT: 3, 578. Wolfratshausen, 27. 6. 1897. ED: GB Bd. I 1939, 43.
Briefgedicht für den Schauspieler (am Burgtheater Wien) Alexander

Engels (1871–1933) mit der Nachschrift: *In tiefer Dankbarkeit: Rainer Maria Rilke. Herrn Alexander Engels, kais.-königl. Hofburgschauspieler.* Dank für die positive Aufnahme von *Traumgekrönt* durch Engels, der Rilke in einem Brief mit Storm, Mörike und Keller in eine Reihe stellte.

537 DEINE STUBE MIT DEN KÜHLEN (DzF 20): 3, 178. Wolfratshausen, 29. 6. 1897. EA: SW 1959.

538 DER REGEN GREIFT MIT SEINEN KÜHLEN (DzF 21): 3, 178. Wolfratshausen, 29. 6. 1897. EA: SW 1959.
Lou Andreas-Salomé bewohnte mit Rilke, ihrer Freundin Frieda von Bülow und dem Kunstwissenschaftler und Architekten August Endell ein Haus in Wolfratshausen.

539 LÖSCH MIR DIE AUGEN AUS: ICH KANN DICH SEHN (STB II, 7): 1, 313. Die Datierung dieses Gedichtes ist strittig. Nach der Erinnerung von Lou Andreas-Salomé (S. K 502) im »Lebensrückblick« 1968, 140 soll das Gedicht bereits im Sommer 1897 in Wolfratshausen entstanden und ursprünglich an sie gerichtet gewesen sein. Entsprechend fügt der Herausgeber des Briefwechsels RMR-LAS 1952 das Gedicht mit dem Datum Juli 1897 auf S. 26 des Briefwechsels ein. Nach der gleichen Quelle (»Lebensrückblick«) soll es erst nachträglich und auf Lous Fürbitte hin in den 2. Teil des *Stunden-Buches* aufgenommen worden sein. Dagegen datiert Ernst Zinn in den SW 1, 851 und 3, 836 auf den 18. 9. 1901. S. deshalb K 1048 a.
Wegen der Ungesichertheit der Datierung steht die Einleitung zum *Stunden-Buch* unter K 846.

540 EINE DER WEISSEN VESTAGEWEIHTEN [GABEN] (Ad 18): 1, 110. Wolfratshausen, 9. 7 .1897. EA: Ad 1897.
Ursprünglich Ernst Rosmer gewidmet, Pseudonym der Schriftstellerin Elsa Bernstein, geb. Porges (1866–1949) in München. Vgl. *Auch ein Münchner Brief* 5, 331.
Vestageweihten: S. K 391. *Epheben:* (griech.) Jüngling zwischen 18 und 20 Jahren.

541 WIR LÄCHELN LEIS IM ABENDWIND (DzF 22): 3, 179. Wolfratshausen, 9. 7. 1897. EA: SW 1959.
Die erste Niederschrift ist stark abweichend.

542 ICH BIN ALLEIN, UND VOR MIR AUF DEM TISCHE: 3, 579. Wolfratshausen, 17. 7. 1897. ED: RMR-LAS Briefwechsel 1952, 24.
Aus einem Brief an Lou vom gleichen Tage (S. K 502). Das *Kinderbild* ist an obiger Stelle des Briefwechsels reproduziert.

543 ABENDKINDER: 3, 452. München, 19. 7. 1897. ED: Monatsschrift für Neue Litteratur und Kunst II. Jg. H. 6 März 1898, 422. EA: Fz 1921.

544 LEHNEN IM ABENDGARTEN BEIDE [GABEN] (Ad 17): 1, 110. Wolfratshausen, 21. 7. 1897. EA: Ad 1897.

Ursprünglich Maurice Maeterlinck gewidmet. Der belgische Dichter (1862–1949) hatte mit seiner symbolistischen Lyrik und seinen Dramen große Wirkung auf Rilke ausgeübt. Unter Rilkes zahlreichen Aufsätzen und Äußerungen zu Maeterlinck s. vor allem *Das Theater des Maeterlinck* 5, 479 und *Maurice Maeterlinck* 5, 527. Panthel 1973, 25 verweist auf Analogien dieses Gedichts zu Maeterlincks Drama »Pelléas et Mélisande« (1892). Vgl. auch Rilkes Aufsatz *Pelleas und Melisande* 5, 456. Vgl. auch die Dialogstruktur (1. Strophe). Im übrigen sei zum Zusammenhang Rilke-Maeterlinck Panthels Arbeit (1973) nachdrücklich empfohlen.

545 Du, WIE HEILIG SIND DIE ABENDHAINE (DzF 25): 3, 179. Wolfratshausen, 22. 7. 1897. EA: SW 1959.

546 UNSERE LIEBE HAT KEINE GEWALTEN (DzF 27): 3, 180. München, 24. 7. 1897. EA: SW 1959.

547 SUCHEN KOMMT MICH IN ABENDGELÄNDEN (DzF 28): 3, 180. München, 24. 7. 1897. EA: SW 1959.
Zum Motiv der *Stunde* in der ersten Strophe vgl. den Anfang des *Stunden-Buchs: Da neigt sich die Stunde und rührt mich an* 1, 253.

548 DAS WETTER WAR GRAU UND GRELL [GABEN] (Ad 13): 1, 108. Wolfratshausen, 27. 7. 1897. EA: Ad 1897.
Ursprünglich Hans Thoma gewidmet. Dem Maler Hans Thoma (1839–1924) widmete Rilke zu dessen 60. Geburtstag ferner die Gedichte *Mondnacht* 1, 372, *Ritter* 1, 372 und *Reife* 3, 641 (S. K 808 u. 809). Möglicherweise gibt es auch zu diesen Versen eine Bildvorlage.

549 AUS EINEM BAUERNSOMMER: 3, 459. Wolfratshausen, 27. 7. (Nr. II und III) und 28. 7. (Nr. I) 1897. ED: Revue franco-allemande. München, Goslar Jg. 1 1899, 280 (10. 11. 1899). EA: Fz 1921.
I SCHWARZ HANGT DER BRUNNENSCHWENGEL: *Sensengedengel:* Schärfen der Sense.
II STETIG MIT PRALLEM GEPOCH
III ICH WOHN EINEN SOMMER LANG

550 PHANTASIE: 3, 579. Wolfratshausen, 28. 7. 1897. EA: SW 1959.
Etüden: musikal. Übungs- oder Konzertstücke. *Cäcilienhände:* Cäcilia: Heilige, Schutzpatronin der Musik.
Vgl. *Übung am Klavier* (1365).

551 MANCHMAL FÜHLT SIE: DAS LEBEN IST GROSS [MÜTTER] (Ad 71): 1, 141. Auf der Fahrt von Wolfratshausen nach München, 30. 7. 1897. EA: Ad 1897.

552 ICH FÜHLE OFT MITTEN IM ALLTAGSMÜHN (DzF 31): 3, 181. München, 30. 7. 1897. EA: SW 1959.

553 DER MALER (CV 1, 4): 3, 139. München oder Berlin, Hochsommer oder Herbst 1897. EA: SW 1959.
Mitra: Bischofsmütze.
S. K 531. Vgl. auch 101.

554 SEI DU MIR OMEN UND ORAKEL (DzF 33): 3, 181. Auf der Reise
von Wolfratshausen nach München, 11. 8. 1897. EA: SW 1959.

555 DAS LEBEN IST GUT UND LICHT (DzF 34): 3, 182. Auf der Reise
von Wolfratshausen nach München, 11. 8. 1897. EA: SW 1959.
Erste wenig abweichende Niederschrift *Das Leben ist lieb und licht*
3, 579.

556 DER BLEICHE KNABE: 3, 453. Wolfratshausen, 17. 8. 1897. ED: Ein
Wiener Stammbuch. Carl Glossy zum 50. Geburtstage. 1898, 204
(März). EA: Fz 1921.

557 ICH DENKE AN FRAUEN AUS LICHTEN LEGENDEN (DzF 35): 3, 182.
Wolfratshausen, 28. 8. 1897. EA: SW 1959.

558 DU LÄCHELST LEISE, UND DAS GROSSE (DzF 38): 3, 128. München,
7. 9. 1897. EA: SW 1959.

559 NOCH AHNST DU NICHTS VOM HERBST DES HAINES [LIEDER DER
MÄDCHEN XI] (MzF 64/FG 56): 3, 238/1, 177. München, 14. 9.
1897. ED: Pan. Berlin. Jg. 4 1898 H. 4. EA: MzF 1899.
Wohl das früheste Gedicht aus *Mir zur Feier*.

MIR ZUR FEIER

*Gedichte von Rainer Maria Rilke. Verlegt bei Georg Heinrich
Meyer Berlin.* Ende 1899. III, 201–263/I, 143–200. Gegenüber
dem Titelblatt ist vermerkt: *Diesem Buche haben bei seiner Veröffentlichung viel zudanke gethan: Durch Schmuck und Schönheit: Heinrich Vogeler-Worpswede; durch Heimatliche Teilnahme:
Herr Prof. Dr. August Sauer-Prag und die »Gesellschaft zur Förderung deutscher Wissenschaft, Kunst und Litteratur in Böhmen«.*
Die Buchausstattung stammte von Heinrich Vogeler, und die
zitierte »Gesellschaft« hatte einen Druckzuschuß gewährt.
Die ganze Gedichtsammlung umfaßt 110 Gedichte, die bis auf
wenige Ausnahmen in der Zeit zwischen Anfang November 1897
und Ende Mai 1898 entstanden, und wurde im Winter 1898/99
zusammengestellt. Entstehungsorte waren Berlin, Arco, Florenz
und Viareggio. Den Band eröffnet ein Motto; es folgen in der
Originalausgabe die vier Zyklen: *Beichten, Landschaft, Lieder der
Mädchen, Im All-Einen.* Die *Engellieder* stellten eine Untergruppe
der *Beichten* dar, die *Gebete der Mädchen zur Maria* eine Untergruppe der *Lieder der Mädchen.* In den SW wurden die Untergruppen den anderen Zyklen gleichgeordnet, was Rilkes ursprüng-
lichem Vorhaben eher zu entsprechen scheint.
Der Titel *Mir zur Feier,* gedacht als Gegenstück zur Sammlung
Dir zur Feier (S. K 502), wird verständlich anhand eines Zitats aus
dem Florenzer Tagebuch: ... *daß ich in diesem stillen Licht* [des
Lebens] MIR *entgegengehe, ich, der Pilger, dem Ich, das König ist
und ein Rosenreich hat und eine Sommerkrone mitten im Leben*

von Ewigkeit her. An anderer Stelle heißt es: *Ich entdecke mich jetzt ... wie ich mir selbst lauschend bin ... Es tönt etwas tief aus mir, welches über meine lieben Lieder und über alle Pläne von künftiger Tat hinaus zu den Menschen will. Mir ist, als müßte ich reden, jetzt im Augenblick der Kraft und Klarheit, da mehr aus mir spricht als ich selbst: meine Seligkeit.* Diesem künftigen Ich also gilt die Feier und das *sich Vorbereiten* (vgl. 697).

Für Rilke markierte das Buch den Anfang einer ernst zu nehmenden eigenen dichterischen Tätigkeit; es ist das erste Werk, das seinem späteren kritischen Urteil über seine Frühzeit standhält. In einem Brief an Emil Faktor vom 17. 2. 1900 schreibt er über den spärlichen Anfangserfolg: *was meine Beobachtung angeht, ist bislang keines meiner Bücher so leise hinausgegangen; wenige Briefe treffen darüber ein und die meisten sind etwas verlegen, zaghaft und unaufrichtig. Nun das ist mir eben recht. Ich dachte ja eigentlich nur an mich bei dem Buche ...* In einem Brief an Katharina Kippenberg vom 28. 9. 1908 heißt es: *... hatten den Ton jenes Buches, das (so sehr ich ihm entwachsen bin) doch zu denen gehört, durch die meine Entwicklung mitten durch gegangen ist.* Im Mai 1909 erschien die zweite Ausgabe des Buches *Mir zur Feier* unter dem Titel *Die frühen Gedichte.* Leipzig. Im Insel-Verlag. Am 31. 12. 1908 schreibt Rilke an Kippenberg: *... Ich dachte, wir nennen es* [Mir zur Feier] *in der neuen Ausgabe einfach »Die frühen Gedichte« zum Unterschied gegen eine Sammlung noch früherer, die wir gewiß später einmal einrichten können unter dem Titel: »Die ersten Gedichte«.* Die zweite Auflage enthielt zusätzlich auf S. 103–139 das Versdrama *Die weiße Fürstin* in der am 18. 11. 1904 abgeschlossenen endgültigen Fassung. Die Gedichte hatte Rilke um die Jahreswende 1908/09 stark überarbeitet, wobei einige Texte ganz entfielen bzw. neu aufgenommen wurden. Im Kommentarteil sind derartige Veränderungen jeweils aufgeführt. Die überarbeiteten Fassungen zeigen deutlich die Tendenz zu einer klanglich weniger überladenen und dafür sachlicheren Sprache, erklärlich aus dem Zeitpunkt der Neuauflage; inzwischen waren immerhin bereits beide Teile der *Neuen Gedichte* erschienen. An zyklischen Untergruppen blieben in den *Frühen Gedichten* erhalten: *Engellieder, Lieder der Mädchen* und *Gebete der Mädchen zur Maria.* Eine Gruppe *Mädchen-Gestalten* setzt sich aus Texten des vormaligen Zyklus *Landschaft* zusammen.

Die Texte aus MzF stehen unter dem unverkennbaren Einfluß Jacobsens (S. K 430). Mit den Komplexen Ich, Ding, Gott und Wort (Sprache) kommt Rilke zu seinen eigentlichen Themen. In den *Engelliedern* wird die später so entscheidende Gestalt des Engels präformiert, wenn ihr auch hier noch Aspekte des kindlichen Schutzengels anhaften. Die Gestalten der Mädchen in den

Mädchenliedern verkörpern »Formen des rinnenden Lebens«, »Sehnsucht und Erwartung« (Heygrodt 1921, 73). In ihrer Uneindeutigkeit zwischen Kind und Frau spiegeln sie Rilkes eigenen Übergang zu dichterischer Selbständigkeit. Die pantheistischen Verse aus *Im All-Einen* schließlich leiten zu Rilkes erster großer Leistung über, dem *Stunden-Buch* .
Zu den *Gebeten der Mädchen zur Maria* s. K 635.
S. Heygrodt 1921, 61–80.
S. Hans-Wilhelm Hagen, Rilkes Umarbeitungen. Leipzig 1931.

560 SCHÖPFER: 3, 452. München, 16. 9. 1897. ED: Monatsschrift für Neue Litteratur und Kunst. Berlin. Jg. 2 H. 6 März 1898. EA: Fz 1921.
Ohne Titel mit der ersten Zeile *Selten nur reicht in des ringenden* in: Felix Braun, Das Licht der Welt. Wien 1949.
Vgl. das Eingangsgedicht des *Stunden-Buchs* 1, 253.

561 LEG DU AUF MEINE LEBENSGEIGE (DzF 40): 3, 183. München, 25. 9. 1897. EA: SW 1959.

562 TERZINEN / FÜR DICH ALS GEGENGABE: 3, 580. München, 30. 9. 1897. ED: Wilhelm von Scholz, Eine Jahrhundertwende. Leipzig 1936, 212. – Bevor Rilke München verläßt, um nach Berlin-Wilmersdorf überzusiedeln, schreibt er in einem Brief an Wilhelm von Scholz (S. K 389) vom 30. 9. 1897: *Allen Dank für die Terzinen, die ich erwidere, und für die Landschaft und für Dich. Ich habe mich schon lang auf Dein Porträt gefreut; nun ist es umso werter als – Selbstporträt.* Scholz kann sein eigenes Terzinengedicht, auf das sich die *Gegengabe* Rilkes bezieht, später nicht mehr ausmachen (s. seine Lebenserinnerungen a.a.O.).
Terzinen: von Rilke selten benutzte Gedichtform mit langer Tradition (Dante).

563 WENN ENG MIT ZEIT UND STUNDENSCHLAGEN (DzF 42): 3, 183. München/Berlin 2. 10. 1897. EA: SW 1959.
Friesen: Fries: in der Baukunst ein bandartiger Streifen zur Gliederung und zum Schmuck einer Wandfläche.

564 ES IST EIN LAUSCHEN IM GELÄNDE: 3, 581. Berlin-Wilmersdorf, 11. 10. 1897. EA: VPN 1929.

565 HERBST *(Tage aus versonnter Seide):* 3, 581. Berlin-Wilmersdorf, 19. 10. 1897. EA: VPN 1929.
In einem Brief vom 21. 10. 1897 wurden diese Verse an Alexander Engels gesandt (S. K 536).

566 MOTTO: / DAS IST DIE SEHNSUCHT (MzF 1/FG 1): 3, 203/1, 145. Berlin-Wilmersdorf, 3. 11. 1897. EA: MzF 1899.
In die *Frühen Gedichte* ohne die Überschrift *Motto* und mit leichten Änderungen aufgenommen.
Wegen seiner für Rilke typischen Programmatik (Heimatlosigkeit, Motiv der inspirierten Stunde) eines der meistzitierten Gedichte

aus MzF. Zum Zusammenhang der Verse mit Maeterlinck (S. K 544) s. Panthel 1973, 24.

567 KIND IM WALD [LANDSCHAFT] (MzF 33): 3, 221. Berlin-Wilmersdorf, 5. 11. 1897. EA: MzF 1899.
An Fidus lautet die Widmung der ersten Niederschrift (Pseudonym des Jugendstilzeichners und -buchillustrators Hugo Höppener [1868–1948]). Das Gedicht wurde nicht in die FG aufgenommen.

568 DIE ARMEN WORTE, DIE IM ALLTAG DARBEN [BEICHTEN] (MzF 6/FG 6): 3, 207/1, 148. Berlin-Wilmersdorf, 6. 11. 1897. EA: MzF 1899.
In den FG die erste Strophe leicht, die zweite entscheidend verändert (Vermeiden der Bildlichkeit).
Formulierung der Aufgabe des Dichters, »das Wort von der bloßen determinierenden Bezeichnung – im Kunstwerk auf seinen ursprünglichen Sinn und Klang zurückzuführen« (Heygrodt 1921, 78). Wegen seiner Programmatik vielbeachtetes Gedicht.. Nach Mason 1971, 21 richtet sich die Betonung der Alltagssprache gegen das elitäre Dichtungsprinzip und die Sprachneuschöpfungen Georges (S. K 625).

569 IST DIR NICHT SO: DIE UHREN SCHLÜGEN: 3, 581. Berlin-Wilmersdorf, 9. 11. 1897. EA: VPN 1929.

570 ICH BIN EIN GARTEN, UND DER FRÜHLING SCHNEIT: 3, 582. Berlin-Wilmersdorf, 13. 11. 1897. EA: SW 1959.

571 ARME HEILIGE AUS HOLZ [BEICHTEN] (MzF 7/FG 7): 3, 207/1, 149. Berlin-Wilmersdorf, 17. 11. 1897. EA: MzF 1899.
Zu Rilkes früher christentumfeindlicher Haltung vgl. vor allem 101. Die letzte Strophe spielt möglicherweise auf die stark religiöse Erziehung Rilkes durch seine Mutter an.

572 ICH BIN SO STILL, DU TRAUTE (DzF 51): 3, 184. Berlin-Wilmersdorf, 18. 11. 1897. EA: SW 1959.

573 SO MILDE WIE ERINNERUNG (DzF 52): 3, 184. Berlin-Wilmersdorf, 18. 11. 1897. EA: SW 1959.

574 NUR FORT VON ALLEN VIELEN (DzF 53): 3, 185. Berlin-Wilmersdorf, 19. 11. 1897. EA: SW 1959.
reisigen: gewappneten.

575 DER STURM WILL HEREIN (DzF 55): 3, 186. Berlin-Wilmersdorf, 19. 11. 1897. EA: SW 1959.

576 DAS SIND DIE GÄRTEN, AN DIE ICH GLAUBE [LANDSCHAFT] (MzF 34/FG 31): 3, 222/1, 162. Berlin-Wilmersdorf, 19. 11. 1897. EA: MzF 1899.
Die Fassung in den FG ist verändert.
geseigt: wohl für geseiht, gesickert.

577 DAS IST DORT, WO DIE LETZTEN HÜTTEN SIND [LANDSCHAFT] (MzF 43/FG 38): 3, 226/1, 166. Berlin-Wilmersdorf, 19. 11. 1897.

EA: MzF 1899. Die erste Niederschrift hat noch eine vierte Strophe (3, 795). Das Gedicht ist in die FG verändert aufgenommen.

578 DRAUSSEN – WO DAS TREIBEN DER TOREN: 3, 583. Berlin-Wilmersdorf, 19. 11. 1897. EA: SW 1959.

579 WIE MICH DEINE STLLE STÄRKTE: 3, 584. Berlin-Wilmersdorf,
19. 11. 1897. EA: SW 1959.
Wahrscheinlich das 54. Stück aus *Dir zur Feier* (S. K 502).

580 DER ABEND IST MEIN BUCH. IHM PRANGEN [LANDSCHAFT] (DzF 57/
MzF 47/FG 83): 3, 186/3, 228/1, 192. Berlin-Wilmersdorf, 20. 11.
1897. EA: MzF 1899.
Das Gedicht, zunächst in DzF, wird mit veränderter Zeichensetzung und Stropheneinteilung in MzF aufgenommen, dann fast
unverändert in die FG.
Damast: kostbares Gewebe. *Spangen:* an alten Büchern befanden
sich Spangen zum Verschließen.

581 DAS WAR SEINES WEGES WEH: 3,584. Berlin-Wilmersdorf, 20. 11.
1897. EA: SW 1959.

582 DAS IST DER TAG, IN DEM ICH TRAURIG THRONE [BEICHTEN]
(MzF 9/FG 9): 3, 208/1, 150. Berlin-Wilmersdorf, 21. 11. 1897.
EA: MzF 1899.
Leicht verändert in die FG aufgenommen.
Rauten: Grundformen eines schmückenden Musters in Form von
Rhomben.

583 SIE HABEN LANGE ZUSAMMEN GELACHT [LANDSCHAFT] (MzF 41):
3, 225. Berlin-Wilmersdorf, 21. 11. 1897. EA: MzF 1899.
In den FG weggelassen.

584 OFT FÜHL ICH IN SCHEUEN SCHAUERN [IM ALL-EINEN] (MzF 94/
FG 84): 3, 255/1, 193. Berlin-Wilmersdorf, 21. 11. 1897. EA: MzF
1899.
Zum dichterischen Ziel, »dem Wort auf seinen Urgrund zu kommen« (Heygrodt 1921, 78) vgl. auch 568.

585 ICH FÜRCHTE MICH SO VOR DER MENSCHEN WORT [IM ALL-EINEN]
(MzF 99/FG 88): 3, 257/1, 194. Berlin-Wilmersdorf, 21. 11. 1897.
EA: MzF 1899.
Zu dem Themenkreis der Entzauberung der Dinge, des Verwi-
schens des Symbolcharakters in der Alltagssprache und des dichte-
rischen Auftrags zur Verwandlung vgl. auch 568, 584 und 586.
Die letzte Strophe verweist bereits auf die spätere Konzeption
des Ding-Gedichts.
Fast unverändert in den FG.

586 DAS IST DER ZAUBER: ARME WORTE FINDEN: 3, 585. Berlin-Wilmersdorf, 21. 11. 1897. EA: SW 1959.
Vgl. vor allem 568 und 585.

587 DU WEISST: MEIN MÜDER WILLE (DzF 61): 3, 187. Berlin-Wilmersdorf, 22. 11. 1897. EA: SW 1959.

588 DU WARST SO KINDERWEISS IN DEINER SEIDE (DzF 64): 3, 187. Berlin-Wilmersdorf, 22. 11. 1897. EA: SW 1959.
Flagellanten: Geißler. S. K 288.

589 ICH BIN ZUHAUSE ZWISCHEN TAG UND TRAUM [BEICHTEN] (MzF 11/
FG 11): 3, 209/1, 151. Berlin-Wilmersdorf, 22. 11. 1897. EA: MzF
1899.
In den FG veränderte Fassung.

590 ICH STEH NOCH IMMER TASTEND AN DEM TOR: 3, 585. Berlin-
Wilmersdorf, 22. 11. 1897. EA: SW 1959.
Epheben: im alten Griechenland Jünglinge zwischen 18 und 20
Jahren.

591 UND MEINE MUTTER WAR SEHR JUNG: 3, 586. Berlin-Wilmersdorf,
22. 11. 1897. EA: SW 1959.
Azaleen: Heidekrautgewächse.
S. K 593.

592 KAM MEINE MUTTER IM KÜHLEN KLEID: 3, 586. Berlin-Wilmersdorf, 22. 11. 1897. EA: SW 1959.
S. K 593.

593 WEIL MEINE TREUE MICH ZUR MUTTER TRIEB: 3, 587. Berlin-
Wilmersdorf, 22. 11. 1897. EA: SW 1959.
Durch Markierung in Rilkes Skizzenbuch sind die Gedichte 593–
596, 598, 600 und 603 für *Dir zur Feier* (S. K 502) bestimmt.
In der endgültigen Fassung müssen sie die jeweils angegebene Be-
zifferung getragen haben. Diese Verse sind die erste Niederschrift
des 59. Stücks.
Zu Rilkes Verhältnis zu seiner Mutter s. K 1268 und 1705. Vgl.
zu diesem Gedicht besonders seine Darstellung Lou gegenüber
(Brief vom 15. 4. 1904).

594 ICH WEISS ES ERST IN DIESEN TAGEN: 3, 587. Berlin-Wilmersdorf,
22. 11. 1897. EA: SW 1959.
Aus dem Buche DzF 60. S. K 593.

595 DU WURDEST LEID VON MEINEM LEIDE: 3, 588. Berlin-Wilmersdorf,
22. 11. 1897. EA: SW 1959.
Aus dem Buche DzF 62. S. K 593.
Die erste Zeile spielt auf die Bibelstelle von der Schöpfung des
Weibes aus der Rippe des Mannes an. Vgl. auch 101 und 571.

596 ER MOCHTE NOCH NICHT LANDEN: 3, 588. Berlin-Wilmersdorf,
22. 11. 1897. EA: SW 1959.
Aus dem Buche DzF 63. S. K 593.
Vgl. die biographische Situation in der Beziehungskonstellation
Lou – deren Ehemann – Rilke und die Szene *Die weiße Fürstin*
3, 265/1, 201, die Erna Zoller in ihrem Aufsatz »Autobiographisches in RMRs Weißer Fürstin« (in: Schweizer Rundschau. Zürich,
Juni 1958, 168–174) gleichfalls auf diesem Hintergrund interpre-
tiert. Die Analogie wird durch die Tatsache bestätigt, daß die Ge-

liebte in DzF das Attribut »weiß« sehr häufig erhält. In dem Satz *Er liebte sie und ließ sie los* wird das Konzept der *besitzlosen Liebe* antizipiert. Vgl. u. a. *Malte* und 1444.

597 KOMM ICH HEIMWÄRTS OFT VON WEITEN WEGEN (DzF 67): 3, 188. Berlin-Wilmersdorf, 23. 11. 1897. EA: SW 1959.

598 SO LASST DAS FEST DES TAGS BEGINNEN: 3, 589. Berlin-Wilmersdorf, 23. 11. 1897. EA: SW 1959.
Aus dem Buche DzF 65. S. K 593. Nachträglich erhielt das Gedicht den Vermerk *Mädchenlieder* und war wohl für den Zyklus *Lieder der Mädchen* in *Mir zur Feier* (S. K 559) vorgesehen.
Cymbeln: Zimbal: Hackbrett; Glockenspiel.

599 WAS IST DIE KLEINE DOCH STOLZ: 3, 590. Berlin-Wilmersdorf, 23. 11. 1897. EA: SW 1959.

600 MIR WAR ALS KIND SO OFT VOR ETWAS BANG: 3, 590. Berlin-Wilmersdorf, 23. 11. 1897. EA: SW 1959.
Aus dem Buche DzF 66. S. K 593.
Vgl. dagegen die Beschreibungen kindlicher Ängste im *Malte* 6, 767.

601 WENN WIR BLONDE KINDER HABEN: 3, 591. Berlin-Wilmersdorf, 23. 11. 1897. EA: SW 1959.

602 SILBERN SINGT EIN KINDERSCHWARM: 3, 591. Berlin-Wilmersdorf, 23. 11. 1897. EA: SW 1959.

603 ICH MAG SO GERNE MIT KINDERN GEHN: 3, 592. Berlin-Wilmersdorf, 23. 11. 1897. EA: SW 1959.
Aus dem Buche DzF 68. S. K 593.

604 DER STURM SANG EINER HERBSTNACHT NOTEN: 3, 592. Berlin-Wilmersdorf, 23. 11. 1897. EA: SW 1959.
Vgl. die *Christus-Visionen* K 376.

605 IM TRAUME MALTE ICH EIN TRIPTYCHON (DzF 69): 3, 188. Berlin-Wilmersdorf, 24. 11. 1897. EA: SW 1959.
Triptychon: dreiteiliges (Altar)bild aus Mittelbild und zwei Seitenflügeln. *Giorgione:* venezianischer Maler (1478–1510) der Hochrenaissance. *terra ferma:* im Florenzer Tagebuch beschreibt Rilke die christliche Allegorie Bellinis als ein Werk Giorgiones und erklärt in diesem Zusammenhang den Hintergrund des Bildes folgendermaßen: *Hintergrund: bergige Landschaft (terra ferma)* S. 98.

606 UND WENN ICH RASTEND DIR DIE HÄNDE GEBE (DzF 70): 3, 189. Berlin-Wilmersdorf, 24. 11. 1897. EA: SW 1959.
Rahen: Segelstangen.

607 IM FLACHEN LAND WAR EIN ERWARTEN [LANDSCHAFT] (MzF 39/ FG 36): 3, 224/1, 165. Berlin-Wilmersdorf, 24. 11. 1897. EA: MzF 1899.
Heygrodt zitiert die Verse als ein Beispiel für die Verschmelzung von Innenwelt und Außenwelt (Symbol und Sein) (1921, 68).

608 IM EISENZWANG DES EINERLEI'S: 3, 593. Berlin-Wilmersdorf, 24. 11.
1897. EA: SW 1959.

609 ... OFT SEHN SICH UNSRE SEELEN TAGELANG NICHT (DzF 71): 3, 190.
Berlin-Wilmersdorf, 25. 11. 1897. EA: SW 1959.

610 WENN ICH MANCHMAL IN MEINEM SINN (DzF 72): 3, 191. Berlin-
Wilmersdorf, 25. 11. 1897. EA: SW 1959.

611 MEINE FRÜHLINGVERLIEHNEN / LIEDER [BEICHTEN] (MzF 5/FG 5):
3, 206/1, 148. Berlin-Wilmersdorf, 25. 11. 1897. EA: MzF 1899.
In die FG verändert aufgenommen mit der Eingangszeile: *Meine
frühverliehnen/Lieder.*
Ronden: Ringe, Kränze.

612 DA STEHT ER GESTÜTZT AM TURM [LANDSCHAFT] (MzF 38/FG 35):
3, 224/1, 164. Berlin-Wilmersdorf, 25. 11. 1897. EA: MzF 1899.

613 INTÉRIEUR [LANDSCHAFT] (MzF 44): 3, 227. Berlin-Wilmersdorf,
25. 11. 1897. EA: MzF 1899.
In den FG weggelassen.
Intérieur: Innenraum, Innres; auch Ausstattung oder Darstellung
eines Innenraums.

614 O GLAUB, DASS WUNDER DIR GESCHEHEN: 3, 594. Berlin-Wilmersdorf, 25. 11. 1897. EA: SW 1959.

615 WAS WAR DENN DAS IN KINDERTAGEN: 3, 594. Berlin-Wilmersdorf,
25. 11. 1897. EA: SW 1959.

616 DU FREMDER, DER DU MIR BEGEGNEST: 3, 595. Berlin-Wilmersdorf,
25. 11. 1897. EA: SW 1959.
Zum Christusbild Rilkes in jener Zeit vgl. vor allem die *Christus-
Visionen* (S. K 376).

617 UNSERE TRÄUME SIND MARMORHERMEN [IM ALL-EINEN] (DzF
73/MzF 88/FG 80): 3, 191/3, 252/1, 191. Berlin-Wilmersdorf,
26. 11. 1897. EA: MzF 1899.
In MzF leicht verändert unter dem Titel *Motto* aufgenommen, in
den FG dann unverändert.
Marmorhermen: Herme: Pfeiler oder Säule mit einer Büste (ursprüngl. des Gottes Hermes).

618 EINMAL, AM RANDE DES HAINS (DzF 74): 3, 192. Berlin-Wilmersdorf, 26. 11. 1897. EA: SW 1959.
Oleanders: wohlriechender Zierstrauch.

619 WAS SIND IDOLE UND WAS SIND IDEEN: 3, 595. Berlin-Wilmersdorf, 26. 11. 1897. EA: SW 1959.
Vgl. den Gott des *Stunden-Buches* (S. K 846).

620 DU FRÜHLINGSTAG, IN DEM ICH JEDES BAUMS/ERBEBEN: 3, 595. Berlin-Wilmersdorf, 26. 11. 1897. EA: SW 1959.

621 ICH BIN SO JUNG. ICH MÖCHTE JEDEM KLANGE [BEICHTEN] (MzF 2/
FG 2): 3, 205/1, 147. Berlin-Wilmersdorf, 28. 11. 1897. EA: MzF
1899.

Verändert in die FG aufgenommen.

Brünne: Rüstung, Panzer. *reisig:* gewappnet; beritten.

Mason (1971), 21) versteht das Gedicht als Gegenposition zu der Strenge und dem »Mündigkeitspathos« Georges (S. K 625).

622 ICH WILL NICHT LANGEN NACH DEM LICHTEN LEBEN [BEICHTEN] (MzF 4/FG 4): 3, 206/1, 147. Berlin-Wilmersdorf, 28. 11. 1897. EA: MzF 1899.
Leicht verändert in die FG aufgenommen; die erste Zeile lautet da: *Ich will nicht langen nach dem lauten Leben.*

623 WEISSE SEELEN MIT DEN SILBERSCHWINGEN [BEICHTEN] (MzF 10/FG 10): 3, 209/1, 151. Berlin-Wilmersdorf, 29. 11. 1897. EA: MzF 1899.
Zu dem Bild der Lebensringe vgl. 847.

624 WIR WERDEN LAUTER DANKEN IN UNS HABEN: 3, 596. Berlin-Wilmersdorf, 29. 11. 1897. EA: SW 1959.

625 AN STEPHAN GEORGE: 3, 596. Berlin-Wilmersdorf, 29. 11. 1897. ED: Corona. Jg. 6 1936 H. 6, 706.
Das Gedicht entstand wohl noch unter der Nachwirkung eines Leseabends des Dichters Stephan George (1868–1933) im Hause Lepsius am 14. 11. 1897, den Rilke miterlebte und über den er sich in einem Brief an George vom 7. 12. 1897 sehr positiv äußerte. In der Zeit zwischen dem Vortrag und der Entstehung des Gedichts beschäftigte Rilke sich wohl intensiv mit Georges »Jahr der Seele«. Nach Mason (1971) handelt es sich bei den Versen um eine George-Parodie und Rilkes Kritik an Georges strenger Lyrik, die für ihn keine »echte Lebenskraft« besitzt und im Gegensatz zu seiner Vorstellung von Dichtung steht. Der Anfang des Gedichts bezieht sich auf Georges elitäre und esoterische Haltung.
alabasterklaren: Alabaster: helle Gipsart.
Vgl. GB I, 47, 62 und 492 und Mason 1971, 9–37.

626 ... BANNT MCH DIE ARBEIT AN DEN RAND DES PULTES (DzF 77): 3, 193. Berlin-Wilmersdorf, 30. 11. 1897. EA: SW 1959.
Die erste Niederschrift ist stark abweichend.
Cherubim: Engel, Wächter des Paradieses.

627 UND MEINE TRÄUME WARTEN WANDENTLANG: 3, 597. Berlin-Wilmersdorf, 13. 12. 1897. EA: SW 1959.

628 ZUR KLEINEN KIRCHE MUSST DU AUFWÄRTS STEIGEN [LANDSCHAFT] (MzF 31/FG 30): 3, 220/1, 162. Berlin-Wilmersdorf, 14. 12. 1897. EA: MzF 1899.
Leicht verändert in die FG aufgenommen.

629 DAS SIND DIE STUNDEN, DA ICH MICH FINDE [IM ALL-EINEN] (MzF 92/FG 82): 3, 254/1, 192. Berlin-Wilmersdorf, 14. 12. 1897. EA: MzF 1899.
Verändert in die FG aufgenommen.

630 ICH MÖCHTE WERDEN WIE DIE GANZ GEHEIMEN [BEICHTEN] (MzF
16/FG 16): 3, 211/1, 153. Berlin-Wilmersdorf, 29. 12. 1897. EA:
MzF 1899.
Nach Mason 1971, 21 ein George-nahes Gedicht (S. K 625).

631 WIE INNIG NEHM ICH TEIL!: 6, 1222. Berlin-Wilmersdorf, 30. 12.
1897. Auf einer Postkarte an Wilhelm von Scholz vom 30. Dezember 1897. S. K 389 und 447.
Barden: Barde: Sänger, Dichter.

632 ICH WILL EIN GARTEN SEIN, AN DESSEN BRONNEN [BEICHTEN] (MzF
3/FG 3): 3, 205/1, 147. Berlin-Wilmersdorf, 31. 12. 1897. EA:
MzF 1899.
Verändert in die FG aufgenommen.

633 DER ABEND KOMMT VON WEIT GEGANGEN [GABEN] (Ad 12 a):
1, 108. Wohl Ende 1897. ED: Das Narrenschiff. Berlin. Jg. 1 1898
Nr. 3, 36 (Januar) u. d. T.: *Winterabend.* EA: EG 1913.
Ursprünglich nicht in *Advent.*

634 –ES IST VIELLEICHT EINE TRAURIGKEIT [LANDSCHAFT] (MzF 32):
3, 221. Wohl 1898. EA: MzF 1899.
In den FG weggelassen.

635 MARIA,/DU WEINST, – ICH WEISS [GEBETE DER MÄDCHEN ZUR
MARIA VII] (MzF 78/FG 70): 3, 246/1, 185. Undatiert (1898/99).
EA: MzF 1899.
Gebete der Mädchen zur Maria bilden eine zyklushafte Gruppe in-
nerhalb der Sammlung MzF und der FG. Der Titel *Gebete* ist beim
frühen Rilke keine Seltenheit. Er hat z. B. auch die Gedichte des
Stunden-Buches I. Teil lange Zeit als *Gebete* bezeichnet. Der Titel
»Gebet« charakterisiert die meisten dieser Texte formal als Rollen-
gedichte (Gebete eines Mönchs im *Stunden-Buch* oder wie hier
Gebete der Mädchen) und inhaltlich als von einer fiktiv religiösen
Haltung geprägt, die sich u. a. aus Rilkes übersteigert frömmeln-
der Erziehung erklärt. Die Gegensätze dieser in die Kunst-
produkte der Frühzeit übernommenen religiösen Gefühligkeit
sind die radikal antichristlichen bis atheistischen Zeugnisse (die
Erzählung *Der Apostel* 4, 432 bis zum *Brief des jungen Arbeiters*
6, 1111). Vom Stofflichen her reiht sich diese Gruppe ein in die
Texte, die biblische Motive behandeln, insbesondere die vielen
Verse, die sich mit dem Leben Mariens befassen. S. K 1512 und
559.

636 STURMNACHT: 3, 456. Undatiert (1898/99). ED: Die Gesellschaft.
Jg. 15 1899 2. Septemberheft, 381. EA: BB 1920.
Die Einfügung ins *Buch der Bilder* (ab 1920) wurde in den SW
rückgängig gemacht.

637 ICH WÜRDE GERN MIT MEINEM BILDE GEHN: 3, 597. Berlin-Wilmersdorf, 1898. EA: SW 1959.
Die Verse stehen auf der Rückseite einer Photographie, versehen

mit der Widmung: *Meinem teuren großen Meister Detlev von Liliencron* und der Unterschrift: *Berlin 98. René Maria.* Das im Gedicht angesprochene Rilke-Foto von 1897 findet sich in »Rilkes Leben und Werk im Bild«, Frankfurt 1956, Abbildung 36. Zu Liliencron s. K 182.

638 EINE WEILE IST DER WALD SO BANG: 3, 637. Wohl 1898. ED: RMR-LAS Briefwechsel 1952, 35.
Liebesgedicht an Lou Andreas-Salomé (S. K 502). Der Anfang von Vers 7 ist durch Abreißen einer Ecke des Briefblattes beseitigt worden.

639 DER ERSTE GOTT: 3, 599. Berlin-Wilmersdorf, Januar 1898. ED: GB I 1939, 54.
Rilke sandte am 28. 1. 1898 eine Abschrift dieses Gedichtes an Richard Dehmel (S. K 422), den er am selben Tag kennengelernt hatte.

640 FRAGST DU MICH: WAS WAR IN DEINEN TRÄUMEN (DzF 80): 3, 193. Berlin-Wilmersdorf, 1. 1. 1898. EA: SW 1959.

641 AN DIE ROSE: 3, 598. Berlin-Wilmersdorf, 1. 1. 1898. EA: SW 1959.

642 DU MUSST DAS LEBEN NICHT VERSTEHEN [BEICHTEN] (MzF 15/FG 15): 3, 211/1, 153. Berlin-Wilmersdorf, 8. 1. 1898. EA: MzF 1899.

643 UND OB IHR MICH VON HERD UND HEIMAT TRIEBT (DzF 81): 3, 194. Berlin-Wilmersdorf, 11. 1. 1898. EA: SW 1959.

644 UND EINMAL WACH ICH AUF UND BIN – DAS MEER [IM ALL-EINEN] (MzF 98): 3, 256. Berlin-Wilmersdorf, 11. 1. 1898. EA: MzF 1899. In den FG weggelassen.

645 KANN MIR EINER SAGEN, WOHIN [IM ALL-EINEN] (MzF 102/FG 91): 3, 258/1, 196. Berlin-Wilmersdorf, 11. 1. 1898. EA: MzF 1899.
Vielzitiertes Gedicht, das durch sein »Grundgefühl, daß alles Lebendige in der Welt irgendwie zusammenwirkt« (Heygrodt 1921, 63) mit dem I. Teil des *Stunden-Buches,* der im gleichen Jahr entsteht, in Verbindung steht.

646 MOTTO *(Ja, den Dachsen):* 3, 598. Berlin-Wilmersdorf, 11. 1. 1898. EA: SW 1959.

647 UND SO IST UNSER ERSTES SCHWEIGEN [IM ALL-EINEN] (MzF 90/FG 85): 3, 253/1, 193. Berlin-Wilmersdorf, 14. 1. 1898. EA: MzF 1899.
Nur um die Zeichensetzung am Ende der 1. Zeile verändert in die FG aufgenommen.

648 AN HEINRICH VON KLEISTS WINTEREINSAMEM WALDGRAB IN WANNSEE: 3, 598. Berlin-Wilmersdorf, 14. 1. 1898.
Rilke pflegte zu Allerseelen zum Grabe Heinrich von Kleists (1777–1811), des deutschen Dichters, der Selbstmord begangen

hatte, zu fahren, wie aus einem Brief an Paula Becker vom 5. 11. 1900 hervorgeht. Kleists Grab befindet sich in Berlin-Wannsee. Das Gedicht ist in keine Sammlung aufgenommen worden.

649 DU WACHER WALD, INMITTEN WEHEN WINTERN [BEICHTEN] (MzF 14/FG 14): 3,211/1,153. Berlin, 19.1.1898. EA: MzF 1899. *sintern:* sickern; Absatz bilden.

650 VOR LAUTER LAUSCHEN UND STAUNEN SEI STILL [BEICHTEN] (MzF 17/FG 17): 3, 212/1, 154. Berlin-Grunewald, 19. 1. 1898. EA: MzF 1899.
Weitere Formulierung des dichterischen Auftrags, sich den Dingen hinzugeben und sie rühmend zu verklären.

651 ICH SCHREITE EINSAM WEITER. MIR ZUHÄUPTEN (DzF 82): 3, 194. Berlin-Wilmersdorf, Ende Januar 1898. EA: SW 1959.

652 UND DEIN HAAR, DAS NIEDERGLITT: 3, 602. Berlin-Wilhelmsdorf, 2. 2. 1898. EA: SW 1959.
Ursprüngliche Fassung des 83. Gedichts aus DzF. S. 658.

653 O RÜSTE DICH. LEG JEDEN ABEND LEISE (DzF 84): 3, 195. Berlin, 2. 2. 1898. EA: SW 1959.

654 ... IST EIN SCHLOSS. DAS VERGEHENDE [LANDSCHAFT] (MzF 30/FG 29): 3, 220/1, 162. Berlin, 2. 2. 1898. EA: MzF 1899.
Leicht verändert in die FG aufgenommen.

655 NENN ICH DICH AUFGANG ODER UNTERGANG? [IM ALL-EINEN] (MzF 100/FG 89): 3,257/1, 195. Berlin, 2. 2. 1898. EA: MzF 1899.
Verändert in den FG.

656 WAS MACHT DIE LANGE NACHT MICH ZAG UND BANG? [IM ALL-EINEN] (MzF 104): 3, 259. Berlin, 2.2. 1898. EA: MzF 1899.
In den FG weggelassen.

657 SCHON DAMALS, ALS ES MIR ZUERST BESCHERT: 3, 601. Berlin-Wilmersdorf, 2.2. 1898. EA: SW 1959.
Vor dem Gedicht stehen die Briefzeilen: *Berlin, am 2. Februar 1898, 5 Uhr Nachmittags, unterwegs zum Sinne dieses Tages./ Lieber, lieber Doktor Conrad, auf dem Weg werden mir diese Verse geschenkt, welche mir erst vollendet scheinen, wenn sie Ihnen gehören. Drum schreib ich sie ohne Verzug nieder:*; die Unterschrift lautet: *Rainer.*
Seit 1897 bestand ein Kontakt Rilkes mit dem Schriftsteller und Kritiker Michael Georg Conrad (1846–1927), in dessen Zeitschrift »Die Gesellschaft« 5 der *Christus-Visionen* ursprünglich hätten erscheinen sollen.

658 ... UND DEIN HAAR, DAS NIEDERGLITT (DzF 83): 3, 194. Berlin, 2. 2. 1898. EA: SW 1959.
Vgl. die erste Niederschrift (652), die stark von dieser Fassung abweicht.

659 Manchmal geschieht es in tiefer Nacht [Landschaft] MzF
46/FG 39): 3, 228/1, 167. Berlin, 3.2. 1898. EA: MzF 1899.

660 Da sang das Mädchen: Viel Fähren sind auf den Flüssen
[Landschaft/Mädchen-Gestalten] (MzF 51/FG 42): 3, 230/1,
169. Berlin, 4. 2. 1898. EA: MzF 1899.
In den FG ist die Vorzeile: *Da sang das Mädchen* weggelassen
und die Stropheneinteilung verändert.

661 Auch du hast es einmal erlebt, ich weiss [Im All-Einen] (MzF
106/FG 94): 3, 260/1, 197. Berlin, 4. 2. 1898. EA: MzF 1899.
Leicht verändert in die FG aufgenommen.

662 So sah der Engel aus, den ich zu Gast geglaubt [Engellie-
der] (MzF 23): 3, 215. Berlin, 6. 2. 1898. EA: MzF 1899.
Das Gedicht bildete mit dem folgenden (663) ursprünglich ein einziges. In den FG weggelassen. Um die Binnenreime der Eingangs-
verse zu verdeutlichen, wurden sie im Druck auseinandergerückt.

663 Seine Hände blieben wie Blinde / Vögel [Engellieder] MzF
24/FG 23): 3, 216/1, 157. Berlin, 6. 2. 1898. EA: MzF 1899.
Ursprünglich die zweite Hälfte des Gedichtes 662. Verändert in
die FG aufgenommen.

664 Nacht-Hymne [Im All-Einen] (MzF 103): 3, 259. Berlin, 6. 2.
1898. EA: MzF 1899.
In den FG weggelassen. Titel-Analogie zu Novalis (»Hymnen an
die Nacht«).

665 Die Nacht wächst wie eine schwarze Stadt [Im All-Einen]
(MzF 105/FG 93): 3, 260/1, 197. Berlin, 6. 2. 1898. EA: MzF 1899.
Leicht verändert in den FG.

666 Meine Stube, ausgeschlagen [Im All-Einen] (MzF 107): 3, 261.
Berlin, 6. 2. 1898. EA: MzF 1899.
In den FG weggelassen.

667 Wenn ich einmal im Lebensland [Engellieder] (MzF 22/FG
22): 3, 215/1, 157. Berlin, 7. 2. 1898. EA: MzF 1899.
Leicht abgewandelt (Zeichensetzung, Schreibweise) in den FG.

668 Ich liess meinen Engel lange nicht los [Engellieder] (MzF
19/FG 19): 3, 214/1, 156. Berlin-Wilmersdorf, 8. 2. 1898. EA: MzF
1899.
Verändert in die FG aufgenommen.

669 Seit mich mein Engel nicht mehr bewacht [Engellieder] (MzF
20/FG 20): 3, 214/1, 156. Berlin, 8. 2. 1898. EA: MzF 1899.

670 Hat auch mein Engel keine Pflicht mehr [Engellieder] (MzF
21/FG 21): 3, 214/1, 156. Berlin, 8. 2. 1898. EA: MzF 1899.
Verändert in den FG.
Cherubim: Engel.

671 Lauschende Wolke über dem Wald [Landschaft] (MzF 27/
FG 26): 3, 219/1, 161. Berlin, 18. 2. 1898. EA: MzF 1899.
Verändert in den FG.

672 DAS MÄDCHEN SINGT:/ALS DU MICH EINST GEFUNDEN HAST [LAND-
    SCHAFT/MÄDCHEN-GESTALTEN] (MzF 50/FG 41): 3, 229/1, 169.
    Berlin-Schmargendorf, 18. 2. 1898. EA: MzF 1899.
    In die FG ohne die Vorzeile: *Das Mädchen singt:* und leicht abge-
    wandelt aufgenommen.
    Zur Mädchengestalt s. Heygrodt 1921, 73.

673 DU, DEN WIR ALLE SANGEN [BEICHTEN] (MzF 13/FG 13): 3, 210/1,
    152. Berlin-Wilmersdorf, 22. 2. 1898. EA: MzF 1899.
    Die erste Niederschrift trägt die Überschrift *Dem Mai* und die
    Widmung *An Julius Hart,* den naturalistischen Dichter und Kriti-
    ker (1859–1930), der auch naturpantheistische Lyrik verfaßte.
    Verändert in die FG aufgeommen.

674 TRÄUME, DIE IN DEINEN TIEFEN WALLEN [BEICHTEN] (MzF 18/FG
    18): 3, 213/1, 155. Berlin-Wilmersdorf, 22. 2. 1898. EA: MzF 1899.
    Leicht verändert in die FG aufgenommen.
    Liederintervallen: Intervall: Abstand zweier Töne.

675 UND ICH AHNE: IN DEM ABENDSCHWEIGEN [LANDSCHAFT] (MzF
    28/FG 27): 3, 219/1, 161. Arco in Südtirol, 20. 3. 1898. EA: MzF
    1899.
    Beim Besuch seiner Mutter in Arco geschrieben.
    Stark verändert in die FG aufgenommen.

676 OUVERTURE:/ IHR MÄDCHEN SEID WIE DIE GÄRTEN [LIEDER DER
    MÄDCHEN] (MzF 53/FG 45): 3, 233/1, 172. Arco in Südtirol, 23.
    3. 1898. ED: Pan. Berlin. Jg. 4 1898 H. 4. EA: MzF 1899.
    Der Titel *Ouverture:* in den FG weggelassen. Vgl. auch die zwei-
    strophige erste Niederschrift 3, 602 (EA: SW 1959).

677 PAN:/ MUTTER, DU MIT DEM MÜDEN KNABEN [IM ALL-EINEN]
    (MzF 89): 3, 252. Arco, Südtirol, 23. 3. 1898. EA: MzF 1899.
    In den FG weggelassen.
    Pan: griech. Hirten- und Weidegott; Fabelwesen.

678 MÜDE MARIA, SIE HABEN DICH: 3, 603. Riva, Gardasee, 23. 3. 1898.
    EA: SW 1959.
    Begaben: Beschenken.

679 ... UND WENN DIE GLOCKEN DER BENEDEITEN: 3, 603. San Naz-
    zaro, 23. 3. 1898. EA: SW 1959.
    Benedeiten: Benedeite: Gesegnete; Beiname Mariens.

680 ICH WOLLTE EIGENTLICH AUS FRÜHLINGSERDEN: 3, 603. Arco, Süd-
    tirol, 26. 3. 1898. EA: SW 1959.
    Diesem Briefgedicht an Detlev von Liliencron (S. K 182) in Stan-
    zenform (S. K 420) geht voraus die Anrede: *Mein teurer Detlev
    von Liliencron* und folgt die Unterschrift: *Dein René Maria/ in
    Liebe. Campagna:* Hügelige Ebene der Umgebung Roms. *Novel-
    lenbuche:* Mit dem Briefgedicht übersandte Rilke Liliencron seine
    Sammlung *Am Leben hin. Novellen und Skizzen von RMR.* Stutt-
    gart 1898 (4, 7–96). *ob Du nach Prag gehst:* bezieht sich auf einen

geplanten Vortragsabend Liliencrons in Prag, der im Mai 1898 stattfand und den Rilke vorbereitet hatte (Brief vom 7. 3. 1898). *Abend Hermann Bahrs:* österreichischer Schriftsteller und Theaterkritiker (1863–1934). *reisig:* gewappnet.

681 AUF DEN HELLEN WIESENFESTEN: 3, 606. Florenz, 8. 4. 1898. EA: SW 1959.
Diese Widmungsverse, Rilkes erstes Gedicht in Florenz, sind mit folgendem Vermerk eines unbekannten Empfängers versehen: »Vorgelesen auf einer Wiese, nahe der Porta Romana, am 8. April 1898« und mit *Rainer Maria Rilke* unterschrieben. Sie stehen auf einem Sonderabdruck der Gedichte 461, 556 und 535.

682 ES KAM DER RUHM VON TROILUS UND VON CRESSIDEN: 3, 606. Florenz, gegen Mitte April 1898. EA: GB I 1939, 58.
Briefgedicht an den Erzähler und Dramatiker Ernst von Wolzogen (1855–1934). Den weiteren Teil des Briefes in Prosa s. GB I, 59.
Troilus und von Cressiden: Troilus und Cressida, Drama von Shakespeare, von dessen erfolgreicher Aufführung unter der Leitung Wolzogens Rilke in Florenz gehört hatte. *Ich fühle alle Zauber [...]:* bezieht sich auf das Kunsterlebnis in Florenz, vor allem der Renaissance. Vgl. 687 und 690.

683 ICH KANN NUR SCHWEIGEN UND SCHAUEN ...: 3, 608. Florenz, 15. 4. 1898. EA: TF 1942, 15.
Die Gedichte 683, 684, 687–691 stehen am Anfang des Florenzer Tagebuchs (April/Mai 1898) und sind an Lou Andreas-Salomé (S. K 502) gerichtet wie das ganze Tagebuch. Die Gedichte entstanden unter dem überwältigenden Eindruck der Florentiner Kunst. Vgl. 682.

684 HIER IST DES LEBENS STILLE OPFERSTELLE: 3 ,608. Florenz, 16. 4. 1898. EA: TF 1942, 15.
S. K 683.

685 SIEG! ES HAT MEIN WANDERNDER WILLE: 3, 609. Florenz, 16. 4. 1898. ED: Die litterarische Welt. Berlin. Jg. 1 Nr. 9 1925 (4. Dezember).
Anfang eines Briefes an den Frauenarzt und Schriftsteller Hugo Salus (1866–1929) in Prag, der auch Abschriften der Gedichte 687 und 690 erhielt.

686 MEIN SCHÖNER ROLF, WAS WÄCHST ER WILD: 3, 833. Florenz, 16. 4. 1898. ED: Panorama. München. Juli 1958, 4 (Faksimile).
Postkartengruß für den zwei Jahre alten Sohn der Gräfin Franziska Reventlow (S. K 493) mit der Unterschrift: *R.-M.*

687 RENAISSANCE I: 3, 609. Florenz, 17. 4. 1898. EA: TF 1942, 16.
Mit Beginn des Studiums in München belegte Rilke u. a. eine Vorlesung über die Kunst der Renaissance. Die vorliegenden Texte (S. auch K 690) stehen unmittelbar unter dem Eindruck der Re-

naissance-Kunst von Florenz (vgl. auch Florenzer Tagebuch).
Die Beschäftigung mit der Renaissance setzt sich im *Stunden-Buch*
fort.
Vgl. seinen Aufsatz *Ein neues Buch von der Renaissance* 5, 599–
603 (Walter Pater).
S. K 683 und 806.

688 UND SOLL ICH SAGEN, WIE MEIN TAG VERROLLT?: 3, 610. Florenz,
18. 4. 1898. EA: TF 1942, 16.
Vgl. die Vorstufe *Seit vierzehn Tagen bin ich hier ganz still*
(Postkarte vom 16. 4. 1898 aus Florenz an Wilhelm von Scholz,
s. K 389).
Viale: abgeleitet von via: Weg, Straße. *Piazzale:* abgeleitet von
piazza: Platz, Marktplatz. *Bildersaale:* wohl eines der berühmten Florenzer Museen. *Arnotale:* Florenz erstreckt sich beiderseits
des Flusses Arno.
S. K 683.

689 DAS WAR EIN SPÄTES SICH-UMSONNEN: 3, 610. Florenz, 18. 4. 1898.
EA: TF 1942, 17.
S. K 683.

690 RENAISSANCE II: 3, 610. San Domenico bei Fiesole, 19. 4. 1898.
EA: TF 1942, 17.
Vgl. besonders die Renaissance-Gedichte des *Stunden-Buches.*
S. K 683 und 687.

691 AUS UNSERM WINTERLIEBEN GELÄNDE: 3, 611 .Florenz, 23. 4. 1898.
EA: TF 1942, 15.
Das Gedicht steht zwar im Florenzer Tagebuch an erster
Stelle, ist aber chronologisch als letztes der Folge (S. K 683)
entstanden. Mit dem *DIR* ist Lou Andreas-Salomé (S. K 502)
angesprochen.

692 WIR SIND GANZ ANGSTALLEIN [IM ALL-EINEN] (MzF 97/FG 87):
3, 256/1, 194. Fiesole, 24. 4. 1898. EA: MzF 1899.

693 DIE MÄDCHEN AM GARTENHANGE [LIEDER DER MÄDCHEN XIV]
(MzF 67/FG 59): 3, 240/1, 179. Florenz, Bello Sguardo, 25. 4.
1898. ED: Pan Jg. 4 1898 H. 4. EA: MzF 1899.
In der zweiten Fassung (FG) mit leichten Änderungen.

694 UND DER ABEND WIRD SCHWER [IM ALL-EINEN] (MzF 96/FG 86):
3, 255/1, 193. Florenz (Cascine), 25. 4. 1898. EA: MzF 1899.
In der FG verändert und mit der Anfangszeile: *Aber der Abend
wird schwer.*

695 UM DIE VIELEN MADONNEN SIND [ENGELLIEDER] (MzF 25/FG 24):
3, 217/1, 158. Florenz, 27. 4. 1898. EA: MzF 1899.
In der leicht geänderten Fassung der FG in nurmehr zwei Strophen angeordnet. Das Gedicht ist wohl auf Bildvorlagen aus der
Renaissance zu beziehen, die Rilke während seines Florenz-Auf-
enthalts studierte.

696 Es ist noch Tag auf der Terrasse [Im All-Einen] (MzF 91/
FG 81): 3, 253/1, 191. Fiesole, 28. 4. 1898. EA: MzF 1899.

697 Ich geh jetzt immer den gleichen Pfad [Beichten] (MzF 8/
FG 8): 3, 208/1, 149. Florenz, (Torre al Gallo), 30. 4. 1898. EA:
MzF 1899.
Vgl. den Titel der Sammlung MzF (K 559).

698 Mir ist, als ob ich alles Licht verlöre (DzF 85): 3, 196. Florenz, 2. 5. 1898. EA: SW 1959.

699 Es ist ja Frühling. Und der Garten glänzt (DzF 86): 3, 196.
Florenz, 2. 5. 1898. EA: SW 1959.

700 Was hilft es denn, dass ich dir aufbewahre (DzF 87): 3, 197.
Florenz, 3. 5. 1898. EA: SW 1959.
daß ich dir aufbewahre: Rilke schrieb sein Florenzer Tagebuch als
Reisebericht für Lou (TF 1942). *Arnolehnen:* S. K 688.

701 Ihr Mädchen seid wie die Kähne [Lieder der Mädchen VI]
(MzF 59/FG 51): 3, 235/1, 175. Florenz, 3. 5. 1898. ED: Pan.
Jg. 4 1898 H. 4. EA: MzF 1899.
Zum Symbol der Kähne s. Panthel 1973, 39.
In den FG mit leichten Veränderungen.

702 Die blonen Schwestern flochten froh [Lieder der Mädchen VII] (MzF 60/FG 52): 3, 236/1, 175. Florenz (San Domenico), 3. 5. 1898. ED: Pan. Jg. 4 1898 H. 4. EA: MzF 1899.
Leicht verändert in Zeichensetzung und Druckbild in den FG.

703 Wenn die blonden Flechterinnen [Lieder der Mädchen
VIII] (MzF 61/FG 53): 3, 237/1, 176. Florenz (San Domenico),
3. 5. 1898. EA: MzF 1899.

704 Alle Strassen führen [Lieder der Mädchen X] (MzF 63/
FG 55): 3, 238/1, 177. Florenz (San Domenico), 3. 5. 1898. ED:
Pan. Jg. 4 1898 H. 4. EA: MzF 1899.
In den FG leicht verändert.

705 Es giebt Abende, an denen [Im All-Einen] (MzF 93): 3, 254.
Florenz, 3. 5. 1898. EA: MzF 1899.
In den FG weggelassen. Die zweite Strophe *Alle sind wir dieser
einen* steht als Motto bei: Maria Gräfin Gneisenau, Aus dem Tale
der Sehnsucht. Berlin 1907.

706 Ich kann nicht blühen so armallein: 3, 611. Florenz, 3. 5.
1898. EA: SW 1959.

707 Gehst du aussen, die Mauern entlang [Landschaft] (MzF
29/FG 28): 3, 219/1, 161. Florenz (Ripoli), 4. 5. 1898. EA: MzF
1899.
In den FG mit veränderter Zeichensetzung.

708 Boboli/Schau, wie die Cypressen schwärzer werden [Land-
schaft] (MzF 35/FG 32): 3,222/1,163. Florenz (Ripoli), 4. 5.
1898. EA: MzF 1899.
In den FG stark überarbeitet.

Boboli: Park in Florenz, in dem Rilke am 15. 4. 1898 zufällig George (S. K 625) traf.

709 WER EINST DAS EINSAME HAUS ERBAUT [LANDSCHAFT] (MzF 42/ FG 37): 3, 226/1, 165. Florenz, Villa »Le Lame«, 4. 5. 1898. EA: MzF 1899.
In den FG mit leichten Änderungen.

710 IMMER WENN DIE NACHT BEGINNT [IM ALL-EINEN] (MzF 95): 3, 255. Fiesole, 4. 5. 1898. EA: MzF 1899.
In den FG weggelassen.

711 SENKE DICH, DU SEGNENDES SERALE [IM ALL-EINEN] (MzF 101/ FG 90): 3, 258/1, 195. Florenz, 4. 5. 1898. EA: MzF 1899.
In den FG stark abweichend mit der Anfangszeile *Senke dich, du langsames Serale* und neuer zweiter Strophe.
Serale: (ital.) Abendlicht.

712 DIE GRABSCHRIFT DER KLEINEN EMILIE: 3, 612. Florenz, 4. 5. 1898. EA: SW 1959.
Grabtafel in dem heute profanierten Kreuzgang von Santa Maria degli Angioli, Florenz, Via Alfani 37, die die Inschrift trägt: »Emilia è qui! ... Vivea / Due anni e un poco più! ... / Sè colpa commettea / Questa soltanto fu! ... / Ugolino e Emilia Corsi genitori dolenti / posero il 24 agosto 1848.« Das Gedicht ist eine deutsche Nachdichtung des ital. Textes.

713 ES IST EIN GLANZ IN JEDER ZEIT: 3, 612. Florenz (Ripoli), 4. 5. 1898. EA: SW 1959.

714 DU MEINE BLONDE FRAU, DU BIST: 3, 613. Florenz (Ripoli), 4. 5. 1898. EA: SW 1959.
Im Skizzenbuch vom Mai 1898 mit Blaustift markiert und daher möglicherweise vorgesehen für DzF (Bezifferung unsicher; s. SW 3, 833 Anmerkungen).

715 EINGANG: / MACH, DASS ETWAS UNS GESCHIEHT! [GEBETE DER MÄDCHEN ZUR MARIA] (MzF 71/FG 63): 3, 243/1, 182. Florenz, Via di Chianti, 5. 5. 1898. EA: MzF 1899.
Vgl. die erste Niederschrift des Gedichts, die noch zweistrophig war: 3, 613. *Benedeiten:* S. K 679.
In den FG ist die Überschrift *Eingang:* weggelassen. S. K 635.

716 DU WOLLTEST WIE DIE ANDERN SEIN [GEBETE DER MÄDCHEN ZUR MARIA I] (MzF 72/FG 64): 3, 243/1, 182. Florenz, Via di Chianti, 5. 5. 1898. EA: MzF 1899.
In den FG mit einer Zeichensetzungsänderung.
S. K 635.

717 SCHAU, UNSERE TAGE SIND SO ENG [GEBETE DER MÄDCHEN ZUR MARIA II] MzF 73/FG 65): 3, 243/1, 182. Florenz (Cascine), 5. 5. 1898. EA: MzF 1899.
S. K 635.

718 MIR WIRD MEIN HELLES HAAR ZUR LAST [GEBETE DER MÄDCHEN

ZUR MARIA XII] (MzF 83/FG 75): 3, 249/1, 188. Florenz (Cascine), 5. 5. 1898.
Limonenast: Limone: Zitronenart. *Mädchenmyrten:* Myrte: immergrüner Strauch; die weißblühenden Zweige werden als Brautschmuck verwendet.
S. K 635.

719 WIRD DIESES UNGESTÜME, WILDE [GEBETE DER MÄDCHEN ZUR MARIA XV] (MzF 86/FG 78): 3, 250/1, 189. Florenz (Cascine), 5. 5. 1898. EA: MzF 1899.
In den FG mit einer Zeichensetzungsänderung.
S. K 635.

720 NACH DEN GEBETEN: / ICH ABER FÜHLE, WIE ICH WÄRMER [GEBETE DER MÄDCHEN ZUR MARIA XVI] (MzF 87/FG 79): 3, 251/1, 190. Florenz, 5. 5. 1898. EA: MzF 1899.
S. K 635.

721 DEIN GARTEN WOLLT ICH SEIN ZUERST [GEBETE DER MÄDCHEN ZUR MARIA IV] (MzF 75/FG 67): 3, 245/1, 184. Florenz (San Felice d'Ema), 6. 5. 1898. EA: MzF 1899.
In den FG mit einer Zeichensetzungsänderung.
Rabatten: Beete. S. K 635.

722 UNSRE MÜTTER SIND SCHON MÜD [GEBETE DER MÄDCHEN ZUR MARIA V] (MzF 76/FG 68): 3, 245/1, 184. Florenz, 6. 5. 1898. EA: MzF 1899.
In den FG leicht verändert.
S. K 635.

723 ICH WAR EINMAL SO KINDERKÜHL [GEBETE DER MÄDCHEN ZUR MARIA VI] (MzF 77/FG 69): 3, 246/1, 185. Florenz (San Felice d'Ema), 6. 5. 1898. EA: MzF 1899.
S. K 635.

724 GESTERN HAB ICH IM TRAUM GESEHN [GEBETE DER MÄDCHEN ZUR MARIA VIII] (MzF 79/FG 71): 3, 247/1, 186. Florenz (San Felice d'Ema), 6. 5. 1898. EA: MzF 1899.
Das Gedicht stand vermutlich auch in DzF (Bezifferung unsicher; s. SW 3, 833 Anmerkung).
S. K 635.

725 WIE KAM, WIE KAM AUS DEINEM SCHOOSS [GEBETE DER MÄDCHEN ZUR MARIA IX] (MzF 80/FG 72): 3, 247/1, 186. Florenz, 6. 5. 1898. EA: MzF 1899.
Verkündigung: Verkündigung des Engels an Maria, daß sie den Sohn Gottes gebären wird (Lukasevangelium 1, 26).
S. K 635.

726 DEINER ERNSTEN ENGEL EINEN [GEBETE DER MÄDCHEN ZUR MARIA X] (MzF 81/FG 73): 3, 248/1, 187. Florenz, 6. 5. 1898. EA: MzF 1899.
S. K 635.

727 OH, DASS WIR SO ENDLOS WERDEN MUSSTEN! [GEBETE DER MÄD-
CHEN ZUR MARIA XI] (MzF 82/FG 74): 3, 248/1, 187. Florenz
(Rovezzano), 6. 5. 1898. EA: MzF 1899.
In den FG im dritten Vers verändert.
S. K 635.

728 UND IN ALLEN ALTEN JAHREN [GEBETE DER MÄDCHEN ZUR MARIA
XIII] (MzF 84/FG 76): 3, 249/1, 188. Florenz, 6. 5. 1898. EA:
MzF 1899.
S. K 635.

729 FRAGEN WILL ICH EINMAL AUF ZU DIR: 3, 614. Florenz (Rovez-
zano), 6. 5. 1898. EA: SW 1959.
In der Druckfassung des Buches MzF weggelassenes Gedicht aus
der Niederschrift der *Gebete der Mädchen zur Maria* (3, 243; s.
K 635); dort ursprünglich an zweiter Stelle stehend.
Empire: Empiretracht, Mode in Frankreich zwischen 1800 und
1815. *Krypten:* unterirdische Grabanlagen aus frühchristlicher
Zeit.

730 IN DEINER KIRCHE IST ES KÜHL: 3, 614. Florenz (Rovezzano), 6. 5.
1898. EA: SW 1959.
S. K 729; dieses Gedicht folgte unmittelbar danach.
benedeit: benedeien: segnen; seligpreisen (Benedeite: Gottesmutter).

731 SIE SAGEN ALLE: DU HAST ZEIT [GEBETE DER MÄDCHEN ZUR MA-
RIA XIV] (MzF 85/FG 77): 3, 250/1, 189. Florenz, 7. 5. 1898.
EA: 1899.
S. K 635.

732 ROSEN IN DEN ROTEN KUPFERKRÜGEN: 3, 615. Florenz, 7. 5. 1898.
EA: MzF 1899.
Möglicherweise in die Sammlung DzF aufgenommen (Bezifferung
unsicher; s. SW 3, 833 Anmerkung).
Karyatiden: Säulen, deren Schaft von einer weiblichen Gewand-
statue gebildet wird. *Kapitälen:* tragende Abschlüsse einer Säule.

733 DU BIST, ALS OB DU SEGNEN MÜSSTEST (DzF 89): 3, 197. Florenz,
9. 5. 1898. EA: SW 1959.
Vgl. die erste, leicht abweichende Niederschrift 3, 615.

734 PRIMA-VERA / ERSTE ROSEN ERWACHEN [LANDSCHAFT] (MzF 36/
FG 33): 3, 223/1, 163. Florenz (San Miniato), 9. 5. 1898. EA:
MzF 1899.
In den FG unter Weglassung der Überschrift *Prima-vera* mit
leicht geänderter Schreibung und Interpunktion.
Prima-vera: (ital.) Frühling.

735 DAS IST ALLES WANDERNS SINN [LANDSCHAFT] (MzF 40): 3, 225.
Viareggio, 11. 5. 1898. EA: MzF 1899.
In den FG weggelassen.
Pineten: Pinienpflanzungen.

736 ICH BIN AUS MEINER MARMORSTADT: 3, 616. Viareggio, 11. 5. 1898.
EA: SW 1959.
Möglicherweise in die Sammlung DzF aufgenommen (Bezifferung
unsicher; s. SW 3, 833 Anmerkung).
Marmorstadt: Florenz, das Rilke eben verlassen hat; er weilt den
ersten Tag in Viareggio.

737 EH DER GARTEN GANZ BEGINNT [LIEDER DER MÄDCHEN IX] (MzF
62/FG 54): 3, 237/1, 176. Viareggio, 13. 5. 1898. ED: Pan. Jg. 4
1898 H. 4. EA: MzF 1899.

738 UND EINMAL LÖS' ICH IN DER DÄMMERUNG [BEICHTEN] (MzF 12/
FG 12): 3, 210/1, 152. Viareggio, 14. 5. 1898. EA: MzF 1899.

739 GEH ICH DIE GASSEN ENTLANG [LIEDER DER MÄDCHEN II] (MzF
55/FG 47): 3, 234/1, 173. Viareggio, 18. 5. 1898. ED: Pan. Jg. 4
1898 H. 4. EA: MzF 1899.
In den FG nur in Schreibung und Druckbild verändert.

740 KÖNIGINNEN SEID IHR UND REICH [LIEDER DER MÄDCHEN III]
(MzF 56/FG 48): 3, 234/1, 173. Viareggio, 18. 5. 1898. ED: Pan.
Jg. 4 1898 H. 4. EA: MzF 1899.

741 DIE WELLE SCHWIEG EUCH NIE [LIEDER DER MÄDCHEN IV] (MzF
57/FG 49): 3, 234/1, 173. Viareggio, 18. 5. 1898. ED: Pan. Jg. 4
1898 H. 4. EA: MzF 1899.
In den FG unwesentlich in der Interpunktion verändert.

742 DIE MÄDCHEN SEHN: DER KÄHNE FAHRT [LIEDER DER MÄDCHEN
V] (MzF 58/FG 50): 3, 235/1, 174. Viareggio, 18. 5. 1898. EA:
MzF 1899.
In den FG mit geändertem zehntem Vers.
Zum Zusammenhang mit Maeterlinck (S. K 544) s. Panthel 1973, 39.

743 DU DARFST NICHT WARTEN, BIS GOTT ZU DIR GEHT [IM ALL-EINEN]
(MzF 110/FG 98): 3, 263/1, 200. Viareggio, 18. 5. 1898. EA: MzF
1899.
In den FG ist Vers 7 bedeutend verändert.
Das Gedicht ist thematisch in Zusammenhang mit den *Geschichten
vom lieben Gott* und vor allem dem *Stunden-Buch* zu sehen. S.
auch Heygrodt, 1921, 81.

744 UND SEID NICHT FREMD UND SCHWEIGT: 3, 616. Viareggio, 18. 5.
1898. EA: SW 1959.
Aus der ersten Niederschrift des Gedichtkreises *Lieder der Mädchen* (MzF) 3, 233; von Rilke nicht veröffentlicht.

745 LIED: / ICH WAR EIN KIND UND TRÄUMTE VIEL [LANDSCHAFT /
MÄDCHEN-GESTALTEN] (MzF 52/FG 44): 3, 231/1, 170. Viareggio,
19. 5. 1898. EA: MzF 1899.
Mit der Vorstrophe: *Ich hab das Mädchen nie gesehn* vermutlich
auch in DzF (vgl. Anmerkungen SW 3, 791 und 833). In den FG
fehlt die Eingangsstrophe und die Überschrift *Lied:* ; ferner ist die
Stropheneinteilung geändert.

746 ICH MÖCHTE, DU SOLLTEST WOHNEN: 3, 617. Viareggio, 19. 5. 1898.
EA: SW 1959.
Möglicherweise auch in DzF aufgenommen (vgl. Anmerkungen SW
3, 833).
Limonen: S. K 718.

747 ALLE MÄDCHEN, DIE AM HAFEN HARRTEN [LANDSCHAFT] (MzF
49): 3, 229. Viareggio, 20. 5. 1898. EA: MzF 1899.
In den FG weggelassen.

748 GLAUB MIR, GELIEBTE: WIR SIND BEIDE: 3, 617. Viareggio, 20. 5.
1898. EA: SW 1959.
Möglicherweise in DzF aufgenommen (vgl. Anmerkungen SW
3, 833).

749 WEISS – WEITER WEG, DER SICH IM LICHT VERLOR [LANDSCHAFT]
(MzF 37/FG 34): 3, 223/1, 164. Viareggio, 21. 5. 1898. EA: MzF
1899.
In den FG mit der Anfangszeile *Blendender Weg, der sich vor
Licht verlor* und auch sonst verändert.

750 DER WALD WAR NOCH NICHT GANZ BEREIT [LANDSCHAFT] (MzF
48): 3, 228. Viareggio, 21. 5. 1898. EA: MzF 1899.
In den FG weggelassen.
Main: von Mai abgeleitetes Verb.

751 JETZT SIND SIE ALLE SCHON SELBER FRAUEN [LIEDER DER MÄD-
CHEN I] (MzF 54/FG 46): 3, 233/1, 172. Viareggio, 21. 5. 1898.
EA: MzF 1899.
Campagna: S. K 680.

752 MÄDCHEN SINGEN: / DIE ZEIT, VON DER DIE MÜTTER SPRACHEN
[LIEDER DER MÄDCHEN XII] (MzF 65/FG 57): 3, 239/1, 178.
Viareggio, 21. 5. 1898. ED: Pan. Jg. 4 1898 H. 4. EA: MzF 1899.
In den FG veränderte Fassung.

753 ICH HABE IRGENDWEM MEIN SCHWERT GEGEBEN: 3, 618. Viareggio,
21. 5. 1898. EA: SW 1959.
Möglicherweise in DzF aufgenommen (vgl. Anmerkungen SW
3, 833).

754 MÄDCHEN SINGEN: / WIR HABEN LANGE IM LICHT GELACHT [LIEDER
DER MÄDCHEN XIII] (MzF 66/FG 58): 3, 239/1, 178. Viareggio,
22. 5. 1898. ED: Pan. Jg. 4 1898 H. 4. EA: MzF 1899.
In den FG in der Schreibweise unwesentlich geändert.

755 EINE SINGT: / ICH WAR IN FERNER FREMDE KIND [LIEDER DER
MÄDCHEN XV] (MzF 68/FG 60): 3, 240/1, 179. Viareggio, 22. 5.
1898. ED: Pan. Jg. 4 1898 H. 4. EA: MzF 1899.
In den FG in Druckbild und Zeichensetzung verändert.

756 UND SINGT: / WIR SIND UNS ALLE SCHWESTERLICH [LIEDER DER
MÄDCHEN XVII] (MzF 70/FG 62): 3, 242/1, 180. Viareggio, 22. 5.
1898. EA: MzF 1899.
In den FG leicht abweichend.

757 ABER DEN LIEBLICHSTEN GEHÖRT: / DEINE HYMNE / VIELE MÜDE
MÄDCHEN MÜSSEN: 3, 619. Viareggio, 22. 5. 1898.
Mit großer Wahrscheinlichkeit das Schlußgedicht der Sammlung
DzF. Unter dem 23. 5. 1898 ist im Florenzer Tagebuch (TF 1942,
79) die Entstehung des Gedichts beschrieben (vgl. auch Anmerkungen SW 3, 833). Die Überschrift im Skizzenbuch bezieht sich auf
die Überschriften der vorausgehenden Mädchenlieder XIII, XVII
und XV (vgl. Anmerkungen SW 3, 834) und wendet sich direkt
an Lou (S. K 502). In der Chronologie gehen die drei Mädchenlieder auch voraus (vgl. 754–756).

758 IN DIESEN LIEDERN IST NOCH LEID: 6, 1223. Prag, 6. 6. 1898. ED:
Oxford Slavonic Papers IX, 1959, 134.
Widmungsgedicht für Helene Woronin (um 1870–1954) aus Petersburg, die Rilke im Mai in Viareggio kennenlernte und mit der er
zu dieser Zeit korrespondierte. Es ist eingeschrieben in *Advent*
und trägt den Zusatz *voll lieben Gedenkens.*

759 GEBET / ERNSTER ENGEL AUS EBENHOLZ! [ENGELLIEDER] (MzF
26/FG 25): 3, 218/1, 160. Undatiert. Vermutlich Sommer oder
Herbst 1898. EA: MzF 1899.
In den FG nur in Schreibweise und Interpunktion abweichend.
Möglicherweise diente eine plastische Darstellung als Vorlage.

760 UND SINGT: / ES MÜSSTE MICH EINER FÜHREN [LIEDER DER MÄD-
CHEN XVI] (MzF 69/FG 61): 3, 241/1, 180. Vermutlich Sommer
1898. EA: MzF 1899.
Das Gedicht stammt aus dem Gedicht-Kreis *Die Bilder entlang*
und bezieht sich auf eine Illustration Ludwig von Hofmanns
(S. K 763). Es erscheint dort unter dem Titel *Träumerei* neben
Blatt XII des Buches (3, 626).
In MzF und in den FG leicht überarbeitet.

761 UNTER DEN BOGENLAMPEN: 3, 455. Undatiert (wohl Sommer oder
Herbst 1898). ED: Das Narrenschiff. Berlin. Jg. 1 1898 Nr. 43,
27. 10. 1898, (5). EA: Fz 1921.
I ER GEHT IMMER HINTER DER SEIDE HER
II ALLE DIESE, DIE IM STROME TREIBEN: *Aschenbrödelseelen:*
Aschenbrödel: eine, die niedrigste Küchendienste verrichtete (Mär-
chenfigur).
III WAS HEISST HEUTE? WAS HEISST MORGEN?: *Fatum:* Schicksal.

762 GOTT WEISS VON ADLERFLÜGEN: 3, 467/3, 622. Wahrscheinlich
Sommer 1898. EA: BB 1902.
Das Gedicht stammt aus dem Zyklus *Die Bilder entlang* und
steht dort unter dem Titel *Hochwald* neben Blatt II (S. K 763).
Es wurde, in Stropheneinteilung und Zeichensetzung verändert, in
die 1. Ausgabe des *Buchs der Bilder* von 1902 aufgenommen, in
der 2. von 1906 aber wieder weggelassen.

763 SCHENKE DEN SCHWÄNEN DEIN SCHAUN (Die Bilder entlang. Blatt

I: Schwanenweiher): 3, 621. (Berlin-Schmargendorf), 2. Halbjahr 1898 (vor dem 13. 11.). EA: VPN 1929.

Traun: fürwahr. *Ronden:* Runden.

Die Gedichte der Reihe *Die Bilder entlang* sind eingetragen in das Heft: Ludwig von Hofmann, Skizzen und Buchschmuck aus der Kunstzeitschrift »Pan«. Berlin 1898, und zwar auf die freien Seiten neben die römisch bezifferten Bilder, welche sie thematisieren. Rilke schrieb die Verse ohne Überschriften, in den SW sind die Titel aus dem Bilder-Verzeichnis ergänzt. Der Zyklus ist unvollständig, d. h. Rilke hat nicht zu jedem Bild einen Text entworfen. Zwei Stücke aus dem Zyklus wurden in andere Sammlungen aufgenommen (760 und 762). Für den Maler Ludwig von Hofmann (1861–1945) schrieb Rilke auch *Spiel* 3, 375–386. Eine nähere Beziehung zu dem Künstler bestand jedoch nicht. Rosenfeld (1935, 248) charakterisiert die Technik so: Verzicht auf »Beschreibung und Deutung«, »mit Wortklängen und Reimen sich genugtuender Stimmungsimpressionismus«.

764 Erst hat die Welt sich wandeln müssen (Die Bilder entlang. Blatt III: Küssendes Paar): 3, 622. S. K 763.
ründen: veraltet für runden.

765 Wir waren dunkel an dem Saum der Sonnen (Die Bilder entlang. Blatt IV: Libelle): 3, 623. S. K 763.

766 Sieben Gefühle aus Silber sind (Die Bilder entlang. Blatt V: Zierstück): 3, 623. S. K 763.

767 Brüderchen muss immer fragen (Die Bilder entlang. Blatt VI: Märchen): 3, 624. S. K 763.

768 Kommst du mir, Knabe, langsam und lastenden Kahnes? (Die Bilder entlang. Blatt VIII: Parzival I): 3, 624. S. K 763.
Parzival: mittelalterl. Sagenheld, christl. Ritter.

769 Ein Greis / Kann dir nichts geben, Knabe (Die Bilder entlang. Blatt IX: Parzival II): 3, 625. S. K 763.
Zur Druckgeschichte s. die Anmerkungen SW 3, 836.
Parzival: S. K 768.

770 In den langverlassenen Tempel kommen (Die Bilder entlang. Blatt X: Kopfleiste): 3, 625. S. K 763.
Kopfleiste: Verzierung am oberen Ende der Druckseite eines Buches. *Hermen:* S. K 617.

771 Aus deinem Haar (Die Bilder entlang. Blatt XIII: Zierstück): 3, 626. S. K 763.

772 Aus dem schwülgewordnen Schwesterreigen (Die Bilder entlang. Blatt XIV: Brunnen): 3, 627. S. K 763. EA: SW 1959.
In den VPN fehlt dieses Stück.

773 Sehnsucht / Auf einmal steigt die Stille irre Schwester (Die Bilder entlang. Blatt XVII: Initialen): 3, 627. S. K 763.
Initialen: große verzierte Anfangsbuchstaben.

774 GRABSCHRIFT: ENDE / ES WAR IHM NICHTS GEMEINSAM (Die Bilder
entlang. Blatt XIX: Schlußstück): 3, 628. S. K 763.
Zur Druckgeschichte s. die Anmerkungen SW 3, 836.

775 DIE KIRCHE VON NAGO (CV 2, 1): 3, 161. Zoppot, Juli 1898. EA:
SW 1959.
Nago: Ort in der Nähe von Arco, am Gardasee. *Riesenpfühlen:*
Pfühl: Kissen.

776 AN ALLEN TÜREN BLIEB DER BLINDE KNABE (CV 2, 2): 3, 164.
Zoppot, Juli 1898. EA: SW 1959.

777 DIE BLONDE SCHWESTER TRAT IN IHRE ZELLE (CV 2, 3): 3, 166.
Zoppot, Juli 1898. EA: SW 1959.

778 DAS KIRCHENGESCHLECHT: 3, 619. Zoppot, 11./16. 7. 1898. EA:
TF 1942, 149.
Vgl. *Geschichten vom lieben Gott: Ein Märchen vom Tod ...*
4, 358/59.

779 ENKEL: 3, 620. Zoppot, 16. 7. 1898. EA: BTF 1931, 13.
Geschrieben ins Schmargendorfer Tagebuch (TF 1942, 150) im
Anschluß an das vorausgehende Gedicht; später in einem Brief
an Hugo Salus (S. K 801) aus Petersburg vom 19. Mai 1899 aus
dem Gedächtnis mitgeteilt (GB I, 67).

780 DAS SIND DIE BANGEN ABENDDRAMEN: 3, 620. Oliva, 23. 7. 1898.
EA: TF 1942, 150.
Im Schmargendorfer Tagebuch mit der Prosaeinleitung: *Im hohen
Buchenerker des Parkes von Oliva gaben wir gemeinsam diesem
Gedichte die Vollendung.* (Wahrscheinlich war Rilke zusammen mit
Lou Andreas-Salomé [S. K 502] dort.)

781 WIE FRÜHER UNTER DEN PINIEN: 3, 621. Zoppot, 26. 7. 1898.
Geschrieben auf eine Ansichtskarte aus Zoppot an Detlev von Liliencron (S. K 182) mit der Unterschrift *René Maria.*
Wie früher unter den Pinien: bezieht sich wohl auf das Briefgedicht 680 aus Arco. *Robinien:* falsche Akazie; Zierbaum.

782 WENN DIE UHREN SO NAH [IM ALL-EINEN] (MzF 108/FG 95):
3, 262/1, 198. Berlin-Schmargendorf, 20. 9. 1898. EA: MzF 1899.
In den FG nur in der Zeichensetzung abweichend.
Das Gedicht weist Bezüge zum *Stunden-Buch* auf, mit dessen Ab-
fassung Rilke am selben Tag beginnt (Zur Ding-Problematik s.
Heygrodt 1921, 71).

783 ICH WEISS ES IM TRAUM [IM ALL-EINEN] (MzF 109/FG 96): 3,
263/1, 199. Berlin-Schmargendorf, 20. 9. 1898. EA: MzF 1899.
Das Gedicht betont die »Beziehung zu scheinbar vergangenen und
abgelebten Lebenseinheiten« (Heygrodt 1921, 112).
Kränklichen Knaben: biographisches Faktum.

784 DIE BRAUT (Ruf mich, Geliebter, ruf mich laut!) (BB 7): 1, 378.
Berlin-Schmargendorf, 20. 9. 1898. EA: BB Juli 1902.

DAS BUCH DER BILDER

Das Buch der Bilder in der heute vorliegenden Form geht zurück
auf die 1913 erstmalig im Inselverlag erschienene 5. Auflage. Das
ab 1920 hinzugefügte Gedicht *Sturmnacht* ist in den SW weggelassen und im 3. Bd. S. 456 abgedruckt. Bis zur 4. Auflage wurde
der Gedichtband vom Verlag Axel Juncker Berlin betreut.
Die 1. Auflage erschien im Juli 1902. Sie umfaßte 45 Gedichte aus
den Jahren 1898 (*Die Braut* 20. 9. 1898) bis 1901, Gedichte, die
zum großen Teil den Tagebüchern der Berlin-Schmargendorfer
bzw. Worpsweder Zeit entnommen sind. Das Buch war Gerhart
Hauptmann *in Liebe und aus Dankbarkeit für ›Michael Kramer‹
zugeeignet* und durch eine Federzeichnung Heinrich Vogelers geschmückt (S. K 921). Die Federzeichnung fehlt schon in der
2. Auflage, die Widmung entfällt mit der 5. Ausgabe. Inhalt
und Gestaltung der 1. Auflage s. SW 3, 808. Die 2. sehr ver-
mehrte Auflage erschien im Dezember 1906 und umfaßt insgesamt 81 Gedichte. Gestrichen wurden aus der 1. Auflage ein Gedicht (*Gott weiß von Adlerflügen*, s. 3, 467 und 3, 622) und eine
Strophe (3. Strophe des Gedichts *Strophen*, s. 3, 468). Hinzuge-
kommen sind also 37 Gedichte aus den Jahren 1902–1906.
Das BB ist in zwei Bücher mit je zwei Teilen gegliedert, ohne daß
ein strenges zyklisches Prinzip zu erkennen wäre, wohl aber sind
innerhalb der einzelnen Teile thematisch oder motivlich zusam-
menhängende Gruppen zu unterscheiden.
Da das BB entstehungsgeschichtlich sehr weit auseinanderlie-
gende Texte umfaßt, unterscheiden sich die einzelnen Stücke
stofflich, thematisch und formal erheblich. In den Zeitraum seiner
Entstehung fallen z. B. die 3 Teile des *Stunden-Buchs*, einige der
Neuen Gedichte, der *Cornet,* die Monographie *Worpswede,* der
1. Teil des Rodinbuchs und die Anfänge des MLB. Auch die Biographie des Autors ist in diesem Zeitraum von bedeutenden Veränderungen bestimmt, die alle ihren Niederschlag im BB gefunden haben: Die russischen Reisen (1899 und 1900), die Begegnung mit den Worpsweder Künstlern (Paula Becker, Clara
Westhoff, Heinrich Vogeler), die Heirat und die Geburt der
Tochter (1901), die Übersiedlung nach Paris (August 1902) und
die Begegnung mit Rodin, Reisen nach Italien, Schweden und
wiederum Aufenthalt in Paris. Entsprechend variieren die Stoffe,
die Themen und Formen: Die Stoffe reichen von der russischen
Geschichte, Literatur und Kunst, Beobachtungen in und um
Worpswede, Reiseeindrücken aus Italien und Schweden bis zu
den verschiedenen Pariserlebnissen. Thematisch verbindet das BB
jugendstilhafte Tendenzen (Verherrlichung der Jugend, Auf-
bruchsstimmung und Lebenslust) mit Apotheosen der Dekadenz

(Wahnsinn, Niedergang, Kult des Schönen) und ausgesprochen Rilkeschen Ideen der Rechtfertigung der eigenen, sich aus den familiär-bürgerlichen Zusammenhänge lösenden Künstlerexistenz und die Formulierung der Poetik des *sachlichen Sagens*. Durch letzteres vor allem erweist sich das BB als eine Durchgangsstufe zwischen den gefühlsseligen und stimmungsbetonten frühen Werkstufen und den *Neuen Gedichten*. Dies ist einer der Gründe, die neben der Analogie zu ›Buch der Lieder‹ die Titelwahl bestimmt haben: Bilder sind diese Gedichte, insofern sie weniger eine bloße Stimmung gestalten als vielmehr einen klar umschreibbaren stofflichen oder motivlichen Zusammenhang, stamme dieser aus der russischen Geschichte (*Die Zaren* K 845), der biblischen Überlieferung (*Verkündigung* K 821) oder der eigenen Anschauung (*Pont du Carrousel* K 1092).

Was allerdings die meisten dieser Gedichte von den Produkten der nächsten Werkstufe unterscheidet, ist die Tendenz zur Ausschweifung im Syntaktischen wie im Bildlichen, eine nicht selten zu beobachtende Nachgiebigkeit gegenüber jedem sich dem Melos der Sprache einfügenden Einfall.

785 AUS NÄCHTEN: 3, 628. Berlin-Schmargendorf, 20. 9. 1898. EA: SW 1959.
Das Gedicht bildet mit den beiden nachfolgenden eine thematische Einheit.

786 DIE NACHT LIEGT NAH WIE EIN DACH: 3, 629. Berlin-Schmargendorf, 20. 9. 1898. EA: SW 1959.
2. Stück von 785.

787 GELIEBTE: 3, 629. Berlin- Schmargendorf, 20. 9. 1898. EA: SW 1959.
S. K 785.

788 AUS DER WIR ALLE KAMEN: 3, 629. Berlin-Schmargendorf, 21. 9. 1898. EA: SW 1959.

789 SCHAU, DIE DINGE SIND KLUG UND KLAR: 3, 630. Berlin-Schmargendorf, 21. 9. 1898. EA: SW 1959.
Sirenen: In der griechischen Mythologie bringen die Sirenen durch ihren verführerischen Gesang Odysseus und seine Gefährten in Gefahr. Vgl. 1341.

790 DIE VIELEN FARBEN WERDEN UNGEWISS: 3, 630. Berlin-Schmargendorf, 21. September 1898. EA: SW 1959.

791 ALLE LADEN LASTEN: 3, 631. Berlin-Schmargendorf, wohl Herbst 1898. EA: SW 1959.

792 KINDHEIT: 3, 631. Berlin-Schmargendorf, 29. 9. 1898. EA: SW 1959.
Zur Behandlung des Themas s. K 1236 und 943, 1181 und 1778.
Das Gedicht spielt auf biographische Tatsachen an: Rilke ist in einer Stadt (Prag) geboren und aufgewachsen.

Zeile 9: Rilke lebte nach der Trennung der Eltern bei der Mutter und stand unter dem übermächtigen Einfluß der zu übertriebenen Bekundungen ihrer Frömmigkeit neigenden Frau. *Spind:* Schrank in Kasernen; Vater und Sohn gaben, der eine später, der andere früher, die Offizierslaufbahn auf. – *ein Mädchen, blaß, krank:* eine Schwester Rilkes war früh, noch vor Renés Geburt, verstorben.

793 WIR SIND UNS OFT IN EINEM GOTTE NAH: 3, 635. Wohl Winter 1898/99. ED: 1948.

Zur Textgeschichte vgl. SW 3, 837. Das Gedicht hat Rilke als Widmung in ein Exemplar seiner *Larenopfer* für Heinrich Vogeler eingeschrieben. Vogeler s. K 921, K 986 und K 1512. – *Wir Schaffenden:* Vogeler war Künstler (Maler) wie Rilke.

794 HAUS-SEGEN, ANNO D. 99: 3, 636. Berlin-Schmargendorf, 29. 12. 1898. EA: 1928. – Zur Textgeschichte vgl. SW 3, 837. Den Spruch sandte Rilke mit folgender Widmung: *Rainer Maria Rilke seinem lieben Heinrich Vogeler zum Anfang des neuen und als Anhang des gut vollendeten Jahres. Schmargendorf bei Berlin, am 29. Dezember 1898.* Der Spruch wurde im Türbalken eingehauen. Zu Vogeler s. K 921, K 986 und K 1512.

795 EINSAME STUNDEN SIND UNS ZU EIGEN: 3, 636. Um 1899. ED: 1952.

Zur Textgeschichte vgl. SW 3, 837. An Vogeler gerichtete Verse, s. K 794 und Anm. SW 3, 837.

796 DIE BRUST IST MIR DUNKEL, VON SCHWERE GESCHWELLT: 3, 637. 1899 oder 1900. EA: SW 1959.

Bruchstück. Die Reinschrift wurde etwa 1907/08 angefertigt.

797 ICH STEHE IM FINSTERN UND WIE ERBLINDET: 3, 637. Etwa 1899. ED: 1928.

Das Gedicht zitiert Lou Andreas-Salomé in ihrem Buch »Rainer Maria Rilke«, Leipzig 1928 auf S. 13. Vermutlich aus dem Gedächtnis, s. SW 3, 837.

798 EINMAL WARTET DIE BANGE VERBANNTE: 3, 638. Berlin 28. 1. 1899. EA: SW 1959.

Dante: In seiner (Divina) ›Comedia‹ schildert Dante die Wanderung durch die drei Reiche des Jenseits: Hölle, Fegefeuer und Paradies.

799 GLAUBST DU, DASS ETWAS IN MIR IST, DAS REICHT: 3, 638. Berlin-Schmargendorf, 15. April 1899.

Abschrift einer Tagebucheintragung mit der Nachschrift: *Diese Verse, die ich heute gehört habe, Sehnsüchte waren sie, aus uns allen hinausgehoben wie aus einem einzigen Meer. Verheißungen und Hoffnungen, Himmel mit zitternden Zukünften* ... Vermutlich an Lou Andreas-Salomé gerichtet. S. a. 800.

800 ... DASS IRGENDWO EIN NIEERLÖSTES LAND: 3, 639. Berlin-Schmargendorf, 17. April 1899. EA: SW 1959.

Die Prosaeinleitung des Gedichts *Und da war mir wieder* schließt an das vorhergehende (799) an. Die Aufzeichnung trägt die Nachschrift: *17. IV. 99, ¹/₂ 1 Uhr nach Dauthendey.* Gemeint ist wohl: nach der Lektüre von Dichtungen Dauthendeys (der exotischen Liebesgeschichten ›Die acht Gesichter am Biwasee‹?).

801 SPRUCH: 3, 639. vor dem 7. Mai 1899. ED: BTF 1931.
In einem Brief an Hugo Salus am 19. Mai aus Petersburg. Salus: Frauenarzt und Schriftsteller in Prag.

802 WIE WIR AUCH ALLES IN DER NACHT BENANNTEN (FG 92): 1, 16.
St. Petersburg, 9. 5. 1899. EA: FG Mai 1909.
Fehlt in der 1. Auflage von MzF.

803 FÜR HELENE: ICH HÖRE VON WEIT – VON WEIT: 6, 1223. St. Petersburg, 11. Mai 1899. ED: 1959.
Verse aus einem Brief an H. v. Woronin, s. K 758.

804 LIED FÜR HELENE: 6, 1224. St. Petersburg, 20. Mai 1899. ED: 1959.
S. K 803.

805 LASS DIR JEDE FREUDE GESCHEHEN: 6, 1225. St. Petersburg, 25. Mai 1899. ED: 1959.
S. K 803.

806 BILDNIS AUS DER RENAISSANCE: 3, 640. St. Petersburg, Anfang Juni 1899. EA: SW 1959.
S. K 687. Im Florenzer Tagebuch hat sich Rilke ausführlich mit der Kunst der Renaissance auseinandergesetzt. Vorbereitet war diese Begegnung durch die Studien, die er vorher in München betrieben hatte. Im *Stunden-Buch* findet die Auseinandersetzung dann eine dichterische Gestalt, s. K 848, 875, 876, 879.

807 NACH DER SCHLACHT: 3, 640. Oliva, 24. Juni 1899. EA: GG 1934.

808 REIFE: 3, 641. Berlin-Schmargendorf, 10./14. Juli 1899. EA: SW 1959.
S. K 809.

809 ZWEI GEDICHTE ZU HANS THOMAS SECHZIGSTEM GEBURTSTAGE (BB 3): 1, 372. Berlin-Schmargendorf, 14 Juli 1899. EA: BB Juli 1902.
Hans Thoma (1839 1924), Maler und Grafiker, zu seiner Zeit sehr populär wegen seiner einfachen und schlichten Darstellungen der Landschaft und des Menschen. Einer Zusage folgend, sich an einer Ehrung des Malers zu beteiligen, übersandte Rilke drei Gedichte an Josef August Beringer, und zwar: *Mondnacht, Ritter* und *Reife. Drei Gedichte für Meister Hans Thoma. Ihm zu Fest und Freude ersonnen. Rainer Maria Rilke.* Die beiden ersten Gedichte erschienen dann in der 1. Ausgabe des BB, das 3. Gedicht *Reife* (808) erst in den SW 3, 461 1959. *Mondnacht:* Dieses 1. Gedicht ist angeregt durch das Thoma-Gemälde ›Der Mondscheingeiger‹, das 2. Gedicht *Reife* wahrscheinlich durch

ein Rittergemälde Thomas (›Einsamer Ritt‹). Zum Verhältnis
von Gedicht und Bild vgl. Rosenfeld S. 249 f. – *Ronde:* Ausdruck
aus dem Soldatenwesen, Runde, Rundgang der Streifwache.

810 INITIALE (BB 25): 1, 409. Berlin-Schmargendorf, 14. Juli 1899.
EA: BB 1902.
Einleitungsgedicht zum 2. Buch des BB. In der 1. Auflage fehlt
der Titel. Erste Zeile: *Gieb deine Schönheit immer hin.*

811 DAS IST EIN LIED VON ECHTER ART: 3, 641. Berlin-Schmargen-
dorf, 14. Juli 1899. ED: Deutsche Zeitschrift, 1937.
Das Gedicht ist eine Huldigung an Georg Fuchs für seine Komödie
»Till Eulenspiegel« von 1899. Dem Gedicht folgt die Widmung:
*Dem Dichter / nach der ersten Lesung mit herzlichen und dank-
baren Grüßen. Rainer Maria Rilke. Schmargendorf, am 14. Juli
1899.* – *wandert durch die Welt:* Schlußworte der Komödie.
S. K 812.

812 ES IST ÜBER ALLEM DAS GLEICHE GESCHEHN: 3, 643. Berlin-
Schmargendorf, 14. Juli 1899.
Die zweite Strophe dieses Gedichtes entspricht mit geringen Ab-
weichungen den Zeilen 21–27 des vorhergehenden Gedichts (S.
K 811). Die erste Strophe wurde hinzugefügt. Der Plan, diesen
Text in das BB aufzunehmen, wurde wieder fallengelassen. S.
SW 3, 839 f.

813 GEBET ZU SANKT GEORGS MACHT UND NAMEN: 3, 643. Berlin-
Schmargendorf, 17. Juli 1899.
Das Gedicht, das als Titel die Widmung trägt: *Meinem lieben
Heinrich Vogeler mit einem russischen Heiligen,* ist unterzeich-
net: *Schmargendorf, Villa Waldfrieden. 17. Juli 1899. Rainer
Maria Rilke.* – Zu Vogeler s. K 921. – Die Legende vom Drachen-
töter hat Rilke zur Zeit der *Neuen Gedichte* mehrmals gestaltet.
S. K 1317 (Sankt Georg), 1303 (Skizze zu einem Sankt Georg)
und 1304.

814 MELANCHOLIE DER MÄDCHEN: 3, 644. Berlin-Schmargendorf, 18.
7. 1899. EA: SW 1959.
Ursprüngliche Fassung von 815.

815 MÄDCHENMELANCHOLIE (BB 4): 1, 373. Berlin-Schmargendorf, 18.
7. 1899. EA: BB Juli 1902.
Ursprüngliche Fassung s. 814. – Wahrscheinlich angeregt durch
motivverwandte Bilder Vogelers (s. K 921), die häufig Ritter
mit Mädchen zusammen darstellen. In seiner Monographie über
Worpswede beschreibt Rilke mehrere solcher Bilder Vogelers
(vgl. SW 5, 117). – Zur Thematik s. a. 559 (Lieder der Mädchen).

816 ZU VIELER WEISHEIT BIN ICH NOCH ZU JUNG: 3, 645. Berlin-
Schmargendorf, 19. 7. 1899. EA: SW 1959.

817 INITIALE (BB 14): 1, 391. Berlin-Schmargendorf, 20. 7. 1899.
ED: Ver sacrum. Wien. November 1901. EA: BB Juli 1902.

Einleitungsstück zum 2. Teil des 1. Buches von BB. In der 1. Auflage als Zwischenstück bezeichnet. Zum Titel s. a. 810. Als Motto
verwendet für *Drei Spiele*, s. SW 3, 389.

818 MÄDCHEN: 3, 646. Berlin-Schmargendorf, 20. Juli 1899. EA: SW
1959.

819 MIR IST, ALS WÜSSTE ICH SO VIEL ZU SAGEN: 3, 646. Berlin-Schmargendorf, 20. Juli 1899. EA: SW 1959.
Vgl. 817.

820 ARABESKE: 3, 647. Berlin-Schmargendorf, 20. Juli 1899. EA: 1959.
Arabeske: (it.), Rankenornament, hier wohl wegen der Reim-
stellung als Bezeichnung für die Gedichtform verwendet.

821 VERKÜNDIGUNG. DIE WORTE DES ENGELS (BB 26): 1, 409. Berlin-
Schmargendorf, 21. Juli 1899. EA: BB Juli 1902. ED: Die Insel.
Leipzig. 1901/02.
Zur Stellung des Gedichts in der 1. Auflage s. SW 809. Das
Thema hat Rilke öfter beschäftigt, s. K 1083 und 1514 *(Das
Marien-Leben).*

822 DAS JÜNGSTE GERICHT (BB 29): 1, 415. Berlin-Schmargendorf,
21. Juli 1899. EA: BB Juli 1902.
Der Untertitel *Aus den Blättern eines Mönchs* setzt das Gedicht in
Beziehung zum *Stunden-Buch* (S. K 846). Zum Motiv vgl. a. *Das
Jüngste Gericht* aus NG (1, 575–1335). Mason deutet das Ge-
dicht als Polemik gegen die christliche Auferstehungslehre und als
Gegenstück zu Rilkes eigenen Preisungen des Totseins. S. K 1127
und K 1124.

823 ICH WILL EUCH BILDER VOR DEN ABEND HALTEN: 3, 647. Berlin-
Schmargendorf, 21. Juli 1899. EA: VPN 1929.

824 VON SO VIELEM BLIEB UNS DER SINN [GEBETE DER MÄDCHEN
ZUR MARIA III] (MzF 74/FG 66): 3, 244/1, 183. Berlin-Schmargendorf, 22. 7. 1899. EA: MzF Dezember 1899.

825 DIE ENGEL (BB 10): 1, 380. Berlin-Schmargendorf, 22. 7. 1899.
EA: BB Juli 1902.

826 MARTYRINNEN (BB 12): 1, 382. Berlin-Schmargendorf, 22. 7. 1899.
EA: BB Juli 1902.

827 VOM KNIEEN: 3, 648. Berlin-Schmargendorf, 22. Juli 1899. EA:
SW 1959.
Smyrna: Provinzhauptstadt in der Türkei, berühmt wegen der
Teppichherstellung.

828 DIE HEILIGEN DREI KÖNIGE (BB 27): 1, 411. Berlin-Schmargendorf, 23. 7. 1899. ED: Die Insel. Leipzig. 1899/1900. EA: BB
Juli 1902.
In den letzten Zeilen werden die Schätze, die die Könige bringen,
zu den Gegenden, die sie verlassen haben. – *blaue Linien:* Farbe
des Königs. – Zum Motiv und seiner ganz anders gearteten Darstellung in *Geburt Christi* vgl. 1, 673.

829 SANTA CONVERSAZIONE: 3, 648. Berlin-Schmargendorf, 23. Juli
    1899. EA: GG 1934.
    Im Florenzer Tagebuch (TF S. 98) beschreibt Rilke eine Santa
    Conversazione, und zwar Bellinis ›Christliche Allegorie‹. Ähn-
    lich wie diese Gruppierung mehrerer Heiliger auf einem Bild,
    die sich in frommem Schweigen zusammenfinden und sich sozusa-
    gen schweigend unterhalten (Santa Conversazione), ist diese
    Skizze angelegt. Unbekümmert sind hier allerdings mytholo-
    gische Motive mit christlichen gemischt. *Faun:* röm. Fruchtbar-
    keitsgott, ziegengestaltig. – *Kolonnade:* Säulengang. – *Fries:*
    waagerecht verlaufendes Schmuckband als Schmuck einer Wand
    oder eines oberen Wandabschlusses. – *Bacchanten:* Begleiter des
    röm. Weingottes, auch Gott der Trunkenheit. – *Und Greise kom-*
    men, die in dunklen Büchern: Der weise und gelehrte Alte ist ein
    häufiges Motiv auf Bildern mit Heiligen. S. z. B.: Bellinis
    ›Thronende Madonna mit vier Heiligen‹. – *Bad der weißen*
    Venus: Der Eingang des Gedichtes und auch diese Zeile erinnern
    an Botticellis ›Geburt der Venus‹. Vgl. *Geburt der Venus* (1, 549
    und K 1161).

830 MUSIK (BB 9): 1, 379. Berlin-Schmargendorf, 24. Juli 1899. EA:
    BB Juli 1902.
    Syrinx: Hirtenflöte, Flöte des Pan, bestehend aus mehreren an-
    einandergebundenen Einzelflöten, daher: *Stäbe der Syrinx.*

831 DER SCHUTZENGEL (BB 11): 1, 381. Berlin-Schmargendorf, 24. 7.
    1899. EA: BB Juli 1902.
    Draperie: künstlerische Anordnung von wertvollen Stoffen, aber
    auch diese selbst. S. a. *dunkle Atlasdraperien* 1, 623.

832 IN DER CERTOSA (BB 28): 1, 413. Berlin-Schmargendorf, 28. 7.
    1899. ED: Die Insel. Leipzig. 1901/02. EA: BB Juli 1902.
    Certosa: Kartause, Kartäuserkloster. Im Florenzer Tagebuch be-
    schreibt Rilke die Certosa des Val d'Ema. Diese Beschreibung ist
    in vielen Punkten eine Entsprechung zu diesem Gedicht (TF S. 29).
    weiße Bruderschaft: Die Kartäuser tragen weiße Soutanen. –
    Miserere und Kyrie: kirchliche Bittgesänge. – *Frate:* it.: Ordens-
    bruder, Anredeform. – *La Stanca:* it.: die Müde. – *sie war ein*
    Glas: Zu diesem Vergleich s. *Ein Frauen-Schicksal* NG 1, 513. –
    Pietrabianca: it.: weißer Stein, hier als Ortsname gebraucht. –
    Arkadenhof: betrifft den Baustil der Kartäuserklöster. – *Donna*
    Dolorosa: Schmerzensreiche Gottesmutter.

833 DIE LANDUNG: 3, 650. Meiningen 31. 7. 1899. EA: SW 1959.
    Arken: Wahrscheinlich nach dem frz. arc gebildet: Stützbogen.–
    Pont: Meer. – *Fries:* s. K 829. – *Zille:* Frachtkahn. – *Traumtiere,*
    Drachen, Backenbläher: angsteinflößende Figuren am Vorderbug
    der Schiffe. – Das Gedicht geht möglicherweise auf eine Bild-
    vorlage zurück, ist aber auch ohne deren Kenntnis verständlich

als Darstellung der Eroberungszüge der seefahrenden Norman-
nen, zusammengedrängt in eine Landungsszene.

834 Die Schönhet, welche eine Zeit enthält: 3, 660. Meiningen,
August oder September 1899. EA: SW 1959.
Widmungsgedicht. Eingeschrieben in Shakespeares »Hamlet« (The
Temple Shakespeare, London 1899) mit den Worten: *Zum Som-
mer 1899. Rainer. Meiningen, auf dem Bibersberg.* Für Frieda
Freiin von Bülow, eine Freundin Lou Andreas-Salomés und Gast-
geberin Rilkes in Meiningen.

835 Niemals noch war mir der Sinn vertrauter: 3, 652. Meiningen, 5. 8. 1899. EA: SW 1959.

836–839 Ich denke an sehr dunkle Gartengänge
Die Abende haben das heilige Licht
Oft denk ich vor den satten Tischen
Meine Leiden sind ja so fern: 3, 652. Meiningen, 7. 8. 1899.
EA: SW 1959.
Diese vier Texte stammen aus einem Tagebuch Rilkes. Im Ton
wie in der Bildlichkeit zeigen sie schon starke Ähnlichkeit mit den
im September beginnenden *Stunden-Buch*-Gedichten. S. K 845.

840 Die Znamenskaja: 3, 657. Meiningen, 9. 8. 1899. EA: GG 1934.
Der Madonnenmaler ist mit dem Mönch des STB verwandt, der
sich auch mit der Ikonenmalerei befaßt. Diese Kunstform gehört
mit zu den großen Bildungserlebnissen Rilkes schon auf der 1. russischen Reise und auch während der intensiven Beschäftigung mit
russischer Kunst, Geschichte und Sprache in den Wochen in Meiningen. S. K 846 (Einleitung), K 849 und K 1512.
Znamenskaja: (russ.), adjektivische Ableitung von *Znameni(j)e.*
Zu ergänzen ist wohl Ukona (Ikone), also *Znamenskaja Ukona.*
Das alte, nicht mehr gebräuchliche Známeni(j)e heißt soviel wie
Symbol, Zeichen oder Vorzeichen und wird vor allem zur Charakterisierung der Ikonen (= Heiligenbilder) verwendet. Der Titel akzentuiert also die auch im Gedicht herausgestellte Eigenschaft der Heiligendarstellung, nur verweisendes Zeichen für das
Heilige zu sein, ein Zeichen, dem das, worauf es verweist, nicht
selbst innewohnt. Genau dies besagt z. B. der von Rilke manchmal
gebrauchte Terminus hohl oder leer: hohle Ikone oder leere Ikone.
S. a. K 845 VI und *Geschichten vom lieben Gott* 4, 337 u. Anm.

841 Es ist die Stunde, da der Tag nichtmehr: 3, 658. Meiningen,
Mitte August 1899. ED: Das Inselschiff. 1929/30. EA: GG 1934
(u. d. T.: Nachtrag aus den Meininger Tagen).
S. K 836.

842 Mit wildem Weine leuchtete die Laube: 3, 659. Meiningen,
28. 8. 1899. ED: Das Inselschiff. 1929/30. EA: GG 1934.

843 Dämmerung: 1, 660. Meiningen, 28. 8. 1899. ED: Das Inselschiff. 1929/30. EA: GG 1934.

844 KAUM KANN ICH JEDE SCHÖNHEIT UNTERSCHEIDEN: 3, 660. Meiningen, Ende August 1899. EA: SW 1959.

845 DIE ZAREN (BB 31 a): 1, 428. Meiningen, Ende August/Anfang September 1899. Überarbeitet: Paris, Anfang Februar 1906. EA: BB Dezember 1906.

Die Entstehung dieses Gedichtkreises fällt in die Zeit zwischen der 1. (25. 4.–18. 6. 99) und der 2. (7. 5.–24. 8. 1900) russischen Reise Rilkes. In dieser Zeit beschäftigte er sich zusammen mit Lou Andreas-Salomé intensiv mit der russischen Kultur und Geschichte (vgl. Brief an Pasternak v. 5. 2. 1900). Ausführlich studierte Rilke die Machtkämpfe zwischen den russischen Teilfürsten von den Anfängen bis zum Aussterben der Ruriks. Offenbar hat er schon in dieser Zeit die Heldendichtung Rußlands (Bylinen) gekannt oder kennengelernt. Vgl. Brutzer, Rilkes russische Reisen.

I. DAS WAR IN TAGEN, DA DIE BERGE KAMEN

Das Gedicht verarbeitet die in den russischen Heldenliedern (Bylinen) überlieferte Geschichte der Heilung und Berufung des Helden Ilja Muromez. Ilja aus Murom war der einzige Sohn eines reichen Bauern. Seit seiner Geburt war er gelähmt. Eines Tages, als die Eltern auf dem Feld waren, traten zwei Pilger in die Hütte und baten Ilja um einen Trunk. Da konnte der bisher Gelähmte plötzlich aufstehn. Da er auf Geheiß der Gäste vom Bier trank, wuchsen ihm Riesenkräfte. Die Pilger befahlen ihm, aufs Feld zu gehen, sich eine Heldenrüstung zu kaufen und einen grauen Hengst. Dieser werde sich dreimal im Morgentau wälzen und ihm dann treu dienen. Die 4. Strophe erinnert an den *Cornet* 1, 235. – Zu den letzten Zeilen vgl. den Br. an Lou vom 15. 8. 03: *vielleicht ist der Russe gemacht, die Menschengeschichte vorbeigehen zu lassen, um später in die Harmonie der Dinge einzufallen mit seinem singenden Herzen. Nur zu dauern hat er, auszuhalten ...*

II. NOCH DROHEN GROSSE VÖGEL ALLENTHALBEN

Die 2. Fassung dieses Gedichts stammt von Anfang Februar 1906. Vgl. Br. an Clara vom 5. 2. 1906: *... Die Zaren. Ich hab mich viel mit ihnen beschäftigt, die letzten Tage. Es ist manches verändert worden; hat sich ein bißchen mehr geöffnet; mit einer Freude ohnegleichen helf ich jetzt meinen alten Dingen hinauf. – Auch die Nachtigall ist anders geworden; das mit den »neun Eichen« ist eine russische Sage; sie heißt dort russisch: Solovéj und ist ein riesiges Tier in jenen ältesten Tagen, gewaltsam und groß, mit einem Schrei ohnegleichen, auf neun Bäumen ruhend. Es heißt in der Sage ausdrücklich (soviel ich mich erinnere) »Eichen«. Das kommt in der neuen Fassung klarer heraus, gewaltiger, vorzeitlicher ...* Neben der Überlieferung der Bylinen ist das Gedicht auch durch die Bilder Wasnetzows mit beeinflußt, die Rilke in seinem Aufsatz

Russische Kunst (5, 500) etwa so beschreibt: *Bilder des Ungestüms und voll einer Stärke, die sich noch nicht ermißt.*

III. Seine Diener füttern mit mehr und mehr

Dieses Gedicht stammt von Anfang Februar 1906, ohne daß eine Frühfassung bekannt wäre.

Schwächlinge und Schwachsinnige gab es unter den Zaren ebenso wie echte Helden. Iwan der Schreckliche war Psychopath. Auf ihn beziehen sich offenbar die Zeilen 13–15. Die Szene hat Rilke in dem erwähnten Aufsatz (5, 500) beschrieben als auf einem Gemälde Wasnetzows dargestellt: *Auch Iwan, der Grause, entsteht um diese Zeit: auf seinen gefürchteten Stab gestützt, steigt der Zar eine Wendeltreppe hinab ...*

IV. Es ist die Stunde, da das Reich sich eitel

Das Gedicht verarbeitet die Geschichte zur Zeit Iwans des Schrecklichen *(jener, andere Zar)* und seines schwachsinnigen Sohnes Feodor I. Iwanowitsch, der der letzte der Ruriks war *(des Stammes letztes Glied). – neigen sich Bojaren:* Iwan der Schreckliche vollendete die absolute Autokratie durch eine gnadenlose Unterwerfung der Bojaren. – *mit Worten, die aus Wahnsinn waren:* s. o. – *Klinge:* Viele Zaren wurden ermordet. Vgl. a. MLB 6, 884.

V. Der blasse Zar wird nicht am Schwerte sterben

Auch dieses Gedicht, entstanden 8./9. 1899, wurde im Februar 1906 in Paris überarbeitet. Vers 1/2: Der Schwachsinn schützt den Wehrlosen vor Intrigen. Die Geisteskrankheit galt zudem als eine heilige Krankheit. – *Tataren:* Erst Iwan III. Wassiljewitsch befreite sich 1480 von der Oberhoheit der Tataren. – Letzte Strophe: Der Umschlag vom Handeln zum Schauen ist Rilke ein Übergang vom Helden zum Künstler. Vgl. a. *Karl der Zwölfte von Schweden reitet in der Ukraine* BB (1, 421 und K 998), aber auch SO I, 17 (1, 741 und K 1830).

VI. Noch immer schauen in den Silberplatten

Überarbeitet in Paris, Februar 1906. – *Silberplatten:* Die Heiligenbilder sind in den orthodoxen Kirchen oft durch Edelmetallplatten abgedeckt, die, selbst verziert, ovale Aussparungen haben für das Gesicht und die Hände des dahinterliegenden Heiligenbildes. Vgl. Vers 13 ff. S. K 903. – *im köstlichen Ikone / die Königliche wie im Kloster wohne:* Umschreibung der von Rilke immer wieder herausgestellten Eigenschaft der russischen Ikone, daß sie nämlich das Heilige, hier: die Muttergottes, mehr verberge, verschweige, als offenbare. Die Ikonenmalerei hat Rilke während seiner 2. russischen Reise in Kiew und Nowgorod, den Zentren der Ikonenmalerei, besonders intensiv studiert. S. hierzu K 849 und K 1512 *(Das Marien-Leben).* Zur russischen Frömmigkeit und Ikonenmalerei außerdem: (5, 496) *was der Künstler zuerst ge-*

schaffen hat, das erfüllt sich im Rahmen dieser Bilder durch die
Frömmigkeit derjenigen, die davor beten.

846 DA NEIGT SICH DIE STUNDE UND RÜHRT MICH AN (STB I, 1):
1, 253/1. Fassung: 3, 307. Berlin-Schmargendorf, 20. September
1899. EA: STB Dezember 1905.
Die geringfügig abweichende erste Fassung der Niederschrift unter dem Titel *Die Gebete* hat die Prosanachschrift: *Am Abend des*
20. September als nach langem Regen Sonne durch den Wald ging
und durch mich.
Lit.: Mövius S. 17 ff. u. Anm. 7. – L. Tönsing, R. M. Rilke: Da
neigt sich die Stunde. Eine stilanalytische Interpretation. In: Acta
Germ. 2 (1967) S. 55 ff.

DAS STUNDEN-BUCH

Das Stunden-Buch, enthaltend die drei Bücher: Vom mönchischen
Leben/Von der Pilgerschaft/Von der Armut und vom Tode.
Entstanden: 1: 20. 9. 1899 – 14. 10. 1899 Berlin-Schmargendorf –
2: 18. 9. 1901–25. 9. 1901 Worpswede – 3: 13. 4. 1903–20. 4. 1903
Viareggio. Erschienen im Dezember 1905. Für den Druck wurde
das *Stunden-Buch* zwischen dem 24. 4. und dem 16. 5. 1905 in
Worpswede überarbeitet. Widmung: *Gelegt in die Hände von Lou.*
Das STB ist eines der bekanntesten lyrischen Werke Rilkes, und es
hat wesentlich dazu beigetragen, daß Rilke vielen seiner Interpreten als ein von tiefer Frömmigkeit erfüllter Autor gelten
konnte und kann. Entstanden ist das STB – bis auf wenige Änderungen und Ergänzungen bei der Überarbeitung für den Druck –
in drei zeitlich weit auseinanderliegenden, jeweils kurzen Schaffensperioden, die, was die Intensität und Produktivität angeht,
sich durchaus mit den Februartagen 1922 vergleichen lassen, die
zur Vollendung der *Elegien* und zur Entstehung der *Sonette an*
Orpheus führten. Der biographische Hintergrund ist ein für die
drei Teile immer anderer: Den 1. Teil schrieb Rilke kurz nach der
1. russischen Reise und in noch ungebrochener Zuneigung zu Lou
Andreas-Salomé, den 2. Teil in Worpswede, kurz nach seiner
Verheiratung und während einer zeitweiligen Entfremdung zwischen ihm und Lou. Als Rilke schließlich den 3. Teil niederschrieb,
hatte er seinen ersten Parisaufenthalt hinter sich und war beinah
verstört und krank nach Viareggio geflohen. In den anderthalb
Jahren, die seit dem 2. Teil vergangen waren, war seine Tochter
Ruth geboren worden, und er hatte in dieser Zeit auch den ersten
Schritt getan, der schließlich zur Auflösung der kaum erst begonnenen Familiengemeinschaft führte.

Stofflich ist daher das Stunden-Buch von sehr unterschiedlichen Erfahrungen, Begegnungen und Vorbildern geprägt: Dem Studium der Kunst der italienischen Renaissance (Florenzer Tagebuch), der russischen Reisen und der russischen Kunst (Ikonenmalerei), der Liebe zu Lou Andreas-Salomé (Florenzer Tagebuch und Briefe an Lou), dem Konflikt zwischen dem Wunsch nach familiär-bürgerlicher Gemeinsamkeit und dem Bedürfnis nach einer unabhängigen Künstlerexistenz, der sich hinter der Apotheose religiös begründeter Einsamkeit verbirgt, und schließlich den, zwar in Paris unmittelbar erfahrenen, aber doch durch literarische (Obstfelder, Baudelaire) und geistesgeschichtlich-kulturkritische Einflüsse vorvermittelten Leiden und Ängsten der Großstadt. Es ist Rilke allerdings gelungen, die sehr unterschiedlichen Anlässe so zu verschmelzen, daß es philologischer und interpretatorischer Akribie bedarf, den russischen Mönch des *Stunden-Buchs* von seinen italienischen *Brüdern in Soutanen,* dem Fra Angelico oder dem Fra Bartholomäo des Florenzer Tagebuchs, zu unterscheiden und schließlich alle nicht zu verwechseln mit der nachträglich das ganze Buch überragenden Symbolgestalt des heiligen Franz von Assisi.

Die Form des *Stunden-Buchs* ist bestimmt von der Fiktion eines Mönchs in seiner Zelle, dem sich die Gedichte als *Gebete* aufdrängen. *Gebete* war denn auch der Oberbegriff und die leitende Idee, unter der Rilke die Schöpfung ursprünglich produzierte. Während der Entstehungszeit spricht Rilke von den schließlich zum STB zusammengefaßten Texten immer nur als von den *Gebeten* (S. SW 3, 307 ff.), ein Titel übrigens, der auch sonst häufig in dieser Zeit benutzt wird. Als Rilke schließlich im April 1905 in einem Brief an den Insel-Verlag den Titel *Stunden-Buch* für diesen *großen, weitgerundeten Gedichtkreis* vorschlug, da tat er dies *in Erinnerung* an die *Livres d'heures,* die seit dem Hochmittelalter als Gebetbücher für die Laien aufgekommen waren. Den Titel *Gebete* behielt er als Untertitel für die einzelnen Bücher bei (Erstes Buch der Gebete etc.).

Der fiktive Rahmen für die einzelnen *Gebete,* der sich im Laufe der Entstehung mehr und mehr abschwächt, obwohl gerade noch das 2. Buch sehr deutlich an die ursprüngliche Situation anknüpft (Ich bete w i e d e r / Ich bin d e r s e l b e n o c h), dieser Rahmen wurde in der ersten Niederschrift des 1. Buches durch prosahafte Einleitungen und Nachschriften betont. Bei der Überarbeitung hat Rilke diese Rahmenprosa entweder ganz gestrichen oder gekürzt auf ein Wort oder einen Satz: *An den jungen Bruder.* Im 2. und 3. Buch fehlen solche Kommentare ganz.

Die drei Bücher sind wie die einzelnen Gedichte chronologisch geordnet. Für das einzelne Gedicht bedeutet das, daß es in engem Kontakt und Zusammenhang mit den benachbarten, also ständig als Teil eines Übergreifenden gelesen werden muß. Die Kontinuität ist allerdings nicht einfach linear, sondern es ist ein durch Variation, Steigerung und Gegensatz sehr bewegt gehaltener Wellengang.

Stilistisch ist das STB von einer außerordentlichen Freiheit und Bewegtheit im Vers- und Strophenbau geprägt und melodisch gewinnend durch seine sehr zahlreichen Klangspiele (Alliterationen, Assonanzen und Reime). Diese ornamental-spielerischen Züge zeigt das STB auch in seinen Motiv- und Bildfügungen. Erst nachträglich hat sich Rilke bei der Überarbeitung um eine deutlichere Konturierung und Geschlossenheit bemüht und Assoziationsfreiheit und Neigung zum sprachlichen Ornament eingeschränkt zugunsten eines *sachlichen Sagens* (Vgl. dazu die beiden Fassungen von *Ihr vielen unbestürmten Städte* 1, 284/3, 346). Was wie Willkür oder Zügellosigkeit anmuten könnte, ist der entschiedenste Ausdruck der Diskrepanz zwischen der vorgezeigten Haltung und dem Fehlen der zu dieser Haltung gehörenden Voraussetzung, der aus dem Christentum sich ableitenden Frömmigkeit und der Leugnung der eben diesem Christentum eignenden Inhalte. Geblieben ist die Geste des Gebetes und eine ihr Objekt suchende Frömmigkeit.

Was die Deutung des STBs angeht, so muß man sich gerade bei diesem Werk vor Einseitigkeiten hüten. So wie der Mönch des STBs sowohl Beter als auch Künstler ist, in Gott versunkener Einsiedler und Kritiker der Moderne, so ist auch das Buch notwendigerweise aus einer Vielzahl von methodischen Ansätzen her zu verstehen: als das verschlüsselte Liebesbekenntnis eines Jünglings (S. K 539 u. 502), die orientierenden Entwürfe eines Mannes und die Rechtfertigungsversuche eines großen Künstlers.

Lit: Ruth Mövius, RMRs ›Stunden-Buch‹. Entstehung und Gehalt. Leipzig 1937.

Eudo C. Mason, Zur Entstehung und Deutung von Rs ›STB‹. In: E. C. M., Exzentrische Bahnen. Göttingen 1963, S. 181–204.

847 ICH LEBE MEIN LEBEN IN WACHSENDEN RINGEN (STB I, 2): 1, 253/2. Fassung2 3, 307. Berlin-Schmargendorf, 20. September 1899. EA: Dezember 1905.

Prosanachschrift der 1. Fassung: *am gleichen Abende, als wieder Wind und Wolken kamen.* S. a. K 846. *Ich kreise um Gott:* Von der religiös ausgerichteten Rilkedeutung programmatisch ausgelegter Satz. Vgl. Gertrud Bäumer, ›Ich kreise um Gott‹. Der Beter Rainer Maria Rilke. Berlin 1935.

848 ICH HABE VIELE BRÜDER IN SOUTANEN (STB I, 3): 1, 254/1. Fassung: 3, 308. Berlin-Schmargendorf, 20. 9. 1899. EA: STB Dez. 1905. In der 1. Fassung mit der Nachschrift: *am gleichen Abend im Arbeitszimmer.* S. K 856 und 847. Der russische Mönch des

STB setzt sich in Beziehung zu seinen italienischen Maler-Brüdern, von denen im Florenzer Tagebuch oft die Rede ist. S. K 846. – *wie menschlich sie Madonnen malen:* im Unterschied zu den russischen Ikonenmalern, die auf jede subjektive und individualisierende Ausmalung und Detaillierung des Bildes verzichten. Vgl. K 849.

849 WIR DÜRFEN DICH NICHT EIGENMÄCHTIG MALEN (STB I, 4): 1, 254/ 1. Fassung: 3, 308. Berlin-Schmargendorf, 20. 9. 1899. EA: STB Dezember 1905.

In der 1. Fassung mit der Nachschrift: *an dem gleichen Abende.* Das Gedicht schließt sich thematisch an das vorhergehende an und setzt wiederum die Ikonenmalerei ab gegen die kritisierte westlich-italienische Form der Heiligen- vor allem der Madonnendarstellungen. Zur Ikonenkunst vgl. K 1512 (Marien-Leben) und K 845 VI.

850 ICH LIEBE MEINES WESENS DUNKELSTUNDEN (STB I, 5): 1, 254/1. Fassung: 3, 309. Berlin-Schmargendorf, 22. September 1899. EA: STB Dezember 1905.

Nachschrift in der 1. Fassung: *im Walde, am 22. Sept.*

851 DU, NACHBAR GOTT, WENN ICH DICH MANCHESMAL (STB I, 6): 1, 255/1. Fassung: 3, 309. Berlin-Schmargendorf, 22. September 1899. EA: STB Dezember 1899.

Und deine Bilder stehn vor dir: Im Zusammenhang mit der Ikonenmalerei hat Rilke immer wieder gegen jede Festlegung des Göttlichen argumentiert. Nach Mason ist die Empfänglichkeit Rilkes für das Vieldeutige und die Nuance eine der Konstanten seines Weltbildes. (Mason 1964 S. 3 ff. und 25 ff.)

852 WENN ES NUR EINMAL SO GANZ STILLE WÄRE (STB I, 7): 1, 256/ 1. Fassung: 3, 310. Berlin-Schmargendorf, 22. September 1899. EA: STB Dezember 1905. Die Stille ist das akustische Äquivalent zur verzichtenden Kunst der Ikonenmalerei. S. K 849 und K 851.

853 ICH LEBE GRAD, DA DAS JAHRHUNDERT GEHT (STB I, 8): 1, 256/ 1. Fassung: 3, 311. Berlin-Schmargendorf, 22. 9. 1899. EA: STB Dezember 1905.

Die geringfügig abweichende 1. Fassung hat einen Prosarahmen. Einleitung: *Beim Heimwärtsgehen im abendlichen Wald in welchem die Wipfel verstummen, mitten im Sturm, horchend, atemlos:* Nachschrift: *Auch bei der Heimkehr, da in das schwere Grau des westlichen Himmels eine helle und flammende Röte stieg, welche die Wolken überredete zu einem neuen seltsamen Violett. Und ein noch niegewesener Abend war hinter den zitternden Bäumen. Das empfand der Mönch an der Jahrhundertwende als ein Zeichen, und er wurde fromm davor. 22. Sept. 1899.* Die biographische Situation des Autors und seine Hoffnungen gehen hier ein in das Gebet des Mönchs.

854 ICH LESE ES HERAUS AUS DEINEM WORT (STB I, 9): 1, 257/ 1. Fassung: 3, 311. Berlin-Schmargendorf, 22. 9. 1899. EA: STB Dezember 1905.

Der Prosatext der 1. Niederschrift, der das nächste Gedicht einleitet, kann auch zu diesem als Kommentar gelesen werden.

855 DER BLASSE ABELKNABE SPRICHT (STB I, 10): 258/1. Fassung: 3, 312. Berlin-Schmargendorf, 22. 9. 1899. EA: STB Dezember 1905. Prosavorspann der 1. Niederschrift: *Als der Mönch die Bibel las an einem stürmischen Abende, da fand er, daß vor allem Tode die Ermordung Abels geschah. Und er erschrak tief im Herzen. Und der Mönch ging, da ihm sehr bange war, hinaus in den Wald und ließ alles Licht herein und allen Duft und die vielen frommen Geräusche des Waldes welche lauter sangen als seiner Gedanken wirre Reden waren. Und er hatte in einer nahen Nacht diesen Traum, für welchen er Verse erfand:* Die Nachschrift lautet: *22. Sept. spät.*

856 DU DUNKELHEIT, AUS DER ICH STAMME (STB I, 11): 1, 258/ 1. Fassung: 3, 313. Berlin-Schmargendorf, 22. 9. 1899. EA: STB Dezember 1905.

Prosavorspann in der 1. Niederschrift: *Und da dankte der Mönch aus einem befreiten Gefühl:* – Was hier als Widerruf der Schöpfungsgeschichte erscheint, der Preis der Finsternis, bleibt eines der Hauptthemen der Rilkeschen Dichtung (vgl. A. Stephens, Rilkes Gedichte an die Nacht). Literaturgeschichtlich steht Rilke da in der Tradition der »Gedichte an die Nacht« von Novalis, zeit- und geistesgeschichtlich gesehen, reiht sich diese Apotheose der Dunkelheit in die pessimistische Kulturkritik der Jahrhundertwende ein, die den Fortschritt voller Mißtrauen beurteilt.

857 ICH GLAUBE AN ALLES NOCH NIE GESAGTE (STB I, 12): 1, 259/ 1. Fassung: 3, 313. Berlin-Schmargendorf, 22. 9. 1899. EA: STB Dezember 1905.

Ist das vermessen: Über Rilkes raffinierte psychologische Argumentation, der es gelingt, entschiedenes Selbstbewußtsein und Demutshaltung zu versöhnen, siehe a. K 1057 und 1043.

858 ICH BIN AUF DER WELT ZU ALLEIN UND DOCH NICHT ALLEIN GENUG (STB I, 13): 1, 260/1. Fassung: 3, 315. Berlin-Schmargendorf, 22. 9. 1899. EA: STB Dezember 1905.

Nirgends will ich gebogen bleiben: Vgl. K 1057.

859 DU SIEHST, ICH WILL VIEL (STB I, 14): 1, 261/1. Fassung: 3, 316. Berlin-Schmargendorf, 22. 9. 1899. EA: STB Dezember 1905.

860 WIR BAUEN AN DIR MIT ZITTERNDEN HÄNDEN (STB I, 15): 1, 261/ 1. Fassung: 3, 316. Berlin-Schmargendorf, 22. 9. 1899. EA: STB Dezember 1905.

Die Vorstellung des werdenden bzw. noch zu schaffenden Gottes ist eine Lieblingsidee Rilkes, nach Mason (1964) eine jener waghalsigen Nuancen, die den Unterschied zwischen Atheismus und Gläubigkeit einebnet. Zum Motiv s. K 872.

861 DARAUS, DASS EINER DICH GEWOLLT HAT (STB I, 16): 1, 262/
1. Fassung: 3, 317. Berlin-Schmargendorf, 22. 9. 1899. EA: STB Dezember 1905. S. K 860.

862 WER SEINES LEBENS VIELE WIDERSINNE (STB I, 17): 1, 263/
1. Fassung: 3, 318. Berlin-Schmargendorf, 22. 9. 1899. EA: STB Dezember 1905.
Das versöhnende Sinnbild ist offenbar das Gastmahl und die Vertreibung der lärmenden Freier durch den heimkehrenden Odysseus.

863 WAS IRREN MEINE HÄNDE IN DEN PINSELN (STB I, 18): 1, 263/
1. Fassung: 3, 318. Berlin-Schmargendorf, 24. 9. 1899. EA: STB Dezember 1905.
In der 1. Niederschrift folgt die Prosanachschrift: *Der Mönch hat viele und fremde Gedanken gehabt und sie waren bei ihm wie eine Schar von Gästen; da kehrt er endlich wieder zu Gott zurück in diesen willigen Versen. 24. im Walde unter den Menschen, den sonntäglichen.* – Zum Bild der Gäste vgl. auch 862 und K.
Der Mönch des STBs ist auch ein frommer Maler. S. *Wir dürfen dich nicht eigenmächtig malen* (849) und den K zur Ikonenmalerei.

864 ICH BIN, DU ÄNGSTLICHER. HÖRST DU MICH NICHT (STB I, 19):
1, 264/1. Fassung: 3, 319. Berlin-Schmargendorf, 24. 9. 1899. EA: STB Dezember 1905.
Das Gedicht setzt Rilkes These vom werdenden Gott um.
Die 1. Niederschrift trägt die Prosanachschrift: *Und der Mönch wird licht in seiner Tiefe und fühlt sich verschenkt an alle Dinge und allgegenwärtig auf jeder Freude, wie der Glanz sich weiß auf allem Golde der Welt. Und er steigt über seine Verse wie über Stufen und wird nichtmehr müde davon.*

865 MEIN LEBEN IST NICHT DIESE STEILE STUNDE (STB I, 20): 1, 264/
1. Fassung: 3, 320. Berlin-Schmargendorf, 24. 9. 1899. EA: STB Dezember 1905.
Ursprüngliche Posanachschrift: *Da kam der Mönch Gott sehr nah. (am gleichen Abend.)*

866 UND UM DER SCHÖNHEIT WILLEN SIND WIR BEIDE (STB I, 20 a):
3, 320. Berlin-Schmargendorf, 24. 9. 1899. ED: Mövius 1937.
Das Gedicht wurde nicht in die Druckfassung des STBs aufgenommen.
In der 1. Niederschrift folgt der Prosakommentar: *Da war der Mönch fast ein Künstler. Obgleich er sich von seinen Versen bauen lies, statt seine Verse (zu) bauen.* – Dieser Preis der *Schönheit* und des *Werkes,* aus der Sicht eines Künstlers verständlich, geht unter anderem auch auf Rilkes Renaissancestudien zurück, vor

allem die Bewunderung der Darstellung des nackten Körpers *(verhehlten Lenden)*. Rilke sieht darin einen Sieg der Ästhetik über die falsche Moral *(schlechte Scham)*. – *schwer gewordnen Werte wenden:* Erinnert an Nietzsches ›Umwertung aller Werte‹.

867 WENN ICH GEWACHSEN WÄRE IRGENDWO (STB I, 21): 1, 265/ 1. Fassung: 3, 321. Berlin-Schmargendorf, 24. 9. 1899. EA: STB Dezember 1905.
Ursprüngliche Prosaeinleitung: *Und der Mönch hatte die Hände gefaltet und stand mitten in der Mondnacht, ähnlich den Bäumen neben ihm, in frommer demütiger Dunkelheit. Und so bezwang er seine vielen Gefühle, daß sie doch Verse wurden, obwohl sie aus Wirrnis und Wildheit in die Worte sprangen:* – Hierzu vgl. 1, 663: O alter Fluch der Dichter, / die sich beklagen, wo sie sagen sollten, / die immer urteiln, über ihr Gefühl / statt es zu bilden; – Die Prosanachschrift lautet: *Der letzte Teil dieses Gedichtes fiel dem Mönche, der atemlos aus dem Garten kam, erst ein als er über die Schwelle seiner kleinen, sanft beschienenen Zelle trat. Aber da waren die Verse auch schon fertig. Und kamen wie Harmonie und Heiterkeit über ihn, so daß er sich schnell das Lager bereitete und beschloß in dieser Nacht zu schlafen und weder zu sinnen noch zu beten.*
Zur ersten Strophe vgl. Rilkes Darstellungen seiner Kindheit, z. B. 1181 *(Kindheit* 1, 384). – *Samum:* heißer Wüstenwind.

868 ICH FINDE DICH IN ALLEN DIESEN DINGEN (STB I, 22): 1, 266/ 1. Fassung: 3, 323. Berlin-Schmargendorf, 24. September 1899. EA: STB Dezember 1905.
Mit folgendem Satz leitet die vorige Prosanachschrift zu diesem Gedicht über: *Und vor dem Schlafe her ging ein kleines Gedicht, das er noch lächelnd erkannte.*

869 ICH VERRINNE, ICH VERRINNE (STB I, 23): 1, 266/1. Fassung: 3, 324. Berlin-Schmargendorf, 24. 9. 1899. EA: STB Dezember 1905.
Einleitung der 1. Fassung: *In dieser Nacht aber wurde der Mönch geweckt. Und es war das Weinen seines Bruders, das zu ihm trat, aus der nachbarlichen Zelle. Und, da er es an seinem wachen Ohr erkannte, stand er auf, umgürtete sich und trat bei dem Bruder ein. Der jüngere Mönch verstummte sofort. Der Erwachte aber trug ihm das verweinte Gesicht, das stumm und feindlich war, in das schmale Mondlicht des Fensters, nannte es ein verschlossenes Buch, schlug es auf, irgendwo und begann auf glänzenden Seiten dieses zu lesen:*
In der Schlußfassung reduziert Rilke diese ganze Einleitung auf den Vorspann: *Stimme eines jungen Bruders.* S. a. 834 u. 885.

870 SIEH, GOTT, ES KOMMT EIN NEUER AN DIR BAUEN (STB I, 24): 1, 267/1. Fassung: 3, 324. Berlin-Schmargendorf, 24. 9. 1899. EA: STB Dezember 1905.

Prosaeinleitung in der ersten Niederschrift: *Da jubelte der Mönch:*

871 ICH LIEBE DICH, DU SANFTESTES GESETZ (STB I, 25): 1, 268/ 1. Fassung: 3, 325. Berlin-Schmargendorf, 26. 9. 1899. EA: STB Dezember 1905.
Ursprünglich folgt folgende Prosanachschrift: *An einem Tage, da des Regens kein Ende war, Pilze mit seltsam großen Köpfen im Walde um alle Stämme standen und kaum soviel Licht war über der Welt, um Glanz auf den nassen Blättern des blutroten, welken Weines zu sehen.*
(am 26. gen Abend.)

872 WERKLEUTE SIND WIR: KNAPPEN, JÜNGER, MEISTER (STB I, 26): 1, 268/1. Fassung: 3, 326. Berlin-Schmargendorf, 26. 9. 1899. EA: STB Dezember 1905.
Vgl. *Wir bauen an dir mit zitternden Händen* (1, 261) und K 860. Das Gedicht weist voraus auf die Kathedralengedichte der *Neuen Gedichte.* Schon im Florenzer Tagebuch (TF S. 53) hatte Rilke *Gott* das *älteste Kunstwerk* genannt. Für ihn als Künstler waren die Kirchen, Dome und Kathedralen als Beweise der künstlerischen Energie wichtiger denn als Stätten der gläubigen Verehrung Gottes.

873 DU BIST SO GROSS, DASS ICH SCHON NICHT MEHR BIN (STB I, 27): 1, 269/ 1. Fassung: 3, 327. Berlin-Schmargendorf, 26. 9. 1899. EA: STB Dezember 1905.

874 SO VIELE ENGEL SUCHEN DICH IM LICHTE (STB I, 28): 1, 270/ 1. Fassung: 3, 328. Berlin-Schmargendorf, 26. 9. 1899. EA: STB Dezember 1905.
Nachschrift in der 1. Fassung: *In Erinnerung und Erregung. – mit abgewendetem Gesichte:* Den dunklen und schweigenden Gott suchen die Engel fälschlicherweise im Licht. S. K 897 – *Gast des Golds:* Gott ist selbst in den kostbarsten Darstellungen nicht Besitz geblieben. Vgl. dazu auch *Gott im Mittelalter* (SW 1, 502). – *marmorne Gebete:* Kunstwerke aus Marmor, Kathedralen z. B., als Ausdruck der Frömmigkeit. – *Mund, von dem ich wehte:* bildlich orientiert am Schöpfungsmythos vom Odem Gottes. – *Ebenholz.* Weil es schwarz ist, der verborgenen (dunklen) Existenz Gottes angemessen.

875 DAS WAREN TAGE MICHELANGELO'S (STB I, 29): 1, 270/1. Fassung: 3, 329. Berlin-Schmargendorf, 26. 9. 1899. EA: STB Dezember 1905.
Nachschrift in der 1. Fassung: *Der Mönch hat in einem großen Buche den ›Moses‹ des Michelangelo im Bilde gesehen. Er kennt auch die unvollendete Pietà, welche sich in Florenz hinter dem Hauptaltar des Domes befindet, aus einer Zeichnung.* – Biographisch begründete Unterscheidung: Die ›Pietà‹ kannte Rilke von seinem Aufenthalt in Florenz. Vgl.: *Geschichten vom lieben Gott*

4, 347–49 – Das Gedicht schließt wohl an den Vers 12 des vorhergehenden an *(jene Zeit)*. Gemeint ist, daß die Tage Michaelangelos, die Renaissance, die Loslösung vom Mittelalter und seiner Frömmigkeit betrieben (zerschmolz). – *in den Abgrund seiner Brust:* Vgl. dazu TF S. 42: *Vergeßt nicht, daß diese Menschen eben erst begannen, in sich zu blicken.* Und: *Ihre höchsten Entzückungen waren die Funde, welche sie in ihrer eigenen Tiefe taten.* S. K 806.

876 DER AST VOM BAUME GOTT, DER ÜBER ITALIEN REICHT (STB I, 30): 1, 271/1. Fassung: 3, 329. Berlin-Schmargendorf, 26. 9. 1899. EA: STB Dezember 1905.

Im Florenzer Tagebuch hat Rilke wiederholt die These vertreten, daß die Zeit der Renaissance ohne Fortsetzung geblieben sei, daß die in ihr angelegten Entwicklungslinien nicht fortgeführt worden seien bzw. noch der Erfüllung bedürften. Er benutzt in diesem Zusammenhang immer wieder die Bilder Frühling, Sommer und Blüte, Frucht: *Das war der Frühling. Es kam noch kein Sommer seither; und wenn auch alle recht haben, die diese Renaissance für unwiederbringlich halten, vielleicht darf unsere Zeit den Sommer beginnen, der zu diesem fernen und festlichen Frühling gehört, und langsam zur Frucht entfalten, was sich damals in der weißen Blüte schon vollendete.* (TF S. 70)
Der Ast vom Baume Gott: In Anlehnung an die christlichen Vorstellungen vom Lebensbaum und die Darstellungen auch des Kreuzes als ›arbor vitae‹. – *nur sein Sohn:* Als eine Eigentümlichkeit der Renaissance sieht Rilke es an, daß man die Gestalt Christi Gott vorgezogen habe. S. K 806.

877 DA WARD DIE MUTTER AUCH GELIEBT (STB I, 30a) 3, 330. Berlin-Schmargendorf, 26. 9. 1899. ED: Mövius 1937.

Im Druck des STBs wurde das Gedicht weggelassen, wohl weil es den thematischen Zusammenhang störte. Ersetzt durch 878.
Das Gedicht beschreibt den Wandel der Muttergottesverehrung und den Wandel in der Darstellung Mariens von der leidenden Mutter der Armen *(Hütte, Holz von Fichte)* zur strahlenden Königin *(marmorne Säulen, Gold und Grün)*. – *dem traurigsten der Maler:* Sandro Botticelli ist im Florenzer Tagebuch so dargestellt, s. TF S. 43 und 111; aber auch Bellini malte nach Rilke seine Madonnen *leis, leidend* (TF S. 99).

878 DA WARD AUCH DIE ZUR FRUCHT ERWECKTE (STB I, 31): 1, 272. Ursprüngliche Fassung: Berlin-Schmargendorf, 26. 9. 1899./Endgültige Fassung: Worpswede, 1. Mai 1905. EA: STB Dezember 1905.

Das Gedicht wurde nachträglich an die Stelle von 877 gesetzt. Dem unmittelbar syntaktischen Anschluß an 876 entspricht der thematische und motivliche. Dem Jesusknaben entspricht die mädchenhafte Mariengestalt, der nach dem Florenzer Tagebuch (mütterliche Jungfrauen) jungfräuliche Mütter folgen sollen (TF S. 73). Zum Motiv s. K 1512 (Das Marien-Leben).

879 SO HAT MAN SIE GEMALT; VOR ALLEM EINER (STB I, 33): 1, 273/
1. Fassung: 3, 331. Berlin-Schmargendorf, 26. 9. 1899. EA: STB
Dezember 1905.
In der Überarbeitungsphase im Mai 1905 wurde vor diesem Gedicht noch eingefügt: *Aber als hätte die Last der Fruchtgehänge,* s. K 1175.
In der ersten Niederschrift folgt eine Prosanachschrift: *Aus seinen Bildern, meint der Mönch, ist die Maria unterwegs auf ihrem weiten Weg. Sie ist vor Jahrhunderten aus den silbernen Ikonen fortgegangen und geht durch die Welt in Gestalten und Werken. Und wird, wenn sie müde ist, in die Ikone wiederkehren, und ihr Kind wieder in diese silbernen Wiegen legen und bei ihm sitzen und singen ... Denn die Zeit(en) sind wie ein Kreis, und festlich ist der Tag da ein Reifes in seinen wartenden Anfang fällt. (26. abends.) – silberne Ikone:* S. K 845 VI und 1512. – *vor allem Einer:* Rilke hat Botticelli als den Maler der trauernden Madonnen bewundert (K 877). – *Licht aus sieben Engelskerzen:* bezieht sich auf ein Gemälde Botticellis: ›Maria mit dem Kinde und Leuchter tragenden Engeln‹, Abb. bei Mövius S. 37.

880 MIT EINEM AST, DER JENEM NIEMALS GLICH (STB I, 34): 1, 274/
1. Fassung: 3, 332. Berlin-Schmargendorf, 26. 9. 1899. EA: STB
Dezember 1905.
Nachschrift in der 1. Fassung: *So wurde dem Mönch offenbart in seiner frömmsten Nacht. (26. nachts.)* S. 876 und K dazu.

881 ICH KANN NICHT GLAUBEN, DASS DER KLEINE TOD (STB I, 35):
1, 275/1. Fassung: 3, 333. Berlin-Schmargendorf, 26. 9. 1899. EA:
STB Dezember 1905.
der kleine Tod: im Unterschied zum *eigenen Tod,* s. K 1124. Siehe auch die Nachbarschaft zu 882.

882 WAS WIRST DU TUN, GOTT, WENN ICH STERBE (STB I, 36): 1, 275/
1. Fassung: 3, 334. Berlin-Schmargendorf, 26. 9. 1899. EA: STB
Dezember 1905.
In der ersten Niederschrift mit dem Prosanachsatz: *Und der Mönch nahm sich in dieser Nacht vor, öfter als vorher und bei vielen Dingen des Todes zu gedenken als seines und seines Gottes Feindes. (26. nachts.)* – *Pfühl:* lat.: pulvinus = Kissen. Was Simenauer »nackte Blasphemie« (S. 344) nennt, ist die in Bilder umgesetzte Konsequenz der These aus dem Florenzer Tagebuch, daß *Gott das älteste Kunstwerk sei* (TF S. 53. S. a. K 872 und 860).

883 DU BIST DER RAUNENDE VERRUSSTE (STB I, 37): 1, 276/1. Fassung:
3, 335. Berlin-Schmargendorf, 27. 9. 1899. EA: STB Dezember 1905.
Prosavorspann in der 1. Niederschrift: *Und morgens, da der Mönch von tiefem Schlaf erwachte, sagte er ernst in die Sonne hinaus:*

Prosanachschrift: *Und also gesegnet griff der Mönch an seinen Tag. (am 27. Sept. morgens in Sonne und Sturm.)* – Verwandte Bildvorstellungen finden sich auch in den *Geschichten vom lieben Gott.* So heißt es in *Wie der Verrat nach Rußland kam* von *einem alten, bärtigen Bauern,* daß er *niemand anderes gewesen sei, als Gott selbst.* (4, 313 und 315) Alle Bilder dieser Art aber sind auch als polemisch gegen den offiziellen, gefeierten und namhaften Gott der Kirche gerichtet auszulegen. Vgl. K 1127.

884 DU, GESTERN KNABE, DEM DIE WIRRNIS KAM (STB I, 38): 1, 277/ 1. Fassung: 3, 336. Berlin-Schmargendorf, 29. 9. 1899. EA: STB Dezember 1905.–Prosaeinleitung in der 1. Niederschrift: *In wirren Nächten gedachte der Mönch wieder des jungen Bruders, welchen er weinen fand, und er sprach zu ihm im Geiste:* – Zur Situation vgl. K 869 und und das folgende Gedicht. S. K 885.

885 AN DEN JUNGEN BRUDER (STB I, 39): 1, 278/1. Fassung: 3, 336. Berlin-Schmargendorf, 29. 9. 1899. EA: STB Dezember 1905.
Das mönchische Asketentum und die Funktion der Sexualität *(Wirrnis)* bzw. ihre Verwandlung in religiöse bzw. ästhetische Produktivität sind das Thema dieses und des vorhergehenden Gedichts. Parallelen dazu finden sich häufig im Florenzer Tagebuch, wo z. B. das Verhältnis zwischen Kunst und *vergessener Keuschheit* des Fra Angelico und den Werken *des freisten und fröhlichsten Verkünders der irdischen Freudigkeit,* des Angelico-Schülers Benozzo Gozzoli erörtert wird. S. TF S. 100 ff. Das Gegeneinander der *düsteren Strenge eines Klosterhofes* und des beglückenden *Bewußtseins* der *schlafenden Kraft oder träumenden Sehnsucht* (ebda. S. 105) werden häufig betont. Vgl. a. die Charakterisierung Savonarolas und Botticellis S. 102. – *Smalte:* Mineralfarbe zur Einfärbung des Glases (blau) oder dieses selbst.

886 ICH HABE HYMNEN, DIE ICH SCHWEIGE (STB I, 40): 1, 279/1. Fassung: 3, 338. Berlin-Schmargendorf, 29. 9. 1899. EA: STB Dezember 1905.
Prosaüberleitung vom vorhergehenden Gedicht in der 1. Niederschrift: *Da aber der Mönch so geschrieben hatte, noch an demselben Tage, trat der Erzengel bei ihm ein, in schlichtem grauen fließendem Kleide. Es war jener Engel der dem Mönche bestimmt war von Ewigkeit. Und seine Stirne trug tausend Tage herein. Und hinter der Erscheinung blieb ein roter warmer Glanz, von dem umgeben der Mönch also begann:*

887 GOTT, WIE BEGREIF ICH DEINE STUNDE (STB I, 41): 1, 279/1. Fassung: 3, 338. Berlin-Schmargendorf, 29. 9. 1899. EA: STB Dezember 1905.
Nachschrift in der 1. Niederschrift: *Und der Mönch denkt an die Geschichte seines eigenen Landes und fühlt, daß sie über Fiebern lag. Aber er erkennt zugleich, daß unter ihr vieles heil wurde und*

ruhig. Ähnlich über die Geschichte Rußlands in *Russische Kunst* (5, 493 ff.).

888 ALLE, DIE IHRE HÄNDE REGEN (STB I, 42): 1, 280/1. Fassung: 3, 339. Berlin-Schmargendorf, 30. 9. 1899. EA: STB Dezember 1905.

Prosavorspann in der 1. Niederschrift: *Die Nacht war noch wirr, aber der Mönch fand doch den Morgen in diesem guten Gebet:*

889 DER NAME IST UNS WIE EIN LICHT (STB I, 43): 1, 281/1. Fassung: 3, 340. Berlin-Schmargendorf, 30. 9. 1899. EA: STB Dezember 1905.

Prosanachschrift in der 1. Niederschrift: *Denn der Mönch denkt nie an seinen Namen, den er hatte in der Welt. Der, den er jetzt trägt, kommt ihm selten entgegen. Fast ist er nur die Brücke, über welche die Worte des Erzengels kommen, um in seiner Seele ein Ave zu singen.*

890 DEIN ALLERERSTES WORT WAR LICHT (STB I, 44): 1, 281/1. Fassung: 3, 341. Berlin-Schmargendorf, 1. 10. 1899. EA: STB Dezember 1905.

Prosanachschrift der 1. Fassung: *(am 1. Oktober,) einem hellen herbstlichen Sonntag, da es die Sehnsucht des Mönches war, in einer langen Allee welkenden Linden, lange und allein, auf und nieder zu gehen.*

891 IN MEINER ZELLE SIND OFT HELLE NELKEN (STB I, 44a): 3, 342. Berlin-Schmargendorf, 1. 10. 1899. ED: Mövius 1937.

Das Gedicht wurde bei der Druckfassung gestrichen. Es trägt die Prosanachschrift: *(am 1. Oktober, da es Abend wurde über Herbst und Händen.)*

892 DU KOMMST UND GEHST. DIE TÜREN FALLEN (STB I, 45): 1, 282/1. Fassung: 3, 343. Berlin-Schmargendorf, 1. 10. 1899. EA: STB Dezember 1905.

Prosakommentar der 1. Fassung: *(am selben Abend, da es dunkler wurde.)*

893 DU BIST DER TIEFSTE, WELCHER RAGTE (STB I, 46): 1, 283/1. Fassung: 3, 344. Berlin-Schmargendorf, 1. 10. 1899. EA: STB Dezember 1905.

894 ICH WEISS: DU BIST DER RÄTSELHAFTE (STB I, 47): 1, 284/1. Fassung: 3, 345. Berlin-Schmargendorf, 1. 10. 1899. EA: STB Dezember 1905.

Nachschrift der 1. Fassung: *Denn also ist des Mönches Frömmigkeit; sie entfremdet Gott an jedem Tage, an welchem sie sich ihn nicht neu erringt. (1. Okt.)* – Zu erinnern ist daran, daß der Mönch des *Stunden-Buchs* ein Ikonenmaler ist, dem Gott als kreativer Impuls gilt. – *ziere:* zierende. – *Risse:* Zeichnung. – *Ovale:* In der Ikonenmalerei die Form des nur angedeuteten Gesichtes oder auch der Hände. S. K 845 VI, K 903 und K 1512. S. a. *Russische Kunst:*

die *Sehnsucht* des Volkes *belebt beständig mit milden Gesichtern
die leeren Ovale* (5, 496).

895 SO IST MEIN TAGWERK, ÜBER DEM (STB I, 48): 1, 285/1. Fassung:
3, 346. Berlin-Schmargendorf, 1. 10. 1899. EA: STB Dezember
1905.
Prosanachschrift in der 1. Fassung: *Dieses sang der Mönch mit lauter Stimme da es Abend war, so daß alle Brüder sich öffneten im
Herzen und statt ihren täglichen Abend-Worten ging dieses große
Gebet wie ein König durch sie.* (1. Okt.) – *jubelndes Jerusalem:*
Anspielung auf den Jubel des Volkes beim Einzug Christi in Jerusalem (NT). – *Davids Dank:* Davon wird berichtet in AT 1. Chro-
nika 15 und 16. – *Harfendämmerung:* wohl auch eine Anspielung
auf Davids Harfenspiel s. K 1187.

896 IHR VIELEN UNBESTÜRMTEN STÄDTE (STB I, 49): 1, 285/1. Fassung:
3, 346. Berlin-Schmargendorf, 1. 10. 1899. 2. Fassung Mai 1905.
EA: STB Dezember 1905.
Die längere Prosanachschrift kommentiert vor allem die sehr stark
abweichende 1. Fassung dieses Gedichts (3, 347). Der Vergleich der
beiden Fassungen zeigt, daß Rilke die thematische und motivliche
Geschlossenheit des Gedichts erst in der Spätfassung erreicht hat,
während die 1. Version vor allem bildliche Weitschweifigkeit
zeigt (Tänzerinnen, Meer, Rosen, Bräute, Topas, Amethyst). Allerdings favorisiert der Vergleich auch eine erotische Auslegung des
Bilds der Stadt. Zur EA der Frühfassung vgl. Mövius 1937. Die
vorliegende Fassung des Gedichtes entstand gleichzeitig mit den
unter 1176 und 1177 des Kommentars erläuterten Gedichten, die
ohne Vorstufe sind.

897 ICH KOMME AUS MEINEN SCHWINGEN HEIM (STB I, 50): 1, 286/
1. Fassung: 3, 348. Berlin-Schmargendorf, 1. 10. 1899. EA: STB
Dezember 1905.
Prosanachschrift in der 1. Fassung: *So bereute der Mönch seinen
Überschwang, zu dem er sich verleiten ließ. (1. Okt.)* – Rilke kehrt
die traditionelle Symbolik von Licht und Finsternis um, wobei
ihm allerdings die vom Namen des gestürzten Engels (Lucifer –
Lichtträger) ausgehende Assoziation eine Hilfe ist. S. a. K 874.

898 DU WIRST NUR MIT DER TAT ERFASST (STB I, 51): 1, 288/1. Fassung: 3, 349. Berlin-Schmargendorf, 1.10. 1899. EA: STB Dezember 1905.
In der 1. Fassung folgt der Kommentar: *Des Mönches Nachtgebet
am 1. Okt. (spät.)*

899 MEIN LEBEN HAT DAS GLEICHE KLEID UND HAAR (STB I, 52):
1, 288/1. Fassung: 3, 350. Berlin-Schmargendorf, 2. 10. 1899. EA:
STB Dezember 1905.
Prosanachsatz in der 1. Fassung: *(1. Okt.) im Morgenwalde und
bei Rehn, die durch die Stämme gingen, wie Töne welche durch*

das Schwingen von übersonnten Saiten gehn. – *alten Zaren Sterbe-*
stunde: Der sterbende Zar verliert nur die äußere Macht, behält
aber wie der Mönch die Kraft der inneren Schau. – *Gossudar:*
Selbstherrscher, Titel des Zaren. – Die letzte Strophe spielt auf
Davids Harfenspiel vor Saul an. S. K 1187. Diese Strophe ist das
Bindeglied, das die Prosanachschrift mit dem übrigen Gedicht und
seiner Bildfolge miteinander verknüpft. Vgl. dazu Mövius S. 66 ff.

900 UND GOTT BEFIEHLT MIR, DASS ICH SCHRIEBE (STB I, 53): 1, 289/
1. Fassung: 3, 351. Berlin-Schmargendorf, 2. 10. 1899. EA: STB
Dezember 1905.
Prosaeinleitung der 1. Fassung: *In der Zelle, im Morgenlicht, über*
Bücher gebeugt schrieb der Mönch: Nachsatz in der 1. Fassung:
(2. Okt. am Beginn des Tages vor allem Werke.)
Bacchanale: Trinkgelage zu Ehren des Gottes Bacchus, des Gottes
der Trunkenheit.

901 ES TAUCHTEN TAUSEND THEOLOGEN (STB I, 54): 1, 290/ 1. Fassung:
3, 352. Berlin-Schmargendorf, 2. 10. 1899. EA: STB Dezember
1905.
Nachschrift in der 1. Fassung: *(2. Okt. unter sanften Abendwol-*
ken.)

902 DIE DICHTER HABEN DICH VERSTREUT (STB I, 55): 1, 291/1. Fassung: 3, 353. Berlin-Schmargendorf, 2. 10. 1899. EA: STB Dezember 1905.
Nachschrift in der 1. Fassung: (2. Okt.) *Und um den Mönch dun-*
kelte die Zelle, die abendliche. Und sie schien mit vielen Gegen-
ständen und Stimmen erfüllt, die mit dem letzten Lichte des Tages
glänzten. – Den Hauptgedanken dieses Textes findet man etwas
konkretisiert in dem Aufsatz über russische Kunst: *Ein großes*
Vergeuden ist der Sinn unseres westlichen Lebens, während im
flachen Nachbarlande alle Kräfte sich aufzusparen scheinen für
irgend einen Beginn, der noch nicht ist. Und, wenn Rußland durch
seine sammelnde Fürsorge als dasjenige Land erscheint, welches am
weisesten mit der Zukunft rechnet, so ... (5, 494).

903 SELTEN IST SONNE IM SOBÓR (STB I, 56): 1, 292/1. Fassung: 3, 354.
Berlin-Schmargendorf, 2 .10. 1899. EA: STB Dezember 1905.
Prosakommentar in der 1. Fassung: *(am 2. Okt.) da der Mönch*
sich seiner Gebete im Uspenski-Sobór zu Moskau erinnerte.
Sobór: russ. = Synode, Versammlung, auch Hauptkirche – Die
Uspenski-Kathedrale in Moskau kannte Rilke von seinem 1. Ruß-
landaufenthalt her. – Stofflich verarbeitet das Gedicht ziemlich
präzise die Heiligendarstellung auf der für russische Kirchen be-
zeichnenden Bilderwänden (Ikonostase), die den Laienraum vom
Altarraum trennen. In der Regel haben diese Bilderwände drei
Toröffnungen, von denen die mittlere und größte auch das Kai-
sertor genannt wird. – *Ikonen:* S. K 840 und K 1512. – *im stillen*

Silber wohnen: Die untere Reihe der Bilder auf den Ikonostasen ist seit dem 17. Jahrhundert durch ein Gold- oder Silberblech abgedeckt, welches durch ovale Öffnungen den Blick auf Gesicht und Hände des dargestellten Heiligen freigibt.

904 DA TRAT ICH ALS EIN PILGER EIN (STB I, 57): 1, 292/1. Fassung: 3, 355. Berlin-Schmargendorf, 2. 10. 1899. EA: STB Dezember 1905. – Das Gedicht schließt sich syntaktisch und inhaltlich an das vorhergehende an. – *Mit Lichtern, sieben an der Zahl, umstellte ich dein dunkles Sein:* s. K 879. – *Joachim:* wahrscheinlich der Vater Mariens.

905 ICH HABE LANG AN DIR GEWACHT (STB I, 57a): 3, 356. Berlin-Schmargendorf, 2. 10. 1899. EA: Mövius 1937.
Nicht in die Druckfassung aufgenommen.

906 GOTT SPRICHT ZU JEDEM NUR, EH ER IHN MACHT (STB I, 59): 1, 294/1. Fassung: 3, 357. Berlin-Schmargendorf, 4. 10. 1899. EA: STB Dezember 1905.
Prosanachsatz der 1. Fassung: *(am 4. Okt. zeitig und vor jeglichem Fleiße.) Schönheit und Schrecken:* Zur Nähe der Begriffe s. a. I. DE: *Denn das Schöne ist nur des Schrecklichen Anfang,* ... (1, 685) und *Der Drachentöter* (4, 672).

907 ICH WAR BEI DEN ÄLTESTEN MÖNCHEN, DEN MALERN UND MYTHEN-MELDERN (STB I, 60): 1, 295/1. Fassung: 3, 358. Berlin-Schmargendorf, 4. 10. 1899. EA: STB Dezember 1905.
Bol: (Bolus) = Tonmaterial, das man zum Färben bzw. als Grundierungsmittel verwendete.

908 DU DUNKELNDER GRUND, GEDULDIG, ERTRÄGST DU DIE MAUERN (STB I, 61): 1, 296/1. Fassung: 3, 359. Berlin-Schmargendorf, 4. 10. 1899: EA: STB Dezember 1905.

909 EHRWÜRDIGER VATER UND METROPOLIT (STB I, 61a): 3, 360. Berlin-Schmargendorf, 4./5. 10. 1899. ED: Mövius 1937.
Das Gedicht wurde bei der Überarbeitung für die Veröffentlichung gestrichen. Es beginnt mit einer Prosaeinleitung: *An diesem Tage schrieb der Mönch einen Brief:* – *Metropolit:* Inhaber eines Bischofssitzes in der russisch-orthodoxen Kirche, hier: Ordensobere des Mönches. – *Anargyren:* Die heiligen Anargyren Cosmos und Damian, Märtyrer zur Zeit Diocletians, waren böhmische Adlige. Ihnen ist eine Reihe von Klöstern geweiht. S. Mövius S. 26 und Anm. 20. – *Traum der heiligen Therese:* Die hl. Therese von Avila (1515–1582) träumte von einem Engel, der einen Pfeil auf ihr Herz richtete. Die Szene ist bspw. in einer Marmorgruppe Berninis in Santa Maria della Vittoria in Rom dargestellt. – *Nikolaus:* Russischer Nationalheiliger. – *Stoglaf-Stil:* Stoglaw (russ. = 100 Kapitel) ist eine Sammlung der Beschlüsse der Reformsynode, die 1551 in Moskau tagte und die im 1549 veröffentlichten Rechtsbuch der Zaren enthaltenen Gesetze auf das kirchliche Leben übertrug.

U. a. enthält die Sammlung auch Beschlüsse hinsichtlich der Kunst. – *Doch manchmal sah ich Bücher mit Geschichten:* Wie schon so oft in dem 1. Teil des STBs (vgl. 848 und 875 und K dazu) setzt sich der Mönch wieder mit der Renaissancekunst auseinander, vor allem mit ihrer diesseitsgerichteten Lebensfreude. – *und ein Erzengel heißt wie er:* Michelangelo. – *Sie haben Gott vergeudet:* S. 902 und K dazu. – *goldne Horde:* Mongolen, die von 1224–1480 Rußland besetzten. – *Befreit/nie einen Maler von dem Zwange:* Gemeint sind die Regeln der Ikonenmalerei, s. K 849 und K 1512. – Die Ikonenmaler und die wahren Gläubigen haben nach Rilke dieses gemeinsam, daß sie Gott in seiner fernen Unerreichbarkeit belassen.

910 So bin ich nur als Kind erwacht (STB I, 62): 1, 297/1. Fassung: 3, 368. Berlin-Schmargendorf, 5. 10. 1899. EA: STB Dezember 1905. Prosaeinleitung der 1. Fassung: *Dann zeichnete der Mönch das Morgengebet auf, das an diesem Morgen zerstreut in seinem Gefühle war. Und es lautet:* Dem Gedicht folgt der Nachsatz: (*5. Okt. niedergeschrieben in der Abendmüdigkeit von Wegen unter Menschen heimgekehrt.)*

911 Dass ich nicht war vor einer Weile (STB I, 63): 1, 298/1. Fassung: 3, 369. Berlin-Schmargendorf, 5. 10. 1899. EA: STB Dezember 1905. Prosanachschrift in der 1. Fassung: (*am 5. Okt.) da der Mönch einen Weg durch den anderen Tag tuen mußte, durch die Straßen der Wagen und Reiter, der Reichen und jener, welche feiern ohne Sinn.* – *Traum im Traume:* romantisch-idealistische Metapher für den Realitätszweifel.

912 Es lärmt das Licht im Wipfel deines Baumes (STB I, 64): 1, 299/1. Fassung: 3, 370. Berlin-Schmargendorf, 10. 10. 1899. EA: STB Dezember 1905. Prosaeinleitung der 1. Fassung: *Am Abende des 10. Oktober betete der Mönch im Walde, hinter welchem tief die Röte des herbstlichen Unterganges verging. An ihrem Saume begann blaß das schmale Profil des wachsenden Mondes.* – Zur Lichtmetaphorik. s. K 874.

913 Du Williger, und deine Gnade kam (STB I, 65): 1, 299/ 1. Fassung: 3, 371. Berlin-Schmargendorf, 12. 10. 1899: EA: STB Dezember 1905. Prosanachschrift in der 1. Fassung: *Auf einem Weg unter den Menschen, da der Mönch, sehr nach Einsamkeit verlangend, in seine vom hellen Herbst umstellte Zelle wiederkam. Und es war ein grauer Abend, sonnenlos und nah am Regen.*

914 Eine Stunde vom Rande des Tages (STB I, 66): 1, 300/1. Fassung: 3, 372. Berlin-Schmargendorf, 14. 10. 1899. EA: STB Dezember 1905.

In der 1. Niederschrift bildet dieses Gedicht mit dem folgenden noch eine Einheit. – *Kurgane:* vorgeschichtliche Hügelgräber im südlichen Rußland, vgl. *Geschichten vom lieben Gott* (5, 330). In bezug auf den *Alten* und die *Landschaft* siehe die Nachschrift des folgenden Gedichts.

915 UND DENNOCH: MIR GESCHIEHT (STB I, 67): 1, 301/1. Fassung: 3, 373. Berlin-Schmargendorf, 14. 10. 1899. EA: STB Dezember 1905. S. K 914.

Die Nachschrift in der 1. Fassung kann als Kommentar gelesen werden: (am 14. Okt.) *In alten Chroniken hat der Mönch von den greisen blinden Sängern gelesen, den Kobzars, die vor Zeiten durch die Hütten gingen, wenn es Abend ward über der breiten Ukraine.*

Der Mönch aber fühlt: ein überalter Kobzar geht jetzt durch die Lande und zu allen von der Einsamkeit bezeichneten Türen, deren Schwellen überwildert sind und leise von Unbegangensein. Und von denen, welche dahinter wohnen und wachsen, holt er seine vielen Lieder zurück und sie sinken in seine Blindheit wie in einen Brunnen. Denn die Tage sind vergangen, da die Lieder ihn verließen, um in das Licht zu gehen und mit dem Wind. Alles Klingen ist Wiederkehr.

916 DIE KREUZIGUNG (Skizze I und II): 3, 662. Berlin-Schmargendorf, 19. 10. 1899. EA von II: GG 1934.

Zur Behandlung dieses Stoffes s. a. K 1428, zur Gestalt Christi a. K 376 und 1206. – *lassen:* frz. = müde (las, lasse) – *Tochter Jaïri:* Gemeint ist die Tochter des Jaïrus, die Jesus von den Toten erweckte, vgl. Luk. 8, 54.

917 MIT EINEM KLEINEN TOTEN VOGEL: 3, 664. Berlin-Schmargendorf, 27. 10. 1899. EA: SW 1959.

918 WER WILL SAGEN, WAS IST? WER WILL DIE DINGE: 3, 664. Berlin-Schmargendorf, 2. 11. 1899. EA: TF 1942.

Das Prosagedicht steht im Schmargendorfer Tagebuch S. 153.
Zu den letzten Zeilen vgl. 1222 und K dazu.

919 WENN LÄNGST DER LETZTE LAUT VERDORRTE: 3, 665. Berlin-Schmargendorf, 3. November 1899. EA: TF 1942.

920 DAS LIED DER BILDSÄULE (BB 6): 1, 376. Berlin-Schmargendorf, 18. 11. 1899. EA: BB Juli 1902.

Auffallend ist die Parallele zur Fabel der *Weißen Fürstin.* Die Fürstin, im zwölften Jahr einer nicht vollzogenen Ehe lebend, wartet auf den Geliebten, der vom Meer her zu ihr kommen soll. Das Szenenbild des Stückes gibt gleich zu Anfang an: *Vorn links: eine Steinbank mit Kissen und die Bildsäule einer vielbrüstigen Göttin.* (1, 203)

921 MEINE HÄNDE GINGEN VORAN: 3, 665. Berlin-Schmargendorf, 20. 11. 1899. ED: Philobiblon 1935.

Geschrieben für Heinrich Vogeler zu seinem Buche ›Dir‹. Das Buch ›Dir‹. Gedichte von Heinrich Vogeler Worpswede, erschien 1899 (S. SW 3, 841). Vogeler hatte es Rilke im November zugesandt. Das Gedicht spielt auf Verse Vogelers an. Vogeler gehörte zu der Künstlerkolonie in Worpswede, die Rilke im September 1900 auf Vogelers Einladung hin besuchte. Rilke und Vogeler kannten sich schon aus Rilkes Florenzer Zeit. S. a. K 986 und K 1512.

922 ÉBAUCHES ET FRAGMENTS: 2, 687. Aus den Jahren 1899–1918. Sammlung von Entwürfen und Skizzen in französischer Sprache aus den Jahren 1899 bis 1918, von denen die meisten zum ersten Mal in den SW veröffentlicht wurden. Das früheste Gedicht in dieser Reihe ist die *Chanson orpheline* vom 21. 11. 1899 aus dem Schmargendorfer Tagebuch, das Rilke anschließend ins Deutsche übersetzt. S. 923.
Zeit seines Lebens hat Rilke Gedichte in anderen Sprachen geschrieben, vor allem aber in französischer Sprache, s. 1764, 1801, 1918, 1919, 1968, 2027 und 2067. Die Kenntnis des Französischen ist auch von erheblichem Einfluß auf den vom Dichter aktiv verwendeten Wortschatz in seinen deutschen Gedichten. Wörter wie Corolle, Gamme oder Venerie gebraucht er ebenso unbefangen wie etwa die Adjektive lasse (müd) oder flask (flasque). Zwischen seiner französischen Produktion und seinem deutschsprachigen Werk gibt es natürlicherweise viele stoffliche, motivliche und thematische Beziehungen, und viele Gedichte gibt es sozusagen parallel in beiden Sprachen von der *Chanson orpheline* bis hin zu seinem *Grabspruch*. Die Faszination der fremden Sprache ging im Falle des Französischen für Rilke unter anderem von der Einsicht in spezifische und als Gewinn angesehene Eigentümlichkeiten des Wortschatzes aus. Von Wörtern wie *paume* oder *verger* war Rilke allein deshalb begeistert, weil sie gegenüber den deutschen Entsprechungen *(Handinneres/Obstgarten)* einfache und ursprüngliche Setzungen waren. Eine genaue Standortbestimmung der ›französischen‹ Rilke müßte neben seinen eigenen Versuchen in dieser Sprache auch seine zahlreichen Übertragungen mitberücksichtigen, vor allem die Valéry-Übersetzungen des späten Rilke.

923 CHANSON ORPHÉLINE: 3, 66. Berlin-Schmargendorf, 21. 11. 1899. EA: BTF 1931.
Das Gedicht ist eine Übersetzung eines eigenen Rilke-Gedichts in französischer Sprache (2, 689). S. K 928. Zu Motiv und Thema s. K 1223.

924 DAS LIED VOM KEHRREIM HAT AUCH SINN FÜF MICH: 3, 667. Berlin-Schmargendorf, 22. 11. 1899. EA: BTF 1931.
Kehrreim: Bezieht sich auf das vorhergehende Gedicht und dessen vorletzte Zeile.

925 WO BIN ICH, WO? VIELLEICHT IN EINEM ZIMMER: 3, 668. Berlin-
Schmargendorf, 22. 11. 1899. EA: BTF 1931.
Prosagedicht im Schmargendorfer Tagebuch.

926 DER WAHNSINN (BB 6 a): 1, 376. Berlin-Schmargendorf, 24. 11.
1899. EA: BB Dezember 1906. ED: Avalun. München 1901.
Fehlt in der 1. Auflage des BB. – Wie das im Zyklus vorausgehende Gedicht, s. K 920, steht auch dieses in einem engen Zusammenhang mit Rilkes *Weißer Fürstin* (*aber aus Kindern werden Königinnen:* 1, 204).

927 MENSCHEN BEI NACHT (BB 16): 1, 392. Berlin-Schmargendorf,
25. 11. 1899. EA: BB Juli 1902.
Im Schmargendorfer Tagebuch ist dieses Gedicht Bestandteil eines
umfangreichen lyrischen Textes. S. a. 3, 670.
In seiner Polemik gegen das Licht und der Werbung für Einsamkeit und Dunkel setzt das Gedicht die Thematik des *Stunden-Buchs*
(vgl. 874 und 897) fort.

928 ICH MÖCHTE EINMAL NUR TÜCHTIG SEIN: 3, 669. Berlin-Schmar-
gendorf, 25. 11. 1899. EA: BTF 1931.
Im Schmargendorfer Tagebuch unter dem Titel *Chanson orpheline*
II, s. a. K 923. Ein Teil dieses umfangreichen Textes wurde in das
BB aufgenommen, s. 927. – Das Gedicht thematisiert u. a. eine ge-
wisse schöpferische Müdigkeit nach Abschluß des 1. Teils des STBs,
wie sie auch aus den Prosanotizen vom 22. und 24. 11. spricht.
Vgl. TF S. 195 und 196.

929 RÖMERIN [LANDSCHAFT] (MzF 45): 3, 227. Undatiert. EA: MzF
Dezember 1899. Fehlt in den FG.

930 DIE STURMNACHT IST WIE EINE GROSSE GESTE: 3, 460. Berlin-
Schmargendorf, 2. 12. 1899. ED: Frühling. Prag. 1901. EA: BTF
1931.

931 DU MUSST EIN BILD FÜR DAS GEFÜHL ERFINDEN: 3, 672. Berlin-
Schmargendorf, 2. 12. 1899. EA: BTF 1931.
Zur 3. Zeile und zum Thema überhaupt vgl.: *Hinhalten, Niemals-
Gebenkönnen, Dastehn (Die Rosenschale* NG 1, 552), aber auch
VII. DE 1, 713.

932 WER SIND WIR DENN, DASS WIR SO WEISES DÜRFEN: 3, 673. Berlin-
Schmargendorf, 2. 12. 1899. EA: BTF 1931.
Atlas: wertvoller Stoff.

933 STROPHEN (BB 24): 1, 406. Undatiert: 1900/1902. EA: BB Juli
1902.
In der 1. Fassung (3, 467) mit einer 3. Strophe. Diese 3. Strophe
bildet außerdem die letzte des Gedichts *Der Kahn* (3, 709 und
K 1001).
Zum Bildbereich der Hand vgl. 1096 *(Herbst)* und K 1103. – Gemeint ist wohl der Tod. –

934 DIE STILLE (BB 8): 1, 379. Undatiert: 1900/1901. EA: BB Juli 1902.

935 SCHLUSZSTÜCK (BB 40): 1, 477. Undatiert: 1900/1901. ED: Avalun. München 1901. EA: BB Juli 1902.
Schlußgedicht des BB und Entsprechung zu *Initiale* (817) bzw. *Eingang* (940). Der Titel steht in einem gewissen Gegensatz zur Aussage des Gedichts, ist also vor allem kompositorisch auf das BB zu beziehen und möglicherweise auch ironisch gemeint: *lachenden Munds.*

936 FÜRCHTE DICH NICHT, SIND DIE ASTERN AUCH ALT (FG 97): 1, 199. Undatiert: (Um 1900?). EA: FG Mai 1909.

937 AM RANDE DER NACHT (BB 20): 1, 400. Berlin-Schmargendorf, 12. 1. 1900. EA: BB Juli 1902.
Im Schmargendorfer Tagebuch u. d. T.: *Ein Vers am Rande der Nacht.*

938 EIN EINZIGES GEDICHT, DAS MIR GELINGT: 3, 674. Berlin-Schmargendorf, 12. 1. 1900. EA: BTF 1931.

939 AUS DEM BEKENNTNIS EINES JÜNGLINGS: 3, 674. Berlin-Schmargendorf, 13. 1. 1900. EA: BTF 1931.

940 EINGANG (BB 1): 1, 371. Berlin-Schmargendorf, 24. 2. 1900. ED: Frühling. Prag. 1901. EA: BB Juli 1902.
In der Zeitschrift ›Frühling‹ erschien das Gedicht zusammen mit einer Originallithographie von Hugo Steiner: ›Alte Gasse‹. Im Schmargendorfer Tagebuch ist das Gedicht eingeleitet mit den Worten: *Bei einem Abendgang in stiller, weicher, dunkelnder Luft, Dahlemer Straße, am 24. Februar.* In bezug auf den Preis der poetischen Kreativität vgl. a. *Da stieg ein Baum.* SO 1, 731 und K 1814.

941 AN JEDEM SONNTAG KOMMEN IN DEN GASSEN: 3, 461. Berlin-Schmargendorf, 25. 2. 1900. ED: Frühling. Prag. 1901. EA: BTF 1931.
Im Tagebuch überschrieben: *Sonntag, den 25. Februar, mittags. Tuchrotonden:* Rotonde = frz. Form für Rotunde = Rundbau, hier für die Kleidung gebraucht.

942 HINTER MIR SIND DUNKLE CHÖRE: 3, 675. Berlin-Schmargendorf, 18. 3. 1900. EA: SW 1959.

943 AUS EINER KINDHEIT (BB 13): 1, 285. Berlin-Schmargendorf, 21. 3. 1900. ED: Frühling. Prag. 1901. EA: BB Juli 1902.
Leicht geändert gegenüber der 1. Fassung, die auch ohne Titel ist. S. TF S. 210 und 3, 461.
Die Kindheit gehört zu den bedeutendsten Themen der Rilkeschen Dichtung und den nach seiner eigenen Auffassung entscheidenden Anlässen seines Schaffens. Im Sinne der Psychoanalyse legt Simenauer die Präsenz der Thematik aus (254); für Boll-

now ist das Kind neben dem Helden und den Liebenden eine der
Idealgestalten Rilkes. S. a. K 1236.

945 AUFGEBAUT IST DAS SAITENSPIEL: 3, 675. Berlin-Schmargendorf,
21. 3. 1900. EA: BTF 1931.
Im Schmargendorfer Tagebuch mit dem Zusatz: *Donnerstag, im
Walde Am neuen See im Abend, Glanz und Sturm. Da mir das
Lautenmotiv kam:*

946 DU HAST MICH WIE EINE LAUTE GEMACHT: 3, 676. Berlin-Schmargendorf, 21. 3. 1900. EA: BTF 1931.
Motivlich und thematisch Fortsetzung von 945.

947 LÄNGST KAMST DU AUF MICH ZU: 3, 676. Berlin-Schmargendorf,
24. 3. 1900. EA: BTF 1931.

948 LASS DICH VON LAUTEN NICHT VERLEITEN: 3, 677. Berlin-Schmar-
gendorf, 24. 3. 1900. EA: BTF 1931.
Im Schmargendorfer Tagebuch mit dem Zusatz: *Samstag, am 24.
März 1900 Nachmittag vor Beethovens ›Missa solemnis‹.*
Im Tagebuchkontext schließt sich das Gedicht an 945 an.

949 AUS DEM HOHEN JUBELEGEDRÄNGE: 3, 667. Berlin-Schmargendorf,
25. 3. 1900. EA: BTF 1931.
Im Schmargendorfer Tagebuch mit dem Zusatz: *Sonntag, am
25. März Gestern abends Beethovens ›Missa solemnis‹ gehört. –
Besonders herrlich fand ich den Jubel im Credo und im Gloria.
Die Erziehung zum Jubel.* Vgl. dazu SO *Rühmen, das ists!* und
K 1820.

950 BEGEGNUNG: 3, 678. Berlin-Schmargendorf, 3. 4. 1900. EA: BTF
1931.

951 AUS EINEM APRIL (BB 2): 1, 371. Berlin-Schmargendorf, 6. 4. 1900.
EA: BB Juli 1902.
In der 1. Auflage ohne Titel. Im Tagebuch mit dem Zusatz: *Frei-
tag, bei der Heimkehr durch den ersten Frühlingsregen.* Zur Natur-
bildlichkeit vgl. Langenheim S. 52.

952 DIE ABENDE SIND WARM UND ZART: 3, 679. Berlin-Schmargendorf,
6. 4. 1900. EA: BTF 1931.

953 ENTFREMDEN MUSST DU DEN GEPFLOGENHEITEN: 3, 680. Berlin-
Schmargendorf, 7. 4. 1900. EA: BTF 1931.
Vgl. a. die Prosaeinleitung im Tagebuch, TF S. 219.

954 DU LEBST SO LEISE, – DASS DAS LEBEN SICH: 3, 680. Berlin-Schmargendorf, 11. 4. 1900. EA: BTF 1931.
S. a. Prosakontext in TF S. 221.

955 SO WURDEN WIR VERTRÄUMTE GEIGER: Berlin-Schmargendorf, 12. 4.
1900. S. K 988 und die nachfolgende Nummer.

956 KOMMST AUS DER WÜSTEN, WIEDERKEHRER: 3, 680. Berlin-Schmargendorf, 12. 4. 1900. EA: BTF 1931.
Der Schluß des Gedichts, ab *So wurden wir verträumte Geiger,*
wurde verselbständigt ins BB übernommen. S. K 955 und K 988.

957 UND WENN DU SCHON EINMAL LEHREN MUSST: 3, 682. Berlin-Schmargendorf, 12. 4. 1900. EA: BTF 1931.
Das Gedicht schließt sich thematisch an das vorhergehende an. Rilkes elitäres Selbstbewußtsein und Einsamkeitsbedürfnis führt ihn auch zu der Kunstauffassung, daß das Kunstwerk nichts bewirken will. Vgl. a. K 1425.

958 SEHNSÜCHTE IRREN, WENN SIE WEINEN: 3, 683. Berlin-Schmargendorf, 16. 4. 1900. EA: BTF 1931.

959 DIE DUNKLEN BUCHEN SPIELTEN MIT GESPRÄCHEN: 3, 684. Berlin-Schmargendorf, 17. 4. 1900. EA: BTF 1931.

960 PLÖTZLICH SIEHST DU UNTER ANDERN STUNDEN: 3, 462. Berlin-Schmargendorf, 17. 4. 1900. ED: Frühling. Prag. 1901. EA: BTF 1931.

961 KOMM MIT IN DIE BEWEGTE AUE: 3, 684. Berlin-Schmargendorf, 18. 4. 1900. EA: BTF 1931.

962 DER GARTEN VOR DEN FENSTERN: 3, 685. Berlin-Schmargendorf, 24. 4. 1900. EA: BTF 1931.
Im Tagebuch mit dem Nachsatz: *Am 24. April 1900, einem der frühreifen Frühlingstage.*

963 WIE TIEF DER SEE BEIM ABENDLICHT: 3, 685. Berlin-Schmargendorf, 2. 5. 1900. EA: BTF 1931.
Im Tagebuch mit dem Zusatz: *Am kleinen Waldsee Hundskehle. 2. Mai 1900*, abend.

964 GÖTTIN DER GRAZIE: 3, 686. Moskau, Mai 1900. EA: BTF 1931.
Im Tagebuch mit dem Vermerk eingetragen: *Moskau, Museum Stschukin: angesichts des japanischen Bildes im Oberlichtsaal:* – Das Gedicht wurde erst nach der Reise nach Rußland, also nachträglich, eingetragen. S. a. K 966.

965 VON ALLEN ANDERN WILL ICH ABSEITS GEHN: 3, 686. Wolgafahrt, vor Kasan, etwa 28. Juni 1900. EA: BTF 1951.
Im Tagebuch mit dem Vermerk: *Dagegen kam es vor Kasan abends zum Lied, es begann, scheint mir:*

966 ... DIE PFERDE KOMMEN IN DEN ROTEN JOCHEN: 3, 686. Moskau, Mitte Juli 1900. EA: BTF 1931.
Ähnlich wie 964 und 965 aus der Erinnerung aufgezeichnet.

967 AUS GRAUEN TAGEN KOMMT EIN FREMDER GLANZ: 3, 691. Worpswede, September 1900. EA: SW 1959.

968 HALLO! ICH KOMM VOM HÜGEL HER: 3, 687. Worpswede, 4. 9. 1900. EA: BTF 1931.
Im Tagebuch ist das Gedicht die parodistische Pointe einer längeren Aufzeichnung gegen die Lyrik Carl Hauptmanns.

969 DIE BRAUT: 3, 687. Worpswede, 7. 9. 1900. EA: BTF 1931.
Gemeint ist die Braut Vogelers, Martha Schröder, Vogelers spätere Frau. Im Tagebuch vom 6. September berichtet Rilke, daß ihm

der Freund von seiner bevorstehenden Heirat erzählt habe. Zu
Vogeler s. K 921, 986 und 1512.

970 DIE ROTEN ROSEN WAREN NIE SO ROT: 3, 688. Worpswede,
9. 9 1900. EA: BTF 1931.
Der Prosakontext des Tagebuchs ergibt 1., daß sich das Gedicht
an die Malerin Paula Becker(-Modersohn) richtet und 2., daß die
Farbgebung sich auf genaue Beobachtungen stützt, wohl angeregt
und gefördert durch den Blick der Künstlerin. Zum Farbspiel im
Regen s. 1233.

971 MÄDCHEN, DICHTER SIND DIE VON EUCH LERNEN: s. K 985.

972 VOM TODE I–V: 3, 688. Worpswede, 9. 9. 1900. EA: GG 1934.
ED des V. Stückes: Das Inselschiff 1929/30.
In der handschriftlichen Sammlung für Heinrich Vogeler *In und
nach Worpswede* (Mises 476 und SW 3, 844) ist das II. Stück mit
dem Zusatz versehen: *Aus einem Worpsweder Cyklus. Vom Tode.* –
Das Tagebuch vom 9. September enthält eine Prosaaufzeichnung,
die in einer Mischung von Phantasie und Wirklichkeit viele Details
dieser Gedichtfolge spiegelt S. TF S. 252.

973 DIES SCHIEN MIR LANG WIE EINE ART VON TOD: 3, 691. Worpswede, 10. 9. 1900. EA: TF 1942.
Aus den Prosaeintragungen vom gleichen Tage (TF S. 254) geht
hervor, daß der Anlaß zu diesem Gedicht eine Rilke unangenehm
(mit Trinken, Tanzen und Scherzen) endende Geselligkeit in
Worpswede war: *Daß man ihn fand* (den Wein) *machte die letzten Stunden zufallsvoll, dumm und ulkig.*

974 DAS MANNSEIN, WIE ES UNS NAHT: 3, 693. Worpswede, 10. 9. 1900.
EA: TF 1942. Zum Thema s. auch 973.

975 ICH SEGNE DICH MIT MEINEN ÜBERFLÜSSEN: 3, 694. Worpswede,
12. 9. 1900. EA: BTF 1931.
Im Tagebuch vom 12. 9. in einem erläuternden Kontext, der endet:
Ich saß am Rande des hölzernen Aussichtsturmes, dankbar, und sagte:

976 BEGEGNUNG: 3, 695. Worpswede, 15. 9. 1900. EA: 1. Fassung:
BTF 1931 2. Fassung: SW 1959.
Das Gedicht bezieht sich, wie das Tagebuch zeigt (TF S. 274), auf
ein langes Gespräch Rilkes mit der Worpsweder Malerin Paula
Becker. S. K 1444.

977 WAS IST SO SCHÖN WIE ANFANG. JEDES WERDE: 3, 696. Worpswede,
15. 9. 1900. EA: BTF 1931.
Laut Tagebucheintragung vom 16. 9. ein Telegramm in Gedichtform zur Eröffnung der Sezessionsbühne.

978 ER GING NOCH ALS EIN KIND VON HAUSE FORT: 3, 696. Worpswede,
16. 9. 1900. EA: TF 1942.
Das Gedicht entstand nach einem Besuch bei Paula Becker (K
1444). – *noch als ein Kind:* mit nicht ganz 11 Jahren mußte Rilke
in die Militärunterrealschule.

979 EIN MÄDCHEN, WEISS UND VOR DER ABENDSTUNDE: 3, 697. Worps-
wede, 16. 9. 1900. EA: BTF 1931.
Das Mädchen ist auch in diesem Gedicht die *blonde Malerin*
Paula Becker (K 1444).

980 ... HALB UNBEWUSSTES LEBEN, HALB IM EIFER: 3, 697. Worpswede,
21. 9. 1900. EA: BTF 1931. Zur biographischen Situation vgl. TF
S. 286 f., aber auch K 979.

981 SO MUSST DU DIE STUNDEN VERSTEHEN: 3, 697. Worpswede, 26. 9.
1900. EA: BTF 1931.

982 SCHICKSALE SIND (ICH FÜHL ES ALLE TAGE): 3, 697. Worpswede,
27. 9. 1900. EA: BTF 1931.
Zur Textgeschichte vgl. SW 3, 844. Mit der ersten Strophe beginnt
das Worpsweder Tagebuch. Nach den SW ist das Gedicht H. Vogeler gewidmet. Vogeler s. 921.

983 ALLES GEFÜHL, IN GESTALTEN UND HANDLUNGEN: 3, 699. Worpswede, 27. 9. 1900. EA: BTF 1931.

984 UND WIEDER RAUSCHT MEIN TIEFES LEBEN LAUTER (BB 22): 1, 402.
Worpswede, 27. 9. 1900. EA: BB Juli 1902.
Im Tagebuch unter dem dort häufigen Titel *Gebet*. Das Gedicht ist
Ausdruck der Glücksstimmung, in der sich Rilke in diesen Septem-
bertagen befand; s. TF S. 315. – Vers 4: Bei den Worpsweder
Malern und Künstlern lernte Rilke nach eigenen Aussagen *sehen*.

985 VON DEN MÄDCHEN I und II (BB 5): 1, 374. Worpswede, 29. 9.
1900 (I) / 9. oder 10. 1900 (II). EA: BB 1902.
In der 1. Auflage ohne Titel, Zusammenfassung unter dem jetzi-
gen Obertitel erst seit der 2. Auflage. – Mit den *Mädchen* sind zunächst und im Rahmen des Tagebuchs die beiden Worpsweder
Künstlerinnen Paula Becker und Clara Westhoff gemeint (K 1444). –
Die Forderung nach Liebesverzicht und die Aufgabe des Künstlers (Dichters), nur Sagender zu sein, bleiben zwei Grundthesen
Rilkes. Vgl. u. a. 1278 und K dazu.

986 DIE HIRTEN: 3, 464. 1. Fassung: Worpswede 29. 9. 1900/2. Fassung:
Westerwede Ende 1901. ED: Weihnachtsbeilage der »Bohemia«,
Prag. Dezember 1901 (2. Fassung). EA: BTF 1931 (1. Fassung).
Das Gedicht ist das 2. Stück eines dreiteiligen Marien-Lebens *(Verkündigung* K 1083 / *Die Hirten* / *Ruhe auf der Flucht)*. Das 2.
und 3. Stück wurden ursprünglich zu zwei Zeichnungen von H. Vogeler entworfen (Tagebuch v. 29. 9. 1900) und diesem später mit
anderen Gedichten zusammen zum Geburtstag geschenkt (S. SW
3, 844 f.). Für den Druck in der Bohemia wurde das 1. Stück
(Verkündigung K 1083) hinzugedichtet und das 2. Stück *(Verkündigung über den Hirten* SW 3, 699) geändert und mit neuem Titel
versehen: *Die Hirten*. Vogeler plante später ein illustriertes Marien-Leben u. a. mit diesen Stücken. Vgl. K 1512.

987 RUHE AUF DER FLUCHT: 3, 465. Worpswede, 29. 9. 1900. ED:

Weihnachtsbeilage der »Bohemia«. Prag. Dezember 1901. EA: BTF
1931.
Unter dem Titel *Rast auf der Flucht* im Worpsweder Tagebuch.
Mit geringen Änderungen veröffentlicht als 3. Stück aus einem
Marien-Leben. 1. Fassung: SW 3, 700. S. K 986 und K 1083.
Zur Gestaltung des Motivs s. a. 1519 *(Rast auf der Flucht in
Aegypten).*

988 DER SOHN (BB 31): 1, 424. Teil 1. Worpswede 1. 10. 1900 / Teil 2.
Berlin-Schmargendorf 12. 4. 1900. EA: BB Juli 1902.
Teil 1: *Mein Vater war ein verbannter:* Im Worpsweder Tage-
buch unter dem Titel *Sang.* – Beispiel für die stilisierende Deu-
tung der eigenen Herkunft und Stellung als Künstler: Vgl. K 1229,
1200, 1830. (Adlige Abstammung, ärmliches, kleinbürgerliches
Elternhaus, künstlerische Sendung).
Teil 2: *So wurden wir verträumte Geiger:* s. K. 955 und 956.

989 DER SONNTAG WAR SO SEIDENGRAU: 3, 700. Worpswede, 1. 10.
1900. EA: BTF 1931.
Zur Textgeschichte SW 3, 844 f.

990 EIN JUNGER KÖNIG AUS NORDEN WAR (BB 30): 1, 421. Worpswede,
2. 10. 1900. EA: TF 1942 (1. Fassung) ED: Avalun. München. 1901
(2. Fassung). S. K 998.
In der 1. Auflage des BB u. d. T.: *Karl der Zwölfte von Schweden
reitet in der Ukraine* als selbständiges Gedicht.

991 DER SÄNGER SINGT VOR EINEM FÜRSTENKIND (BB 32): 3, 437.
Worpswede, 3. 10. 1900. ED: Die Insel. 1901/02. EA: BB Juli
1902.
Leicht geändert gegenüber der Tagebuchfassung (FT S. 342 ff.).
Ende August 1900 besuchte Rilke, von Rußland kommend, die
Künstlerkolonie in Worpswede (auf Einladung Heinrich Vogelers)
und lernte dort unter anderen die Malerin Paula Becker (K 1444)
und die Bildhauerin Clara Westhoff, seine spätere Frau, kennen.
Obwohl die Widmung erst seit der 5. Auflage des BB hinzugefügt
wurde (Paula Becker-Modersohn starb am 20. 11. 1907), erinnert
das Gedicht an die blonde Malerin. (S. a. K 976 und 978). In
einem Brief an Paula Becker vom 5. 11. 1900 kündigt Rilke die
Abschrift des Gedichts an: *Es ist überhaupt nicht vorhanden,
wenn Sie es nicht besitzen, – gerade dieses, das sozusagen bei Ihnen
anhob.* – Der Titel erinnert schon an das spätere *David singt vor
Saul* (1187).

992 GEBET: 3, 701. Worpswede, 4. 10. 1900: EA: BTF 1931.
Daß mit dem *Du* Gott gemeint ist, gleichzeitig aber das Wort
Gott im Text vermieden wird, ist nach der Tagebuchstelle das
Thema des Gedichts (S. TF 352 f.).

993 ERNSTE STUNDE (BB 23): 1, 405. Berlin-Schmargendorf, Mitte
Okt. 1900. EA: BB Juli 1902.

Zur Textgeschichte vgl. TF S. 356.

994 EINSAMER WIRD MIR: 3, 701. Berlin-Schmargendorf, Mitte Oktober 1900. EA: BTF 1931.

995 BILDNIS: 3, 702. Berlin-Schmargendorf, Mitte Oktober 1900. EA: BTF 1931.
Zur Textgeschichte s. SW 3, 846. – *Wappentier:* Zu Rilkes Lieblingsidee adliger Abstammung s. K 1830. – *Windhund:* S. a. MLB 6, 716 *(Windhunde ... hoben sich wie Wappenhunde auf)* und auch Rilkes Wappen z. B. auf der Grabplatte (Schnack Abb. 358).– Zur Indifferenz des Kunstwerks s. K 1106 (Einleitung) und K 1444.

996 BANGNIS (BB 18): 1, 396. Berlin-Schmargendorf, kurz vor dem 21. Oktober 1900. EA: BB Juli 1902.
In der 1. Auflage ohne Titel. Vgl. TF 357.

997 KLAGE (BB 19): 1, 397. Berlin-Schmargendorf, 21. 10. 1900. EA: BB Juli 1902.
Im Tagebuch (TF S. 359) ohne Titel.

998 KARL DER ZWÖLFTE VON SCHWEDEN REITET IN DER UKRAINE (BB 30): 1, 421. Teil 1: Berlin-Schmargendorf, 21. 10. 1900. Teil 2: s. K 990. ED: beide Teile: Avalun. München 1901. EA: BB Juli 1902.
Teil 1 in der 1. Auflage ohne Titel und selbständig.
Karl der XII. von Schweden (1682–1718) erlitt nach anfänglichen Erfolgen 1709 bei Poltawa in der Ukraine seine für den Ausgang des Nordischen Krieges (1700–1721) entscheidende Niederlage. Das Gedicht deutet die Niederlage als einen wunderbaren Wechsel der Haltung vom grausamen und aktiven Helden zum träumerischen Beobachter eines glänzenden Schauspiels: *er war zum Schauen aufgewacht.* – Stoffquellen: 1. Besuch in Poltawa während der 2. russ. Reise (TF 1. 9. 1900). 2. Puschkins episches Gedicht: Poltawa (Brutzer S. 43, S. 108 Anm. 4 und Langenheim Anm. S. 52 Nr. 82) und 3. schließlich Rilkes Studien der russ. Geschichte nach der 1. russ. Reise. Zum Stoffbereich s. K 1170. Zum Thema des Schauens s. K 1106 (Einleitung) und K 1647. Lit.: Karl Migner: RMR. Karl der Zwölfte von Schweden reitet in der Ukraine. (Wege zum Gedicht II. 1963). Migner mißdeutet den Titel (in der Ukraine) als ›ungenaue Formulierung‹, während doch gerade die von Rilke gewählte Wendung (*in* statt: *durch* oder *in die*) den Sinneswandel des Eroberers, der kein Ziel mehr verfolgt, sehr genau und präzis anzeigt.

999 ICH WEISS EUCH LAUSCHEN: EINE STIMME GEHT: 3, 703. Berlin-Schmargendorf, 21. 10. 1900. EA: BTF 1931.
Zur Textlage s. SW 3, 847. Ursprünglich ins Tagebuch eingetragen und dann als Briefgedicht an Paula Becker verwendet wie auch das nachfolgende. Das Gedicht bezieht sich inhaltlich auf die

vielen Gespräche und Lesungen in den Worpsweder Tagen, s. TF
S. 329, 351 und auch K 991, 1444. *Beethoven:* s. 948, 949.

1000 STROPHEN: 3, 704. Berlin-Schmargendorf, 28. 10. 1900. EA: BTF
1931.
S. K 999. Inhaltlich bezieht sich das Gedicht auf Szenen, wie sie
im Tagebuch (vgl. Eintragung vom 10. 9. 1900) häufig geschildert
sind. Rilke liest den Mädchen Paula Becker und Clara Westhoff
vor oder hört mit ihnen zusammen Musik und bewundert ihre
Fähigkeit zuzuhören.

1001 BEGLEITUNG ZU BILDERN HEINRICH VOGELERS I–IV: 3, 707. Ber-
lin-Schmargendorf, 31. 10. 1900. EA: BTF 1931 (II und III) /
SW 1959 (I und IV).
Diese vier Gedichte beschließen die als Geburtstagsgeschenk und
Gegengabe für H. Vogeler zusammengestellte Sammlung *In und
um Worpswede* (S. K 972). Dort sind sie überschrieben: *Begleitung zu Bildern.* (Mises 476, Blatt 15–20). Zur Textgeschichte
s. SW 3, 847. Derartige Unternehmungen sind im Frühwerk Rilkes nicht selten. S. K 986 und 763.
I. *Das Haus*
II. *Ritter, Welt und Heide*
Dieses Gedicht bezieht sich auf Vogelers Bild ›Am Heiderand‹
von 1900, das später auch in Rilkes Worpswede-Monographie
abgebildet wurde. S. a. Rosenfeld S. 249.
III. *Der Kahn*
Dieses Gedicht bezieht sich auf Vogelers Bild ›Juni-Nacht‹ (s. SW
3, 847). Die letzten Verse, ab: *Er, der am fremdesten* bilden in
der 1. Auflage des BB den Schluß des Gedichts *Strophen* (K 933).
IV. *Widmung*

1002 ERINNERN SIE SICH JENES SCHÖNEN SCHWANES: 3, 711. Berlin-
Schmargendorf, 5. 11. 1900. EA: SW 1959.
Briefgedicht an Clara Westhoff, Rilkes spätere Frau, s. K 991.
Das Gedicht geht zurück auf ein gemeinsames Erlebnis in Ham-
burg. Ende September waren die Worpsweder Künstler zu einem
Theaterbesuch in Hamburg. Bei einem Gang an die Alster sahen
Rilke und Clara Westhoff einen Schwan auf dem schwarzen
Wasser (TF S. 320).
Und er verhieß uns viel Nochnichtgetanes: Vgl. die identische
Assoziation in *Der Schwan* (1190): *Diese Mühsal, durch noch Un-
getanes.*
Auch das nächste Gedicht beginnt mit einer Assoziation des Bil-
des vom Schwan.

1003 FRAGMENTE AUS VERLORENEN TAGEN (BB 33): 1, 445. Berlin-
Schmargendorf, 7. 11. 1900. ED: Avalun. München. 1901. EA:
BB Juli 1902.
Im Tagebuch unter dem Titel: *Bruchstücke aus Bruchtagen.*

Die Vergleichsreihung ist bezeichnend für Rilkes Stunden-Buch-Phase. Zum Bild des gehenden Vogels s. 1190 (*Der Schwan* und 1002. – *wie volle Rosen:* s. SO II, 6 (K 1852). Dort unterscheidet Rilke die *volle* Rose von der Rose *mit einfachem Rand.* – Zum Bild der Nadel in den Schlußversen: vgl. MLB 6, 767 und 786 f.

1004 BEI EMPFANG DER TRAUBEN VON WESTERWEDE: 3, 713. Berlin-Schmargendorf, 7. 11. 1900. EA: BTF 1931.
Dieses Briefgedicht bezieht sich auf ein Erlebnis, das zur Zeit der Abfassung des Gedichts etwa 6 Wochen zurückliegt. S. TF 289 ff.

1005 IM MUSIKSAAL: 3, 462. Berlin-Schmargendorf, 10. 11. 1900. ED: Frühling. Prag. 1901. EA: TF 1942.
Das Gedicht geht wahrscheinlich auf den Besuch eines Konzerts zurück. S. K 1006.

1006 REICH MIR MUSIK! WAS BIN ICH AUFGEWACHT: 3, 714. Berlin-Schmargendorf, 10. 11. 1900. EA: BTF 1931.
Im Tagebuch unter dem Titel: *Erinnerung an das Sinding-Konzert.* Christian Sinding (1856–1941), norwegischer Komponist. Zu diesem Gedicht s. a. Magr S. 43 ff.

1007 ZUM EINSCHLAFEN ZU SAGEN (BB 15): 1, 391. Berlin-Schmargendorf, 14. 11. 1900. ED: Der Lotse. Hamburg. 1901/02. EA: BB Juli 1902. 1. Fassung: 3, 718.

1008 VON DEN FONTÄNEN (BB 34): 1, 456. Berlin-Schmargendorf, 14. 11. 1900. ED: Avalun. München. 1901. EA: BB Juli 1902.
Im Tagebuch ohne Titel.

1009 BRAUTSEGEN: 3, 716. Berlin-Schmargendorf, 14. 11. 1900. EA: BTF 1931.
Geschrieben zur Verlobung von Paula Becker und Otto Modersohn. S. K 991 und 1444.

1010 DER LETZTE (BB 17): 1, 395. Berlin-Schmargendorf, 15. 11. 1900. ED: Der Lotse. Hamburg. 1901/02. EA: BB Juli 1902.
Zwei Tage nach diesem Gedicht schrieb Rilke eine Notiz über Rodin in sein Tagebuch, in der der Gedanke der Einsamkeit als Attribut des Kunstwerks wiederkehrt. Der Glaube, der letzte, zur Kunst berufene Sproß einer alten, adligen Familie zu sein, ist eine Konstante in der dichterischen Selbstdarstellung Rilkes. S. K 1200 und 1830.

1011 IN STUNDEN, DA ICH VOLL DER BILDER BIN: 3, 719. Berlin-Schmargendorf, 15. 11. 1900. EA: BTF 1931.

1012 SAITEN SIND BRÜCKEN. UND MAN SPANNTE: 3, 720. Berlin-Schmargendorf, 17. 11. 1900. EA: BTF 1931.
Im Tagebuch mit der Überschrift:*Widmung in meinem Buch für Lotte S.* Wahrscheinlich in ein Exemplar von *Mir zur Feier. Lotte S.:* Charlotte Scholz.

1013 REQUIEM (BB 39): 1, 469. Berlin-Schmargendorf, 20. 11. 1900.
EA: BB Juli 1902.

In der 1. Fassung lautet die Widmung: *Für Gretel. Clara West-hoff gewidmet.* – Am 20. 11. erreicht Rilke die Nachricht vom Tode einer Freundin Clara Westhoffs (K 991). Sie, Gretel Kottmeyer, ist im Süden gestorben. Die Aufzeichnungen von Claras Brief im Tagebuch skizzieren den Inhalt des Gedichts und zeigen das Gedicht als Gestaltung dieses Briefes. Entsprechend ist das Gedicht aus der Sicht Claras geschrieben (*wie der Dichter des Requiems, der Du ja eigentlich bist.* Br. an Clara vom 2. 9. 1902). Zum Thema und Vergleich s. 1444 und 1445.

1014 DIE BLINDE (BB 38): 1, 465. Berlin-Schmargendorf, 25. 11. 1900.
EA: BB Juli 1902.

Im Tagebuch unter dem Titel: *Fragment.*

Zum Thema dieses Dialoggedichts vgl. die motivverwandten Texte: *Der Blinde* (1338) und *Lied des Blinden* (1223), und als Gegenstück *Der Schauende* (1021). – Der Not der Vereinsamung wird der innere Reichtum gegenübergestellt. Das Problem ist wohl auch ein künstlerisches, wenn man etwa an Rilkes Freude an der Betrachtung von Bildern in seiner Worpsweder Zeit denkt. (Eintragung v. 27. 9. 1900). S. K 1021 und K 998.

1015 WIE ALTE KÖNIGSHÄUSER VIEL VERWANDT SIND: 3, 721. Berlin-Schmargendorf, 25. 11. 1900. EA: BTF 1931.

Das Fragment thematisiert eines der Hauptanliegen der Rilkeschen Dichtung, mindestens der Intention nach, nämlich die einfühlende Aneignung und Wiedergabe fremder Wirklichkeit. S. K 1106 und etwa noch 1444.

1016 DU SANGST: WIR SAHN: 3, 721. Berlin-Schmargendorf, 25. 11. 1900. EA: BTF 1931.

Mit dem vorhergehenden Gedicht zusammen im Tagebuch unter dem Titel *Fragmente* I und II. S. auch K zu I.

1017 GEBET (BB 21): 1, 401. Berlin-Schmargendorf, 13. 12. 1900. EA: BB Juli 1902.

Die um 26 Verse längere Fassung im Tagebuch wurde erstmals veröffentlicht in BTF 1931, s. aber auch SW 3, 723.

Die im Gedicht gestaltete Kunsttheorie der Verobjektivierung auch des eigenen Ich, sprich: Entsubjektivierung der künstlerischen Aussage, wird bestimmend für Rilkes Kunstschaffen vor allem seit der NG. Vgl. K 1106 und 1444. Die Hervorhebung der Hand als Werkzeug mag eine Folge der Bewunderung sein für die Bildhauerhände Clara Westhoffs, seiner späteren Frau. – Zum Bild des Brotbereitens in der 2. Hälfte der 1. Fassung s. den Brief an Clara v. 23. 10. 1900.

1018 EIN JAHR, GANZ VOLL VON NEUEN DINGEN: 3, 725. Berlin-Schmargendorf, Silvester 1900.
Neujahrsgruß für Heinrich Vogeler, den Worpsweder Freund.
von zwei Händen und zwei Ringen: Bezieht sich auf die bevorstehende Heirat Vogelers. S. K 969.

1019 EHE (1901): 3, 470. ED: Wir. Prag. 1906.
Der Entwurf des Gedichts stammt nach Ernst Zinn aus dem
Jahre 1901, die Endfassung aus dem Jahr der Erstveröffent-
lichung. – Thema und Behandlung stehen in engem Zusammenhang mit Rilkes Verheiratung im April 1901. Sehr ähnlich sind
seine Ausführungen zum gleichen Thema im Brief an Emanuel
von Bodman vom 17. 8. 1901, aber auch in seinen Äußerungen
zur Liebe überhaupt. Das erschütterndste Dokument dieser Haltung ist der Briefwechsel mit Baladine Klossowska. S. K 1765.

1020 MIR IST DIE WELT EIN GROSSES WIEDERSEHN: 3, 743. Um 1901.
EA: SW 1959.

1021 DER SCHAUENDE (BB 36): 1, 459. Berlin-Schmargendorf, 21. 1.
1901. ED: Deutsche Arbeit. München, Prag. 1901/02. EA: BB
Juli 1902. – Ursprünglich Briefgedicht an Clara Westhoff (21.1.
1901), wurde das Gedicht für die Veröffentlichung vor allem im
Schlußteil stark geändert. S. a. SW 3, 725.
Der Titel ist, beurteilt man ihn von der kommenden Entwicklung her, wie ein Programm zu lesen. Schauen, sehen und ähnliche Verben sind Kernwörter aller programmatischen Aussagen
Rilkes. S. K 1444, 1647 und 1106 (Einleitung). – Zur 4. Strophe
vgl. Moses, 32, 25–33: Jakobs Kampf mit dem Engel.

1022 AUS EINER STURMNACHT (BB 37): 1, 460. Berlin-Schmargendorf,
21. 1. 1901. EA: BB Juli 1902.
Kleiner Gedichtkreis, bestehend aus *Acht Blättern mit einem
Titelblatt,* ähnlich wie 1223. Die Stücke 3, 4, 5 und die Reinschrift
sind nicht sicher datierbar. Außer den 9 Stücken aus dem BB
existieren noch drei nicht verwendete Entwürfe vom gleichen
Tage (1023–1025).
Titelblatt: Die Nacht, vom wachsenden Sturme bewegt
1 In solchen Nächten kannst du in den Gassen
2 In solchen Nächten gehn die Gefängnisse auf
3 In solchen Nächten ist auf einmal Feuer
4 In solchen Nächten, wie vor vielen Tagen
5 In solchen Nächten wissen die Unheilbaren
6 In solchen Nächten sind alle die Städte gleich
7 In solchen Nächten werden die Sterbenden klar
8 In solchen Nächten weint mein Schwesterlein
Zu 8 siehe Zeittafel 1875.

1023 IN SOLCHEN NÄCHTEN SITZEN VIELE AUF IN DEN BETTEN: 3, 727.
Berlin-Schmargendorf, 21. 1. 1901. EA: SW 1959.

Nicht verwendeter Entwurf zu 1022.

1024 IN SOLCHEN NÄCHTEN ALTERN DIE FRAUEN: 3, 727. Berlin-Schmargendorf, 21. 1. 1901. EA: SW 1959.
Nicht verwendeter Entwurf zu 1022.

1025 IN SOLCHEN NÄCHTEN STEHT IN DER BIBEL NICHTS: 3, 728. Berlin-Schmargendorf, 21. 1. 1901. EA: SW 1959.
Nicht verwendeter Entwurf zu 1022.

1026 MIR IST: ES WANDERT DER WEISSE SAAL: 3, 728. Berlin-Schmargendorf, vor dem 8. Februar 1901.
Eine Einladung in Gedichtform an Heinrich Vogeler (K 921, 986, 1512).

1027 EIN GEFÜHL VON FRÜHLINGSNÄHE: 3, 729. Berlin-Schmargendorf, 8. 2. 1901. EA: SW 1959.
Briefgedicht an Clara Westhoff. S. a. SW 3, 850.

1028 DIE FRAU GEHT WIE AUS IHRER LAUTE: 3, 729. Berlin-Schmargendorf, 11. 2. 1901. EA: SW 1959.
Briefgedicht an Clara Westhoff, bezugnehmend auf Arnold Böcklins Bild ›Frühlingslieder‹. S. SW 3, 850.

1029 DU GROSSER ABEND DIESER SEELE: 3, 729. Berlin-Schmargendorf, 11. 2. 1901. EA: SW 1959.
2. Stück des Briefgedichts s. K 1028. Im Hochsommer 1904 versucht Rilke aus Strophe 2 und 3 (Weissagerin von schönen Schmerzen) ein neues Gedicht zu fügen, s. 3, 732.

1030 JETZT WERDEN ALLE WIESEN WEITER: 3, 731. Berlin-Schmargendorf, 11. 2. 1901. EA: SW 1959.
3. Stück des Briefgedichts s. K 1028.

1031 DU LIEBE, SAG DU MIR ERST WER ICH BIN: 3, 733. Berlin-Schmargendorf, 16. 2. 1901. EA: SW 1959.
Gedicht im Brief an Clara vom 16. 2. 1901.

1032 BLEIB, MAGDALENA, BLEIB UND ÜBERSTEH ES: 3, 733. Arco, 5. 3. 1901. EA: SW 1959.
Das Gedicht steht in einem Brief an Clara vom 5. 3. 1901. S. SW 3, 851. Nach Angaben des Briefes knüpft es motivlich an ein Bild Arnold Böcklins an (›Pieta‹). Zum Motiv s. 1207 und 1522.

1033 DU SCHÖNE DUNKLE LAUTE, MIR GEGEBEN: 3, 738. Arco, 6. 3. 1901. EA: SW 1959.
Im Brief an Clara vom 6. 3. 1901.

1034 MEINE HÄNDE KOMMEN WEITHER: 3, 739. Arco, 6. 3. 1901. EA: SW 1959. S. K 1033.

1035 IM ABEND STEHT EIN TURM ALLEIN: 3, 741. Arco, 12. 3. 1901. EA: SW 1959.
Im Brief an Clara vom 12. 3. 1901 zusammen mit den folgenden Stücken: *Und du sahst groß / Läute dich aus über die Landschaft / Alles Lauschende will sich schmiegen an dein Gehör.* Clara s. K 991.

1036 NACHT. VON DEN TREPPEN HÄNGT DAS WELKE HAUS: 3, 744. Un-
datierter Entwurf. Wohl frühestens aus dem Frühjahr 1901. EA:
SW 1959. S. SW 3, 851.

1037 DER LESENDE (BB 35): 1, 457. Westerwede, September 1901. ED:
Deutsche Arbeit. München, Prag. 1901/02.
Zum Motiv s. a. 1434.

1038 ALLES WAR. ES WAREN ABENDSTUNDEN: 3, 745. Westerwede, vor
dem 11. 9. 1901. ED: Mövius 1937.
Dieses und die folgenden Gedichte (bis 1042) leiten die 2. Phase
der Stunden-Buch-Produktion ein, die eine Woche später, am
18. 9. einsetzt.

1039 UND IMMER MEHR WIRD LEBEN. ALLES KLEINE: 3, 747. Westerwede, vor dem 11. 9. 1901. ED: Mövius 1937.

1040 GHEIMNISVOLLES LEBEN DU, GEWOBEN: 3, 748. Westerwede, 11. 9.
1901. ED: Mövius 1937. S. K 1038. S. a. 1015 und K.

1041 ICH BIN NICHT TRAURIG. MEINER AUGEN SCHATTEN: 3, 749.
Westerwede, 12. 9. 1901. ED: Mövius 1937.
S. K 1038.

1042 MIR IST: ICH HATTE NIE GEFÄHRTEN: 3, 749. Westerwede, 12. 9.
1901. ED: Mövius 1937. S. K 1038.
Wipfel von neun Eichen: S. K 845 II.

1043 DICH WUNDERT NICHT DES STURMES WUCHT (STB II, 1): 1, 305.
Westerwede, 18. 9. 1901. EA: STB Dezember 1905.
Die Rückkehr zur Stundenbuchhaltung des einsamen Mönchs in
der Zelle ist in biographischer Sicht (Heirat am 28. April, Geburt
der Tochter am 12. Dezember) bedeutsam. Vor allem die letzten
Verse der 2. Strophe scheinen Zweifel an der Gültigkeit der familiären Gemeinsamkeit zu spiegeln. S. 1019 und K 1057.

1044 ICH BETE WIEDER, DU ERLAUCHTER (STB II, 2): Westerwede,
18. 9. 1901. EA: STB Dezember 1905.
1. Zeile: Anschluß an den ersten Teil des *Stunden-Buchs.* – Das
Menschenbild dieses Gedichts erklärt sich ebenso als Selbstdarstellung Rilkes (vgl. Br. an Lou vom 15. 4. 1904 oder an den
General v. Sedlakowitz v. 9. 12. 1920) wie auch als geistesge-
schichtliches Dokument ruinösen Menschentums, wie es sich ähnlich etwa in den Morgue-Gedichten Benns und den Erzählungen
Kafkas wiederfinden wird. – Aus psychologischer Sicht vgl. die
Deutung Simenauers S. 592.

1045 ICH BIN DERSELBE NOCH, DER KNIETE (STB II, 3): 1, 307. Westerwede, 18. 9. 1901. EA: STB Dezember 1905.
Zeile I.: Wie Zeile 1 1044 Anschluß an STB I. – *Levite:* hier:
junger Mönch. – Strophe 2: Diese Strophe variiert Rilkes Aus-
deutungen von Gemälden im Stile der *Santa Conversazione,*
s. K 829.

1046 Du Ewiger, du hast dich mir gezeigt (STB II, 4): 1, 310.
Worpswede, 18. 9. 1901. EA: STB Dezember 1905.

1047 Dir ist mein Beten keine Blasphemie (STB II, 5): 1, 311. Westerwede, 18. 9. 1901. EA: STB Dezember 1905.
Dem Gedicht folgten ursprünglich noch die Zeilen:
*War er auch jung, was sehen wir davon: / Enttäuschung, Zweifel
und Resignation.* (Mövius S. 231) – Die vorgetragene Bescheiden-
heit kann die Tatsache nicht verbergen, daß, gemessen am traditionellen Glaubensverständnis, dennoch blasphemische Züge deutlich werden. S. dazu auch: *dann halte es für meine Hoffahrt
nicht* (1, 316) und K 1057. – Die Sicht des Vater-Sohn-Verhält-
nisses trägt autobiographische Züge und ist geprägt vom Widerstand des Vaters gegen den von Rilke gewählten Beruf des
Künstlers. Vgl. dazu etwa IV. DE 1, 698 oder den Brief an
Pongs vom 17. 8. 1924, aber auch das folgende Gedicht.

1048 Und seine Sorgfalt ist uns wie ein Alb (STB II, 6): 1, 312.
Westerwede, 18. 9. 1901.
S. K 1047. In einem ähnlichen Sinne hat Rilke später die biblische Geschichte vom verlorenen Sohn umgedeutet. Vgl. MLB 6,
938 und *Der Auszug des verlorenen Sohnes* K 1222.

1048 a Lösch mir die Augen aus: Ich kann dich sehn (STB II, 7):
1, 313. EA: STB Dezember 1905.
Zur strittigen Datierung und Textgeschichte s. K 539.
Dieses Gedicht eröffnet im Zusammenhang mit den anderen Gedichten in den Briefen an Lou Andreas-Salomé bis etwa Sommer
97 und dem Florenzer Tagebuch (TF S. 74 und 135) die Möglichkeit, in dem Gott des *Stunden-Buchs* auf weite Strecken eine
Chiffre für die geliebte Frau zu sehen.

1049 Und meine Seele ist ein Weib vor dir (STB II, 8): 1, 313.
Westerwede, 18. 9. 1901. EA: STB Dezember 1905.
Bis in einzelne Formulierungen lehnt sich das Gedicht an an das
Buch Ruth des A. Ts. Naëmi, die Schwiegermutter Ruths, verliert
Mann und Söhne und ist daher ohne Nachkommen. Daraufhin
rät sie ihrer Schnur, die auf den Feldern des Boas arbeitet, eine
Verbindung mit diesem zu suchen. Ruth folgt ihrem Rat und
setzt durch ihren Gehorsam das Geschlecht Davids fort. – Bibli-
sche Stoffe hat Rilke später vor allem in den *Neuen Gedichten*
gestaltet. S. 1186, 1187, 1340.

1050 Du bist der Erbe (STB II, 9): 1, 314. Westerwede 18. 9. 1901.
EA: STB Dezember 1905.
Fortsetzung von 1049 und wörtliche Wiedergabe des Kernsatzes
von Ruths Rede an Boas (Buch Ruth 3, 9): Breite deine Decke
über deine Magd, denn du bist der Erbe.

1051 Und du erbst das Grün (STB II, 10): 1, 314. Westerwede,
18. 9. 1901. EA: STB Dezember 1905.

Fortsetzung von 1049. – Das »Erbe« ist in den Einzelheiten seines Bestands eine Summe biographisch nachweisbarer Erlebnisse, z. B. der russischen Reisen und der Reisen nach Italien, oder allgemein bekannter Bildungsinhalte (›Mona Lisa‹). – *Kasan:* tatarische Stadt an der Kasanka. – *Troïtzka Lawra:* russisches Dreifaltigkeitskloster, im 16. und 17. Jahrhundert kultureller Mittelpunkt des Moskauer Staates, heute im Stadtgebiet von Sagorsk. – *Monastir:* Kloster, gemeint ist das Kiewer Höhlenkloster (Abb. Schnack 1956 Nr. 58). – *Moskau mit Glocken wie Erinnerungen:* Tatsächlich gehört das Ostergeläut der 1. russischen Reise zu Rilkes liebsten Erinnerungen: *Mir war ein einziges Mal Ostern* (Br. a. Lou v. 31. 3. 04).

Madonna Lisa: ›Mona Lisa‹ von Leonardo da Vinci.

1052 Ich bin nur einer deiner ganz Geringen (STB II, 11): 1, 316. Westerwede, 19. 9. 1901. EA: STB Dezember 1905.
Diese Kritik an dem fremdbestimmten Rollenverhalten der Menschen findet sich u. a. auch in der folgenden Maltestelle: *Man kommt, man findet ein Leben, fertig, man hat es nur anzuziehen.* (6, 714)

1053 Und doch, obwohl ein jeder von sich strebt (STB II, 12): 1, 317. Westerwede, 19. 9. 1901. EA: STB Dezember 1905.
Wie in vielen Rilketexten wird auch hier dem Fehlverhalten des Menschen (S. auch 1052) das Kreatürliche gegenübergestellt.

1054 Du bist der Alte, dem die Haare (STB II, 13): Westerwede, 19. 9. 1901. EA: STB Dezember 1905.
S. K 883.

1055 Gerüchte gehn, die dich vermuten (STB II, 14): 1, 318. Westerwede, 19. 9. 1901. EA: STB Dezember 1905.
Dieses und das nächstfolgende Gedicht sind wie viele Stunden-Buch-Stellen polemisch angelegt gegen den christlichen Offenbarungsglauben. Vgl. a. K 1127 und 822.

1057 Wenn etwas mir vom Fenster fällt (STB II, 16): 1, 320. Westerwede, 19. 9. 1901. EA: STB Dezember 1905.
Die in Klammer gesetzten Schlußverse sind ein Zusatz aus der Überarbeitung (1904).
Die Waghalsigkeit der Gedankenführung in der 2. Strophe erklärt sich wohl als Werbung für die Neigung des Individuums (die als Natur und Gesetz erscheinen) und gegen die Abhängigkeit von zwischenmenschlichen Bestimmungen (verknüpft man sich auf manche Weise – s. K 1043 und 1047). Die individuelle Unabhängigkeit wird aber gerade im Widerspruch zur gängigen Auffassung nicht als Freiheit und Selbsterfüllung, sondern als dienende Unterordnung ausgegeben. Vgl. dazu Mason, 1964 S. 3 ff. Vgl. a. folgende Textstellen: *Er war gehorsam bis hinein ins Weigern* (2, 486: K 1927) und das Motto des Testamentes:

Mais j'accuse surtout celui qui se comporte contre sa volonté.
(Jean Moréas)

1058 Du meinst die Demut. Angesichter (STB II, 17): 1, 321. Westerwede, 19. 9. 1901. EA: STB Dezember 1905.
In seinen Bildern zeigt das Gedicht Verwandtschaft mit der
Landschaft und den Bewohnern von Worpswede, wie sie Rilke
in seiner Worpswede-Monographie am Beispiel der Gemälde der
Worpsweder Künstler beschreibt. *So stehen Bauern um die Leiche:*
bezieht sich z. B. auf ein Gemälde Mackensens (»Trauernde Familie«) und gibt dessen Motiv wieder (5, 57).

1059 In diesem Dorfe steht das letzte Haus (STB II, 18): 1, 323.
Westerwede, 19. 9. 1901. EA: STB Dezember 1905.
Das Gedicht spiegelt wie das vorhergehende Rilkes Lebensraum
in Westerwede.

1060 Manchmal steht einer auf beim Abendbrot (STB II, 19):
Westerwede, 19. 9. 1901. EA: STB Dezember 1905.

1061 Nachtwächter ist der Wahnsinn (STB II, 20): 1, 324. Westerwede, 19. 9. 1901. EA: STB Dezember 1905.

1062 Weisst du von jenen Heiligen, mein Herr (STB II, 21): 1, 324.
Westerwede, 20. 9. 1901. EA: STB Dezember 1901.
Auf seiner 2. russischen Reise besuchte Rilke am 2./3. Juni 1900
das Höhlenkloster bei Kiew; auf dessen unterirdische Anlagen
und das Leben der darin wohnenden Mönche bezieht sich das
Gedicht. Vgl. auch K 1051.

1063 Du bist die Zukunft, grosses Morgenrot (STB II, 22): 1, 326.
Westerwede, 20. 9. 1901. EA: STB Dezember 1905.
Du bist die sich verwandelnde Gestalt: Vgl. hierzu Rilkes Kommentierung des Liebesgedichts aus dem MLB unter K 1477 *(Dich
einzig kann ich vertauschen).*

1064 Du bist das Kloster zu den Wundenmalen (STB II, 23): 1, 327.
Westerwede, 20. 9. 1901. EA: STB Dezember 1905.
Auf seinen russischen Reisen war Rilke vor allem von der russischen Frömmigkeit beeindruckt, als deren sichtbaren Ausdruck er
die zahlreichen Kirchen und Klöster ansah. – Über dem unterirdischen Kloster bei Kiew erheben sich 32 Kirchen. S. K 903 und
1062.

1065 Die Könige der Welt sind alt (STB II, 24): 1, 328. Westerwede, 20, 9. 1901. EA: STB Dezember 1905.
Das Gedicht zeugt von Rilkes kulturpessimistischer Einschätzung
der Neuzeit. Der Kritik verfallen die Urbanisierung (K 1121)
und die Technifizierung (K 1831) vor allem, S. a. K 1066.

1066 Alles wird wieder gross sein und gewaltig (STB II, 25):
1, 329. Westerwede, 20. 9. 1901. EA: STB Dezember 1905.
Das Gedicht schließt sich mit der Verkündigung einer vorindustriellen Naturlandschaft und einer vorkirchlichen Frömmigkeit

kontrapunktisch an das vorhergehende an, ähnlich wie in den SO I das 20. an die beiden vorhergehenden Sonette.

1067 Auch du wirst gross sein. Grösser noch als einer (STB II, 26), 1, 330. Westerwede, 29. 9. 1901. EA: STB Dezember 1905.

1068 Es wird nicht Ruhe in den Häusern, sei's (STB II, 27): 1, 330. Westerwede, 20. 9. 1901. EA: STB Dezember 1905.
Erstes von vier Pilgergedichten, die dem 2. Teil des STBs ihren Namen geben.

1069 So möcht ich zu dir gehn: Von fremden Schwellen (STB II, 28): 1, 331. Westerwede, 20. 9. 1901. EA: STB Dezember 1905.
S. K 1068.

1070 Du Gott, ich möchte viele Pilger sein (STB II, 29): 1, 332. Westerwede, 20. 9. 1901.
S. K 1068.

1071 Bei Tag bist du das Hörensagen (STB II, 30): 1, 332. Westerwede, 20. 9. 1901. EA: STB Dezember 1905.
In der 1. Niederschrift war das Gedicht um eine Strophe länger. Vgl. 3, 750 und 3, 665.

1072 Ein Pilgermorgen. Von den harten Lagern (STB II, 31): 1, 333. Westerwede, 21. 9. 1901. EA: STB Dezember 1905.
Tiflis: Hauptstadt Georgiens. – *Taschkent:* Hauptstadt Usbekistans. *alle wie Fürsten, die in tiefem Trauern:* so etwa im V. der Zarengedichte. S. K 845 V.

1073 Ich schaue in das schwarze Land: 3, 751. Westerwede, 21. 9. 1901. ED: Mövius 1937. Das Gedicht stammt aus der 1. Niederschrift des Buches von der Pilgerschaft (STB II 31 a), wurde aber bei der Reinschrift weggelassen.

1074 Und wer hinausschaut in der Nacht: 3, 751. Westerwede, 21. 9. 1901. ED: Mövius 1937.
Das Gedicht steht in der 1. Niederschrift des Buches von der Pilgerschaft (STB II, 31 b), wurde aber bei der Reinschrift weggelassen.

1075 Jetzt reifen schon die roten Berberitzen (STB II, 32): 1, 337. Westerwede, 22. 9. 1901. EA: STB Dezember 1905.
Lit.: Albrecht Weber: RMR: Jetzt reifen schon ... In: Wege zum Gedicht. 7. Aufl. 1968.

1076 Du musst nicht bangen, Gott! Sie sagen: Mein (STB II, 33): 1, 337. Westerwede, 24. 9. 1901. EA: STB Dezember 1905.
Armut ist nicht nur die Tugend des Mönches und Zentralthema des dritten Teils des STB (K 1135), sondern eines der Hauptthemen auch der Rilkeschen Ästhetik. Vgl. etwa K 1444 und die Verse: *So ohne Neugier war zuletzt dein Schaun / und so besitzlos, von so wahrer Armut, / daß es dich selbst nicht mehr begehrte: heilig.* (1, 649) Dies ist der Sinn auch der Verse dieses Gedichts:

Gewißheit ist das freilich nur den Großen, die sich nach Augen
sehnen. Vgl. a. K 1106 (Einleitung).

1077 DU BIST DIE FRUCHT, DIE TAUSEND JAHRE REIFT: 3, 752. Westerwede, 24. 9. 1901. ED: Mövius 1937.
Gleich nach der 1. Niederschrift des STBs II. Teil durch das nachfolgende Gedicht (1079) ersetzt (Vorform).

1078 DER ABEND WARTET AUF DEN GROSSEN MOND (STB II, 34 a):
3, 753. Westerwede, 24. 9. 1901. ED: Mövius 1937.
Bei der Reinschrift weggelassen.

1079 IN TIEFEN NÄCHTEN GRAB ICH DICH, DU SCHATZ (STB II, 34):
1, 339. Westerwede, 24./25. 9. 1901. EA: STB Dezember 1905.
S. K 1077.

1080 DU GOTT, DER, AN KEIN BILD GEBUNDEN: 3, 754. Westerwede,
25. 9. 1901. ED: Mövius 1937.
Aus der ersten Niederschrift des Buches *Von der Pilgerschaft.*

1081 WENN UNS DAS LEBEN LIEB GEWINNT: 3, 755. Westerwede, November 1901.
Widmungsgedicht, eingeschrieben in die dem Prinzen und der
Prinzessin von Schönaich-Carolath zu Haseldorf zugeeignete Novellensammlung *Die Letzten.* S. K 365 und SW 3, 853.

1082 WINTER: 3, 465. Westerwede, kurz vor Weihnachten 1901. ED:
Der Junge 1902.
Zur Textgeschichte s. SW 3, 807. Das Gedicht richtet sich an die
Leser der Jugendzeitschrift, die nach der Annahme des Dichters
offenbar Stadtkinder waren.

1083 VERKÜNDIGUNG: 3, 463. Vor Weihnachten 1901. ED: Weihnachtsbeilage zur ›Bohemia‹. Prag. 25. 12. 1901.
Erstes Stück eines dreiteiligen Marien-Lebens, welches zu zwei
bereits bestehenden Stücken aus dem Jahre 1900 hinzukam. S. K
986 und 987. Vergleiche aber auch die Erläuterungen zu 1512.

1084 WIR HABEN DIESEM BUCH EIN HAUS GEBAUT: 3, 755. Westerwede,
zu Weihnachten 1901.
Widmungsgedicht für Frau Clara in ein als Weihnachtsgeschenk
überreichtes Exemplar der Novellensammlung *Die Letzten.*
Das Gedicht umschreibt die eigene Situation nach Verheiratung,
Einrichtung der Wohnung und Geburt der Tochter.

1085 WEIHNACHTEN IST DER STILLSTE TAG IM JAHR: 3, 755. Westerwede, Weihnachten 1901. EA: SW 1959.
Weihnachtsgedicht für Frau Clara.

1086 DIE LIEBENDE (BB 6 b): 1, 377. Undatiert: 1902/06. EA: BB Dezember 1906.
Fehlt in der 1. Ausgabe.

1087 ERINNERUNG (BB 19 c): 1, 399. Undatiert: 1902/06. EA: BB Dezember 1906.
Fehlt in der ersten Ausgabe. – Die Bewältigung der eigenen Ver-

gangenheit, die noch zu leistende Kindheit, war Rilke lebenslang eines der großen Probleme. (K 792) Zum Umschlag der Erwartung in die Erinnerung vgl. auch K 1350. – *durchfahrene Länder:* Rilkes Reisen nach Rußland und Italien. – *Bilder: ich lerne jetzt erst Bilder schauen.* Vgl. die Tagebucheintragung vom 27. 9. 1900 in TF S. 315. Zahlreiche Werkstellen bezeugen Rilkes enorme Kenntnis auf dem Gebiet der Malerei, s. etwa den Aufsatz über russische Kunst, 5, 493 oder die Worpswede-Monographie, 5, 9.

1088 ENDE DES HERBSTES (BB 19 d): 1, 399. Undatiert: 1902/06. EA: BB Dezember 1906.
Fehlt in der ersten Ausgabe. Zur Behandlung des Motivs vgl. auch 1906 und 1101. – Lit.: H. Tucker, Zu einem Rilke-Gedicht. In: Monatshefte 43 (51) S. 390–394.

1089 VORGEFÜHL (BB 22 a): 1, 402. Undatiert: 1902/06. Vielleicht: Schweden, Herbst 1904. EA: BB Dezember 1906.
Situationen der Ahnung und Erwartung hat Rilke bis in seine Spätzeit gestaltet: s. *Früher Apollo* (1246) und *Vorfrühling* (1939).

1090 ABEND (BB 22 d): 1, 405. Undatiert: 1902/06. Vielleicht: Schweden, Herbst 1904. EA: BB Dezember 1906.
Fehlt in der 1. Ausgabe.

1091 DER NACHBAR (BB 16 a): 1, 392. Undatiert: vermutlich Paris, 1902/03. EA: BB Dezember 1906.
Fehlt in der ersten Ausgabe. Zu Thema und Motiv vgl. Br. an Lou vom 18. Juli 1903 und MLB, SW 6, 864.

1092 UND OB DIR AUCH DEIN SCHÖNSTER TRAUM GEFALLE: 3, 756. Schloß Haseldorf, Sommer 1902. EA: SW 1959.
Eingeschrieben in das Stammbuch von Fräulein Maike Petersen. Zur Textgeschichte s. SW 3, 853.

1093 PONT DU CARROUSEL (BB 16 b): 1, 393. Undatiert: vermutlich Paris, 1902/03. EA: BB Dezember 1906.
Fehlt in der 1. Ausgabe. – *Pont du Carrousel:* Brücke in Paris. Eines der ersten Dinggedichte Rilkes. – Der blinde Bettler ist eine jener Elendsgestalten, die Rilkes Werk bevölkern, vom STB über die NG, den MLB bis zur V.DE. S. K 1121 und 1135. – Im Unterschied zu der an den Gestalten Rodins gepriesenen Bewegung hat Rilke selbst vor allem den stehenden Menschen besungen. – In bezug auf das Verhältnis von Isolierung im Menschlichen und Bezug zum Kosmischen vgl. auch Rilkes *Rodin*, SW 5, 195 und 5, 220.

1094 DIE ASCHANTI (BB 16 d): 1, 394. Undatiert: vermutlich Paris 1902/03. EA: BB Dezember 1906.
Fehlt in der 1. Ausgabe: – *Jardin d'Acclimatation:* Tiergarten, Name eines zoologischen Gartens im Bois de Boulogne, den Rilke wahrscheinlich bei seinem 1. Parisaufenthalt zwischen August

1902 und März 1903 besucht hat. – *Aschanti:* Region zwischen Monsunwald und Savanne in der heutigen Republik Ghana, hier wohl: die Einwohner der Aschanti.

Lit: Fingerhut, 1970, S. 62 und 115.

1095 DUNKELNDES MOOR, JETZT BIST DU TIEF UND WEIT: 3, 757. Paris, 10. 9. 1902. EA: SW 1959.

Dunkelndes Moor: Bezieht sich auf die Landschaft um Worpswede, wie sie Rilke im 2. Teil des STBs und auch in der Worpswede-Monographie schildert und die er gerade verlassen hat. Zum Bild der Stadt s. den Br. an Lou vom 18. 7. 1903. S. K 1121.

1096 HERBST (BB 19 e): 1, 400. Paris, 11. 9. 1902. EA: BB Dezember 1906. Fehlt in der 1. Ausgabe.

Zur Gebärde des Fallens s. a. den Schluß der X.DE 1, 726 und Lit.: Blume 1945. S. a. K 1103.

1097 UND IMMER WIEDER KOMMT DIE WELT UND WILL: 3, 757. Paris, 15. 9. 1902. EA: SW 1959.

Das Gedicht gestaltet Rilkes Auseinandersetzung mit der modernen Zivilisation (neuen Zeit) und stellt ihr im Sinne der mönchischen Existenz des STBs nur die Flucht in die Einsamkeit als Alternative gegenüber. S. K 1065, 1831.

1098 MIR IST ALS OB ICH OHNE ENDE GINGE: 3, 759. Paris, 17. 9. 1902. EA: SW 1959.

Das Gedicht steht deutlich unter dem für Rilke lähmenden Eindruck, den Paris auf ihn machte. S. a. K 1135.

1099 DAS IST NICHT WIE WENN KINDER IRRGEHN IM WALD: 3, 760. Paris, 17. 9. 1902. EA: SW 1959.

S. K 1198.

1100 EINSAMKEIT (BB 19a): 1, 397. Paris, 21. 9. 1902. EA: BB Dezember 1906. Fehlt in der ersten Auflage. – Abgesehen von dem Kunsterlebnis war Paris für Rilke vor allem Elend. Vgl. aus der Zeit der Gedichtniederschrift die Briefe aus Paris, etwa den an Holitscher vom 17. 10. 1902 und K 1097.

1101 HERBSTTAG (BB 19b): 1, 398. Paris, 21. 9. 1902. EA: BB Dezember 1906. Fehlt in der 1. Ausgabe.

Die letzte Strophe umschreibt wie alle Texte dieser ersten Zeit in Paris Rilkes seelische Verfassung. S. K 1100. – Robert Faesi hat sehr früh schon auf die Verwandtschaft mit Nietzsches »Bald wird es schnei'n, weh dem der keine Heimat hat« (Mitleid hin und her) hingewiesen (R. F.: R. M. Rilke. Zürich. Leipzig. Wien 1919, S. 45 f.). S. a. K 1103.

Lit.: Erich Weißer: R. M. Rilkes ›Herbsttag‹ und Storms ›Herbst‹. Ein Stilvergleich. In: Zeitschrift für deutsche Bildung. Verlag Diesterweg, Frankfurt, 5. Jg., H. 4 1929.

1102 SEIN ZORN STEHT AUF: 3, 760. Paris, 21. 9. 1902. EA: SW 1959.

1103 ES RAUSCHT. ES RAUSCHT. WER HAT DIE GÄRTEN: 3, 760. Paris, 21. 9. 1902.
Das Gedicht formuliert Fragen, die in dem wenige Tage vorher geschriebenen, berühmt gewordenen Herbstgedicht beantwortet scheinen oder doch als beantwortet beschworen sind. S. K 1096

1104 NUR BEI ZWEI ENTFERNTEN HOHEN FAHNEN: 3, 761. Paris, 25. 9. 1902. EA: SW 1959.
weiten Heidefläche: Erinnerung an die Worpsweder Landschaft (K 1095), die hier gegen die Enge der Stadt beschworen wird.

1105 DIE HEILIGE (BB 12 a): 1, 383. Paris, 1. 11. 1902. EA: BB Dezember 1906.
Fehlt in der 1. Ausgabe. – Stoffliche Vorlage des Gedichts ist wahrscheinlich die Legende der heiligen Genoveva, Schutzpatronin von Paris, die Rilke aus einer Freskendarstellung im Panthéon kannte. Diese Darstellung der Legende von Puvis de Chavanne hat auch auf den MLB gewirkt (6, 774). Vgl. a. den Brief an Clara vom 31. 8. 1902: *einen ganz großen Eindruck von der Dekorationskunst des Puvis im Panthéon.*

1106 DER PANTHER (NG I, 27): 1, 505. Paris, 1902/1903 (möglicherweise 5./6. November 1902). ED: Deutsche Arbeit. München, Prag. September 1903. EA: NG 1907.
Frühestes und wohl auch bekanntestes Stück aus den *Neuen Gedichten,* nach einer Aussage Rilkes (Br. v. 17. 3. 1926) das erste *Ergebnis einer strengen guten Schulung* unter dem Einfluß Rodins, der ihn gedrängt hatte, *wie ein Maler oder Bildhauer v o r der Natur zu arbeiten, unerbittlich begreifend und nachbildend.* Darum trägt das Gedicht auch den Untertitel: *Im Jardin des Plantes, Paris.* Neben diesem Tier aus dem Zoo war wohl auch ein Gipsabdruck anregend, den Rodin von einem Tiger besaß (Br. an Clara v. 27. 9. 1902, Abb. 102 bei Schnack 1956). Die Beschreibung dieser Plastik verweist in vielen Details bereits auf das Gedicht. Vgl. a. die gleichzeitig entstandene Prosaskizze *Der Löwenkäfig* (6, 1135 u. Anm.).
Zur Literatur vgl. Bradley 1967 S. 183 Anm. 4. Die Deutungen schwanken zwischen phänomenologischer (die Dinge ganz echt geben – Pongs) und symbolischer Sicht (Sinnbild der im Gefängnis ihrer Isoliertheit sich verzehrenden Seele des Dichters selbst – Blume), wobei eine große Bereitschaft zur Vernachlässigung zeit- und geistesgeschichtlicher Züge zu beobachten ist. Der Verlust oder die Bedrohung des natürlichen Lebensraumes ist ein bedeutendes Thema um die Jahrhundertwende.

NEUE GEDICHTE

Rilkes *Neue Gedichte* liegen in zwei Büchern vor, und zwar:
1. *Neue Gedichte* und 2. *Der Neuen Gedichte anderer Teil.* Die
Gedichte des ersten Teils entstanden in den Jahren 1902/03 bis
1907 und erschienen im Dezember 1907, der 2. Teil wurde geschrieben zwischen dem 31. Juli 1907 und dem 2. 8. 1908 und
erschien Anfang November 1908. Die beiden Bücher sind das
Ergebnis eines strengen, im Formalen wie Perspektivischen bewußt und entschieden sachlichen Darstellungsstils, den Rilke im
Sinne einer Abkehr von den gefühlshaften und subjektiven Werken der Frühzeit und in Anlehnung an vor allem französische
Vorbilder sich anerzog, überzeugt, daß dichten arbeiten heißt.
Das von dieser Absicht getragene künstlerische Ethos, sich vom
eigenen Subjekt weg und der Welt des Seienden, der Wirklichkeit
zuzuwenden, hat ihm denn auch das Urteil eingebracht, der Dichter des Seins zu sein, oder, wie es die philosophisch orientierte
Rilke-Kennerin Käte Hamburger formuliert, der »Schöpfer phänomenologischer Strukturen« zu sein, dem die »Epoché (Enthal-
tung) von jedem Urteil über die Wirklichkeit« höchste Aufgabe
des Künstlers war. Demgegenüber werden Rühmung und Preis,
die erklärten Ziele der *Duineser Elegien* und der *Sonette an Orpheus,* von Rilke selbst später als entscheidender Fortschritt gefeiert werden.
Ob Rilke die selbstgestellte Aufgabe gelungen ist, ob er reine
Phänomene, Dinggedichte, geschaffen hat oder die eigene subjektive Identität nur geschickt und für seine Kunst gewinnbringend
verlagert hat in eine dafür zum Symbol stilisierte Wirklichkeit,
ist Gegenstand mancher Kontroverse. Sicher und unbestritten ist,
daß die *Neuen Gedichte* eine zuvor nicht gekannte Differenzierung und Nuancierung der Sprache verwirklichen, daß Rilke in
ihnen einen Variationsreichtum der Syntax und eine Abstufungs-
vielfalt seines Wortschatzes erreicht, die von jedem Leser, auch
vom kritischsten, als Erweiterung und Förderung des Sehens und
als Sensibilisierung der Wahrnehmung gerühmt werden.
Die Vorbilder, an denen sich Rilke orientierte, sind neben Baudelaire, dem Dichter der »Charogne« (Les Fleurs du Mal), und
Flaubert bildende Künstler, Rodin, Van Gogh und Cézanne. Bei
keinem von ihnen ergab sich der Einfluß nur aus dem Werk.
Wie die Briefe zeigen, ging die Faszination ebensosehr, wenn
nicht gar entscheidender, von der Biographie aus, von dem Stellenwert, den diese Künstler bei ihrer Lebensführung dem künstlerischen Schaffen einräumten, von ihrem Scheitern in persönlichen Dingen, das ihnen Rilke auslegte als Demut und Ethos
des Kunstschaffenden. Sie bestätigten ihm das eigene ästhetische

Konzept der Unvereinbarkeit von Künstlertum und bürgerlicher
Existenz, das Entweder-Oder von Glück und Arbeit, wodurch
sie Verwandte wurden des Heiligen von Assisi, der vom *Stunden-Buch* bis zum *Brief des jungen Arbeiters* eine der Leitfiguren
Rilkeschen Denkens blieb. Im Geiste dieses Mannes, arm und
demütig, wollte Rilke zur Zeit der *Neuen Gedichte* nur Wahr-
nehmender, nur Schauender sein, der unter Verzicht auf das eigene Ich, sein Wollen und Wünschen, die Wirklichkeit in ihrem
So-Sein in Worte verwandelt (s. K 1444 u. 1445). Darum ist in
den gleichzeitig entstehenden *Aufzeichnungen* »sehen« das am
weitaus häufigsten gebrauchte Verbum. Vgl auch: *Lange errang
ers im Anschaun* 2, 82 u. K 1648.
Bei diesem Programm ist es dann doch einigermaßen überraschend,
was sich schließlich – stofflich – als diese Wirklichkeit präsentiert.
Die meisten der Stoffe sind literarisch vermittelt, entstammen
der Bibel, der antiken Mythologie, gehen auf museale Vorbilder
zurück, sind angeregt durch Baudenkmäler und Gemälde oder
entstammen gelegentlich betriebenen historischen Studien. Die
Selektion charakterisiert Rilke als einen Künstler, dem Wirklichkeit vor allem Kunstwirklichkeit war.
Thematisch kreisen die *Neuen Gedichte* immer wieder um Fragen
der Kunst und der Künstlerexistenz, und dies gerade im Sinne
des ästhetischen Programms der NG, das sich zuweilen sogar polemisch durchsetzt. Manches Abstoßende und Ekelerregende verdankt seine Berücksichtigung der erklärten Absicht, daß sachliche,
verantwortliche Kunst in Absehung gefühlsmäßiger Vorlieben
oder Abneigungen keine Auswahl dulden könne. Im Aufbau
sind die *Neuen Gedichte* sehr viel lockerer als etwa die Zyklen
Georges. Die beiden Teile beginnen je mit einem Apollo-Sonett
und folgen dann im großen und ganzen einer Chronologie der
Stoffe, die von der Antike, über die Bibel und das Mittelalter
bis in die Neuzeit führt.
Lit.: Berendt, Bradley.

1107 KEMBRANDT: 3, 762. Paris, 10. 11. 1902, überarbeitet wohl
1903. EA: SW 1959, S. K 367.

1108 RODIN: 3, 763. Paris, 10. 11. 1902. EA: SW 1959.
Entwurf: 3, 763. Endgültige Fassung: 3, 764. S. K 1110.

1109 EIN VERLEUGNETER DER EIGNEN HÄNDE: 3, 764. Paris, 17. 11.
1902. EA: SW 1959.

1110 RODIN I–II: 3, 765. Paris, 21. 11. 1902. EA: Br. 02–06 1929.
I. *Des Meisters Leben geht von uns so fern.* II. *Des Meisters
Weg ist dunkel als verlöre.* Die Gedichte schrieb Rilke für seine
Frau in ein Exemplar von »La vie artistique« von Gustave
Goffroy mit der Widmung: *An Clara. Die liebe Mutter. Den
Künstler. Die Freundin. Die Frau.* Clara Rilke war Bildhauerin

und Schülerin Rodins. Rilke selbst war nach Paris gereist, um
eine Monographie über Rodin schreiben zu können (s. 5, 141).
Rodin wurde auch Rilkes Lehrmeister in Sachen Kunst; ihm
widmete er den 2. Teil der *Neuen Gedichte*. Das Buch Goffroys
war wohl ein Geburtstagsgeschenk für Clara. Es enthält auf den
Seiten 62–115 einen Aufsatz über Rodin und dessen Werk.

1111 DER KNABE (BB 13 a): 1, 386. Paris, undatiert, vermutlich Winter 1902/03. EA: BB Dezember 1906.
Das Gedicht fehlt in der 1. Ausgabe des BB.

1112 IN DER FERNE SEH ICH MENSCHEN GEHEN: 3, 766. Paris, wahrscheinlich Anfang 1903. EA: SW 1959.
Das Gedicht ist ein Vorklang der Kritik an der Stadtlandschaft,
wie sie im STB III mächtig zu Wort kommen wird. S. K 1121.

1113 SCHREIN, SCHREIN!: 3, 768. Paris, wahrscheinlich Anfang 1903.
EA: SW 1959.

1114: O ICH MÖCHTE MEINE STIMME HEBEN: 3, 768. Paris, wahrscheinlich Anfang 1903. EA: SW 1959.

1115 KOMMT MEIN FRÜHLING ERST NOCH?: 3, 769. Paris, wahrscheinlich Anfang 1903. EA: SW 1959.

1116 DER EINSAME (BB 16 b): 1, 393. Viareggio, 2. 4. 1903. EA: BB
Dezember 1906.
Fehlt in der 1. Ausgabe des BB. Das Gedicht steht in dem
kunsttheoretisch äußerst wichtigen Brief an Lou vom 8. August
1903 und dient dort der Charakterisierung der nach Rilkes Auffassung sich verbürgerlichenden Atmosphäre im Hause Heinrich
Vogelers (K 969). Vgl. a. Br. a. Clara v. 24. 3. 1903.

1117 NUN GING DER TAG, UND PLÖTZLICH IST ER WEIT: 3, 769. Viareggio, 12. 4. 1903. EA: SW 1959.

1118 VIELLEICHT, DASS ICH DURCH SCHWERE BERGE GEHE (STB III, 1):
1, 343. Viareggio, 13. 4. 1903. EA: STB Dezember 1905.
Die Bildlichkeit des Gedichts mag eine Erinnerung an die Bahn-
fahrt nach Viareggio sein (Br. v. 24. 3. 1903): *Möchte auch die
Berge gar nicht mehr sehen, die auf der Fahrt von Mondane
her einem so schrecklich werden, weil man immerfort durch sie
durchfährt.*

1119 DU BERG, DER BLIEB DA DIE GEBIRGE KAMEN (STB III, 2): 1, 343.
Viareggio, 13.–14. 4. 1903. EA: STB Dezember 1905.
Rilkes vorwiegend negatives Pariserlebnis, wie es sich in den
Briefen der ersten Pariser Wochen und Monate niedergeschlagen
hat, prägt in den folgenden Strophen des STBs auch die Kritik
an der Stadt, s. K 1121. *Cyclamen:* Alpenveilchen. – *Minaret:*
zur Moschee gehöriger Turm für den Gebetsrufer.

1120 MACH MICH ZUM WÄCHTER DEINER WEITEN (STB III, 3): 1, 344.
Viareggio, 14. April 1903. EA: STB Dezember 1905.
Strophe 2 erinnert an Erfahrungen der Rußlandreisen Rilkes.

1121 DENN, HERR, DIE GROSSEN STÄDTE SIND (STB III, 4): 1, 345.
Viareggio, 14. 4. 1903. EA: STB Dezember 1905.
Das Gedicht ist ein Beispiel für das komplexe Ineinander literarischer, psychologischer und biographischer Aspekte der Rilkeschen Lyrik. Rilke verarbeitet hier nicht nur die als Heimsuchung
empfundenen eigenen, kurz zurückliegenden Pariserlebnisse, sondern auch zugleich literarische Vorbilder wie etwa die »Tableaux
Parisiens« Baudelaires und auch Lektüreerinnnerungen an Sigbjörn Obstfelder (6, 657). Darüber hinaus aber ist das Thema
der großen Städte auch ein Zentralthema der Kulturkritik des
ausgehenden 19. Jhs. und der Jahrhundertwende. Die Urbanisierung wurde ein Inbegriff der sozialen Probleme ebenso wie
der Auswirkungen der Industrialisierung, Technifizierung und
Verwissenschaftlichung. Aus psychologischer Sicht hat für den
besonderen Fall Rilkes Erich Simenauer auf die symbolische
Identität zwischen Stadt, Vaterstadt und Vater hingewiesen.
Über Konstanz und Wandel des Motivs s. Blume 1951.

1122 UND IHRE KINDER WACHSEN UND SEHN ZU: 3, 770. Viareggio,
15. 4. 1903. EA: SW 1959.
In der 1. Niederschrift des 3. STB-Teils stand das Gedicht zwischen STB III, 4 und STB III, 5, also 1121 und 1123.

1123 DA LEBEN MENSCHEN, WEISSERBLÜHTE, BLASSE (STB III, 5):
1, 346. Viareggio, 15. 4. 1903. EA: STB Dezember 1905.

1124 O HERR, GIEB JEDEM SEINEN EIGNEN TOD (STB III, 6): 1. 347.
Viareggio, 15. 4. 1903. EA: STB Dezember 1905.
Die Formulierung vom *eigenen Tod* hat Rilke aus J. P. Jacobsens Roman »Frau Marie Grubbe« (Vgl. Mason 1963 S. 202).
Für Rilke aber wird weit über die Bedeutung, die das Wort
bei Jacobsen hat, hinaus der Gedanke vom *eigenen Tod* zu
einer These gegen die naturwissenschaftliche Annullierung der
individuellen Existenz. Vgl. die Stelle aus dem MLB: *Jetzt wird
in 559 Betten gestorben. Natürlich fabrikmäßig. ...; man stirbt
den Tod, der zu der Krankheit gehört, die man hat (denn seit
man alle Krankheiten kennt, weiß man auch, daß die verschiedenen letalen Abschlüsse zu den Krankheiten gehören und nicht
zu den Menschen ...* (6, 715/16).

1125 DENN WIR SIND NUR DIE SCHALE UND DAS BLATT (STB III, 7):
1, 347. Viareggio, 16. 4. 1903. EA: STB Dezember 1905.
S. K 1124.

1126 HERR: WIR SIND ÄRMER DENN DIE ARMEN TIERE (STB III, 8):
1, 348. Viareggio, 16. 4. 1903. EA: STB Dezember 1905.
S. K 1124.

1127 MACH EINEN HERRLICH, HERR, MACH EINEN GROSS (STB III, 9):
1, 349. Viareggio, 16. 4 .1903. EA: STB Dezember 1905.
Die sexuelle Metaphorik des Gedichts ist nach Mason (1963

S. 203) gegen den christlichen Mythos der jungfräulichen Geburt gerichtet, ebenso wie die Apotheose des *Todgebärers* überhaupt eine polemische Gegengröße gegen die christliche Auferstehungslehre und Ewigkeitsverheißung sei. In diesem Zusammenhang verweist Mason auch auf *Das Jüngste Gericht*
(K 827) und seine gewaltige Polemik gegen den Auferstehungsglauben. S. K 553. *Josaphat:* König von Juda, besiegte durch
Gottes Hilfe die Feinde und veranstaltete ein Jubelfest (2 Chr.
20).

1128 DAS LETZTE ZEICHEN LASS AN UNS GESCHEHEN (STB III, 10):
1, 350. Viareggio, 16. 4. 1903. EA: STB Dezember 1905.
S. K 1127.

1129 ICH WILL IHN PREISEN. WIE VOR EINEM HEERE (STB III, 11):
1, 351. Viareggio, 16. 4. 1903. EA: STB Dezember 1905.
S. K 1124.

1130 UND GIEB, DASS BEIDE STIMMEN MICH BEGLEITEN (STB III, 12):
1, 352. Viareggio, 17. 4. 1903. EA: STB Dezember 1905.

1131 DIE GROSSEN STÄDTE SIND NICHT WAHR; SIE TÄUSCHEN (STB
III, 13): 1, 352. Viareggio, 17. 4. 1903. EA: STB Dezember 1905.
S. K 1121 und 1319.

1132 DENN GÄRTEN SIND, – VON KÖNIGEN GEBAUT (STB III, 14):
1, 352. Viareggio, 17. 4. 1903. EA: STB Dezember 1905.
Gammen: frz.: Tonleiter, zum Gebrauch französischer Reimwörter vgl. K 1320. – Die kulturpessimistische Position Rilkes
reicht bis in die Spätzeit.

1133 DANN SAH ICH AUCH PALÄSTE, WELCHE LEBEN (STB III, 15):
1, 353. Viareggio, 17. 4. 1903. EA: STB Dezember 1905.
Ambra: wertvoller Riechstoff. – *Sandelholz:* indische und austra-
lische Bäume, aus deren Holz oder Öl man erlesene Düfte er-
zeugen kann. – *Mandelöl:* kostbarer Duftstoff. – *Gossudar:* Selbstherrscher, Titel des russischen Zaren. – Zeile 2 und 3: Umschreibung für den Pfau.
Die Strophe 7 hatte in der 1. Niederschrift eine andere Fassung, s. 3, 770.

1134 SIE SIND ES NICHT. SIE SIND NUR DIE NICHT-REICHEN (STB III,
16): 1, 355. Viareggio, 17. 4. 1903. EA: STB Dezember 1905.
Ursprünglich hatte das Gedicht noch eine Strophe mehr (3, 770/
71). Diese wurde bis auf die erste Zeile gestrichen, die als selb-
ständiger Teil erhalten blieb, s. 1135.

1135 DENN ARMUT IST EIN GROSSER GLANZ AUS INNEN (STB III, 17):
1, 356. Viareggio, 17. 4. 1903. EA: STB Dezember 1905.
Ursprünglich die erste Zeile einer neuen Strophe von 1134.
Diese Zeile zitiert Rilke in einem Brief vom 3. 10.1907 an
Clara und bezieht sie dort sowohl auf den heiligen Franz von
Assisi wie auf den Künstler Van Gogh, dessen Werke und künst-

lerische Haltung er charakterisieren möchte. Die Gestalt des Heiligen hat Rilke nicht von ungefähr gewählt. Um die Jahrhundertwende erschienen zahlreiche Ausgaben und Übersetzungen der Legenden des heiligen Franz. Die von Rilke öfter zitierte »Vie de Saint François d'Assise« von Paul Sabatier erschien trotz Indizierung (1894) in mehr als 50 Auflagen. 1907 erschien eine deutschsprachige Auswahl von Franziskuslegenden im Köselverlag (hrsg. v. Holzapfel), und die Übersetzung des Sabatierbuches im Verlag Max Rascher Zürich kam 1919 auf den Markt. – Am Tage, an dem Rilke dieses Gedicht schrieb, teilt er seiner Frau mit, daß er den Plan, nach Assisi zu reisen, aufgegeben habe. Aus dem Brief geht allerdings hervor, daß seine Beschäftigung mit dem Heiligen bereits älteren Datums ist. Vgl. K 1106 Einl. u. K 1136.

1136 DU BIST DER ARME, DU DER MITTELLOSE (STB III, 18): 1, 356. Viareggio, 18. 4. 1903. EA: STB Dezember 1905.
Das Gedicht ist ein Hymnus auf den heiligen Franz von Assisi (K 1135). Die 2. Zeile der 2. Strophe hat Erich Simenauer als Motto seiner Studie gewählt und damit das Bild der *Blöße* als psychoanalytisch schillerndes Symbol gedeutet. Die Bilder, die das Gedicht verwendet, sind z. T. Umsetzungen unmittelbarer Erfahrungen aus der Entstehungszeit, z. T. verarbeiten sie die wenig zurückliegenden Pariserlebnisse, wie sie im *Buch der Bilder*, in den *Neuen Gedichten* und im *Malte* gestaltet sind. Aus der Sicht des gesamten Werks haben die meisten dieser Bilder eine Intensität, die der enge Kontext nicht vermittelt, vgl. das Bild des auf die Dächer der Städte fallenden Frühlingsregens mit: Br. vom 1. Juni 1906, dem Schluß der *X. Duineser Elegie*, *Orpheus Eurydike. Hermes.* (1, 545) und K 1233. – Die im Zyklus folgenden Gedichte sind als Strophen eines teils hymnisch, teils elegisch angelegten Gesangs auf die Armut und die Armen zu lesen, in den sich Kritik an der Großstadtzivilisation mischt (s. K 1121).
Zur ursprünglichen Fassung der 4. Strophe s. 3, 771.

1137 DU, DER DU WEISST, UND DESSEN WEITES WISSEN (STB III, 19): 1, 358. Viareggio, 18. 4. 1903. EA: STB Dezember 1905. S. K 1136.

1138 BETRACHTE SIE UND SIEH, WAS IHNEN GLICHE (STB III, 20): 1, 358. Viareggio, 18. 4. 1903. EA: STB Dezember 1905. Gemeint sind die Armen, s. K 1136.

1139 SIE SIND SO STILL; FAST GLEICHEN SIE DEN DINGEN (STB III, 21): 1, 358. Viareggio, 18. 4. 1903. EA: STB Dezember 1905. S. K 1136.

1140 UND SIEH, WIE IHRER FÜSSE LEBEN GEHT (STB III, 22): 1, 359. Viareggio 19. 4. 1903. EA: STB Dezember 1905.

S. K 1136.

1141 UND IHRE HÄNDE SIND WIE DIE VON FRAUEN (STB III, 23):
1, 359. Viareggio, 19. 4. 1903. EA: STB Dezember 1905.
S. K 1136.

1142 IHR MUND IST WIE DER MUND AN EINER BÜSTE (STB III, 24):
1, 360. Viareggio, 19. 4. 1903. EA: STB Dezember 1905.
S. K 1136 und zum Motiv 1246.

1143 UND IHRE STIMME KOMMT VON FERNEHER (STB III, 25): 1, 360.
Viareggio, 19. 4. 1903. EA: STB Dezember 1905.
S. K 1136. *Daniel:* Dem Propheten Daniel wurde der Sinn eines
Traumes des Nachts offenbart (Daniel 2, 19).

1144 UND WENN SIE SCHLAFEN, SIND SIE WIE ALLES (STB III, 26):
1, 360. Viareggio, 19. 4. 1903. EA: STB Dezember 1905.
S. K 1136 – Zeile 5/6: s. 1136 Zeile 13/14 und K dazu.

1145 UND SIEH: IHR LEIB IST WIE EIN BRÄUTIGAM (STB III, 27):
1, 361. Viareggio, 19. 4. 1903. EA: STB Dezember 1905.
S. K 1136 Zur sexuellen Metaphorik s. K 1127. *und wie ein
Drache:* Märchenmotiv. S. K 1317.

1146 DENN SIEH: SIE WERDEN LEBEN UND SICH MEHREN (STB III, 28):
1, 361. Viareggio, 19. 4. 1903. EA: STB Dezember 1905.
Die Stelle zeigt deutlich Züge der Anlehnung an die Sprache der
Bergpredigt. S. K 1136.

1147 NUR NIMM SIE WIEDER AUS DER STÄDTE SCHULD (STB III, 29):
1, 362. Viareggio, 19. 4. 1903. EA: STB Dezember 1905.
S. K 1136 – zum Thema der Stadtkritik K 1121.

1148 DES ARMEN HAUS IST WIE EIN ALTARSCHREIN (STB III, 30):
1, 362. Viareggio, 19. 4. 1903. EA: STB Dezember 1905.
S. K 1136.

1149 DIE STÄDTE ABER WOLLEN NUR DAS IHRE (STB III, 31): 1, 363.
Viareggio, 19. 4. 1903. EA: STB Dezember 1905.
S. K 1136 und K 1121.

1150 UND DEINE ARMEN LEIDEN UNTER DIESEN (STB III, 32): 1, 364.
Viareggio, 19. 4. 1903. EA: STB Dezember 1905.
S. K 1121 und K 1136.

1151 O WO IST DER, DER AUS BESITZ UND ZEIT (STB III, 33): 1, 364.
Viareggio, 19.–20. 4. 1903. EA: STB Dezember 1905.
Fortsetzung und Beschluß des Hymnus auf den heiligen Franz
von Assisi, der mit STB III, 18 (1136) begonnen hat. Die beiden
letzten Zeilen der 1. Strophe spielen an auf die von Rilke immer
betonte These, die er im *Brief des jungen Arbeiters* so formuliert
hat: *Das Hiesige recht in die Hand nehmen, herzlich liebevoll,
erstaunend, als unser, vorläufig, Einziges: das ist zugleich, es
gewöhnlich zu sagen, die große Gebrauchsanweisung Gottes, d i e
meinte der heilige Franz von Assisi aufzuschreiben in seinem
Lied an die Sonne, die ihm im Sterben herrlicher war als das*

Kreuz, das ja nur dazu da stand, in die Sonne zu weisen.
(6, 1115) – *der braune Bruder deiner Nachtigallen:* Anspielung
1. auf die Kapuzinerkutte und 2. auf den Sonnengesang des Heiligen. – *mit kleinen Blumen:* In den Legenden wird mehrmals
davon berichtet, daß der Heilige mit der Natur vertraut um-
ging, z. B. mit Tieren sprach oder ihnen predigte. – *Corolle:* frz.:
Blumenkrone.

1152 O WO IST ER, DER KLARE, HINGEKLUNGEN (STB III, 34): 1, 366.
Viareggio, 20. 4. 1903. EA: STB Dezember 1905.
S. K 1136 und 1151. In der ersten Niederschrift des STB III
folgte ein noch dreiteiliger Schluß, der bereits in der ersten
Reinschrift weggelassen wurde. S. 1153.

1153 WANN ABER WIRST DU, GROSSER GEIGENBAUER
DU BIST DIE HAND, DIE IN DEN GEIGENBÖGEN
NUR E I N E R IST, EIN WACHENDER, EIN REIFER
3, 771. Viareggio, 20. 4. 1903. EA: Mövius 1937.
Diese drei Texte bildeten ursprünglich den Schluß von STB III.
S. K 1152 und SW 3,854.

1154 DIE KONFIRMANDEN (BB 13 b): 1, 387. Paris, im Mai 1903. ED:
Deutsche Arbeit. Juni 1904. EA: BB Dezember 1906.
Fehlt in der 1. Ausgabe. Anlaß: vgl. Br. an Clara vom 13. 5.
1906: *Paris im Mai mit seinen weißen Konfirmandinnen, die,
Schleier ausstrahlend, durch alle die andern gehen, wie kleine
Sterne.*

1155 DAS ABENDMAHL (BB 13 c): 1, 388. Paris, 19. 6. 1903. ED: Deutsche Arbeit. Juni 1904. EA: BB Dezember 1906.
Fehlt in der 1. Ausgabe. Als stoffliche Vorlage des Gedichts gilt
Leonardo da Vincis Gemälde ›Das Abendmahl‹. »Rilke hat hier
nicht nur das komplizierte System von Reaktionen beobachtet,
das Leonardo aus Stellungen und Gebärden aufgebaut hat, sondern hat auch aufgefaßt, welche Rolle das Helldunkel als zweites Hauptelement des Bildes spielt« (P. Reuterswärd S. 224). Für
das Verständnis des Gedichts ist auch der Consensus über den
dargestellten Augenblick sehr wertvoll: der Augenblick nach dem
Wort Jesu: Einer von euch wird mich verraten. Zur Variation des
Themas vgl. NG II, 42 und K 1431. Den unmittelbaren Eindruck des Gemäldes gewann Rilke erst 1904 (vgl. Br. v. 3. Juli
1904), hat es also wohl vorher von einer Beschreibung bzw.
einer Abbildung her gekannt.

1156 DIE AUS DEM HAUSE COLONNA (BB 32 a): 1, 440. Undatiert:
vermutlich Rom, Winter 1903/04. EA: BB Dezember 1906.
Fehlt in der 1. Ausgabe.
Colonna: Name eines römischen Adelsgeschlechts, das vom 12. bis
16. Jahrhundert neben den Orsini die bedeutendste Rolle in
der Geschichte Roms spielte. Ähnlich dem Zarenzyklus, der auf

Rilkes russische Reisen zurückgeht, steht dieses Gedicht in engem Zusammenhang mit Rilkes Romaufenthalt. Auffallend hier wie etwa auch in 998 *(Karl der Zwölfte)* Rilkes Interesse an der ästhetisch-distanzierten Haltung und träumerisch-beschaulichen Stimmung der Tatmenschen. Vor allem die 2. Strophe deutet die angesprochenen Porträts im Sinne des eigenen Programms. S. K 1106 und 1444.

1157 O WAS ICH DOCH FÜR VIELE WASSER SAH: 3, 773. Rom, Winter 1903/04. EA: SW 1959.

1158 DIE VOLLEN STÄDTE STEHN: 3, 774. Rom, Winter 1903/04. EA: SW 1959. S. K 1104.

1159 HETÄREN-GRÄBER (NG I, 69): 1, 540. Rom, Anfang 1904. ED: Die neue Rundschau. Berlin. 1905. EA: NG I Dezember 1907. Im ED als Prosagedicht erschienen.
Hetäre (gr.: Gefährtin), hier: Dirne. *Krypta:* gr.: verborgener Raum. *Skarabäe:* s. K 1413. Zum Motiv vgl. a. 1280 und 1210. – Das Nebeneinander von kindlichen Mädchengestalten und Kurtisane in den NG rückt das Frauenbild dieses Zyklus in die Nähe des Jugendstils.

1160 ORPHEUS. EURYDIKE. HERMES (NG I, 70): 1, 542. Rom, Anfang 1904 (1. Fassung). / Jonsered-Schweden, Herbst 1904 (endgültige Fassung).
ED: Die neue Rundschau. Berlin. 1905. EA: NG I Dezember 1907.
Das Gedicht erschien im ED zusammen mit 1159 und 1161 in Prosaform. Wahrscheinlich durch ein Relief angeregt: vgl. Br. an Clara vom 2. 12. 1906 und Bradley, 1967 Kap. 12 Anm. 4. Ob Rilke die Darstellung im Louvre (Abb. Schnack 1956 Nr. 98), in Rom oder Neapel gesehen hat, ist strittig. Ganz abgesehen von der stofflichen Vorgabe bleibt das Thema der Spannung zwischen Künstlerexistenz und Liebeserfüllung und Liebessehnsucht eine Konstante in Rilkes Werk. S. K 1814. Das Gedicht spart den Tod der Eurydike und das Versprechen des Orpheus, sich nicht umzuwenden, aus und beginnt mit dem Aufstieg aus der Unterwelt, setzt mithin die Kenntnis der Sage voraus.
Porphyr: Ergußgestein. Den Gott des Ganges und der weiten Botschaft: Hermes, der Eurydike begleitet.
Lit.: Hans Streifer: R. M. Rilke: O. E. H. In: Wege zum Gedicht II. München und Zürich. 1963.

1161 GEBURT DER VENUS (NG I, 72) (1, 549): Rom, Anfang 1904 (Entwurf) / Furuborg, Jonsered, Herbst 1904 (endgültige Fassung). ED: Die neue Rundschau. Berlin. 1905. EA: NG I Dezember 1907. Im ED zusammen mit 1159 und 1160 in Prosaform erschienen. Angeregt wurde das Gedicht durch eine Darstellung Botticellis

(›Geburt der Venus‹). Schon im Florenzer Tagebuch finden sich viele Hinweise auf Botticelli, dessen Madonnen von großem Einfluß auf das *Stunden-Buch* waren, s. K 879 und TF S. 43 und 101.

Venus – Aphrodite (Göttin der Liebe) entstieg dem vom Blute des Uranos befruchteten Meere: die aus dem Schaum Geborene. Letzte Strophe: Die Venus wurde häufig mit einem Delphin dargestellt (nicht bei Botticelli). Hans Schwerte (GRM XXXII 1950/51) verweist auf die Nebenbedeutung von *delphus* (Uterus = Gebärmutter). Bradley 1976 S. 37 deutet den toten Delphin als Nachgeburt.

1162 EINLADUNG: 3, 468. Rom, 26. 2. 1904. ED: Deutsche Arbeit. München. Prag. 1904. EA: FG 1919.
Ohne den Titel in FG. Zur Textgeschichte s. SW 3, 811. – *Altan:* vom Boden her abgestützter Balkon. – *Siziliane:* aus Sizilien stammende Strophenform, der Stanze verwandt.
Entwurf s. 1163.

1163 KOMM ICH LADE DICH ZU EINEM GANGE: 3, 774. Ende Februar 1904. EA: SW 1959. Entwurf zu vorstehendem Gedicht.

1164 DAS STREIFT DICH WIE EIN DÜFTEN, NUR VIEL ZARTER: 3, 775. Rom, Frühjahr 1904. EA: SW 1959.

1165 ... DENN DAS GERÄUSCH DES FRÜHLINGLICHEN BLUTES: 3, 776. Rom, Frühjahr 1904. EA: SW 1959.

1166 GÄRTEN: 3, 775. Rom, 26. 2. 1904. EA: SW 1959.

1167 AN DETLEV VON LILIENCRON ZUM 3. JUNI 1904: 3, 776. Rom, 31. 5. 1904. EA: SW 1959.
Gedicht zum 60. Geburtstag Liliencrons. Über Rilkes Verhältnis zu L. s. K 182 und K 420. Auch dieses Gedicht bezieht sich auf Liliencrons Hauptwerk, den ›Poggfred‹, dem Rilke schon 1897 eine zustimmende Besprechung gewidmet hatte (5, 317).

1168 IST SELIGKEIT IN DEN ABENDBESCHIENENEN KRONEN: 3, 778. Borgeby gård (Schweden), 26. 7. 1904. EA: SW 1959.
Eingeschrieben in Rilkes eigenes Exemplar von Kierkegaards ›Entweder – Oder‹. S. SW 3, 855.

1169 ICH KONNTE DICH WIE EINE ROSE RÜHMEN: 3, 779. Borgeby gård (Schweden), 8. 8. 1904. ED: Mövius 1937.
DA KENN ICH DICH UND WAS MICH VON DIR TRENNTE: 3, 779. B. g., 9. 8. 1904. ED: Mövius 1937.
Beide Texte sind Anfänge einer Fortsetzung des *Stunden-Buchs.* (K 846)

1170 STURM (BB 22 b): 1, 403. Undatiert: vermutlich Schweden, Herbst 1904. EA: BB Dezember 1906.
Fehlt in der 1. Ausgabe. – *Mazeppa:* Iwan Stepanowitsch, Kosakenhetman (= Hauptmann) im Dienst Peters des Großen, ging im Nordischen Krieg zu Karl dem XII. von Schweden über

(S. K 998). Der Kosakenführer wurde zur Strafe dafür, daß er eine Dame am Hofe des polnischen Königs liebte, nackt auf den Rücken eines Pferdes gebunden und in die Steppe gejagt. Vgl. auch Brechts ›Ballade vom Mazeppa‹.

1171 OBEN WO DIE GROSSEN STIMMEN WOHNEN: 3, 780. Furuborg, Jonsered (Schweden), 2. 10. 1904.
Briefgedicht für Ellen Key im Brief vom 2. 10. 1904.
Rilke war auf Einladung Ellen Keys nach Schweden gereist. Ellen Key, Schriftstellerin und Pädagogin, war eine Verehrerin Rilkescher Verse. Rilke hatte 1902 Ellen Keys Buch ›Das Jahrhundert des Kindes‹ besprochen (5, 584).

1172 ABEND IN SKÅNE (BB 22 c): 1, 404. Jonsered bei Göteborg, um den 1. 11. 1904 (1. Fassung). ED: Deutsche Arbeit. Prag. 1905 (1. Fassung). EA: BB Dezember 1906 (2. Fassung).
Die um 14 Zeilen längere 1. Fassung unter dem Titel *Abend in Schonen* (3, 468) wurde für das BB außer der Kürzung nur geringfügig geändert.
Skåne: südliche Provinz Schwedens, wo Rilke als Gast von Fräulein Larsson auf dem Landgut Borgeby-Gård wohnte. Borgeby-Gård besaß einen großen Park (s. a. K 1249).

1173 DAS LIED VON DEN LILIEN: 3, 780. Furuborg, Jonsered, 20. 11. 1904. *Stina Frisell zu eigen:* Zur Widmung s. K 1224. Nach Zinn (3, 856) spielt der Anfang an auf die ›Fünf christlichen Reden über die Sorge‹ von Kierkegaard.

1174 FÜR JOHNNY GIBSON: 3, 781. Furuborg, Jonsered, 24. 11. 1904. ED: Münchener Abendzeitung 1948.
Widmungsgedicht, eingeschrieben in die 1. Ausgabe der Rodin-Monographie.
Gibson: Rilkes Gastgeber in Furuborg.

1175 ABER ALS HÄTTE DIE LAST DER FRUCHTGEHÄNGE (STB I, 32): 1, 273. Worpswede, um den 1. 5. 1905. EA: STB Dezember 1905.
Nachträglich ins *Stunden-Buch* eingefügt, s. K 879.
Die ersten Zeilen spielen an auf den üppigen Darstellungsstil der Renaissancemaler, wie ihn Rilke im *Florenzer Tagebuch* beschrieben hat, während Zeile 5 ff. auf den Stil des *traurigsten* Malers hinzuweisen scheint, als welchen Rilke Botticelli charakterisiert hat, s. K 877 und 879. Nach Ruth Mövius (S. 32) sind einzelne Bildelemente der 2. Strophe durch Botticelli-Bilder beeinflußt: ›Maria mit dem Kinde und Leuchter tragenden Engeln‹/ ›Maria mit dem Kinde und singenden Engeln‹ (Abb. Mövius S. 36 a und b).

1176 WIE DER WÄCHTER IN DEN WEINGELÄNDEN (STB I, 58): 1, 293. Worpswede, um den 1. Mai 1905. EA: STB Dezember 1905.
Das Gedicht, das erst bei der Überarbeitung des STBs an die

Stelle von *Ich habe lang an Dir gewacht* (K 905) trat, ist in seiner Bildkomposition geschlossener als dieses. Vgl. a. K 896.

1177 IHR VIELEN UNBESTÜRMTEN STÄDTE (STB I, 49).
Neufassung der 1. Niederschrift von 1899. S. K 896.

1178 O LASST MICH GEHEN, WIE ICH KAM, ALS EINER: 3, 782. Berlin, Anfang Juli 1905. EA: SW 1959.

1179 WER VERMAG ES, EIN HAUS ZU BAUEN: 2, 201. Godesberg, 11. 9. 1905. EA: G 1953.
Eingetragen in das Gästebuch von Karl und Elisabeth von der Heydt nach einem kurzen Besuch und zum Abschied. S. K 1195 und Abb. Schnack 1956 Nr. 127.

1180 ES IST GANZ STILLE. AUFRECHT STEHT DER DUFT: 2, 324. Paris (Meudon), vermutlich Herbst 1905. EA: SW 1957.

1181 KINDHEIT (BB 12 b): 1, 384. Paris (Meudon), Winter 1905/06. EA: BB Dezember 1906.
S. K 943 und K 1236. – Nach Simenauer (S. 244) sind die 4 letzten Zeilen der 1. Strophe eine Beschreibung der frühkindlichen Erfahrung, daß Rilke bis zu seinem 6. Lebensjahr in Mädchenkleidern gehen mußte und überhaupt als Mädchen erzogen wurde.

1182 ERANNA AN SAPPHO (NG I, 4): 1, 483. Paris (Meudon), Winter 1905/06. EA: NG Dezember 1907.
Das Gedicht leitet die drei Sappho-Gedichte (s. a. 1183 und 1298) ein und fügt sich thematisch in den Verband der Liebesgedichte des Zyklus.
Sappho, griechische Dichterin aus Lesbos, um 600 v. Chr., leitete einen Kreis junger Mädchen, lebte in einer Frauengemeinschaft (Lesbische Liebe). Eranna (meist Erinna – vgl. Mörikes Gedicht ›Erinna an Sappho‹), die Freundin, starb nach der Sage einen frühen Tod aus unglücklicher Liebe zu Sappho. Das Sappho-Bild, das Ellen Key Rilke geschickt hat (Br. v. 27. 6. 1907), kann entgegen Berendts Vermutung (S. 75 u. Anm. 3) aus zeitlichen Gründen nicht der Anlaß zu dem Gedicht gewesen sein. Eher ist ein Einfluß Baudelaires anzunehmen (Les Fleurs du Mal: Lesbos). – Das Bild des Speers und der Werferin findet sich verwandelt in der I.DE (1, 687) als Pfeil und Sehne wieder. – *schöne Göttin:* Venus.
Lit.: Joachim Rosteutscher, Rilkes Sapphogedichte. In: Acta Germanica 6 1971 S. 95–105.

1183 SAPPHO AN ERANNA (NG I, 5): 1, 483. Paris (Meudon), Winter 1905/06. EA: NG Dezember 1907.
Gegenstück zu 1182. S. K. – *umrankter Stab:* möglicherweise in Annlehnung an das christliche Bild von Weinstock und Rebe, Bild für die zwischenmenschliche (Liebes-)Gemeinschaft, die der

künstlerischen Weltoffenheit im Wege steht. Zum Gebrauch des Bildes bei Baudelaire s. Bradley 1967 S. 28.

1184 GRABMAL EINES JUNGEN MÄDCHENS (NG I, 7): 1, 484. Paris (Meudon), Winter 1905/06, vor dem 1. 2. EA: NG Dezember 1907.

jenes Gottes: wahrscheinlich: Eros, im Unterschied zu Apoll. – Bradley deutet das Gedicht aus der Perspektive der Frau, die geliebt hat und zurückschaut auf ihr verlorenes Mädchentum (1967 S. 31 f.), während Hans Berendt (1957 S. 77) es auf den faktischen Tod des Mädchens bezieht. S. K 1268.

1185 OPFER (NG I, 8): 1, 485. Paris (Meudon), Winter 1905/06, vor dem 1. 2. EA: NG Dezember 1907.

Der Titel meint das Opfer der Kindheit für die Liebe, gesprochen aus der Sicht des Jünglings. Traditionell ist die Rollenverteilung zwischen Mann (aktiv – *ich gehe*) und Frau (passiv – *wartest nur*).

S. a. K 1187 und 1183.

1186 ABISAG I–II (NG I, 10): 1, 486. Paris (Meudon), Winter 1905/06. EA: NG Dezember 1907.

Die Gedichte eröffnen die biblischen Texte der NG. – *Abisag:* Im Buch der Könige (A. T. Buch der Könige 1, 1–4) ist der Versuch der Knechte geschildert, den entkräfteten und betagten König David durch eine Jungfrau (Abisag) zu ›wärmen‹ und pflegen zu lassen. Zur Quelle s. Sievers S. 50. Zur Deutung und Funktion im Zyklus s. Bradley 1967 S. 35 ff. (unüberbrückbare Kluft zwischen den Liebenden) und Berendt S. 79 (religiöse Erfahrung der Gott-Ferne).

1187 DAVID SINGT VOR SAUL I–II (NG I, 11): 1, 488. Paris (Meudon), Winter 1905/06. EA: NG Dezember 1907.

Quelle: A. T. 1 Samuel 16, 23: Wenn nun der Geist Gottes über Saul kam, so nahm David seine Harfe, und spielte mit seiner Hand; so erquickte sich Saul, und ward besser mit ihm, und der böse Geist wich von ihm. Möglicherweise ist Rilke durch eine der vielen Darstellungen dieser Szene in der bildenden Kunst angeregt (z. B. Rembrandt: ›David vor Saul‹). Wie in den im Zyklus vorhergehenden Gedichten sind auch hier Kunst und Liebe gegeneinander gestellt. – Bradley deutet als Darstellung der Vergänglichkeit der Sinnlichkeit (1967 S. 38), Berendt als Gestaltung des Ringens um Gott (s. 83). S. Sievers S. 51.

1188 DAS EINHORN (NG I, 29): 1, 506. Paris (Meudon), Winter 1905/06. EA: NG Dezember 1907.

Die stoffliche Quelle und der Anlaß des Gedichtes sind die damals im Musée de Cluny in Paris ausgestellten Tapisserien ›La Dame à la Licorne‹ (licorne = Einhorn). Abb. bei Schnack 1956

Nr. 166 und 167. Beschreibung auch in den Aufzeichnungen des
Malte L. B. (6, 826 ff.).

blauen Sagenkreis: Die Einhornszenen sind auf diesen Teppichen
nach Rilkes Worten im *Malte* in eine *ovale blaue Insel* einge-
wirkt (6, 826). – *niegeglaubte:* vgl. dazu SO II, 4: O *dieses ist
das Tier das es nicht giebt* und K 1855. Dem gleichen Stoff-
kreis gehört auch das unter 1224 kommentierte Gedicht an.

1189 SANKT SEBASTIAN (NG I, 30): 1, 507. Paris (Meudon), Winter
1905/06. EA: NG Dezember 1907.

Dieses Gedicht geht wie das vorhergehende und viele andere der
NG auf ein *Kunstding* zurück (Sandro Botticellis ›Heiligen Sebastian‹ von 1473/74. S. K 879), das Rilke in Berlin gesehen haben
mag (Berendt S. 118). Die erste Zeile belegt nach Reuterswärd
(223) eine ›außerordentliche visuelle Empfindlichkeit Rilkes‹, die
durch das Gemälde bestätigt wird.

1190 DER SCHWAN (NG I, 34): 1, 510. Paris (Meudon), Winter 1905/
06. EA: NG Dezember 1907.

In einem Brief an Clara vom 20. 9. 1905 berichtet Rilke über
sein Leben mit Rodin: *Abends um Dämmerung ... sitzen wir
an dem eingerahmten Bassin bei seinen jungen Schwänen und
betrachten sie ...* Zu Thema und Motiv s. a. K 1002. – Bradley
deutet das *Ungetane* allgemein als ›Dinge, deren Bewältigung‹
bevorsteht. In Zusammenhang mit 1002 und den Briefen (3. 11.
1903/9. 5. und 12. 5. 1904) wird daraus präziser das noch nicht
geschaffene Werk des Künstlers. Käte Hamburger deutet den
Schwan als Phänomen (Der Schwan ist der Zweck des Gedichtes), Werner Günther deutet ihn als Symbol (Der Schwan ist Mittel
der Darstellung menschlicher Erfahrung). S. Hamburger 1966
S. 205 ff.

1191 DER DICHTER (NG I, 36): 1, 511. Paris (Meudon), Winter
1905/06. EA: NG Dezember 1907.

Stunde: Bradley (1967 S. 89) deutet sie als ›flüchtige Zeit‹. Genauer wäre die Zeit der Inspiration (S. a. K 846), Stunde als
Genius des Dichters. Manches erinnert in diesem Gedicht an Rilkes Schaffenskrise in Rom (vgl. die Briefe vom April/Mai 1904,
vor allem den Brief an Ellen Key vom 9. Mai 1904): *Ach, daß
ich kein ländliches Elternhaus habe, nirgends auf der Welt eine
Stube mit ein paar alten Dingen und einem Fenster, ...* Zum Motiv der Heimatlosigkeit s. a. 1010 und 1101 *(Herbsttag),* aber
auch das nächstfolgende.

1192 DIE MENSCHEN GEHN! DIE FERNE FLIEHT UND FLIESST: 2, 324.
Paris (Meudon), vermutlich Winter 1905/06. EA: SW 1957.
S. K 1191.

1193 BUDDHA (NG I, 18): 1, 496. Paris (Meudon), Ende 1905. EA:
NG Dezember 1907.

Der stoffliche Anlaß des Gedichts war wohl eine Buddha-Statue in Rodins Garten. Br. v. 20. 9. 1905: *... unten vor dem Fenster steigt der Kiesweg zu einem kleinen Hügel an, auf dem in fanatischer Schweigsamkeit ein Buddha-Bildnis ruht, die unsägliche Geschlossenheit seiner Gebärde unter allen Himmeln des Tages und der Nacht in stiller Zurückhaltung ausgebend.* Ähnliche Formulierungen finden sich auch in einem Brief vom 15. 9. 1905, bezogen auf die Gestalt Rodins; *er hat mich empfangen wie eine thronende östliche Gottheit nur bewegt innerhalb seines erhabenen Ruhens und Geruhens ...* S. a. 1092 und K. Für Bradley ist Buddha die mit dem All verbundene Gestalt, die die Verlorenheit des Menschen akzentuiert (1967 S. 52). Berendt S. 96: Gott hat also den Menschen vergessen und weist ihn von sich. Trotz der Warnung Bradleys (Anm. 16 S. 182) ist es möglich, die Buddhagestalt auch auf Rodin zu beziehen und das Gedicht als eine Gestaltung des Meister(Rodin)-Schüler(Rilke)-Verhältnisses zu lesen (S. Berendt S. 51 und S. 155). Zum Motiv des Buddha s. a. K 1252 und 1425.

1194 DER GEFANGENE I–II (NG I, 26): 1, 504. Undatiert: vermutlich: Paris (Meudon), 1. Halbjahr 1906. EA: NG Dezember 1907.
Formal ist das erste Gedicht den *Die Stimmen* überschriebenen Gedichten aus dem BB vom Juni 1906 verwandt (K 1223), ein Rollengedicht also. Entsprechend wurde es auch unter dem Titel *Lied des Gefangenen* am 19. 2. 1908 in Budapest veröffentlicht (Ritzer K 1108). Zu Stoff und Thema s. K 1223. – Bradley deutet ganz allgemein: ›die Lebenswirklichkeit ist als Ganzes zum Kerker‹ geworden (1967 S. 73). Tatsächlich aber spiegeln die Briefe aus der Zeit, daß Rilke, ziemlich konkret, seine Arbeit bei Rodin als eine Gefangenschaft empfand: *Rodin ist gestern nach London gefahren, und ich habe das dringend gebraucht; denn der Dienst war schwer, seit ich wieder zurück bin, und für mich und mein Alleinsein blieben fast nur Minuten ...* (21. 2. 1906) oder: *Ich muß alle Vernunft zu Rate nehmen, um nicht eines Tages blindlings nach Viareggio zu fahren –: so sehr steht dieses beständige Auf-dem-Posten-Sein und Haufen gleichgültiger Briefe Schreiben im Widerspruch zu dem, was meinem innersten Bedürfen jetzt entspräche* (12. 4. 1906).

1195 AN KARL VON DER HEYDT: 2, 191. Paris (Meudon), 6. 1. 1906. EA: GB 1929.
Dankgedicht in einem Brief (6. 1. 1906) bezieht sich auf die Besprechung des *Stunden-Buchs* durch von der Heydt in den Preußischen Jahrbüchern (BD. CXXIII, Heft 1, 4. Januar 1906). K. v. der Heydt war Bankier und Schriftsteller. In seinem Haus auf der Wacholderhöhe war Rilke öfter zu Gast. S. etwa

K 1179. – Das Gedicht formuliert ähnlich wie das *Requiem* (K 1444) von 1908 Rilkes ästhetisches Programm der Pariser Jahre und der NG (Schauen, Demut). S. K 1106 (Einleitung).

1196 FÜR ERNST HARDT: 2, 192. Paris (Meudon), Mitte Januar 1906. EA: G 1953.

Das Gedicht bezieht sich auf Ernst Hardts Drama in einem Akt ›Ninon von Lenclos‹, das 1905 im Insel-Verlag erschienen war. Ernst Hardt (1878–1947) war Dramatiker und Erzähler, dessen Novellen und Dramen Rilke besprach und über die er mit Hardt korrespondierte. – Das Gedicht spielt sowohl auf die Liebesgeschichte der Heldin Ninon an wie vor allem auf die gefühlvollen Szenen im Park während eines großen Festes.

1197 DIE ZAREN III

Das 3. Gedicht des Zyklus entsteht in Paris Anfang Februar 1906. S. K 845.

1198 DIE GENESENDE (NG I, 39): 1, 514. Frühjahr 1906. EA: NG Dezember 1906.

Möglicherweise angeregt durch die Krankheit des Ehepaares Rodin, der *grippe atroce*, wie es im Brief vom 12. 4. 1906 an Lou heißt.

1199 ABSCHIED (NG I, 44): 1, 517. Frühjahr 1906. EA: NG Dezember 1907.

Pflaumenbaum: wohl angeregt durch den Obstbaumbestand in Meudon. Von den Pflaumenbäumen ist in den Briefen vom April 1906 mehrmals die Rede. *Kuckuck:* Berendt glaubt an eine Erinnerung des Kinderverses ›Kuckuck, Kuckuck, sag mir doch‹ und die diesem innewohnenden Mahnung an den Tod (S. 137), mit dem Hinweis auch auf das französische Gedicht *Coucou* (2, 625). Ähnlich auch die existentielle Deutung Bollnows (1956 S. 177): Hinter allem Abschied steht als letzter Abschied der Tod. Vgl. a. Mörchen S. 295 und K 1862.

1200 SELBSTBILDNIS AUS DEM JAHRE 1906 (NG I, 51): 1, 522. Undatiert, wahrscheinlich: Paris, Frühjahr 1906.

Rilke glaubte lange Zeit, adliger Abstammung zu sein. S. a. K 1010 und K 1830. – *Kindheit:* s. K 943, 1181 und 1236. – *Demut:* s. Rilkes Kunsttheorie, K 1106 und K 1444, und Br. an Clara vom 19. 10. 1907.

groß und genau: entspricht Rilkes Selbstverständnis, ein Sagender zu sein, der das Ungefähre meidet: *Er war ein Dichter und haßte das Ungefähre* (MLB, SW 6, 863). – *im Gelingen:* S. K 1190.

1201 SINNEND VON LEGENDE ZU LEGENDE: 2, 9. Frühjahr 1906. EA: GG 1934. Gedicht auf den Tod der Gräfin Luise Schwerin. S. a. 1202 und K 1263.

1202 LIEBENDE UND LEIDENDE VERWEHTEN: 2, 9. Frühjahr 1906. EA:
GG 1934. S. K 1201 und K 1263.

1203 DER ANFÄNGER: 2, 323. Vermutlich: Paris (Meudon), Frühjahr
1906. EA: SW 1957.
Nach Ernst Zinn (2, 782) an Rodin, den Lehrmeister in Sachen
Kunst, gerichtet. Form und Ton erinnern stark an das *Stunden-
Buch.*

1204 EHE: 2, 324. Paris (Meudon), Frühjahr 1906. EA: G 1953.
Stifter: S. K 1248.

1205 ÖSTLICHES TAGLIED (NG I, 9): 1, 486. Paris, Mai/Juni 1906.
EA: NG 1907.
Der Titel erinnert an die Tagelieder des Minnesangs. Die auf-
gehende Sonne, der beginnende Tag, zerstört das Glück der
Liebenden. – Das Bild der Küste (vgl. a. 1184 und Schluß der
II. DE) schränkt die Symbolwirkung des Bettes als Ort der
Vereinigung ein. S. a. *Das Bett* K 1422. Bradley 1967 S. 34:
Die Sicherheit bricht zusammen, die Verläßlichkeit des eigenen
Ichs wird fragwürdig. Berendt: S. 79: Gottferne des einsamen
Menschen. Zur Problematik s. vor allem: Mason 1963, Merline
und die besitzlose Liebe.

1206 DER ÖLBAUM-GARTEN (NG I, 14): 1, 492. Paris, Mai/Juni 1906.
Das Gedicht gestaltet die Gethsemane-Szene des N. Ts. Die Beschäftigung mit der Gestalt Christi ist nicht neu, s. K 376. Die
Tendenz, Christus zu vermenschlichen und ihn in kreatürlicher
Verzweiflung darzustellen, ist keine Erfindung Rilkes, sondern
war eine Erscheinung der Jahrhundertwende (vgl. Sievers S. 74).
Es ist wahrscheinlich, daß Rilke insbesondere durch ein Bild
des russischen Malers Kramkoi stark beeinflußt wurde (S. Brutzer S. 37 und Abb. Schnack 1956 Nr. 54). Dafür spricht auch
die Beschreibung, die Rilke selbst in seinem Aufsatz über *Moderne russische Kunst v*on den Christusgestalten Kramskois gegeben hat: *aber für Kramskoi ist das kein ›Stoff‹ mehr, sondern
ein Weh, ein tiefes, leidvolles Erlebnis, das er der Malerei anvertraut.* (5, 618). S. auch die Polemik gegen Uhdes ›Christus‹
(5, 351). Die Interpretationen von Berendt (S. 90), Sievers
(S. 100) und Bradley (1967 S. 47) geben sich alle ahistorisch und
existentiell: Sie deuten als menschliche Nichtigkeit (Bradley) in
der Gestalt Christi, was natürlich auch historisch bedingte Polemik ist. Zu erinnern wäre z. B. an David Friedrich Strauß (Das
Leben Jesu von 1835/36) und Ludwig Feuerbach (Das Wesen des
Christentums von 1841), die beide die Gestalt Christi in ihrer
Göttlichkeit in Frage stellten.

1207 PIETÀ (NG I, 15): 1, 494. Paris Mai/Juni 1906. EA: NG Dezember 1907. Pietà, in der Kunst die Darstellung der ihren Sohn
beweinenden Gottesmutter, auch die Darstellung der Totenklage

um den vom Kreuz abgenommenen Christus durch Maria, Josef
von Arimathia, Magdalena u. a. – hier: die Beweinung durch
die Sünderin Maria Magdalena. Die Szene ist im N. T. nicht erwähnt. Vorbilder: Isenheimer Altar oder ein Gemälde von Botticelli (Berendt S. 93) oder ein Bildwerk Rodins (Bradley 1967
S. 181 und Anm. 7, s. a. Rilkes Beschreibung SW 5, 255). Zur
Gestalt der Maria Magdalena s. a. K 1360. Pongs (Das Bild
in der Dichtung II S. 478) kritisiert: erotische Bilder einer ge-
schlechtsbessesenen Einfalt ... macht selbst vor den Martern
Christi nicht halt.

1208 DER TOD DES DICHTERS (NG I, 17): 1, 495. Paris, Mai/Juni 1906.
Der Doppelsinn von *Gesicht* (auch das Gesehene) verweist auf
Rilkes ästhetisches Ethos, wonach der Mensch als Ich hinter den
Künstler und seine Arbeit zurückzutreten hat (S. K 1106). – Zur
Deutung der Termini Antlitz, Gesicht und Maske vgl. Stephens
1972 S. 146. S. a. den Brief an Clara vom 20. 9. 1905: *er*
(Rodin) *merkte, daß er sich, malend, dem allem gegenüberstellte
wie ein Jäger, während er als Schauender ein Stück davon war,
davon anerkannt, ganz aufgenommen, aufgelöst, Landschaft war.*

1209 L'ANGE DU MÉRIDIEN (NG I, 19): 1, 497. Paris, Mai/Juni 1906.
EA: NG Dezember 1907.
Gemeint ist der Engel mit der Sonnenuhr an der Südseite der
Kathedrale von Chartres. Zusammen mit Rodin hatte Rilke
an einem kalten und windigen Tag die Kathedrale in Chartres
besichtigt (25. 1. 1906). Von der Kathedrale, ihrem Verfall,
dem Wind und dem Engel (Abb. Schnack 1956 Nr. 170) berichtet
Rilke in zwei Briefen vom 25. und 26. Januar. – In den NG
ist das Gedicht das erste von 6 Kathedralen-Gedichten. Deutungen: Wolf, E. M., Rilkes ›L'Ange du Méridien‹. PMLA LXXX
(1965): opposition between human beings and the angel. – Bradley 1967 S. 54: Chiffre der verborgenen Einheit des Ganzen. –
Berendt: Sturm = Sinnbild des denkenden Verneinens, ... der
Kritik (S. 99).

1210 RÖMISCHE SARKOPHAGE (NG I, 33): 1, 509. Paris, Mai/Juni 1906.
EA: NG Dezember 1907.
Sarkophag: Steinsarg; die wörtliche Bedeutung (Fleischverzehrer)
klingt in dem Gedicht an. – *römische:* weist auf die wahrschein-
liche Anregung hin: Von September 1903 bis Juni 1904 war
Rilke in Rom. Am 29. Oktober 1903 schreibt er an Franz Xaver
Kappus von den *unendlich lebensvollen Wassern,* (die) *über die
alten Aquädukte in die große Stadt gehen,* und ähnlich an Lou
(3. 11. 1903). – *Aquädukte:* wörtlich: Wasserleitungen, aus römi-
scher Zeit. – Die Vorstellung von Sarkophagen, die zu Wasser-
trögen werden, findet sich wieder in SO II, 15, s. K 1872 und
SO II, 10 und K 1823. – Eine anregende, wenn auch in bezug

auf die Deutung der 3. Zeile problematische Analyse gibt
H. Weigand in: Dichtung und Deutung. Bern. München. 1961
S. 153–162.

1211 VOM VERLORENEN SOHN: 2, 326. Paris, Juni 1906. EA: G 1953.
Berillen: Beryll, Edelstein. – Zu Stoff und Thema s. K 1222.

1212 LETZTER ABEND (NG I, 49): 1, 521. Paris, Juni 1906. EA: NG
Dezember 1907.
(Aus dem Besitze Frau Nonnas): Frau Nonna, Julie Freifrau von
Nordeck zur Rabenau ist die zweite Frau von Adalbert Freiherr
von Nordeck zur Rabenau, also die Stiefmutter der Gräfin Luise
von Schwerin und ihrer Schwester Alice Faehndrich (Frau
Alice). S. K 1263. Der erste Mann von Frau Nonna war in
jungen Jahren im Krieg gefallen. S. Br. vom 6. 11. 1907. –
Train: frz.: Zug, hier: des Heeres. – *Clavecin:* Cembalo. –
Tschako: ungar.: hohe Kopfbedeckung, beim Militär seit 1806
zuerst in Frankreich. – Bradley 1967 S. 111 weist auf die narziß-
haften Züge des Mannes hin, wie sie sich vor allem im Spiegel-
vergleich zeigen.

1213 DAS KARUSSELL (NG I, 61): 1, 530. Paris, Juni 1906. EA: NG
Dezember 1907.
Jardin du Luxembourg: Park in Paris, der u. a. einen Kinder-
spielplatz hat. Berendt deutet als ›ein Bild der nichtigen Vergänglichkeit des Lebens‹ (S. 158), Bradley (1967 S. 130) als ›Sinnbild kindhaften Daseins‹.

1214 SPANISCHE TÄNZERIN (NG I, 62): 1, 531. Paris, Juni 1906. EA:
NG Dezember 1907.
Das Gedicht ist, wie so oft, sowohl durch eigene Anschauung
wie durch eine gestaltete Vorlage angeregt: 1. Auf der Geburts-
tagsfeier, die der spanische Maler Zuluoga anläßlich der Geburt
seines Sohnes am 26. 4. 1906 veranstaltete und zu der Rilke
geladen war, trat eine spanische Tänzerin namens Carmela auf.
2. Rilke hatte ein Bild des Malers Goya, ›La ballerina Carmen
la gitana‹, das 1902 in Paris, 1904 in Düsseldorf und Bremen ausgestellt war, offenbar gekannt (vgl. Br. an Clara vom 26. 4.
1906). Vers 3/4: Auf die sich drängenden Zuschauer auf der
Feier wie auf dem Bild verweist Rilke auch im Brief. Zum
Motiv des Tanzes s. a. K 1875 und K 1887. S. auch Lit.: Kramer-
Lauff und Jonas.

1215 VERGANGEN NICHT, VERWANDELT IST WAS WAR: 2, 193. Paris,
wohl Juni 1906. EA: G 1953.
Gedicht für Madeleine Broglie, s. a. die folgenden Gedichte.
Broglie, Madeleine Anette geb. Vivier-Deslandes. Ihre Ehe mit
Prince Robert de Broglie wurde um 1906 gerichtlich für un-
gültig erklärt. Ihr ist auch das Gedicht Nr. 1227 gewidmet.
Das Gedicht verarbeitet Erinnerungen an Florenz (vgl. Florenzer

Tagebuch) und gestaltet sie um zu einem preisenden Liebes-
geschenk für die Adressatin. – *Robbia:* Im Florenzer Tagebuch
(TF 109 und 124) mehrmals erwähnte Künstlerfamilie. – Der
Eingang des Gedichts weist schon auf die Thematik der IX. DE
(1, 719) voraus. – *strahlende Stadt im Tal von Malachit:* Florenz.

1216 ... UND SAGEN SIE DAS LEBEN SEI EIN TRAUM: DAS NICHT: 2, 194.
Paris, wohl Juni 1906. EA: G 1953.
das Leben ein Traum: berühmt gewordener Titel eines Vers-
dramas von Caldéron (»La vida es sueno«). S. K 1215.

1217 PLÖTZLICHES FORTGEHEN: DRAUSSENSEIN IM GRAUEN: 2, 195.
Paris, wohl: Juni 1906. EA: G 1953.
S. K 1215 – *Canal Grande:* prächtigster und bedeutendster Was-
serweg Venedigs.

1219 WIE IST DER HÜLFLOS, DER MIT NICHTS ALS WORTEN: 2, 198. Paris,
wohl: Juni 1906. EA: G 1953.
S. K 1215. – *Sopraporten:* it.: über der Tür, Fläche über der Tür,
mit Gemälden verziert. – *Areopag:* höchstes Gericht im alten
Athen.

1220 DASS EINE MÜNZE, FÜRSTIN, DEIN PROFIL: 2, 199. Paris, wohl
Juni 1906. EA: G 1953.
S. K 1215.

1221 TAGELIED: 2, 325. Paris, Juni 1906. EA: GG 1934.
Tagelied: S. K 1205.

1222 DER AUSZUG DES VERLORENEN SOHNES (NG I, 13): 1, 491. Paris,
Juni 1906. EA: NG Dezember 1907.
Stoff und Quelle: N.T., Lukas 15: Das Gleichnis vom ver-
lorenen Sohn. Angeregt war Rilke möglicherweise durch eine
Darstellung des Motivs auf einem Wandteppich aus dem 14. Jahr-
hundert in der Elisabeth-Kirche zu Marburg (vgl. Br. vom
11. 9. 1906) und/oder eine Rodin-Statue (›Prière‹), den verlorenen
Sohn darstellend (vgl. Rilkes Rodinarbeit SW 5, 194/195). S. a.
die Darstellung am Schluß des MLB SW 6, 938, und SW 2, 326.
Zum Motiv: Borcherdt, H. H., Das Problem des Verlorenen
Sohnes bei Rilke. In: Worte und Werte. Festschrift für Bruno
Markwardt. Berlin 1961, S. 24–33. – Deutungen: Sievers S. 112:
So ist der Auszug des verlorenen Sohnes ein Leerlauf, und schon
bei Beginn enthüllt sich die ganze Nutzlosigkeit. Berendt: Bild-
symbol für solche Gott-Verlassenheit des Menschen ist der verlorene Sohn (S. 88). Biographisch auf den »Wanderer Rilke« hin
deutet Dehn das Bild in den *Aufzeichnungen* (1934 S. 190).
Simenauer (S. 297) deutet die Reiselust als Sexuallust *(Denn
er hing an solchen Reisenächten).*

1223 DIE STIMMEN. NEUN BLÄTTER MIT EINEM TITELBLATT (BB 33 a):
1, 447. Titelblatt undatiert. Die übrigen Stücke: Paris, 7–12. Juni
1906. EA: BB Dezember 1906.

Der Gedichtkreis fehlt in der 1. Auflage. S. a. K 1194.
Titelblatt
1 Das Lied des Bettlers
2 Das Lied des Blinden
3 Das Lied des Trinkers
4 Das Lied des Selbstmörders
5 Das Lied der Witwe
6 Das Lied des Idioten
7 Das Lied der Waise
8 Das Lied des Zwerges
9 Das Lied des Aussätzigen

Motivlich und thematisch steht dieser Gedichtkreis zwischen dem *Stunden-Buch (Von der Armut und vom Tode)*, den *Neuen Gedichten* und den *Aufzeichnungen*, Werke, die alle mit leidgeprüften Menschen bevölkert sind. Rilkes persönliche Not, seine negativen Erfahrungen in der Großstadt (S. K 1121 und *Paris? Paris ist schwer. Eine Galeere* – Br. v. 17. 9. 1902) verschmelzen zu einem Bild für die Not des modernen Menschen, in dem expressionistische Züge sich mit christlichem Gedankengut mischen. Der soziale Aspekt der Armut tritt zurück hinter der ästhetischen Verherrlichung (S. K 1194).

1224 LA DAME À LA LICORNE: 2, 200. Paris, 9. Juni 1906. EA: G 1953.
Widmungsgedicht für Stina Frisell. Frau Frisell aus Göteborg hielt sich im Juni 1906 mit ihrer Tochter in Paris auf und hatte mit Rilke zusammen die Ausstellung der Wandteppiche besucht. S. K 1188.

1225 DER ENGEL (NG I, 32): 1, 508. Paris, Frühsommer 1906. EA: NG Dezember 1907.
dich ringender zu prüfen: Anspielung auf Jakobs Kampf mit dem Engel, s. K 1021. – *Form:* aus dem Bildreich des Kunsthandwerks, Form für den Guß von Figuren.

1226 DIE SPITZE I–II (NG I, 37): 1, 512. I: Paris, Frühsommer 1906. II: Capri, um den 10. 2. 1907. EA: NG Dezember 1907.
Die Spitze galt Rilke als ein *Kunstding* besonderer Art. In den *Aufzeichnungen* (SW 6, 834 ff.) betrachtet Malte zusammen mit seiner Mutter verschiedene Spitzen. Von den Frauen, die *das gemacht* haben, meint die Mutter, sie seien nicht etwa im Himmel, sondern *ganz und gar da drin.* In einem Brief vom 16. 8. 1920 heißt es: *Spitzen und Schmuck, gerade weil sie meist nur als dekorative Leistungen behandelt werden, halten mich immer in einer besonderen Weise fest –, es verlockt mich, in ihnen das Kunstwerk an sich zu entdecken, d. h. die vollkommene Verwandlung und Verzauberung ihres Hervorbringers, die sich im Werk vollzogen und verklärt hat.* S. K 2042, 1858. Das Gedicht exemplifiziert die These des Ästhetizismus, dem die Kunst der

höchste Lebenszweck und das Werk eine Art nachmetaphysischer Erlösungsraum geworden ist. S. a. Bradley 1967 S. 95: im Kunstding verwirklichte Lebenszuständlichkeit.

1227 AN DIE PRINZESSIN M. VON B.: 2, 10. Frühsommer 1906. ED: Corona 1930. EA: GG 1934.
S. K 1215.

1228 DIE HEILIGEN: 2, 330. Paris, Sommer 1906. EA: G 1953.
Mit dem *Er* der 2. Strophe ist möglicherweise der heilige Franz (S. K 1135 und 1151) gemeint.

1229 JUGEND-BILDNIS MEINES VATERS (NG I, 50): 1, 522. Paris, 27. Juni 1906. EA: NG Dezember 1907.
Rilkes Vater starb am 14. 3. 1906. Rilke war zur Beerdigung nach Prag gefahren. Am 29. Juni 1906 sandte er das Gedicht mit der Anmerkung *eine kleine Skizze nach der Natur* an seine Frau. Das Gedicht orientierte sich an einer alten Photographie aus der Jugendzeit des Vaters (Daguerrotyp). Der Vater, der schon sehr früh aus dem Militärdienst ausscheiden mußte, war zuletzt Offiziersanwärter gewesen *(Uniform und Säbelkorb)*. – *adelig:* S. K 1200 (Selbstbildnis). – *zu nichts hingedrängt:* entspricht dem ästhetischen Programm der Epoche, s. K. 1106.

1230 DIE ERBLINDENDE (NG I, 42): 1, 516. Paris, Ende Juni 1906. EA: NG Dezember 1907.
Zum Motiv s. K 1092 und 1223 (2), aber auch 1021 *(Der Schauende).*

1231 MORGUE (NG I, 25): 1, 503. Paris, Anfang Juli 1906. EA: NG Dezember 1907.
Morgue: Leichenschauhaus, Name des Leichenschauhauses in Paris, großer Saal, in dem Leichen, die nicht identifiziert werden konnten, Unfallopfer, Selbstmörder z. B., zur Schau ausgestellt wurden. Das Erlebnis, das vielleicht Anlaß für das Gedicht war, schildert Osann (1947 S. 174 f.). Der Stoff entstammt also den Pariserlebnissen (Br. a. Clara vom 31. 8. 1902 oder Modersohn v. 31. 12. 1902), die thematische Ausrichtung aber ist programmatisch und auch literarisch vermittelt, wofür Baudelaire und Flaubert als Vorbilder bürgen (Br. a. Uexküll v. 19. 8. 1909 und Malte SW 6, 975). Stoffe wie diese sind polemische Realisierungen eines an Begriffen wie Sein und Wirklichkeit orientierten Programms. Vgl. K 1106 (Einleitung) und wegen der Nähe zum Expressionismus: G. Benns Morgue-Gedichte (GW Bd. 1 S. 7 ff.).

1232 TANAGRA (NG I, 41): 1, 515. Paris, Anfang Juli 1906. EA: NG Dezember 1907.
Tanagra: altgriechische Stadt im östlichen Böotien. Im Louvre (Paris) bewunderte Rilke aus Tanagra stammende Figuren aus gebranntem Ton, Figuren, die größtenteils aus dem 3. und 4. Jahrhundert stammen. Vgl. Br. an Clara v. 26. 9. 1902: *Und*

dann Tanagra. Das ist eine Quelle unvergänglichen Lebens. –
zu keinem Dinge hin: S. 1251 Verse 2 und 8 und K.

1233 VOR DEM SOMMERREGEN (NG I, 47): 1, 520. Paris, Anfang Juli
1906. EA: NG Dezember 1907.
Das Gedicht reflektiert und synthetisiert Erfahrung und Phantasie. Wie aus Briefen hervorgeht vom 30. Mai und 1. Juni 1906,
besuchte Rilke bei schönem Wetter am 31. Mai 1906 mit Freunden zusammen das Schloß Chantilly, worauf *Park* und *Saal* verweisen. Der Brief vom 1. Juni imaginiert die Wirkung des Regen-
wetters, das an diesem Tage herrschte, auf die am Vortage erleb-
te Farbenpracht im Sonnenschein: *Und es ist einer von jenen*
Regentagen, die nicht für die Stadt sind. Die man draußen erleben
müßte, all das verdunkelte Grün zu sehen, alle die Wiesen, die
Grau spiegeln . . . Diese nuancenhafte Veränderung erfüllt das
Gedicht. *Des Saales Wände:* Der Br. v. 1. 6. beschreibt den Bild-
bestand des Schlosses. S. a. 1234 (Im Saal). – *Hieronymus:*
Einsiedler und Kirchenlehrer. Auf die für ihn bezeichnende
Mischung von Asketentum und Streitbarkeit in Glaubensdingen
gegen Origines bezieht sich die Zeile 7: *Einsamkeit und Eifer.*
Möglicherweise war Rilke durch eine der Hieronymus-Darstel-
lungen Dürers angeregt (deshalb e i n e n H.), der den Einsiedler
immer auch als Gelehrten zeigt.

1234 IM SAAL (NG I, 48): 1, 520. Paris, Anfang Juli 1906: EA: NG
Dezember 1907.
Dieses Gedicht ist wie das vorhergehende durch den Besuch in
Chantilly angeregt. Vgl. die Beschreibung des Bildbestandes im
Br. v. 1. Juni: *Eine Pracht von Bildern. – Bologneser:* weißer Zwerg-
hund. – *Bibelots:* kleine, nicht sehr kostbare Ziergegenstände.

1235 MÄDCHEN-KLAGE (NG I, 2): 1, 481. Paris, um den 1. Juli 1906.
EA: Dezember 1907.
Deutung: K. Deleu, Eine unbekannte Trilogie in Rilkes Neuen
Gedichten. Studia Germanica I 1959 S. 189–229 deutet das Ge-
dicht als Darstellung der Pubertätskrise und des Übergangs-
stadiums von der Kindheit *(Früher Apollo)* zur Reife *(Liebes-*
Lied). Die krisenhafte Sicht bleibt allerdings Bestandteil und
Movens von Rilkes Theorie der besitzlosen Liebe, die Ein-
samkeit (des Künstlers) und Gemeinsamkeit (der Liebenden)
nuancenhaft anzugleichen sucht. S. Mason 1964 S. 20.

1236 KINDHEIT (NG I, 35): 1, 510. Paris, um den 1. Juli 1906. EA:
NG Dezember 1907.
Zur Biographie Rilkes und zu seinem Verhältnis zur Mutter
vgl. Sieber, Demetz und Holthusen und aus psychologischer
Sicht: Erich Simenauer (vor allem S. 139 ff. – Dichter der
Kindheit). Rilke vertrat sein Leben lang die Auffassung, daß
Dichten auch Bewältigung der kindlichen Vergangenheit sei. Vgl.

Malte: *Man muß zurückdenken können* (6, 724) oder: *Bestand ich darauf, daß meine Kindheit vorüber sei, so war in dem-selben Augenblick auch alles Kommende fort* (893). Rilkes Sinn für die eigene Erfahrung wurde geschärft durch die psychologisch interessierte spätere Freudschülerin Lou Andreas-Salomé und die schwedische Schriftstellerin und Pädagogin Ellen Key, deren Hauptwerk (Das Jahrhundert des Kindes) Rilke besprochen hatte (SW 5, 584 ff.). S. K 792, 943, 1181.

1237 EIN FRAUEN-SCHICKSAL (NG I, 38): 1, 513. Paris, um den 1. Juli 1906. EA: NG Dezember 1907.
Das Gedicht lebt von der polemisch akzentuierten Entlarvung erbaulicher Fehleinschätzung des Schicksalhaften, dem alles Er-habene abgeht und mit dem Rilke das Durchschnittliche zwischen-menschlicher Beziehungen, die Liebe vor allem, meint. S. 1226 I Vers 9 und Anfang der IX.DE. Insofern steht dieses Gedicht in einem dialogischen Verhältnis zu dem im Zyklus vorhergehenden (1226) Spitzengedicht. Die Schlußzeilen scheinen sich zu ent-sprechen: *doch vollendet // einfach alt.*

1238 DER KÖNIG (NG I, 52): 1, 523. Paris, um den 1. Juli 1906. EA: NG Dezember 1907.
Bisher glaubte man, das Bild sei angeregt durch die Gestalt Karls des V. (1500–1556), der mit 16 Jahren König von Spanien wurde. Die Gestalt war Rilke durch ein Bild Tizians in der Alten Pina-kothek in München bekannt (Vgl. *Worpswede*, 5, 9 und 37). – Vom Motiv her aber geht das Bild mit Sicherheit auf ein Gemäl-de des englischen Malers John Pettie (1839–1893) zurück: Eduard VI. unterzeichnet ein Todesurteil. Dieses Gemälde kannte Rilke 1. aus Richards Muthers ›Geschichte der Malerei im 19. Jh. (Bd. 3 S. 542) und wohl auch 2. im Original (Hamburger Kunst-halle). Dieses Bild zeigt den knabenhaften englischen König (1537–1553) am Tisch mit seinen greisen Beratern, von denen ihm einer Blatt und Schreibfeder zuschiebt, während der König wie abwesend an der Runde vorbeischaut. – *Goldenes Vlies:* hoher Orden, 1430 von Philipp dem Guten gestiftet. Diesen Orden trägt Eduard nicht. – Das Gedicht erinnert in seiner The-matik an *Morgue* (1231) und *Ein Frauen-Schicksal* (1237) und den Unterschied zwischen Sein und Deuten, gemäß Rilkes Worten an Lou: *alle Dinge ... wiesen mich auf die bewegte lebendige Welt hin, einfach und ohne Deutungen gesehen ...* (Br. v. 8. 8. 1903).

1239 AUFERSTEHUNG (NG I, 53): 1, 524. Paris, um den 1. Juli 1906. EA: NG Dezember 1907.
Auf Datierungsprobleme im Zusammenhang mit Rilkes Reise nach Belgien (29. Juli–16. August) geht Bradley 1967 S. 187 Anm. 1 ein. Wahrscheinlich angeregt durch eine Auferstehungs-

szene auf einem prunkvollen Grabmal. In Briefen vom 10. 8.
1913 und 23. 2. 1914 hat sich Rilke offenbar aus Höflichkeit sehr
distanziert zu dem Gedicht geäußert: *der Fall mit Erich und*
Ulrike-Dorothee war doch schließlich etwas störend. – Gesehen
im größeren Zusammenhang der anderen Äußerungen Rilkes zum
christlichen Auferstehungsglauben (S. K 822 und K 1335) muß der
Deutung Masons (1972 S. 236) zugestimmt werden, der in dem
Gedicht ein Beispiel für den ›eigentlichen ganz ressentiment-
freien Ton des Rilkeschen Lächelns‹ erkennen will. Dagegen
Berendt: Die Auferstehung ... stellt ohne beabsichtigte Kritik
die Gläubigkeit der gräflichen Familie dar (S. 148). Dagegen
auch Bradley 1967 S. 118 (Art Familienvereinigung/als handle es
sich um einen Familienspaziergang).

1240 DIE KATHEDRALE (NG I, 20): 1, 497. Paris, um den 1. Juli
1906. EA: NG Dezember 1907.
2. Stück der Kathedralengedichte der NG. Auf kein bestimmtes
Bauwerk bezogen (vgl. 1209). – *Contreforts:* Strebemauern bzw.
Strebepfeiler, die die hohen Wände der Kathedralen verstärkend
stützen. Zum Bild des Jahrmarkts: X.DE 1, 721/22. – Bradley
1967 S. 57: übliches Treiben der Stadt im deutlichen Kontrast
zur Gelassenheit der Kathedrale. – Berendt S. 103: die Kathedrale (bleibt) in einer Kommunikation mit Gott. – Aus der
Sicht der Rilkeschen Kunsttheorie überragt die Kathedrale vor
allem als Kunstwerk das bloße Leben.

1241 DAS TAL: 2, 329. Paris, um den 1. Juli 1906. EA: G 1953.
Meudon-Val-Fleury ist Rilkes Adresse vom Herbst 1905 bis
zum Frühjahr 1906. Über den Ausblick aus seinem Häuschen in
Rodins Garten auf den Hängen von Meudon schreibt er in die-
ser Zeit häufig: *den Himmel gegenüber, vor denen fern Saint-*
Cloud sich aufhebt, und immer das Fenster auf jenes Stück
Seine gerichtet, das durch die Brücke von Sèvre zur Strophe
geworden ist (Br. v. 13. 12. 1905).
Das Gedicht gestaltet diese Aussicht.

1242 DIE FENSTERROSE (NG I, 22): 1, 501. Paris, kurz vor dem 8. Juli
1906. EA: NG Dezember 1907.
4. Gedicht aus der Reihe der Kathedralengedichte. Die ersten drei
Strophen erinnern sehr an *Der Panther* (1106).

1243 RÖMISCHE FONTÄNE (NG I, 60): 1, 529. Paris, 8. Juli 1906. EA:
NG Dezember 1907.
Angeregt durch die ›Römische Fontäne‹ im Park der Villa Bor-
ghese in Rom (Abb. Schnack 1956 Nr. 107), die Rilke während
seines Romaufenthaltes (10. 9. 1903–Anfang Juni 1904) gesehen
hat. – Dinggedicht im Sinne des Briefes an Lou v. 8. 8. 1903, in
dem es über Rodin heißt: *Er hat Dinge gemacht* ... S. K 1106

(Einleitung). *ohne Heimweh:* vgl. im Unterschied den Schluß der VIII DE (1, 716).

1243 a JOSUAS LANDTAG (NG I, 12): 1, 490. Paris, kurz vor dem 9. Juli 1906. EA: NG Dezember 1907.
Quelle: A.T., Buch Josua 23 und 24 (Josuas letzter Landtag und Ermahnung des Volkes). – *an dem großen Tag von Jericho:* bezieht sich auf die Zerstörung Jerichos (Josua 6). – *zu Gibeon die Sonne anschrie:* Josua 10, 12. Die nachfolgende Stelle (Josua 10, 14): ›da der Herr der Stimme eines Mannes gehorchte‹ ist in Rilkes Bibel angestrichen, was darauf verweist, daß ihn die Macht des Josua-Wortes besonders fesselte (vgl. Egenhof S. 247). Zum Ton der Rede Josuas vgl. a. *Ein Prophet* (NG II, SW 1, 566).

1244 DAS KAPITÄL (NG I, 23): 1, 501. Paris, zwischen dem 8. und 11. Juli 1906. EA: NG Dezember 1907.
5. der Kathedralengedichte der NG . – *Kapitäl:* seltenere Form für Kapitell = oberer Säulenabschluß.

1245 DAS PORTAL I–III (NG I, 21): 1, 499. Paris, zwischen dem 8. und 11. Juli 1906. EA: NG Dezember 1907.
3. und dreigliedriges (den drei Portalen entsprechend) Stück der Kathedralengedichte der NG. I. Das Gedicht spricht von den Figuren, die das Portal schmücken. – *Nimbus:* Heiligenschein. – II. Die letzte Strophe variiert nicht nur die Darstellung von 1244, sondern sie wiederholt auch einen Gedanken Rilkes, demzufolge das Erlesene im Verworfenen, das Heile nur noch im Heillosen gegenwärtig ist: *So Entzogenes ist am meisten dein* (SO II, 23 SW 1, 766). S. dagegen die Deutung Berendts: Das letzte Wort ... blasphemiert ... den hier sicher ironisch gemeinten Heiland, als eine Erfindung, eine Ausgeburt der Nichtsehenden, der Verworfenen und der geistig Gestörten (S. 104). – III. *wie um sie zu gefährden:* Die Heiligen werden (ganz im Sinne von II) durch die *Welt der Wirrnis* nicht gefährdet (oder nur zum Schein), sondern überhaupt ermöglicht *(damit der Stab nicht fällt).*

1246 FRÜHER APOLLO (NG I, 1): 1, 484. Paris, 11. Juli 1906. EA: NG Dezember 1907.
Einleitungsgedicht, der NG I, entspricht *Archaischer Torso Apollos.* Einleitungsgedicht zu NG II. – Vorbild umstritten: Kopf eines unbekannten Jünglings, ein attisches Frühwerk um 530 v. Chr. (Hausmann 1947 S. 13). – ›Apollon ou Couros Archaïque‹ aus Patros aus der Salle Grècque des Louvre (Böckmann 1962 S. 349 Anm. 50). – *Apollo:* Griechischer Gott, Gott der Künste und Wissenschaft, der Musik. – *Schläfe:* alte Pluralform für Schläfen; möglicher (etymologisch verbürgter) Doppelsinn: Plural von Schlaf. – Zum Motiv vgl. STB III, 24 (1142).

1247 DER FAHNENTRÄGER (NG I, 54): 1, 524. Paris, zwischen dem
11. und 19. Juli 1906. EA: NG Dezember 1907.

Das Gedicht gehört stofflich zum Umkreis des *Cornets* (1, 235 ff.),
der, 1899 geschrieben, 1904 überarbeitet, 1906 redigiert, Ende
1906 erschien. Der Vergleich der Frau mit der Fahne findet sich
auch im *Cornet: Auf seinen Armen trägt er die Fahne wie
eine weiße, bewußtlose Frau.* (1, 247) Zum letzten Vers vgl.:
*Ruhm ist schließich nur der Inbegriff aller Mißverständnisse
(Rodin,* 5, 141), und auch die Ausführungen in den *Aufzeichnungen* 6, 782 f.

1248 DER STIFTER (NG I, 31): 1, 508. Paris, Mitte Juli 1906. EA: NG
Dezember 1907.

Ein konkretes Vorbild ist nicht nachweisbar. Das Gedicht bezieht
sich auf den Brauch, daß sich fromme Mäzene häufig an unauf-
fälliger Stelle in das von ihnen gestiftete Bild hineinmalen
ließen oder zum Dank hineingemalt wurden. – *das nicht versprochen ist und nieverbrieft:* widerspricht der christlichen Of-
fenbarungslehre. – *daß es uns nicht sähe:* Kerngedanke der
Rilkeschen Ästhetik des sich selbst genügenden Kunstwerks
und immer wiederkehrendes Strukturmerkmal der von ihm ge-
zeichneten Gestalten (Sankt Sebastian, Buddha). Vgl. II. DE,
1, 689: *Spiegel: die die entströmte eigene Schönheit / wieder-
schöpfen zurück in das eigene Anlitz* (Engel).

1249 IN EINEM FREMDEN PARK (NG I, 43): 1, 517. Paris, Mitte Juli
1906. EA: NG Dezember 1907.

Borgeby-Gård: Rilke verbrachte auf Vermittlung Ellen Keys die
Zeit von Ende Juni bis Anfang September 1904 auf Borgeby-
Gård in der südschwedischen Provinz Skåne (S. K 1172). In dem
zum Gute gehörenden Park stand ein Grabstein (Denkstein),
der an eine Herrin des Gutes erinnerte: Brita Sophie Hastfer
(S. Br. v. 9. Juli 1904).

1250 BLAUE HORTENSIE (NG I, 46): 1, 519. Paris, Mitte Juli 1906. EA:
NG Dezember 1907.

In einem Brief an Kippenberg (18. 8. 1908) erwähnt Rilke, daß
er daran gedacht habe, den 2. Band der NG nach der *rosa
Hortensie* zu benennen und nachträglich den 1. nach den Versen,
die die blaue aufrufen. Anlaß zu dem Gedicht war möglicherweise eine eigene Pflanze, die er im Brief an Clara vom 7. 6.
1907 beschreibt: *Meine Hortensie hat bei Dora gut überwintert,
ist wieder ganz hoch und hat viele Knospendolden am Fuße ihrer
obersten Blätter: etwa so, wie die in der Discopoli im Cortile
standen. Das freut mich ...* – Die Quartette vermitteln nicht
den ›Eindruck des Unechten und Verfälschten‹, wie Bradley
meint (1967 S. 108), sondern bemühen sich im Gegenteil um
die genaue Beschreibung eines höchst differenzierten und sprach-

lich nicht einfach zu fassenden Sachverhaltes. Vgl. dazu den
Brief an Lou v. 12. 5. 1904, in dem er das *Schematische und Un-
abgewandelte* italienischer Frühlinge und Farben kritisiert. Zum
Gebrauch des *ungenau* vgl. a. das Gedicht *Vorfrühling* (SW 2,
158) und K 1200. Lit.: B. Forsting, R. M. R.: Blaue Hortensie.
In: Wege zum Gedicht. 1968 S. 283–287.

1251 DIE TREPPE DER ORANGERIE (NG I, 57): 1, 527. Paris, Mitte
Juli 1906. EA: NG Dezember 1907.
Am 17. September 1905 besucht Rilke mit Rodin zusammen
Versailles. Die Orangerie, ursprünglich: Gewächshaus für den
Anbau von Orangen in vornehmen Parks, ist unter der Südterrasse des Versailler Schlosses gelegen. Die Treppen der Orangerie führen zur Südterrasse hinauf. – Das Gedicht ist ein Beispiel für Rilkes Isolierungstechnik: ein Detail (die Treppe, die
zur Südterrasse hinaufführt) wird aus seinem Funktionszusam-
menhang gelöst *(und nirgends hin)* und absolut gesetzt (vgl.
auch die Abb. in RMR und die bildende Kunst 1951 S. 35). Käte
Hamburger (1976 S. 36 und Anm.14) verweist auf einen Brief
R's an Lou vom 4. 12. 1904, in dem Rilke von einer Schloß-
treppe berichtet, die ins Leere führe, weil das Schloß vor Jahren
bereits abgebrannt war. Sie verweist auch auf die Malte-Stelle
(6, 839): *»Das Haus will ich sehen«, sagte ich stolz. Sie begriff
nicht. »Das große Haus draußen an der Treppe.« »Schaf«
machte sie und haschte nach mir, »da ist doch kein Haus mehr.«
Ich bestand darauf.* – Bradley deutete als Zeichen der ›Immo-
bilität‹ (1967, S. 125).

1252 BUDDHA (NG 1, 59): 1, 528. Paris, 19. Juli 1906. EA: NG De-
zember 1907.
Ähnlich wie Buddha (NG I, 18) wohl durch die Buddha-Statue
Rodins angeregt. S. K 1193 und 1425.

1253 DIE INSEL I–III (NG I,68): 1,538. I:Paris, 23.Juli 1906. II.Pa-
ris, 24. Juli 1906. III: Vers 1–5 Paris, 23./24. Juli 1906, endgültige Fassung: Paris, 20. 8. 1907. EA: NG Dezember 1907

1254 KOMMENDES IST NIE GANZ FERN; ENTFLOHNES: 2, 202. Godesberg, 31. August 1906. EA: G 1953.
Eingeschrieben in das Gästebuch von Karl und Elisabeth von
der Heydt beim Abschied nach dem Besuch vom 17.–31. August
1906. Diesen widmet Rilke die im folgenden Jahr erscheinenden
NG. S. K 1195.

1255 INDEM DAS LEBEN NIMMT UND GIEBT UND NIMMT: 2, 202. Berlin,
November 1906. EA: G 1953.
Widmungsgedicht. Empfänger und Anlaß unbekannt.

1256 IMPROVISATIONEN AUS DEM CAPRESER WINTER I: 2, 11. Capri,
Dezember 1906. EA: Nachlaß 3. Folge 1950.

Die abweichende Fassung (2, 333) erschien erstmals in G 1953. Ende 1925 trug Rilke in einen Sammelband für Katharina Kippenberg (aus RMR's Nachlaß 3. Folge 1950) unter anderem 4 längere Gedichte ein (1256, 1257, 1258 und 1273) und faßte sie unter dem Titel *Improvisationen aus dem Capreser Winter* zusammen. Die ersten drei stammen vom Dezember 1906, das 4. vom 16. 2. 1907. Auf diese Texte bezieht sich die Äußerung an E. von der Heydt (Br. v. 10. 2. 1907): *Etwas wie ein neues Stundenbuch setzt ein.*

Täglich stehst du mir steil vor dem Herzen: Den Mittelteil dieses Gedichts *(Gedicht, mein Gesicht)* hat Rilke zu Weihnachten 1909 in ein Exemplar des *Stunden-Buches* als Widmung für Lili Schalk eingetragen (2, 203).

1257 WIE WENN ICH, UNTER HUNDERTEN, MEIN HERZ: 2, 13. Capri, Dezember 1906. EA: Nachlaß 3. Folge 1950.
2. Stück von 1256, S. K 1256.
Entwurf *(Wie, wenn ich jetzt aus diesen Einsamkeiten)*: 2, 330. Capri, gegen Mitte Dezember 1906. EA: G 1953.
2. Entwurf *(Und doch an jedem Morgen aufzustehn)*: 2, 336. Capri, Ende Dezember 1906. EA: G 1953.

1258 SO VIELE DINGE LIEGEN AUFGERISSEN: 2, 15. Capri, Dezember 1906. EA: Nachlaß 3. Folge 1950.
3. Stück von 1256, s. K 1256.
Entwurf *(Soviele Dinge liegen aufgerissen)*: 2, 338. Capri, Ende Dezember 1906. EA: G 1953.

1259 DA WECHSELT UM DIE ALTEN INSELRÄNDER: 2, 331. Capri, 15. Dezember 1906. EA: G 1953.
Aus dem Umkreis der Capreser Aufzeichnungen, s. K 1256.

1260 WER KÖNNTE EINSAM LEBEN UND NICHT DIES: 6, 1226. Capri, nach Mitte Dezember 1906. EA: G 1953.
Geringfügig abweichende Fassung: 2, 332.
Widmung, eingetragen in ein Exemplar des *Buchs der Bilder* für Frau Alice Faehndrich Freiin von Nordeck zur Rabenau. Frau Alice gehörte zu den drei Damen, die mit Rilke zusammen den Winter 1906/07 in der Villa Discopoli auf Capri verbrachten. (Das Buch war ein Weihnachtsgeschenk). S. K 1212.

1261 NOCH RUF ICH NICHT. DIE NACHT IST LANG UND KÜHL: 2, 332. Capri, nach Mitte Dezember 1906. EA: G 1953.
Entwurf aus dem Umkreis der Capreser Aufzeichnungen, s. K 1256.

1262 DIE ROSENSCHALE (NG I, 73): 1, 552. Capri, um Neujahr 1907. EA: NG Dezember 1907.
Wahrscheinlich angeregt durch eine Rose, die Rilke von der Gräfin Gneisenau erhalten hatte. Sein Brief aus Capri vom 15. 12. 1906 wirkt in manchem wie eine Vorbereitung und Ein-

stimmung auf das Gedicht: *Sie müßten diese Rosen sehen können einen Augenblick ... Ich möchte sie Ihnen beschreiben können, und vielleicht kann ich es eines Tages.* Manche an der Rose
gerühmte Eigenschaft (lautloses Leben, fast nicht Umrissen-sein
etc.) scheint gegen die im Brief vom 11. 12. 1906 und auch sonst
getadelte *preisgekrönte, unanfechtbare Schönheit* des touristi-
schen Capri geschrieben zu sein. – *daß eins sich aufschlägt wie
ein Lid:* Vom Worpsweder Tagebuch (TF 309. 27. 9. 1900) bis
zum Grabspruch (27. 10. 1925 – SW 2, 185) immer wieder be-
schworenes Bild. – *wie eine Venus aufrecht in der Muschel:*
so die Venus Botticellis, s. K 1161.
Lit.: Bollnow 1951 (2. Aufl.) S. 278 ff.

1263 TODES-ERFAHRUNG (NG I, 45): 1, 518. Capri, 24. 1. 1907. EA:
NG Dezember 1907.
Geschrieben zum Gedächtnis der am 24. Januar 1906 verstorbenen Gräfin Luise Schwerin (SW 1, 862). Rilke lernte die Gräfin
1905 kennen. Vom 28. Juli bis zum 9. September war er Gast
auf Schloß Friedelhausen. S. a. K 1201 und 1202, und 1212.

1264 WALD MEINES HERZENS, DER SICH BEI DEM FEUER: 2, 339. Capri,
Anfang Januar 1907. EA: G 1953.
Entwurf aus dem Umkreis der Capreser Aufzeichnungen, s. K
1256.

1265 LA TENTATION C'EST À REFAIRE: 2, 339. Capri, 25. Januar 1907.
EA: SW 1957.
Entwurf.

1266 LIED VOM MEER (NG II, 52): 1,600. Capri, vor dem 26. 1. 1907.
EA: NG II November 1908.
Frühestes Stück des 2. Teils der NG. – *Piccola Marina:* Kleiner
Strand auf Capri. – Rilke, der von Dezember 1906 bis Mai 1907
auf Capri war, hat in vielen Briefen die Landschaft, das Meer
und den Wind der Insel beschrieben. S. a. 1272 und 1285.

1267 JETZT GEHN DIE LÜFTE MANCHESMAL ALS TRÜGEN: 2, 340. Capri,
Anfang Februar 1907. EA: G 1953.

1268 ALKESTIS (NG I, 71): 1, 546. Capri, zwischen dem 7. und 10. 2.
1907. ED: Morgen 13 9. 1907. EA: NG Dezember 1907.
Nach der Sage opferte sich Alkestis für ihren Gatten Admet.
Herakles, bewegt durch die Trauer Admets, entriß sie dem
Todesgott und führte sie zu Admet zurück. Rilke verkürzt die
mythologische Fabel auf die Weigerung Admets, dem Send-
boten des Todes zu folgen, und die Opfertat der Frau. Die
Rilkesche Version, nach der der Bote bereits auf der Hochzeitsfeier erscheint, während dies bei Euripides erst nach einigen
Jahren Ehe geschieht, könnte nach Ernst Zinn (1948 S. 201 ff.) auf
eine These des Herausgebers des 3. Bandes der griechischen Tra-
gödien (Wilamowitz) zurückgehen, derzufolge die früheste Form

der Fabel diese Wendung und diesen Zeitpunkt bereits gehabt
hatte. – Die heftige Auflehnung Admets gegen den Tod ist Rilke
ein Zeichen seiner Unreife (vgl. Berendt S. 184 ff. und Bradley
1956 S. 160). Zu Strophe 3 und der Haltung des Sohnes gegenüber den Eltern, vor allem der Mutter, aus biographischer Sicht
vgl. Berendt S. 185, aber auch den Brief an Lou vom 15. April
1904: *Wenn ich diese verlorene, unwirkliche, mit nichts zusam-
menhängende Frau, die nicht altwerden kann, sehen muß, ...
dann graut mir ...* – Die Bereitschaft der Alkestis deutet Zinn
als Einsicht in die eigene Situation, ›die für die heiratende Frau
ein entscheidender Wendepunkt‹ (S. 208) sei, Ende ihres Mäd-
chentums und insoweit Tod.

1269 DIE SPITZE II (NG I, 37): 1, 512. Capri, um den 10. 2. 1907.
S. K 1226.

1270 KORE: 2, 340. Capri, Mitte Februar 1907. EA: G 1953.
Im Original ist die Überschrift in griechischen Buchstaben
geschrieben: κόρη = Mädchen. Dazu hat Rilke vermerkt:
»πτερόεσσα κορα = Sphinx«. Sophokles, König Oedipus, Vers
508 (Zinn, 2, 782).
Möglicherweise ist das Gedicht angeregt durch Rilkes Beschäftigung mit der Kultur Ägyptens im Zusammenhang mit der Reise
Claras in dieses Land. Die Briefe vom 20. und 28. Januar erwähnen beide die Sphinx.

1271 WAS MACHTE SIE EINANDER GLEICHEN: 2, 341. Capri, nach Mitte
Februar 1907. EA: G 1953.
Im Entwurf steht das Gedicht zwischen 1275 I und II.

1272 EIN FRÜHLINGSWIND: 2, 16. Capri, 15. 2. 1907. EA: VPN 1929.
S. K 1266.

1273 NUN SCHLIESSE DEINE AUGEN: DASS WIR NUN: 2, 17. Capri,
16. 2. 1907. EA: Br. 06–07 1930.
4. Stück von 1256 s. K 1256. Als Widmung (2, 204 – geringfügig geändert) für die junge Gräfin Manon zu Solms-Laubach
unter dem Titel *Migliera* (= Weg ins Anacapri). – Die 24jährige
Gräfin weilte u. a. in der Villa Discopoli in Capri. Rilke traf am
4. 12., die Gräfin am 22. 12. mit Frau Nonna in Capri ein.
Offenbar hat Rilke das Gedicht in Form eines Briefes über-
reicht (Br. v. 16. 2. 1907).

1274 DIE MARIEN-VASE: 2, 207. Capri, 18. 2. 1907. EA: G 1953.
Eintragung in das Gästebuch der Villa Discopoli auf Capri
(SW 2, 763). Rilke bewohnte das Rosenhäusl, worauf sich der
Zusatz bezieht. Mit dem *ihr* ist die Muttergottes gemeint.

1275 SANTA MARIA A CETRELLA I–VII: 2, 19. Capri, 19. 2. 1907 und
folgende Tage. EA: G 1953.
Santa Maria a Cetrella ist eine Kirche auf Capri (Abb. Schnack
1956 Nr. 154). Die sieben Gedichte zu Ehren der heiligen Maria

zu Cetrella hat Rilke ein Jahr nach ihrer Entstehung als Gast-
geschenk für die Wiederkehr nach Capri in das Gästebuch der
Villa Discopoli eingetragen. Über die Umstände der Entstehung
schrieb Rilke an Erika von der Heydt: *... viel Einsamkeit mit
einer kleinen verlassenen Kirche inmitten. Santa Maria a
Cetrella heißt es dort, und ich habe angefangen, für diese
arme, verlassene Maria da oben ein bißchen zu dichten. Die
kleine Kirche ist zu, und da sag ich ihr denn durch die Tür
allerhand liebe Dinge und denke, daß das eine Freude und
eine kleine Zerstreuung ist für sie* (Br. v. Februar 1907).
I *Die Kirche ist zu, und mir ist es geschieht*
II *Diese Tage schwanken noch. Das Helle*
Über das wechselnde Wetter vgl. a. d. Brief v. Februar 1907. –
Ros-marin: die Schreibung aktiviert den Sinn von Meer-Rose. –
Die 2. Strophe spielt auf den Volksglauben an, Rosmarin-Geruch
wehre bösen Zauber ab bei Geburt, Hochzeit und Tod.
III *Waren Schritte in dem Heiligtume*
IV *Täglich auf weiten Wegen*
V *Der dich liebte, mit verlegner Pflege*
VI *Wie eines von den äußersten Kräutern*
VII *O wie bist du jung in diesem Lande*

1276 SEXTE UND SEGEN: 2, 24. Capri, 73.1907. ED: Deutsche Arbeit.
München, Prag 1906/07. EA: FG 1919.
Sexte: lat.: sexta hora = 6. Stunde, Gebetsstunde, Gebet.

1277 LIEBES-LIED (NG I, 3): 1, 482. Capri, Mitte März 1907. EA: NG
Dezember 1907.
Das Gedicht muß im Zusammenhang mit *Früher Apoll, Mädchen-
Klage* und den Sappho-Gedichten gesehen werden, die es in den
NG umgeben, s. a. Bradley 1967 S. 26 ff. Die Eingangszeilen sind
bezeichnend für Rilkes spannungsvolle Sicht des Verhältnisses
zwischen Künstleraufgabe und Liebeszuwendung. S. K 1444 und
1318.

1278 GESANG DER FRAUEN AN DEN DICHTER (NG I, 16): 1, 495 Capri,
Mitte März 1907. EA: NG Dezember 1907.
Zur Gestaltung des Themas vgl. neben den Liebesgedichten der
NG auch SO I, 3: *Dies ists nicht, Jüngling, daß du liebst,* und
K 1816. – Jost Hermand, Rilkes Gesang der Frauen an den Dich-
ter. (Monatshefte LVI 1964), deutet das Gedicht als Ausdruck der
Unfähigkeit zur Liebe und Teilnahmslosigkeit des Ästheten.

1279 DER LETZTE GRAF VON BREDERODE ENTZIEHT SICH TÜRKISCHER
GEFANGENSCHAFT (NG I, 53): 1, 525. Capri, Mitte März 1907.
EA: NG Dezember 1907.
Motivlich ist das Gedicht wie 1247 *(Der Fahnenträger)* dem Cor-
net verwandt (S. 1, 248). Vgl. Bradley 1967 S. 120. Nach H. Ro-
senfeld 1935 S. 252 wäre Rilke einem Historienbild verpflichtet.

1280 DIE KURTISANE (NG I, 56): 1, 526. Capri, Mitte März 1907. EA:
     NG Dezember 1907.
     Der Parallelismus zwischen Stadt (Venedig) und Frau (Kurtisane)
     gründet auf der für die Dekadenzliteratur typischen Identität von
     Verfeinerung und Korruption, wofür Venedig als Symbol stand.
     Vgl. auch K 476 und zum Motiv 1159. – Vers 2/3: Die Herstel-
     lung von Gold war das Ziel und der Traum der Alchemisten. –
     In ihrer unbeteiligten Distanziertheit *(unverwundbar)* Ideal-
     gestalten wie etwa dem *Buddha* (1193, 1252 und 1425) verwandt.

1281 DURCHSCHEINENDES DUNKEL SCHWANKT IM WIND: 2, 341. Capri,
     Mitte März 1907. EA: G 1953.

1282 WERD ICH VERGESSEN? UND WENN IRGENDWAS: 2, 342. Capri,
     Mitte März 1907. EA: G 1953.

1283 DIE KUPPELN DER KALIFENGRÄBER: 2, 342. Capri, 18. März 1907.
     EA: SW 1957.
     Angeregt durch eine Karte Claras aus Ägypten. S. Brief vom
     18. 3. 1907: *Die Kalifengräber haben mich schon neulich auf
     einer Karte überrascht, aber auf der diesmal beigelegten steigert
     sich der frühere Eindruck ins Unglaubliche. Ehe ich Deine Be-
     merkungen auf der Rückseite fand, dachte ich an das Frucht- und
     Fruchtkernhafte dieser plastischen Kuppeln, ...* S. K 1270.

1284 AN DEN DICHTER: / VITA:N:A: 6, 1227. Capri. Frühjahr 1907.
     EA: Schnack 1963.
     Das Gedicht, das auf ein in Dantes »Vita Nuova« eingelegtes
     Blatt geschrieben wurde, ist an Dante gerichtet, der in der V. N.
     die *Seligkeit bringende* (Beatrice) Liebe, auch der verzichten-
     den, besungen hat. Die Ausgabe der V. N. hatte Rilke auf Capri
     der Gräfin zu Solms-Laubach (K 1273) geschenkt. – Schnack liest
     anders als Zinn (und wohl richtiger): VITA N(UOV)A. S. Schnack
     1963 S. 24. Die 7. Zeile endet mit einem Komma. – *es stürbe
     denn:* doppeldeutig: Folge und Voraussetzung.

1285 DIE NACHT DER FRÜHLINGSWENDE: 2, 26. Capri, 21. 3. 1907. EA:
     Nachlaß 3. Folge 1950.
     Vgl. Br. an Clara vom 25. 3. 1907: *Merkwürdig war die Nacht
     der Frühlingswende, eine Mondnacht mit lauter, über die (aus
     weißem Licht gemachten) Wege hingesetzten Blätterschatten ...
     Aber der Wind (sah man) reichte nicht mehr so weit hinauf in
     die Nacht, – es war nur mehr ein Windstrom, eine Windstraße,
     über der unbewegt, tief und still, blühender Himmel stand, Früh-
     lingshimmel mit eigenen, großen, offenen Sternen.*

1286 LASS EINEN TAG, DER ZÖGERT VOR DEM REGEN: 2, 343. Capri, An-
     fang April 1907. EA: G 1953.

1287 DER MARMOR-KARREN (NG I, 58): 1, 527. Paris, 28. Juni 1907.
     EA: NG Dezember 1907.

Berendt (S. 153) vermutet als Anregung den Transport einer Plastik Rodins (›Le Penseur‹), die am 22. April 1906 (vgl. Br. von diesem Tage) vor dem Panthéon inauguriert wurde. – *unter irgendeinem Namen:* erläuternde Apposition zu *unkenntlich.* Vgl. dazu Rilkes Ausführungen über Rodins ›Die Bürger von Calais‹: *wo etwas Großes geschah, etwas, was von Zeit und Namen nicht wußte, etwas Unabhängiges und Einfaches* (5, 189).

1289 DIE GAZELLE (NG I, 28): 1, 506. Paris, 17. Juli 1907: EA: NG Dezember 1907.

Auf den stofflichen Anlaß verweist eine Briefstelle (an Clara vom 13. Juni 1907): *Gestern war ich übrigens den ganzen Tag im Jardin des Plantes, vor den Gazellen. Gazella Dorcas, Linné. Es sind zwei da und noch eine einzelne. Sie lagen ein paar Schritte voneinander, wiederkäuend, ruhend, schauend. Wie Frauen aus Bildern schauen, so schauen sie aus etwas heraus mit einer lautlosen, endgültigen Wendung. ... ich sah, während sie sich streckten und prüften, die prachtvolle Arbeit dieser Läufe: (wie Gewehre sind sie, aus denen Sprünge geschossen werden,) Ich konnte nicht fortgehen, so schön waren sie, ...* – *Gazella Dorcas:* wissenschaftlicher Name der Gazelle. – *Laub und Leier:* Natur und Kunst, vgl. a. SO I, 17 Vers 9–14. – *und alles Deine geht schon im Vergleich:* Nach Krummacher (»Das als-ob in der Lyrik« 1965 S. 205) eine Anspielung auf die ›Bedeutung der Gazelle in orientalischen Liebesliedern‹. Wahrscheinlicher eine direkte Übernahme aus dem Hohelied Salomons, das (in der von Rilke benutzten Übersetzung von Kautzsch) die Geliebte häufig mit einer Gazelle vergleicht. – *die Badende:* Nach Berendt ist das Bild der letzten Strophe durch ein Bild Rembrandts angeregt (›Susanna im Bad‹); neuerdings bringt Brigitte Bradley eine Sage als Quelle ins Spiel, nämlich die Geschichte der beim Baden von Aktaion überraschten Artemis (1976 S. 249 Anm. 30). Lit.: H. Uyttersprott, RMRs Gazelle. In: Deutschunterricht XIV (1962).

1290 DER TURM (NG I, 63): 1, 532. Paris, 18. Juli 1907. EA: NG Dezember 1907.

Während der Belgienreise (29. Juli bis 16. August 1906) besucht Rilke zuerst *die alte kleine Stadt Furnes* (Br. v. 27. 7. 1906). Vgl. a. Rilkes Aufsatz *Furnes* (6, 1005 ff., vor allem S. 1009). – Der Eingangsvergleich findet sich schon in diesem Aufsatz vorbereitet: *das* Kirchenportal *von Sankt Nikolas, halb versunken, wie in die Erde hineingedrängt vom Druck des stumpfen Turmes.* – *kleine Tage wie bei Patinier:* Joachim Patenier (= Patinir), niederländischer Maler (1475–1524), Begründer der niederländischen Landschaftsmalerei mit religiösen Historienbildern. Nach Patrik Reuterswärd (Zu einigen Kunstinterpretationen R. M. R.s. In: Idea and Form. Uppsala 1959 S. 219–225) zeigen Rilkes Verse ›eine

genaue und treffende Kenntnis Rilkes von der eigentümlichen
Maltechnik des Niederländers, der nacheinander Geschehenes
oder Geschehendes gleichzeitig und nebeneinander gemalt hat
(simultaneous succession)‹.
Nach H. Meyer (1952–54 S. 88/89) gestaltet die Syntax die Müh-
seligkeit des Treppensteigens.

1291 QUAI DU ROSAIRE (NG I, 65): 1, 534. Paris, 18. oder 19. Juli
1907. – *Brügge:* Zum Entstehungsanlaß s. K 1290 und 1297. Über
Brügge schreibt Rilke am 11. 8. 1907: *fast alle Gassen sind merkwürdig, alle Quais wunderbar.* – *Quai du Rosaire:* Rosenkranz-
Kai, s. Abb. Schnack 1956 Nr. 143.

1292 DIE ERWACHSENE (NG I, 40): 1, 514. Paris, 19. Juli 1907. EA:
NG Dezember 1907.
bildlos wie die Bundeslade: Nach 2. Moses 25 ist die mit Gold
überzogene Bundeslade nur durch ein Kranzornament geschmückt.

1293 GOTT IM MITTELALTER (NG I, 24): 1,502. Paris, zwischen dem
19. und 23. Juli 1907. EA: NG Dezember 1907.

1294 BEGUINAGE I–II (NG I, 66): 1, 535. I: Paris, 19. Juli 1907.
II: Paris, 19–20. Juli 1907. EA: NG Dezember 1907.
Béguinage: Beginenkloster (Nonnen), s. Abb. Schnack 1956 Nr.
146. S. K 1290.

1295 DIE MARIEN-PROZESSION (NG I, 67): 1, 536. Paris, 20. Juli 1907.
EA: NG Dezember 1907.
Am 15. August 1906 (am Tage Mariae Himmelfahrt) besucht
Rilke auf seiner Belgienreise (S. K 1290) Gent und erlebt dort
die Marienprozession. Anregend war daneben wohl auch die
im Furnes-Aufsatz ausführlich beschriebene Büßerprozession von
Furnes, in dem sich auch das Bild der ersten Strophe wieder-
findet (6, 1010): *Gassen, eine negative Form, in die sich, ... auf
einmal jener seltsame Umzug ergießt.* Vgl. a. die Beschreibung
im Brief vom 2. 2. 1907. – *Chryselephantine:* aus gr. chrysos
(Gold) und elephas (Elfenbein) gebildet, s. Br. vom 25. 7. 1907.
Zur Wortbildung vgl. Meyer, Rilkes Cézanne-Erlebnis. S. 88.

1296 MARIONETTEN-THEATER (FURNES, KERMES): 2, 343. Paris, 20. Juli
1907. EA: GG 1934.
Zum stofflichen und biographischen Anlaß s. K 1290 und 1297.
Ursprünglich war dieses Gedicht für den 1. Teil der NG vorgesehen, wurde aber im letzten Moment gestrichen, vielleicht sogar
erst nach der Drucklegung (vgl. Br. an Clara v. 25. 7. und 9. 8.
1907): bei dem Marionettentheater *(an dem mich etwas leise
stört –: was?).* Zur Interpretation und dem thematischen und
motivlichen Zusammenhang mit der IV. DE vgl. Mason 1964
S. 82 ff. und 92 ff.

1297 DER PLATZ (NG I, 64): 1, 533. Paris, 21. Juli 1907. EA: NG
Dezember 1907.

Furnes: s. K 1290. – Br. an K. v. der Heydt vom 31. 7. 1906:
Ich sitze in einer kleinen seltsamen, alten Stadt mitten in einer
Tenierschen Kermes, die Augen voller Schaukeln und Ringelspie-
len, die Ohren voller Ausrufer, die Nase erfüllt mit dem Geruch
von Bier, Honigkuchen und Landleuten, auf der Zunge dieses
Treibens Staub und Trockenheit und den Druck unbeschreiblicher
Sommerwärme auf allem Gefühl. – Vers 5/6: Gemeint ist Herzog
Karl der Kühne von Burgund (1433–1477), er erstrebte die Be-
gründung eines burgundischen Großreiches *(Hochmut).* Vgl. a.
Aufzeichnungen SW 6, 884 ff. und Furnes-Aufsatz SW 6, 1009.
Das Grabmal Karls des Kühnen in der Notre-Dame zu Brügge
(Abb. Schnack 1956 Nr. 144) mag eine zusätzliche Anregung ge-
wesen sein.

1298 SAPPHO AN ALKAÏOS (NG I, 6): 1, 483. Paris, 24. Juli 1907. EA:
NG Dezember 1907.
Vgl. K 1182. – *Alkaïos: Alkaios war ein Dichter, der auf einer*
antiken Vase, die Leier in den Händen, vor Sappho steht, das
Haupt gesenkt, und man weiß, daß er zu ihr gesagt hat: ›Weberin
von Dunkel, Sappho, Reine mit dem Lächeln der Honigsüße,
Worte drängen zu meinen Lippen, aber eine Scham hält mich zu-
rück.‹ Und sie: ›Hättest Du einen Wunsch in Dir nach edlen
und schönen Dingen und nicht Niedriges auf Deiner Zunge, – so
hättest Du nicht in Scham die Augen gesenkt und hättest gespro-
chen, wie es recht ist.‹ (Br. an Clara v. 25. 7. 1907) – *Mythilene:*
Stadt auf Lesbos, in der Sappho wirkte. – *Dieser Gott:* Apollo,
und nicht Eros. – Zum Schluß und dem Fragmentcharakter vgl.
H. Meyer, Rilkes Cézanne-Erlebnis, S. 87 und Anm. 11 (vollendete Darstellung des Sappho-Fragments, das Rilke als Quelle
der Sage zur Verfügung stand). – Bradley (1967 S. 28 ff.) deutet
das Gedicht im Sinne des Entweder-Oder von Kunst und Leben,
Liebe oder Meisterschaft.

1299 DER BERG (NG II, 94): 1, 638. Vers 1 und 2: Juli 1906, Fassung
des Ganzen: Paris 31. 7. 1907. EA: NG II November 1908.
Dieses und die vier im Zyklus folgenden Gedichte hat Rilke an
einem Tage geschrieben. – Das Gedicht bezieht sich auf die Tatsache, daß der bekannte Maler des japanischen Farbholzschnitts,
Katsuhiba Hokusai (1760–1849), den Berg Fuji in einer Vielzahl
von Ansichten gemalt hat. Die von Rilke angegebenen Zahlen
tauchen auch in der Literatur auf. Die Folge von 100 Ansichten
kannte Rilke schon vor 1903 (vgl. Br. a. Clara v. 8. 4. 1903),
mindestens aus der Darstellung Muthers (Bd. II, S. 583 ff., s. K
1238). Über Hokusai vgl. a. die Br. vom 11. 8. 1903/3. 7. 1904/
29.7. 1904 und 9. 10. 1907. – Die Zeile 14 charakterisiert den Berg
mit Attributen, die ihn als ein *Ding* im Sinne der Rilkeschen Kunst-
anschauung qualifizieren und ihn vergleichbar machen etwa mit

den Buddha-Gestaltungen der NG. – Vgl. H. Meyer, Rilkes Cézanne-Erlebnis S. 91 ff. und Berendt S. 342 ff.

1300 DER BALL (NG II, 95): 1, 639. Paris, 31. Juli 1907. EA: NG II
November 1908.
Bollnow S. 240/41 deutet den Ball als Phänomen: So beschreibt
er hier den Ball, noch nicht in einer übertragenen Bedeutung, sondern das wirkliche Ding, das Kinderspielzeug, … – Bradley
(1976) S. 185 deutet als Symbol: Daneben symbolisiert dieser
›Ball‹ … einen Vorgang, der auf den Schaffensprozeß als Trans-
formation von Arbeitskraft ins Arbeitsprodukt oder Artefakt
verweist.

1301 DAS KIND (NG II, 96): 1, 640. Vers 1–4: Paris, 31. 7. 1907, Vers
5–12: Paris, 1. 8. 1907. EA: NG II November 1908.
Eines der zentralen Themen der Rilkeschen Dichtung ist die
Kindheit und das Kindsein, nach Bollnow eine der Idealgestalten
dieses Werkes. In den Gedichten wird meist die große Not des
Kindes gestaltet. S. 943, 1181, 1236 und 1778.

1302 DER HUND (NG II, 97): 1, 641. Paris, 31. Juli 1907. EA: NG II
November 1908.
Entwurf der ersten fünf Verse stammt von Ende Juni 1907.
Zum Motiv vgl. a. 1829 und K.
Für H. Meyer, Rilkes Cézanne-Erlebnis, ist der Hund als ›existen-
tiell entleerte Kreatur‹ das ›Sinnbild für die künstlerische Exi-
stenz und Leistung‹ (S. 96 ff.).

1303 SKIZZE ZU EINEM SANKT GEORG: 2, 28. Paris, Anfang August
1907. ED: Die Zeit. Wien 1907. EA: GW 1927.
Dieses Gedicht, das nachfolgende und das Neue Gedicht Sankt
Georg (1317) stehen im Verhältnis von Vorform und Variante
zueinander.

1304 DU ABER ALLES ERWARTENDE EINSAME REINE: 2, 347. Paris, Anfang August 1907. EA: G 1953.
Vorstufe zu 1317, s. a. K 1303.

1305 BLASSE DAME VOR DEN BLINDEN TIEFEN: 2, 346. Paris, Anfang
August 1907. EA: G 1953.
Vorstufe zu 1351 (Dame vor dem Spiegel).

1306 NEIN, ICH WILL NICHT, DASS MAN MICH ZERSTÖRT: 2, 346. Paris,
Anfang August 1907. EA: 1953.
Nach Zinn (2, 782) steht das Gedicht in Zusammenhang mit dem
Tod der Gräfin Schwerin. S. K 1201, 1202 und auch 1263.
Das Gedicht zeigt Anklänge an das vorhergehende, 1305.

1307 DELPHINE (NG II, 4): 1, 559. Paris, 1. August 1907. EA: NG II
November 1908.
In der griechischen Mythologie sind die Delphine Sinnbilder einer
rettenden, helfenden Kraft. Sie liebten die Musik (daß er Töne
liebte). Der Sänger Arion bezauberte durch seinen Gesang einen

Schwarm Delphine und wurde durch einen Delphin vor dem
Tode des Ertrinkens gerettet. Seitdem gelten sie als Hilfe für
die Schiffbrüchigen *(Und der Schiffer nahm)*. – *Triton:* Sohn des
Poseidon, halb Mensch, halb Delphin, Tritonen sind Begleiter
der Meeresgottheit. Nach Berendt wäre das Gedicht durch die
Fontana del Tritone in Rom (Bernini) angeregt (199). – *Trireme:*
(= Triere), Kriegsschiff des Altertums mit drei Ruderreihen über-
einander. – Bradley (1976 S. 36/37) glaubt Übereinstimmungen
mit Ovids ›Metamorphosen‹ nachweisen zu können. – Auffal-
lende Distanzierung vom Mythos in der letzten Strophe *(hielt
für wahr)*.

1308 BILDNIS (NG II, 56): 1, 608. 1. Fassung: 1. August 1907 (SW
2, 345). Endgültige Fassung: 2. August 1907. Paris. EA: NG II
November 1908.
Das Gedicht ist eine Huldigung für die Schauspielerin Eleonora
Duse (Abb. Schnack 1956 Nr. 134). Über Rilkes Verhältnis zu
ihr s. Br. v. November 1906 und 12. 7. 1912, Berendt S. 293 und
Walter Rehm, Rilke und die Duse: In: Symposion. Freiburg.
1948. S. 337–406. Vgl. a. MLB, SW 6, 923 f.
Tuberose: Zierpflanze.

1309 LANDSCHAFT (NG II, 50): 1, 599. Capri, Ende März 1907
(Schluß), vollendet: Paris 2. 8. 1907. EA: NG II November 1908.
Berendt vermutet die Silvesternacht 1906/07 auf Capri als Anlaß
des Gedichts (S. 282). Vgl. aber die wenig ähnliche Schilderung
im Brief an Clara vom 1. 1. 1907. Bradley vermutet den Blick aus
Rilkes Fenster in der Rue Cassette als Motiv des Gedichtes
(1976 S. 131).

1310 DAS ROSEN-INNERE (NG II, 73): 1, 622. Paris, 2. 8. 1907. EA:
NG II November 1908.
Zum Symbol der Rose vgl. Bollnow 1956.

1311 DER APFELGARTEN (NG II, 92): 1, 637. Paris, 2. 8. 1907. EA:
NG II November 1908.
Der Zusatz *Borgeby-Gård* verweist auf die biographische Vorgabe des Gedichtes: Rilkes Aufenthalt auf Borgeby-Gård in Süd-
schweden im Sommer 1904. S. a. K 1249 und K 1172. Dem Kompositum Apfelgarten zog Rilke das französische ›Verger‹ vor, so
sehr, daß er nach ihm einen Zyklus benannte (2, 517 ff.).
unter Bäume wie von Dürer: Wirklichkeit ist Rilke gerade in
den NG häufig durch die Kunst vermittelt, s. Patinier (›Der
Turm‹) oder Fragonard (›Die Flamingos‹). Es wäre auch daran
zu denken, daß die Darstellung der Bäume bei Dürer im Sinne
von Raumgebung (z. B.: ›Adam und Eva‹ von 1504) entscheidend
für den Vergleich war. Für Bradley (1976 S. 209) sind sie Sinnbilder ›eines schon vollbrachten künstlerischen Werks‹.

1312 CORRIDA (NG II, 64): 1, 615. Paris, 3. 8. 1907. EA: NG II November 1908.

Im Brief an Clara vom 6. 9. 1907 kommentiert Rilke selbst: *die Corrida setzt voraus, daß man den Verlauf eines Stiergefechts kennt, und bezieht sich auf den berühmten Espada: Montès, der zuerst in dem angegebenen Jahr das ›Galear el Toro‹ versuchte: das Plötzlich-sich-Abwenden von dem rasenden Tier, das, da es das Gesicht des Gegners nicht mehr findet, durch die plötzliche Veränderung verwirrt, vorbeistürzt und erst im nächsten Wenden den Stoß empfängt.* Zwei Dinge sind festzuhalten: 1. Rilke hat nie einen Stierkampf gesehen (Br. v. 1. 10. 1907 an Clara). 2. Das Motiv war ihm allerdings durch Gemälde bekannt (einen Goya – Br. v. 5. 7. 1905 und ein Gemälde von Zuluoga – Br. vom 15. 8. 1903). Außerdem s. den Br. vom 23. 11. 1905. – *Toril:* span.: Pferch des Stiers. – *Picador:* span.: Reiter mit einer Lanze, der den Stier reizt und aufbringt. – *mauve:* frz.: malvenfarbig, ins Violett spielendes Rosa. Lit.: H. Henel, Rilke's ›Corrida‹. Monatshefte. 45 (1953) S. 431–440.

1313 – ALS WÄRE MEINE SCHWERE: 2, 347. Paris, 3./5. August 1907. EA: SW 1957.

Fragment.

1314 DER GOLDSCHMIED: 2, 27. Vers 1–11: Paris, 5. 8. 1907, Vollendung: Muzot, Spätherbst 1925. ED: Inselalmanach 1927. EA: GW 1927. Vers 1–11 Vorstufe zu dem nachfolgenden Gedicht.

1315 DER RELIQUIENSCHREIN (NG II, 24): 1, 577. Entwurf und vorl. Fassung: 5. 8. 1907, endgültige Fassung: wohl erst August 1908. EA: NG II November 1908.

Der Goldschmied ist ein Künstler im Sinne Rilkes, der das Werk in seiner funktionslosen Absolutheit sieht, und das ihn darum adelt, zum wahren Künstler macht. S. K 1106 und K 1444.

1316 SONNEN-UNTERGANG: 2, 28. Paris, 5.–9. 8. 1907. EA: Nachlaß 3. Folge 1950.

Pallas-Athene: griechische Gottheit, kämpferische Gottheit (des besonnenen Krieges auch), Bezug zum Bild der Arena (Kampfstätte).

1317 SANKT GEORG (NG II, 67): 1, 618. Paris 5.–9. 8. 1907. EA: NG II November 1908.

S. 1303 *(Skizze zu einem Sankt Georg)* und 1304. – Wahrscheinlich angeregt durch eine bildliche Darstellung der Legende vom Drachentöter, s. a. K 813 und SW 4, 762 ff. – *Haubert:* frz.: Panzerhemd.

1318 DIE LIEBENDE (NG II, 72): 1, 621. Paris, 5.–9. 8. 1907. EA: NG II November 1908.

Das Gedicht spiegelt die für Rilkes Liebesgedichte bezeichnende

Problematik von Bereitschaft zur Hingabe und Reserve. S. Mason, Merlin und die besitzlose Liebe.

1319 Nächtliche Fahrt (NG II, 53): 1, 601. Paris, 9–17. 8. 1907. EA: NG II November 1908.

Sankt Petersburg: Rilke war während seiner beiden russischen Reisen mehrmals mehrere Tage in Petersburg, dem heutigen Leningrad. Die letzte Strophe gibt möglicherweise Rilkes negativen Eindruck von dieser *westlichsten Stadt* Rußlands wieder, in der ihm alles *viel internationaler und unrussischer zu sein* schien als anderswo (Br. a. die Mutter v. 4. 5. 1899 und Br. a. Lou v. 4. 8. 1900 *(fast feindliche Eindrücke dieser Stadt).* S. K 1121. – *Orloffsches Gestüt:* Orlow ist der Name eines russischen Adelsgeschlechts, das vor allem im 18. und 19. Jh. bedeutende Generäle und Politiker hervorbrachte. – *Newa-Quais:* St. Petersburg/Leningrad liegt an der Newa. – *Ljetnij-Ssad:* bekanntester Park in Petersburg.

1320 Die Parke I–VII (NG II, 55): 1, 603. I–IV: Paris 9. 8. 1907. V–VII: 9.–17. 8. 1907. EA: NG II November 1908.

Dieses Gedicht geht sowohl auf eigene Reiseerlebnisse zurück (die großen französischen Parke von Chantilly, Versailles, Luxembourg und die Parkanlagen der Gutshöfe und Herrensitze) wie auch auf die Parkbilder van Goghs, die Rilke sicher schon kannte, bevor er sie in der von Mathilde Vollmoeller ausgeliehenen Van-Gogh-Mappe sah (Br. a. Clara v. 2. und 4. 10. 1907). S. a. Br. v. 16. 1. und 29. 5. 1906. III, 4 – *Monseigneur:* seit Ludwig XIV. Titel des Dauphins. – IV, 4 *Tapis-vert:* frz.: Rasenmatte. – *Avenue:* mit Bäumen bepflanzter Weg oder Straße. – V, 1 *Altan:* auf Säulen ruhender Balkon. – *Diana:* Göttin der Jagd. – *Venerie:* frz.: Jägerei. – VII, 1 *Najaden:* Quell- und Flußnymphen. Die Verwendung von Fremdwörtern (nur im Reim) verweist auf Rilkes raffinierte Sprachkunst und auf seine Bemühung, die angemessene Atmosphäre einzufangen. S. ähnlich in *Corrida.* Lit.: Stewart, Corbet, Rilke's Cycle ›Die Parke‹. In: MLR 61 (1966) S 238–249 u. Lettau, Reinhard, R's Zyklus Die Parke. In: Monatshefte 51 (1959) S. 169–172.

1321 Jeremia (NG II, 13): 1, 567. Paris, Mitte August 907. EA: NG II November 1908.

Das Gedicht zeigt die Entwicklung des Jeremias von seiner Berufung (Jeremias 1, 6: ich tauge nicht zu predigen, denn ich bin zu jung), seinen Verkündigungen künftiger Strafen und Heimsuchungen bis zu seinen Klageliedern. – Diese Entwicklung ist nicht ohne Bezug zu Rilkes eigener Künstlergeschichte, und es wäre durchaus möglich, die Unerbittlichkeit des ›Herrn‹ mit den Forderungen von Rilkes Vorbildern (Rodin zuerst und dann Cézanne und van Gogh) zu vergleichen: *il faut travailler, rien que*

travailler, ... J'ai donné ma jeunesse, sagte er. Der unerquick-
liche Hausstand Tolstois, die Unbehaglichkeit in Zimmern Rodins: das deutet alles auf dasselbe hin: daß man sich entscheiden
muß, entweder das oder jenes. *Entweder Glück oder Kunst.*
S. a. Berendt S. 212 (Hinweis auf Michaelangelos ›Jeremias‹).

1322 DER EINSAME (NG II, 90): 1, 636. Paris, Mitte August 1907.
EA: NG II November 1908.
Das Gedicht erschließt sich am ehesten von seinem Bildbereich
her: von einem Turm und den an ihm angebrachten Plastiken.
S. a. SW 2, 349 (Entwurf).

1323 DIE GETRENNTEN: 2, 349. Paris, Mitte August 1907. EA: G 1953.
Die These von der Einsamkeit der Liebenden hat Rilke selten
(wier hier) aus der Perspektive, (der natürlich aus eigener Sicht
sich nahelegenden) bürgerlichen Perspektive von Eheleuten dargestellt. Vgl. a. den Brief an Bodman v. 17. 8. 1901 und die
beiden Ehe-Gedichte 1019 und 1204.

1324 VOR ZEITEN, EINST, EIN HERZ GEWESEN SEIN: 2, 350. Paris, Mitte
August 1907. EA: G 1953.
Aus dem Umkreis der Kathedralen-Gedichte, s. a. K 1209, 1325.

1325 FÜHLST DU NICHT WIE WIR UNS UNBEGRENZTER: 2, 351. Paris,
Mitte August 1907. EA: G 1953.
Aus dem Umkreis der Kathedralen-Gedichte (Notre-Dame-de-
Paris, s. a. 1324).

1326 UNS VERWIRRT ES, DIE WIR SEIEND HEISSEN: 2, 352. Paris, Mitte
August 1907. EA: G 1953.
nur von Bildern: Rilke, der Künstler, war, wie allein die NG
zeigen, in sehr hohem Maße von Kunstwerken beeinflußt, s. K
1106 und K 1312.

1327 IHR VERLORENEN: WIE IHR VERLOCKT: 2, 352. Paris, nach Mitte
August 1907. EA: G 1953.
Entwurf zu *Eine von den Alten,* s. K 1337.

1328 EIN PROPHET (NG II, 12): 1, 566. Paris, kurz vor dem 17. 8.
1907. ED: Morgen. Berlin 1908. EA: NG II November 1908.
Gegenstück zu 1426 und 1340. Der demütige und gehorsame
Prophet Hesekiel wird auf Befehl Gottes zum Verkünder furcht-
barer Strafgerichte (A. T. Hesekiel 5–8). Das Bild des Hundes,
das den Propheten in ein Verhältnis des Knechtes setzt, findet sich
wieder in zwei Br. an Clara v. 8. und 12. 10. 1907 bezogen auf
Cézanne: *Und sitzt im Garten wie ein alter Hund, der Hund
dieser Arbeit, die ihn wieder ruft und ihn schlägt und hungern
läßt. Und hängt doch mit allem diesem an diesem unbegreif-
lichen Herrn, ...* Wegen der Nähe dieser Gedankengänge zur
eigenen Kunstauffassung s. K 1106 und 1444.

1329 DER BALKON (NG II, 48): 1, 597. Paris, 17. 8. 1907. EA: NG
II November 1908.

Neapel: Der Untertitel ist als Kommentar zu lesen. Rilke war im Zusammenhang mit seinen Capriaufenthalten mehrmals in Neapel (1907 und 1908). Ob, wie Hagen (S. 74) glaubt, das Gedicht durch das gleichnamige Bild von Manet angeregt ist, wird nicht durch die Feststellung des Unterschiedes zwischen Bild und Gedicht widerlegt (vgl. Berendt S. 383). Das Bild kann die Motivwahl angeregt haben, ohne die Gestaltung zu beeinflussen, die ihrerseits natürlich durch eigene Anschauung geprägt wurde (Neapel). S. K 1407.

1330 DAME AUF EINEM BALKON (NG II, 68): 1, 619. Paris, 17. 8. 1907. EA: NG II November 1908.
      Kamee: Edelsteinschmuckstück.

1331 DAS WAPPEN (NG II, 88): 1, 634. Paris, 17. 8. 1907. EA: NG II November 1908.
      Das Gedicht hält sich genau an die traditionelle Form und die üblichen Bestandteile eines Wappens: Schild, Helm (Spangenhelm = besondere Form des Helms mit vergittertem Visier), Helmdecke, und Helmschmuck (Flügel und Helmkleinod). Der Vergleich mit dem Spiegel hat einen doppelten Sinn: Das Wappen ist Abzeichen der Sippe und Erinnerungsstück. S. K 1200. Lit.: Deleu, K., R. M. R.'s. ›Das Wappen‹. In: Revue des langues vivantes 22 (1956).

1332 AUSWANDRER-SCHIFF (NG II, 49): 1, 598. Paris, 18. 8. 1907. EA: NG II November 1908.
      Anders als das bereits 1894 entstandene *Auswandererschiff* (K 139) beschränkt sich dieser Text, die Titelerwartung stark reduzierend, auf die Darstellung der farbenprächtigen Wirkung der Beladung eines Schiffes mit Waren. – *Neapel:* verweist auf den Ort des anregenden Erlebnisses, eine in den NG häufige Kommentierung im Sinne der angestrebten Sachlichkeit. – Berendt vermutet eine Anregung durch das Schiff, mit dem Clara Rilke von Neapel aus nach Ägypten fuhr (S. 281). – Ebenso einleuchtend ist irgendeine Beladung, die Rilke gesehen hat in Neapel. S. K 1419 und 1329.

1333 DER PAVILLON (NG II, 85): 1, 631. Paris, 18. 8. 1907. EA: NG II November 1908.
      Das Gedicht ist möglicherweise angeregt durch einen Besuch Rilkes in Versailles. In einem Brief an Clara v. 2. 12. 1905 berichtet er: *der Meister* (Rodin) *und ich, wir fuhren nach Versailles (zum ersten Mal wieder, obwohl es regnete) und gingen zwei graue, leise Stunden im Garten von Groß-Trianon herum, der uns ganz gehörte und so neu und eigen war mit einer Reihe von Palästen und Pavillons, die auch der Meister noch nie so gesehen hatte* ... Von diesem Erlebniskontext (Vers 2: *regentrüben Glas*) entfernt sich das Gedicht stimmungsmäßig selbst

da nicht, wo die Realität nur noch Anlaß zur Evokation Geschichte gewordener menschlicher Erfahrung ist *(jene Urnen
stehen, kalt).*

1334 TOTEN-TANZ (NG II, 20): 1, 574. Paris, 20. 8. 1907. ED: Hyperion 1908. EA: NG II November 1908.
Toten-Tanz: Seit der ersten Hälfte des 15. Jh.s ist der T.-T. ein
bekanntes Motiv in der bildenden Kunst. Nicht immer ist er
auch wie hier im Sinne des Tanzmotivs gestaltet. Angeregt möglicherweise durch Baudelaires ›Danse Macabre‹ aus den ›Fleurs
du Mal‹. – *Galan:* Liebhaber. – *Schaube:* vorn offener Mantelrock.

1335 DAS JÜNGSTE GERICHT (NG II, 21): 1, 575. Paris, 20. 8. 1907.
ED: Hyperion 1908. EA: NG II November 1908.
Zur Gestaltung des Motivs und zum polemischen Ton s. K 822
und auch 1206. – Berendt vermutet die Sixtinische Kapelle als An-
regung (S. 227). Gegen das Gedicht polemisiert Bradley (1976
S. 84): sentimental und insgesamt artifiziell.

1336 DIE VERSUCHUNG (NG II, 22): 1, 575. Paris, 21. 8. 1907. EA:
NG II November 1908.
Nach Schneditz (R. und die bildenden Künste, 1947 [2. Aufl.]
S. 87) wäre das Cézanne-Bild ›Die Versuchung‹ anregend gewesen. – Eine parallele Stelle im MLB (6, 878) und die Ausgestaltung des Motivs verweisen auf die grotesk-phantastischen
und allegorischen Bilder des niederländischen Malers Hieronymus Bosch, unter dessen Werken sich auch eine Versuchung des
hl. Antonius findet.

1337 EINE VON DEN ALTEN (NG II, 39): 1, 589. Paris, 21. 8. 1907. ED:
Morgen. Berlin 1908. EA: NG II November 1908.
Die Gestalt der *Alten* steht stellvertretend für die vielen Armen
des Rilkeschen Werks, s. K 1223, 1136 und 1092. Die thema-
tische und motivliche Verwandtschaft zu Baudelaires ›Les petites
Vieilles‹ (Fleurs du Mal) ist unverkennbar. – Zur Bedeutung von
Rilkes Pariserfahrung s. K 1121. – Entwurf s. 1327.

1338 DER BLINDE (NG II, 40): 1, 590. Paris, 21. 8. 1907. ED: Morgen. Berlin 1908. EA: NG II November 1908.
Wie die im Zyklus vorangehenden Gedichte Gestaltung von Pariserlebnissen (s. K 1121). Zum Motiv s. K 1014.

1339 DER ALCHIMIST (NG II, 23): 1, 576. Paris, 22. 8. 1907. EA: NG
II November 1908.
Berendt (S. 230) geht davon aus, daß Laborant und Alchimist identisch sind. – Möglich ist es, sie als Gegensätze zu sehen, die zwei
verschiedene Haltungen des Künstlers repräsentieren. – *Laborant:* erinnert an Rilkes Dichtungstheorie im Sinne des Rodin-
Wortes: il faut travailler, rien que travailler (Br. a. Clara v. 5. 9.
1902). – Zur 2. Strophe vgl. die Malte-Stelle: *Denn Verse sind
nicht, wie die Leute meinen, Gefühle ..., es sind Erfahrungen*

... Man muß zurückdenken können an Wege ..., an Meere, an
Reisenächte, ... die mit allen Sternen flogen, –

1340 SAMUELS ERSCHEINUNG VOR SAUL (NG II, 11): 1, 565. Paris,
22. 8.–5. 9. 1907. ED: Morgen. Berlin 1908. EA: NG II November 1908.

1 Samuel 28 berichtet, wie König Saul, der den Beistand Gottes
verloren hat, eine Wahrsagerin zu Endor aufsucht. Da erscheint
ihm der Geist des eben verstorbenen Samuel und sagt ihm die
Niederlage im Kampf gegen die Philister voraus. Zu Motiv
und Deutung s. K 1426, zur Quelle K 1390.

1341 DIE INSEL DER SIRENEN (NG II, 5): 1, 560. Paris, 22. 8.–5. 9.
1907. EA: NG II November 1908.

Sirenen: drei Jungfrauen mit Vogelleibern, die durch ihren Gesang vorüberfahrende Schiffer betören und vernichten. Odysseus, der Listige, ließ sich selbst an den Mast des Schiffes fesseln
und verstopfte die Ohren seiner Gefährten mit Wachs. So soll
er erreicht haben, den Gesang zu hören und dennoch dem Tod
zu entgehen. Rilkes Umdeutung, derzufolge der *Gesang, dem
keiner widersteht,* nur in der Stille erfahrbar sein soll, ist der
Auslegung Kafkas (›Das Schweigen der Sirenen‹) verwandt. Sie
entspricht aber Rilkes dialektischem Umschlagsdenken, wie es
sich auch in anderen Motivzusammenhängen zeigt: s. K 1245 II. –
Zur Auseinandersetzung mit dem Stoff vgl. Br. v. 18. 2. 1907
aus Capri: *Es ist ja auch wirklich hier (las ich neulich), wo Odysseus vorüberkam, und heute – vom Monte Salora aus – sahen wir
im salernischen Golf die drei Inseln der Sirenen liegen (seltsame, den Weg verstellende Klippen, die aussahen, als wären
sie einst vergoldet gewesen), an denen er, angebunden an seinen
Mast, nur durch diesen Zwang sicher vor der unabwehrbaren
Gewalt, die, aufgelöst im lichten Wind, klingend, herüberkam!*
Zur Quelle vgl. Bradley 1976 S. 44 (Odyssee, 12. Gesang Vers
168–169/201–202/243–245 in der Voss'schen Übersetzung).

1342 DER TOD DER GELIEBTEN (NG II, 7): 1, 561. Paris, ?? 8.–5. 9.
1907. ED: Hyperion. 1908. EA: NG II November 1908.

Berendt vermutet, daß mit dem *Er* Orpheus oder Admet (1190/
1268) gemeint seien (S. 205). Nach einer bisher unveröffentlichten These von Klaus Prinz (Adelaide) bezieht sich das Gedicht
auf Novalis und Sophie von Kühn, ihr Siechtum *(leis aus seinen
Augen ausgelöst)* und die durch ihren Tod mitveranlaßten ›Hymnen an die Nacht‹.

1343 EINE SIBYLLE (NG II, 14): 1, 568. Paris, 22. 8.–5. 9. 1907. ED:
Morgen. Berlin 1908. EA: NG II November 1908.

Sibylle: heidnische Seherin des Altertums. Das Gedicht steht in
den NG in enger Beziehung (thematisch wie motivlich) zu den
Prophetengedichten.

1344 DAS GOLD (NG II, 25): 1, 578. Paris, 22. 8.–5. 9. 1907. EA: NG
II November 1908.
Meroë: eines der reichsten Goldländer des Altertums. – *verhehrt:*
seiner edlen Art beraubt (Anklang an verheeren). In diesem
Sinne schrieb Rilke am 12. 1. 1922 an Dr. Heygrodt von dem
Geld, das dem Golde längst nicht mehr gleichzusetzen sei. – Für
Rilke, der Armut (1135 und 1136), Entbehrung und Verzicht
immer höher eingestuft hat als den Besitz, die Möglichkeit der
Wirklichkeit vorzog (1548), ist das Gold korrumpiert, weil es
gefunden wurde. Vgl. dagegen SO II, 4 und K 1855.

1345 IRRE IM GARTEN (NG II, 33): 1, 585. Paris, 22. 8.–5. 9. 1907.
EA: NG II November 1908.
Vgl. auch die Variante 2, 353: *Die Irren in der Chartreuse de
Champmol zu Dijon.* Zum Motiv s. a. 1223 und 1440.
Dijon, die Hauptstadt der Herzöge von Burgund (s. a. K 1297),
spielt in Rilkes Bildungsgang, seinen historischen und kunstge-
schichtlichen Studien eine sehr bedeutende Rolle. Vgl. Br. an
Rodin v. 25. 4. 1903. Der in diesem Brief erwähnte Claus Sluter
ist der große Baumeister von Dijon im 14. Jh. Er ist auch der
Schöpfer der Kirchenportals und des Brunnens der Kartause
von Champmol, die Anlaß zu diesem Gedicht war. – Auf der
Rückreise von Viareggio nach Paris machte Rilke in Dijon halt
(29. 4. 1903). – Die Karthause von Champmol, ein früheres *(auf-
gegebenes)* Kloster, wurde umfunktioniert in ein Krankenhaus für
Geisteskranke *(die sie jetzt bewohnen).* – Rilkes sympathisie-
rende Aufmerksamkeit für die Irren und geistig Kranken erklärt sich nicht nur werkimmanent aus deren Verwandtschaft
mit den sonst Schwachen, Armen und Ausgestoßenen, die das
Werk Rilkes bevölkern, sondern auch literatur- und geistesgeschichtlich aus dem Zusammenhang mit den kulturpessimistischen Strömungen um die Jahrhundertwende. Die Kreatürlich-
keit der Irren wie der Armen erscheint verklärt als Nähe zur
Natur.

1346 DIE IRREN (NG II, 34): 1, 586. Paris, 22. 8.–5. 9. 1907. EA: NG
II November 1908.
S. K 1345.

1347 AUS DEM LEBEN EINES HEILIGEN (NG II, 35): 1, 586. Paris, 22.
8.–5. 9. 1907. EA: NG II November 1908.
Nicht nur in der Apotheose des hl. Franz von Assisi (1336) im
Stunden-Buch hat Rilke das asketische und mönchische Leben
besungen. Der wie immer zu begründende Verzicht auf einen
eigenen Hausstand, materielle Not und Berufsethos (vgl. Br. v.
11. 12. 1906: *wohl aber muß ich sehen, nach und nach zu einem
Kloster auszuwachsen),* Großstadtängste und das Vorbild Cézanne (vgl. Briefe vom Oktober 1907) machen die Gestaltung

der Heiligenschicksale auch aus autobiographischer Sicht bedeutsam. S. a. die Nachbargedichte in den NG (1346 und 1398).

1348 DER DOGE (NG II, 60): 1, 611. Paris, 22. 8.–5. 9. 1907. EA: NG II November 1908.

Wie aus Rilkes Briefen von Anfang Oktober 1907 hervorgeht, hat er in Vorbereitung seiner Venedigreise von 1907 *in der Bibliothek aufmerksam studiert und (kennt) nun manches Merkwürdige aus seiner Geschichte.* – Auf einen ganz bestimmten Aspekt dieser Geschichte, nämlich die Einschränkung der Allmacht des Dogen durch den Rat der Zehn (Signorie) bezieht sich das Gedicht. Ob ein bestimmter Doge gemeint ist, bleibt offen, s. a. Berendt S. 296/97. – Die Sicht dieser Entmachtung ist identisch dargestellt in 845 V *(Die Zaren)*.
Zu Venedig s. a. K 1403 *(Spätherbst in Venedig)*.

1349 DER ABENTEURER I–II (NG II, 62): 1, 612. I: Vers 1–4: Paris, um den 5. 9. 1907 / das Ganze: Paris Frühsommer 1908. II: Paris 22. 8.–5. 9. 1907. EA: NG II November 1908.

Nach Berendt ist der Abenteurer eine Metapher für das künstlerische Selbst Rilkes, das sich teilweise an der Gestalt Don Juans orientiert (S. 298). Die Fähigkeit, fremdes Sein einfühlend nachzuvollziehen, ist sowohl schauspielerisches (1308) wie dichterisches Vermögen. – *Geschicke angefangener Knaben:* S. z. B. K 1857 und K 1718.

1350 DAMEN-BILDNIS AUS DEN ACHTZIGER-JAHREN (NG II, 74): 1, 623. Paris, 22. 8.–5. 9. 1907. EA: NG II November 1908.

Am 4. Juni 1907 hatte Rilke eine Ausstellung von Frauenbildnissen aus den Jahren 1870–1900 (Br. a. Clara v. 7. 6. 1907) besucht. Ob dieses Gedicht durch ein bestimmtes Gemälde angeregt ist, ist offen. Immerhin aber gibt der Brief eine verwandte Stimmung wieder: *Aber das Schwere, das Bange ist auch immer irgendwie da – es ist eben wieder alles: wie immer in Paris.* – Der Umschlag von der Erwartung *(Wartend)* in die Erinnerung *(Erinnerungen)* ist auch in 1087 gestaltet. – Auffallend die Funktionalisierung der Erfahrung zum Stoff für den Künstler *(Tagebuch, Schreiben)*. S. dazu auch Zitat 1339.

1351 DAME VOR DEM SPIEGEL (NG II, 75): 1, 624. Paris, 22. 8.–5. 9. 1907. ED: Hyperion. 1908. EA: NG II November 1908.

Vorstufe s. 1305. – Zum möglichen Anlaß s. K 1350.

1352 MOHAMMEDS BERUFUNG (NG II, 93): 1, 638. Paris, 22. 8.–5. 9. 1907. EA: NG II November 1908.

Ursprünglicher Titel *Die Berufung*. Der spätere Zusatz ist ein Akt der Kommentierung Rilkes. Das Gedicht gestaltet das Berufungserlebnis Mohammeds (um 610), das darin bestand, daß er durch die Vermittlung eines Geistes die in einem himmlischen Buch niedergeschriebene wahre Offenbarung vernahm. Nicht vom

Stoff, wohl aber vom Motiv und der Thematik her ist das Gedicht Texten wie *Jeremia* (1321), *Don Juans Auswahl* (1387) verwandt. Diese Texte sind von Rilkes Neuorientierung seit 1902 her auszulegen. S. K 1106.

1353 DER DUFT: 2, 29. Entwurf: Paris, Ende August 1907. Vollendet: wohl 1. Halbjahr 1908. EA: G 1953.

1354 DAS KOMMT UND GEHT AN DIR, VON SOLCHEN LEIDERN: 2, 353. Paris, Ende August 1907. EA: G 1953.
S. K 1345.

1355 SIEHE DER DICHTER: IHN TRUG DAS GESCHAUTE: 2, 353. Paris, Ende August 1907. EA: G 1953.
Zum Motiv s. 1434, zum Thema 1326.

1357 IMMER NOCH UND WIE AM ERSTEN TAGE: 2, 354. Paris, Anfang September 1907. EA: G 1953.

1358 LEDA (NG II, 3): 1, 558. Paris, Herbst 1907 oder: Capri, Frühling 1908. EA: NG II November 1908.
In der griechischen Mythologie wird erzählt, daß Zeus sich seiner Geliebten Leda in der Gestalt eines Schwanes näherte. Rilke mag durch ein Bild Correggios, das er wohl in dem damaligen Kaiser Friedrich Museum in Berlin gesehen hatte: (>Leda mit dem Schwan‹), angeregt sein. Bradley 1976 S. 32 verweist auf die Semele-Sage aus den »Metamorphosen« des Ovid als mögliche Quelle. – Die Verwandlungskunst des Zeus ist der Einfühlungsgabe des Abenteurers verwandt, s. 1349 II.

1359 KLAGE UM ANTINOUS (NG II, 6): 1, 561. Paris, Herbst 1907 oder Capri, Frühjahr 1908. EA: NG II November 1908.
Antinous, Liebling des römischen Kaisers Hadrian, ertrank im Nil (130), wurde von Hadrian zum Gott erhoben. Zu seinem Gedächtnis die Stadt Antinoupolis gegründet. Man zählt über 300 antike Darstellungen, von denen der kunstbeflissene Rilke die eine oder andere gekannt haben wird. Sein Interesse für Frühverstorbene und Unvollendete ist seit dem Florenzer Tagebuch belegbar (Guiliano de Medici – TF S. S. 68). S. a. K 1349 II. – Die Klage des Kaisers gerät unvermittelt zu einer Klage über bestimmte Formen der Totenverehrung.

1360 DER AUFERSTANDENE (NG II, 29): 1, 582. Paris, Herbst 1907 oder: Capri, Frühjahr 1908. EA: NG II November 1908.
Der Evangelist Johannes (20, 1–18) berichtet am ausführlichsten und in für das Gedicht bezeichnendster Weise von Maria Magdalena und dem Auferstandenen am Grabe. Jesu Worte: Rühre mich nicht an, könnten Rilke angeregt haben. – Zu Maria Magdalena und Christus s. a. K 1207 *(Pietà)*, zur Gestaltung der Liebe s. a. 1387 *(Don Juans Auswahl)*. Zu möglichen Anregungen s. Berendt 247. Harte Kritik an der Beliebigkeit der Rilkeschen Deutung übt Bradley 1976 S. 83.

1361 SCHLANGEN-BESCHWÖRUNG (NG II, 45): 1, 594. Paris, Herbst 1907 oder: Capri, Frühling 1908.

1362 PAPAGEIEN-PARK (NG II, 54): 1, 602. Paris, Herbst 1907 oder: Capri, Frühjahr 1908.

Untertitel s. a. K 1106. – *Ara:* große, auffällig gefärbte Papageienart. – *Jaspis:* Halbedelstein. – *Jade:* blaßgrüner Schmuckstein. – *klauben:* aussondern, mit Mühe suchen. – *duffen:* norddeutsch = matt, glanzlos. Mason, Rilkes Humor, S. 236 deutet: Die im Fall des edlen Panthers als etwas Tragisches empfundene und dargestellte Gefangenschaft exotischer Lebewesen in einem fremden Land wird bei den eitlen, wichtigtuerischen Papageien, ..., ironisch empfunden und dargestellt.

1363 DIE LAUTE (NG II, 61): 1, 611. Paris, Herbst 1907 oder: Capri, Frühling 1908. EA: NG II November 1908.

Entstanden wahrscheinlich im Zusammenhang mit den Vorbereitungen für die Venedigreise im Herbst 1907 oder nach dieser. S. K 1348 und 1403 und 1404. – *Tullia d'Aragona:* berühmte Kurtisane Venedigs, die im 16. Jh. lebte. An eine Anregung durch Hofmannsthals Drama »Der Abenteurer und die Sängerin« (Vittoria: Dies ist mein Alles, ich bin ausgehöhlt wie der gewölbte Leib einer Laute) glaubt Bradley 1976 S. 163 und Anm. 90. – Zum Motiv der Kurtisane s. a. 1280.

1364 DON JUANS KINDHEIT (NG II, 65): 1, 616. Paris, Herbst 1907 oder: Capri, Frühling 1908. EA: NG II November 1908. S. a. K 1387.

1365 ÜBUNG AM KLAVIER (NG II, 71): 1, 621. Paris, Herbst 1907 oder: Capri, Frühling 1907. EA: NG II November 1908.

Vgl. a. *Phantasie,* K 550. –

1366 DIE FLAMINGOS (NG II, 82): 1, 629. Paris, Herbst 1907 oder Capri, Frühling 1908.

Untertitel s. K 1106, s. a. auch Brief an Clara vom 15. 2. 1906. *Fragonard:* frz. Rokokomaler, dessen Gemälde sich durch zarte, transparente Malweise mit starker Leuchtkraft auszeichnen. Eine Bildvorlage Fragonards ist nicht nachgewiesen. Trotz des Hinweises auf Fragonard weist das Gedicht jugendstilhafte Züge auf, vor allem in der Stilisierung hin zum Pflanzlichen. – *blühend:* das Bild taucht schon im zit. Brief auf. – *Phryne:* griechische Hetäre, wegen ihrer Schönheit berühmt, bekannt auch als Modell des griechischen Bildhauers Praxiteles. – *Volière:* großer Vogelkäfig. – Deutliche narzißhafte Züge: *sich selber, verführen sie sich selber, bergen in die eigene Weiche.* Lit.: Johannes Pfeiffer, Über R's Gedicht *Die Flamingos.* In: J. P., Über d. Dichterische u. d. Dichter 1956 S. 113/17, und Fingerhut 1970 S. 159 ff.

1367 Rosa Hortensie (NG II, 87): 1, 633. Paris, Herbst 1907 oder: Capri, Frühling 1908. EA: NG II 1908.
S. K 1250. – Thematisch steht das Gedicht nach Berendt (s. 331) ›völlig im Zeichen von Tod und Verwandlung‹, stilistisch ist das Gedicht durch die ›selektive Beschreibungstechnik‹ (W. Müller 1971 S. 57) charakterisiert. Bradley (1976 S. 194) behauptet, die wie-Vergleiche ließen ›keine menschlichen Mitbedeutungen … aufkommen‹, übersieht dabei aber die sich aus dem Menschlichen herleitende Metaphorik *(verlangen, lächeln, zärtlich, großmütig, wissen).*

1368 Ein junges Mädchen: das ist wie ein Stern: 2, 30. Paris, wahrscheinlich Herbst 1907. EA: G 1953.
Die 2. Strophe *(Ein junges Mädchen: das ist wie ein Schatz)* schrieb Rilke am 3. 11. 1907 in Prag ein in das Album der Tochter des Professors Ernst, s. SW 2, 208 und Anm.

1369 Sterne hinter Oliven: 2, 356. Paris, Herbst 1907 oder: Capri, Frühling 1908. EA: GG 1934.

1370 Griechisches Liebesgespräch: 2, 356. Paris, Herbst 1907 oder: Capri, Frühling 1908. EA: G 1953.

1371 Herbst-Abend: 2, 354. Paris, Ende September 1907. EA: G 1953.

1372 Ausblick von Capri: 2, 208. Vers 1–4: Paris, Oktober 1907. Vollendung und Überschrift: Breslau, 6. November 1907. EA: G 1953. – Als Widmung eingeschrieben in den *Rodin* von Wanda von Wallenberg, einer Nichte von Julie Freifrau von Nordeck zur Rabenau, die im Winter 1906/07 mit Rilke zusammen auf Capri war. S. a. K 1273.

1373 Und im Herbst die welkenden Façaden: 2, 355. Paris, Anfang Oktober 1907. EA: G 1953.

1374 Wenn das Gefühl einer der fernen Städte: 2, 355. Paris, Anfang Oktober 1907. EA: G 1953.

1375 Alle Fahnen sind höher hinaufgehalten: 2, 355. Paris, um den 1. Oktober 1907. EA: SW 1957.

1376 Das war doch immer das: Geheul, Gehärm: 2, 207. Paris, 15. 10. 1907. EA: G 1953.
Geschrieben für Madeleine Broglie, s. K 1215.

1377 Wie sich die warmen Blumen an das All: 2, 208. Paris, 21./22. 10. 1907. EA: G 1953.
Geschrieben für Madeleine Broglie, s. K 1215.

1378 Wie dunkeln und rauschen im Instrument: 2, 209. Baden bei Wien, 10. 11. 1907.
Eintragung in das Gästebuch der Baronin Gisela von Heß-Diller in Baden, die Rilke am 10. November zwischen Lesungen und Vorträgen besuchte.

1379 WER WEISS DENN, WAS WIR WERDEN? DASS WIR SIND: 2, 209. Wien, etwa 17. November 1907.
Eingeschrieben in das *Stunden-Buch* für Lia Rosen, Schauspielerin am Burgtheater in Wien. S. a. 1383.

1380 VERTRAU DEN BÜCHERN NICHT SO SEHR; SIE SIND: 2, 209 (und 6, 1228). Venedig, um den 20. November 1907. ED: Corona 1930/31. EA: SG 1934.
Geschrieben für den 15jährigen Herbert Steiner, der Rilke ein zustimmendes und ihn feierndes Gedicht geschickt hatte (SW 6, 1535), und auf welches Rilke eine Antwort versprochen hatte. Wie meistens in diesen Fällen ist Rilke sehr zurückhaltend und voller Vorbehalte.

1381 TAGE, WENN SIE SCHEINBAR UNS ENTGLEITEN: 2, 210. Dezember 1907. Widmungsgedicht, eingeschrieben in ein Exemplar der NG für Alfred Walter Heymel.

1382 IN DEM WIEDERSEHN MIT KINDHEITSDINGEN: 2, 210. Oberneuland, 23. 12. 1907.
Widmungsgedicht, eingeschrieben in ein Exemplar der NG, mit Bezug auf den Prager Aufenthalt vom 1.–4. 11. 1907. – August Sauer und seiner Frau Hedda hatte Rilke das Exemplar der NG zu Weihnachten geschenkt. Sauer: Prof. für Literaturgeschichte war Lehrer und Förderer Rilkes in der Prager Zeit.

1383 WÜSSTEN WIR UM WELCHER DINGE WILLEN: 6, 1229. Oberneuland, 28. 12. 1907.
Widmungsgedicht für Lia Rosen in ein Exemplar der NG. S. K 1379.

1384 STÄDTISCHE SOMMERNACHT: 2, 35. Paris, 1908 oder 1909. ED: Insel-Almanach 1912. EA: NG II 1927.
Das Gedicht erschien im Insel-Almanach unter dem Obertitel: *Drei neue Gedichte.* v. R. M. Rilke. – Die Einführung in die NG wurde in den SW rückgängig gemacht.

1385 WEHMUT WILL UNS ZWINGEN ZUWEILEN: 6, 1230. Anfang 1908. Eingeschrieben in J. P. Jacobsens Gedichte für Sidonie von Nádherny, Rilkes Gastgeberin auf Schloß Janowitz. *er:* Jacobsen.

1386 NÄCHTLICHER GANG: 2, 30. Capri, 17. 4. 1908. EA: G 1953.
Nichts ist vergleichbar: Mason 1964 hat Rilke als den Dichter der Nuance, der Unterscheidungen und Differenzierungen geschildert, und d. h., den Dichter des unvergleichlichen je einzelnen Dinges.

1387 DON JUANS AUSWAHL (NG II, 66): 1, 617. 1. Fassung: Paris, Mai/Juli 1908. Endgültige Fassung: vermutlich Paris, Anfang August 1908. EA: NG II November 1908.
Die 1. Fassung (2, 357) hat eine andere Interpunktion und ist um 8 Zeilen länger.

Auffallend die Ähnlichkeit mit 1352 *(Mohammeds Berufung)* in der Inszenierung, die der christlichen Verkündigungsszene angeglichen ist. – *Heloïse:* Geliebte Abälards, berühmtes, unglücklich liebendes Paar, bekannt durch den fiktiven Briefwechsel der zwangsweise in Klöstern lebenden Liebenden. – Der Auftrag, als Lehrer der besitzlosen Liebe zu wirken, ist eine Rilkesche Begründung für die berühmte Treulosigkeit Don Juans. Vgl. dazu Mason 1963, Merline und die besitzlose Liebe.

1388 ARCHAISCHER TORSO APOLLOS (NG II, 1): 1, 557. Paris, Frühsommer 1908. EA: NG II November 1908.

Angeregt durch eine im Louvre ausgestellte Plastik (Jünglingstorso aus Milet) Abb. Schnack 1956 Nr. 173. Vgl. a. K 1246 *(Früher Apollo)*. *Archaïsch:* bezogen auf den Torso von Milet irreführend, da dieser der frühklassischen Epoche zugerechnet wird (Reuterswärd S. 222). Reuterswärd verweist auch auf die Anachronie des Vergleichs mit dem Kandelaber und der zurückgeschraubten Flamme. – *Torso:* Körper ohne Kopf und Gliedmaßen. – *Apollo:* s. K 1246. – Zur Beschreibung einer antiken Plastik und Rilkes Einschätzung der Antike vgl. Br. vom 27. 9. 1902 (die Wirkung der Oberfläche und der Vergleich mit den Raubtierfellen). – *Sturz:* Vgl. MLB (6, 779/780): *da stehen sie* (gemeint sind die Armen) *und haben eine Menge durchsichtigen Raumes um sich, als ob sie unter einem Glassturz stünden.* In der Kunstwissenschaft versteht man unter einem Sturz den waagerechten Abschluß einer Maueröffnung, z. B.: Türsturz. Lit.: Hausmann 1947, Kohlschmidt 1947 vor allem S. 43 ff., und H. J. Weigand, Rilkes A. T. O. In: Monatshefte 51 (1959) S. 49–62. Berendt S. 46 und Bradley 1976 S. 19.

1389 KRETISCHE ARTEMIS (NG II, 2): 1, 557. Paris, Frühsommer 1908. EA: NG II November 1908.

Nach Berendt (S. 195) ist das Gedicht durch eine Plastik im Louvre (Diana von Versailles – Leochares) angeregt. Wegen der geringen Ähnlichkeit ist auf den Mythos zurückzugreifen. Danach war Artemis die jungfräuliche Schwester des Apoll *(unbewußte Brüste),* die mit Nymphen jagend durch den Wald streifte (2. Strophe). Sie wurde auch als Fruchtbarkeitsgöttin verehrt *(schreiend um Geburt).* – *Kretische:* Der Beiname mag mit der Tatsache erklärt werden, daß der Name Artemis schon auf kretisch-mykenischen Schriftrollen belegt ist und Rilke mit *kretisch* eine Entsprechung zu *archaïsch (Archaïscher Torso)* schaffen wollte. – Das das Gedicht eröffnende Bild des Windes ist bezeichnend für Rilkes poetische Vorstellung der Antike: So schreibt er über die Nike-Skulptur Rodins: *sie ist ein ewiges Bildnis griechischen Windes, seiner Weite und Herrlichkeit.* (SW 5, 158).

1390 KLAGE UM JONATHAN (NG II, 8): 1, 562. Paris, Frühsommer
1908. EA: NG II November 1908.

2. Samuel 1, 22–27 wird von Davids Klage um den gefallenen
König Saul und den gefallenen Freund Jonathan berichtet
(Strophe 1 – David/Strophe 2–4 – Jonathan). Die erotische
Sprache ist in der Bibel vorgebildet (Vers 26): Es ist mir leid um
dich, mein Bruder Jonathan: ich habe große Wonne an dir gehabt; deine Liebe ist mir sonderlicher gewesen als Frauenliebe
ist. – *löhren:* Im Brief vom 8. 11. 1908 an seinen Verleger korrigiert Rilke ausdrücklich einen Setzfehler (röhren) und besteht
auf *löhren* mit dem Hinweis auf die Klanggestalt des Textes.
Das Wort war ihm offenbar aus dem Grimmschen Wörterbuch
bekannt. Ernst Zinn (1, 792) glaubt, Rilke habe das Wort aus
Hosea 7, 14 der Lutherbibel übernommen. Zur Quelle s. Sievers
S. 8 und Egenhoff S. 248.

1391 TRÖSTUNG DES ELIA (NG II, 9): 1, 563. Paris, Frühsommer 1908.
EA: NG II November 1908.

1 Könige 18–19 berichtet vom Kampf des Elias gegen die Anhänger des Baal-Kultes, seinem Hochmut, der Bestrafung und
der Tröstung des Reuigen. Die vielen Details und Anspielungen
machen einen Vergleich mit der Bibelstelle unersetzlich. Über die
Akzentverschiebungen s. Sievers S. 54 ff. *ätzen:* seltenere Form
für atzen = füttern. *Ginsterstrauch:* Die Lutherübersetzung hat
Wacholderstrauch, Kautzsch hat Ginster, s. K 1289. Zu dieser
Frage s. a. Egenhoff.

1392 ESTHER (NG II, 16): 1, 570. Paris, Frühsommer 1908. EA: NG
II November 1908.

Das Gedicht geht hauptsächlich auf die apokryphen Stücke zu
Esther (Kap. 4 und 5) zurück; dort ist der Gang der Königin
Esther zu Artaxerxes ausführlich beschrieben. Im A. T. (Buch
Esther 5, 1 und 2) ist der Gang und die Begegnung nur kurz erwähnt. Die politische Aktion der Bibel, die Rilke stark erotisiert,
deutet Berendt als ›religiöser Opfergang‹ (216), Sievers (S. 49)
als ›seelische Studie‹. Berendt verweist auf die Parallelität zwischen Esther-Artaxerxes und dem in den *Aufzeichnungen* gestalteten Verhältnis Goethe-Bettine hin (6, 816).

1393 DER AUSSÄTZIGE KÖNIG (NG II, 17): 1, 572. Paris, Frühsommer 1908. EA: NG II November 1908.

Entgegen früheren Annahmen *(König Karl der VI.)* geht das Gedicht auf die Bibelstelle 2 Chronik 26, 16–21 zurück (vgl. Egenhoff, Zu einem Gedicht R. M. R's. D. a. K. In: Euphorion 61
[1967] S. 361–63). Dort wird von dem König Ussia berichtet,
der hochmütig gegen ein Priestervorrecht verstieß und deshalb
bestraft wurde: mit Aussatz.

1394 LEGENDE VON DEN DREI LEBENDIGEN UND DEN DREI TOTEN (NG

II, 18): 1, 572. Paris, Frühsommer 1908. EA: NG II November 1908.

Im Brief vom 15. 4. 1903 erwähnt Rilke die Fresken um den Campo Santo in Pisa, auf denen die Szene dargestellt ist. Abb. Schnack 1956 Nr. 45. Schon im Florenzer Tagebuch (TF S. 104 und 105) beschreibt Rilke diese Fresken und betont vor allem die Spannung zwischen den Bildern Gozzolis *(Herrlichkeit und Lebenslust)* und denen des Meisters vom *Triumpfe des Todes,* eine Spannung, die auch dieses Gedicht prägt. – *Sturmbandlör:* lat.: (lorica) Riemen. Lit.: Kurt Leonhard, Die Legende von den drei Lebendigen und den drei Toten. In: Rilke und die Bildende Kunst 1951 S. 26–28.

1395 DER KÖNIG VON MÜNSTER (NG II, 19): 1, 573. Paris, Frühsommer 1908. EA: NG II November 1908.

Der niederländische Täufer Bockelson (Jan Beukelzoon), auch Johann von Leiden, 1509–1536, übte in Münster von 1534–35 als König von Zion eine Schreckensherrschaft aus. Er war bescheidener Herkunft (Schneider) und praktizierte die Vielweiberei. 1536 wurde er hingerichtet. Erwähnt ist die Gestalt bereits in der Worpswede-Monographie (5, 75). Für Mason, Rilkes Humor S. 235 hat man es hier mit ›einem Gefühl des Grauens und des Ekels zu tun‹ und einem Humor, der ›zu einem verzerrten, skurrilen Spott‹ gesteigert ist.

1396 DER STYLIT (NG II, 26): 1, 579. Paris, Frühsommer 1908. EA: NG II November 1908.

Stylit: Säulenheiliger. Berendt (S. 241) vermutet, Rilke sei durch die gerade 1908 in Leipzig erschienene Biographie des heiligen Simeon Stylites angeregt worden. – Gerade die Schlußverse sind ein Beispiel für Rilkes *harte Sachlichkeit.* – Stofflich, was die Wunden und die Würmer angeht, wird Baudelaires ›Das Aas‹ und Flauberts Legende von Saint-Julien-l'hospitalier, die Rilke im Brief an Clara vom 19. 10. 1907 zusammen erwähnt, nicht ohne Ermutigung gewesen sein.

1397 DIE ÄGYPTISCHE MARIA (NG II, 27): 1, 580. Paris, Frühsommer 1908. EA: NG II November 1908.

Nach den Acta Sanctorum war die heilige Maria von Ägypten eine große Sünderin, die schließlich nach einem Gnadenerlaß reuig wurde, büßend in die Wüste zog und von einem Mönch, dem ein Löwe half, nach ihrem Tode beerdigt wurde.

Schelfe: Schale, Fruchthülse.

1398 DIE BETTLER (NG II, 36): 1, 587. Paris, Frühsommer 1908. EA: NG II November 1908.

An Härte der *Kreuzigung* (K 1428) vergleichbar, gestaltet das Gedicht ein Elendbild, das auf Rilkes Pariserlebnisse zurückgeht und gleichzeitig seinem Programm des *sachlichen Sagens* entspricht. Vgl. auch STB III, 32 (K 1150): *und sind beladen mit dem ganzen Schmutze, und wie in Sonne Faulendes bespien.* Neben Baudelaires ›Tableaux Parisiens‹ ist in bezug auf das Bild des Stadtmenschen auch auf den Einfluß Obstfelders zu verweisen, über dessen nachgelassene Schriften Rilke schrieb: *Die Unbekannten, die Scheuen, die Häßlichen, die Rätselhaften, die in den großen Städten sich bilden wie Staub … die sah er* (SW 5, 663).

1399 EINE WELKE (NG II, 41): 1, 591. Paris, Frühsommer 1908. EA: NG II November 1908.

1400 DIE BRANDSTÄTTE (NG II, 43): 1, 592. Paris, Frühsommer 1908. EA: NG II November 1908.
Zur Thematik vgl. *Das Gold* (K 1344).

1401 DIE GRUPPE (NG II, 44): 1, 593. Paris, Frühsommer 1908. EA: NG II November 1908.
Das Gedicht gestaltet die Vorführungen der Akrobatengruppe des Père Rollin, die Rilke im Jardin du Luxembourg von Paris gesehen hatte (s. Br. vom 14. 7. 1907 an Dora Heidrich – Rilke und die bildende Kunst S. 47 und GB II 575). Diese Gruppe hat möglicherweise auch Picasso zu seinem Aquarell von 1905 (›Saltimbanques‹) inspiriert, welches dann seinerseits wiederum der Anlaß zur V. DE wurde. S. K 1843. Abb. bei Picasso bei Schnack 1956 Nr. 250 und Mason 1964. Das Motiv ist im übrigen auch in den von Rilke geschätzten ›Petits Poèmes en Prose‹ Baudelaires zu finden (Le vieux saltimbanque).

1402 RÖMISCHE CAMPAGNA (NG II, 51): 1, 599. Paris, Frühsommer 1908. EA: NG II November 1908.
Römische Campagna: Campagna di Roma heißt die sanftgewellte Landschaft um Rom, das von der Via Appia durchzogene Tiefland zwischen Rom, den Albaner Bergen und den Pontinischen Sümpfen. Diese alte Kulturlandschaft mit ihren Aquädukten und antiken Grabmälern kannte Rilke von seinem ersten Romaufenthalt (vgl. Br. v. 5. 11. 1903). Abb. Schnack 1956 Nr. 106. – *Thermen:* römische Badeanlagen.

1403 VENETIANISCHER MORGEN (NG II, 57): 1, 609. Paris, Frühsommer 1908. EA: NG II November 1908.
Rilke hat sich bis zur Entstehung dieses Gedichts mehrmals in Venedig aufgehalten. Aus der Zeit des ersten Aufenthaltes stammen die Gedichte Venedig I–IV (K 476). Dieses Gedicht geht wohl auf den letzten Aufenthalt vom Spätherbst 1907 zurück. Die These von der nicht seienden oder nur im Spiegel seienden Stadt hat Rilke nicht nur auf Venedig bezogen geäußert. Sie findet sich auch in seinen Aussagen über St. Petersburg (1319) oder Kopenhagen (Br. an Lou v. 3. 6. 04). Die These ist einmal das Korrelat zur Kritik an der Stadt überhaupt (ihrer Moderni-

tät), dann aber auch Ausdruck von Rilkes Auffassung, daß das jedermann bekannte und vertraute Bild lüge, zu schematisch und zu wenig differenziert sei. Einer der Hauptgründe wohl, warum er im Gegensatz zum allgemeinen Trend erst im Spätherbst nach Venedig fuhr. S. K 1404. – *Widmung:* Richard B.-H., österreichischer Dichter. Bei ihm hatte sich Rilke über einige *venetianische Dinge* erkundigt. *Opal:* Edelstein. – *San Giorgio Maggiore:* Kleine, zu Venedig gehörende Insel mit einer weithin sichtbaren Klosterkirche aus dem 16. Jh. Lit.: Requadt, Paul, Rilkes Venedigdichtung.

1404 SPÄTHERBST IN VENEDIG (NG II, 58): 1, 609. Paris, Frühsommer 1908. EA: NG II November 1908.

Vom 19.–30. 11. 1907 (Spätherbst) besuchte Rilke zum wiederholten Male Venedig. Der Termin scheint nicht ohne Eigensinn gegen die touristische Jahreszeit gewählt zu sein *(nicht mehr wie ein Köder),* s. K 1403 und MLB 6, 932. Die beiden letzten Strophen beziehen sich auf den venezianischen Admiral Carlo Ceno (Br. v. 5. 5. 10 an Clara, 29. 4. 10 und 18. 7. 22 an Marie von Thurn und Taxis).

Lit.: Blume, B., S. i. V., Wirkendes Wort 10 (1960) S. 345–354. – Schwarz, E., Zu R's NG 'S. i. V., In: Wirkendes Wort 16 (1966) S. 273–274. Requadt, Rilkes Venedigdichtung.

1405 SAN MARCO (NG II, 59): 1, 610. Paris, Frühsommer 1908. EA: NG II November 1908.

San Marco: dem Evangelisten Markus gewidmete Kirche in Venedig. *Smalte:* Mineral zum Färben von Glas, wohl auch das Glas selber. Über die Diskrepanz zwischen Kirche und Darstellung s. Bradley 1976 S. 161/62. S. a. K 1404.

1406 FALKEN-BEIZE (NG II, 63): 1, 614. Paris, Frühsommer 1908. EA: NG II November 1908.

Das Gedicht verweist stofflich auf den deutschen Kaiser Friedrich II. (1194–1250), der, ein Förderer der Kunst und Wissenschaft, ein Buch über die Falkenjagd verfaßte. – Thematisch gestaltet das Gedicht den Rilkeschen Gegensatz zwischen Leben und Kunst *(Und er hatte dann sich nie gescheut): Die großen Menschen alle haben ihr Leben zuwachsen lassen wie einen alten Weg und haben alles in ihre Kunst getragen* (vgl. Br. a. Clara v. 5. 9. 1902). Berendt setzt daher mit Recht den Falken mit einem Gedicht gleich. – *aufgebräut:* aufgeregt.

1407 DIE SCHWESTERN (NG II, 70): 1, 620. Paris, Frühsommer 1908. EA: NG II November 1908.

Bezüglich der Motivherkunft gibt es zwei Thesen: Berendt S. 310 glaubt an eine Anregung durch Courbets Gemälde ›Mädchen an der Seine‹, ein Bild, von dem man weiß, daß es Courbets Schwestern darstellt. Stofflich sind Bild und Gedicht sehr unterschied-

lich. Rosenfeld (S. 253) glaubt an einen Einfluß des Gemäldes
›Die beiden Schwestern‹ von Chassériau, das wie das Courbet-
sche im Louvre ausgestellt war. – Es wäre allerdings möglich, daß
das Gedicht eine Verarbeitung eigener Erfahrung ist. Im Spätherbst wohnte Rilke in Venedig (S. K 1404) bei den Schwestern
Romanelli. Mit einer dieser Schwestern verband ihn eine längere
Freundschaft.

1408 DER FREMDE (NG II, 78): 1, 626. Paris, Frühsommer 1908. EA:
NG II November 1908.

In vieler Hinsicht ist das Gedicht eine Entsprechung zu *Der Auszug des verlorenen Sohnes* (s. K 1222). In einem Brief an Lou
bekannte Rilke, *daß die Zeile alles dieses immer unbegehrend
hinzulassen* ihn oft wie eine ihn persönlich betreffende Lehre an-
gemutet habe. Ganz in diesem Sinne der Armut und des Verzichts auf bürgerliches Glück legte Rilke die Künstlerexistenz
aus, s. a. Br. v. 5. 9. 02 und K 1406. *Mulde:* eines der vielen Sinnbilder dieser Armut, vgl. Stahl 1966 S. 28 ff.

1409 DIE SONNENUHR (NG II, 80): 1, 628. Paris, Frühsommer 1908.
EA: NG II November 1908.

Majoran und Koriander: Gewürzpflanzen. – *Florentiner:* Stroh-
hut mit breitem Rand. – Berendt deutet die ›menschenferne‹
Sonnenuhr als ›unnahbaren Gott‹ (S. 322).

1410 SCHLAF-MOHN (NG II, 81): 1, 629. Paris, Frühsommer 1908.
EA: NG II November 1908.

konkav: nach innen gekrümmte Fläche. – *Kothurn:* hohe Fuß-
bekleidung griechischer Schauspieler. *flask:* frz. (flasque) schlaff.

1411 PERSISCHES HELIOTROP (NG II, 83): 1, 630. Paris, Frühsommer
1908. EA: NG II November 1908.

Das persische Heliotrop ist eine zarte und feingliedrige Zierpflanze, die Rilke hier gegen die Rose abgrenzt, so wie er bsp.
gegen das *Grelle und Starke, Schematische und Unabgewandelte*
das *Leise und Einfache* setzt (vgl. Br. a. Lou v. 15. 5. 1904) oder
den ihm *fremden Frühling* Italiens gegen den nordischen *vorsich-
tigeren und zögernden und weniger deutlichen* (vgl. Br. a. Clara
v. 25. 2. 1907). S. a. K 1250. Nach Müller (1971 S. 103) angeregt
durch Beschreibungen in zwei Lexiken, nach Berendt durch eine
Stelle in Kierkegaards ›Tagebuch eines Verführers‹ (S. 324).
Bradley (1976 S. 195 f.) verweist auf Rilkes Sympathie für verwandte Phänomene (z. B. Heidekraut – Br. an Clara v. 13. 7.
1907). *Bülbül:* Drosselart, in der türk. und pers. Dichtung spielt
er die Rolle der abendländischen Nachtigall.

1412 SCHLAFLIED (NG II, 84): 1, 631. Paris, Frühsommer 1908. EA:
NG II November 1908.

1413 DER KÄFERSTEIN (NG II, 98): 1, 641. Paris, Frühsommer 1908.
EA: NG II November 1908.

Unter einem Käferstein versteht man einen Schmuckstein in Form
eines Käfers (Skarabäus = Pillendreher). Im alten Ägypten gal-
ten sie als Symbole des Sonnengottes. Die Käfersteine benutzte
man gelegentlich auch als Siegel. Möglicherweise wurde Rilke im
Zusammenhang mit der Ägyptenreise seiner Frau im Frühjahr
1907 auf diese vor allem als Amulette getragenen Schmucksteine
aufmerksam. Der Karneolkern verwundert, da diese kleinen
Kunstwerke in der Regel aus Türkis geschnitten wurden (Kar-
neol = fleischroter Schmuckstein). Vgl. dazu Bradley 1976 S. 228.
Im Gedicht fungiert der Käferstein als Kunstwerk, nicht als reli-
giöses Symbol. – Zur Ausgestaltung und Thematik vgl. a. 1425.

1414 DIE KARYATIDEN: 2, 358. Paris, Frühsommer 1908.
Karyatiden: Frauengestalten in langen Gewändern, als Säulen,
Gebälkträgerinnen. – Gymnasten: gr. (gymnos = nackt) Trainer
der Athleten, nackte Kämpfer.

1415 DER KRANKE KNABE: 2, 358. Paris, Frühsommer 1908. EA: G
1953.

1416 ADAM (NG II, 31): 1, 583. Paris, Sommer 1908, vor dem 15.
Juli. EA: NG II November 1908.
Dieses Gedicht geht wie das nachfolgende auf die Plastik an der
Hauptfront der Notre-Dame von Paris zurück. Gleich in seinem
ersten Brief aus Paris hatte Rilke geschrieben: *Auch Notre-Dame
de Paris habe ich gesehen. Adam und Eva, die an der Hauptfront
rechts und links auf der Balustrade aus Königen stehen, allein
und weit auseinander, scheinen mir besonders fein und schlicht
empfunden* (an Clara vom 31. 8. 1902). *Apotheose:* Verherrlichung, gemeint ist die Berühmtheit Adams. – *niederstellte:* Adam
und Eva stehen über der Königsgalerie. Über das Verhältnis des
Textes zum 1. Buch Moses s. Bradley 1976 S. 85.

1417 EVA (NG II, 32): 1, 584. Paris, Sommer 1908, vor dem 15. Juli
EA: NG II November 1908.
S. K 1416.

1418 LEICHEN-WÄSCHE (NG II, 38): 1, 588. Paris, Sommer 1908, vor
dem 15. Juli. EA: NG II November 1908.
S. K 1231. – *so logen sie:* programmatische Kritik (s. K 1106) am
Meinen und Deuten und im Namen der Sachlichkeit.

1419 VOR-OSTERN (NG II, 47): 1, 595. Paris, Sommer 1908, vor dem
15. Juli. EA: NG II November 1908.
Ein Vergleich der Osterdaten mit den Daten von Rilkes Aufent-
halten legt die Vermutung nahe, daß der Aufenthalt im Früh-
jahr 1908 (18.–20. 4. – Osterdatum 19. 4. 1908) das anregende
Erlebnis lieferte. Auf den motivlichen Zusammenhang mit der
Prosaskizze *Die Auslage des Fischhändlers* (SW 6, 1509) verweist
Bradley 1976 S. 126. S. a. 1297 und 1295 wegen der szenischen
Verwandtschaft.

1420 BEGEGNUNG IN DER KASTANIEN-ALLEE (NG II, 69): 1, 619. Paris, Sommer 1908, vor dem 15. Juli. EA: NG II November 1908.

Nach Bradley (1976 S. 186) möglicherweise durch Baudelaires ›À une passante‹ (Les Fleurs du Mal) mitangeregt. Zu Stoff und Motiv vgl. die Briefe v. 2. 9. 1902/19. 4. 1906 und 8. 3. 1907. In diesem letzten heißt es: *man hat schon viel Sonne gehabt ganz früh, eine Menge Helligkeit, und wenn dann plötzlich im Schatten einer Gasse ein Gesicht hingehalten wird, so sieht man, unter dem Einfluß des Kontrastes, sein Wesen mit solcher Deutlichkeit (Deutlichkeit der Nuancen), daß der momentane Eindruck sich unwillkürlich zum symbolischen steigert.* Das Gedicht ist ein Dokument für Rilkes an der darstellenden Kunst geschultes Auge und seine Empfänglichkeit für differenzierte und nuancenreiche Sachverhalte. S. a. *Vor dem Sommerregen* K 1233 und 1411 oder 1250. – Vgl. Peter Demetz, Weltinnenraum und Technologie.

1421 DIE GREISIN (NG II, 76): 1, 625. Paris, Sommer 1908, vor dem 15. Juli. EA: NG II November 1908.

Das Gedicht scheint eine Parallele im MLB zu haben. Dort (6, 833) ist von verschiedenen Frauengestalten die Rede, und dann heißt es: *Greisinnen die verhärtet waren, mit einem Kern von Köstlichkeit in sich, den sie verbergen.*

1422 DAS BETT (NG II, 77): 1, 626. Paris, Sommer 1908. EA: NG II November 1908.

Das in seiner allegorischen Bildlichkeit (Theater, Chor) leicht angestrengt wirkende Gedicht gehört thematisch zum Umkreis der Gedichte, die die enttäuschte Liebeserwartung der Frau gestalten. Rilkes These: Die Qual der Liebe ist nicht je persönlicher, zufälliger Natur, sondern sie ist prinzipiell und allgemein (Theater) und nur durch eine über den Mann hinauswachsende Unabhängigkeit der Frau zu überwinden, s. a. K 1387.

1423 DIE ANFAHRT (NG II, 79): 1, 627. Paris, Sommer 1908, vor dem 15. Juli 1908. EA: NG II November 1908.

Rilke, der ständige Gast auf Gutshöfen, Prachtvillen und Schlössern, hat auch in seinen Briefen mehrmals solche Anfahrten geschildert, s. z. B. die Br. v. 26. 6. (Borgeby Gård) und 4. 12. 1904 (Charlottenlund).

1424 DIE ENTFÜHRUNG (NG II, 86): 1, 632. Paris, Sommer 1908, vor dem 15. Juli 1908. EA: NG II November 1908.

Ichbinbeidir: Die Schreibweise erklärt H. Meyer (R's Cézanne-Erlebnis S. 87/88) als genaue Wiedergabe der Fremdheit der Worte, die das Mädchen in seiner Aufregung nicht verstehe. – Nach Berendt bezöge sich das Gedicht auf den Tod Paula Bekker-Modersohns, s. K 1444 und Berendt S. 328.

1425 BUDDHA IN DER GLORIE (NG II, 99): 1, 642. Paris, Sommer 1908, vor dem 15. Juli. EA: NG II 1908.

S. K 1193 und 1252. Nach Bradley hat Rilke in diesem Gedicht
im Unterschied zu den Buddha-Darstellungen (1193 u. 1252) darauf verzichtet, das Entrücktsein des Gottes noch durch die Berücksichtigung eines Zuschauers zu verdeutlichen, der sozusagen als
Folie fungiere (1976 S. 233).

umgedreht: weil sie von seinen Rändern aus nach außen strahlen
und ihn nicht nach innen begrenzen wie etwa den Menschen.

1426 SAUL UNTER DEN PROPHETEN (NG II, 10): 1, 564. Paris, Sommer 1908, vor dem 2. 8. EA: NG II November 1908.

Die Bibelstellen (1 Samuel 19, 8–24 und 10, 1–16) berichten vom
Niedergang Sauls, seinem Scheitern gegen David und seinen falschen Prophezeiungen. Der Titel des Gedichts ist aus dem A. T.
entnommen. Dort (1 Sam. 10 und 19) fragt sich das Volk: Ist
Saul auch unter den Propheten? Die darin liegende Kritik kann
mit Recht in Bezug gesetzt werden zu Rilkes Kritik an seinem
eigenen früheren Schaffen und Dichten. Berendt S. 209 verweist
in diesem Zusammenhang auf den Brief an Clara vom 13. 10.
1907: ... *damals* (zur Zeit des *Stunden-Buchs*) *war mir die Natur noch ein allgemeiner Anlaß* ..., *ich saß noch nicht vor ihr,
ich ließ mich hinreißen von der Seele, welche von ihr ausging;
sie kam über mich* ... *mit ihrem übertriebenen Dasein, wie das
Prophezeien über Saul kam; genau so. Ich schritt einher und
sah, sah nicht die Natur, sondern die Gesichte, die sie mir ein-
gab.* Zu dieser Thematik vgl. a. K 1321 und K 1444. – *Harfen-
knabe:* David, s. K 1187.

1427 ABSALOMS ABFALL (NG II, 15): 1, 569. Paris, Sommer 1908, vor
dem 2. 8. EA: NG II November 1908.

2 Samuel 15–19 wird vom Kampf berichtet zwischen David und
seinem Sohn Absalom. Die wichtigsten Sachverhalte: Absaloms
erotische Kraft, der Befehl zur Schonung, die Ermordung des am
Baum hängenden Absalom sind der Bibel entnommen. Zur Quellenlage s. Sievers und Egenhoff. Berendt (S. 213/14) sieht in dem
Gedicht einen Ausdruck für Rilkes antirevolutionäre Haltung,
mit dem Hinweis auf die Briefe v. 13. 12. 1906 und 3. 5. 1907.
S. a. Schwarz S. 17 ff.

1428 KREUZIGUNG (NG II, 28): 1, 581. Paris, Sommer 1908, vor dem
2. 8. EA: NG II November 1908.

Im Unterschied zu den Kreuzigungsgedichten vom Oktober 1899
und dem dort opferbereit den Tod ersehnenden Christus (K 916)
wahrt dieses Gedicht eine polemische Außenperspektive, die sich
vor allem gegen die Aufmerksamkeit fordernde Einmaligkeit
richtet, s. K 1206. Zur Quellenlage (Matthäus und Markus) s.
Egenhoff und Bradley. – *Selcher:* (bayr.-österr.) Fleischer, Metzger.

1429 MAGNIFICAT (NG II, 30): 1, 583. Paris, Sommer 1908, vor dem
2. 8. EA: NG II November 1908.

Der Evangelist Lukas erzählt von einem Besuch Marias bei Elisabeth. Beide Frauen sind schwanger. Nachdem Elisabeth Maria als die ›Mutter meines Herrn‹ begrüßt hat, stimmt diese einen Lobgesang (Magnificat) an. Die letzten Verse paraphrasieren 46 Kap. 1: Meine Seele erhebt den Herrn. Zum Motiv s. a. 1515 *(Mariae Heimsuchung).*

1430 FREMDE FAMILIE (NG II, 37): 1, 588. Paris, Sommer 1908, vor dem 2. 8. EA: NG II November 1908.

Das Gedicht ist teilweise (stofflich, motivlich und auch sprachlich) in die Nähe zu Rilkes Äußerungen über Obstfelder zu rücken, s. K 1398 *(Die Bettler).*

1431 DAS ABENDMAHL (NG II, 42): 1, 591. Paris, Sommer 1908, vor dem 2. 8. EA: NG II November 1908.

Das Gedicht beschreibt nach Zinn (1, 792) den Blick durch ein Schaufenster *(Dämmern der Geschäfte)* hindurch auf eine das Abendbrot einnehmende Familie. Vgl. Br. a. Clara v. 4. 10. 1907. Neben der Anlehnung an die christliche Abendmahlsszene (Postfiguration) ist für das Verständnis des Gedichts auch die biographische Situation des um seiner Kunst willen die Familie alleinlassenden Künstlers Rilke heranzuziehen. Vgl. die Br. an Clara vom 17. und 19. 12. 1906, aber auch an den Schwiegersohn vom 10. 11. 1021: *daß ich sie* (die Tochter) *das eigentliche Familiale, die konstante Gemeinschaft habe entbehren lassen.* – Bezüglich der letzten Strophe vgl. die Haltung des Admets in *Alkestis* (1268 und K).

1432 SCHWARZE KATZE (NG II, 46): Paris, Sommer 1908, vor dem 2. 8. EA: NG II November 1908.

geel: nl.: gelb, vgl. Br. a. Muzot S. 262. – *Amber:* Duftstoff. Bradley 1976 S. 114 verweist auf Baudelaire-Gedichte als mögliche Anregung. – Die Faszination ging wohl davon aus, daß die Katze als ein einzelgängerisches Tier im Gegensatz zum Hund verschlossen ist, zuschauend (Zuschauer) allenfalls. In ihrem Entrücktsein nimmt sie gefangen.

1433 DER JUNGGESELLE (NG II, 89): 1, 635. Paris, Sommer 1908, vor dem 2. 8. EA: NG II November 1908

Die unkritische und von Rilke kritisierte Erbaulichkeit des Junggesellen widerspricht der Erfahrung der *Enterbten* (VII. DE), denen auch die Tradition keine Stütze mehr ist. Vgl. a. 1010: *Ich habe kein Vaterhaus* und K.

1434 DER LESER (NG II, 91): 1, 636. Paris, Sommer 1908, vor dem 2. 8. EA: NG II November 1908.

Zum Motiv s. a. 1037.

1435 ... MAIS QUELLE SERA LA VIE D'UNE JEUNE FILLE BOITEUSE?: 2, 359. Paris, Sommer 1908, vor dem 2. 8.

Ganz im Sinne der These von der besitzlosen Liebe und der vielgepriesenen Unabhängigkeit des einzelnen wird das Gebrechen als eine Chance und die Isolierung als eine Gunst dargestellt, vgl. a. K 1408.

1436 AUS DEN NACHTWACHEN DER SCHWESTER GODELIEVE: 2, 360. Paris, Sommer 1908, vor dem 2. 8. EA: G 1953.

1437 DER URSPRUNG DER CHIMÄRE: 2, 361. Paris, Sommer 1908, vor dem 2. 8. 1908. EA: G 1953.

Chimäre: feuerspeiendes Ungeheuer, vorn Löwe, in der Mitte Ziege, hinten Schlange. Nach der griechischen Sage waren ihre Eltern Typhon und Echidna ebenfalls zwei Ungeheuer.

1438 DIE LIEBENDEN: 2, 31. Wahrscheinlich: Paris, Sommer 1908. ED: 1917.

Ursprünglich war das Gedicht für die NG vorgesehen und hätte dort wohl einen Platz in der Nähe des *Liebes-Liedes* finden sollen, ist dann aber wegen der ganz anderen Liebeshaltung gestrichen worden. Das Gedicht wurde dann in ein Exemplar der NG II als Widmung eingetragen für Alfred Walter Heymel. Dieser war mit Rilke befreundet, Gründer der Zeitschrift ›Die Insel‹. Nach Bassermann (1948 S. 20) war Heymel ›ritterlicher Kavalier und Dichter, leidenschaftlicher Liebhaber schöner Pferde und schöner Frauen‹. S. a. die Interpretation bei Bassermann.

1439 WIE IN BILDERN ALTER ALMANACHE: 2, 362. Paris, Anfang Dezember 1908. EA: G 1953.

1440 GEBET FÜR DIE IRREN UND STRÄFLINGE: 2, 34. Paris, Winter 1908/09. ED: Insel-Almanach 1912. EA: NG II 1927.

ED unter dem Obertitel *Drei neue Gedichte RMR*. Die Einfügung in die NG wurde in den SW rückgängig gemacht. – Zum Motiv s. K 1345, zur Thematik a. K 1398.

1441 NONNEN-KLAGE I–IV: 2, 31. Paris, 1909. ED: Hyperion. 1909/1910. EA: GW 1927.

Die Klage gründet in der Furcht, die eigene Identität in der übernommenen Rolle verloren zu haben, ein Thema, das den Individualisten Rilke ständig beschäftigte, s. K 1057 und K 1124.

1442 WIR WOLLEN, WENN ES WIEDER MONDNACHT WIRD (FG 40): 1, 167. Undatiert. EA: FG Mai 1909.

1443 ICH BIN EINE WAISE. NIE [MÄDCHENGESTALTEN] (FG 43): 1, 170. Undatiert. EA: FG Mai 1909.

1444 REQUIEM (FÜR EINE FREUNDIN): 1, 647. Paris, 31. 10.–2. 11. 1908. EA: Mai 1909.

Das Gedicht erschien 1909 zusammen mit dem nachfolgenden; später in der Insel-Bücherei Nr. 30 kam noch das Requiem *Für einen Knaben* hinzu, s. K 1716.

Mit der Freundin ist die Worpsweder Malerin Paula Modersohn-Becker gemeint, die Rilke gleichzeitig mit seiner späteren Frau Clara Westhoff 1900 in Worpswede kennengelernt hatte (s. a. K

991). Die Künstlerin starb kurz nach der Geburt einer Tochter an
21. November 1907 (vgl. Briefe und Tagebuchblätter von Paula
Modersohn-Becker. Linz 1920 S. 256). Das Gedicht entstand
also zum Gedächtnis ihres Todestages. Die spezielle Thematik
des Textes, der Konflikt zwischen Mutterschaft und Künstlerexistenz und deren Unvereinbarkeit ist in erster Linie aus Rilkes
eigener Sicht dieses Verhältnisses gesehen, und als programma-
tisches Gedicht müssen diese Verse ebenso gelesen werden wie die
nachfolgenden auf Wolf Graf v. Kalckreuth. Schon im Florenzer
Tagebuch beschäftigte Rilke diese rigorose Alternative, wenn
auch mit ausgeglichener Gewichtung: *Eine Frau, welche Künstle-*
rin ist, muß nicht mehr schaffen, wenn sie Mutter wurde. Sie hat
ihr Ziel aus sich hinausgestellt und darf im tiefsten Sinne Kunst
leben fortan (TF S. 119). Bezogen auf die eigene Situation vgl.
vor allem den Brief an Carl Sieber vom 10. 11. 1921: *Man darf*
mir vorwerfen, daß meine Kraft und meine Auffassung b e i d e s
zu leisten nicht ausreichte; – Ich habe Tote: Als solche hat
Rilke Alkestis (1268) und vor allem Eurydike gefeiert (1160) S. a.
SO II, 13: *Sei immer tot in Eurydike –, singender steige,/ prei-*
sender steige zurück in den reinen Bezug. (1, 759 u. K 1862). –
Heimweh: vgl. *Römische Fontäne* (1243) und Schluß der VIII.
DE. – *Sag, soll ich reisen?:* Hier ›durchdringen sich Totenehrung
... und eigene Reiselust nach dem Lande der Lebenden und Toten am Nil‹ (Hermann S. 383). Den Zusammenhang zwischen
Paula M.-B. und der ägyptischen Kunst, mit der sich Rilke seit
der Ägyptenreise seiner Frau (1907) genauer beschäftigte, stellt
Rilke in einem Brief vom 4. 9. 1908 her: *ich dachte neulich un-*
vermittelt ganz intensiv an sie, sah sie, als ich im ersten Stock
der Louvre-Sammlung eine königliche Sandsteinbüste entdeckte,
aus der XVIII. Dynastie. Die glich ihr so wunderlich in Haltung
und Zusammenhang und Ausdruck ... – *einfach die Tiere an-*
schaun: vgl. z. B. K 1289. – *Dasein in ihren Augen:* vgl. 1432:
Schwarze Katze. – *Denn das verstandest du: die vollen Früchte:*
Der Vers zielt auf die großen Stilleben der Malerin wie etwa
das ›Melonenstilleben‹ von 1905. Die folgenden Zeilen werten
ihre auch in der Kunstgeschichte heute geschätzten Porträts einschließlich ihres Selbstporträts (s. z. B. Abb. Schnack 1956 Nr. 75).
– *Bernsteinkugeln:* Sie schmücken das Selbstporträt ›Die Malerin
mit dem Magnolienzweig‹ von 1907, also eines der letzten
Werke, was auch in dem *zuletzt (So ohne Neugier war zuletzt*
dein Schaun) formuliert ist. – *ohne Neugier:* Charakterisiert
die nach Rilkes Auffassung der Pariser Zeit vollendete künstlerische Haltung einer von gefühlshaft-subjektiven Aspekten
freien sachlichen Werkauffassung: *und sagte nicht: das bin ich;*
nein: dies ist. – *daß dich einer aus deinem Spiegel nahm:* Durch

die Liebe, durch Heirat und Mutterschaft wurde die Künstlerin in menschliche Bindungen verstrickt, die sie mehr und mehr
und schließlich ganz ihrer Aufgabe als Malerin entrissen. – *doch
als die Wirklichkeit so zunahm:* Anspielung auf die Schwanger-
schaft. – *die noch grünen Samen:* Nicht etwa bloß, weil sie noch
jung war, sondern weil der Tod ohne innere Notwendigkeit war,
zufällig, wie es heißt. – *wie alle andern* und *den Tod der Wöch-
nerinnen:* s. K 1124. – *Nike:* s. K 1780. – *so wenig kann einer
von uns die Frau:* Diese und die folgenden Zeilen paraphrasieren den orphischen Mythos, s. K 1160. – *ohne Unfall:* bezieht
sich also nicht auf den Biß der Schlange, an dem Eurydike
starb, sondern auf die Umkehr beim Aufstieg aus der Unterwelt und grenzt diese Entscheidung vom zufälligen Wöchnerin-
nen-Tod ab. – *Denn d a s ist Schuld:* Die folgenden Verse enthalten Rilkes Künstlerevangelium der Unvereinbarkeit von Leben und Kunst, Liebe und Künstlerarbeit. Vgl. Mason, Merline
und die besitzlose Liebe.

1445 REQUIEM (FÜR WOLF GRAF VON KALCKREUTH): 1, 659. Paris, 4.
und 5. 11. 1908. EA: Mai 1909.
S. K 1444 (Textgeschichte und Thematik).
v. Kalckreuth (1887–1906), Lyriker und Übersetzer, dessen Ver-
laine- und Baudelaire-Übertragungen im Inselverlag erschienen,
beging Selbstmord (vgl. H. Kruse, W. Graf v. K. Gestalt und
Werk eines jungen Dichters, Diss. Freiburg 1948). Rilke, der den
Grafen nicht persönlich kannte *(Sah ich dich wirklich nie?),*
erfuhr durch Anton Kippenberg vom Schicksal dieses Autors.
Die Bedeutung des Textes liegt wie die des gleichzeitig entstandenen *Requiems für eine Freundin* (1444) in den kunsttheoretischen Gedanken. – *Zugwind der Ungeduld:* Demgegenüber hat Rilke in seinen Briefen (über Cézanne z. B.) und in
seinen Dichtungen Demut, Geduld und Gelassenheit vor allem
vom Künstler verlangt. – *daß du im Sehenwerden den Verzicht:*
Wahrscheinlich eine Variation der Kalckreuth-Verse: ›Denn se-
hend werden heißt verzichten.‹ Die Gedichte K's erschienen im
Insel-Verlag 1908 (zit. nach Kruse 31). – *diese drei offenen Formen. Sieh, hier ist der Ausguß:* Das Bild von Form und Ausguß
gebrauchte Rilke häufig, um das Verhältnis von Forderung und
Leistung, Erwartung und Erfüllung darzustellen. Der Ausguß
ist das Ziel, um dessentwillen die Form hergestellt wird. Das Bild
wird an dieser Stelle dreifach variiert (vgl. a. X. DE. 1, 721 Vers
18). – *Raum um dein Gefühl:* Die erste Forderung ist die nach
der Distanz des Künstlers zu seinem Gefühl, s. d. nächste Strophe:
die noch immer meinen, was traurig ist in ihnen oder froh. –
das Anschaun das nichts begehrt: S. a. das vorhergehende Gedicht. Formel für die Haltung des *sachlichen Sagens.* – *jener*

eigne Tod: s. K 1124. – *das Hohle jener Formen:* Bild für die noch nicht erfüllte Forderung. – *nicht anders als ein Ahnherr:* s. 1433 und K. – *da Geschehn noch sichtbar war:* kulturpessimistische These Rilkes, derzufolge die Neuzeit den Menschen mehr und mehr entfremdet durch eine fortschreitende Unanschaulichkeit der Erfahrung. S. IX. DE 1, 718 Vers 42 ff.

1446 DER SCHICKSALE SIND NICHT VIELE: WENIGE GROSSE: 2, 210. Paris, Juni 1909. EA: G 1953.
Widmung für Hugo Heller, eingeschrieben in die Ausgabe der *Requien* (K 1444). *Heller:* Buchhändler und Verleger. Auf seine Einladung hin hatte Rilke zwischen dem 8. und 18. 11. 1907 in Wien gelesen.

1447 FÜHLST DU NOCH, WIE WIR ALLEIN IN STRASSEN: 2, 362. Paris, Frühsommer 1909. EA: G 1953.

1448 VERGISS, VERGISS UND LASS UNS JETZT NUR DIES: 2, 362. Paris, Frühsommer 1909. EA: G 1953.

1449 SCHMERZ-BRINGERIN IMMER NOCH GEH ICH VERHÜLLTER: 2, 380. Paris, Frühsommer 1909 oder 1911. EA: G 1953.

1450 SAG WEISST DU LIEBESNÄCHTE? TREIBEN NICHT: 2, 363. Paris, Sommer 1909. EA: G 1953.

1451 ... DIESE WEICHEN: 2, 363. Paris, Sommer 1909. EA: G 1953. Fragment.

1452 SOHN DES GEFALLENEN GOTTES, HEIMLICHERZEUGTER: 2, 364. Paris, Sommer 1909.
In den SW unter dem Titel *Perseus* abgedrucktes Gedicht, paraphrasiert genau den Mythos: Danach näherte sich Zeus der eingekerkerten Danaë in Form eines Goldregens. Helfende Nymphen schenkten dem aus dieser Verbindung hervorgegangenen Perseus unter anderem Flügelschuhe. Seine Gattin Andromeda befreite er aus der Macht eines Meeresungeheuers. Nach ihm ist ein Sternbild am Nordhimmel benannt. S. a. 6, 1068 (Puppen).

1453 BILDEN DIE NÄCHTE SICH NICHT AUS DEM SCHMERZLICHEN RAUM: 2, 364. Paris, Sommer 1909. EA: G 1953.
Am Daphne-Mythos orientiert (s. a. IX. DE 1, 717); Daphne, die auf der Flucht vor Apollo in einen Lorbeerbaum verwandelt wurde, Preis der besitzlosen Liebe.

1454 IMMER WIEDER AN DERSELBEN SEICHTEN: 2, 364. Paris, Sommer 1909. EA: G 1953.
Myrrhe: Räuchermittel. – Gemeint ist wahrscheinlich Johannes der Täufer, von dessen Leben in der Wüste, Ernährung (Heuschrecken und wilder Honig) und Kleidung vor allem Markus (1, 4.6) berichtet.

1455 WELCHE WIESEN DUFTEN DEINE HÄNDE: 2, 365. Paris, Sommer 1909. EA: G 1953.
mit dir selbst umgeben: s. 1387 und K.

1456 Du duftest aus dir hinaus: 2, 365. Paris, Sommer 1909. EA: G 1953.

1457 Und alle die dort gehen, gehn aus Gold: 2, 365. Paris, Sommer 1909. EA: SW 1957.
Fragment.

1458 Auch noch das Entzücken wie ein Ding/auszusagen: 2, 366. Paris, Sommer 1909. EA: SW 1957.
Ein Fragment, das gleichwohl das ästhetische Konzept der NG formuliert. S. K 1106 (Einleitung).

1459 Dass aus Aufsteigendem und Niederfall: 2, 366. Paris, Sommer 1909. EA: G 1953.
Zusatz in den SW: Fontäne. S. K 1243.

1460 So als verhielte sie an allen Stellen: 2, 366. Paris, Sommer 1909. EA: SW 1957.

1461 Vogelabflug oder Absprung von Wind: 2, 366. Paris, Sommer 1909. EA: SW 1957.

1462 Bestürzt fast ward er ihres Lächelns inne: 2, 366. Paris, Sommer 1909. EA: G 1953.

1463 In meine abgenutzten Hände, Herr: 2, 367. Paris, Sommer 1909. EA: G 1953.

1464 Ach in der Kindheit, Gott: wie warst du leicht: 2, 367. Paris, Sommer 1909. EA: G 1953.
Polemik wider das christliche Erlöserbild, s. a. K 822. – *wie du uns brauchst:* im Sinne von behandeln.

1465 Ach dass der König mich wieder vor sich beföhle: 2, 369. Paris, Sommer 1909. EA: G 1953.
Die Überschrift: David in den SW verweist das Gedicht stofflich in das A. T., s. K 1187 *(David singt vor Saul)*.

1466 Oh du bist schön. Wenn auch nicht mir: 2, 370. Paris, Sommer 1909. EA: G 1953.

1467 Wehtag, der sie heulend in dem Hause: 2, 371. Paris, 1909. EA: G 1953.
Erste von drei Versfolgen, die in den SW unter dem Titel *Schwangere* zusammengefaßt sind. *2. Wehtag, der wie eine Wunde klafft* und *3. Langsam ihre treibende Gestalt.*

1468 Wie dürfte denn ein Engel, Herr, in dies: 2, 372. Paris, Sommer 1909. EA: G 1953.

1469 Und endete um ihres Mutes willen: 2, 272. Paris, Sommer 1909. EA: SW 1957.
Dem Fragment, das sich auf die Tat der Judith bezieht, ist der Vers vorangestellt: Denn du, Herr, kannst wohl Sieg geben ohne alle Menge (Judith 9, 13). S. a. den szenischen Entwurf SW 2, 373. S. a. 1500.

1470 ... wo die Galioten / den Ballast waschen: 2, 373. Paris, Sommer 1909. EA: SW 1957.

Fragment. – *Galioten:* Küstenfrachtsegler.

1471 NÜCHTERNE BLUMEN VOR GRÜN, GEFÜHLE DER FRÜHE: 2, 373.
Paris, Sommer 1909. EA: SW 1957.

1472 UND EINE SEELE/DURCH DIE DER MORGEN SCHEINT: 2, 373. Paris, Sommer 1909.
Fragment.

1473 ACH, WIE REUT ES MICH JETZT DES KLEINSTEN VERWEISES: 2, 363.
Paris, Mitte Juli 1909.

1474 ENDYMION: 2, 36. Paris, 15. 7. 1909. ED: Insel-Almanach 1912.
EA: NG II 1927.
Die Einfügung in die NG II (1927) wurde in den SW wieder
rückgängig gemacht. – Im Insel-Almanach unter dem Obertitel:
Drei neue Gedichte. RMR abgedruckt.
Endymion, Sohn des Zeus, wurde, immer wenn er von der Jagd
ermüdet schlief, von seiner Geliebten, Selene, besucht. Zeus ge-
währte ihm ewigen Schlaf, Unsterblichkeit und ewige Jugend. –
Gewäfer: Hilfe- oder Drohrufe, Geschrei (mhd. wâfen).

1475 DEIN HERZ SEI WIE EIN NEST IM UNERREICHTEN: 2, 372. Paris,
Hochsommer 1909. EA: G 1953.

1476 SCHARFER BURGBRUCH, ALTER UNTERKIEFER: 2, 374. Les Baux,
um den 1. 10. 1909. EA: SW 1957.
Über Les Baux vgl. Br. a. Lou v. 23. 10. 1909.

1477 DU, DER ICHS NICHT SAGE, DASS ICH BEI NACHT: 2, 37. Paris, Dezember 1909. EA: MLB 1910.
Das Gedicht stammt aus den *Aufzeichnungen des Malte Laurids
Brigge* und wird dort von einer Sängerin als Lied vorgetragen.
Die näheren Umstände dieses Vortrags und der Romankontext
sind von erheblicher Bedeutung für das Verständnis des Gedichtes. Die Sängerin, die das Lied singt, erinnert Malte *an ein ge-
wisses Jugendbildnis der schönen Benedicte von Qualen, die in
Baggesens Leben eine Rolle spielt* (SW 6, 934). Dieses Bildnis gibt
es tatsächlich, und zwar im VI. Band der Efterladte Papirer fra
den Reventlowske Familiekreds i Tidsrummet 1770–1827. Hrsg.
von Louis Bobé, Bd. VI Kopenhagen 1903. In diesem VI. Band
ist unter anderem ein (ziemlich einseitiger) Briefwechsel zwischen
Benedicte von Qualen und dem dänischen Dichter Jens Baggesen
aus dem Zeitraum vom 7. 8. 1796–10. 12. 1797 veröffentlicht. Bis
auf einen einzigen (vom 14. Juni 1797) stammen alle diese Briefe
von Baggesen. Die halb offenen, halb versteckten, dann wider-
rufenen und umständlich umgedeuteten Liebeserklärungen Baggesens sind der kontrastierende Hintergrund zu den Negationen
des Liedes *(der ichs nicht sage / die mir nicht sagt)* Auch die Zeilen: *Sieh dir die Liebenden an, wenn erst das Bekennen begann,
wie bald sie lügen,* sind voller Bezug auf die Briefe Baggesens.
Das Liebesbekenntnis Baggesens kurz vor und kurz nach dem

Tode seiner Frau Sophie (sie starb 28jährig Anfang Mai 1897) ist nicht ohne Peinlichkeit, zumal von dem Augenblick an, wo die junge Benedicte entrüstet reagiert: »Sie verlangen noch eine bestimmte Antwort auf Ihre so unerwarteten Briefe; guter Baggesen, warum wollen Sie es wiederholt haben (...) Sie glaubten damahlen, ich täuschte mich, sollte es nicht möglich seyn, Baggesen, daß Sie hier der getäuschte sind (...) Sollte wirklich Liebe so schnell nach dem Verlust der einzig geliebten wieder in Ihrem Herzen entstanden sein, (...)« Den sich nahelegenden Eindruck, das Bekenntnis Baggesens wäre besser unterblieben, setzt das Lied um in den Preis verschwiegener Liebe. – *Dich einzig kann ich vertauschen:* In einem Brief an Inga Junghanns, die dänische Übersetzerin des MLB, vom Juli 1914 (Briefwechsel S. 49) kommentiert Rilke die Stelle so: *vertauschen: wo Du mir plötzlich zu viel bist, kann ich Dich, ohne Dich fortzugeben, vertauschen mit irgend etwas, mit dem Rauschen des Windes, des Meeres, mit einem Duft. Du bist verwandelbar und so kann ich allein sein, ohne Dich zu verlieren.* Insofern setzt das Lied die These von der besitzlosen Liebe, d. h. der durch kein Objekt beschränkten Liebe, in Bilder um. – Eine Art textgeschichtliche Hilfe für den Interpreten sind die von Rilke energisch zurückgewiesenen *rücksichtslosen* Veränderungen des Komponisten Dr. Victor Junk. Dieser hatte einer Vertonung einen veränderten Text unterlegt (Br. an A. Kippenberg v. 26. 1. 1912), und zwar: Zeile 1. wenn statt: daß / Zeile 9. trügen statt: ertrügen / Zeile 10. nur statt: dir / Zeile 11. erst: ausgelassen.

1478 ... TAUBEN TAUCHEN: 2, 374. Paris, Ende 1909. EA: SW 1957. Fragment mit dem Zusatz: *Tuileriengarten: Fontäne im Nebel bei Sonne.* S. K 2076.

1479 UND IN DER DICHTE DER BRUST: 2, 374. Um den 1. Februar 1910. EA: SW 1957.

1480 SIEH, LIEBENDE: SIE KOMMEN EINZELN FAST: 2, 374. Rom, Ende März 1910. EA: G 1953.

1481 ACH ZWISCHEN MIR UND DIESEM VOGELLAUT: 2, 375. Rom, Ende März 1910. EA: G 1953.

1482 FLORINDO: RICHTER DERER, DIE SICH NICHT: 2, 376. Rom, April 1910. EA: G 1953.
Florindo ist die männliche Hauptgestalt in Hofmannsthals Komödie ›Cristinas Heimreise‹, die am 11. 2. 1910 in Berlin uraufgeführt wurde. Rilke hatte mit seiner Frau und der Familie Kippenberg an der Aufführung teilgenommen.

1483 DASEIN, BESCHRÄNKUNG, WAS SEIN UND WAS NICHT: 2, 375. Rom, um den 1. 4. 1910. EA: G 1953.

1484 ACH SO UNGEWISS UND ENDLOS OHNE: 2, 376. Rom, um den 1. 4. 1910. EA: G 1953.

1485 FRAGMENT: 2, 376. Rom, um den 1. 4. 1910. EA: SW 1957.

1486 O KREUZWEG MEINES MUNDS, O LIPPENBINDE: 2, 377. Paris, Frühsommer 1910. EA: SW 1957.
Bezieht sich auf eine altgriechische Doppelflöte. S. SW 2, 377.

1487 EIN RARBEGANGNER PFAD, DER ZWISCHEN STELLEN HEIDE: 2, 377. Janowitz (Böhmen), Ende August 1910. EA: G 1953.

1488 VOM WEGRAND RUHT DER BLICK DER BLAUEN RADE: 2, 377. Janowitz (Böhmen), Ende August 1910. EA: G 1953.
Rade: Kornrade. Nicht dieses Gedicht, wohl aber den Versuch nach der Gewalttat des MLB einen Rückweg zu finden ins Einfache, schildert Rilke im Br. an Marie v. Thurn und Taxis vom 30. 8. 1910: *die blauen Raden am Wegrain wollen einem richtig in die Augen schauen wie Haustiere, und die fleißigen Äpfel möchten gelobt sein.*

1489 DA WARD EIN SOLCHER VORRAT KÖNIGSEINS: 2, 378. Auf dem Nil, 10. 1. 1911. EA: G 1953.
Anlaß des Gedichtes ist die Granitstatue Ramses' II. in Memphis (Abb. Schnack 1956 Nr. 201), die Rilke auf seiner Ägyptenreise (Br. an Clara v. 10. 1. 1911) sehr beeindruckte. Das Gedicht ist Fragment geblieben.

1490 UND DER LETZTE GEHT VIELLEICHT VORÜBER: 2, 378. Paris, Frühjahr 1911. EA: G 1953.
Zusatz in den SW: Frauenklage.

1491 SO WIE EINE TÜRE, DIE NICHT ZUBLEIBT: 2, 379. Paris, Frühjahr 1911. EA: G 1953.
Zusatz in den SW: Frauenklage.

1492 UND WO SICH AUS DER ÜBERVOLLEN LOCKE: 2, 379. Paris, Frühjahr 1911. EA: G 1953.
Das Gedicht trägt den Zusatz: Gott Horus oder junger König. Horus (Horos), altägyptischer Gott. Bezieht sich wohl auf eine Darstellung, die Rilke von seiner Ägyptenreise her kannte.

1493 EUCH KÖNNT ICH FREMD SEIN, DUNKLE JÜNGLINGE, DENEN: 2, 378. Paris, April 1911. EA: G 1953.

1494 ACH, ACH LIEGT IN DER LUFT: 2, 379. Paris, Frühsommer 1911. EA: G 1953.
Fragment.

1495 SIEH, DER GOTT HAT SICH ZU MIR ENTSCHLOSSEN: 2, 380. Paris, Frühsommer 1911. EA: G 1953.
Fragment.

1496 AN ALLEN DINGEN FÜHLT SICH NEU DIE FRÜHE: 2, 380. Paris, Frühsomer 1911. EA: G 1953.
Die 2. Zeile dieses Textes *(Der schöne Wind geht eitel durch den Hain.)* stammt aus dem Jahre 1909, s. SW 2, 374.

1497 FRAGMENT EINER AUFERSTEHUNG: 2, 380. Paris, 24. oder 25. Juni
1911. EA: G 1953.
Rilke notierte in sein Taschenbuch: auf M(arthe) wartend in
N(otre) D(ame) Paris, 24. oder 25. Juni 1911. Stofflich verarbei-
ten die Zeilen Darstellungen auf dem ›Portail du Jugement‹. –
Marthe Hennebert war eine französische Arbeiterin. Seit 1911
Rilkes Schützling. Um den 25. Juni lernte Rilke sie kennen.

1498 UND ZIEHT MICH NACH SICH WIE EIN UNGERN TOTER: 2, 381. Paris, um den 25. Juni 1911. EA: SW 1956.
Einzelne Zeile.

1499 WENN ENDLICH DRANG UND STUMPFHEIT SICH ENTZWEIN: 2, 381.
Paris, 26. oder 27. Juni 1911. EA: G 1953.
An Marthe Hennebert gerichtet, s. K 1494.

1500 JUDITH'S RÜCKKEHR: 2, 38. Paris, Juli 1911. EA: G 1953.
Nach Zinn Entwurf zu einem Ballett. S. a. 1469. Im A. T. Judith
13 wird berichtet, wie Judith den Feldherrn des Feindes aufsucht,
ihm das Haupt abschlägt und mit dem abgeschlagenen Haupte in
die Stadt zurückkehrt.

1501 MONDNACHT: 2, 38. Paris, Anfang Juli 1911. EA: G 1953.

1502 DEINE SEELE SING ICH, DIE AN MIR ERSTANDENE: 2, 383. Paris,
Anfang Juli 1911. EA: G 1953.
Gerichtet an Marthe Hennebert, s. K 1494.

1503 IN DIESER WELT, WO UNRECHT SO GESCHIEHT: 2, 383. Paris, um
den 1. Juli 1911. EA: SW 1957.
Fragment.

1504 LASS DICH NICHT IRREN DIE ZEIT: WAS IST NAH, WAS IST FERN:
2, 211. Lautschin, Ende Juli 1911. EA: G 1953.
Eingeschrieben in ein Exemplar der Bekenntnisse des heiligen
Augustinus mit der Widmung: *Lautschin, Ende Juli 1911 / meiner lieben Mama dieses herrliche Buch im Gedächtnis der gemeinsamen darüber verbrachten Stunde. René.*

1505 VIEL SCHON ERREICHT EIN BUCH, WIRD ERFUNDENES DRINNEN
NOTWENDIG: 6, 1232. August 1911.
Widmung für Prinzessin Pauline von Thurn und Taxis, einge-
schrieben in ein Exemplar des MLB und bezugnehmend auf das
Geigenspiel der Empfängerin, s. SW 6, 1537.

1506 DER HUND DER DIE ALRAUNE ZOG / VOM SCHREI: 2, 384. Paris,
Anfang Oktober 1911. EA: SW 1957.
Fragment. Nach Zinn: Im Anschluß an Exzerpte über das Ziehen
der Alraunwurzel durch einen Hund, der von dem Schrei, den
sie beim Herausziehen von sich gibt, tot umfällt.

1507 ICH HIELT MICH ÜBERTROFFEN, ICH VERGASS: 2, 39. Duino, November oder Dezember 1911. EA: Br. Rilke/Lou A. S. 1952.
Dieses und die beiden nachfolgenden Gedichte hat Rilke zusammen mit anderen am 18. Mai 1919 für Lou A.-S. abgeschrieben, vgl. Briefwechsel S. 416/17. Zu Lou A.-S. s. K 502.

1508 WIE MAN EIN TUCH VOR ANGEHÄUFTEN ATEM: 2, 39.
     S. K 1507.
1509 ENTSINNEN IST DA NICHT GENUG, ES MUSS: 2, 39.
     S. K 1507.
     Zwischen 1508 und 1509 standen im Entwurf noch folgende
     Verse:
     ...und keiner weiß, wozu
     ein Liebes sich entschließt in seinen Armen (2, 384).
1510 ABEND-LIED: 2, 211. Duino, Anfang Dezember 1911. EA: G
     1953.
     Geschrieben zum 10. Geburtstag der Tochter Ruth (geb. a. 12. 12.
     1901).
1511 FÜHLEND GÖTTER, DIE SICH NAHE RÜHREN: 2, 385. Duino, An-
     fang Dezember 1911. EA: SW 1957.
     Fragment.
1512 GEBURT MARIAE (ML 1): 1, 667. Duino, zwischen dem 15. u.
     22. 1. 1912. EA: ML Juni 1913.

DAS MARIEN-LEBEN

Der Zyklus *Das Marien-Leben* entstand innerhalb weniger Tage
während des Winteraufenthalts auf Schloß Duino unmittelbar
vor den ersten *Duineser Elegien*. Der Anlaß war der Versuch
Heinrich Vogelers (s. Widmung und K 921/986), eine alte Idee
beider Künstler, nämlich eine gemeinsame Gestaltung des *Marien-Lebens* zu verwirklichen. Dieser *alte Plan* ging auf das
Jahr 1900 zurück. Im Worpsweder Tagebuch steht unter dem
29. 9. zu lesen, daß Heinrich Vogeler *nach dem Frühstück*
Rilke ein *Skizzenbuch* anvertraut habe, in dem sich unter anderem auch Szenen aus dem Leben Mariens befanden. Zu diesen
Marienszenen entwarf Rilke zwei Gedichte, und zwar *Verkündigung über den Hirten* (s. K 986) und *Rast auf der Flucht* (s.
K 987). Für die Veröffentlichung zu Weihnachten 1901 in der
Weihnachtsbeilage der Bohemia fügte Rilke damals noch ein
drittes Stück hinzu (*Verkündigung* K 1083). Rilke stand dem
Unternehmen, so wie es Vogeler um 1911/12 realisieren wollte
durch Zusammenstellung der erwähnten Stücke und vielleicht
noch einiger späterer Gedichte Rilkes, sehr skeptisch und distanziert gegenüber (Br. an seinen Verleger vom 6. und 15. 1. 1912).
Rilke äußerte gewisse Bedenken die Kunst Vogelers betreffend
und war der Meinung, daß die aus seiner Feder stammenden
Gedichte (aus dem STB, dem BB und den NG) keinen ge-
schlossenen Lebenslauf Mariens ergäben (*nicht mal einen ganzen
Bruchteil*).

Das Motto des Zyklus ζάλην ἔνδοθεν ἔχων (Einen Sturm im Innern habend, s. Zinn 1948 S. 215 ff.) fand Rilke in einem Buch
der Schloßbibliothek von Duino, dem sogenannten »Malerbuch
vom Berge Athos«, einem Werk, das eine Anleitung für Kirchen-
maler enthält. Dieses ikonographische Handbuch ist nach den 24
Strophen eines byzantinischen Hymnus gegliedert, weil es An-
weisungen zu dessen Illustration gibt. Den einzelnen Kapiteln
sind jeweils die Anfangsworte der entsprechenden Strophe voraus-
gestellt, der sechsten eben die Worte ζάλην ἔνδοθεν ἔχων.
Sie beziehen sich auf die Seelenlage des heiligen Joseph, also das,
was Rilke in dem Gedicht *Argwohn Josephs* gestaltet.
Die in den einzelnen Gedichten dargestellten Augenblicke des
Marienlebens, die z. T. schon im Briefwechsel mit Kippenberg
erwähnt werden, hat Rilke, ganz abgesehen von der allgemeinen Tradition der Kunstgeschichte, einer Darstellung des Spa-
niers Ribadaneira entnommen, die er in einer Übersetzung von
P. S. J. Hornig schon seit 1901/02 besaß (Br. an Gräfin Manon
Solms v. 12. 1. 1912). Jahre nach der Entstehung schrieb Rilke
an die Gräfin Sizzo bezüglich der Einflüsse (6. 1. 1922): *Vieles
in den Details und der Anordnung dieser Bilderfolge stammt
nicht aus meiner Erfindung: in dem Aufstieg der kleinen Maria
zum Tempel wird man unschwer Reminiszenzen an italienische
Bilder erkennen (an den Tizian z. B. der Akademie in Venedig,
mehr noch an den so ergreifenden Tintoretto in Santa Madonna
dell Orto) – sonst ist das berühmte Rezeptbuch aller Heiligen-
malerei, das Malerbuch vom Berge Athos, ja sogar das soge-
nannte Kiewski Paterik (: eine altrussische Sammlung von Rat-
schlägen und Vorschriften für die Darstellung biblischer Gegenstände) an vielen Stellen anleitend und anregend gewesen.*
Der etwas von außen kommende Anlaß allein aber hätte wohl
nicht genügt, Rilke zu dieser Arbeit zu bewegen, wäre nicht
die Auseinandersetzung mit dem Christentum und die Neu-
oder Umgestaltung der christlichen Glaubensinhalte eine bei ihm
durchgehend zu beobachtende Übung. Ja man kann sogar feststellen, daß bedeutende Phasen seines Werkes und die produk-
tivsten Phasen seines Schaffens immer auch zugleich Aufarbeitun-
gen seiner religiösen Geschichte sind. *Das Marien-Leben* zu Beginn und der *Brief des jungen Arbeiters* bei der Vollendung
der *Duineser Elegien* könnten das allein bestätigen. Lit.: Scholz.

1513 DIE DARSTELLUNG MARIAE IM TEMPEL (ML 2): 1, 667. Duino,
zwischen dem 15. und 22. 1. 1912. EA: ML Juni 1913.
S. K 1512. – *Abgrund eines Raumes:* Nach Ernst Zinn ist die gewaltige Raumvorstellung, die das Gedicht erzeugt, mit angeregt durch einen Druckfehler in dem von Rilke zu Rate gezo-

genen Malerbuch. Dort nämlich war das griechische ζάλην statt mit ›Sturm‹ mit ›Raum‹ übersetzt. Zinn, 1948 S. 216/17.

1514 MARIAE VERKÜNDIGUNG (ML 3): 1, 669. Duino, zwischen dem 15. und 22. 1. 1912. EA: ML Juni 1913. ED: November 1912 im Insel-Almanach 1913. – S. K 1512. Zur Behandlung des Motivs s. 821. – *Einhorn:* s. a. 1188 und 1855.

1515 MARIAE HEIMSUCHUNG (ML 4): 1, 670. Duino, zwischen dem 15. u. 22. 1. 1912. EA: ML Juni 1913.
S. K 1512 und zur Behandlung des Motivs K 1429.

1516 ARGWOHN JOSEPHS (ML 5): 671. Duino, zwischen dem 15. u. 22. 1. 1912. EA: ML Juni 1913.
S. K 1512. Die Worte des Mottos beziehen sich auf dieses Gedicht, s. K 1512. – Vom Argwohn Josephs berichtet Matthäus 1, 19–20. – Der unmutig-herrische Ton des Engels ist eine Erfindung Rilkes, die in ähnlicher Form auch in 1387 *(Don Juans Auswahl)* vorkommt.

1517 VERKÜNDIGUNG ÜBER DEN HIRTEN (ML 6): 1, 671. Duino, zwischen dem 15. u. 22. 1. 1912. EA: ML Juni 1913. ED: November 1912 im Insel-Almanach 1913. – S. K 1512 und zum Motiv und seiner Behandlung s. a. 986 und K.
Dörnicht: Dorngestrüpp.

1518 GEBURT CHRISTI (ML 7): 1, 673. Duino, zwischen dem 15. u. 22. 1. 1912. EA: ML Juni 1913.
Zum Motiv s. K 828. S. a. K 1512.

1519 RAST AUF DER FLUCHT NACH AEGYPTEN (ML 8): 1, 674. Duino, zwischen 15. u. 22. 1. 1912. EA: ML Juni 1913. ED: November 1912 im Insel-Almanach 1913.
S. K 1512 und zum Motiv 987. Hermann (1966 S. 398) stellt die kunstgeschichtlichen, legendären und biographischen Daten zusammen, die in das Gedicht eingegangen sind.

1520 VON DER HOCHZEIT ZU KANA (ML 9): 1, 675. Duino, zwischen dem 15. und 22. 1. 1912.
S. K 1512.

1521 VOR DER PASSION (ML 10): 1, 676. Duino, zwischen dem 15. und 22. 1. 1912. EA: ML Juni 1913.
S. K 1512.

1522 PIETÀ (ML 11): 1, 677. Duino, zwischen dem 15. und 22. 1. 1912. EA: ML Juni 1913.
S. K 1512. Die Zeilen 6–12 gehen auf einen Entwurf vom November 1911 zurück (2, 384). Dieser Entwurf trägt im Titel eine Ortsbestimmung *(Pietà aus der Cathedrale zu Aquileja)* und verweist damit auf die stoffliche Anregung. Zur Abb. s. SW 2, 784. – Zur Form der *Pietà* s. die nachfolgende Nr.

1523 STILLUNG MARIAE MIT DEM AUFERSTANDENEN (ML 12): 1, 678. Duino, zwischen dem 15. u. 23. 1. 1912. EA: ML Juni 1913.

In dem sich vom *Marien-Leben* etwas distanzierenden Brief vom Drei-Königs-Tag 1922 betont Rilke den *damals neuen, gegenwärtigen* Ton dieses Textes und hebt seine Mittel gegen die traditionellen der anderen des Zyklus wohlwollend ab. Die unregelmäßige Zeilenlänge und die Reimlosigkeit rücken dieses Gedicht denn auch in die Nähe der damals entstehenden ersten Elegien. Vgl. auch 1522.

1524 VOM TODE MARIAE I–III (ML 13): 1, 678. Duino, zwischen dem 15. und 22. 1. 1912. EA: ML Juni 1913. III. Stück: ED November 1912 im Insel-Almanach 1913.
S. K 1512.

1525 DIE ERSTE DUINESER ELEGIE (DE 1): Duino, 21. 1. 1912. EA: DE Juni 1923.

Gaspara Stampa: italienische Dichterin (1523–1554), die ihre unglückliche Liebe zu einem venezianischen Adligen in ihren Gedichten gestaltet hat. Neben Marianna Alcoforado, deren Briefe Rilke 1913 übersetzt, Louise Labé und den Liebenden des MLB Symbolfigur für die unglücklich liebende Frau. (Vgl. MLB 6, 833 und 925) – *Wie sonst nur Heilige hörten:* s. K 1717. – *Santa Maria Formosa:* Kirche in Venedig. Die Inschrift teilt Steiner 1962 S. 30 mit. Gemeint sind Inschriften, die das Leben und Sterben eines Menschen festhalten. – *Linos:* Gestalt der griechischen Mythologie, repräsentiert die in ihrer Blüte dem Tode verfallene Natur. In der Anmerkung zu Maurice de Guérins *Der Kentauer* (6, 1028) fungiert die Gestalt des musischen Hirtenknaben als Inbegriff der *jungen Toten, um die das Gerücht rauscht* (vgl. auch Vers 62 dieser Elegie).

DIE DUINESER ELEGIEN

Die Duineser Elegien sind dasjenige Werk Rilkes, um das er am längsten gerungen, am meisten gebangt und gelitten und dessen Vollendung er schließlich mit der größten Erleichterung und Genugtuung gefeiert hat als Durchbruch seines eigentlichen Wesens und als entscheidende Leistung seines Genies. Die Briefe, die er unmittelbar nach Abschluß an seine Freunde geschrieben hat, geben davon Zeugnis (11.2.1922 an Marie v. Thurn und Taxis):

Endlich,
> *Fürstin,*
>> *endlich, der gesegnete, wie*
> *gesegnete Tag, da ich Ihnen den Abschluß – so weit*
> *ich sehe – der*
>> *Elegien*
>>> *anzeigen kann:*

Zehn!
Alles in ein paar Tagen, es war ein na-
menloser Sturm, ein Orkan im Geist (wie D a m a l s
auf D u i n o), alles, was Faser in mir ist und Geweb,
hat gekracht, – an Essen war nie zu denken, Gott
weiß, wer mich genährt hat.
Aber nun i s t s. Ist. Ist.
Amen.

Den Namen haben die Duineser Elegien von dem Ort, an dem
sie begonnen wurden, nämlich dem Schloß Duino an der Adria,
auf dem Rilke den Winter 1911/12 verbrachte. Das Schloß gehörte der Fürstin von Thurn und Taxis, der denn auch die Elegien aus Dankbarkeit gewidmet sind, als ihr längst gehörend.
Entstanden sind die Elegien in dem Zeitraum vom Winter 1912
bis zum 26. 2. 1922. Der Hauptteil entstand insgesamt in nur
wenigen Tagen, und zwar im Januar/Februar 1912 auf Schloß
Duino und im Februar 1922 auf Schloß Muzot in der Schweiz.
Dazwischen liegen immer wieder, mit kleineren und größeren
Unterbrechungen, Versuche, das Werk weiterzubringen, mit mehr
oder weniger Erfolg sich niederschlagend in Fragmenten, Entwürfen und Skizzen, manchmal sogar gelungenen Einzel-Stücken
wie etwa der IV. Elegie im November 1915 oder der später
nicht in den Zyklus aufgenommenen Elegie: *Laß dir, daß Kind-*
heit war vom Dezember 1920.
Überblick über Bestand und Entstehung:

1912

21. Januar	I. Elegie	1,685	Schloß Duino
Ende Januar	Fragment	2,385	Schloß Duino
Ende Jan./Anf. Febr.	II. Elegie	1,689	Schloß Duino
Anfang 1912	X. Elegie (V. 1–12)	2,64	Schloß Duino
Anfang 1912	III. Elegie (Anfang)	1,693	Schloß Duino
Um den 1. Febr.	Fragment	2,387	Schloß Duino
Februar 1912	Fragment	2,40	Schloß Duino
Februar/März	VI. Elegie (erster Ansatz)	1,706	Schloß Duino
März 1912	IX. Elegie (V. 1–6/77–79)	1,717	Schloß Duino
Frühsommer	Fragment	2,40	Venedig
Sommer	Gegen-Strophen (V. 1–4)	2,136	Venedig

1913

Januar/Februar	VI. Elegie		
	(V. 1–31)	1,706	Ronda
Frühjahr	Fragment	2,53	Paris
Frühjahr	Fragment	2,54	Paris
Frühjahr	Fragment	2,61	Paris
Spätherbst	III. Elegie		
	(vervollst.)	1,693	Paris
Spätherbst	VI. Elegie		
	(V. 42–44)	1,706	Paris
Spätherbst	X. Elegie		
	(erweitert)	2,64	Paris
Jahresende	X. Elegie		
	(Fragm. Fassg.)	2,64	Paris

1914

| Juli | Fragment | 2,86 | Paris |

1915

| 22./23. November | IV. Elegie | 1,697 | München |

1920

| Dezember | Laß dir, daß | | |
| | Kindheit war | 2,130 | Schloß Berg |

1922

7. Februar	VII. Elegie	1,709	Schloß Muzot
7./8. Februar	VIII. Elegie	1,714	Schloß Muzot
9. Februar	IX. Elegie		
	(Hauptteil)	1,717	Schloß Muzot
9. Februar	VI. Elegie		
	(V. 32–41)	1,706	Schloß Muzot
11. Februar	X. Elegie		
	(ab V. 13		
	Neufassg.)		
		1,721	Schloß Muzot
14. Februar	V. Elegie	1,701	Schloß Muzot
26. Februar	VII. Elegie	1,709	
	(ab V. 86)		Schloß Muzot

Im Herbst 1918 faßte Rilke den damaligen Bestand zusammen und schickte eine Abschrift u. a. an seinen Verleger. Diese Zusammenfassung enthält folgende Teile:

1. die vollendeten Elegien I ,II, III und IV,
2. die unvollendeten Elegien VI und X und
3. eine Reihe von Texten, die als *Anfänge und Fragmente aus dem Umkreis der Elegien* zusammengestellt
   waren und mit diesem Zusatz auch in den SW abgedruckt sind.

Nach Rilkes letzter Entscheidung besteht der Zyklus aus 10 Ein-
zelgedichten. Ausgeschieden wurden schließlich die unter dem
Titel *Gegen-Strophen* ursprünglich als V. Elegie gedachten Gedichte. Sie wurden durch die zuletzt entstandene Elegie *(Saltimbanques)* ersetzt. Nicht aufgenommen wurde auch die 1920 entstandene Elegie: *Laß dir, daß Kindheit war.*

Die gattungsmäßige Einordnung als Elegien gründet nicht auf
formalen Kriterien (Gedicht in Distichen), sondern auf dem den
Zyklus bestimmenden Grundton der Klage, wenngleich die erklärte Tendenz die jubelnde Zustimmung zu Sein und Dasein
ist.

Stofflich ist das Werk sehr breit angelegt und verarbeitet die
Geschichte der Menschheit vom Töpfer am Nil bis zum Zeitalter der Technik ebenso wie Fragen des Bewußtseins und der
Psychologie, die Existenz des Künstlers so gut wie die Lage der
nichtmenschlichen Kreatur.

Dem Thema nach sind die Elegien sehr allgemein ausgerichtet.
Sie abstrahieren von der konkret geschichtlichen Lage und for-
mulieren deren Fragestellungen als Problematik des Daseins und
der Situation des einzelnen im Kosmos, Liebe, Vergänglichkeit
und Tod zu Schlüsselerlebnissen erhebend.

Zentrales Medium dieser als Selbstaussage des Künstlers (Mason) ebenso wie als Gestaltung des allgemeinen Menschenloses
(Steiner) deutbaren Verse ist der Mythos der Engel. Als Reprä-
sentanten einer in sich ruhenden Existenz sind sie entrückter
und sich verweigernder Maßstab der menschlichen Not und be-
geisterndes Vorbild zugleich.

Das, was nach Rilkes eigener Deutung der eigentliche Sinn und
Auftrag der Elegien sein soll, ist die nach den NG und dem
MLB notwendig gewordene Formulierung und Gestaltung einer
zustimmenden und preisenden Einstellung zum Diesseits, zur
Welt und zum Dasein, so wie es von Anfang an in der X. DE
als Ideal ausgesprochen war:

Daß ich dereinst, an dem Ausgang der grimmigen Einsicht,
Jubel und Ruhm aufsinge zustimmenden Engeln.

Daß diese Absicht sich im geschichtlich vermittelten Zusammenhang hält, zeigt vor allem der *Brief des jungen Arbeiters* aus
der Zeit der Elegienvollendung und zeigt auch das *Marien-Leben* aus den Tagen der Niederschrift der ersten Elegien. Genau

dieser Werkkonnex erweist den Versuch, *in dem uns hier Ge-*
währten und Zugestandenen ... ein ... bis an den Rand unserer
Sinne uns Beglückendes zu sehen (SW 6, 1115), in der Abkehr
von der christlichen Tradition begründet. Sinngebung der Welt
in nachchristlicher Zeit und Bewertung der Welt ohne Heils-
erwartung im Jenseits, das erscheint von da aus das nicht ge-
ringe Unterfangen der Duineser Elegien zu sein.

Nun sind die DE weder das erste Werk, in dem Rilke die Preisung der Welt trotz Not und Vergänglichkeit gelungen wäre,
noch sind sie in dieser Richtung restlos erfolgreich. Der III. Teil
des STBs mit seiner hymnischen Lobpreisung der Armen und die
VIII. Elegie mit ihrer Klage über das begrenzende menschliche
Bewußtsein können beides belegen. Die Rühmung der Welt erreicht Rilke in den gleichzeitig während der Februartage von
1922 entstehenden *Sonetten an Orpheus* zudem in einer gelöste-
ren Form und in heiterer Liedhaftigkeit als in den auf weite
Strecken gewaltsamen DE.

In dieser Härte und Gewolltheit verraten die Elegien noch die
Frühe ihrer Konzeption, die Nähe zum Malte-Roman und den
NG, markieren sie noch den Wendepunkt von der Haltung
des genauen Sagens zum Entschluß zur Zustimmung, im Unterschied zum späteren Werk, das beruhigter und versöhnlicher ist
als die Elegien.

Lit.: Siehe vor allem Jacob Steiner (Zeile für Zeile Erklärung),
dann aber auch: Brecht, Guardini, Hamburger (1976), Mason
(1964) und H. Meyer (1957).

1526 SOLL ICH DIE STÄDTE RÜHMEN, DIE ÜBERLEBENDEN: 2, 385.
Duino, Ende Januar 1912. EA: G 1953.

Fragment einer Elegie. Seit dem STB ist Rilke als Kritiker der
Großstadtlandschaft aufgetreten, s. K 1121. Das Fragment for-
muliert den entscheidenden Auftrag der Elegien, nämlich die
Rühmung des Jetzt, und dies auch und gerade aus der Sicht
eines Bewunderers der Tradition, der Rilke war und blieb. S. a.
K 1831.

1527 UND SCHWENKTEST: 2, 386. Duino, Ende Januar 1912. EA: SW
1957. Fragment.

1528 DIE ZWEITE ELEGIE (DE 2): 1, 689. Duino, Ende Januar/Anfang
Februar 1912. EA: DE Juni 1923.

Tobias: Im apokryphen Buch Tobias wird berichtet vom vertrauten Umgang zwischen Mensch und Gesandtem Gottes: Da
ging der junge Tobias hinaus und fand einen jungen Gesellen,
der hatte sich angezogen und bereitet zu wandern und er wußte
nicht, daß es ein Engel Gottes war, grüßte ihn und sprach: Von
wannen bist du, guter Gesell? (5, 5–6). – Die kontrastierende
Gegenüberstellung von einst und jetzt bestimmt die Verloren-

heit des Menschen im Jetzt. – *attische Stelen:* antike Grabsteine.
S. a. Br. an Lou vom 10. 1. 1912: *Ich glaube in Neapel einmal,
vor irgendwelchen antiken Grabsteinen, hat es mich einmal
durchzuckt, daß ich Menschen nie mit stärkeren Gebärden be-
rühren sollte, als dort dargestellt sind.* S. a. 2, 166/2, 171 und
2, 466. – *Torso:* Körper im Unterschied zu den Gliedmaßen,
nicht im Sinne von 1, 557 (Archaïscher Torso Apollos). – *nicht
mehr nachschauen in Bilder:* weil die Mythen der Vergangenheit angehören, s. a. VII. DE Strophe 6. S. K 1525.

1529 DIE ZEHNTE ELEGIE (DE 10): 1, 721. Entstehung s. Übersicht
Nr. 1525. EA: DE Juni 1923.
S. a. K 1618. – Der Eingang der Elegie ist programmatisch für
das ganze Werk, s. a. K 1529 (Einleitung). – *winterwähriges
Laub:* unabtrennbar zum Menschen gehörend. *Leidstadt:* s. K
1121 und 1526. – *Trostmarkt:* S. Br. a. Gräfin Sizzo: *Ich werf
es allen modernen Religionen vor, daß sie ihren Gläubigen Trö-
stungen und Beschönigungen des Todes geliefert haben, statt
ihnen Mittel ins Gemüt zu geben, sich mit ihm zu vertragen und
zu verständigen.* – *Gußform des Leeren:* statt die Leere zu
zeigen, den Mangel, zeigt die Stadt einen falschen Inhalt. Zum
Bild s. K 1445 und Stahl 1967 S. 35. – *Klage:* hier eine allego-
rische Personifizierung, Führerin durch die Landschaft des Leids.
– Vers 68 ff.: Die Verse verarbeiten, wie andere Elegienstellen,
Erlebnisse der Ägyptenreise Rilkes. S. Hermann S. 427 und
Steiner S. 268 ff. – *Sibylle:* heidnische Seherin. – *Warnherr:* Prophet. – *der erhabene Sphinx:* s. Abb. Schnack 1956 Nr. 207. –
Pschent: vereinigte Herrscherkrone Ober- und Unterägyptens. –
Vers 90 ff.: Die Sternbilder sind *neu,* d. h. sie existieren nur in
der allegorischen Landschaft des Gedichts. – Zu dem M (= Mütter) s. a. V. DE Vers 13/14. – *Kätzchen der leeren Hasel, die
hängenden:* dazu Rilke an Frau Amann-Volkart: *Die Gedicht-
stelle steht und fällt damit, daß der Leser, mit dem e r s t e n
Gefühl, gerade dieses F a l l e n d e der Kätzchen ergreife und
auffasse, sonst verliert das dort gebrauchte Bild allen Sinn* (Juni
1922 oder Br. a Muzot S. 71). S. a. K 1525.
Im einzelnen s. Steiner.

1530 DIE DRITTE ELEGIE (DE 3): 1, 693. Zur Entstehung s. Zeittafel
Nr. 1525. EA: DE Juni 1923.
Die Bildlichkeit der Elegie und ihre spezielle Thematik steht in
engem Zusammenhang mit Rilkes Beschäftigung mit der Psychoanalyse. Spätestens seit 1912 hatte Rilke genauere Kenntnis von der Lehre Freuds und trug sich auch mit dem Gedanken, sich durch den Arzt Dr. Gebsattel behandeln zu lassen
(Br. v. 24. 1. 1912 und Simenauer S. 117 ff.). Bild für die das
liebende Ich determinierende Macht des erotischen Es ist der

römische Meeresgott Neptun, dessen Insignien der Dreizack und
das Muschelhorn sind. S. a. K 1525.

1531 SOLL ICH NOCH EINMAL FRÜHLING HABEN, NOCH EINMAL: 2, 40.
Duino, Februar 1912. EA: G 1953.
Aus den Anfängen und Fragmenten aus dem Umkreis der Ele-
gien, s. K 1525.

1532 DIE SECHSTE ELEGIE (DE 6): 1, 706. Zur Entstehung s. Überblick
Nr. 1525 (Einleitung). EA: DE Juni 1923.
Die VI. Elegie entstand in drei Anläufen. Im Brief vom 19. 2.
1922 nennt sie Rilke die *Heldenelegie*, so wie er sie schon in
einer Abschrift vom 18. Mai 1919 (Br. Lou S. 420) betitelt hatte. –
Vers 8: *wie der Gott in den Schwan:* Anspielung auf den Mythos
von Leda und dem Schwan, den Rilke schon in dem *Neuen Gedicht* Leda gestaltet hat, s. K 1358. – Vers 18: *Karnak:* Vom Januar bis zum 11. März 1911 hielt sich Rilke in Ägypten auf.
Neben der gewaltigen Granitstatue Ramses' II. in Memphis beeindruckt ihn vor allem die Tempelwelt von Karnak (Abb.
Schnack 1956 Nr. 201–204). Die in der Halle des Amuntempels
befindlichen Darstellungen von Kampfszenen mögen Rilke bei
den ersten Ansätzen der Elegie noch in lebhafter Erinnerung
gewesen sein. Das Attribut *muldig* charakterisiert das in der
frühen ägyptischen Kunst noch häufig verwendete versenkte Relief, vgl. Hermann Tafel 6. – Vers 20: vgl. Schluß der I. DE.
Schon im Florenzer Tagebuch von 1898 (TF S. 68/69) findet sich
ein Preis auf den im jugendlichen Alter ermordeten Guiliano de
Medici. – Vers 30: Nach dem A. T. Richter 13, 2 und 13, 24 war
die Frau des Manoah lange unfruchtbar, bevor sie den Simson
gebar. – S. Steiner und zum Einfluß Hölderlins Singer S. 61 ff.
S. a. K 1525.

1533 BLICKE HIELTEN MICH HIN, STERNE: ICH SOLLTE NICHT MERKEN:
2, 387. Duino, um den 1. Februar 1912. EA: SW 1957.
Bruchstück aus den Entwürfen der ersten Elegien. Gehörend
zum Bestand der Nr. 1544.

1534 DIE NEUNTE ELEGIE (DE 9): 1, 717. Zur Entstehung s. Übersicht Nr. 1525. EA: DE Juni 1923.
Vers 1 ff.: Anspielung auf die griechische Sage, nach der Daphne
durch die Verwandlung in einen Lorbeerbaum vor dem ihr
nachstellenden Apollo gerettet wurde. – Vers 31 ff.: Den erwähnten Gegenständen hat Rilke Verse, Gedichte oder Zyklen *(Vergers* 2, 515 / *Les Fenêtres* 2, 587 ff.) gewidmet. Sie sind Dinge,
die Rilke in seiner Dichtung gestaltend verwandelt hat. – Vers
53: Vgl. zu dieser Zeile Simenauer S. 389. – Vers 58: Die vorindustriellen Berufe sind Beleg für Rilkes kulturpessimistische
Reserven. – S. K 1525 (Einleitung).

1535 ERSCHEINUNG: 2, 40. Duino, Frühling 1912. EA: GW 1927.

1536 ACH WIE DU AUSHOLST, VOGEL: 2, 387. Duino, Frühjahr 1912.
EA: G 1953.

1537 WEN ABER DES LEIDENS JE DER EIFER ERGRIFF, WIE WENIG:
2, 41. Venedig, Frühsommer 1912. EA: G 1953.
Aus den Anfängen und Fragmenten aus dem Umkreis der Elegien, s. K 1525.

1538 GEGEN-STROPHEN: 2, 136. Vers 1–4: Venedig, Sommer 1912.
Rest: Muzot, 9. 2. 1922. EA: GW 1927.
Ursprünglich V. Duineser Elegie, s. K 1525. – Das Gedicht ist
um 2 Zeilen gekürzt: *Ihr, wo alles erblindet, Spiegel des Ein-
horns. – Eurydike:* s. K 1862. – Die Strophen gelten abwechselnd
dem Mann und der Frau.

1539 PERLEN ENTROLLEN. WEH, RISS EINE DER SCHNÜRE: 2, 42. Entwurf: Venedig, Juli 1912. Vollendet: Spanien, Ende 1912. EA:
GW 1927.

1540 ACH, DA WIR HÜLFE VON MENSCHEN ERHARRTEN: STIEGEN:
2, 43. Venedig, 11. 7. 1912. EA: Br. 07–14 1933.

1541 O DIE KURVEN MEINER SEHNSUCHT DURCH DAS WELTALL: 2, 387.
Venedig, Mitte Juli 1912. EA: G 1953.

1542 DAS KIND / AUF ZU GROSSEM GESICHT: 2, 387. Venedig, Mitte
Juli 1912. EA: G 1953.

1543 UND DAS OFFENE GLÜCK: 2, 388. Venedig, um den 1. April 1912.
EA: SW 1957.

1544 : KOMM WANN DU SOLLST! DIES ALLES WIRD DURCH MICH: 2, 388.
Toledo, November 1912. EA: G 1953.
Nach Ernst Zinn SW trägt das Gedichtfragment den Titel *An
die Erwartete.*

1545 UNENDLICH STAUN ICH EUCH AN, IHR SELIGEN, EUER BENEHMEN:
2, 43. Ronda, Jahreswende 1912/13. ED: 1943 (v. Hattingberg,
Rilke u. Benvenuta).

1546 DER GEIST ARIEL: 2, 50. Ronda, Anfang 1913. ED: Das Inselschiff 1921/22. EA: GW 1927.
Ariel, der Luftgeist, unterwirft sich dem Held des Shakespeare-
schen Stuckes (Der Sturm). – Lit.: H. J. Schrimpf, R. M. R.'s Der
Geist Ariel. In: Die dt. Lyrik (1956) II S. 336/350. – F. Wood,
R's Der Geist Ariel. An interpretation. In: The Germanic Review
32 (1957) S. 35/44.

1547 HIMMELFAHRT MARIAE I–II: 2, 46. Ronda, Januar 1913. EA:
SG 1934. I *Köstliche, o Öl, das oben will* / II *Nicht nur aus dem
Schaun der Jünger, welchen ... – Theorbe:* Baßlaute. – Zum
Motiv und seiner Behandlung s. K 1512 und insbesondere 1524
(Vom Tode Mariae I und II). S. a. Entwurf 2, 390.

1548 AUFERWECKUNG DES LAZARUS: 2, 49. Ronda, Januar 1913: EA:
SG 1934. Johannes 11 (21, 35, 38) berichtet von der Auferwek-
kung des Lazarus und den Begleitumständen, an die sich der

Text hält. Bezüglich der Zurückhaltung Christi s. a. 1520. Zur Beschäftigung mit biblischen Stoffen auch 1512 und K 1525, aber auch K 822 und 1335.

1549 DASS ICH, ENTARTET MEINEM TOD, ZULETZT: 2, 390. Ronda, Januar 1913. EA: SW 1957.
Fragment.

1550 ICH WISSENDER: OH DER ICH EINGEWEIHT: 2, 389. Ronda, um den 1. Januar 1913. EA: G 1953.

1551 DIE SPANISCHE TRILOGIE: 2, 43. Ronda, zwischen dem 6. und 14. 1. 1913: ED: Das Inselschiff 1926/27. EA: GW 1927.
Das letzte Stück reflektiert die biographische Situation und die Rückkehr nach Paris. Bezüglich der kulturkritischen Töne s. K 1121 und K 1831.
Textgeschichte: Diese drei Gedichte hat Rilke in einem Schreibbuch, das er seinem Freund Rudolf Kassner schenkte, einer Gruppe von insgesamt 22 Gedichten zugeordnet, die er unter dem Titel Gedichte an die Nacht zusammenfaßte. Die Titelliste ist in den SW 2, 755/56 abgedruckt. In einer neueren Ausgabe dieser Gedichte an die Nacht (Bibliothek Suhrkamp 519 1976) hat der Herausgeber Anthony Stephens daneben in einem Teil II die Entwürfe und einem Teil III noch eine Auswahl themenverwandter Gedichte veröffentlicht.
Lit.: Stephens 1972, Zur Spanischen Trilogie S. 11 ff.
Zu II s. a. 1552.

1552 IHM GEHT DAS NAH, WAS NIRGEND SICH BEZIEHT: 2, 390. Ronda, zwischen dem 6. und 14. Januar 1913. EA: SW 1957.
Gestrichener Schlußteil von 1551 II.

1553 AN DEN ENGEL: 2, 48. Ronda, 14. 1. 1913. ED: Das Inselschiff 1926/27. EA: GW 1927.
8. Stück aus den Gedichten an die Nacht, S. K 1551.
Trotz noch ungeklärter Umstände (vor allem in zeitlicher Hinsicht) steht das Gedicht offensichtlich in Zusammenhang mit den Wachspuppen der Lotte Pritzel (s. K 1596 und SW 6, 1486). Zwar sah Rilke die Ausstellung der Arbeiten L. P.s erst im Herbst (München) und hat die im Brief an Sidonie Nadherny v. 9. 12. 1913 erwähnte Abbildung eines Engels möglicherweise auch erst im Oktober 13 erhalten (s. SW 6, 1487), aber es ist anzunehmen, daß er dennoch schon vorher von den fragilen Kreationen der L. P. Kenntnis hatte. Vgl. Br. an Sidonie Nadherny v. 9. 12. 1913 (also ein Jahr fast nach dem Gedicht): *Ja, sie* (gemeint: die Engelsfigur) *ist von einer wunderbaren Existenz, diese Engelspuppe, auf ihrem so unbeschreiblich fein gewählten Postament, es waren noch zwei da, zu denen ich oft wiederkam, alle ergriffen sie mich durch ihr Hinschwinden, als ob an einer äußersten ganz leisen Grenze des Nochsichtbaren noch einmal*

Gegenstände, entstünden –, kleine Seufzer von Gegenständen,
ich denke mir, neben jeder ein feingegliedertes goldenes réchaud,
auf dem sie eines Tages hinschmölze, und dann bliebe hinter ihr
nur ein wenig Wachsgeruch zurück, der Geruch eines ausgegan-
genen Lichtes, das seinen Leuchter aufgezehrt hat.
Zur Interpretation s. Stephens 1972 vor allem S. 112 ff.

1554 (AUFTRIEB) ... UND WIR STAUNEN UNBESCHRÄNKT: 2, 390. Ronda, Mitte Januar 1913. EA: G 1953.
Entwurf zu 1547.

1555 WIRD MIR NICHT NÄCHSTES? SOLL ICH NUR NOCH VERWEILEN:
2, 51. Ronda, Februar 1913. EA: AG I 1927.

1556 DIE WEISSEN HÄUSER HIN EIN ÜBERFLIESSEN: 2, 391. Ronda, Februar 1913. EA: G 1953.
Zusatz in den SW: Vorfrühlings-Sonne.

1557 DA RAUSCHT DER BACH UND DICH, (DER DU IHN HÖRST): 2, 391.
Ronda, Februar 1913. EA: G 1953.

1558 SO ANGESTRENGT WIDER DIE STARKE NACHT: 2, 52. Paris, Ende
Februar 1913. EA: GW 1927.
12. Stück aus den *Gedichten an die Nacht*, s. K. 1551.

1559 LANGE MUSST DU LEIDEN, KENNEND NICHT WAS: 2, 391. Paris,
März 1913. EA: G 1953.

1560 WEHE EIN STERBLICHER, WEH, IN SEHNSUCHT UND HAST: 2, 392.
Paris, März 1913. EA: G 1953.

1561 WEISST DU NICHT, WIRD DER ROTDORN BALD: 2, 392. Paris, März
1913. EA: G 1953.

1562 WER VERZICHTET, JENEN GRAM ZU KENNEN: 3, 393. Paris, Frühjahr 1913. EA: G 1953.
Vers 1–5 und 7–8 März 1913 entstanden, Rest April.

1563 WIR WISSEN NICHT, WAS WIR VERBRINGEN: SIEHE: 2, 391. Paris,
um den 1. März 1913. EA: G 1953.

1564 UNWISSEND VOR DEM HIMMEL MEINES LEBENS: 2, 53. Paris, Frühjahr 1913. EA: G 1953.
Enthalten in den *Anfängen und Fragmenten aus dem Umkreis*
der Elegien, s. K 1525 (Einleitung).

1565 WAS, WAS KÖNNTE DEIN LÄCHELN MIR, WAS MIR DIE NACHT
NICHT: 2, 54. Paris.
Frühjahr 1913. EA: G 1953.
Enthalten in den *Anfängen und Fragmenten aus dem Umkreis*
der Elegien, s. K 1525 (Einleitung). Teilweise identisch mit
2, 392 und Vorstufe zu 1566.

1566 ÜBERFLIESSENDE HIMMEL VERSCHWENDETER STERNE: 2, 54. Paris,
April 1913. ED: Die Erhebung. 1919. EA: GW 1927.
Vorstufen s. K 1565 und die beiden Gedichtansätze *Was könnte*
dein Lächeln mir auf S. 392 und S. 54 des 2. Bandes der SW.
S. a. K 1551.

1567 AUS EINEM APRIL: 2, 54. Paris, April 1913. ED: Die Dichtung
1918. EA: GW 1927.

1568 EMMAUS: 2, 55. Paris, April 1913. ED: Insel-Almanach 1914.
EA: GW 1927.
In den GW steht der Text mit anderen christliche Motive ver-
arbeitenden Texten zusammen (Christi Höllenfahrt – 1571),
s. a. K 1512 und 1525. Die Wanderung der Jünger Christi nach
Emmaus und die Begegnung mit Christus berichtet Lukas 24, 13 ff.

1569 NARZISS: 2, 56. Paris, April 1913. EA: GW 1927.
In den GW sind dieses und das nachfolgende Gedicht (1570)
Teile eines zweigliedrigen Zusammenhangs. –
Narkissos, lat.: Narcissus, war der schöne Sohn des Flußgottes
Kephisos und der Nymphe Leiriope. Er verliebte sich in sein eigenes Spiegelbild, das er in einer Quelle entdeckte, und ver-
zehrte sich aus Sehnsucht danach. Das narzißtische Verhaltens-
und Strukturmodell läßt sich in Rilkes Werk in sehr verschiedenen Bereichen nachweisen, in seinen Definitionen des Kunstwerks (in sich erfüllt, mit sich beschäftigt – Br. a. Lisa Heise v.
2. 8. 1919), des Heiligen (mit sich beschäftigt und in sich vertieft – Der Stifter, 1, 508), des Engels in den Elegien (II. DE
1, 689) und natürlich auch in beliebten Bildsymbolen seiner
Dichtung wie etwa dem des Spiegels oder der Fontäne. S. a.
1602. – Heliotrop: feingliedrige Blütenpflanze, s. a. K 1411.

1570 NARZISS (Dies also): 2, 56. Paris, April 1913. ED: Insel-Almanach 1919. EA: GW 1927.
Entwurf zur 4.–6. Strophe s. 2, 393. Zum Thema s. K 1569.

1571 CHRISTI HÖLLENFAHRT: 2, 57. Paris, April 1913. ED: Insel-Almanach 1914. EA: GW 1927.
Das Gedicht gestaltet den Glaubenssatz, nach dem Christus zwischen Tod und Auferstehung sich in der Hölle aufgehalten hat
(›abgestiegen zur Hölle‹). – Zur biblischen Thematik s. 1586
und K 1512 und K 1525.

1572 SANKT CHRISTOFFERUS: 2, 58. April 1913. ED: Donauland.
Wien. 1917/18. EA: SG 1934.
Gestaltet ist die christliche Legende des hl. Christophorus (=
Christus-Träger). Im Dienste des Nächsten arbeitete er an einem
Fluß als einer, der die, die hinüberwollten, hinübertrug. Eines
Tages kam Gott in Gestalt eines Kindes und wollte über den
Fluß.

1573 DIE TAUBEN: 2, 60. Paris, April 1913. ED: Die Dichtung. München 1918. EA: GW 1927.

1574 BESTÜRZ MICH, MUSIK, MIT RHYTHMISCHEM ZÜRNEN: 6, 60. Paris, Mai 1913. ED: Insel-Almanach 1923. EA: GW 1927.
Möglicherweise angeregt durch Romain Rolland und ein Musik-
gespräch, das Rilke mit ihm führte, s. Br. an Fürstin Taxis v. 17. 4.
1913.

1575 ICH BINS, NACHTIGALL, ICH, DEN DU SINGST: 2, 61. Paris, Mai
1913. EA: G 1953.
Aufgenommen in die *Anfänge und Fragmente aus dem Umkreis
der Elegien*, s. K 1525.

1576 STAUNE, SIEHE, WIE KEINES: 2, 394. Paris, Mai 1913. EA: G 1953
Mit dem Zusatz *Morgenhimmel* in den SW.
Fragment.

1577 DIE ICH ALS LEHRLING VERLIESS, DIE VERSUCHTEN SAITEN: 2, 395.
Paris, Mai 1913. EA: SW 1957.

1578 NUN WACHEN WIR MIT DEN ERINNERUNGEN: 2, 395. Paris, Mai
1913. EA: G 1953.

1579 DICH AUFDENKEND WIRD MEIN WESEN ERGLÜHTER: 2, 395. Paris,
Mai 1913. EA: G 1953.
Fragment.

1580 WAS, GELIEBTE, BIST: 2, 395. Paris, Mai 1913. EA: G 1953.

1581 DASS DU MIR SCHÖNE, DUNKLES SPIEGELNDE QUELLE: 2, 396. Paris, Mai 1913. EA: SW 1957.

1582 WIE LANGE SCHON SEIT MIR ZUERST AN GEFÜHLTER ERFAHRUNG:
6, 1233. Rippoldsau, 4. Juli 1913. EA: SW 1966.
Widmungsverse, eingeschrieben in das BB (Ausgabe 1913) für
die Schauspielerin Hedwig Bernhard.

1583 NICHT, WIE DU IHN NENNST, WIRD: 6, 1233. Rippoldsau, 4. Juli
1913. EA: SW 1966. Widmungsverse, eingeschrieben in das STB
(5. Auflage 1912) für H. Bernhard, s. K 1582.

1584 WIE JUNGE WIESEN, BLUMIG, EINEN ABHANG: 2, 396. Hochsommer oder Herbst 1913. EA: G 1953.
Die Kopfplastik des Königs Amenophis IV. hatte Rilke in Berlin
gesehen, vgl. Br. a. Lou v. 1. 8. 1913 und a. d. Fürstin Taxis v.
14. 8. 1913.
Rilkes erste intensivere Beschäftigung mit Ägypten und seiner
Kunst datiert mindestens aus dem Jahre 1907. S. a. Prosanachschrift 2, 396/7. Lit.: Hermannn.

1585 HINTER DEN SCHULD-LOSEN BÄUMEN: 2, 61. Heiligendamm,
1. Hälfte August 1913. EA: GW 1927.

1586 WITWE: 2, 62. Paris, Herbst 1913. ED: Jb. Das neue Pathos.
Berlin 1917/18. EA: GW 1927. (Ritzer A 2).

1587 IST SCHMERZ, SOBALD AN EINE NEUE SCHICHT: 2, 66. Paris, Herbst
1913. ED: Corona. München 1930/31. EA: SG 1934.
20. Stück aus den *Gedichten an die Nacht*, s. K 1551.

1588 OB ICH DAMALS WAR ODER BIN: DU SCHREITEST: 2, 66. Paris,
Herbst 1913. EA: G 1953.
14. Stück aus den *Gedichten an die Nacht*, s. a. K 1551 und
1604.

1589 DER DU MICH MIT DIESEN ÜBERHÖHTEST: 2, 68.
21. Stück aus den *Gedichten an die Nacht*, s. K 1551.

1590 WIE DAS GESTIRN, DER MOND, ERHABEN, VOLL ANLASS: 2, 397.
Herbst 1913. EA: G 1953.

1591 WER SAGT, DASS, WENN ICH AN EIN FENSTER TRÄTE: 2, 397.
Herbst 1913. EA: G 1953.

1592 HINGESTELLTE, WO DIE STARKE FAHRT: 2, 398. Herbst 1913. EA:
SW 1957. Fragment.

1593 VERSTÄNDIGT MIT ABNEHMENDER NATUR: 2, 398. Herbst 1913.
EA: G 1953.

1594 O HERZ, VOM LEBEN LANGSAM ABGESCHNÜRT: 2, 399. Herbst
1913. EA: G 1953.

1595 WER DEN GEIST DER FERNSTEN FREUDEN HATTE: 2, 401. Paris,
Herbst 1913. EA: G 1953.
Fragment. Zur Geste s. a. II. DE 6. Strophe und K 1528.

1596 HINSCHWINDENDE GANZ LEICHT, EH SIE VERGEHEN: 2, 212. München, um den 2. Oktober 1913: ED: 1921 (Ritzer E 41).
Widmungsgedicht für Lotte Pritzel, eine Künstlerin, die Wachspuppen herstellte. Rilke sah eine Ausstellung ihrer Arbeiten in München (Sept. 1913) und lernte die Künstlerin auch selbst kennen. Ihre Puppen sind auch Anlaß zu Rilkes Puppen-Essai (6, 1063). Vgl. Stephens' Aufsatz ›Puppen‹ und das Problem des geteilten Ich. In: Rilke in neuer Sicht, S. 159. – *Hinschwindende:* bezieht sich wohl zunächst auf die Schmelzeigenschaft des Wachses, s. a. Br. an Sidonie Nadherny v. 9.12.1913 K 1553.

1597 TRÄNEN, TRÄNEN, DIE AUS MIR BRECHEN: 2, 406. Paris, Spätherbst 1913. EA: SG 1934.

1598 ÖFTER, FÜHLEND WIE (DIE) UNERSCHÖPFTEN: 2, 401. Paris, November 1913. EA: SW 1957.
Fragment.

1599 DAS ELEND HAT JA NIE AUF MIR BESTANDEN: 2, 403. Paris, November 1913. EA: G 1953.
Zur Thematik und den verwendeten Motiven s. K 1223 und 1121.

1600 O DASS ICH DOCH, WENN DU DAS AUG ERHOBST: 2, 405. Paris, November 1913. EA: SG 1934.
Letzter, verselbständigter Teil aus 1599, aufgenommen in die SG, während das Ganze erst in den Gedichten 6–26 (1953) gedruckt wurde.

1601 IST DORT NICHT LÄCHELN? SIEHE, STEHT DORT NICHT: 2, 405.
Paris 1913. EA: G 1953.
Entwurf aus dem Umkreis der *Gedichte an die Nacht,* s. K 1551. Weitere Entwürfe s. 1625, 1626, 1627, 1630, 1631 und 1632.

1602 DASS NICHT DIESES LÄNGER VOR MIR SEI: 2, 400. Paris, 1. November 1913. EA: SG 1934.

Zum Motiv s. 1569 und 1570. Simenauer (620) deutet das Gedicht als »Narcissos' Melancholie«.

1603 FÜNF SONETTE: 2, 212. Paris, 15. November 1913. EA: G 1953.
Die fünf Sonette sind eingeschrieben in ein Exemplar des *Marien-Lebens* (K 1512) für Grete Gulbransson, die Frau des Zeich-
ners und Malers Olaf Gulbransson, der in München lebte. Der
in Klammer gesetzte Zusatz spielt darauf an, daß Frau Gulbransson der Zeichner Karl Arnold als Rilke vorgestellt worden
war. Die Entwürfe zu den fünf Sonetten sind 2, 403 abgedruckt. –
Stimme im Dornbusch: A. T. 2 Moses 3: Aus einem brennenden
Dornbusch heraus hört Moses die ihn berufende Stimme Gottes.

1604 OB ICH DAMALS WAR – ODER BIN: DU SCHREITEST: 2, 67. ED: Die
Erhebung. 1919. EA: GW 1927.
Leicht geändert gegenüber 1588 und nur zweistrophig. Die drei-
strophige Fassung ist in die unter 1551 erwähnte Sammlung aufgenommen, s. K 1588.

1605 GEDANKEN DER NACHT, AUS GEAHNTER ERFAHRUNG GEHOBEN:
2. 67. Paris, Dezember 1913. ED: Das Inselschiff 1926/27. EA:
GW 1927.
16. Stück aus den *Gedichten an die Nacht*, s. K 1551.

1606 WIE DER ABENDWIND DURCH GESCHULTERTE SENSEN DER
SCHNITTER: 2, 78. Paris, Winter 1913/14. ED: Insel-Almanach
1928. EA: GW 1927.
Druse: Höhlung im Gestein mit kristallin. Einlagerungen.

1607 DU IM VORAUS: 2, 79. Paris, Winter 1913/14. Inselschiff 1926/27.
EA: GW 1927.

1608 STIMME EINES ARMEN AN DER HAND DES ENGELS: 2, 409. Paris,
Winter 1913/14.
Zu Motiv und Thema s. 1599 und K.

1609 LIEBE MARIA, DEIN LEIDEN: 2, 410. Paris, Winter 1913/14. EA:
G 1953.
Vermutlich als Widmung in ein Exemplar des ML eingeschrie-
ben, s. K 1512.

1610 GUTER TAG. DA PRÜFT MAN NOCH: WAS BRINGT ER: 2, 411. Paris, Winter 1913/14. EA: G 1953.

1611 O LEBEN, LEBEN, WUNDERLICHE ZEIT: 2, 411. Paris, Winter
1913/14. ED: Das Inselschiff 1929/30. EA: SG 1934.

1612 DIE GETRENNTEN: 2, 412. Paris, wohl Winter 1913/14. ED: Das
Inselschiff 1935/36.

1613 LEICHT VERFÜHRT SICH DER GOTT ZUR UMARMUNG. IHN TRIEBE:
2, 413. Paris, Winter 1913/14. EA: G 1953.
Die 2. Strophe spielt auf die Verwandlungen des liebenden Zeus
an. Die entsprechenden Motive bei Rilke s. K 1452 und 1358.
Zur kosmischen Bildlichkeit der Schlußzeilen s. 2, 435 ff. (1707).

1614 IN SICH BLÄTTERNDER HAIN: 2, 413. Paris, Winter 1913/14. EA:
G 1953.

1615 Chor: 2, 414. Paris, Winter 1913/14. EA: G 1953.

1616 Ritter in der Hölle: 2, 414. Paris, Winter 1913/14. EA: G
1953.
Fragment.

1617 Winterliche Stanzen: 2, 62. Paris, Ende 1913. ED: Insel-Almanach 1917. EA: GW 1927.
Der Entwurf einer geplanten Fortsetzung (2, 401: *Drum sei dem
winterlichen*) stammt nach Zinn (2, 785) erst vom Herbst 1914.

1618 Dass ich dereinst, an dem Ausgang der grimmigen Einsicht:
2, 64. Paris, Ende 1913.
Diese ursprüngliche Fassung der X. DE wurde später neuge-
faßt, s. K 1525 und Überblick dort.

1619 Die Geschwister I–II: 2, 68. Paris, Ende 1913. ED: Br. a. e.
Freundin 1944.
Das erste Gedicht *(O wie haben wir, mit welchem Wimmern)* ist
das erste Stück der Sammlung aus den *Gedichten an die Nacht*,
s. K 1551. Für die Deutung ist auch die Textgeschichte nicht
ohne Belang. Rilke sandte beide Gedichte im Dezember 1918
in einem Brief an Claire Studer (spätere Frau Yvan Golls),
die er im Herbst kennengelernt hatte und zu der er ein vor-
übergehend sehr enges Verhältnis geknüpft hat.

1620 Siehe, Engel fühlen durch den Raum: 2, 69. Paris, Ende
1913. EA: SG 1934.
5. Stück aus den *Gedichten an die Nacht*, s. K 1551.

1621 Atmete nicht aus Mitternächten: 2, 70. Paris, Ende 1913.
ED: Corona. 1940–43.
6. Stück aus den *Gedichten an die Nacht*, s. K 1551.

1622 So, nun wird es doch der Engel sein: 2, 71. Paris, Ende 1913.
EA: G 1953.
7. Stück aus den *Gedichten an die Nacht*, s. K 1551.

1623 Hinweg, die ich bat, endlich mein Lächeln zu kosten: 2, 71.
Paris, Ende 1913. ED: Mesa II. Herbst 1946.
8. Stück aus den *Gedichten an die Nacht*, s. K 1551.

1624 Einmal nahm ich zwischen meine Hände: 2, 72. Paris, Ende
1913. EA: G 1953.
3. Stück aus den *Gedichten an die Nacht*, s. K 1551.

1625 An das Stillende hinaufgekehrt: 2, 407. Paris, Ende 1913.
Entwurf aus dem Umkreis der *Gedichte an die Nacht*, s. K 1551.
EA: G 1953.

1626 Warum überredet uns der Tag: 2, 407. Paris, Ende 1913. EA:
G 1953.
Entwurf aus dem Umkreis der *Gedichte an die Nacht*, s. K 1551.

1627 Wenn ich so an deinem Antlitz zehre: 2, 73. Paris, Jahreswende 1913/14. EA: G 1953.
2. Stück aus den *Gedichten an die Nacht*, s. K 1551.

Der Entwurf ist um drei Zeilen länger, s. 2, 408.

1628 O VON GESICHT ZU GESICHT: 2, 73. Paris, Jahreswende 1913/14.
ED: Corona 1940–43.
4. Stück aus den *Gedichten an die Nacht*, s. K 1551.

1629 EINST WAR DIES ALLES ANDERS AUFGETEILT: 2, 215. Paris, Jahreswende 1913/14. EA: G 1953.
Im Taschenbuch mit den Initialen C. v. D. gekennzeichnet, schrieb Rilke dieses Gedicht in ein Exemplar seiner Übertragung von Maurice de Guérins *Der Kentauer* mit dem Zusatz: *Geschrieben für Clothilde von Derp / und diesem Gedicht Maurice de Guérins eingeschrieben, um es ihr inniger zuzuwenden. R. M. Rilke (Paris, Januar 1914).* Über das Verhältnis zur Tänzerin Clothilde von Derp (Sacharow) und den Verbleib des Widmungsexemplars s. Klaus W. Jonas.

1630 WARTE MEINE WAHL NICHT AB, VERLANGE: 2, 407. Paris, Jahreswende 1913/14. EA: G 1953.
Entwurf aus dem Umkreis der *Gedichte an die Nacht*, s. K 1551 und 1601.

1631 WIE HINHIELT ICH DIES ANTLITZ, DASS SEIN GEFÜHL: 2, 408. Paris, Jahreswende 1913/14. EA: G 1953.
Entwurf aus dem Umkreis der *Gedichte an die Nacht*, s. K 1551 u. 1601.

1632 NUN ERST, NACHTSTUNDE, BIN ICH OHNE ANGST: 2, 408. Paris, Jahreswende 1913/14. EA: G 1953. Entwurf aus dem Umkreis der *Gedichte an die Nacht*, s. K 1551 u. 1601.

1633 EINMALIGE STRASSE WIE EIN STERNENFALL: 2, 431. 1914/15. EA: G 1953.

1634 DU NUR, EINZIG DU BIST: 2, 431. 1914/15. EA: G 1953.

1635 DIE GROSSE NACHT: 2, 74. Paris, Januar 1914. ED: Insel-Almanach auf das Jahr 1918.
17. Stück aus den *Gedichten an die Nacht*, s. K 1551.

1636 HINHALTEN WILL ICH MICH. WIRKE. GEH ÜBER: 2, 75. Paris, Anfang Januar 1914. EA: GW 1927.
19. Stück aus den *Gedichten an die Nacht*, s. K 1551.

1637 ZU DER ZEICHNUNG, JOHN KEATS IM TODE DARSTELLEND: 2, 75. Paris, 27. 1. 1914. EA: GW 1927.
Das Gedicht bezieht sich auf eine Zeichnung, die den englischen Dichter auf seinem Todeslager darstellt und die Rilke am 27. 1. 1914 bei André Gide gesehen hatte. Abb. Schnack 1956 Nr. 239. S. a. 1639.

1638 SEIT DEN WUNDERBAREN SCHÖPFUNGSTAGEN: 2, 76. Paris, Ende Januar 1914. ED: Das Inselschiff 1935/36.

1639 VOM ZEICHNER DRINGEND HINGEBALLTER SCHATTEN: 2, 409. Paris, Ende Januar 1914. EA: G 1953.
Zweite Version zum Anlaß wie 1637, John Keats im Tode . . .

1640 ACH AUS EINES ENGELS FÜHLUNG FALLE: 2, 77. Paris, Februar
      1914. ED: Corona. München 1940–43.
      20. Stück aus den *Gedichten an die Nacht*, s. K 1551.

1641 HEBEND DIE BLICKE VOM BUCH, VON DEN NAHEN ZÄHLBAREN
      ZEILEN: 2, 77. Paris, Februar 1914. ED: Das Inselschiff 1926/27.
      EA: GW 1927.
      Letztes (22.) Stück aus den *Gedichten an die Nacht*, s. K 1551.

1642 ACH, WIE WIND DURCHGING ICH DIE GESTRÄUCHE: 2, 216 und
      6, 1234. 26. Februar 1914. ED: 1943.
      ED: In: Magda von Hattingberg. Rilke und Benvenuta. Wien
      1943 S. 49. Geschrieben wurde das Gedicht wohl auf der Fahrt
      von Paris nach Berlin, wohin Rilke fuhr, um sich mit der Piani-
      stin und Schülerin Busonis M. v. Hattingberg zu treffen. Seit
      genau einem Monat wechselte Rilke mit ihr Briefe. M. v. H.
      hatte den Briefwechsel eröffnet. Die Trennung erfolgt schon im
      Mai, nach gemeinsamem Aufenthalt in München, Paris und
      Duino. – S. a. die folgenden Gedichte.

1643 OH WIE FÜHL ICH STILL ZU DIR HINÜBER: 6, 1235. Berlin, 27. 2.
      1914. S. K 1642. Das Gedicht ist an M. v. H. gerichtet, die Rilke
      Benvenuta nennt.

1644 OH WIE SCHÄLST DU MEIN HERZ AUS DEN SCHALEN DES ELENDS:
      6, 1235. Wohl: Berlin, 2. und 3. 3. 1914.
      Das Gedicht richtet sich an M. v. H., s. K 1642.

1645 DICH ZU FÜHLEN BIN ICH AUS DEN LEICHTEN: 2, 416. April 1914.
      EA: G 1953.
      Nach SW an Benvenuta gerichtet, s. K 1642.

1646 REGENBOGEN: 2, 415. Chantilly, Mitte April 1914. EA: G 1953.

1647 WALDTEICH, WEICHER, IN SICH EINGEKEHRTER: 2, 79. Paris, 19./
      20. 6. 1914. EA: SG 1934.
      Dieses und das gleichzeitig entstandene Gedicht *Wendung* (1648)
      sind im Stadium des ersten Entwurfs (2, 417) noch ungeschieden.
      Der Entwurf besteht aus 2 Strophen, deren 1. schließlich zur letz-
      ten dieses und deren 2. zur ersten Strophe von *Wendung* wurde.
      Die Prosanachschrift zu diesem Entwurf lautet: *Daß dieses leer-
      zehrende aus mir hinausschaun abgelöst werde durch ein lieben-
      des Bemühtsein um innere Fülle.* S. a. Br. a. Lou A. S. v. 26. 6.
      1914.
      Über die im Stadium des Entwurfs greifbare Gemeinsamkeit
      hinaus, weisen beide Stücke neben thematischen und bildlichen,
      auch sprachliche Gemeinsamkeiten auf. – Beide Texte sind ge-
      tragen von dem Willen, das gegen das Gefühl und gegen die
      Beteiligung des Ich gerichtete Ethos der NG, des MLB und der
      Requien zu überwinden (s. K 1444, 1445 und 1106). Lit.: Bas-
      sermann 1948 S. 51 und K. Hamburger 1971 S. 130 f.

1648 WENDUNG: 2, 82. Paris. 20. 6. 1914. EA: GW 1927.

S. K 1647. – Das Motto ist in leicht variierter Form Rudolf Kassners Spruchsammlung ›Aus den Sätzen des Yogi‹ entnommen und heißt genau: Wer von der Innigkeit zur Größe will, der muß sich opfern. Vgl. a. Singer S. 75 (s. Dichtung und Volkstum 40 (1939) S. 122). – *inneres Mädchen:* Den Begriff verdankt Rilke dem Dänen Obstfelder. S. Kohlschmidt (1965) S. 466.

1649 HASSEND NACH AUGENMASS: 2, 416. Frühsommer 1914. EA: SW 1957.
Fragment.
Vgl. a. Singer S. 75.

1650 AUS UNVORDENKLICHEM GREIS: 2, 416. Paris, Frühsommer 1914. EA: G 1953.
Fragment.

1651 SIEHE DAS LEICHTE INSEKT, WIE ES SPIELT, NIE ENTRIET ES: 2, 416. Paris, Frühsommer 1914. EA: G 1953.
Zu Motiv und Thema s. a. VIII. DE (1, 715 Vers 52 ff.) u. Br. a. Lou v. 20. 2. 1914 und etwa noch 2, 464 (1812.) – *im freudigen Leib wie der kleine Johannes:* Lukas 1, 40 (Mariae Heimsuchung): Und es begab sich, als Elisabeth den Gruß Marias hörte, hüpfte das Kind in ihrem Leibe. S. a. 1515.

1652 ... WENN ICH MICH VERZEHRE: 2, 418. Wohl Frühsommer 1914. EA: SW 1957.
Fragment.

1653 DER TOD MOSES: 2, 102. Vers 1–14: Paris, Sommer 1914/Vers 15–22: München, Oktober 1915: Insel-Almanach 1918. EA: GW 1927.
Zum Anlaß s. SW 2, 758: Danach trägt Rilke in eine Reinschrift des Gedichts für seine Frau Clara den Vermerk ein: In Anschluß an eine, von Herder übertragene, Talmud-Stelle vom Tod Moses! Vgl. Herder SW hrsg. v. Suphan. Berlin 1882 Bd. 26 S. 346 (oder Hempel, Bd. 6. 59).
Das Gedicht folgt, wie meist in diesen Fällen, der Quelle in vielen Details.

1654 MAN MUSS STERBEN WEIL MAN SIE KENNT: 2, 85. Paris, Juli 1914. ED: Die Dichtung. München 1918. EA: SG 1934.
Die als Zitat gekennzeichnete Überschrift stammt aus »Altorientalische Texte und Bilder z. Alten Testament«, hrsg. v. H. Gressmann, I. Bd. Tübingen 1909 S. 201. Lit.: Hermann S. 404.

1656 HEUTE WILL ICH DIR ZU LIEBE ROSEN: 2, 418. Paris, Juli 1914. EA: G 1953.

1657 KLAGE: 2, 84. Paris, Anfang Juli 1914. ED: Die Dichtung. München 1918. EA: GW 1927.
Zur Thematik S. K 1821 und 1525, und Bassermann 1948 S. 51.

1658 WO WIR UNS HIER, INEINANDER DRÄNGEND, NICHT: 2, 86. Paris,
nach Mitte Juli 1914. EA: G 1953.
Aufgenommen in die *Anfänge und Fragmente aus dem Umkreis
der Elegien*, s. K 1525.

1659 ES WINKT ZU FÜHLUNG FAST AUS ALLEN DINGEN: 2, 92. München oder Irschenhausen, August/September 1914. EA: GW
1927.
Bekanntgeworden ist dieses Gedicht vor allem durch den für
Rilkes Dichtkunst zum Schlagwort gewordenen *Weltinnenraum*.
Vgl. Werner Günther, Weltinnenraum: Die Dichtung R. M. Rilkes. Berlin. 1952 u. Demetz, Weltinnenraum und Technologie.
Über dieses ›vollkommen glückliche Gedicht‹ s. a. Bassermann,
1946 S. 47, mit dem Hinweis auf die Prosaskizze *Erlebnis* (6,
1036 ff., vor allem 1040). S. a. Käte Hamburger 1971 S. 131 ff.
Weltinnenraum ›bedeutet nicht Innenraum der Welt oder Welt-
raum des Innern, sondern die korrelative und als solche subjektive Ganzheit von Welt und Innen, mit Husserl zu reden: das
Universum der Gegenstands- und das der Ichpole‹ (S. 136). Zur
biographischen Situation s. Leittafel 1914.

1660 FÜNF GESÄNGE: 2, 86. München, Anfang August 1914. ED: In-
sel-Almanach 1915 (Kriegsalmanach). EA: SG 1934.
I *Zum ersten Mal seh ich dich aufstehn*
Dieses Gedicht entstand am 2. und 3. August 1914.
II *Heil mir, daß ich Ergriffene sehe. Schon lange*
Entwurf des Schlusses s. 2, 419.
III *Seit drei Tagen, was ists? Sing ich wirklich das Schrecknis*
IV *Unser Älteres Herz, ihr Freunde, wer vordenkts*
V *Auf, und schreckt den schrecklichen Gott! Bestürzt ihn*
Mit diesen Gedichten stimmt Rilke in die allgemeine Begeiste-
rung bei Ausbruch des Krieges ein. Zu der gleichzeitig gegebe-
nen Anlehnung an Hölderlin vgl. Singer S. 49 ff. und K 1666.
S. a. die Entwürfe 2, 419 ff. S. aber auch Rilkes Briefe vom
August/September 1914, in denen sich die begeisternde Sicht
wiederfindet.

1661 DICH WILL ICH RÜHMEN, FAHNE. IMMER VON KIND AUF: 2, 419.
München oder Irschenhausen, August 1914. EA: SG 1934.
Die Entwürfe des Schlusses s. 2, 420. – Das Gedicht steht im Zu-
sammenhang der Augustgesänge, s. K 1660.

1662 SO LERNEN WIR AM HIESIGEN GEFÜHLE: 2, 421. München oder
Irschenhausen, August 1914. EA: G 1953.
Aus dem Umkreis der Augustgesänge, s. K 1660.

1663 UND WENN WIR UNS EINANDER ZUEMPFANDEN: 2, 421. München
oder Irschenhausen, August 1914. EA: G 1953.
Entwurf aus dem Umkreis der Augustgesänge, s. K 1660.

1664 SEHET EIN DING, DAS VIELFACH UMWUNDENE: 2, 422. Irschenhausen, Ende August 1914. EA: G 1953.
Aus dem Umkreis der Augustgesänge, s. K 1660.

1665 DER FREUNDIN (DA HÄNGT IN MEINEM ERSTEN STARKEN TURME):
2, 218. Irschenhausen, September 1914.
Widmungsgedicht für Lou (Lulu) Albert-Lazard, eingeschrieben
in das *Stunden-Buch*. In ihrem Erinnerungsbuch zitiert Frau
Lazard eine stark abweichende Fassung (s. K 1670 s. 34).

1666 AN HÖLDERLIN: 2, 93. Irschenhausen, September 1914. EA: SG
1934.
Nach H. Singer ist das Gedicht in zwei Abschnitten entstanden (Vers 1–6: September/Rest Oktober 1914). S. a. Singers
Darstellung der Bezüge zu Werk und Gestalt Hölderlins, vor
allem die ›Variation‹ des Hölderlinschen Schicksalsliedes S. 43 ff.

1667 FAST WIE AM JÜNGSTEN TAG DIE TOTEN SICH REISSEN: 2, 423.
Irschenhausen, Anfang September 1914. EA: G 1953.
Der Text mit seiner Metaphorik des Unbewußt-Vegetativen
vom Tang bis zur Koralle versucht die Erfahrungen des Kriegs-
ausbruchs (S. K 1660) in einen größeren (und ungeschichtlichen)
Zusammenhang zu stellen, dem Brief an H. v. Nostitz ähnlich:
*denn irgendwo im Raum wird es ja Stellen geben, von denen
aus dies Ungeheure auch noch als Natur erscheint.*

1669 ÜBER ANDEREN JAHREN: 2, 218. Irschenhausen, Mitte September 1914.
Nach Lou A.-L. (s. K 1670) das erste Gedicht, das Rilke ihr
gab. S. a. die leicht abweichende Fassung im Erinnerungsbuch
S. 14.

1670 HEIMKEHR: WOHIN? DA ALLE ARME SCHMERZEN: 2, 217. Irschen-
hausen, 17. September 1914. ED: 1952.
ED: Lou Albert-Lazard, Wege mit Rilke. Frankfurt 1952.
Wie die folgenden Gedichte in Rilkes Schreibbuch für Lou
Albert-Lazard eingetragen. Dieses trägt den Vermerk: *einge-
schrieben in André Gide's Rückkehr des verlorenen Sohnes
(Irschenhausen, am 17. September.)* An diesem Tage lernte Rilke
die Malerin L. A.-T. kennen. Sie hatte ihr Atelier in München
und war mit dem Chemiker Eugen Albert verheiratet. Ihre
Begegnung mit Rilke im September 1914 und ihre gemeinsamen
Erlebnisse hat sie in dem o. a. Erinnerungsbuch beschrieben.
Rilke schreibt für sie insgesamt 15 Gedichte. – Gide's »Rückkehr
des v. S.« s. K. 1222.

1671 AUSGESETZT AUF DEN BERGEN DES HERZENS. SIEHE, WIE KLEIN
DORT: 2, 94. Irschenhausen, 20. 9. 1914. ED: Die Erhebung
1919. EA: GW 1927.
Nach Zinn (2, 766) eingetragen in das Schreibbuch, das Rilke
für Lou Albert-Lazard (s. K 1760) angelegt hatte, wo es zwi-

schen IV. und VI. eingefügt war (s. 2, 220). Entwürfe s. 2, 424.
Lit.: E. Buddeberg, in: Die dt. Lyrik, Bd. II (1956) S. 351–358.

1672 SIND WIRS, LULU, SIND WIRS? ODER GRÜSSEN: 2, 219. Irschenhausen 21. 9. 1914.
Abdruck und Faksimile im Erinnerungsbuch s. K 1670. Gedicht für Lou Albert-Lazard. – *Gott mit Flügeln an den Füßen:*
Hermes, s. a. 1160.

1673 LASS MICH NICHT AN DEINEN LIPPEN TRINKEN: 2, 219. Irschenhausen, 21./22. September 1914. Gedicht für Lou A.-L., s. K 1670.

1674 EINMAL NOCH KAM ZU DEM AUSGESETZTEN: 2, 220. Irschenhausen, 22. 9. 1914. ED: 1952.
Gedicht an Lou A.-L., s. K 1670. Dieses Gedicht schließt sich
in seiner Bildlichkeit an 1671 an, dessen erste Zeile es als Motto
übernimmt.

1675 SIEHE, ICH WUSSTE ES SIND: 2, 220. Irschenhausen, 23. 9. 1914.
ED: 1952.
Gedicht an Lou A.-L., s. K 1670. Entwurf des Schlusses s. 2, 425.

1676 O WIE SIND DIE LAUBEN UNSRER SCHMERZEN: 2, 221. Irschenhausen, 23. 9. 1914. ED: 1952.
Gedicht für Lou A.-L.. s. K 1670. Abweichender Abdruck im Erinnerungsbuch S. 24.

1677 DURCH DEN PLÖTZLICH SCHÖNEN GARTEN TRÄGST DU: 2, 222.
Irschenhausen, 24. 9. 1914. ED: 1952.
Gedicht für Lou A.-L., s. K 1670.

1678 WIE DER WASSER OBERFLÄCHEN SCHWEIGEND: 2, 425. Irschenhausen, 24./25. 9. 1914. EA: G 1953.
Aus dem Umkreis der Gedichte für Lou A.-L., s. K 1670. Vgl. in
der Bildlichkeit mit 1682.

1679 NÄCHTENS WILL ICH MIT DEM ENGEL REDEN: 2, 223. Irschenhausen, 23. 9. 1914. ED: 1952.
Gedicht für Lou A.-L., s. K 1670.

1680 WO DIE WURZELN IHRER LIEBE RINGEN: 2, 425. Irschenhausen,
zwischen dem 25. und 29. 9. 1914. EA: G 1953.
Aus dem Umkreis der Gedichte für Lou A.-L., s. K 1670.

1681 AUS DER TRÜBE MÜDER ÜBERDRÜSSE: 2, 223. Irschenhausen,
29. 9. 1914. ED: 1952.
Gedicht für Lou A.-L., s. K 1670.

1682 ENDLICH IST BEI DIESEM SCHAUN UND TAUCHEN: 2, 224. München, Oktober 1914. ED: 1952.
Gedicht für Lou A.-L., s. K 1670.

1683 WIE DIE VÖGEL, WELCHE AN DEN GROSSEN: 2, 224. München,
1. Oktober 1914. ED: 1952.
Gedicht für Lou A.-L., s. K 1670.

1684 FÜR LULU (SIEH, ICH BIN NICHT, ABER WENN ICH WÄRE): 2, 224.
München, 7. 10. 1914. ED: 1952.

Für Lou Albert-Lazard (K 1670) eingeschrieben in NG II (K 1106).

1685 VOR WEIHNACHTEN 1914: 2, 427. Berlin, Dezember 1914. EA: G 1953.
Entwürfe zu 1701.

1686 DA HAST DU DICH SCHON IMMER MITGEFREUT: 2, 430. Berlin, Dezember 1914. EA: G 1953.
Einzelne Zeile, Entwurf zu 1701, s. a. K 1685.

1687 HERRN VON MOSCH (NOCH WEISS ICH SIE, DIE WUNDERLICHE NACHT): 2, 226. Berlin, 2. Dezember 1914.
Eingeschrieben als Widmungsgedicht in den Cornet für H. v. Mosch, einen Bekannten Rilkes, Regimentskamerad Th. v. Münchhausens und Bewunderer des Cornet.

1688 WEISST DU NOCH: AUF DEINEM WIESENPLATZE: 2, 225. Berlin, 10. 12. 1914.
Widmungsgedicht für Lou A.-L. (s. K 1670), eingeschrieben in den Insel-Almanach 1915 mit Bezug auf die darin abgedruckte Fünf Gesänge, s. K 1660. – Zur Szenerie s. Lou Albert-Lazard, Wege mit Rilke S. 13.

1689 NUR DAS GERÄUSCH, INDEM ER DAS NÄCHSTE STÜCK, STUMM-SEIN: 2, 432. EA: SW 1957.
Fragment.

1690 IMMER WIEDER, OB WIR DER LIEBE LANDSCHAFT AUCH KENNEN: 2, 95. Ende 1914. ED: Insel-Almanach 1923. EA: GW 1927.
Entwurf (um 2 Zeilen länger) s. 2, 426.

1691 OFT BRICHT IN EINE LEISTENDE ENTFALTUNG: 2, 226. Ende 1914. EA: G 1953.
Die Handschrift trägt den Vermerk: In ein Marien-Leben. Wem? Marien-Leben, s. K 1512.

1692 VORSCHLÄGE ZU EINEM HAUS-SPRUCH: 2, 227. Ende 1914. EA: G 1953.
Entworfen für Frau Johanna Westhoff, Mutter von Rilkes Frau Clara.

1693 OFT WENN IN DIESEN LETZTEN JAHREN: 2, 426. Ende 1914. EA: G 1953.

1694 O FUNKENGLÜCK AUS DEM HERZFEUERSTEIN: 2, 447. Um 1915? EA: G 1953.

1695 WER DARF DIES ANDERS SEHEN? DARF DER HÜLFE: 2, 447. Um 1915? EA: G 1953.

1696 DER MANN MIT DEM VERREGNETEN GESICHTE: 2, 447. Um 1915? EA: G 1953.
Fragment.

1697 GRAUE LIEBESSCHLANGEN HAB ICH AUS DEINEN: 2, 448. Um 1915? EA: SW 1957.
Fragment.

1698 STROPHEN ZU EINER FEST-MUSIK: 2, 98. München, 10. 3. 1915.
Der Text wurde geschrieben zur Hochzeitsfeier der Sidonie
Nadherný von Borutin und sollte vertont werden. S. Br. an
S. N. vom 11. 3. 1915 und die Fürstin Taxis v. 18. 3. 1915. Die
Heirat kam übrigens nicht zustande. Über R's Verhältnis zu
S. N. v. B. s. Br. a. S. N. v. B. und Einleitung des Herausgebers
Blume.

1699 ... BEWÄLTIGT DEN MELODISCHEN INSTINKT: 2, 432. Zwischen
dem 13. 3. und dem 5. 8. 1915. EA: SW 1957.
Fragment.

1700 LIEBESANFANG: 2, 99. München, Frühjahr oder Sommer 1915.
EA: GW 1927.
Das Gedicht enthält in Bildern verschlüsselt den Verlauf der
Liebesbeziehungen Rilkes, nicht nur des Jahres 1914 (Magda v.
Hattingberg, Lou Albert-Lazard). Vgl. a. 1690.

1701 VOR WEIHNACHTEN 1914: 2, 95. München, 24. Juli 1915. EA:
G 1953.
I. *Da kommst du nun, du altes zahmes Fest*
Erste Fassung, s. 1685, vom Dezember 1914. Leicht geändert.
2. *(... Oh, daß ich nun vor dir*
Bei der Neufassung von 1. und 2. am 24. Juli 1915 erst hinzu-
gefügt.
3. *Auch dieses Fest laß los, mein Herz. Wo sind*
Gegenüber dem Entwurf, s. 1685, vom Dezember 1914 leicht
geändert. – Zum Motiv und seiner ganz anderen Behandlung s.
85 und 1085. – Zum Thema der Armut und des Verzichts s.
K 1135, und als Ethos des Künstlers K 1106 und K 1444.

1702 ODE AN BELLMAN: 2, 100. München, 8. 9. 1915.
Der um 26 Zeilen längere Entwurf (2, 432) wurde erstmals in den
Gedichten 6–26 (1953) veröffentlicht, sonst nur geringfügig geändert.
Bellman, schwedischer Dichter und Komponist (1740–1795),
wurde Rilke im Herbst 1915 durch die im Bekanntenkreis dar-
gebotenen Gesangsvorträge von Inga Junghanns näher bekannt
(vgl. Briefwechsel Rilke–Junghanns und die Briefe vom August
und Oktober 1915). – Die Ode selbst spielt sowohl auf Bellmans Themen und Motive an (Genuß des Augenblicks und
Vergänglichkeitspathos) wie auch auf sein Leben, in dem sich
Glück und Leid, Gunst am Hofe und Verfolgung wechselhaft
ablösen. Die vierte Strophe spielt auf Bellmans Lungenkrank-
heit an: *Was kümmert uns die Lunge!* – Inga Junghanns ist im
übrigen durch ihre dänische Übersetzung des MLB (erschienen
1927) bis zu Rilkes Tod in Briefkontakt mit Rilke geblieben.

1703 ERRÄNGE MAN'S ALS HINGEKNIETER: 2, 228. Wohl Herbst 1915.
ED: 1943.

ED in Magda v. Hattingberg, Rilke und Benvenuta. Das Gedicht hat Rilke für M. v. H. eingeschrieben in eine Luxusausgabe des STBs. – *der uns im Gehn gehorchen heißt:* bezieht sich wohl auf das Kriegsgeschehen und die auch Rilke erreichenden Marschbefehle.

1704 Du aber warst schon da: 2, 435. München, wohl Oktober 1915. EA: G 1953. Nach SW Anschlußverse an 1706.

1705 Ach wehe, meine Mutter reisst mich ein: 2, 101. München, 14. 10. 1915. ED: 1952.
Nach Lou Albert-Lazard (K 1670) hat Rilke das Gedicht geschrieben, um ihr eine Art Trost zu spenden für ihr eigenes gespanntes Verhältnis zu ihrem Vater (S. 82, s. a. dort den Abdruck des Gedichtes). Wegen Rilkes Verhältnis zu seiner Mutter s. a. K 1268.

1706 O alte Sanftmut meines Herzens: 2, 434. München, Mitte Oktober 1919. EA: G 1953.
Fragment. S. a. K 1704.

1707 Auf einmal fasst die Rosenpflückerin: 2, 435. München, zwischen dem 14. und 27. Oktober 1915. EA: SW 1957.
Erstes von 7 Gedichten, die das Sexuelle in universal-kosmischer Bildlichkeit erhöhen und feiern. S. a. die III. DE (1530) und den *Brief des jungen Arbeiters* (6, 1111). Kunstgeschichtliche Verwandtschaft zu den erotischen Darstellungen des Jugendstils ist ebenso wirksam wie die antichristliche Polemik aus dem STB (s. K 1127).

1708 Du hast mir, Sommer, der du plötzlich bist: 2, 436.
2. Gedicht der mit 1707 begonnenen Folge, s. K 1707.

1709 Mit unsern Blicken schliessen wir den Kreis: 2, 436.
3. Gedicht der mit 1707 begonnenen Folge von 7 Gedichten, s. K 1707.
Herme: ursprünglich: Säule mit einer Büste des Gottes Hermes.

1710 Reden will ich, nicht mehr wie ein banger: 2, 438. München, zwischen dem 27. 10. und dem 1. 11. 1915. EA: G 1953
Geschrieben vor dem vierten der sieben Gedichte, s. K 1707.

1711 Schwindende, du kennst die Türme nicht: 2, 436. München, zwischen dem 27. 10. und dem 1. 11. 1915. EA: SW 1957.
Viertes Stück der unter 1707 verzeichneten sieben Gedichte, s. K 1707.

1712 Wie hat uns der zu weite Raum verdünnt: 2, 437. München, zwischen dem 1. und 9. 11. 1915. EA: SW 1957.
Fünftes Stück der unter 1707 angegebenen Folge von sieben Gedichten, s. K 1707. – *Alsem und Absynth:* Hendiadyoin. Alsem ist nach dem Grimmschen Wörterbuch von 1854 eine seltenere

Form für Absinth (Absynth = ein Destillat aus bitteren Kräutern, Wermut).

1713 WEM SIND WIR NAH? DEM TODE ODER DEM: 2, 437. München, zwischen dem 1. und 9. November 1915. EA: SW 1957.
Sechstes Stück der sieben Gedichte, s. K 1707.

1714 WIE RIEF ICH DICH. DAS SIND DIE STUMMEN RUFE: 2, 438. München, zwischen dem 1. und 9. November 1915. EA: SW 1957.
Siebentes Stück der sieben Gedichte, s. K 1707.

1715 DER TOD: 2, 103. München, 9. 11. 1915. ED: Insel-Almanach 1919. EA: GW 1927.
Absud: mit Fremdstoffen angereicherte Flüssigkeit, durch Sieden oder Abguß hergestellt. – Das Gedicht steht stofflich und thematisch in engem Zusammenhang mit dem Brief an Lotte Hepner vom 8. 11. 1915. (Zur Datierung vgl. aber auch Bassermann 1948 S. 520 Anm. 25 und Brief an M. v. Taxis vom 5. 11. 1915.) Dieser Brief an L. H. befaßt sich gelegentlich des MLB mit dem Thema des Todes: *und überall um uns ist der Tod noch zu Haus und aus den Ritzen der Dinge sieht er uns zu.* Dem Mit-dem-Tod-Vertrautsein der nichtmenschlichen Kreatur stellt Rilke dann das falsche Verhältnis des Menschen gegenüber, dem *feinverteilten* Tod den *puren.* Von Tolstoi, dessen ›Tod des Iwan Iljitsch‹ er zu lesen empfiehlt, heißt es: *deshalb konnte dieser Mensch so tief, so fassungslos erschrecken, wenn er gewahrte, daß es irgendwo den puren Tod gab, die Flasche voll Tod oder diese häßliche Tasse mit dem abgebrochenen Henkel und der sinnlosen Aufschrift »Glaube, Liebe, Hoffnung«, aus der einer Bitternis des unverdünnten Todes zu Trinken gezwungen war – steht auf dem Rücken einer Hand:* S. dazu M. v. Thurn und Taxis, Erinnerungen S. 80: Er (Rilke) erzählte mir, wie sie (diese Verse) entstanden. Er ging wie immer allein, in einem Münchener Park spazieren. Auf einmal war ihm, als ob er vor seinen Augen eine Hand sähe, auf deren flachem Rücken eine Tasse stand. Er sah sie ganz genau, die beschreibenden Verse bildeten sich von selbst. – Zu den Schlußversen s. M. v. Taxis ebda. S. 81: Den Sternenfall – er hatte ihn damals in Toledo erblickt. Er war nachts über eine Brücke gegangen, und plötzlich war ein herrliches Meteor mit rasender Schnelligkeit über das ganze Firmament vom Zenith bis hinab zum dunklen Horizont gestürzt – und verschwunden. – Das war der wunderbare Tod. – Zur Interpretation s. Bassermann 1948 S. 271 ff. Zur Thematik s. K 1124, zum Selbstmord auch 1445 und K.

1716 REQUIEM AUF DEN TOD EINES KNABEN: 2, 104. München, 13. 11. 1915. EA: GW 1927.
Entwurf für den Schluß s. 2, 439.
Dieses Requiem steht seit der Ausgabe der GW als drittes hinter

den beiden großen Requien von 1908 (s. 1444 und 1445) und
wurde ab 1931 mit diesem zusammen in der Inselbücherei Nr. 30
abgedruckt.

Anlaß: Im Oktober 1915 war der achtjährige Sohn Peter des
mit Rilke bekannten Ehepaares Edgar Jaffé und Else Jaffé geb.
Richthoven gestorben. – *Schaun/Liebhaben:* Zentralbegriffe der
Rilkeschen Ästhetik und Problempole seiner Existenzdeutung,
die in vielen seiner Gedichte und theoretischen Äußerungen sich
finden, s. K 1647 und K 1106, 1444. Zu dem erstaunlichen Satz:
Keinen hatt ich lieb. s. aus psychologischer Sicht Simenauer
S. 292 und 1222 und K 1222.

1717 SIEHE: (DENN KEIN BAUM SOLL DICH ZERSTREUN): 2, 108. München 19./20. 11. 1915. EA: SG 1934. Entwurf: 2, 440. EA: G
1953.
Zum 21. November 1915 Für Clara mit Dürers Apokalypse:
Geburtstagsgeschenk für seine Ehefrau Clara, geb. am 21. 11.
1878. – Der Entwurf wurde in der Endfassung gekürzt und in
der gekürzten Fassung einer Wiedergabe der Dürerschen ›Apokalypse‹ (Holzschnitte von 1498) beigelegt. Im Entwurf trägt
das Gedicht den Titel: *Die Worte des Herrn an Johannes auf
Patmos.* Damit ist die Provenienz des Stoffes erklärt: N. T., Offenbarung des Johannes, auch Apokalypse (= Enthüllung) genannt, letztes Buch des N. T. Inhalt: Auf der Insel Patmos wird
dem hl. Johannes (wohl dem Apostel) durch eine Stimme die
Herrlichkeit Gottes und in visionären Bildern der bevorstehende
Endkampf und Sieg Christi gegen den Antichristen übermittelt.
Dürers Holzschnitte, die unter den zahlreichen Darstellungen
der Apokalypse die wohl bekanntesten sind, waren der unmittelbare Anlaß zu dem Gedicht, das allerdings von seiner Thematik
her (s. 1715 und 1716) sich ohnehin in den Werkkontext einfügt.
Rilke hatte (s. Br. an Katharina Kippenberg v. 14. 10. 1915 und
Briefwechsel Anm. S. 646) ein Manuskript mit Kriegsgedichten
s. a. 1660) zu Dürers ›Apokalypse‹ durchgesehen. Dieses Manuskript stand in direkter Beziehung zur Wirklichkeit des Ersten
Weltkrieges, bezog sich aber gleichzeitig auf die Arbeit Dürers:
Siegfried von der Trenck: ›Schwert aus Gottes Mund‹. 14 Kriegs-
blätter zu Dürers Apokalypse. Halle 1940. Rilke, der dieser Arbeit nicht ohne Vorbehalte gegenüberstand, schrieb an K. Kippenberg (14. 10. 1915): *Mir sind die Gedichte zum Anlaß geworden,
die Dürerschen Holzschnitte einzeln aufmerksam vorzunehmen,
...* – *Vögel?* – *Sei gefaßt auf Leuen:* s. Offenbarung Johannis 4, 7
und 8 und auch Dürer: ›Johannes erhält Weisungen gen Himmel‹, wo unter anderem der geflügelte Löwe im Bild erscheint,
Symboltier des Apostels Markus. – *sei schauender:* entspricht
dem ästhetischen Programm Rilkes seit den NG, s. K 1106 und

K 1444. – *meines Himmels volle Frucht:* bezieht sich wohl auf die bei Dürer dargestellten Visionen der himmlischen Macht und Herrlichkeit. – *leg die Rechte rechts und links auf den / Stein die Linke: daß ich beide treibe:* Dieser Zug geht auf ein Gemälde von Jan Memlinc auf dem Johannes-Altar im Johannes-Spital in Brügge zurück, das Rilke schon auf seiner Reise nach Flandern (1906) bewundert hatte. Memlinc stellt den Heiligen dar mit einem Schreibstift in jeder Hand. Genau diesen Umstand hat Rilke wiederholt hervorgehoben.

So heißt es beispielsweise im MLB, wo Goethes Verhältnis zu Bettine kritisiert wird: *Aber demütigen hätte er sich müssen vor ihr in seinem ganzen Hofstaat und schreiben was sie diktiert, mit beiden Händen, wie Johannes auf Patmos, knieend* (SW 6, 898). Bezogen auf die Niederschrift der ersten DE kehrt das Bild dann wieder in einem Brief an die Fürstin Marie von Thurn und Taxis vom 16. 1. 1912: *Ich zögere unendlich, liebe Fürstin, nach dem Diktat von neulich, das mir hier auf diesem Patmos so stürmisch eingerufen wurde, daß ich, wenn ich daran denke, meine, wie der Evangelist in Brügge im Johannisspital, mit beiden Händen geschrieben zu haben, nach rechts und nach links, um nur alles Eingegebene aufzufangen.* Das Bild des so angestrengt Lauschenden kehrt dann auch in der I. DE (1, 687) wieder: *Höre, mein Herz, wie sonst nur / Heilige hörten:* Der Heilige wurde ein Sinnbild für die Unbedingtheit der dichterischen Sendung, der gegenüber nur demütiger Gehorsam zugelassen ist. Siehe dazu etwa K 1200 *(Selbstbildnis aus dem Jahre 1906).* – *entwaffnen:* Die Apokalypse ist geprägt (bei Dürer wie im N. T.) durch Bilder des Kampfes und der Machtfülle Gottes. – *Doppel-Händer:* Schwert, s. Dürer: Engelkampf. – Die in der Endfassung gekürzten Strophen des Gedichtes sind wegen der kunsttheoretischen Implikationen von großer Bedeutung. Zur Auseinandersetzung Rilkes mit der sich entgegenständlichenden Kunst der Moderne (Picasso, Klee, Kokoschka) vgl. vor allem H. Meyer, Die Verwandlung des Sichtbaren. Zu diesem Gedicht S. 314/315.

1718 DIE VIERTE ELEGIE (DE 4): 1, 697. München, 22. und 23. 11. 1915. EA: DE Juni 1923.
      Vers 20: *die Szenerie war Abschied:* vgl. Schluß der VIII. DE. – Vers 35: *der Knabe ... mit dem braunen Schielaug:* Gestalt aus dem MLB, Erik Brahe, s. SW 6, 732. Das Vorbild für Erik Brahe war Egon von Rilke (vgl. SO II, 8), frühverstorbener jüngster Sohn (1873–1880) von Rilkes Onkel Jaroslaw (vgl. auch Brief an die Mutter v. 24. 1. 1924). Vers 37 ff.: Die Stelle ist u. a. als Rechtfertigung der Dichterexistenz zu lesen, ein Unterfangen, das sich dem Vater gegenüber aus dem Schuldbewußtsein wegen

der aufgegebenen Offizierslaufbahn erklärt. Vgl. Ewald Tragy, 3, 530 / 3, 441 ff. / 483 und 549 und die Briefe an Xaver von Moos *(Als mein Vater mir seinerzeit zumutete, die Kunst ... nebenbei zu betreiben, da geriet ich allerdings in die heftigste Auflehnung –;)* und Carl Sieber vom 10. 11. 1921. Zur Deutung: S. K 1525, für die werkimmanente und werksgeschichtliche Deutung vor allem Steiner S. 73 ff. und zum Motiv der Puppenbühne Mason 1964 S. 82.

1719 FRAGE AN DEN GOTT: 2, 228. München, 29. November 1915. ED: Die neue Zeitung. München 1947. EA: AW 1948.
Widmungsgedicht für Renée Alberti, Gattin des Schriftstellers und Diplomaten Dr. Herbert Alberti, eingeschrieben in den ersten Teil der NG. In der Villa des Ehepaares hatte Rilke vom 21. Oktober bis Ende November 1915 eine Wohnung gemietet. S. a. die nachfolgende Nr. 1720. – Sowohl vom Bild (Sehne, Bogen, Pfeil) wie auch von der Liebesdarstellung her ist das Gedicht einer Stelle aus der I. DE verwandt: *Ist es nicht Zeit, daß wir liebend / uns vom Geliebten befrein und es bebend bestehn: wie der Pfeil die Sehne besteht, ...* – Zur Frage der Identität des Gottes (der Liebe) s. 1720.

1720 DES GOTTES ANTWORT: 2, 229. München, 29. 11. 1915. ED: Die neue Zeitung. München 1947. EA: AW 1948.
Entwürfe zu diesem Gedicht s. 2, 443. – Entsprechung zu 1719. – Eingeschrieben in *Der neuen Gedichte anderer Teil* für Renée Alberti. Mit dem vorhergehenden Gedicht zusammen eine Darstellung der bezuglosen Liebe, S. a. 1607 und K. aber auch Mason, Merline und die besitzlose Liebe.

1721 KIND, DIE WÄLDER SIND ES JA NICHT: 2, 232. 1916. ED: Orplid 1927. EA: GG 1934.
Antwort auf einen langen Brief der Schriftstellerin Alma Johanna Koenig, verheiratete Freifrau von Ehrenfels (1887, 1942 deportiert).

1722 NICHT DASS UNS, DA WIR (PLÖTZLICH) ERWACHSEN SIND: 2, 444. Wien, Anfang 1916. EA: G 1953.
Entwurf. – Zur Thematik s. a. K 1720.

1723 DIE JUGEND HABEN –, ODER JUGEND GEBEN –: 2, 229. Wien, Januar 1916. EA: G 1953.
Eingeschrieben als Widmung in den *Cornet* mit der Überschrift: *Einer jungen Dame / in dieses Buch.* Die näheren Umstände der Widmung sind nicht bekannt.

1724 KREUZWEG DES LEIBES. UND SIND DOCH DIE HIMMLISCHEN STRASSEN: 2, 446. Frühjahr oder Sommer 1916. EA: G 1953.

1725 ACH WAS HÜLFT ES, DASS ICH MIRS VERSAGE: 2, 446. Frühjahr oder Sommer 1916. EA: G 1953.

1726 RÜHRE EINER DIE WELT: DASS SIE IHN STÜRZE INS TIEFE: 2, 230.
Wien, 24. März 1916. EA: G 1953.
Dem Distichon, eingetragen ins Gästebuch des Herrn Dr. Reichel,
folgt: *Herrn Dr. Reichel dankbar unter dem Eindruck dieses
Nachmittags: R. M. R. (Wien, am 24. März 1916).* – Das Ge-
dicht spielt auf Oskar Kokoschkas Bild (›Stilleben mit totem
Hammel‹, ›Schildkröte und Hyazinthe‹) an, das Rilke bei Dr.
Reichel gesehen hatte.

1727 DRAUSSEN WELTEN, WELT –, WIEVIEL, WIE VIELES: 2, 230. ED:
MDU. Wisconsin 1950. EA: G 1953.
Widmungsgedicht, eingeschrieben in MLB für Frau Grete Weis-
gerber, Malerin aus Prag, mit dem Zusatz: *Frau Grete Weis-
gerber / dankbar: (zu ihren Bildern).*

1728 DA WIRD DER HIRSCH ZUM ERDTEIL. HEBT UND TRÄGT: 2, 446.
München, September/Oktober 1916. EA: G 1953.

1729 DAS TAUF-GEDICHT: 2, 230. München, Anfang Oktober 1916.
EA: G 1953.
Aus dem Taufbuch für Peter Eysoldt, Sohn der Schauspielerin
Gertrud Eysoldt, Rilkes Patenkind. S. a. die Entwürfe zu einer
Fortsetzung K 1744 und SW 2, 451.

1730 WAS KÜHNHEIT WAR IN UNSEREM GESCHLECHT: 2, 231. München,
12. 12. 1916. ED: Carl Sieber, Renée Rilke. Leipzig 1932.
Für seine Tochter *Ruth / zu ihrem fünfzehnten Geburtstage* und
mit dem Datum: *München, am 12. Dezember 1916* in den *Cornet* eingeschrieben. Der *Cornet* ist die Geschichte eines Vorfah-
ren der Familie Rilke während der Zeit der Türkenkriege in
Ungarn.

1731 DA RAUSCHT DAS HERZ. WAS STÄRKT, WAS UNTERBRICHT: 2, 231.
München, Jahreswende 1916/17. EA: G 1953.
In Rilkes Taschenbuch trägt das Sonett den Vermerk: *(Für Mar-
garethe von M. in den M. L. B., zu ihrer Vermählung).* Das
Widmungsexemplar des *Malte,* dessen Empfängerin wohl Mar-
garethe von Maydell war, ist verschollen.

1732 SEELE IM RAUM: 2, 109. Vermutlich Januar 1917. ED: Das deutsche Herz. Gaben deutscher Dichter. Für den Alice-Frauenver-
ein zu seinem 50jährigen Bestehen. Berlin 1917. EA: GW III 1927.
In Rücksicht auf die Schirmherrschaft der Großherzogin Alice
von Hessen, geb. Prinzessin von Großbritannien (1843–1878),
über den Frauenverein widmet Rilke das Gedicht der Großherzogin Eleonore von Hessen (1871–1937), der Gattin des letzten Großherzogs Ernst Ludwig von Hessen und bei Rhein, eines
Kunstfreunds und Mäzens, der auch Rilke einmal eine Audienz
gewährte. Außerdem begründete der Großherzog die Ernst Ludwig Presse in Darmstadt, welche mit dem Insel-Verlag Beziehungen unterhielt.

1733 KLEINE GEGENGABE INS GEMÜT DER SCHLÄFERIN: 2, 234. Böckel
bei Bieren, 24. 8. 1917. EA: Briefe aus den Jahren 1914–1921.
1937.
Für Helene Skaller geschrieben, die Rilke einen Brief mit der
Erzählung eines Traumes geschickt hatte.
Herbarium: Sammlung getrockneter Pflanzen.

1734 NUR ZU VERLIERERN SPRICHT DAS VERWANDELTE. ALLE: 2, 448.
Böckel, wohl September 1917. EA: SW 1957.
Bruchstück.

1735 FRAU NORA ALLATINI: 6, 1237. Berlin, 4. 12. 1917.
In seine Übersetzung der *Vierundzwanzig Sonette der Louize
Labé* schreibt Rilke dieses Gedicht für Nora Allatini, das sich
auf ihre Buchbinde-Arbeiten bezieht.

1736 AN DIE MUSIK: 2, 111. München, 11. und 12. 1. 1918. EA: GW
1927.
In das Gästebuch der Frau Hanna Wolff in München eingeschrieben, anläßlich eines Hauskonzerts. Zusatz: *Niedergeschrieben als Zueignung am 11. und 12. Januar 1918 (München).*

1737 WIE KINDHEIT NACH UNS LANGT UND SICH BERUFT: 2, 448. München, Oktober 1918. EA: SG 1934 (Strophen umgestellt); AW
1938 (berichtigt), Entwurf einer Widmung. S. K 1236.

1738 DA VIELES FIEL, FING ZUVERSICHT MICH AN: 2, 235. München,
um den 24. 10. 1918. EA: Briefe aus den Jahren 1914–1921. 1937.
Als Haus-Spruch entworfen für den *handbehauenen Hausbalken*
des Hauses von Rilkes Frau Clara in Fischerhude.

1739 ERKANNTER VAMPYR MIT DEM PFAHL IM HERZEN: 2, 452. München, Anfang 1919. EA: SW 1957.
Einzeiliges Bruchstück.

1740 FÜR LOTTE BIELITZ: 2, 235. München, 23. 1. 1919. ED: Vossische Zeitung. Berlin. 16. 12. 1930. EA: GG 1934.
Für Frau Lotte Tronier-Funder in das *Stunden-Buch* eingeschrieben mit der Überschrift: *für Lotte Bielitz / (auf ihren Wunsch
eingeschrieben)* und mit der Unterschrift: *Rainer Maria Rilke.
(München, Jan. 1919).* Lotte Bielitz (1899–1974), verheiratete
Tronier-Funder, war Schriftstellerin und hatte Rilke ihr Exemplar des StB geschickt. Im Begleitbrief der Rücksendung Rilkes
heißt es: *Der Wahrheit nach muß ich sagen, daß ich ähnlichen
Ansprüchen sonst immer absage, da mir die Einschrift in ein Buch
nur als persönliche Verbindung möglich scheint, die ein Sich-
Kennen und Sich-berührthaben zur Voraussetzung hätte. Aber ich
habe bei Ihnen das Lange-Wartenlassen gut zu machen.*

1741 GOTT LÄSST SICH NICHT WIE LEICHTER MORGEN LEBEN: 2, 235.
München, Mitte März 1919. EA: G 1953.
Vermutlich Entwurf einer Inschrift ins *Stunden-Buch.* Vgl. 1740.

1742 NATUR IST GLÜCKLICH. DOCH IN UNS BEGEGNEN: 2, 449. München,
Frühjahr 1919. EA: G 1953.

1743 ERST: WEM HÄLT MANS HIN? ES DRÄNGT; MAN TRÄGT ES: 2, 450.
München, Frühjahr 1919. EA: SG 1934.
Die Zugehörigkeit der beiden Schlußzeilen zu diesem Gedicht
ist nicht völlig gesichert (vgl. auch den Abdruck in den SG,
wo die beiden Zeilen fehlen).

1744 UND NUN, TROTZDEM, IST WASSER WIEDER NUR und NUN BIST DU
WACH UND ES ERWACHT AN DIR: 2, 451. München, Frühjahr 1919.
EA: G 1953.
Zwei Entwürfe zu einem weiteren Sonett im Anschluß an das
Taufgedicht 1729.

1745 FÜR FRÄULEIN HEDWIG ZAPF: 2, 235. München, Mai 1919. EA:
G 1953. Entwurf dazu 2, 452.
Auf ein Albumblatt für Frau Hedwig Griefenberg, geb. Zapf
mit dem Datum: *Im May 1919*. Fräulein Zapf war Angestellte
auf dem Paß- und Visum-Amt der Bayerischen Regierung in
München und Rilke mehrfach hilfreich.

1746 UNTERGANG UND ÜBERSTEHEN: BEIDES: 2, 236. München, 3. 6.
1919: EA: G 1953.
In den *Cornet* eingeschrieben mit der Widmung: *Gruß zum Geburtstag für Berndt Heyseler* und unterzeichnet: *Rainer Maria
Rilke. Juny 1919*. Bernt Heiseler (1907–1969), später Schriftsteller, war Sohn des Dichters und Übersetzers Henry von Heiseler
(1875–1928), eines Bekannten von Lou Andreas-Salomé.

1747 DA WAR NICHT KRIEG GEMEINT, DA ICH DIES SCHRIEB: 2, 237.
Schweiz, Sommer 1919. EA: G 1953.
Entwurf einer Inschrift in den *Cornet*, auf den sich auch die
Verse beziehen.

1748 FÜR FRÄULEIN ELISABETH VON GONZENBACH: 2, 236. Bern, 6. 7.
1919. EA: GG 1934.
Widmungsgedicht für Elisabeth Emilie von Gonzenbach (1840–
1922), Gutsbesitzerin in Muri bei Bern, *eine wunderschöne, ganz
ganz alte Dame,* die sich Rilke gegenüber sehr gastfreundlich
zeigte. Eingeschrieben in den *Rodin: (Bern, am 6. Juli 1919)*.

1749 UND DÜRER ZEICHNETE DAS »GROSSE GLÜCK«: 2, 237. Soglio,
21. 9. 1919. ED: Neue Schweizer Rundschau 20. Jg. September
1952, H. 5. EA: RMR. Die Briefe an Frau Gudi Nölke. 1953.
In die *Sonette aus dem Portugiesischen* von Elisabeth Barrett-
Browning (in Rilkes Übertragung) eingetragen als Widmung:
*An Frau G. Nölke / im Geiste der Lese-Stunden und Gespräche
erinnernd zugeeignet* mit der Unterschrift: *Soglio, in der alten
Bibliothek.*
Gudi Nölke, geb. Senckel (1874–1947) war wie Rilke Gast im
Palazzo Salis, damals »Pension Willy«, in Soglio. Von der sich

hier entwickelnden Bekanntschaft mit der Ingenieursgattin zeugen u. a. die 46 publizierten Briefe an Frau Nölke (s. o.).
Das Gedicht bezieht sich auf den Kupferstich ›Das große Glück‹ von Albrecht Dürer (1471–1528).

1750 SONETT / O WENN EIN HERZ: 2, 237: Zürich, 3. 11. 1919. ED: Insel-Almanach auf das Jahr 1934. EA: AW 1938.
In die *Sonette aus dem Portugiesischen* (S. 1749) eingeschrieben mit der Widmung: *Für Frau N. Wunderly-Volkart, in dieses ihr Buch / Rainer Maria Rilke* und dem Datum *(Zürich, am 3 .November 1919).*
Nanny Wunderly-Volkart (1878–1962), aus Meilen am Zürichsee, die Rilke in Zürich kennenlernt, bleibt die treueste Freundin seiner Schweizer Jahre. Sie war mit dem Gerbereibesitzer Hans Wunderly verheiratet. Neben dem ständigen Briefwechsel mit Rilke ist vor allem die Sorge Frau Wunderlys um Rilkes leibliches wie seelisches Wohl von großer Bedeutung.

1751 DA BLÜHT SIE NUN SCHON AN DIE ACHTZEHN WINTER: 2, 238. Luzern, 13. 11. 1919. EA: G 1953.
Rilke las am 12. 11. 1919 als Gast der »Freien Vereinigung Gleichgesinnter« in Luzern, deren Vorsitzender Forstinspektor F. X. Burri war, aus eigenen Werken. Am folgenden Tag schrieb er dieses Gedicht in das Erinnerungsbuch der Gesellschaft, mit dem Zusatz: *(Nach dem guten Abend des 12. November 1919).*

1752 DER GAST: 2, 238. Luzern, 13. 11. 1919. EA: G 1953.
Für Fräulein Julie Heller, nachdem Rilke nach seiner Lesung (S. K 1751) im Hause ihrer Mutter, Frau Fanny Heller-Ammann, in Luzern zu Gast gewesen war.

1753 AUF EINEN LAMPENSCHIRM: 2, 239. Unterwegs von Luzern nach Basel, 13. 11. 1919. ED: Vossische Zeitung. Berlin, 18. 4. 1930.
Für Frau Elisabeth von Wechmar, geb. von Hefner-Alteneck (geb. 1885), geschrieben: zu einem Lampenschirm mit den Namenszügen von Freunden und Gästen auf transparenten Feldern. Zum Gegenstand der 4 kurzen Gedichte vgl. Mörikes »Auf eine Lampe«.
peripher: am Rande befindlich.

1754 DIE FREUDE, TIEF ERFAHRENES ZU BRINGEN: 2, 240. Basel, 14. 11. 1919.
In das Erinnerungsbuch der Vereinigung »Quodlibet« in Basel eingeschrieben, nach einer Lesung aus eigenen Dichtungen.

1755 THEATER WILL DER WIRKLICHKEIT NICHT GLEICHEN: 2, 240. Bern, 20. 11. 1919. ED: Individualität. Zürich, Wien, Leipzig 2. Jg. 1927. H. 5/6. EA: Briefe aus den Jahren 1914–1921. 1937.
In das Stammbuch des Schriftstellers Hans Reinhart (1880–1963), Neffe von Frau Wunderly (S. K 1750), eingeschrieben mit der Widmung: *Hans Reinhart / in verspätetem Anschluß an*

den ersten Besuch im gastlichen Hause Rychenberg | zum Ge-
dächtnis jener schönen Gemeinsamkeit: des Gast-Spieles: Georges
Pitoëff |. Unterzeichnet: *Rainer Maria Rilke. (Bern, am 20. Nov.*
1919.) Rilke hatte Reinhart in dessen Hause in Winterthur am
8. 11. anläßlich eines Gastspiels des russ. Schauspielers und
Theatergründers Pitoëff aus Tiflis (1888–1939) besucht, der seit
1915 ein Theater in Genf hatte.

1756 WAS DU AUCH IMMER EMPFINGST: DES MOMENTES GEDENKE: 2, 241.
Winterthur, 30. 11. 1919.
In das Gästebuch der Literarischen Vereinigung in Winterthur,
deren Jahrbuch Hans Reinhart (S. K 1755) herausgibt, schreibt
Rilke diese Zeilen mit der Widmung: *Aus der (übrigens untrenn-*
baren) Erfahrung des Gebens und Empfangens, dankbar im
Anschluß an den Abend des 28. November 1919. Rainer Maria
Rilke. Am 28. 11. 1919 las Rilke in Winterthur aus eigenen
Werken als Auftakt zum ersten Vortragszyklus der Literarischen
Vereinigung.

1757 HIER SEI UNS ALLES HEIMAT: AUCH DIE NOT: 2, 241. Ende November 1919. EA: AW 1948.
Entwurf einer Widmung; am 2. 12. 1919 in die MLB für Hans
Reinhart eingetragen (S. K 1755). Zur Thematik s. X. DE
(1, 721), Schluß der 1. Strophe.

1759 ES LIEBT EIN HERZ, DASS ES DIE WELT UNS RÜHME: 2, 241. Zürich,
um den 1. Dezember 1919. ED: Vossische Zeitung. Berlin, 1930.
EA: G 1953.
Erster Ansatz, s. 2, 452.
Eingeschrieben in *Die vierundzwanzig Sonette der Louize Labé*
für Fräulein Maria von Hefner-Altenede in Berlin, Schwester
Elisabeths von Wechmar, s. K 1753. – Das Gedicht nimmt Bezug
auf die von Rilke übertragenen Sonette der Louize Labé. Die
Sonette, unter dem Einfluß Petrarcas geschrieben, sind schmerz-
licher Ausdruck einer unerfüllten Liebe, für Rilke im Sinne der
bezuglosen oder besitzlosen Liebe Darstellung der wahren,
durch keinen Mann gegrenzten Liebe. S. z. B. K 1720.

1760 WIE IST DOCH ALLES WEIT INS BILD GERÜCKT: 2, 241. Zürich, um
den 4. Dezember 1919. EA: G 1953.
Entwurf s. SW 2, 452. – Entwurf einer Widmung.

1760 a WIE DOCH IM WORT DIE FLAMME HERRLICH BLEIBT: 2, 242.
Locarno, 23. Dezember 1919. EA: G 1953.
Widmungsgedicht für Frau Theodora von der Mühll, eingeschrie-
ben in eine handschriftliche Sammlung eigener und übertragener
Gedichte, s. SW 2, 770. Theodora von der Mühll, Schwester C. J.
Burckhardts.

1761 STEIN WILL SICH STÄRKEN / WERKZEUG MAG SICH SCHÄRFEN:
2, 242. Locarno, Anfang 1920. EA: G 1953.

Für Frau Nanny Wunderly-Volkart, s. K 1750, eingeschrieben in ›Goethes Briefe an Auguste zu Stolberg‹.

1762 LETZTES IST NICHT, DASS MAN SICH ÜBERWINDE: 2, 242. Basel, um den 28. Februar 1920. EA: Br. 14–21 1937.
Widmungsgedicht für Frau Theodora Von der Mühll, s. 1760 a, eingetragen in S. T. Aksakows »Familienchronik«. In dieser Familienchronik von 1856 schildert Aksakow im Stile realistischer ›impassibilité‹ und ohne Kritik die Ungerechtigkeiten und Grausamkeiten der feudalistischen Großgrundbesitzer im zaristischen Rußland. Bezogen auf die Schikanen der Despotie und die Leiden der Untergebenen, die in diesem Roman geschildert sind, erweist sich der Vierzeiler als gefährlich unpolitisch und von einer ahistorischen Dialektik bestimmt.

1763 DASS WIR, WAS WIR ERFAHREN, REIN GEBRAUCHTEN: 2, 243. Schönenberg bei Pratteln, Mai 1920. EA: G 1953.
Für Hans Zesewitz eingeschrieben in André Gides »Rückkehr des verlorenen Sohnes«. Hans Zesewitz war Bibliothekar. – Rilke übertrug die R. d. v. S. 1914. – *widersprechen* und *dienen:* bezeichnen die beiden Haltungen, zwischen denen schwankend der v. S. Gides sein Selbst sucht.

1764 POÈMES ET DÉDICACES: 2, 635. Entstanden ab 27. August 1920.
Unter diesem Titel sind in den SW die in Reinschrift vorliegenden Gedichte in französischer Sprache aus den Jahren 1920 bis 1926 zusammengefaßt, die nicht in Zyklen erschienen sind. S. a. K 922.

1765 FÜLLE IST NICHT, DASS SIE UNS BETRÜBE –: 2, 243. Bern, 30. 8. 1920.
Eingeschrieben als Widmung für Baladine Klossowska in *Die Aufzeichnungen des MLB.* – Baladine Klossowska (1886–1969), Malerin. Rilke, der Baladine Klossowska schon aus Paris kennt, begegnet ihr nach ihrer Scheidung erstmals wieder im Juni 1919 in Genf. Zwischen beiden entwickelt sich rasch eine sehr enge, leidenschaftliche Freundschaft. Der Briefwechsel zwischen beiden umfaßt allein 167 veröffentlichte Briefe Rilkes und endet erst mit seinem Tode. Mit Baladine, die Rilke Merline nennt, entdeckt er im Sommer 1921 das Schloß Muzot, sie ist es auch, die maßgeblich an der Einrichtung beteiligt war. Vgl.: Rilke et Merline. Correspondence. – Zum Verhältnis Rilke–Baladine s. Einleitung zum Briefwechsel, und Mason, Merline und die besitzlose Liebe.

1766 WIE WAREN SIE VERWIRRT, DIE JUNGEN BÜGLERINNEN: 2, 453. Schweiz, Herbst 1920. EA: G 1953.
Entwurf *(Ach alle, die mich sahn): 2, 453. – Der Entwurf stand auf einem Umschlag eines Briefes von Baladine Klossowska

(K 1765). Die Reinschschrift, die sich in Rilkes Nachlaß fand, hat Frau Klossowska nie erreicht.

1767 WEISSES PFERD – WIE? ODER STURZBACH ...? WELCHES (CW 1, 1): 2, 112. Berg am Irchel, Ende November 1920. EA: CW 1950.

Aus dem Nachlaß des Grafen C. W. hat Rilke einen Gedichtzyklus genannt, der in zwei Reihen entstand: 1. Reihe November 1920 (10 Gedichte) – 2. Reihe März/April 1921 (11 Gedichte). In Briefen an Marie von Thurn und Taxis vom 15.12.1920 und Frau Wunderly-Volkart vom 30.11.1920 beschreibt Rilke die Entstehung des Zyklus: Da das Schloß Berg ohne Bibliothek gewesen sei, habe er als Ersatz für dieses Fehlen einen Nachlaß erfunden. Während der Titel eines Grafen für den erdachten Autor der Lokalität eines Schlosses geradezu angemessen erscheine, gebe es für den Namen C. W. keine Deutung *(ohne mir einen Namen bei den Initialen zu denken).* Bis auf das 7. Stück der ersten Reihe *(In Karnak wars)* werden die Gedichte *Aus dem Nachlaß des Grafen C. W.* erst 1950 veröffentlicht: *Aus dem Nachlaß des Grafen C. W.* (Aus RMRs Nachlaß 1. Folge Wiesbaden 1950). Vgl. auch die Entwürfe 1777 und 2, 463. In der Rilke-Forschung folgt man im allgemeinen dem Urteil Rilkes, der sich von dem Zyklus distanzierte: »Produkte einer unzulänglichen Konzentration« (Bassermann 1948, 408) oder »eine Reihe charakteristischer aber minderwertiger Gedichte vorwiegend in gereimten Vierzeilern« (Mason 1964, 115). Zu diesem Gedicht aus der Sicht des traumdeutenden Psychologen s. Erich Simenauer, Der Traum bei Rilke. Bern und Stuttgart (1976) S. 42 ff.

Lit.: Hans Boventer, Rilkes Zyklus *Aus dem Nachlaß des Grafen C. W.* Berlin 1969.

1768 VORHANG, SCHACHBRETT UND DER SCHLANKE HALS (CW 1, 2): 2, 112. Berg am Irchel, Ende November 1920. EA: CW 1950. S. K 1767.

1769 MÄDCHEN, REIFT DICH DER SOMMERTAG? (CW 1, 3): 2, 113. Berg am Irchel, Ende November 1920. EA: CW 1950. S. K 1767.

1770 DASS ICH DEINER GEDÄCHTE AM KAMINE? (CW 1, 4): 2, 114. Berg am Irchel, Ende November 1920. EA: CW 1950. *Aphrodite:* griech. Göttin der Schönheit und der Liebe. S. K 1767.

1771 LASS MICH SANFT IN DEINEM TAGEBUCHE (CW 1, 5): 2, 114. Berg am Irchel, Ende November 1920. EA: CW 1950. *Montgolfière:* Heißluftballon (nach seinen Erfindern Montgolfier). *Pomeranzen:* apfelsinenähnliche Zitrusfrüchte. S. K 1767.

1772 WAR DER WINDSTOSS, DER MIR EBEN (CW 1, 6): 2, 117. Berg am
Irchel, Ende November 1920. EA: CW 1950.
S. K 1767.

1773 IN KARNAK WARS. WIR WAREN HINGERITTEN (CW 1, 7): 2, 118.
Berg am Irchel, Ende November 1920. ED: Insel-Almanach auf
das Jahr 1923. EA: CW 1950.
Das Gedicht wurde als einziges aus dem Zyklus von Rilke zur
Veröffentlichung freigegeben und erschien anonym unter
dem Titel *Aus den Gedichten des Grafen C. W.* im Insel-Almanach auf das Jahr 1923.
Karnak: ägyptischer Ort bei Luxor (altes Theben). Rilke hatte
auf seiner Ägyptenreise 1911 die Tempelstadt von Karnak besucht (vgl. Brief an Clara vom 18. 1. 1911) und vor allem die
Säule bewundert. Sie hat vor allem auch in den Elegien bild-
spendend nachgewirkt. S. K 1842, 1532 und 1940. Der erste
Teil des Gedichts hat die riesige Säule als Hauptmotiv, der
zweite das Königs-Relief. *Pilon:* Pylon: Tor. *Dragoman:* arab.
Dolmetscher. *Fellache:* ägyptischer Eingeborener. *Charles:* erklärt das C. in C. W. *Hermit:* Einsiedler. *Skarabäe:* Käfer, im
alten Ägypten heilig. *Epopoäe:* für Epopöe: Heldensage der
Könige (in den Reliefdarstellungen). *Papyros:* Staude in südlichen Ländern. S. Boventers Interpretation dieses Stücks S. 87–
109. S. K 1767.

1773 a IM PARK, ICH HABE OFT DARAN GEDACHT: 2, 454. Schloß Berg
am Irchel, Ende November 1920. EA: SW 1957.
Der unvollendete Entwurf entstand im Anschluß an 1773 (CW
zugehörig).
Obelisk: Spitzpfeiler. S. K 1767.

1774 MANCHMAL NOCH EMPFIND ICH VÖLLIG JENEN (CW 1, 8): 2, 121.
Berg am Irchel, Ende November 1920. EA: CW 1950.
Lein: Flachs. S. K 1767.

1775 WAS NUN WIEDER AUS DEN REINEN SCHEITEN (CW 1, 9): 2, 122.
Berg am Irchel, Ende November 1920. EA: CW 1950.
Antipode: Gegenwohner; Gegner. S. K 1767.

1776 WUNDERLICHES WORT: DIE ZEIT VERTREIBEN! (CW 1, 10):
2, 123. Berg am Irchel, Ende November 1920. EA: CW 1950.
S. K 1767.

1778 LASS DIR, DASS KINDHEIT WAR, DIESE NAMENLOSE: 2, 130. Berg
am Irchel, Dezember 1920. EA: GW III 1927.
Entwurf zu einer Elegie. S. K 1525 Einleitung. Die letzte Stufe des
Entwurfs ist in 2, 457 abgedruckt (EA: AW 1938). Es folgen noch
Bruchstücke (2, 460). EA: SW 1957. S. Anmerkungen (SW 2, 788).
Zur Thematik s. K 1236 und 943.
Lit.: R. Guardini, »Kindheit«. Interpretation eines Elegiefrag-
ments von RMR. In: Literaturwiss. Jb NF 1 1960, S. 185–210.

1779 GLAUB NICHT, ES WAR SEIT IMMER. JENE HÄNDE: 2, 455. Schloß
Berg am Irchel, Dezember 1920. EA: SG 1934.
In den SW 2, 454 ist eine Prosaparaphrase des unvollendeten
Gedichts abgedruckt mit einem von Rilke stammenden italieni-
schen Motto. Vgl. auch 2, 749. Zum Zusammenhang zum CW s.
2, 810 (Anmerkungen). S. K 1767.

1780 NIKE: 2, 243. Berg am Irchel, 12. 12. 1920. EA: SG 1934.
Nike: griech. Siegesgöttin.
Das Gedicht ist für Frau Nanny Wunderly-Volkart geschrieben
(S. K 1750).
Die *antike Figur: (kleine Nike an der Schulter des Helden)* ist
nicht nachweisbar, möglicherweise fingiert (Rilke nannte Frau
Wunderly gern *Nike*).

1781 WER ABER WEISS VON UNS? NICHT BAUM, NOCH STERNE: 2, 244.
Berg am Irchel, um Weihnachten 1920. EA: G 1953.
Vermerk zu einer zurückbehaltenen Abschrift der Verse: *(In
ein Exemplar des Buchs der Bilder, das an Herrn H. C. Wunder-
ly nach Leipzig geschickt wurde, der es, scheints, Frl. Nikisch zu
schenken gedachte.)* Datierung im Widmungsexemplar: *Schloß
Berg am Irchel (um Weihnachten 1920).* Nora Nikisch, jüngere
Tochter des Dirigenten Arthur Nikisch, war Schauspielerin in
Leipzig.

1782 WEISST DU, GEWÖLK VON JENEM OFFENEN GRAU: 2, 462. Berg
am Irchel, um Weihnachten 1920. EA: SG 1934.
Entwurf 2, 461: *Weißt Du Gewölk von jenem weichen Grau*
(EA: SW 1957). Der Entwurf steht auf der Rückseite eines
Briefumschlags, vermutlich wurde er auf jenem *Weg nach Rafz,*
den die Reinschrift erwähnt, niedergeschrieben.
Myriaden Jahren: unzählige Jahre.

1783 AUFSTEHN WAR SAGEN DAMALS. SCHLAFENGEHN: 2, 244. Berg am
Irchel, zu Weihnachten 1920. ED: Ruth Mövius: RMRs *Stun-
den-Buch.* Leipzig 1937.
Ins *Stunden-Buch* eingeschrieben mit der Widmung: *Für Herrn
Dr. F. Hünisch / den getreuen Forscher und Hüter aller meiner
Zeiten / sind die folgenden Zeilen geschrieben und in dieses, sein,
Stunden-Buch eingetragen: zu Weihnachten 1920.* Unterschrift:
Rainer Maria Rilke (Schloß Berg-am-Irchel). Fritz Adolf Hünich
1885–1964) war Mitarbeiter des Insel-Verlags, Rilke-Philologe
und Rilkes erster Bibliograph (S. K 1807).
Die Verse beschreiben die Schaffensweise, aus der das *Stunden-
Buch* hervorging (S. K 846).

1784 HAÏ-KAÏ: 2, 245. Berg am Irchel, 25. 12. 1920. EA: RMR et
Merline, Correspondance. 1954.
Buchs: Buchsbaum.
Aus dem Weihnachtsbrief vom 25. 12. 1920 an Baladine (S. K

1765). Haï-Kaï ist eine japanische Gedichtform (3 Zeilen).
Rilke hat solche Versuche auch in franz. Sprache unternommen
(2, 638 u. 2, 745).

1785 SCHÖNE AGLAJA, FREUNDIN MEINER GEFÜHLE (CW 2, 9): 2, 128.
Berg am Irchel, vor dem 6. 3. 1921. EA: CW 1950.
Die Texte der zweiten Reihe *Aus dem Nachlaß des Grafen C. W.*
sind auf losen Blättern ohne feste Reihenfolge oder Zählung
aufgeschrieben.
Aglaja: eine der drei Charitinnen (griech. Göttinnen der An-
mut). Boventer 1969 sieht in den Versen ein Liebesgedicht für
Merline (S. K 1765). S. K 1767.

1786 ICH GING; ICH WARS, DER DAS VERHÄNGNIS SÄTE (CW 2, 10):
2, 128. Berg am Irchel, vor dem 6. 3. 1921. EA: CW 1950.
S. K 1767.

1787 DASS DEMUT JE IN STOLZSEIN ÜBERSCHLÜGE -: 2, 245. Berg am
Irchel, 5. 3. 1921. EA: Briefe aus den Jahren 1914–1921. 1937.
In die *Sonette aus dem Portugiesischen* von Elizabeth Barrett-
Browning (in Rilkes Übertragung) eingeschrieben mit der Wid-
mung: *Herrn W. Becker auf seinen Wunsch freundlich zugeeig-
net.* Unterschrift: *Schloß Berg am Irchel, zu Anfang März 1921.*
Pfarrer Wilhelm Becker war Anstaltsgeistlicher im Landes-
zuchthaus Rockenberg bei Butzbach/Oberhessen.

1788 WENN ES EIN HERZ ZU JENER STILLE BRINGT: 2, 245. Berg am
Irchel, Mitte März 1921. EA: G 1953.
In die *Sonette aus dem Portugiesischen* (Rilkes Übertragung) mit
der Widmung eingeschrieben: *Herrn René d'Harnoncourt / in
Erwiederung seiner Verse.*

1789 SO OFT DU AUCH DIE BLUMEN DER VERTRAUTEN: 2, 245. Berg am
Irchel, 2. Hälfte März 1921. EA: G 1953.
Auf Bitten von Anneliese Sander verfaßt Rilke zur Hochzeit
von deren Zwillingsschwester Lo Laux-Sander vor Ostern 1921
diese Verse. Nur der Entwurf ist bisher bekannt.
Taxuswände: Taxus; Eibe; Nadelholz.

1790 O / DAS PROBEN: 2, 462. Berg am Irchel, 16./17. 3. 1921. EA:
G 1953.
Vielleicht Widmungsentwurf. Zwischen zwei Valéry-Übertra-
gungen geschrieben. Unterschrift: *(In Oster-Ei-Form).*

1791 WIE VOR DEM EINZUG, WIE IN LEEREN GEMÄCHERN (CW 2, 1):
2, 123. Berg am Irchel, Anfang März-Mitte April 1921. EA:
CW 1950.
Bei Boventer unter die Gruppe »Frühlingsgedichte« subsumiert.
S. K 1767.

1792 SCHMETTERLING, DAS MEINE UND DAS IHRE (CW 2, 2): 2, 124.
Berg am Irchel, Anfang März-Mitte April 1921. EA: CW 1950.
S. K 1767 und 1791.

Spaliere: Gitterwerk zum Hochziehen von Pflanzen.

1793 NEUE SONNE, GEFÜHL DES ERMATTENS (CW 2, 3): 2, 124. Berg
am Irchel, Anfang März-Mitte April 1921. EA: CW 1950.
S. K 1767 und 1791.

1794 DU, DIE ICH ZEITIG SCHON BEGANN ZU FEIERN (CW 2, 4): 2, 125.
Berg am Irchel, Anfang März-Mitte April 1921. EA: CW 1950.
Bei Boventer dem Teil »Die frühe Geliebte« zugeordnet. S. K
1767.

1795 HEUT SAH ICHS FRÜH, DAS GRAUE AN DEN SCHLÄFEN (CW 2, 5):
2, 125. Berg am Irchel, Anfang März-Mitte April 1921. EA:
CW 1950.
Spalier: S. K 1792. S. K 1767 und 1794.

1796 DIES ÜBERSTANDEN HABEN, AUCH DAS GLÜCK (CW 2, 6): 2, 126.
Berg am Irchel, Anfang März-Mitte April 1921. EA: CW 1950.
Vgl. den Entwurf 2, 463 mit gänzlich abweichender 3. Strophe.
Zum Begriff des Überstehens vgl. 1445 (Schluß). S. K 1767.
Das Gedicht wurde bereits früher in den SG 1934 abgedruckt
(ohne Hinweis auf den zyklischen Zusammenhang).

1797 O ERSTER RUF WAGRECHT INS JAHR HINEIN (CW 2, 7): 2, 126.
Berg am Irchel, Anfang März-Mitte April 1921. EA: CW 1950.
Frühlingsgedicht (vgl. Boventer). S. K 1767.

1798 WAS FÜF VORGEFÜHLE IN DIR SCHLIEFEN (CW 2, 8): 2, 127. Berg
am Irchel, Anfang März-Mitte April 1921. EA: CW 1950.
S. K 1767.

1799 OFT IN DEM GLASDACH DER VERDECKTEN BEETE (CW 2, 11):
2, 129. Berg am Irchel, Anfang März-Mitte April 1921. EA: CW
1950.
Hymen: antikes Hochzeitslied. Zum Begriff des Rühmens vgl.
vor allem die DE und die SO (z. B. 1820). S. K 1767.

1800 BAUDELAIRE: 2, 246. Berg am Irchel, zum 14. 4. 1921. EA: SG
1934.
In die ›Fleurs du Mal‹ von Charles Baudelaire (Insel-Verlag
Frankfurt 1920) für Anita Forrer, eine junge Freundin von
Nanny Wunderly-Volkart (S. K 1750) und Tochter eines höhe-
ren Schweizer Regierungsbeamten, die in Brissago lebte. Das
Buch ist ein Geschenk Rilkes. Der symbolistische franz. Lyriker
Charles Baudelaire (1821–1867) beeinflußte Rilke nachhaltig
(NG, MLB). S. K 1106. S. a. MLB SW 6, 775.

1801 ÉBAUCHES ET FRAGMENTS: 1921–1926: 2, 701–745. Ab dem
12. 5. 1921 – Herbst 1926. EA: SW 1957.
Zusammenstellung von Entwürfen und Fragmenten in franz.
Sprache aus den Jahren 1921–1926. S. auch 922. Die Texte stammen aus dem Nachlaß.

1802 DER GRAM IST SCHWERES ERDREICH. DARIN: 2, 247. Muzot,
13. 10. 1921. EA: RMR. Lettres françaises à Merline 1919–1922.

Paris 1950 (Faks.). Auf ein Aquarell von Baladine Klossowska (S. K 1765) geschrieben, das Rilke schlafend auf seinem kleinen Sofa in Muzot darstellt, mit dem Vermerk: *(die gleichzeitige »Innenansicht«)*. Faksimile des Aquarells in obiger Briefausgabe. Eine Abschrift des Gedichts im Besitz von Baladine trägt den Zusatz: *Die »Innen-Ansicht«. Für Merly (am 13. Oktober, nachmittag)*. Merly ist neben Merline und Mouky ein Name für Baladine. S. a. RMR und die bildende Kunst. Baden-Baden 1951 S. 25.

1803 WO SO VIEL STILLES INNERES EREIGNEN: 2, 247. Muzot, 16. 11. 1921. EA: G 1953.
Für die Schweizer Schriftstellerin Francisca Stoecklin (1894–1931) in ihr Exemplar des *Stunden-Buchs* eingeschrieben: *Château de Muzot, im November 1921.*

1804 FÜR WERNER REINHART: 2, 248. Muzot, 15. 12. 1921. EA: G 1953.
Für das Gästebuch auf Muzot geschrieben, aber nicht verwendet, sondern durch die Verse 1897 ersetzt.
Werner Reinhart, Dr. h. c. (1884–1951), Teilhaber der Firma Gebr. Volkart und Vetter von Nanny Wunderly-Volkart (S. K 1750). Er mietete Château Muzot im Juli 1921, erwarb es im Mai 1922 käuflich und stellte es Rilke zur Verfügung, der dort seine letzten Lebensjahre verbrachte. Im Bild der Arche Noah beschreibt Rilke seinen Auszug von Schloß Berg am Irchel und dankt Werner Reinhart als Retter, der ihm Muzot mietete.

1805 OH SAGE, DICHTER, WAS DU TUST?: 2, 249. Muzot, 20. 12. 1921. EA: G 1953.
Vermerk auf einer zurückbehaltenen Reinschrift des Gedichts: *(Eingeschrieben, auf Wunsch des Herrn Bruno Frentz, in ein Exemplar des M. L. B. (beide Bändchen in einem), das Leonie Zacharias gehört: für die diese Inschrift entworfen ist.)* Das Widmungsexemplar ist verschollen. Zum Begriff des Rühmens vgl. besonders 1820.

1806 DIE HAND: 2, 463. Wahrscheinlich Muzot, Ende 1921. EA: G 1953.
Entwurf.

1807 ICH KOMME MIR LEICHT VERSTORBEN VOR: 2, 250. Muzot, 28. 1. 1922. EA: G 1953.
Für Dr. Fritz Adolf Hünich (S. K 1783) geschrieben in den von diesem herausgegebenen Band Aus der Frühzeit RMRs, unterschrieben: *Dankbar, »trotzdem«: Rainer Maria Rilke. (Ende Januar 1922)*. S. a. Rilke-Bibliographie. Bearbeitet von F. A. Hünich. Erster Teil/Das Werk des Lebenden. Leipzig 1935, 85. Das Gedicht spiegelt Rilkes Einschätzung seiner frühen Werke deutlich wider.

Exegesen: Textauslegung (bes. der Bibel).

1808 SOLANG DU SELBSTGEWORFNES FÄNGST, IST ALLES: 2, 132. Muzot, 31. 1. 1922. EA: SG 1934.
Als Widmung für Nanny Wunderly-Volkart (S. K 1750) in den Band Fz (S. K 1807) eingeschrieben mit der Überschrift *Nike* (so nannte Rilke Frau Wunderly) und dem Datum: *(Muzot, am letzten Januar 1922).* Vgl. a. 1780. Über den möglichen Einfluß Goethes (Buch Suleika: Freude des Daseins ist groß) s. Mason 1958 S. 56–57.

1809 ›KLEINER GEDICHTKREIS MIT DER VIGNETTE: IN LAUB AUSSCHLAGENDE LEYER‹: 2, 133. Muzot, 31. 1. 1922. EA: SG 1934 (Gedicht 1–2); RMR. DE. SO. Mit den Erläuterungen von Katharina Kippenberg Zürich 1951 (Faks. der 3 Gedichte).
Eingetragen in ein kleines Heft mit einer selbstgezeichneten Vignette (Zierbildchen), das er am 31. 1. an Katharina Kippenberg sandte.
ÜBER DIE QUELLE GENEIGT: *Narziß:* S. K 1570. *Artemis:* griech. Göttin der Jagd. *Polyphem:* S. K 2078.
O WER DIE LEYER SICH BRACH: Vgl. SO, vor allem 1822. Vgl. auch 1289, wo die Symbole Laub und Leier gleichfalls erwähnt werden.
TÖPFER, NUN TRÖSTE, TREIB.

1810 FÜR NIKE: 2, 256. Muzot, Vers 1–11: 31. 1. 1922. Vers 12–20: vor Weihnachten 1923. ED: Salis, RMRs Schweizer Jahre. 1936. EA: AW 1938.
Für Nanny Wunderly-Volkart, die Rilke *Nike* nannte, eingeschrieben in eine einfache Ausgabe der DE mit dem Vermerk: *(Das kleine Handexemplar).* Die ersten 7 Verse hatte Rilke schon am 31. 1. oder 1. 2. 1922 entworfen, die Verse 8–12 kurz darauf hinzugefügt; aber erst kurz vor Weihnachten 1923 wurde das Gedicht zum Zweck der Widmung vollendet. Vgl. a. 1780 u. 1808.

1811 ACH IN DEN TAGEN, DA ICH NOCH EIN TÄNNLEIN: 2, 249. Muzot, Ende Januar 1922. EA: G 1953.
Verse zu dem Sammelband Fz (S. K 1783 u. 1807), an die Tochter Ruth geschickt.
Eckermännlein: Eckermann (1792–1854) war Sekretär Goethes und gab in 3 Bden seine »Gespräche mit Goethe« heraus. Rilke bezeichnet Hünich als seinen »Eckermann«. Zu seiner eigenen negativen Einschätzung des Frühwerks vgl. 1807.

1812 O SORGE OFT UM EUCH, DIE IHR NICHT LEST . . .: 2, 464. Muzot, Ende Januar 1922. EA: SG 1934.
Zu Motiv und Thematik s. a. 2, 416 und 8. DE 1, 715 (1843).

1813 . . . WANN WIRD, WANN WIRD, WANN WIRD ES GENÜGEN: 2, 134. Muzot, 1. 2. 1922. EA: SG 1934.

Im Sammelband *Aus Taschen-Büchern und Merk-Blättern* trägt
das Gedicht den Zueignungsvermerk *(Aus M's Besitz)*, was Baladine Klossowska (S. K 1765) gilt, und den Zusatz *(am Vor-
abend der Orpheus-Sonette geschrieben)*. In der EA fehlen diese
Zusätze.

1814 DA STIEG EIN BAUM. O REINE ÜBERSTEIGUNG! (SO I, 1): 1, 731.
Muzot, zwischen dem 2. und 5. Februar 1922. EA: SO Ende
März 1923.
Mit diesem Gedicht beginnt der *namenlose Sturm* einer geradezu eruptiven Produktivität, die in nur wenigen Tagen zur
Vollendung der *Duineser Elegien* (K 1525) und zur Entstehung
der *Sonette an Orpheus* führt. Die Erneuerung des Mythos
vom göttlichen Sänger Orpheus ist in der Eröffnungsphase der
schöpferischen Tage ein sinnfälliges Symbol für die Zuversicht
und ahnungsvolle Verfassung Rilkes. Nach der mythologischen
Überlieferung war der Gesang des Orpheus so verführerisch,
daß die Tiere des Waldes, ja sogar die Felsen und Bäume kamen, um zu lauschen. Anläßlich eines Ausflugs nach Sion hatte
Baladine Klossowska (K 1765) eine Postkarte erstanden, welche
die Reproduktion einer Federzeichnung Cima da Coneglianos
(um 1500) mit genau dieser Szene zeigt: Orpheus, unter einem
Baum sitzend und belauscht von den Tieren des Waldes, vgl.
Abb. Schnack 1956 Nr. 315. Frau Klossowska hatte diese Karte
Rilkes Schreibtisch gegenüber an die Wand geheftet und sie
bei ihrer Abreise aus Muzot dort belassen. Darauf bezieht sich
Rilkes Postskriptum im Brief vom 9. 11. 21: *Tu as ... oublié
ton Orphée.* – Die schöpferische Macht des Orpheus-Gesangs
hatte Rilke schon in dem NG *Orpheus. Eurydike. Hermes.* (vor
allem 1, 544: *Die So-Geliebte, daß aus einer Leier*) besungen.
Vgl. aber auch: *Mit deinen Augen ... / hebst du ganz langsam
einen Baum / und stellst ihn vor den Himmel: schlank, allein.*
(BB. SW 1, 371)
Zur Interpretation s. Mörchen S. 47 ff.

DIE SONETTE AN ORPHEUS

Rilke hat die *Sonette an Orpheus* stets als eine *kleine fast unge-
wollte Arbeit,* im Verhältnis zu den *Duineser Elegien* als eine
Zugabe abgetan: *So wie damals neben den ersten großen ›Elegien‹ (auf Duino), in vor- und nachbewegten Nebenstunden,
das ›Marien-Leben‹ sich einstellen mochte, so ist diesmal eine
Reihe von (etwas über fünfzig) Sonetten entstanden, ›die Sonette an Orpheus‹ genannt, geschrieben im Gedächtnis an ein
vor zwei Jahren verstorbenes ganz junges Mädchen* (Br. an Marie Taxis v. 25. 2. 1922).
Die Einschätzung Rilkes gründet wohl in dem ganz und gar

ungleichen energetischen Einsatz, dem jahrzehntelangen Ringen um die *Elegien* und der fast mühelosen Niederschrift der *Sonette* innerhalb nur weniger Tage.

Die *Sonette an Orpheus* entstanden zwischen dem 2. und dem 23. Februar 1922 auf Schloß Muzot in der Schweiz, also etwa gleichzeitig mit den zuletzt entstandenen *Elegien* und auch in der gleichen Zeit, in der Rilke den für die Einschätzung beider Werke so wichtigen *Brief des jungen Arbeiters (6, 1111 ff.)* niederschrieb.

Das Werk besteht aus zwei Teilen mit 26 bzw. 29 Gedichten. Die Sonettform hat Rilke in den SO im freiesten Sinne gehandhabt: *Ich sage immerzu Sonette. Ob es gleich das Freieste, sozusagen Abgewandeltste wäre, was sich unter dieser, sonst so stillen und stabilen Form begreifen ließe. Aber gerade dies: das Sonett abzuwandeln, es zu heben, ja gewissermaßen es im Laufen zu tragen, ohne es zu zerstören, war mir, in diesem Fall, eine eigentümliche Probe und Aufgabe...* (Br. an Katharina Kippenberg v. 23. 2 1923).

Die Thematik der SO steht in der Tradition des Rilkeschen Œuvres ebenso wie die Stoffe: Preis des Ursprünglichen und Naturhaften, Kritik an der technischen und zivilisatorischen Moderne, Vergänglichkeit und Tod, Liebesleid und Künstlertum, alles dies sind ewig Rilkesche Themen. Durchdrungen aber sind sie in den SO von einer heiteren Zustimmung und zustimmenden Heiterkeit. Formal ist der ganze Zyklus zusammengehalten und getragen durch den Mythos des göttlichen Sängers Orpheus, der den Tod kannte und dessen Klagelieder selbst die Unterwelt bezauberten. Er wird daher zum Symbol einer dichterischen Intention, die die Einheit von Leben und Tod feiern möchte, die das Dasein als vergängliches oder das Dasein in seiner Vergänglichkeit preisen und rühmen möchte. Die Welt in ihrer Hinfälligkeit zu lieben, die *Klage* immer nur im *Raum der Rühmung* gelten zu lassen, das ist die Aussagetendenz dieses Werkes. Dieser Absicht fügt sich auch die Widmung: *Geschrieben als ein Grab-Mal für Wera Ouckama Knoop* ein. Wera war als Tänzerin eine Künstlernatur, und als Frühverstorbene (1900–1919) konnte sie als eine in das Geheimnis des Todes Eingeweihte gelten. Als Rilke Anfang Januar 1922 die Aufzeichnungen der Krankheitsgeschichte Weras in die Hände bekam, da erfüllte sich gewissermaßen die orphische Situation. Rilke-Orpheus konnte sie zur neuen Eurydike werden.

In der Anordnung der Gedichte ist Rilke wie schon 20 Jahre vorher im *Stunden-Buch* der Chronologie der Entstehung gefolgt. Es herrscht daher eine von jeder Strenge freie Kontinuität.

Lit.: s. Holthusen, Rehm, Mörchen.

1815 UND FAST EIN MÄDCHEN WARS UND GING HERVOR (SO I, 2):
1, 731. Muzot, zwischen dem 2 .und 5. Februar 1922. EA: SO
März 1923.
Die Deutung des Mädchens als Eurydike weist Mörchen (Anm. 1
zu I, 2) zurück und ist selbst der These gegenüber zurückhaltend,
das Sonett beziehe sich auf die Gestalt Wera Ouckama Knoops
(vgl. K 1814 und K 1836/1887). Das Mädchen ist ihm eine Metapher für die frauenhafte Hingegebenheit an die Kunst. – Der
Gedanke des *inneren Mädchens* ist allerdings in der zeitgenössischen Anthropologie eine vieldiskutierte und vielpropagierte
These. Hier wären neben Otto Weiningers Buch ›Geschlecht und
Charakter‹, das Rilke kannte, auch die Vorträge Alfred Schulers
zu erwähnen, deren letzten Rilke hörte (K 1843). Darin heißt es
im Schlußkapitel: »Wenn Wilhelm Fließ in seinen Vorträgen
›Vom Leben und vom Tod‹ das Gegengeschlechtliche in uns, ›das
gewöhnlich in unserem Bewußtsein schlummere‹ als Träger jener
›Traumphantasien‹ erkennt, die der Künstler, in dessen Seele sich
Mann und Weib umarmten, im Kunstwerk dem Licht vermähle;
wenn er ferner vom Kunstwerk selber spricht, es schlage die Note
des Gegengeschlechtlichen in uns an und lasse dadurch Vorstellungen und Gefühle erklingen, die einem Dornröschen gleich tief
verzaubert schliefen, so hat er, allerdings ohne ihr Wesen zu wissen, telesmatische Kraft und ihr Substrat berührt.« – Rilke hörte
zwar, wie er an die Fürstin Taxis (18. 3. 1915) schreibt, nur den
letzten der 3 Schulerschen Vorträge (8. 2., 22. 2. und 8. 3. 1915),
war aber wohl anschließend mehrere Stunden mit Schuler zusammen, so daß eine ausführliche Kenntnis seiner Gedanken angenommen werden kann. S. a. K 1648.
Zitat: Alfred Schuler, Fragmente und Aufsätze, Leipzig 1940
S. 168.
S. a. Mörchen S. 421 Anm. 11.
Zur Interpretation s. Mörchen S. 57 ff.

1816 EIN GOTT VERMAGS. WIE ABER, SAG MIR, SOLL (SO I, 3): 1, 732.
Muzot, zwischen dem 2. und 5. Februar 1922. EA: SO März
1923.
Das Sonett gestaltet die Rilkesche These von der Unvereinbarkeit von Kunst und Leben (= Liebe). Die Kunst des Orpheus ist
geprägt von seiner Liebe zu einer verlorenen Geliebten, so wie
dem Dichter Rilke die Distanz zu Bindungen Voraussetzung
seines Künstlertums war. Mason hat in ›Merline und die besitzlose Liebe‹ die für die Entstehungszeit der SO und der DE be-
deutsame biographische Lage ausführlich dargestellt (Trennung
von Merline um der Dichtung willen). – *Apoll:* Gott der Kunst. –
Vers 6–7: Vgl. Eingang der VII. DE (1, 709). – Zu Vers 10 ff.:
Vgl. Brief vom 25. 9. 1921 an Nora Purtscher-Wydenbruck. In

diesem Brief lehnt es Rilke ab, ein Vorwort für eine Gedichtsammlung zu schreiben, die nach seinem distanzierenden Lob
aufrichtig und empfunden sind. – Zur Thematik des ganzen
Sonetts vgl. noch den Brief an ein junges Mädchen vom Juli 21:
*Stellen Sie sich einen Malte vor, der eine Geliebte oder selbst
einen Freund gehabt hätte. Wäre er dann wohl je so tief in das
Vertrauen der Dinge eingetreten? Denn diese Dinge ... fragen
Sie zuerst: Bist du frei? Bist du bereit, mir deine ganze Liebe
zu widmen?* Zur Interpretation s. Mörchen S. 65 ff.

1817 O IHR ZÄRTLICHEN, TRETET ZUWEILEN (SO I, 4): 1, 733. Muzot,
zwischen dem 2. und 5. Februar 1922. EA: SO März 1923.
Das Gedicht schließt sich motivlich und thematisch an das vorhergehende an. Zur biographischen Lage und werkgeschicht-
lichen Situierung s. a. K 1816.
Zur Interpretation s. Mörchen s. 73 ff.

1818 ERRICHTET KEINEN DENKSTEIN. LASST DIE ROSE (SO I, 5): 1, 733.
Muzot, zwischen dem 2. und 5. Februar 1922. EA: SO März
1923.
Das Gedicht preist Orpheus als den dem Endlichen und Ver-
gänglichen zustimmenden Sänger.
Zur Interpretation s. Mörchen S. 82 ff.

1819 IST ER EIN HIESIGER? NEIN, AUS BEIDEN (SO I, 6): 1, 734. Muzot,
zwischen dem 2. und 5. Februar 1922. EA: SO März 1923.
Das Gedicht preist Orpheus als den Sänger des Lebens und des
Todes, also der Einheit des Seins. Diese vor allem in den DE und
den SO vorgetragene Idee ist keine Erfindung Rilkes. Es könnte
beispielsweise auf die Vorträge Schulers verwiesen werden (S.
K 1815), wo es im 3. Vortrag heißt: Ferner muß ich darauf hin-
weisen, daß auf all den etruskischen Aschencisten der Tote und
seine Gattin liegen, als liegend gedacht bei der Caena, mit der
Weingußschale, der Tote also essend und trinkend gedacht wie
der Lebende bei der Caena. Sie haben hier eine allgemeine Einheit ... (S. 197). – Strophe 2 spielt auf den Glauben an, daß
Tote durch einen gedeckten Tisch angezogen werden, und setzt
die Furcht vor den Toten gegen die zusammenfügende Schau des
Orpheus. – *Erdrauch und Raute:* Kräuter. Sie sollen die Kraft
haben, Tote zu beschwören. – *Fingerring, Spange und Krug:* als
Grabbeigaben Bilder sowohl des Lebens (Zimmer) wie des Todes
(Gräber).
Zur Interpretation s. Mörchen S. 88 ff.

1820 RÜHMEN, DAS ISTS! EIN ZUM RÜHMEN BESTELLTER (SO I, 7):
1, 735.
1. Fassung: Muzot zwischen dem 2. und 5. Februar 1922 (SW
2, 465). Endgültige Fassung: kurz vor dem 23. Februar 1922.
EA: SO März 1923.

Die erste Fassung des Gedichts hat Rilke wegen der an die Zeit der NG erinnernde Härte der Bilder gestrichen (vgl. Br. v. 18. 3. 1922: *peinlich durch die Pathetik*). – In der Gestalt des Orpheus wird der seit den Wochen auf Duino (1912) und den ersten Versen der X. DE anvisierte Durchbruch zum Jubel, den Rilke nach dem Abschluß des Malte-Romans als notwendige Voraussetzung einer nächsten Werkstufe betrachtete, als erreicht gefeiert. Vgl. a. den Schluß des gleichzeitig entstehenden *Briefs des jungen Arbeiters* (6, 1127): *Gebt uns Lehrer, die uns das Hiesige rühmen*. Diese These ist polemischer Natur, wie der Brief zeigt, und er ist gerichtet gegen die Jenseitsverheißungen der christlichen Religion. – *Erz:* Gedacht ist wohl an die Glocke, die aus dem Erz gegossen wird und dann als *tönendes Erz* dem Schweigen gegenübersteht.

Zur Interpretation s. Mörchen S. 97 ff. und E. Loeb, Rühmen, das ists!

Zur Interpretation von I, 7 der S. a. O. In: Seminar 2 (1966) Nr. 2 S. 53–59.

1821 Nur im Raum der Rühmung darf die Klage (SO I, 8): 1, 735. Muzot, zwischen dem 2. und 5. Februar 1922. EA: SO März 1923.

Die These dieses Gedichts ergibt sich mit einer gewissen Logik aus dem Anspruch des vorhergehenden (1820). Danach ist die Klage nur als eine Form des Rühmens zulässig. Vgl. dazu etwa den Brief v. 8. 11. 1915: *Ich habe schon einmal, vor Jahren, über den Malte jemandem, den dieses Buch erschreckt hatte, zu schreiben versucht, daß ich selbst es manchmal wie eine hohle Form, wie ein Negativ empfände, dessen alle Mulden und Vertiefungen Schmerz sind, Trostlosigkeit und weheste Einsicht, der Ausguß davon aber, wenn es möglich wäre einen herzustellen ... wäre vielleicht Glück, Zustimmung – genaueste und sicherste Seligkeit.* – Die mythologisierende Form des Sonetts rückt es sehr in die Nähe der X. DE. Zur Interpretation s. Mörchen S. 105 ff.

1821 a So wie angehaltner Atem steht: 2, 471. Muzot, um den 3. Februar 1922. EA: G 1953.

Fragment aus dem Umkreis der SO.

1822 Nur wer die Leier schon hob (SO I, 9): 1, 736. Muzot, zwischen dem 2. und 5. Februar 1922. EA: SO März 1923.

Formal erinnert das Sonett an Goethes Gedicht ›Phänomen‹ (Wenn zu der Regenwand/Phöbus sich gattet), s. a. SO I, 17, 18, 19, 22. Mason (1958 S. 63 ff.) verweist in diesem Zusammenhang auf Rilkes *Quellen, sie münden herauf / beinah zu eilig* (2, 162 und K 1942).

Thematisch fügt sich das Gedicht den vorhergehenden ein. Motiv-

lich spielt es auf Orpheus an, den Dichter, der in die Unterwelt
hinabgestiegen war.
Zur Interpretation s. Mörchen S. 112 ff.

1823 EUCH, DIE IHR NIE MEIN GEFÜHL VERLIESST (SO I, 10): 1, 737.
Muzot, zwischen dem 2. und 5. Februar 1922. EA: SO März
1923.
Vgl. K 1210 *(Römische Sarkophage)*. – Zur 2. Strophe hat Rilke
folgende Anmerkungen gemacht (1, 722): *In der zweiten Strophe ist gedacht der Gräber in dem berühmten alten Friedhof
der Allyscamps bei Arles, von dem auch im Malte Laurids Brigge
die Rede ist.* Die Malte-Stelle handelt vom verlorenen Sohn und
es heißt dort: *Soll ich ihn sehen im seelengewohnten Schatten der
Allyscamps, wie sein Blick zwischen den Gräbern, die offen sind
wie die Gräber Auferstandener, eine Libelle verfolgt?* (6, 943)
Abb. bei Schnack 1956 Nr. 175. – S. a. K 1872.
Zur Interpretation s. Mörchen S. 115 ff.

1824 SIEH DEN HIMMEL. HEISST KEIN STERNBILD ›REITER‹ (SO I, 11):
1, 737. Muzot, zwischen dem 2. und 5. Februar 1922. EA: SO
März 1923.
Zu diesem Sonett gibt es einen einzeiligen Vorklang: Sieh hinauf. Heut ist der Nachtraum heiter, (2, 571). Er wurde erstmals in G 1953 veröffentlicht. – Ein Sternbild ›Reiter‹ gibt es
nicht. – Die Erhebung zum Sternbild ist für Rilke ein entschie-
dener Symbolisierungsakt. Vgl. a. X. DE Vers 90 ff., SW 1, 725.
Zur Deutung s. Allemann 1961 S. 70 ff. und Mörchen S. 118 ff.

1825 HEIL DEM GEIST, DER UNS VERBINDEN MAG (SO I, 12): 1, 738.
Muzot, zwischen dem 2. und 5. Februar 1922. EA: SO März
1923.
Das Sonett erschließt sich am ehesten von der letzten Strophe
her. Zu den Begriffen der Figur und des Bezuges s. Allemann
1961 S. 81 ff. und Mörchen S. 122 ff.

1826 VOLLER APFEL, BIRNE UND BANANE (SO I, 13): 1, 739. Muzot,
zwischen dem 2. und 5. Februar 1922. EA: SO März 1923.
Die Botschaft des Gedichts ist die Umsetzung des Rühmens (K
1820) ins Konkret-Sinnenhafte. Zur Interpretation s. Mörchen
S. 133 ff.

1827 WIR GEHEN UM MIT BLUME, WEINBLATT, FRUCHT (SO I, 14):
1, 739. Muzot, zwischen dem 2. und 5. Februar 1922. EA: SO
März 1923.
Das Sonett setzt die These der Einheit von Leben und Tod (s. a.
1819 und 1822) in ein konkretes Beispiel um.
Zur Interpretation s. Mörchen S. 139 ff.

1828 WARTET .., DAS SCHMECKT ... SCHON ISTS AUF DER FLUCHT
(SO I, 15): 1, 740. Muzot, zwischen dem 2. und 5. Februar 1922.
Mörchen S. 144 »Das Aroma der Frucht, das sich dem Erfahren-

den in Rhythmus und Ton (›Stampfen‹ und ›Summen‹) übersetzt
hat, verdichtet sich zu der Vision der tanzenden Mädchen. Un-
aussprechbar wie es ist, kann es getanzt, dargestellt werden in
wortloser, leidenschaftlicher Bewegung.« Zur Interpretation s.
L. Liegler. R's 15. Orpheus-Sonett. In: Silberboot 2 (1946) II
S. 97–101 und Mörchen S. 143 ff.

1829 DU, MEIN FREUND, BIST EINSAM (SO I, 16): 1, 741. Muzot, zwischen dem 2. und 5. Februar 1922. EA: SO März 1923.

Rilkes Anmerkung zu diesem Gedicht (SW 1, 772) lautet: *Dieses
Sonett ist an einen Hund gerichtet. – Unter ›meines Herrn Hand‹
ist eine Beziehung zu Orpheus hergestellt, der hier als ›Herr‹ des
Dichters gilt. Der Dichter will diese Hand führen, daß sie auch,
um seiner unendlichen Teilnehmung und Hingabe willen, den
Hund segne, der, fast wie Esau (lies: Jakob. 1. Mose 27), sein
Fell auch nur umgetan hat, um in seinem Herzen einer, ihm
nicht zukommenden Erbschaft: des ganzen Menschlichen mit
Not und Glück, teilhaft zu werden.*
(Vgl. a. Br. an Clara v. 23. 4. 1923 und Gräfin Sizzo v. 1. 6.
1923.)
Zur Interpretation s. H. Meyer, Rilkes Cézanne-Erlebnis S. 280 ff.
und Mörchen S. 146 ff.

1830 ZU UNTERST, DER ALTE, VERWORRN (SO I, 17): 1, 741. Muzot,
zwischen dem 2. und 5. Februar 1922. EA: SO März 1923.

Der Text spiegelt Rilkes Lieblingsidee, adliger Abstammung zu
sein, vgl. K 1010 und 1200, aber auch K 1857. Die psychologi-
schen Aspekte dieses ›Familienromans‹ behandelt ausführlich
Simenauer S. 381 ff. Es ist allerdings auch daran zu erinnern, daß
die Vorstellung, der letzte Sproß einer alten Familie sei zur
Kunst berufen, in der Literatur der Jahrhundertwende häufig
belegt ist (Dekadenz). S. z. B. Th. Manns ›Buddenbrooks‹.
Zur Interpretation s. Mörchen S. 160 ff.

1830 a HOHER GOTT DER FERNEN VORGESÄNGE: 2, 471. Muzot, um
den 4. Februar 1922. ED: 1950 (Walter Rehm, ›Orpheus‹). EA:
G 1953.

1831 HÖRST DU DAS NEUE, HERR (SO I, 18): 1, 742. Muzot, zwischen
dem 2. und 5. Februar 1922. EA: SO März 1923.

Zur Strophen- und Versform s. K 1822. – Zur Thematik und
Haltung gegenüber der Technik vgl. auch 1832, 1834, 1847 und
1859 und VII. DE Vers 50 ff. – Trotz der Bemühung des späten
Rilke, das Ganze des Daseins, die Totalität der Welt zu bejahen,
ist seine kulturpessimistische Reserve gegenüber der Technik unverkennbar. In diesem Zusammenhang ist auf zwei Tatsachen zu
verweisen: 1. Rilke steht mit seinen Vorbehalten nicht isoliert da.
Neben der allgemeinen Kritik an der Verwissenschaftlichung des
westlichen Lebens (Th. Lessing, Klages, Spengler) und der be-

sonderen Kritik in der Literatur von George, Hofmannsthal bis
Benn und Kafka, um nur einige Namen zu nennen, beherrschte
diese Auseinandersetzung z. B. auch den Briefwechsel mit Katharina Kippenberg: *das ist das sündhafte an der Maschine, daß
sie überhaupt kein Werkzeug mehr ist* (Kath. Kippenberg an
Rilke am 2. 10. 1915). – *und ganz mir in die Einsicht fallend,
was Sie von der Maschine aufgeschrieben haben und über das
Unheil, das sie für uns ist* (Rilke an K. Kippenberg am 7. 10.
1915). 2. Als Rilke das Schloß Muzot bezog, war es ohne Licht
und ohne Wasser. Die *Elegien* und die *Sonette an Orpheus* wurden bei Kerzenlicht bzw. Petroleumbeleuchtung geschrieben.
Vgl. Peter Demetz, Weltinnenraum und Technologie, S. 6: »Ich
spreche von seinem Mythus der Dinge – der vorindustriellen
Dinge wie Krug, Seil, Haus, Brücke –, die er den Gewalten der
Technologie entgegenhält; von seiner fast unqualifizierten Nega-
tion des neuen Maschinenwesens . . .«.
Zur Interpretation s. a. Mörchen S. 166 ff.

1832 WANDELT SICH RASCH AUCH DIE WELT (SO I, 19): 1, 743. Muzot, zwischen dem 2. und 5. Februar 1922. EA: SO März 1923.
Zur Strophen- und Versgestaltung s. K 1822. – Thematisch
schließt sich das Sonett an das vorhergehende an und setzt dem
technischen Fortschritt, dem *Neuen,* die Rückständigkeit im
Menschlichen *(Leiden* und *Liebe)* und die Gültigkeit des Ästhetischen gegenüber.
Zur Interpretation s. Mörchen S. 172 ff.

1833 DIR ABER, HERR, O WAS WEIH ICH DIR, SAG (SO I, 20): 1, 743.
Muzot, zwischen dem 2. und 5. Februar 1922. EA: SO März
1923.
Das Sonett verarbeitet ein weit zurückliegendes Erlebnis aus der
2. russischen Reise Rilkes. In ihrem Tagebuch hat Lou A.-S. den
erinnernd gestalteten Eindruck beschrieben: ›Während wir an
der Wolga standen, ertönte in dem ganz stillen Abend Gewieher,
und ein munteres Pferdchen trabte schnell, nach vollbrachtem
Arbeitstag, der Herde zu, die irgendwo, weitab, in der Wiesen-
steppe nächtigte, . . . Ein zweites Pferdchen, anderswoher, folgte
mühsamer nach einer Weile: man hatte ihm, um es am wilden
Springen ins Korn zu hindern, einen Holzblock an das eine
Bein gebunden‹ (Br. Rilke – Lou A.-S. S. 632 f.). Im Brief an
Lou A.-S. vom 11. 2. 22, unmittelbar nach Vollendung der X.
DE meldete Rilke an seine langjährige Freundin und damalige
Reisegefährtin: *im Vorsturm . . . schrieb ich, machte, das
Pferd, weißt Du, den freien glücklichen Schimmel mit dem
Pflock am Fuß, der uns einmal, gegen Abend, auf einer Wolga-
Wiese im Galopp entgegensprang –: . . . – Was ist Zeit? – Wann
ist Gegenwart? Über so viel Jahre sprang er mir, mit seinem*

völligen Glück, ins weitoffene Gefühl. – Wie aus dem gleichen Brief hervorgeht, ist das Gedicht als ein Weihegeschenk an Orpheus gedacht, der hier wie schon in SO I, 16 (s. K 1829) als der *Herr* des Dichters erscheint. Vgl. a. Brief an Clara v. 23. 4. 1923, und Lou A.-S., Lebensrückblick S. 142 f.

Zur Interpretation s. Mörchen S. 178 ff.

1834 WIR SIND DIE TREIBENDEN (SO I, 22): 1, 745. Muzot, zwischen dem 2. und 5. Februar 1922. EA: SO März 1923.

Zum Vers- und Strophenbau s. K 1822. – Zu Rilkes Verhältnis der Technik gegenüber vgl. K 1831. – Zur Thematik von Wandel und Bestand s. *Der Brief des jungen Arbeiters* (6, 1122): *Freilich das gehört zu den langen und langsamen Vorgängen, die so völlig in Widerspruch stehen mit den merkwürdigen Überstürzungen unserer Zeit. Aber es wird neben den schnellsten Bewegungen immer langsame geben, ja solche von so äußerster Langsamkeit, daß wir ihren Verlauf gar nicht erleben können.*
Zur Interpretation s. Mörchen S. 187 ff.

1835 SOLLEN WIR UNSERE URALTE FREUNDSCHAFT, DIE GROSSEN (SO I, 24): 1, 746. Muzot, zwischen dem 2. und 5. Februar 1922. EA: SO März 1923.

Zur kulturpessimistischen Haltung s. K 1831.
Zur Interpretation s. Mörchen S. 195 ff.

1836 DICH ABER WILL ICH NUN, DICH, DIE ICH KANNTE (SO I, 25): 1, 747. Muzot, zwischen dem 2. und 5. Februar 1922. EA: SO März 1923.

Das Gedicht ruft, wie Rilke mehrfach ausgesprochen hat, die Gestalt der jungverstorbenen Wera Ouckama Knoop (1900–1919) in Erinnerung (vgl. SW 1, 772 und Brief an G. O. Knoop v. 7. 2. 22).

Die Erinnerung an die Tänzerin war Rilke neu ins Bewußtsein gerufen, durch den Krankheitsbericht, den die Mutter Weras um die Jahreswende 1921/22 an Rilke geschickt hatte. S. dazu Dieter Bassermann 1948 S. 428 ff. Ihr ist auch der ganze Zyklus gewidmet. Vgl. a. SO II, 28 (1887).
Zur Interpretation s. Kramer-Lauff, Tanz und Tänzerisches, und Mörchen S. 199 ff.

1837 DU ABER, GÖTTLICHER, DU, BIS ZULETZT NOCH ERTÖNER (SO I, 26): 1, 747. Muzot, zwischen dem 2. und 5. Februar 1922. EA: SO März 1923.

Zur Gestalt des Orpheus s. K 1814. – Orpheus wurde von rasenden Mänaden, Frauen aus dem Gefolge des Gottes Dionysos, zerrissen. Das Attribut *verschmäht* verweist auf eine in der Tradition des Mythos verbürgte Motivation (Orpheus ist nach dem endgültigen Verlust Eurydikes zum Frauenhasser geworden), die in dem Rilkeschen Konflikt zwischen Kunst und Liebe ge-

wisse Parallelen hat. S. dazu Mason, Merline und die besitzlose
Liebe.

1838 SONETT (O DAS NEUE, FREUNDE, IST NICHT DIES): 2, 135. ED:
Prager Presse 1923. EA: SG 1934.
Ursprünglich als 21. Sonett an Orpheus eingeplant, wurde das
Gedicht durch *Frühling ist wiedergekommen* (1844) ersetzt. In
»Die literarische Welt«, Berlin, 1927, wurde das Gedicht unter
dem Titel: *Gegen die Zeit* veröffentlicht. – Zur Thematik vgl.
K 1831 und 1847.

1842 DIE SIEBENTE ELEGIE (DE 7): 1, 709. Muzot, 7. Februar 1922.
EA: DE Juni 1923.
Endgültige Fassung des Schlusses ab Vers 86 26. Februar 1922.
Werbung nicht mehr: Diese Verse gestalten eine alte These
Rilkes, derzufolge Dichten Sagen heißt, Verwandlung des
Gegebenen, frei vom Willen der Veränderung. S. dazu vor allem die beiden Requien von 1908 (K 1444 und 1445) und
K 1106. Vers 50 ff.: Diese Verse verbinden den Preis der Zeugen vergangener Kultur, *Haus* und *Tempel* mit der kulturkritischen Auseinandersetzung mit der Gegenwart des beginnenden technischen Zeitalters. Vers 53 bis 56 konkretisieren
diese Kritik *(gestaltlos)* am Beispiel von Stauwerken *(erdachtes
Gebild / quer, zu Erdenklichem völlig gehörig)* und Stromerzeu-
gung *(spannende Drang)*. Diese etwas umständliche Sprache, die
die Fachtermini bewußt vermeidet, findet sich ähnlich in den SO
(vgl. I, 18 und 23 und II, 10). – Über die kunstgeschichtlichen
Zusammenhänge und die entgegenständlichenden Tendenzen in
der zeitgenössischen Malerei (Picasso, Klee und Kokoschka) in-
formiert H. Meyer, Die Verwandlung des Sichtbaren. – *Säule,
Pylone, Der Sphinx:* Umsetzungen von Erinnerungen der ägyptischen Reise Rilkes (1911) ähnlich wie in der VI. DE (K 1532)
und *In Karnak wars.* (K 1773). Abb. s. Schnack 1956 Nr. 203,
204, 207 und Hermann 1966 Tafel 7 und 8, Darstellung ebda.
S. 416 ff. – Vers 74 *(Dom)*, Vers 81 *(Turm)* und Vers 82 *(Chartres)* spielen auf Bildungserlebnisse Rilkes an, die er auf seinen
vielen Reisen gesammelt und in seinem Werk gefeiert hat, s.
z. B. die Kathedralengedichte in den NG (1, 497 ff.) oder das
Gedicht *Der Turm* (1, 532), K 1209 und K 1290. In der Elegie
fungieren diese Denkmäler sowohl als Beispiele der gestalte-
rischen Kraft und Energie des Menschen wie als Gegenbilder der
Technik. – *Hinweg:* Auf den ambivalenten Sinn (Hínweg/Hin-
wég) verweist Fritz Kaufmann S. 41. – Nach allgemeiner Übereinstimmung ist der Satz *Hiersein ist herrlich.* der zentrale Gedanke der Elegie. S. dazu auch K 1525 (Einleitung). – Zur Interpretation s. Lit. K 1525 und vor allem für die werkge-
schichtliche Darstellung Steiner S. 146 ff.

1843 Die achte Elegie (DE 8): 1, 714. Muzot, 7./8. Februar 1922.
EA: DE Juni 1923.
Widmung: Rudolf Kassner (1873–1959), bedeutender Kultur-
philosoph, war Rilke seit etwa 1907 freundschaftlich verbun-
den, s. a. K 1648 und 1551. S. a. Mayer und Mason 1960. J.
Steiner deutet die Widmung als Ausdruck des Versuchs, das zur
Zeit der Entstehung der Elegie etwas abgekühlte Verhältnis
öffentlich zu erneuern (S. 185). – *das Offene:* Der Begriff geht
vermutlich auf die Vorstellungswelt des zeitweilig dem George-
Kreis angehörenden Alfred Schuler zurück, der mit dem Satz
»Das Leben muß offen sein« unter anderem Kritik an der bürgerlichen Lebensform verband (Angelloz S. 292). Rilke kannte
Schuler persönlich, s. K 1815. Rilkes Anschauung ist nicht bloß
Reproduktion Schulerscher Thesen, ist diesen aber in vieler Hinsicht verwandt. Ich zitiere aus der von Ludwig Klages organisierten Ausgabe (S. K 1815): Kennzeichen des ge ö f f n e t e n
L e b e n s sind: Gefühl der Erfüllung, der Sättigung, Teletae,
Passivität, Verweilen im Augenblick, Verewigung des Augenblicks, Stillstand der Zeit, Gefühl des absoluten Seins. Im offenen Leben wird der einzelne von den inneren Strömen ergriffen und gleichsam umgedreht, so daß er nach innen blickt, in
die religiöse Kraftzentrale ... Indem er sich mit dieser eint,
schwindet das Außerhalb; alles wird Innenleben ... (S. 273).
Singer weist allerdings darauf hin, daß die Problemstellung
und die Zielsetzung bei Rilke älter ist als die Bekanntschaft
mit Schuler, von dem sich Rilke außerdem in einigen Punkten
unterscheide, und zeigt zweitens die Nähe des Rilkeschen An-
satzes zu Gedanken Hölderlins (Singer S. 76 ff.).
Singer zitiert aus der Frankfurter Vorrede zum Hyperion: ›Die
seelige Einigkeit, das Seyn, im einzigen Sinne des Worts, ist
für uns verloren und wir mußten es verlieren, wenn wir es er-
streben, erringen sollten. Wir reissen uns los vom friedlichen
ἐν καὶ πᾶν der Welt, um es herzustellen, durch uns selbst. Wir
sind zerfallen mit der Natur, und was einst, wie man glauben
kann, Eins war, widerstreitet sich jetzt ...‹ (Singer S. 76). –
Vers 52 ff.: Zu Motiv und Thema s. a. Br. a. Lou A.-S. v. 20. 2.
1914 und 20. 2. 1918: In diesen Briefen unterscheidet Rilke zwischen den in einem Mutterleib heranwachsenden Lebewesen und
der übrigen Kreatur, für die das Draußen sozusagen der Mutterleib ist, in dem sie groß werden: *Woher stammt die Innigkeit der
Kreatur (der übrigen): aus diesem Nicht-im-Leibe-Herangereift-
sein, das es mit sich bringt, daß sie eigentlich den schützenden
Leib nie verläßt. (Lebenslang ein Schooßverhältnis hat). oder:
...daß eine Menge Wesen, die aus draußen ausgesetztem Samen hervorgehen, d a s zum Mutterleib haben, dieses weite*

erregbare Freie, – wie müssen sie ihr ganzes Leben lang sich
drin heimisch fühlen, sie thun ja nichts, als vor Freude hüpfen
im Schooß ihrer Mutter wie der kleine Johannes; denn dieser
selbe Raum hat sie ja empfangen und ausgetragen, sie kommen
gar nie aus seiner Sicherheit hinaus.
Bis beim Vogel alles ein wenig ängstlicher wird und vorsichtiger.
Sein Nest ist schon ein kleiner, ihm von der Natur geborgter
Mutterschooß, den er nur zudeckt, statt ihn ganz zu enthalten.
Vgl. a. 1651 und 1812. – Vers 58 ff.: *(eine Seele der Etrusker):*
›So ruht der Verstorbene im Sarkophag drin – es hat ihn
ein Raum empfangen – und gleichzeitig außerhalb dieses ber-
genden Raums – auf dem Deckel.‹ (Steiner S. 203. S. a. Anm.
703 und 704 ebda.) – Deutung: Für Fingerhut S. 104 hat die
negative Aussage der Elegie einen durchaus ›positiven Aspekt‹.
Sie bedeutet nicht einfach einen vom Menschlichen losgelösten
Preis des Tieres um seiner selbst willen, sondern die Aufforderung, die eigene gegenwärtige Situation zu transzendieren, die
Aufforderung, sich zu wandeln und durch Rückblick auf das
Tier über das Tier und den gegenwärtigen Menschen gleicher-
maßen hinauszuschreiten. Zurückhaltender Käte Hamburger
(1976 S. 149): ›Das wenig variierte Thema dieser dichterisch
schönen Elegie ist also die mehr oder weniger große Sicherheit
des unbewußten Tiers im Gegensatz zu uns, die wir in unser
Bewußtsein eingefangen sind. ... Die Achte Elegie ist Klage. –
Zur Interpretation s. Fingerhut, Singer und K 1525.

1844 FRÜHLING IST WIEDER GEKOMMEN. DIE ERDE (SO I, 21): 1, 744.
Muzot, 9. Februar 1922. EA: SO März 1923.
Eingefügt wurde dieses Sonett anstelle des früher entstandenen
O das Neue, Freunde, ist nicht dies, s. K 1838. Vgl. Br. an Frau
Knoop, v. 9. 2. 1922, mit dem Rilke Frau K. dieses Sonett zu-
schickte und sie bat, es an die Stelle der ursprünglich 21. zu
setzen: *bitte, überkleben Sie's gleich mit diesem, heut geschrie-*
benen, F r ü h l i n g s - K i n d e r - L i e d , das eher den Gesamt-
klang bereichert und, als pendant, nicht schlecht steht, dem
Schimmel-Weihgeschenk gegenüber ... – Das Gedicht hat Rilke
selbst kommentiert (1, 772): *Das kleine Frühlingslied erscheint*
mir gleichsam als ›Auslegung‹ einer merkwürdig tanzenden Mu-
sik, die ich einmal von Klosterkindern in der kleinen Nonnen-
kirche zu Ronda (in Süd-Spanien) zu einer Morgenmesse habe
singen hören. Die Kinder, immer im Tanztakt, sangen einen
mir unbekannten Text zu Triangel und Tamburin. Auf den
Doppelsinn von *Stamm* und *Wurzel* (Botanik/Mathematik) hat
Fritz Kaufmann aufmerksam gemacht (1934 S. 44/45). – Zur
Interpretation s. J. F. Alemparte, R's Frühlings-Kinderlied. In:
Insel-Almanach 1965 S. 72–79 und Mörchen S. 182 ff.

1845 Wɪʀ, ɪɴ ᴅᴇɴ ʀɪɴɢᴇɴᴅᴇɴ Nächten: 2, 138. Muzot, 9. Februar
1922.
Der Vierzeiler ist der schließlich noch von Rilke gutgehei-
ßene Rest einer ursprünglich dreistrophigen Fassung (2, 474),
die zum ersten Mal in den SW 1956 veröffentlicht wurde. S. a.
Anm. SW 2, 790/91.

1846 Vasen-Bild: 2, 138. Muzot, zwischen dem 11. und 15. Februar
1922. EA: SG 1934.

1847 O ᴇʀsᴛ ᴅᴀɴɴ, ᴡᴇɴɴ ᴅᴇʀ Fʟᴜɢ (SO I, 23): 1, 745. Muzot, 12.
oder 13. Februar 1922. EA: SO März 1923.
Bezüglich Rilkes Reserve gegenüber der Technik (Das erste
Motorflugzeug startete 1903.) s. K 1831. Zur Interpretation s.
Mördchen S. 191 ff.

1848 Sᴘɪᴇɢᴇʟ, ᴅᴜ Dᴏᴘᴘᴇʟɢänɢᴇʀ ᴅᴇs Rᴀᴜᴍs! O Sᴘɪᴇɢᴇʟ, ɪɴ ᴅɪᴄʜ
ғᴏʀᴛ: 2, 471. Muzot, 12. oder 13. Februar 1922. EA: G 1953.
Entwurf zu 1853.

1849 Dɪᴇ ғünғᴛᴇ Eʟᴇɢɪᴇ (DE 5): 1, 701. Muzot, 14. Februar 1922.
EA: DE Juni 1923.
Die V. Elegie entstand als letzte (vgl. Br. an Lou vom 20. 2. 22)
und wurde an die Stelle der Gegen-Strophen (K 1538) in den
Gedichtkreis eingefügt (S. a. K 1525). Im erwähnten Br. wird
sie als Saltimbanques bezeichnet. Zur Stoffprovenienz und Mo-
tivgeschichte s. a. K 1401 (Die Gruppe). – Widmung: In der
Wohnung Herta Koenigs, in der Rilke im Sommer 1914 vor-
übergehend Quartier bezogen hatte, hing das Gemälde Picassos
›La famille des saltimbanques‹ (Abb. Schnack 1956 Nr. 250 und
Mason 1964 S. 136). Vers 13/14: Nach Mason (1964 S. 136) bilden die fünf stehenden Figuren des Picasso-Gemäldes die Form
eines ›D‹. – Vers 16: August der Starke (Kurfürst von Sachsen
1670–1733) soll zur Unterhaltung seiner Gäste mit einer einzigen Hand zinnene Teller zusammengedrückt haben. – Subrisio Saltat: das Lächeln des Springers. Abkürzung für saltatoris,
wie häufig bei Aufschriften. Subrisio ist eine mittellateinische
Form für das klassische risus, s. a. das italienische sorriso (K
1779). Zum Motiv der Aufschrift s. a. K 1715 (Der Tod). – Ma-
dame Lamort: Frau Tod (frz.). – Nach Mason hat Rilke in der
V. Elegie die Fragwürdigkeit der eigenen Künstlerexistenz (›die
eigene Ratlosigkeit zugegeben‹ – S. 168) gestaltet. Zur Interpretation s. Mason 1964 S. 131 ff. und Steiner 100 ff., s. a. auch
K 1525.

1850 Mᴇɪɴ sᴄʜᴇᴜᴇʀ Mᴏɴᴅsᴄʜᴀᴛᴛᴇɴ sᴘʀäᴄʜᴇ ɢᴇʀɴ: 2, 475. Muzot,
Mitte Februar 1922. EA: SW 1957.

1851 Bʟᴜᴍᴇɴᴍᴜsᴋᴇʟ, ᴅᴇʀ ᴅᴇʀ Aɴᴇᴍᴏɴᴇ (SO II, 5): 1, 753. Muzot,
15. Februar 1922. EA: März 1923.
Zum Motiv vgl. Br. a. Lou A.-S. v. 26. 6. 1914: Ich bin wie die

*kleine Anemone, die ich einmal in Rom im Garten gesehen
habe, sie war tagsüber so weit aufgegangen, daß sie sich zur
Nacht nicht mehr schließen konnte. Es war furchtbar sie zu
sehen in der dunklen Wiese, weitoffen, immer noch aufnehmend
in den wie rasend aufgerissenen Kelch, mit der vielzuvielen
Nacht über sich, die nicht alle wurde. – polyphon:* vielstimmig.
Zur Interpretation s. Bollnow 1956 S. 278 ff. und Mörchen
S. 239 ff.

1852 ROSE, DU THRONENDE, DENEN IM ALTERTUME (SO II, 6): 1, 754.
Muzot, 15. Februar 1922. EA: SO März 1923.
An die Gräfin Sizzo schreibt Rilke am 15. Juli 22: *eine einfache ungefüllte Eglantine, ... dieses (war) die Rose der Antike, und die Rose Persiens; wo in der griechischen Anthologie
oder überhaupt im orientalischen Gedicht die Rose gefeiert ist,
muß man sich diese Rose vorstellen, mit einfachem Kelch und
in den Farben der entfachten, freudigen, rein gespeisten Flamme.*
Ähnlich auch Rilkes Kommentar SW 1, 772. – Zum Symbol der
Rose s. Bollnow 1956 S. 278 ff., Mörchen S. 244 ff. Zu dem
reinen Widerspruch in Strophe 2 *(Kleidung um Kleidung – zugleich die Vermeidung)* vgl. auch 2082 (Grabspruch).

1853 SO WIE DEM MEISTER MANCHMAL DAS EILIG (SO II, 1): 1, 751.
Muzot, zwischen dem 15. und 17. Februar 1922. EA: SO März
1923.
Entwurf s. 1848.
Zum Thema Vergänglichkeit und Rühmen s. 1820 und K. Zur
Interpretation Mörchen S. 216 ff.

1854 SPIEGEL: NOCH NIE HAT MAN WISSEND BESCHRIEBEN (SO II, 3):
1, 752. Muzot, zwischen dem 15. und 17. Februar 1922. EA: SO
März 1923.
Zu Vers 3/4: ›Der Spiegel reißt gleichsam ein Loch in den Ab-
lauf der Dinge, in das die Gegenstände hineinfallen wie durch
die Löcher eines Siebes.‹ (K. Kippenberg 1948 S. 162) – Bollnow
1956 S. 250: ›Wie das Wesen des Siebs aus seinen Löchern besteht, also in einem Nichts an materieller Substanz, und in seiner
Durchlässigkeit für einen flüssigen Stoff, während die gröberen
Bestandteile zurückbleiben, so sind auch die Spiegel Löcher, gewissermaßen Spalten, durch die wir aus unserem realen und all-
täglichen Raum in einen anderen Raum hineinblicken ....‹.
Zur Interpretation s. Simenauer S. 465, Kunz S. 27 ff. und Mörchen S. 221 ff.

1855 O DIESES IST DAS TIER, DAS ES NICHT GIEBT (SO II, 4): 1, 753.
Muzot, zwischen dem 15. und 17. Februar 1922. EA: SO März
1923.
Zur Motivtradition bei Rilke s. K 1188 *(Das Einhorn).* Zur
Deutung s. Br. an die Gräfin Sizzo: *So ist auch im Einhorn*

keine Christus-Parallele mitgemeint: sondern nur alle Liebe
zum Nicht-Erwiesenen, Nicht-Greifbaren, aller Glaube an den
Wert und die Wirklichkeit dessen, was unser Gemüt durch die
Jahrhunderte aus sich erschaffen und erhoben hat, mag darin
gerühmt sein. . . .
Das Einhorn hat alte, im Mittelalter immerfort gefeierte Be-
deutungen der Jungfräulichkeit: daher ist behauptet, es, das
Nicht-Seiende für den Profanen, sei, sobald es erschiene, in dem
Silberspiegel, den ihm die Jungfrau vorhält (siehe: Tapisserien
des XV. Jahrhunderts) und ›in ihr‹, als in einem zweiten ebenso
reinen, enbenso heimlichen Spiegel. – S. a. Rilkes Kommentar
SW 1, 772. – Zur Interpretation s. Mörchen S. 234 ff. und Fingerhut S. 179 ff.

1856 BLUMEN, IHR SCHLIESSLICH DEN ORDNENDEN HÄNDEN VER-
WANDTE (SO II, 7): 1, 755. Muzot, zwischen dem 15. und 17.
Februar 1922. EA: SO März 1923.
Zur Interpretation s. Mörchen S. 250 ff.

1857 WENIGE IHR, DER EINSTIGEN KINDHEIT GESPIELEN (SO II, 8):
1, 755. Muzot, zwischen dem 15. und 17. Februar 1922. EA: SO
März 1923.
Widmung: Egon von Rilke (1873–1880), jüngstes Kind von
Rilkes Onkel Jaroslav Rilke, geadelt als Ritter von Rüliken.
An seine Mutter schrieb Rilke über diesen frühverstorbenen
Vetter: *Ich denke oft an ihn und komme immer wieder auf*
seine Figur zurück, die mir unbeschreiblich ergreifend geblie-
ben ist. Viel ›Kindheit‹, das Traurige und Hilflose des Kind-
seins, verkörpert sich mir in seiner Gestalt, in der Halskrause,
die er trug, dem Hälschen, dem Kinn, den schönen und durch
das Schielen entstellten Augen. So rief ich ihn im Anschluß an
jenes VIII. Sonett, das die Vergänglichkeit ausdrückt, noch
einmal hervor, nachdem er ja schon in den Aufzeichnungen
des M. L. Brigge seinerzeit als Vorbild des kleinen Erik Brahe,
den als Kind verstorbenen, gedient hatte. Vgl. a. IV. DE Vers
15 und SO I, 17. *wie das Lamm mit dem redenden Blatt:*
Rilke erklärt in seinen Anmerkungen zu den Sonetten (SW
1, 773): *Das Lamm (auf Bildern), das nur mittels des Spruch-*
bandes spricht. – Zum Kind als Idealgestalt im Werk Rilkes s.
Bollnow 1956 S. 209 ff. und zum Ballsymbol 240 ff., s. a. Mörchen S. 252 ff.

1858 RÜHMT EUCH, IHR RICHTENDEN, NICHT DER ENTBEHRLICHEN
FOLTER (SO II, 9): 1, 756. Muzot, zwischen dem 15. und 17.
Februar 1922. EA: SO März 1923.
Thema dieses und des folgenden Sonetts ist wie schon in eini-
gen Gedichten des ersten Teils (S. K 1831) die Neuzeit: hier
die Humanisierung. Rilkes Skepsis erhält ihre besondere Note

durch sein unpolitisches und ungeschichtliches Denken (s. a. K 1762) und durch seine Akzentuierung des Ästhetischen (S. K 1226).
Zur Interpretation s. Mörchen S. 261 ff.

1859 ALLES ERWORBENE BEDROHT DIE MASCHINE, SOLANGE (SO II, 10): 1, 757. Muzot, zwischen dem 15. und 17. Februar 1922. EA: SO März 1923.
Zum Thema Neuzeit und Technik s. K 1831. – *unbrauchbarer Raum:* rühmendes Attribut, dem Raum im Spiegel vergleichbar, s. a. 1854 und 1855. – Zur Interpretation s. Mörchen S. 270 ff.

1860 MANCHE, DES TODES, ENTSTAND RUHIG GEORDNETE REGEL (SO II, 11): 1, 757. Muzot, zwischen dem 15. und 17. Februar 1922. EA: SO März 1923.
Rilkes Kommentar zu diesem Sonett: *Bezugnehmend auf die Art, wie man, nach altem Jagdgebrauch, in gewissen Gegenden des Karsts, die eigentümlich bleichen Grotten-Tauben, durch vorsichtig in ihre Höhlen eingehängte Tücher, indem man diese plötzlich auf eine besondere Weise schwenkt, aus ihren unterirdischen Aufenthalten scheucht, um sie, bei ihrem erschreckten Ausflug, zu erlegen.* – Vgl. auch Br. an K. Kippenberg v. 31. 10. 1911: *... bin ich inzwischen in einer der Karstdolinen mit auf Taubenjagd gewesen, still Wacholderbeeren essend während die Jäger mich vergaßen über den schönen in starken Stößen aus den tiefen Felstrichtern aufschlagenden Wildtauben.* – Die Szene hat wohl schon das Fragment vom Ende Januar 1912 geprägt: *und schwenktest Taubenflüge wie Tücher in die Frühluft* (1527) – *Fern von dem Schauenden sei jeglicher Hauch des Bedauerns:* Programmatische Zeile, s. dazu die beiden Requien vom Oktober/November 1908 und K 1444 und K 1445. – Zur Interpretation s. Mörchen S. 275 ff.

1861 WOLLE DIE WANDLUNG. O SEI FÜR DIE FLAMME BEGEISTERT (SO II, 12): 1, 758. Muzot, zwischen dem 15. und 17. Februar 1922. EA: SO März 1923.
Die vier Strophen des Sonetts sind nacheinander den 4 Elementen der antiken Naturphilosophie (Feuer, Erde, Wasser, Luft) gewidmet. – *wendender Punkt:* in der darstellenden Kunst der für die Darstellung fruchtbare Augenblick einer Bewegung (Kairos). S. a. V. DE Vers 81 ff. – *Daphne:* vor dem Gott fliehend, wird sie in einen Lorbeerbaum verwandelt, s. a. IX. DE Vers 1 ff. und K 1534.
Zur Interpretation s. Mörchen S. 284 ff.

1862 SEI ALLEM ABSCHIED VORAN, ALS WÄRE ER HINTER (SO II, 13): 1, 759. Muzot, zwischen dem 15. und 17. Februar 1922. EA: SO März 1923.

Am 18. 3. 22 sandte Rilke eine Abschrift dieses Sonetts an Frau Gertrud Ouckama Knoop mit den Worten: *Heute schicke ich Ihnen nur ein Sonett ... mit, weil es mir, im ganzen Zusammenhang, das naheste ist und, am Ende, das überhaupt gültigste ... – Eurydike:* jungverstorbene Gattin des Orpheus, s. a. K 1160. – *des Nicht-Seins Bedingung:* nach Mörchen im Sinne von Wesen des Nicht-Seins, als Genitivus explicativus, das Nicht-Sein ist die Bedingung für das Sein (S. 302).
Zur Interpretation s. Else Buddeberg, R. M. R., ›Sei allem Abschied voran‹ Hamburg 1947. (35 S.) – H. E. Holthusen, R. M. R., ›Sei allem Abschied voran‹ In: Wege zum Gedicht. 1968 S. 288–296 und Mörchen S. 295 ff.

1863 SIEHE DIE BLUMEN, DIESE DEM IRDISCHEN TREUEN (SO II, 14): 1, 760. Muzot, zwischen dem 15. und 17. Februar 1922. EA: SO März 1923.
Den kulturpessimistischen Aspekt des Gedichts (gegen die Unterwerfung der Natur und gegen den Überlegenheitsglauben des Menschen) betont K. Kippenberg 1948 S. 176: ›Wir mischen uns überhaupt überall in das Schicksal der Erde und ihrer Taten, wir wissen es besser als die Natur, wir zivilisieren sie ...‹ – Zur Interpretation s. a. Mörchen S. 305 ff.

1864 BRAU UNS DEN ZAUBER, IN DEM DIE GRENZEN SICH LÖSEN: 2, 466. Muzot, zwischen dem 15. und 17. Februar 1922. EA: SG 1934.
Aus dem Umkreis der SO II.

1865 MEHR NICHT SOLLST DU WISSEN ALS DIE STELE: 2, 466. Muzot, zwischen dem 15. und 17. Februar 1922. EA: SG 1934.
Aus dem Umkreis der SO II. – Zum Bild der Stele s. K 1538 (II DE Vers 66 ff.).

1866 WAS HAT UNS DER GOTT FÜR EIN STAUNEN GESCHENKT: 2, 472. Muzot, zwischen dem 15. und 17. Februar 1922. EA: G 1953. Entwurf aus dem Umkreis der SO.

1867 DENK: SIE HÄTTEN VIELLEICHT ANEINANDER ERFAHREN: 2, 467. Muzot, zwischen dem 16. und 17 Februar 1922. EA: SG 1934.
Aus dem Umkreis der SO. – Nach Mason (Rilke und Goethe S. 56) bezieht sich das Gedicht auf Goethe und Ulrike von Levetzow, die ein Altersunterschied von fünfundfünfzig Jahren trennte. – *Soll er klagend vergehn:* bezöge sich dann auf Goethes Marienbader Elegie. – *Hymen:* gr. Hymenaios, griech. Hochzeitsgott, meist mit Brautfackel und Kranz dargestellt.

1868 ABER, IHR FREUNDE, ZUM FEST, LASST UNS GEDENKEN DER FESTE: 2, 468. Muzot, zwischen dem 16. und 17. Februar 1922. EA: SG 1934.
Aus dem Umkreis der SO. – *Villa d'Este:* italienisches Renaissance-Schloß in Tivoli, berühmt wegen der terrassenförmig an-

gelegten Gärten und der kunstvollen Wasserspiele. – Rilkes positive Auseinandersetzung mit der Kunst der Renaissance reicht zurück bis ins Jahr 1898, s. a. K 687. – *Aquädukte:* s. 1402.

1869 WELCHE STILLE UM EINEN GOTT! WIE HÖRST DU IN IHR: 2, 468. Muzot, zwischen dem 16. und 17. Februar 1922. EA: SG 1934.
Aus dem Umkreis der SO.

1870 IMMER, O NYMPHE, SEIT JE / HAB ICH DICH STAUNEND BEWUNDERT: 2, 472. Muzot, zwischen dem 16. und 17. Februar 1922. EA: G 1953.
Aus dem Umkreis der SO. – Das Gedicht spielt wohl (mit einigen Freiheiten) auf den Daphne-Mythos an, s. K 1532.

1871 ..... BRAUN'S / ..... AN DEN SONOREN: 2, 473. Muzot, zwischen dem 16. und 17. Februar 1922. EA: G 1953.
Bruchstück aus dem Umkreis der SO.

1872 O BRUNNEN-MUND, DU GEBENDER, DU MUND (SO II, 15): 1, 761. Muzot, 17. Februar 1922. EA: SO März 1923.
Zum Motiv und seiner Gestaltung s. K 1823, 1243, 1210 und 1402 *(Römische Campagna).* – Zur Interpretation s. Johannes Pfeiffer, Rilke: O Brunnen-Mund. In: Die deutsche Lyrik Bd. II 1956 S. 359–361. – M. H. Black, Two sonnets of Rilke, Brunnen-Mund ..., Römische Sarkophage. In: GLL 19 (1965/66) S. 262/78, und Mörchen S. 311 ff.

1873 IMMER WIEDER VON UNS AUFGERISSEN (SO II, 16): 1, 761. Muzot, zwischen dem 17. und 19. Februar 1922. EA: SO März 1923.
verteilt: Orpheus wurde von den Mänaden zerissen, s. a. SO I, 26: *Nur weil dich reißend zuletzt die Feindschaft verteilte,* (1, 748). – Vers 5–8: Die dargestellte Haltung des Orpheus entspricht der Gebärde des verlorenen Sohnes (SW 6, 945) in den Aufzeichnungen des M. L. B., mit der er sich der bindenden Liebe entziehen möchte. – Vers 13/14: Dem Lamm wird die Schelle umgehängt, damit es nicht verlorengeht. Der Widerspruch zwischen dem stillen Instinkt und der lärmenden Schelle wird durch die Demut des Lamms versöhnt.
Zur Interpretation s. Mörchen S. 316 ff.

1874 WO, IN WELCHEN IMMER SELIG BEWÄSSERTEN GÄRTEN (SO II, 17): 1, 762. Muzot, zwischen dem 17. und 19. Februar 1922. EA: SO März 1923.
Zum im Verhältnis zur Natur gestörten Rhythmus des Menschen (4. Strophe) vgl. Eingang der IV. DE. – Zur Interpretation s. Mörchen S. 325 ff.

1875 TÄNZERIN: O DU VERLEGUNG (SO II, 18): 1, 763. Muzot, zwischen dem 17. und 19. Februar 1922. EA: SO März 1923.
Der Tanz ist als eine kunstvolle Bewegung eines der Lieblings-

motive der Rilkeschen Dichtung (vgl. Jonas / Kramer-Lauff). In
den SO ist das Motiv natürlicherweise recht häufig (SO I, 15, 25
und II, 28), sind sie doch als ein Grabmal für eine Tänzerin
entworfen worden, s. K 1814 (Einleitung). – Auf das Inein-
anderspielen verschiedener Bildbereiche mittels doppeldeutiger
Vokabeln (reifend, Zug, Wendung-Wandung) hat schon Fritz
Kaufmann 1934 (S. 53) hingewiesen.
Zur Interpretation s. Mörchen S. 331 ff.

1876 WIR HÖREN SEIT LANGE DIE BRUNNEN MIT: 2, 469. Muzot, zwischen dem 17. und 19. Februar 1922.
Aus dem Umkreis der SO. Zum Motiv s. K 1823 und K 1872.

1877 DIES IST DAS SCHWEIGENDE STEIGEN DER PHALLEN: 2, 473. Muzot, zwischen dem 17. und 19. Februar 1922. EA: G 1953.
Bruchstück aus dem Umkreis der SO.

1878 IRGENDWO WOHNT DAS GOLD IN DER VERWÖHNENDEN BANK
(SO II, 19): 1, 763. Muzot, zwischen dem 17. und 23. Februar
1922. EA: SO März 1923.
Mit der Seligpreisung der Armut und der Armen führt das Gedicht eine Rilkesche Tradition fort, die vom 3. Teil des STBs
(Denn Armut ist ein großer Glanz aus Innen) über das Buch
der Bilder bis in die Spätzeit reicht. Der zitierte blinde Bettler
kommt ähnlich in Pont du Carrousel (S. K 1092) vor. Dabei ist
die Armut Rilke weniger ein soziales Problem als ein ästhetisches: So ohne Neugier war zuletzt dein Schaun und so besitzlos, von so wahrer Armut (S. K 1444).
Zur Interpretation s. Mörchen S. 338 ff.

1879 ZWISCHEN DEN STERNEN, WIE WEIT; UND DOCH, UM WIEVIELES
NOCH WEITER (SO II, 20): 1, 764. Muzot, zwischen dem 17.
und 23. Februar 1922. EA: SO März 1923.
In seinem thematischen Ansatz ist das Sonett der VIII. Elegie
verwandt. Die Überwindung der Distanz zur Welt und die
Herstellung eines (liebenden) Bezuges gehört zu den konstanten Motivationen der Dichtung Rilkes. – Nach Mason (1964)
ist allerdings die differenzierende, Unterschiede begreifende
und für Unterscheidungen empfängliche nuancenreiche Kunst
Rilkes vor allem seinem Individualismus zuzuschreiben. (S.
Mason 1964 ›Das Weltbild der Nuance‹.) – Das Bild der Fische
hat wie viele Bilder der SO eine lange Geschichte im dichterischen Planen Rilkes. Siehe die Auslage des Fischhändlers SW
6, 1131 ff. und Br. vom 5. 2 1907. – Zur Interpretation s. Mörchen S. 346 ff. (›Ob die Fische nun sprechen können oder nicht,
ihr »Gesicht« redet ursprunghaft genug‹).

1880 SINGE DIE GÄRTEN, MEIN HERZ, DIE DU NICHT KENNST; WIE IN
GLAS (SO II, 21): 1, 765. Muzot, zwischen dem 17. und 23.
Februar 1922. EA: SO März 1923.

Thematisch ist das Gedicht SO II, 4 (K 1855) verwandt. – Ispahan (Isfahan) und Schiras sind zwei alte iranische Provinzhauptstädte. Ispahan wurde berühmt durch sein fruchtbares, durch Bewässerungsanlagen auch ertragreiches Umland, und Schiras durch seine Rosengärten. Der weitgereiste Rilke hatte diese Städte nie gesehen.
Zur Interpretation s. Mörchen S. 353 ff.

1881 O TROTZ SCHICKSAL: DIE HERRLICHEN ÜBERFLÜSSE (SO II, 22): 1, 765. Muzot, zwischen dem 17. und 23. Februar 1922. EA: SO März 1923.
Das Sonett setzt die technischen Seiten der Neuzeit gegen den in Kunstwerken (Parke, Plastiken, Schlösser, Säulen) noch gegenwärtigen Ertrag der Vergangenheit ab, s. a. K 1831. – *in Karnak, die Säule:* s. K 1773 und K 1940. – *Doch nur wie gedacht:* VII. DE Vers 53 ff.: *Wo einmal ein dauerndes Haus war, schlägt sich erdachtes Gebild vor, quer, zu Erdenklichem völlig gehörig, als ständ es noch ganz im Gehirne.* – Zur Kritik an der Stadt mit ihrer übertriebenen Helligkeit bei Nacht s. a. 1319 und K 1121.
Zur Interpretation s. Mörchen S. 362 ff.

1882 RUFE MICH ZU JENER DEINER STUNDEN (SO II, 23): 1, 766. Muzot, zwischen dem 17. und 23. Februar 1922. EA: SO März 1923.
Nach Rilkes eigener Anmerkung (1, 773) ist das Gedicht an den Leser gerichtet. – *wo wir dennoch preisen:* s. K 1820 und K 1525.
Zur Interpretation s. Mörchen S. 365 ff.

1883 O DIESE LUST, IMMER NEU, AUS GELOCKERTEM LEHM (SO II, 24): 1, 767. Muzot, zwischen dem 19. und 23. Februar 1922. EA: SO März 1923.
Zur Deutung s. Mörchen S. 371 ff. S. K 1814 u. 1525.

1884 SCHON, HORCH, HÖRST DU DER ERSTEN HARKEN (SO II, 25): 1, 767. Muzot, zwischen dem 19. und 23. Februar 1922. EA: SO März 1923.
Nach Rilkes Worten das *Gegenstück zu dem Frühlings-Liedchen der Kinder im Ersten Teil der Sonette (XXI).* – Das Gedicht ist offensichtlich von dem vorfrühlingshaften Wetter der Entstehungszeit mitgeprägt (vgl. Br. an Gräfin Sizzo v. 19. 2. 1922 und Lou A.-S. v. 20. 2. 1922). – Zur Deutung s. K 1814 (Einleitung) und Mörchen S. 379 ff.

1885 WIE ERGREIFT UNS DER VOGELSCHREI (SO II, 26): 1, 768. Muzot, zwischen dem 19. und 23. Februar 1922. EA: SO März 1923.
Im Unterschied zum vorherigen Sonett, das den Frühling und die in diese Jahreszeit stimmende Tätigkeit des Menschen preist, zeigt dieses Sonett Herbstzeit und störendes Verhalten der Kinder. Auf Rilkes Ruhebedürfnis und seine Lärmempfindlichkeit weist in diesem Zusammenhang Mörchen hin (S. 386). – *Haupt und Leier:* S. K 1837.

Zur Interpretation s. Mördien S. 384 ff.

1886 GIEBT ES WIRKLICH DIE ZEIT, DIE ZERSTÖRENDE (SO II, 27):
1, 769. Muzot, zwischen dem 19. und 23. Februar 1922. EA:
SO März 1923.
Demiurg: Gr.: Werkmeister, bei Platon bildet er die Welt aus
der Materie nach ewigen Ideen. – Zur Interpretation s. Mördien
S. 384 ff.

1887 O KOMM UND GEH. DU, FAST NOCH KIND, ERGÄNZE (SO II, 28):
1, 769. Muzot, zwischen dem 19. und 23. Februar 1922. EA: SO
März 1923.
Nach Rilkes eigenem Kommentar (1, 773) an Wera (Ouckama
Knoop) gerichtet. S. K 1836 und K 1814 (Einleitung). – Zur
Interpretation s. Mördien S. 405 ff.

1888 STILLER FREUND DER VIELEN FERNEN, FÜHLE (SO II, 29): 1, 770.
Muzot, zwischen dem 19. und 23. Februar 1922. EA: SO März
1923.
Erläuternder Kommentar Rilkes: *An einen Freund Weras.* Danach steht das Gedicht in enger Beziehung zum vorhergehenden,
s. K 1887.
Zum Motiv des Atmens vgl. aber auch SO II, 1 (1891).
Zur Interpretation s. Walter Naumann: R. M. R. Stiller Freund
der vielen Fernen, fühle. In: Traum und Tradition in der deutschen Lyrik. Stuttgart. Berlin. Köln. Mainz. 1966 S. 157 ff. und
Mördien S. 410 ff.

1889 VON MEINER ANTWORT WEISS ICH NOCH NICHT: 2, 473. Muzot,
zwischen dem 19. und 23. Februar 1922. EA: G 1953.
Entwurf aus dem Umkreis der SO, s. a. 1884.

1890 HAST DU DES EPHEUS WECHSELNDE BLÄTTERGESTALTEN: 2, 474.
Muzot, zwischen dem 19. und 23. Februar 1922. EA: G 1953.
Bruchstück aus dem Umkreis der SO.

1891 ATMEN, DU UNSICHTBARES GEDICHT (SO II, 1): 1, 751. Muzot,
gegen den 23. 2. 1922. EA: SO März 1923.
Zuletzt entstandenes Stück der SO. – In einem Brief an ein
junges Mädchen schrieb Rilke im Juli 1921. *Das ist kein Schreiben, das ist Atmung durch die Feder.* – Erläuterung Leo Spitzers:
›Der Dichter fragt die Allgemeinsprache, ob sie sich selbst nach
der Umwandlung durch den Dichter wiedererkennt, genauso wie
er die eingeatmete Luft (in mir) gefragt hat, ob sie sich in der
(in Worten) ausgeatmeten wiedererkennt.‹ Spitzer in: Wirkendes
Wort 10 (1960). S. a. Mördien S. 211 ff.

1892 MANCHEN IST SIE WIE WEIN, DER DAS GLÄNZEN DES GLASES:
2, 139. Muzot, etwa 23. 2. 1922. EA: GW III 1927.
Gemeint ist wohl die Musik oder die Kunst überhaupt.

1893 NEIGUNG: WAHRHAFTES WORT! DASS WIR JEDE EMPFÄNDEN:
2, 139/2, 250. Muzot, um den 23. 2. 1922. EA: RMR, Briefe an
seinen Verleger 1934.

Die erste Fassung als Widmung in 2, 250. Rilke eignete am
5. 12. 1923 diese Verse Katharina und Anton Kippenberg zu,
als Dank für ihre Glückwünsche zu seinem 48. Geburtstag (vgl.
Briefwechsel RMR–Katharina Kippenberg 1954, 513 und 688).
Das Gedicht erscheint später auch in dem Sammelband *Aus Taschen-Büchern und Merk-Blättern* für Katharina Kippenberg
(diese Fassung steht in 2, 139). Die beiden Fassungen weichen
leicht voneinander ab.

1894 WANN WAR EIN MENSCH JE SO WACH: 2, 470. Muzot, gegen den
23. 2. 1922. ED: Das Inselschiff 1930. EA: VPN 1929.
Sonett aus dem Umkreis der SO.

1895 WAHRE DICH BESSER: 2, 474. Muzot, etwa 23. 2. 1922. EA: G
1953. Bruchstück aus dem Umkreis der SO.

1896 LASS UNS LEGENDEN DER LIEBE HÖREN: 2, 474. Muzot, etwa
23. 2. 1922. EA: G 1953.
Bruchstück aus dem Umkreis der SO.

1897 IN DIESEM HAUS DER BLONAY, DE LA TOUR: 2, 251. Muzot, Ende
April 1922. EA: G 1953.
Für Werner Reinhart geschrieben, als Eröffnung des Gästebuchs
auf Château de Muzot, Ende April 1922. *Dem Lehens-Herrn /
am Ausgang des wunderbar gewährten / Winters 1921/22 / Rainer Maria Rilke.* Ursprünglich hatte Rilke für diesen Zweck
die Verse *Die Erde ist noch immer überschwemmt* 2, 248 (S. K
1804) vorgesehen.
Das Gedicht umschreibt die Tatsache, daß Rilke, der Gast, das
Haus bezog, noch bevor es Reinhart ·gehörte.
Blonay, de la Tour, de Monthéÿs: Namen der Adelsfamilien,
in deren Besitz Muzot war (vgl. Brief an Fürstin Taxis vom
25. 7. 1921).

1898 ODETTE R ...: 2, 251. Muzot, 21. 12. 1922. EA: G 1953.
Auf Bitten von Antoine Contat eingeschrieben zu Weihnachten
1922 in die MLB für Frau Margarethe Masson-Ruffy (befreundet
mit Contats, lebte in Langenthal/Bern, wo ihr Mann Apotheker
war), im Andenken an ihre jung verstorbene Schwester Odette
Ruffy, eine Malerin. Die beiden waren Töchter des Schweizer
Bundesrates und Bundespräsidenten Eugène Ruffy.

1899 LEBEN UND TOD: SIE SIND IM KERNE EINS: 2, 252. Muzot, 22. 12.
1922. EA: G 1953.
Otto Kohn bat Rilke, ein Widmungsgedicht in ein Exemplar des
Cornet für cand. med. Max Nußbaum zu schreiben.

1900 WIRD ERST DIE ERDE ÖSTERLICH: 2, 252. Muzot, Ostersonntag,
1. 4. 1923. EA: G 1953.
Für Edmund von Freyhold (1878–1944), einen deutschen Maler,
befreundet mit den Reinharts in Winterthur; Freyhold ist Verfasser des von Rilke mehrfach verschenkten »Hasenbuchs«. Das

Gedicht steht auf einem Kärtchen, das der Oberhase einer Hasen-
familie, auf dem geschmückten Ostertisch, um den Hals trug.
(Vgl. Brief vom 11. 4. 1923 an Frau Wunderly: ... *richtete ich*
... *etwas wie eine Bescherung ein, die ... um 11, unter großer*
Lustigkeit stattfand. Daß gerade Freyhold da war! Sie wissen,
wie sehr ich seine schönen Bilderbücher schätze und besonders
sein wirklich beglückendes Haasen-Buch.) In den SW ist das Gedicht nach dem Entwurf abgedruckt.

1901 WIR SAGEN REINHEIT UND WIR SAGEN ROSE: 2, 252. Muzot, um
den 20. 5. 1923. EA: G 1953.
In ein Buch der Prinzessin »Maridl« (Prinzessin Marie Therese
von Thurn und Taxis), in das die Fürstin Marie von Thurn und
Taxis ihrer ältesten Enkelin Gedichte Rilkes eingeschrieben hat,
schreibt Rilke die Verse mit der Widmung: *Geschrieben (um*
Pfingsten 1923, bei ihrem Besuche auf Muzot) für die Prinzessin
Marie von Thurn und Taxis, als »Schließe« der liebevoll ge-
wählten Reihe auf den vorhergehenden Blättern. Vom 16.–23. 5.
war die Fürstin in Muzot zu Gast.

1902 WEGE DES LEBENS. PLÖTZLICH SIND ES DIE FLÜGE: 2, 475. Muzot,
Ende Mai 1923. EA: G 1953.
Entwurf einer Widmung.

1903 VERGASSEST DU'S VON EINEM JAHR ZUM NEUEN: 2, 476. Muzot,
Anfang Juni 1923. EA: G 1953.
Bruchstück.

1904 WIEVIEL WEITE, WIEVIEL WANDLUNG: 2, 253. Maur am Greifensee, Mitte Juni 1923. EA: G 1953.
Eingetragen in das Gästebuch der »Fluh«, des Landgutes von
Werner Reinhart in Maur am Greifensee, Juni 1923, wo Rilke
sich ein paar Tage aufhält. Die Unterschrift lautet: *Rainer Ma-*
ria Rilke (vom Abend des 15. Juni an und dann – voraussicht-
lich – zwei Tage über die Abreise des Hausherrn hinaus.) S. K
1804. Zu Muzot S. K 1897.

1905 DER REISENDE: 2, 140. Im Zug über den Lötschberg ins Wallis,
20. 6. 1923. ED: Navigare necesse est. Eine Festgabe für Anton
Kippenberg zum 22. Mai 1924. EA: GW III 1927.
Rilke schrieb das Gedicht im Zug, auf der Heimfahrt nach Muzot, *über den Lötschberg ins Wallis hereinfahrend* (Brief an
Katharina Kippenberg vom 17. 7. 1923). Es ist für die Kippen-
berg-Festschrift »Navigare necesse est« bestimmt: *Auf einer*
Reise geschrieben, für den aus unerschöpflichem Vertrauen mit-
wirkenden Freund so vieler Jahre, Wege und Wandlungen.
Über den Anlaß des Gedichtes schreibt Rilke in dem oben bereits zitierten Brief: *Ich sah einen jungen Mann und ein Mädchen,*
von meinem Zuge, beieinander in der sie übersteigenden Land-
schaft stehen –, was plötzlich in Anlaß überschlug.
Klimaten: Mehrzahl von Klima.

1906 IMAGINÄRER LEBENSLAUF: 2, 142. Schöneck, 15. 9. 1923. ED:
Festschrift der Freien Vereinigung Gleichgesinnter Luzern. Zürich
1923.
Geschrieben für die Freie Vereinigung Gleichgesinnter in Luzern
(S. K 1751). Zur Thematik vgl. z. B. K 943 und K 1236. Bei
aller Imagination lassen sich doch deutliche Züge der eigenen
Lebensgeschichte erkennen.

1907 ZWEI GEDICHTE (FÜR E. S.): 2, 143. Schöneck, 16. 9. 1923. ED:
Insel-Almanach auf das Jahr 1924. EA: GW 1927.
Für Frau Elisabeth Gundolf-Salomon, die spätere Frau des
Georgefreundes und Literaturwissenschaftlers Friedrich Gundolf,
die Rilke am 30. 8. 1923 in Schöneck kennengelernt hat.
EX VOTO: vgl. den Entwurf in franz. Sprache *Que veux-tu que
je mets sous ton image* 2, 702. *Ex voto*: lat.: auf Grund eines
Gelübdes. Der Text säkularisiert den Brauch der Gläubigen, die
in der Kirche unter dem Heiligenbild zum Dank für eine Hei-
lung ein Bildnis des geheilten Körperteils anbringen, meist mit
einem Dankspruch.
TRÄNENKRÜGLEIN. Das Tränenkrüglein ist ein Requisit aus dem
Bereich der Totensagen. Die Toten werden durch das Weinen der
Hinterbliebenen in ihrer Ruhe gestört, da sie deren Tränen in
ein Tränenkrüglein sammeln müssen. Das Motiv findet sich in
etwas abgewandelter Form in dem Grimmschen Märchen ›Das
Totenhemd‹.

1908 WIR SIND NUR MUND. WER SINGT DAS FERNE HERZ: 2, 144/
2, 253. Schöneck, Ende September 1923. ED: Betz, Rilke in
Frankreich 1938.
Für die Tochter des Hofraths Wunderlich, Frau Agnes Renold-
Wunderlich, die Frau von Dr. E. Renold, Arzt in Schöneck,
schreibt Rilke das Gedicht als Widmung für ihr Exemplar des
*Stunden-Buches: Geschrieben für Frau Dr. E. Renold um ihr
dieses, ihr Buch persönlicher und herzlicher anzueignen. Rainer
Maria Rilke. (Schöneck, im September 1923.)* Später nimmt
Rilke die Verse in den Sammelband *Aus Taschen-Büchern und
Merkblättern* auf (Aus RMRs Nachlaß 3. Folge 1950). Letz-
tere Version steht in 2, 144.

1909 SHAWL: 2, 476. Bern, Oktober 1923. EA: G 1953.
Die beiden Shawl-Gedichte O *Flucht aus uns* und *Wie, für die
Jungfrau* entstanden unter dem Eindruck der Kaschmirshawls
im Historischen Museum zu Bern, Sammlung Moser. Vgl. 1970.
S. Allemann 1961 S. 96.
Shawl: engl. Schal.

1910 SIEBEN ENTWÜRFE AUS DEM WALLIS ODER DAS KLEINE WEINJAHR:
2, 145. Muzot, November und Dezember 1923. ED: Corona
5. J. 6. H. 1935.

Geschrieben für den Freund und Gast-Freund, als ein kleiner
weihnachtlicher Ertrag seines Schloß-Gutes zu Muzot (1923).
Gemeint ist Werner Reinhart (S. K 1804). Der Gedichtzyklus
bezieht sich auf das Wallis, die Umgebung des Château de Muzot,
in der Wein angebaut wird. Er ist eine dankende Erinnerung an
das vergangene Jahr in Muzot. Vgl. auch die Entwürfe 1917.

LE SOUVENIR DE LA NEIGE

DUMPFE ERDE: WIE HIESS ES, IHR JEDEN

WIE ER SPART, DER WEIN. KAUM GLÜHT DIE BLÜTE

SO WIE JAKOB MIT DEM ENGEL RANG: *Jakob mit dem Engel:*
A. T. Moses 32, 25–33.

. . . / LÄCHELN . . ., BEINAH GESICHT

WEINBERGTERRASSEN, WIE MANUALE: *Manuale:* Orgeltastaturen.

COMME AUX SAINTES-MARIES, LÀ-BAS

1911 FÜR MAX PICARD: 2, 255. Muzot, November 1923. EA: SG 1934.
In ein Exemplar der DE eingeschrieben für Max Picard, Arzt und
Schriftsteller, den Rilke 1918 in München kennengelernt hatte.
Als Zusatz erscheint das Datum: *(Muzot, um Weihnachten 1923.)*

1912 ZUEIGNUNG AN M . . . / SCHAUKEL DES HERZENS: 2, 254. Muzot,
6. und 8. 11. 1923. ED: Neue Literarische Welt 1952 (Faks.).
EA: G 1953.
Entwurf dazu in 2, 478; ab Vers 18 weicht der Entwurf völlig
vom endgültigen Gedicht ab. Für Baladine Klossowska (Merline)
in die große Ausgabe der DE eingeschrieben (sie ist hier mit
anderm Namen »Mouky« angeredet 2, 776). S. K 1765. Vgl. zum
Motiv der Schaukel 2044. S. H. Uyttersprot, RMRs Schaukel des
Herzens. In: H. U. Praags cachet 1963, 125–146.

1913 GESCHRIEBEN FÜR FRAU HELENE BURCKHARDT: 2, 257. Muzot,
22. 12. 1923. ED: Corona 1930. EA: SG 1934.
Stammbuchblatt für Frau Helene Burckhardt-Schazmann, Witwe
von Prof. Carl Christoph Burckhardt in Basel, Mutter von Carl
J. Burckhardt, dem Diplomaten und Historiker. Unterschrieben:
Rainer Maria Rilke. (Dankbaren Gedenkens: um Weihnachten
1923).
stätigen: alte, etym. belegte Vorform von stetig (ahd. stâtî).
Taifun: Wirbelsturm.

1914 DASS WIR NICHTS VERLIEREN, DASS AUCH DIE: 2, 481. Muzot, vor
Weihnachten 1923. EA: SW 1957.
Bruchstück.

1915 UND SCHRECKT NICHT NUR DIE SCHEUSTEN: 2, 479. Muzot, Ende
1923. EA: SW 1957.
Fragment.

1916 SPIELE DIE TODE, DIE EINZELNEN: 2, 479. Muzot, Ende 1923.
EA: SW 1957.
Bruchstück.

1917 ZIEGEN ZIEHEN DAS APOLLGELOCKTE: 2, 480. Muzot, Ende 1923.
EA: G 1953.
Dieses Gedicht wie auch die unter dieser Nummer aufgeführten
Texte sind Paralipomena und Entwürfe zu dem Gedicht-Kreis
1910. Das zweite bis fünfte Bruchstück beziehen sich auf die
beiden später weggelassenen Gedichte *Ziegen ziehen das apoll-
gelockte* und *Wie man rasch Erwachsenden.*
apollgelockte: Apoll: griech. Gott des Lichts. *Phalanx:* Schlacht-
ordnung.
... WANDLUNG / HYMNEN IM INNERN: Bruchstück
WIE MAN MÄDCHEN, NEUEN: Bruchstück
(SCHLIESSLICH IST DIE WILDE CLEMATITE: Bruchstück. *Clematite:*
Schlingpflanze.
SIEHE, WIE SIE HINTER MAUERN UND DÄMMEN: Bruchstück.
WIE MAN RASCH ERWACHSENDEN DIE ZÖPFE

1918 TENDRES IMPÔTS À LA FRANCE: 2, 593–601. Schöneck, Muzot, An-
fang 1924.
Handschriftliche Sammlung franz. Gedichte aus dem Nachlaß
Rilkes (S. SW 2, 823).

1919 VERGERS: 2, 515–553. Muzot, Paris, Ragaz, Meilen, Januar
1924 bis etwa 1. 5. 1925. EA: Anfang Juni 1926.
Gedichtzyklus in franz. Sprache, anders als die vorhergehende
Sammlung von Rilke selbst noch veröffentlicht. Rilke faszinierte
das franz. Wort *Verger,* dem im Deutschen nur ein Kompositum
»Obstgarten« entspricht. Vgl. Zinn 1948, 210.
Lit.: E. Schlichthärle, RMRs Gedichte in franz. Sprache. Tübin-
gen 1952. Diss. masch.

1920 STARKER STERN, DER NICHT DEN BEISTAND BRAUCHT: 2, 482.
Muzot, 20. und 22. 1. 1924. ED: Das Inselschiff 1930. EA: SG
1934.
Mit dem Vermerk versehen: *(20 et 22 janvier, à mon retour à
Muzot, d' où la Vénus était admirablement visible le soir de ma
rentrée).* Anlaß des Gedichtes war demnach die gut sichtbare
Venus, worauf sich auch *Liebes-Priesterinnen* bezieht (Venus =
Liebesgöttin).

1921 SCHWEIGEN. WER INNIGER SCHWIEG: 2, 258. Muzot, 23. 1. 1924.
EA: G 1953.
Eingeschrieben in die DE mit der Widmung: *Frau Fanette
Clavel / Wenkenhof, zugeeignet: in Erinnerung und Ergeben-
heit /.* Unterschrift: *RMR. (Muzot, Januar 1924).* Fanette (Fan-
ny) Clavel-Respinger war mit dem Schweizer Großindustriellen
Alexander Clavel verheiratet; Rilke hatte sie 1919 in Basel ken-
nengelernt.

1922 FÜR ROBERT FAESI UND FRAU JENNY FAESI: 2, 258. Muzot, 24. 1.
1924. ED: Das Inselschiff 1930. EA: GG 1934.

In die DE eingeschriebene Verse mit der Überschrift: *Für Robert Faesi / und Frau Jenny Faesi / in herzlicher Zuwendung*. Unterzeichnet: *RMR. (Muzot, im Januar 1924.)*. Robert Faesi war Professor für deutsche Literatur in Zürich und hatte 1919 ein Essay über Rilke geschrieben.

1923 DIE FRUCHT: 2, 148. Muzot, Ende Januar 1924. EA: AW 1938. ED: Inselschiff 1938.

1924 GIEB DEINEM HERZEN EIN ZEICHEN: 2, 482. Muzot, Anfang Februar 1924. EA: G 1953.

1925 FÜR HANS CAROSSA: 2, 259. Muzot, 7. 2. 1924. ED: Das Inselschiff 1933 (Faks.). EA: GG 1934.

Für Hans Carossa (1878–1956), Arzt und Dichter, schreibt Rilke dieses Widmungsgedicht in die DE und datiert: *(Muzot, im Januar 1924)*. Im Brief vom gleichen Tage berichtet er, daß er gerade Carossas »Eine Kindheit« wiederlese, und wünscht Carossa für sein »Rumänisches Tagebuch« Muße.

1926 DAS FÜLLHORN: 2, 149. Muzot, 11. 2. 1924. ED: Insel-Almanach auf das Jahr 1927. EA: GW III 1927.

Als Widmung zu Hugo von Hofmannsthals 50. Geburtstag in die DE eingeschrieben. S. K 455. Vgl. auch das franz. Gedicht *Corne d'Abondance* 2, 521, das unmittelbar vor dem deutschen Gedicht geschrieben wurde. *Füllhorn:* in der griech. Mythologie mit Blumen, Früchten usw. gefülltes Horn der Nymphe Almathea, Sinnbild des Glückes und Segens; Attribut der Glücksgöttin Fortuna auf allegorischen Darstellungen.

S. Angelloz, Naissance d'un poème. In: Études Germaniques 3 1948, 329–332.

1927 DER MAGIER: 2, 150. Muzot, 12. 2. 1924. ED: Insel-Almanach auf das Jahr 1925. EA: GW III 1927.

Das Gedicht erwuchs aus den Versen 1928. Auf die erste Niederschrift der beiden Strophen folgte das erste der Bruchstücke 2, 483: *Er war gehorsam bis hinein ins Weigern*, in der Reinschrift das zweite 2, 483: *So bindet er die Kräfte, die sich weigern;* dann folgt das endgültige Gedicht, datiert: *12. II. (um Mitternacht)*, woran sich die franz. Verse *Le magicien 2,* 649 anschließen.

S. F. B. Wahr, *Der Magier* as an interpretation of R's later thought. In: JEGP 46 1947, 188–198, und W. Kohlschmidt, Hofmannsthals »Ein Traum von großer Magie« und Rs *Der Magier*. In: W. K., Entzweite Welt 1953, 69–76.

1928 FÜR GERTRUD OUCKAMA KNOOP: 2, 259. Muzot, 12. 2. 1924. EA: G 1953.

In die DE mit der Widmung eingeschrieben: *Für Gertrud Ouckama Knoop / in Freundschaft*. Sie ist die Mutter von Wera Ouckama Knoop, für die Rilke die SO als Grabmal schrieb.

Zum entstehungsgeschichtlichen Zusammenhang mit dem Gedicht *Der Magier* s. K 1927.

1929 [ENTWÜRFE AUS ZWEI WINTERABENDEN]: 2, 151. Muzot, zwischen dem 13. und 15. 2. 1924. EA: RMR. Briefe an seinen Verleger 1934; SG 1934.
Kleiner Zyklus von Gedichten *Anton Kippenberg in Freundschaft zugewendet zum 22. Mai 1924* (Kippenbergs Geburtstag). Vgl. die Entwürfe 1933 und die Fortsetzung des Zyklus 1938. In den AW u. d. T.: *Entwürfe aus zwei Winterabenden,* in den SG u. d. Überschrift: *Drei Gedichte* (entsprechend andere Einteilung). Über Ton, Funktion und Wertung vgl. Brief an Kippenberg vom 22. 5. 1924.
S. G. C. Schoolfield, Autobiography and biography in the lyric. R's *Entwürfe aus zwei Winterabenden.* In: Reality and creative vision in Germ. lyrical poetry. 1963 S. 33–69.
PRÉLUDE / WARUM, AUF EINMAL, SEH ICH DIE GERAHMTE: *Prélude:* frz. Vorspiel. *Kaschmirshawls:* S. K 1909.
I NICHTS BLIEB SO SCHÖN
DIES IST BESITZ: DAS UNS VORÜBERFLOG
ALLES IST MIR LIEB, DIE SOMMERSPROSSEN: *Konvolvulus:* Pflanzenart.
NEIN, ICH VERGESSE DICH NICHT
DASS ICH DIE FRÜCHTE BESCHRIEB
ENTGING ICH JE DEINEM FRÜHEN BEREICH?
AUCH DIES IST MÖGLICH: ZU SAGEN: NEIN

1930 IRRLICHTER: 2, 156. Muzot, Mitte Februar 1924. ED: Insel-Almanach auf das Jahr 1927. EA: GW III 1927.
Schwaden: hohe Gräser sumpfiger Wiesen.
Vgl. 144. Lit.: George C. Schoolfield, Late R. and a late R. poem. In: Festschrift für Bernhard Blume 1967, 280–296.

1931 DA DICH DAS GEFLÜGELTE ENTZÜCKEN: 2, 157. Muzot, Mitte Februar 1924. ED: Das Inselschiff 1938. EA: AW 1938.

1932 EROS: 2, 158. Muzot, Mitte Februar 1924. ED: Insel-Almanach auf das Jahr 1925. EA: GW 1927.
Vgl. die franz. Gedichte *Éros* 2, 525. Das deutsche Gedicht entstand zwischen dem 1. und 2. Stück des franz. Zyklus.
Eros: griech. Liebesgott. *Göttliche umarmen schnell:* Vgl. Goethes 3. Römische Elegie.

1933 ZU FÜHLEN WIE DAS FLÜCHTIGSTE GEBILDE: 2, 483. Muzot, Mitte Februar 1924. EA: G 1953.

1934 EINMAL KAM DIE FRAU, DIE REICHE, REIFE und ACH, SIE VERSANK, SIE VERSANK . . .: 2, 484. Muzot, Mitte Februar 1924. EA: G 1953.
Aus dem Umkreis der Entwürfe aus zwei Winterabenden; geschrieben im Anschluß an den Gedicht-Kreis 1929.

1935 WANDLE STAUBGEFÄSS UM STAUBGEFÄSS: 2, 485. Muzot, Mitte
Februar 1924. EA: SW 1957.
Bruchstück.

1936 WIE EIN TON, DER IN SPIEGEL SCHAUT: 2, 485. Muzot, Mitte
Februar 1924. EA: G 1953.

1937 GLÜCKLICH, DIE WISSEN, DASS HINTER ALLEN: 2, 259. Muzot,
15. 2. 1924. ED: Die Horen 6. J. 1930. EA: Briefe aus Muzot
1935.
In die DE eingeschrieben mit der Widmung: *Dem getreuen und
tätigen Vermittler: Witold Hulewicz (Olwid) in Dankbarkeit:
Rainer Maria Rilke* und dem Datum: *(Muzot, im Februar 1924).*
Hulewicz (1895–1941) war polnischer Schriftsteller und Übersetzer, der Rilke übersetzte und Vortragsabende und Rezita-
tionsabende über ihn hielt (vgl. vor allem Rilkes Dankesbrief
an Hulewicz vom 15. 2. 1924).

1938 [ENTWÜRFE AUS ZWEI WINTERABENDEN II]: 2, 155. Muzot, ge-
gen den 20. 2. 1924. S. K 1929.
Zwei weitere Gedichte zu 1929.
WIE GESCHAH ES? ES GELANG ZU LIEBEN: *Oktave:* 8. Ton der
Tonleiter und der entsprechende Intervall, größtmöglicher Inter-
vall (tongleich).
OH SO WAR ES DAMALS SCHON GENOSSEN

1939 VORFRÜHLING / HÄRTE SCHWAND: 2, 158. Muzot, gegen den
20. 2. 1924. ED: Insel-Almanach auf das Jahr 1925. EA: GW
III 1927.
Am 26. 2. 1924 schreibt Rilke an Clara: *Es ist ja leider immer
noch Winter, bei uns hat wieder allerhand Schneewetter eingesetzt, dessen Niederschläge dann freilich, sowie die Sonne erscheint, nicht Widerstand leisten; schon heute decken sich die
grau-grünen Wiesen wieder auf.* »Jenes unersetzlichste aller deutscher Frühlingsgedichte aus dem Valais: *Härte schwand*« (Peter
Demetz 1966). Vgl. 1951.

1940 VERGÄNGLICHKEIT: 2, 159. Muzot, gegen Ende Februar 1924.
ED: Insel-Almanach auf das Jahr 1925. EA: GW 1927
Hermann (1966) sieht in diesem Gedicht eine Erinnerung an
die Säule von Karnak und die ägyptische Reise. S. K 1773.

1941 ACH, WIE IHR HEIMLICH VERGEHT!: 2, 159. Muzot, Ende Februar 1924. EA: Aus RMRs Nachlaß 3. Folge 1950.

1942 BERÜHRE RUHIG MIT DEM ZAUBERSTABE: 2, 486. Muzot, Ende
Februar 1924. EA: G 1953.

1943 SCHON KEHRT DER SAFT AUS JENER ALLGEMEINHEIT: 2, 160. Muzot, Anfang März 1924. EA: VPN 1929.

1944 SPAZIERGANG: 2, 161. Muzot, Anfang März 1924. ED: Insel-
Almanach auf das Jahr 1925. EA: GW 1927.

1945 QUELLEN, SIE MÜNDEN HERAUF: 2, 162. Muzot, Frühling 1924.
ED: Corona 1. J. 1930. EA: SG 1934.
Zur Form S. K 1822.

1946 GÖTTER SCHREITEN VIELLEICHT IMMER IM GLEICHEN GEWÄHREN:
2, 159. Muzot, Ende März 1924. ED: Insel-Almanach auf das
Jahr 1927. EA: GW III 1927.

1947 ZUM GEDÄCHTNIS AN GÖTZ VON SECKENDORF UND BERNHARD
VON DER MARWITZ / GESCHRIEBEN FÜR JOACHIM VON WINTER-
FELDT: 2, 161. Muzot, 4. 4. 1924. ED: Joachim von Winterfeldt.
Zum sechzigsten Geburtstage 15. 5. 1925. Berlin 1925.
Götz von Seckendorf (1889–1914), Maler, im Krieg gefallen.
Bernhard von der Marwitz (1890–1918), Gutsherr auf Frieders-
dorf, Mark Brandenburg, Dichter, starb an seiner schweren Ver-
wundung in Valenciennes.
Joachim von Winterfeldt-Menkin (1865–1945), Landesdirektor
der Provinz Brandenburg. Nachdem Rilke am 2. 2. 1921 in ei-
nem Brief an Winterfeldt gemeint hatte, er könne über Seckendorf nicht schreiben, verfaßt er am 4. 4. 1924 dennoch dieses
Gedicht zu dessen Gedächtnis und dem von Bernhard von der
Marwitz, den Rilke kannte. Es ist Rilkes Beitrag zu der Winter-
feldt-Festschrift.

1948 OH WIE SEHNEN WIR UNS NACH DEN ZUSTIMMENDEN GÖTTERN:
2, 486. Muzot, Mai 1924. EA: G 1953.

1949 WASSER BERAUSCHEN DAS LAND: 2, 163. Muzot, Anfang Mai
1924. EA: Aus RMRs Nachlaß 3. Folge 1950.
Blust: Blüte.

1950 WIR SOLLEN NICHT WISSEN, WARUM: 2, 486. Muzot, Anfang Mai
1924. EA: G 1953.

1951 FRÜHLING / NICHT SO SEHR DER NEUE SCHIMMER TATS: 2, 162.
Muzot, 2. 5. 1924. ED: Die neue Zeitung. München 8. 9. 1947.
EA: AG 1948.
Als Beilage zu einem Brief an Anton Kippenberg schickt Rilke
Frau Katharina Kippenberg dieses Gedicht. Zu Thema und Ge-
staltung vgl. 1939.

1952 ... / WIE SICH DIE GESTERN NOCH STUMMEN: 2, 163. Muzot, zwischen dem 2. und 8. 5. 1924. EA: Aus RMRs Nachlaß 3. Folge
1950.

1953 FÜR FRAU GERTRUD VON MUMM: 2, 260. Muzot, Mai 1924. EA:
1953 (Entwurf).
In den *Cornet* eingeschrieben mit der Widmung: *für Frau Gertrud von Mumm, in ihr Exemplar der Weise von Liebe und
Tod / auf Veranlassung Edgar von Spiegl's, des lieben gemeinsamen Freundes.* Unterschrift: *Rainer Maria Rilke. (Château
de Muzot, im May 1924).* Im Begleitbrief vom 3. 5. 1924 bezeichnet Rilke den *Cornet* als Jugendimprovisation. In G 1953

wurde ein Entwurf zu diesem Gedicht abgedruckt *(Wer begreift warum, seit welcher Stunde)*, da das Widmungsexemplar noch nicht bekannt war.

1954 DIE BLUME SEIN, DIE SICH VOM STETEN STOSSE: 2, 260. Muzot, 7. 5. 1924. ED: Lisa Heise, Briefe einer jungen Frau an RMR, 1950 (Faks.).
Gedicht für Frau Lisa Heise, eine junge Gärtnerin in Weimar, die mit ihrem noch kleinen Kind in einer ernsten Lebenskrise stand (1919) und in Rilkes *Buch der Bilder* Tröstung fand. Rilkes 9 Briefe an sie erschienen unter dem Titel »Briefe an eine junge Frau« 1930.

1955 SCHON BRICHT DAS GLÜCK, VERHALTEN VIEL ZU LANG: 2, 163. Muzot, Mitte Mai 1924. EA: Briefe an seinen Verleger 1934.
Nach Carl Sieber 1936 hat Rilke das Gedicht als »Ausdruck einer besonderen inneren Feier« zum Goethe-Tag 1924 an Kippenberg gesandt.

1956 UND IN DER DEN BACH ENTLANG ENTZÜCKTEN WIESE: 2, 487. Muzot, Mitte Mai 1924. EA: SW 1957.
Bruchstück.

1957 WO WIR, BANG, TRAGEN AM HERZEN: 2, 487. Muzot, Ende Mai 1924. EA: G 1953.

1958 NOCH FAST GLEICHGÜLTIG IST DIESES MIT-DIR-SEIN: 2, 165. Muzot, Anfang Juni 1924. EA: Aus RMRs Nachlaß 3. Folge 1950.
Sankt-Jago di Compostella: Santiago de Compostella: span. Stadt, einer der berühmtesten Wallfahrtsorte der Christenheit.

1959 AN DER SONNGEWOHNTEN STRASSE, IN DEM: 2, 166. Muzot, Anfang Juni 1924. ED: Insel-Almanach auf das Jahr 1927. EA: GW III 1927.
Zur Geste vgl. 1998 und 2. DE 1, 691 Vers 66 ff. (1530). S. H. Lehnert, Spiel zwischen Prosa und Vers. Grenzsituationen. In: H. L., Struktur und Sprachmagie 1966, S. 107–136.

1960 MÄDCHEN ORDNEN DEM LOCKIGEN: 2, 166. Muzot, Anfang Juni 1924. EA: Aus RMRs Nachlaß 3. Folge 1950.

1961 WEISST DU NOCH: FALLENDE STERNE, DIE: 2, 164. Muzot, 1. 6. 1924. EA: Aus RMRs Nachlaß 3. Folge 1950.

1962 WILDER ROSENBUSCH: 2, 164. Muzot, 1. 6. 1924. ED: Insel-Almanach auf das Jahr 1952.

1963 DASS DU BIST GENÜGT. OB ICH NUN WÄRE (EM 1): 2, 280. Muzot, 3. 6. 1924. EA: EM 1950.
Im Mai 1924 aus Wien ihm zugesandte Verse der achtzehnjährigen österreichischen Lyrikerin Erika Mitterer (geb. 1906) beantwortete Rilke mit diesem Gedicht. Der daran anschließende Briefwechsel in Gedichten umfaßt bis zum 24. 8. 1926 dreizehn Antworten Rilkes mit etwa 50 Einzelstücken. Briefe im eigentlichen Sinne werden nicht gewechselt. Vom 21.–23. 11.

1925 war Erika Mitterer zu Besuch auf Château de Muzot. Der Briefwechsel erschien 1950 im Insel-Verlag zum ersten Mal (Aus Rainer Maria Rilkes Nachlaß/Zweite Folge) und wird im folgenden EM abgekürzt. Die Zahl dahinter kennzeichnet die Nummer der Antwort Rilkes (die 1 ist also zu lesen: Erste Antwort für Erika Mitterer). Erika Mitterer wählte aus ihren eigenen Gedichten diejenigen zur Veröffentlichung aus, deren Kenntnis zum Verstehen von Rilkes Antworten notwendig sind. Der Kommentar hat diese Texte nicht berücksichtigt. Im Nachlaß Rilkes fand sich eine Reihe von Stücken, die dem Umkreis des Briefwechsels eindeutig angehören; was jeweils im Kommentar zu dem entsprechenden Text angemerkt ist. Bei einigen anderen Texten ist es unklar, ob sie diesem Zusammenhang zuzurechnen sind.

1964 WIE DIE NATUR DIE WESEN ÜBERLÄSST: 2, 261. Muzot, 4. 6. 1924. EA: SG 1934.
In ein von Clara Rilke zugesandtes Exemplar des MLB schreibt Rilke die Widmung: *Herrn Baron von Lucius / dankbar zugewendet von Clara Rilke-Westhoff.* Unterschrift: *Rainer Maria Rilke. (Château de Muzot s. / Sierre / Anfang Juny 1924).*
Der Empfänger, Helmuth Freiherr Lucius von Stoedten, (1869–1935), war zu jener Zeit deutscher Gesandter in Den Haag.

1965 HEITERES GESCHENK VON DEN KÄLTERN: 2, 167. Muzot, 16. 6. 1924. EA: Aus RMRs Nachlaß 3. Folge 1950.

1966 DURCH DEN SICH VÖGEL WERFEN, IST NICHT DER: 2, 167. Muzot, 16. 6. 1924. EA: GW III 1927.
Zur Raumvorstellung vgl. auch 1659.

1967 ACH, WIE WIE BESCHÄFTIGT WIR SIND (EM 2): 2, 282. Muzot, *Am Abend des 17. Juni 1924.* EA: EM 1950.
Vgl. den Vor-Entwurf 2, 487, zwischen dem 4. und 12. 6. 1924 entstanden. (EA: G 1953). S. K 1963.

1968 LES FENÊTRES: 2, 585–591. Val-Mont, Ragaz, Sommer 1924 und Frühling 1926. EA: Hochsommer 1927.
Lit.: H. W. Panthel, Zu R's Gedichtzyklus Les Fenêtres. In: Études Germaniques 24 (1969) 48–57.
Gedichtszyklus in französischer Sprache. S. a. K 922.

1969 FALTER, ÜBER DIE KIRCHHOF-MAUER (IM KIRCHHOF ZU RAGAZ NIEDERGESCHRIEBENES I): 2, 168. Ragaz, um den 1. 7. 1924. EA: Aus RMRs Nachlaß 3. Folge 1950.
Den neunteiligen Zyklus schrieb Rilke in sein Taschenbuch ein und nahm ihn in den Sammelband »Aus Taschen-Büchern und Merk-Blättern ... 1925« für Katharina Kippenberg auf. (Aus RMRs Nachlaß 3. Folge 1950). Der Titel des Zyklus ist ein Kommentar der Entstehungsumstände (vgl. Zeittafel).

1970 WIE SELIGKEIT IN DIESEM SICH VERBIRGT: 2, 488. Ragaz, um
den 1. 7. 1924. EA: G 1953.
Vgl. die beiden anderen »Shawl«-Gedichte (K 1909).

1971 BEGREIFST DU, WIE ICH RÄTSELN MUSS, UM DICH: 2, 489. Ragaz,
um den 1. 7. 1924. EA: G 1953.
Aus dem Umkreis der Gedichte an Erika Mitterer.

1972 WARUM VERGESSEN? SAG, WIE DU MICH SAHST (EM 3): 2, 286.
Ragaz, 1. 7. 1924. EA: EM 1950.
S. K 1963 und 1975.

1973 DU »KAMM AUF MEINEN WELLEN« ...: KÄMME SCHÄUMEN (EM
3): 2, 287. Ragaz, 1. 7. 1924. EA: EM 1950.
S. K 1963.

1974 FÜR E. M. / VERTRAUST DU SO? (EM 4): 2, 291. Ragaz, 1./4. 7.
1924. EA: EM 1950.
S. K 1963.

1975 FÜR HEIDE / SIEH MICH NICHT ALS STETES UND ERBAUTES (EM
4): 2, 292. Ragaz, 1./4. 7. 1924. EA: EM 1950.
Seit seiner 3. Antwort an Erika Mitterer nennt Rilke die Empfängerin *Heide*. S. K 1963.

1975a OH ERHÖHE MICH NICHT!: 2, 489. Ragaz, vor dem 4. 7. 1924.
EA: G 1953.
Aus dem Umkreis der Gedichte an Erika Mitterer (S. K 1963).

1976 DIE LIEBENDEN I / BIST DU'S? OH SEI'S! (EM 4): 2, 288. Ragaz,
4./5. 7. 1924. EA: EM 1950.
Der Name *Melitta* bezieht sich auf ein Gedicht »An Melitta«
von Erika Mitterer (2, 282), das einem Gedichtbüchlein von ihr
entstammt, welches sie in ihrem zweiten Brief Rilke mitsandte.
Pseudonym zur E. M. selber. S. K 1963.

1977 DIE LIEBENDEN II / SPIELT MIT SPIEGELN DER GOTT? (EM 4):
2, 289. Ragaz, 4./5. 7. 1924. EA: EM 1950.
S. K 1963.

1978 DIE LIEBENDEN III / ACH, WIE BIST DU DENNOCH, WUNDERBARE
(EM 4): 2, 289. Ragaz, 4./5. 7. 1924. EA: EM 1950.
S. K 1963.

1979 DAUER DER KINDHEIT (EM 4): 2, 290. Ragaz, 4. oder 5. 7. 1924.
EA: EM 1950.
S. K 1963. Vgl. vor allem die Kindheitsepisoden in MLB.

1980 DIE LIEBENDEN IV / WIEVIEL ABSCHIED WARD UNS BEIGEBRACHT
(EM 5): 2, 293. Ragaz, 5., 6., 7. 7. 1924. EA: EM 1950.
S. K 1963.

1981 DIE LIEBENDEN V / ETWAS VOM MUNDE DES GOTTS (EM 5):
2, 294. Ragaz, 5., 6., 7. 7. 1924. EA: EM 1950.
S. K 1963.

1982 DIE LIEBENDEN VI / WIE KINDER, WENN SIE GENÜGEND VER-

STECKT SIND IM SPIEL (EM 5): 2, 294. Ragaz, 5., 6., 7. 7 1924.
EA: EM 1950.
S. K 1963.

1983 DIE LIEBENDEN VII / WAS DER MANN MITBRÄCHTE AN HABGIER
(EM 5): 2, 295. Ragaz, 5., 6., 7. 7. 1924. EA: EM 1950.
S. K 1963.

1984 DIE LIEBENDEN VIII / AUF DER FLUCHT INS UNSICHTBARE (EM
5): 2, 295. Ragaz, 5., 6., 7. 7. 1924. EA: EM 1950.
S. K 1963.

1985 FÜR ERIKA / DICH, HEIDE, FORMEN? ... (EM 5): 2, 296. Ragaz,
12. 7. 1924. EA: EM 1950.
S. K 1963 und 1975.

1986 UND WOMIT WILLST DU GLÜCK UND LEID ERMESSEN (EM 5):
2, 296. Ragaz, 12. 7. 1924. EA: EM 1950.
S. K 1963.

1987 DEIN LAUT KLINGT AUF WIE EIN SCHRITT (EM 5): 2, 296. Ragaz,
12. 7. 1924. EA: EM 1950.
S. K 1963.

1988 NEIN, DU SOLLST MIR NICHT VERFALLEN SEIN (EM 6): 2, 298.
Ragaz, 12. 7. 1924. EA: EM 1950.
S. K 1963.

1989 LASS UNS, HEIDE, WIE DIE WEISEN REDEN (EM 6): 2, 298. Ragaz,
12. 7. 1924. EA: EM 1950.
S. K 1963 und 1975.

1990–91 WÄR ES MÖGLICH, UND DU GINGEST NEBEN (EM 6): 2, 299. Ragaz, 12. 7. 1924. EA: EM 1950.
S. K 1963 und 1975.

1992 FÜRCHTE ALSO NICHT WAS WERDEN SOLL: 2, 490. Ragaz, 12. 7.
1924. EA: SW 1957.
Dieses Bruchstück schließt sich im Entwurf unmittelbar an das
Gedicht 1990 an.

1993 TOTEN-MAHL / UNSERE TÜREN SCHLIESSEN SEHR FEST (IM
KIRCHHOF ZU RAGAZ NIEDERGESCHRIEBENES II): 2, 169. Ragaz,
13. 7. 1924. EA: Aus RMRs Nachlaß 3. Folge 1950.
Porphyr: dichtes Ergußgestein.
Das Gedicht wurde in anderer Einteilung im Brief an Kippenberg vom 4. 8. 1924 gesandt mit den Worten: *Das Beiliegende,
das mir durch die Kräfte seiner Beschwörung merkwürdig ist,
entstand in Ragaz.* S. K 1669.

1994 WELT WAR IN DEM ANTLITZ DER GELIEBTEN: 2, 168. Ragaz, Mitte
Juli 1924. ED: Insel-Almanach auf das Jahr 1927. EA: GW 1927.
Das Gedicht folgt dem Entwurf 2003 und der unmittelbar an-
schließenden französischen Fassung *C'est le Paysage longtemps,
c'est une cloche (2, 550).*

1995 KENNST DU DAS, DASS DURCH DAS LAUBWERK SCHEINE (IM KIRCH-

HOF ZU RAGAZ NIEDERGESCHRIEBENES III): 2, 170. Ragaz, Mitte
Juli 1924. EA: Aus RMRs Nachlaß 3. Folge 1950.
S. K 1969.

1996 WIR KÖNNTEN WISSEN. LEIDER, WIR VERMEIDENS (IM KIRCHHOF
ZU RAGAZ NIEDERGESCHRIEBENES IV): 2, 170. Ragaz, Mitte Juli
1924. EA: Aus RMRs Nachlaß 3. Folge 1950.
S. K 1969.

1997 UNSTETE WAAGE DES LEBENS (IM KIRCHHOF ZU RAGAZ NIEDER-
GESCHRIEBENES V): 2, 171. Ragaz, Mitte Juli 1924. EA: Aus
RMRs Nachlaß 3. Folge 1950.
S. K 1969. Zum Bild und seiner Deutung s. Fülleborn 1973, S. 213.

1998 SO LEISE WIE DER DRUCK VON DEINER HAND (IM KIRCHHOF ZU
RAGAZ NIEDERGESCHRIEBENES VI): 2, 171. Ragaz, Mitte Juli
1924. EA: Aus RMRs Nachlaß 3. Folge 1950.
S. K 1969.

1999 VON DIESEN KREUZEN KEINS [DAS (NICHT VORHANDENE) KIN-
DERGRAB MIT DEM BALL 1] (IM KIRCHHOF ZU RAGAZ NIEDERGE-
SCHRIEBENES VII): 2, 172. Ragaz, Mitte Juli 1924. EA: Aus
RMRs Nachlaß 3. Folge 1950.
S. K 1969.

2000 DU WARSTS IMSTAND UND WARFST IHN WEIT HINEIN [DAS (NICHT
VORHANDENE) KINDERGRAB MIT DEM BALL 2] (IM KIRCHHOF ZU
RAGAZ NIEDERGESCHRIEBENES VII): 2, 173. S. K 1999.

2001 WIR WERFEN DIESES DING, DAS UNS GEHÖRT [DAS (NICHT VOR-
HANDENE) KINDERGRAB MIT DEM BALL 3] (IM KIRCHHOF ZU
RAGAZ NIEDERGESCHRIEBENES VII): 2, 173. S. K 1999.

2002 DAS SPIEL, DA MAN SICH AN DIE BÄUME STELLT (IM KIRCHHOF
ZU RAGAZ NIEDERGESCHRIEBENES VIII): 2, 173. Ragaz, Mitte
Juli 1924. EA: Aus RMRs Nachlaß 3. Folge 1950.
S. K 1969.

2003 IST ES NICHT WIE ATMEN, DIESES STETE: 2, 490. Ragaz, Mitte
Juli 1924. EA: G 1953.
S. K 1994. Der Entwurf wurde bald gestrichen.

2004 ACH, IM WIND GELÖST: 2, 490. Ragaz, Mitte Juli 1924. EA: G
1953.

2005 EMPFANGE NUN VON MANCHEM ZWEIG EIN WINKEN: 2, 491. Ragaz, Mitte Juli 1924. EA: G 1953.
Der erste Vers der zweiten Strophe ist ein Vorklang auf den
entsprechenden Vers des Gedichtes an Erika Mitterer 2012. Daher ist dieses Gedicht möglicherweise auch diesem Zusammenhang zuzurechnen.

2006 BLICK, DER MICH DUNKEL ERWOG: 2, 491. Ragaz, Mitte Juli
1924. EA: G 1953.

2007 ALLES IST SPIEL, ABER SPIELE / ...: 2, 492. Ragaz, Mitte Juli
1924. EA: SW 1957.

Das Bruchstück besteht nur aus dieser einen Zeile.

2008 DIE LIEBENDEN / KAUM WIE ZU DEM ZWEITEN (EM 6): 2, 299. Ragaz, 21./22. 7. 1924. EA: EM 1950. S. K 1963 und 1976.

2009 FÜR ERIKA 1 / SO SCHWEIGE NUN. AUCH ICH WILL SCHWEIGEN (EM 6): 2, 300. Ragaz, 21. und 22. 7. 1924. EA: EM 1950. S. K 1963.

2010 FÜR ERIKA 2 / OB ICH REGNEN KANN, ICH WEISS ES NICHT (EM 6): 2, 300. Ragaz, 21. und 22. 7. 1924. EA: EM 1950.

2011 FÜR ERIKA 3 / STILLE, WEHENDE WIESE (EM 6): 2, 301. Ragaz, 21. und 22. 7. 1924. EA: EM 1950. S. K 1963.

2012 FÜR ERIKA 4 / JA: JEDES BILD IST MAUER (EM 6): 2, 301. Ragaz, 21. und 22. 7. 1924. EA: EM 1950. S. K 1963 und 2005.

2013 FÜR ERIKA 5 / VIELLEICHT VOM ABENDSONNENSCHEIN BELEBT (EM 6): 2, 302. Ragaz, 21. und 22. 7. 1924. EA: EM 1950. S. K 1963.

2014 FÜR ERIKA 6 / DASS UNS DAS STERNBILD NICHT FEHL (EM 6): 2, 302. Ragaz, 21. und 22. 7. 1924. EA: EM 1950. S. K 1963.

2015 FÜR ERIKA 7 / DASS SIE DIR EINMAL ENTGELTEN (EM 6): 2, 303. Ragaz. 21. und 22. 7. 1924. EA: EM 1950. S. K 1963.

2016 DA ICH DIR SCHRIEB, SPRANG SAFT: 2, 492. Ragaz, 22. 7. 1924. EA: SW 1957.

2017 DASS UNS DAS VERBUNDENE VERRATE: 2, 261. Meilen, 24. 7. 1924. EA: Die Presse, Wien, 25. 12. 1951. Ch. Wunderly, Rückblick auf die Arbeit von 10 Jahren. Meilen 1950 (Faks.). Vom 23. 7. bis 1. 8. 1924 war Rilke Gast bei Frau Wunderly in der Unteren Mühle in Meilen. Am 24. 7. nahm er an der Promotionsfeier des Chemikers Dr. Charlie Wunderly, des Sohnes von Hans Wunderly und Nanny Wunderly-Volkart, teil und schrieb ihm dieses Gedicht ins Stammbuch mit der Widmung: *(Freundschaftlich beigesteuert, als Teilnehmer am festlichen »Doktor-Essen« in der Unteren Mühle am 24. Juli 1924.)*
Carbonate, Chloride: kohlensaures Salz; chem. Verbindung des Chlors mit Metallen oder Nichtmetallen. Anspielungen auf den Beruf des Gefeierten.

2018 FÜR ERIKA 1 / DU »EINIG WEISS«, ICH MAG DICH NICHT ZERSPALTEN (EM 7): 2, 304. Meilen, Ende Juli 1924. EA: EM 1950. Die 7. Antwort an Erika Mitterer besteht aus dem neunteiligen Gedichtkreis *Für Erika* (2018–2022, 2029–2032).
Das Gedicht geht auf die von Erika Mitterer gebrauchte Farbmetaphorik ein (vgl. 2, 303).
S. K 1963.

2019 Für Erika 2 / Es kann wohl ein so fernes Ziel erreichen
(EM 7): 2, 304. Meilen, Ende Juli 1924. EA: EM 1950.
S. K 1963.

2020 Für Erika 3 / Du, die mir duftet: süss (EM 7): 2, 305. Meilen,
Ende Juli 1924. EA: EM 1950.
S. K 1963.

2021 Für Erika 4 / Warst Du's, die ich im starken Traum umfing
(EM 7): 2, 305. Meilen, Ende Juli 1924. EA: EM 1950.
Das Gedicht trägt den Zusatz: *(Traum: Nacht vom 28. auf den
29. Juli.)*
S. K 1963.

2022 Für Erika 5 / Könnt es sein! Die Freundin macht die Reise
(EM 7): 2, 305. Meilen, Ende Juli 1924. EA: EM 1950.
Der Plan eines Besuchs wird schließlich ausgeführt, trotz Rilkes
Zögern (vgl. Gedicht 2030).
S. K 1963.

2023 Ja, sie sind fern genug, um zu bejahen: 2, 493. Muzot, Ende
Juli 1924. EA: G 1953.
Eine nicht verwendete Antwort auf Verse Erika Mitterers aus
ihrem achten Brief (2, 303), die dem Gedicht auch voranstehen.

2024 Sterne, Schläfer und Geister (Im Kirchhof zu Ragaz Nie-
dergeschriebenes IX): 2, 174. Muzot, Anfang August 1924.
EA: Aus RMRs Nachlaß. 3. Folge 1950.
Vgl. den Entwurf dazu 2, 494. Dieses 9. Stück des Zyklus ent-
stand nicht mehr in Ragaz, sondern in Muzot.
S. K 1969.

2025 Magie: 2, 174. Muzot, Anfang August 1924. EA: Aus RMRs
Nachlaß 3. Folge 1950.
Die letzten Verse scheinen im Zusammenhang der Gedichte an
Erika Mitterer denkbar (S. K 1963).

2026 Dialog: 2, 495. Muzot, Anfang August 1924: EA: G 1953.

2027 Les Quatrains Valaisans: 2, 555–572. Muzot, Anfang August
bis September 1924. EA: Anfang 1926 im Anhang an *Vergers.*
Gedichtzyklus in französischer Sprache. S. a. K 922.

2028 Dass sich das Herz dir ereigne: 2, 494. Muzot, um den
1. 8. 1924. EA: G 1953.
Aus dem Umkreis der Gedichte an Erika Mitterer (S. K 1963).
Vgl. die Vorstufe 2, 493: *[Du meine Dienende dien].*

2029 Für Erika 6 / Was hilft es uns, dass ich den Bogen spanne
(EM 7): 2, 306. Muzot, etwa 4. 8. 1924. EA: EM 1950.
S. K 1963. Zur Bildleichkeit (Pfeil, Sehne) vgl. die 1. DE (1527).

2030 Für Erika 7 / Halb ruf ich Dich, halb halt ich Dich von
mir (EM 7): 2, 306. Muzot, etwa 4. 8. 1924. EA: EM 1950.
S. K 1963, aber auch 2022. Die hier im Biographischen sich er-

eignende Vorsicht ist im Poetischen das große Thema (vgl. etwa
7. DE. [1842], vor allem den Schluß [1, 713]).

2031 FÜR ERIKA 8 / DENK, ES WÄRE ALLES ANDERS, ALS (EM 7): 2, 307.
Muzot, etwa 4. 8 .1924. EA: EM 1950.
S. K 1963.

2032 FÜR ERIKA 9 / DASS ICH MICH IM GRAUEN DEINER NÄCHTE
(EM 7): 2, 307. Muzot, 7. 8. 1924. EA: EM 1950.
Unter dem Gedicht steht: *(wieder: Muzot, nur für eine kleine
Weile diesmal.)*
S. K 1963.

2033 LIED / FÜR DIE JUNGE FREUNDIN (EM 8): 2, 308. Muzot, 7. 8.
1924: EA: EM 1950.
Auch die achte Antwort geht am 7. 8. 1924 (wie die siebente) ab:
(Da der Brief schon geschlossen war).
S. K 1963.

2034 NACHTHIMMEL UND STERNENFALL: 2, 175. Muzot, 11. oder 12. 8.
1924. EA: Aus RMRs Nachlaß 3. Folge 1950.

2035 MUSIK *(Wüßte ich für wen ich spiele, ach!)*: 2, 262. Muzot, 11. 8.
1924. EA: G 1953.
Der jungen Geigerin Lucie Simon-Wedekind (geb. 1901) sendet
Rilke mit den DE und den SO dieses Gedicht im Andenken an
zwei jung Verstorbene, Schwester und Freundin der Empfängerin. Datiert: *(Muzot, am 11. August 1924).* Im Begleitbrief heißt
es zu den Versen: *Da ich überlegte, was etwa in die Orpheus-
Sonette könnte eingeschrieben sein, entstand mir, gestern, das
beiliegende Gedicht; es ist zu einseitig und ein wenig zu ge-
spenstisch, um dauernd in jenem weitaus gültigeren Buch zu
stehen; da Sie es aber doch irgendwie verursacht haben in meiner Intention, so, scheint mir, sollte es Ihnen daneben doch
auch gehören.*

2036 UNSER IST DAS WUNDER VOM GEBALLTEN: 2, 263. Muzot, 12. 8.
1924. EA: G 1953.
Für den Schweizer Bildhauer Hermann Haller (1880–1950)
schreibt Rilke dieses Gedicht in die DE; am 23. 8. desselben
Jahres sendet er Haller sein französisches Gedicht *Le masque*
(2, 662), das sich auf eine Arbeit des Künstlers bezieht, die in
Rilkes Zimmer steht.

2037 FÜR ERIKA 1 / ICH HALTS IN RUHIGEN HÄNDEN (EM 9): 2, 309.
Muzot, 13. 8. 1924. EA: EM 1950.
S. K 1963.

2038 FÜR ERIKA 2 / KEINE STÜRME SOLLST DU WECKEN, KEINE! (EM
9): 2, 309. Muzot, 13. 8. 1924. EA: EM 1950.
S. K 1963.

2039 ÜBER DEM BILDNIS (EM 9): 2, 310. Muzot, 14. 8. 1924. EA: EM
1950.

S. K 1963 und 1975.

2040 NICHT UM-STOSSEN, WAS STEHT!: 2, 175. Muzot, Mitte August 1924. EA: Aus RMRs Nachlaß 3. Folge 1950.

2041 NACH SO LANGER ERFAHRUNG SEI »HAUS«: 2, 496/2, 792. Muzot, Mitte August 1924. EA: G 1953.

Widmungsgedicht (auf S. 496 der SW steht der Entwurf, auf S. 792 die Widmung selber) in den DE für Frau A. G. Kröller, auf deren bekannte Van-Gogh-Sammlung sich die Verse beziehen (Vgl. Brief an Clara vom 15. 8. 1924). Die Widmung lautet: *Frau Kröller in herzlich dankbarem Gedenken von Clara Rilke. Zueignung | geschrieben für Frau A. G. Kröller.* Unterschrift: *Rainer Maria Rilke. | (Muzot, im August 1924).* Rilke schrieb das Gedicht im Namen seiner Frau.

Die im Text als Zitat gekennzeichneten Dinge sind nicht nur ganz allgemein *Sciendes* im Sinne der NG (K 1106), sondern spielen ganz konkret auf eine bestimmte Stelle in den zugewidmeten DE an (9. DE 1, 718: *Sind wir vielleicht h i e r, um zu sagen: Haus, | Brücke, Brunnen, Tor, Krug, Obstbaum, Fenster, –*).

2042 VALANGIN: 2, 263. Muzot, um den 20. 8. 1924. ED: J. R. von Salis, RMRs Schweizer Jahre. Leipzig 1936.

Das Gedicht ist für Frau Nanny Wunderly-Volkart geschrieben, *in Erinnerung an einen gemeinsamen Besuch des Château de Valangin bei Neuchâtel und an die dort gesehene »Table de Dentellières à quatre globes (qu'on remplissait d'eau) et une lampe. Commencement du XIX siècle«.* Auf einer Fahrt durch die Schweiz entdeckte Rilke im Schloß Valangin (Kanton Neuenburg) vier Klöppelkissen; sie waren durch eine besondere Lichtvorrichtung so beleuchtet, daß sie alle gleichzeitig beschienen waren. Vgl. Salis 1952, S. 161. Zum Motiv S. K 1226.

2043 WAS SICH UNS REICHT MIT DEM STERNENLICHT: 2, 496. Muzot, um den 20. 8. 1924. EA: G 1953.

2044 DA SCHWANG DIE SCHAUKEL DURCH DEN SCHMERZ –, DOCH SIEHE: 2, 176. Vers 1–2 1923; das übrige: Muzot, Ende August 1924. EA: SG 1934.

Das Gedicht wurde 1923 begonnen (Vers 1 und 2) und vor dem 28. August 1924 vollendet. Rilke sandte es am 17. 9. 1924 an Anton Kippenberg (vgl. Briefwechsel zwischen Rilke und Katharina Kippenberg 1954, S. 551 und 694). Zum Motiv und seiner Deutung vgl. 1912.

2045 SPIEGELBILD / IN MEINEN LEBENDEN RAUM: 2, 498. Muzot, Ende August 1924. EA: G 1953.

Erste Fassung dazu: *Wie aus dem Wirrsal von Sträuchern* 2, 497. Aus dem Umkreis der Gedichte an Erika Mitterer (S. K 1963).

2046 LES ROSES: 2, 753–584. Lausanne, Muzot, Ragaz, Anfang bis Mitte September 1924. EA: Anfang 1927.
Gedichtzyklus in französischer Sprache. Lit.: Günter Meier- Heinichen, Das Symbol der Rose in den französischen Gedichten RMRs. Versuch einer Interpretation des Zyklus Les roses. Diss. masch. Hamburg 1956.

2047 EINE FURCHE IN MEINEM HIRN: 2, 498. Muzot, 3./4. 9. 1924. EA: G 1953.

2048 DIE QUITTEN GILBEN AUS DEM GRAUEN FLAUME: 2, 499. Muzot, 2. Hälfte September 1924. EA: SW 1957.
Einzeiliges Bruchstück.

2049 FÜR FRÄULEIN EVA SCHREIER: 2, 265. Muzot, 18. 9. 1924. EA: Briefe aus Muzot 1921–1926. Leipzig 1935.
In den Cornet eingeschrieben für Fräulein Eva Schreier, eine Studentin der Kunstgeschichte. Rilkes Mutter hatte die Widmung vermittelt. Datiert: (Château de Muzot, im September 1924). Rilke schreibt an Dr. Schreier, den Vater der Empfängerin, einen Prager Zahnarzt, einen Begleitbrief. Die Verse beziehen sich auf Entstehung und Thematik des Frühwerks Die Weise von Liebe und Tod des Cornets Christoph Rilke. 1, 233/3, 289.

2050 HEB MICH AUS MEINES ABFALLS FINSTERNISSEN: 2, 499. Muzot, kurz nach dem 18. 9. 1924. EA: G 1953.

2051 GARTEN-NACHT: 2, 176. Muzot, Ende September 1924. EA: Aus RMRs Nachlaß 3. Folge 1950.

2052 AUS DEM UMKREIS: NÄCHTE / GESTIRNE DER NACHT, DIE ICH ERWACHTER GEWAHRE: 2, 177. Muzot, Ende September 1924. EA: Aus RMRs Nachlaß 3. Folge 1950.
Zur thematischen Zuordnung s. K 1551 und Stephens (dort angegeben) Teil III.

2053 MAUSOLEUM: 2, 500. Muzot, Oktober 1924. EA: G 1953.
Ein Entwurf zu diesem Gedicht wurde in den SW 2, 499 zuerst veröffentlicht. Die Verse standen ursprünglich auch in dem Ende 1925 für Katharina Kippenberg zusammengestellten Sammelband Aus Taschen-Büchern und Merk-Blättern; das Blatt wurde jedoch später wieder herausgelöst, da das Gedicht Rilke nicht genügt zu haben scheint.
Zum Motiv s. K 1283. Mausoleum: Grabmal; ursprünglich das Grabdenkmal des persischen Fürsten Maussolos (4. Jh. v. Chr.), eines der sieben Weltwunder (in Halikarnass). Zur Wertung s. Mason 1964, S. 130, S. K 2061.

2054 HANDINNERES: 2, 178. Muzot, um den 1. 10. 1924. ED: Europäische Revue. Leipzig H. 1 Jg. 1 April 1925. EA: SG 1934.
In gewisser Weise gehören dieses Gedicht und die beiden folgenden (2055 und 2056) zusammen. Vgl. auch das Gedicht Paume, 2, 519. Paume gehört wie Vergers zu den Wörtern, für die es nach

Rilkes Bedauern kein adäquates deutsches Wort gibt. Das Gedicht zeigt Rilkes Versuch, das ihm unangemessen erscheinende
Kompositum *(Handinneres)* aufzulösen *(Inneres der Hand)* und
durch ein einfaches Wort *(Sohle)* zu ersetzen, dessen Umdeutung
und Angleichung an die gewandelte Bedeutung die Zeilen dienen. S. a. Zinn 1948, S. 210.

2055 AUS DEM UMKREIS: NÄCHTE / NACHT. OH DU IN TIEFE GELÖSTES:
2, 178. Muzot, 2. und 3. 10. 1924. ED: Europäische Revue. Leipzig H. 1 Jg. 1 April 1925. EA: SG 1934.
S. K 2054 und zur thematischen Zuordnung K 1551 (Stephens
druckt das Gedicht in Teil III ab).

2056 SCHWERKRAFT: 2, 179. Muzot, 5. 10. 1924. ED: Europäische Revue. Leipzig H. 1 Jg. 1 April 1925. EA: SG 1934.
S. K 2054. Zum motivlichen und thematischen Zusammenhang
vgl. 1057.

2057 FÜR FRÄULEIN MARGA WERTHEIMER: 2, 265. Muzot, 5. 10. 1924.
EA: G 1953.
In die *Sonette aus dem Portugiesischen* von Elizabeth Barrett-
Browning (in seiner Übersetzung) schreibt Rilke dieses Gedicht mit
der Widmung: *Für Fräulein Marga Wertheimer, dankbar im An-
schluß an die gemeinsamen Arbeitsstunden auf Muzot, (Herbst
1924): Rainer Maria Rilke.* Die Empfängerin (geb. 1902), später
Dr. Margarete Naville-Wertheimer, war im Herbst 1924 Rilkes
Sekretärin. Ihre Erinnerungen Arbeitsstunden mit RMR (Aus
einem Tagebuch) erschienen 1940 (Zürich/New York).

2058 WASSER, DIE STÜRZEN UND EILENDE ...: 2, 501. Muzot, Mitte
Oktober 1924. EA: G 1953.

2059 IRGENDWO BLÜHT DIE BLUME DES ABSCHIEDS UND STREUT: 2, 502.
Muzot, Mitte Oktober 1924. EA: G 1923.

2060 GIEB MIR, OH ERDE, DEN REINEN: 2, 179. Muzot, 30. 10. 1924.
ED: In Memoriam RMR. Privatdruck der Neuen Zürcher Zei-
tung. 1927. EA: G 1953.
In einem Brief an Frau Wunderly mit der Überschrift: *Heut ins
Taschenbuch geschrieben·* Dort stehen die zwei Strophen neben-
einander.

2061 URNE, FRUCHTKNOTEN DES MOHNES –: 2, 502. Muzot, Ende
Oktober 1924. EA: G 1953.
Die Bildassoziation zwischen Mohn und Urne, die sich häufig
im Werke Rilkes findet (vgl. 1410 und 2053) gründet nicht nur
in dem verwandten Aussehen von Urne und Mohnfrucht, sondern wohl auch in der geläufigen Analogie Schlaf – Tod. Der
Mohn, weil sein Samen betäubende Rauschstoffe enthält, fungiert als Bild für den Schlaf (vgl. den Titel: *Schlaf-Mohn*).

2062 AUFGEDECKTER DAS LAND: AUF ALLEN WEGEN IST HEIMKEHR:
2, 503. Muzot, Ende Oktober 1924. EA: G 1953.

2063 HERBST / OH HOHER BAUM DES SCHAUNS, DER SICH ENTLAUBT:
2, 180. Muzot, Spätherbst 1924. EA: Aus RMRs Nachlaß 3. Folge 1950.
Zur Gestaltung des Motivs vgl. 232, 565, 1101, 1196 und 1371.
Zur Verwendungsvielfalt des Baum-Motivs vgl. auch SO I, 1
Vers 2: O *hoher Baum im Ohr!* Auch Gedicht 2062 verwendet
das Motiv des sich entlaubenden Baums.

2064 DREI GEDICHTE AUS DEM UMKREIS: SPIEGELUNGEN: 2, 181. Mu-
zot, Anfang November 1924. ED: Vers und Prosa H. 12 Berlin
1924. EA: GW III 1927.
Zum Spiegelmotiv im Spätwerk Rilkes vgl. SO II, 2 (K 1854)
und 2. DE 2. Strophe. S. Bollnow 1956, S. 250.
I   O SCHÖNER GLANZ DES SCHEUEN SPIEGELBILDS!
II IMMER WIEDER AUS DEM SPIEGELGLASE
III ACH, AN IHR UND IHREM SPIEGELBILDE

2065 ... WENN AUS DES KAUFMANNS HAND: 2, 182. Val-Mont, Ende
November 1924. ED: Insel-Almanach auf das Jahr 1927. EA:
GW 1927.

2066 WIE SCHEINST DU MIR ALS DICHTERIN VERMEHRT (EM 10):
2, 311. Val-Mont, 1. 1. 1925. EA: EM 1950.
Das Gedicht bezieht sich auf ein von Erika Mitterer im neunten
Brief zugesandtes Gedichtbüchlein und auf die Phase des *Schwei-
gens* des Briefwechsels seit August 1924. S. K 1963. Seit dem
24. 11. 1924 ist Rilke als Patient in Val-Mont.

2067 EXERCICES ET ÉVIDENCES: 2, 603–633. Paris, Val-Mont, Muzot, ab
Februar 1925 bis Juni 1926. EA: großenteils SW 1957.
Handschriftliche Sammlung von Gedichten in französischer Spra-
che.

2068 ... ANTWORT ZU GEBEN JEDEM, DEM GERINGSTEN: 2, 266. Paris,
Mitte Februar 1925. ED: Dichtung und Volkstum. Stuttgart
37. Bd. H. 1 1936. Die Verse schrieb Rilke später in die DE für
Thankmar Freiherr von Münchhausen ein, mit dem Datum:
(Paris, Ende May 1925). Mit dem Empfänger, einem Schriftstel-
ler, steht Rilke seit 1913 in loser Verbindung.

2069 STIMMEN, FLÖTEN UND FIEDELN: 2, 503. Paris, Ende Februar
1925. EA: G 1953.
Entwurf.

2070 MEINT DES TEPPICHS BLUMIGER GRUND: 2, 504. Paris, Frühling
1925. EA: G 1953.
Das Gedicht trägt den Vermerk: *(Aus den Gedichten einer »Alten
Jungfer«)*.

2071 WENN DIE VON DER INSEL MITGEBRACHTEN: 2, 503. Paris, März
1925. EA: G 1953.
Das in den SW *Robinson nach der Heimkehr* überschriebene Gedicht bezieht sich auf den Gedicht-Kreis Images à Crusoé (1904)

von St.-Jean Perse in: St.-J. P., Éloges. Paris 1925. Robinson
Crusoe ist der Titelheld des utopischen Romans von Daniel
Defoe mit dem Thema des einsamen Schiffbrüchigen, der bis zu
seiner Rettung jahrelang auf einer Insel lebt. Die Rückkehr des
alternden Robinson kann leicht aus biographischer Sicht gedeutet
werden: Paris war seit 1902 eine Art Heimat für Rilke geworden, in die er aus dem entlegenen Schweizer Asyl (übrigens zum
letzten Mal) zurückkehrte.

2072 Ō LACRIMOSA: 2, 182. Paris, Mai oder Juni 1925. ED: Das Inselschiff 9. Jg. 1928 H. 3. EA: SG 1934 (II und III zusammengefaßt).
Rilke entwarf für den österreichischen Komponisten Ernst Kře-
nek (geb. 1900) diesen kleinen Zyklus. Křeneks Komposition der
drei Gedichte für eine hohe Stimme mit Klavierbegleitung er-
scheint 1926 als Opus 48 bei der Universal-Edition A. G., Wien:
»Dem Dichter als kleine Gegengabe« gewidmet. S. E. K., Zur
Entstehungsgeschichte der Trilogie »Ō Lacrimosa« in: Stimmen
der Freunde 1931, S. 155–163 und Brief an Křenek vom 5. 11. 1925.
Lacrimosa: Tränenvolle.
I OH TRÄNENVOLLE, DIE, VERHALTNER HIMMEL
II NICHTS ALS EIN ATEMZUG IST DAS LEERE, UND JENES
III ABER DIE WINTER! OH DIESE HEIMLICHE

2073 SO LASS UNS ABSCHIED NEHMEN WIE ZWEI STERNE: 2, 504. Paris,
Frühsommer 1925. EA: G 1953.

2074 ACH, NICHT GETRENNT SEIN: 2, 184. Paris, Sommer 1925. EA:
Aus RMRs Nachlaß 3. Folge 1950.

2075 UNAUFHALTSAM, ICH WILL DIE BAHN VOLLENDEN: 2, 184. Paris,
Sommer 1925. EA: Aus RMRs Nachlaß 3. Folge 1950.

2076 AUCH DIESES EIN ZEICHEN IM RAUM: DIES LANDEN DER TAUBE:
2, 504. Paris, Juni 1925. EA: G 1953.
Das Stück ist ein Beispiel für die Langlebigkeit von Motiven im
dichterischen Haushalt Rilkes (vgl. das Fragment 1478 von 1909,
Paris).

2077 DIE STIMMEN WARNTEN MICH, DA HIELT ICH EIN: 2, 505. Paris,
Mitte Juli 1925. EA: SW 1957.
Das Bruchstück besteht nur aus diesem Satz.

2078 SCHON ETWAS VON DEM ABSCHIED SCHWEBT UND DRÄNGT: 2, 505.
Paris, Anfang August 1925. EA: G 1953.
Das Gedicht bezieht sich auf die Fontaine de Marie de Médicis
im Jardin du Luxembourg: Acis und Galatea von Polyphem belauscht. Der Kyklop Polyphem, Sohn des Poseidon, liebte und
verfolgte Galatea, die Tochter des Meeresgottes Nereüs, die
ihrerseits Acis liebte. Schließlich tötete Polyphem seinen Riva-
len, dessen Blut sich in einen Quell verwandelte (griech. Mythologie).

2079 LAZAR, DA ER AUFSTAND, LAZAR HATTE: 2, 505. Muzot, Anfang
September 1925. EA: SW 1957.
Das einzeilige Bruchstück bezieht sich wohl auf die Auferweckung
des Lazarus (vgl. 1548).

2080 BRONZENE GLOCKE, VON EISERNEM KLÖPPEL GESCHLAGEN: 2, 505.
Muzot, Anfang September 1925. EA: SW 1957.
Das Bruchstück ist in Zusammenhang mit dem Gedicht *Gong*
(2090) zu sehen.

2081 JETZT WÄR ES ZEIT, DASS GÖTTER TRÄTEN AUS: 2, 185. Muzot,
Mitte Oktober 1925. EA: Aus RMRs Nachlaß 3. Folge 1950.

2082 ROSE, OH REINER WIDERSPRUCH, LUST: 2, 185. Muzot, 27. 10.
1925 (im Testament). ED: Das Inselschiff 8. Jg. 1927 2. H. EA:
AW 1938.
In seinem Testament vom 27. Oktober 1927 wünscht Rilke diese
Verse als Grabinschrift; sie stehen auf seinem Grabstein an der
alten Kirche zu Raron (Wallis, Schweiz). Vgl. das kurz vorher
entstandene Gedicht in Prosa *Cimetière* 2, 611 mit den Schluß-
worten: *Sommeil / de personne sous tant de paupières?* Dieser
Satz hat fast alle Rilkekenner zur Deutung gereizt. Mehr als 40
Nachweise sind in den Blättern der Rilke-Gesellschaft 1/1972 angeführt. Der Grabspruch baut auf einem Lieblingsvergleich Rilkes auf: Blatt der Rose = Augenlid (z. B. *Die Rosenschale* 1, 553).
Danach läßt sich der Grabspruch mit Simenauer etwa so paraphrasieren: *der Widerspruch der Rose ist die Lust der Rose, nie-
mandes Schlaf zu sein, obwohl jedes ihrer Lider potentiell je-
mandes Schlaf sein könnte.* (1953, 510). S. auch Gisela Günther,
Rilkes Grabspruch. In: Monatshefte 56 1964, S. 75–87.

2083 AN ERIKA I / OH HERZ, OH STERN: VOR ODER QUER GESCHOBEN
(EM 11): 2, 313. Muzot, 27. 10. 1925. EA: EM 1950.
Der Inhalt des Gedichts ist vor allem in seiner zweiten Hälfte
eine ziemlich genaue Darstellung der körperlichen Verfassung,
wie sie auch in gleichzeitigen Briefen auftaucht. S. K 1963. Die
Differenzierung in *Ich* und *Es* entspricht der auf Freud zurück-
gehenden psychoanalytischen Terminologie. S. K 1530. S. auch
K 1551 (Stephens: III. Teil).

2084 AN ERIKA II / DIES NUR ALS ATWORT. ÜBERTÖNS (EM 11):
2, 315. Muzot, 27. 10. 1925. EA: EM 1950.
S. K 1963.

2085 AN ERIKA III / WIE ABER MUTET JETZT DICH ZEIT AN, DU (EM
11), 2, 315. Muzot, 28. 10. 1925. EA: EM 1950.
S. K 1963.

2086 MEHR NICHT, ALS DAS WARMSEIN EINES RINGS: 2, 506. Muzot,
28. 10. 1925. EA: G 1953.
Aus dem Umkreis der Gedichte an Erika Mitterer (S. K 1963
und 1975).

2087 An Erika IV / Wenn draussen jetzt der grössre Sturm sich
      stellt (EM 11): 2, 316. Muzot, 30. 10. 1925. EA: EM 1950.
      S. K 1963.
2088 Die Unlust, dieser Gegenwart Geschenk: 2, 506. Muzot, En-
      de Oktober 1925. EA: G 1953.
2089 Idol: 2, 185. 1. Zeile: Paris, Sommer 1925; das Ganze: Muzot,
      November 1925. EA: Aus RMRs Nachlaß 3. Folge 1950.
      Vgl. die französische Vorstufe *Divinité du sommeil des chats*
      2, 724 aus dem Sommer 1925, der die erste Zeile des deutschen
      Gedichts vorausgeht.
      Idol: Götzenbild. *Krypta:* unterirdische Gewölbe (in Kirchen).
      Das Gedicht orientiert sich in seinen Attributionen offenbar am
      Bild der Sphinx, die mit ihrem Löwenleib die Bezeichnung
      »Katze« rechtfertigt. Daraus erklärte sich auch die Ambivalenz
      Gott oder Göttin (das Geschlecht der Sphinx ist nicht festgelegt)
      und das *verlistet* (Rätsel der Sphinx). S. Boventer 1969, 97:
      löwenköpfige Sitzplastiken der Göttin Sachmet. Vgl. auch Bau-
      delaires Gedicht »Les chats« (»Les Fleurs du Mal«) und Rilkes
      Gedicht *Gong* (2090). Mason deutet dieses Gedicht als »Vor-
      stoß in literarisches Neuland«, zusammen mit *Mausoleum* (2053)
      und *Gong* (2090) (1964, S. 130). S. auch Werner Günthers Aufsatz
      zum *Gong*-Gedicht (K 2090),
2090 Gong: 2, 186. Muzot, November 1925. EA: Aus RMRs Nachlaß
      3. Folge 1950.
      Vgl. die Vorstufe dazu: *Gong / Klang, nichtmehr mit Gehör*
      2, 506 vom Ende Oktober 1925 und die franz. *Gong*-Gedichte
      2, 617. Vgl. auch 2089 und K 2089. S. Werner Günther, Rilkes
      Spätgedicht *Gong.* In: W. G., Form und Sinn 1968, S. 202–218 und
      Fritz Dehn, Zu Rilkes *Gong-Gedicht.* In: Orbis litterarum 9
      1954, S. 193–205. S. auch Fülleborn, Rilke und Celan. In: Rilke
      heute I (»Kunst am Rande des absoluten Schweigens«, S. 52).
2091 Bereites Herz: und wenn ich Dich belüde (EM 12): 2, 317.
      Muzot, 17. 11. 1925. EA: EM 1950.
      Einige Tage nach diesem Gedicht war Erika Mitterer zu Besuch
      auf Muzot (21. 11.), und Rilke übergab ihr diesen Text persön-
      lich. Die Verse sind vom Gedanken dieses Besuchs bereits ge-
      prägt. S. K 1963.
2092 Gehn auf Treppen nicht und nicht der Brücken: 2, 507.
      Muzot, Ende November 1925. EA: G 1953.
      In der Handschrift folgen am Schluß noch vier getilgte Verse.
2093 Aber versuchtest du dies: Hand in der Hand mir zu sein:
      2, 508. Muzot, Ende November 1925. EA: SW 1957.
      Es folgen dem Fragment sechs getilgte Verse.
2094 Für Frau Johanna von Kunesch: 2, 266. Muzot, 10. 12. 1925.
      EA: Briefe aus Muzot 1921–1926. Leipzig 1935.

In das *Marien-Leben* eingeschrieben, auf Bitten des Schwieger-
sohnes der Empfängerin, Achill von Karwinsky. Frau Johanna
von Kunesch ist die Schwester eines Linzer Jugendfreundes
Rilkes (Arnold Cajetan Wimhölzl). Überschrift: *Für Frau Jo-*
hanna von Kunesch | geb. Wimhölzl. Unterschrieben: *Rainer*
Maria Rilke. | Château de Muzot, s | Sierre (Valais), Dez. 1925 |.
Der Begleitbrief gibt eine Art Paraphrase und Anlaßschilderung.
Das Wort *Zug* hat den Sinn von Eisenbahn.

2095 MUSIK *(Die, welche schläft . . .)*: 2, 266. Muzot, 18. 12. 1925. ED:
Das Inselschiff 13. Jg. 1932 3. H. (Faks.). EA: GG 1934.
In die DE eingeschrieben für den Cellisten Lorenz Lehr.

2096 BEDENKST DU'S AUCH, DASS EINE BLINDE WELT: 2, 508. Val-Mont,
Jahreswende 1925/26. EA: SW 1957.
Bruchstück mit dem Vermerk: *(Terzinen?).*

2097 FRÜHER, WIE OFT, BLIEBEN WIR, STERN IN STERN: 2, 508. Val-
Mont, Anfang Februar 1926. EA: G 1953.
S. K 1551 (Stephens: III. Teil).

2098 WIE SOLLTE SO EIN BUCH NICHT BLEIBEN WOLLEN: 2, 268. Val-
Mont, gegen Mitte Februar 1926. EA: G 1953.
In die *Vierundzwanzig Sonette der Louize Labé* (in Rilkes Übertragung) eingeschrieben für Dr. Landolt aus Paris, einen Mitpatienten in Val-Mont. In einem Brief an Frau Wunderly vom
18. 2. 1926 schreibt Rilke, daß er diesen Mitpatienten schätzt.
In den SW ist der Entwurf der Widmung abgedruckt, der den Vermerk *an Dr. L.* trägt, da das Widmungsexemplar verschollen sei.
Louize Labé (um 1525–1566), franz. Renaissancedichterin in der
petrarkistischen Tradition, für Rilke eine der großen Liebenden
(vgl. MLB 6, 925 und K 1525), deren Sonette Rilke übersetzt
hatte. Sie lebte in Lyon und wurde »La Belle Cordière« (die
schöne Seilerin) nach dem Beruf ihres Vaters und ihres Mannes
genannt.
Adepten: Jünger; Rilke sieht so seine Rolle als Übersetzer.

2099 EINE FOLGE ZUR »ROSENSCHALE«: 2, 268. Val-Mont, 15. 2. 1926.
ED: Vossische Zeitung. Berlin. 25. 12. 1931. EA: SG 1934.
In die NG eingeschrieben, bezugnehmend auf deren Schlußstück
Die Rosenschale, für Paula N. Riccard, eine Mitpatientin Rilkes
in Val-Mont. Datiert: *(Val-Mont, am 15. Februar 1926).* Sie
erinnert die von Rilke ihr mitgeteilte Entstehungsgeschichte der
Rosenschale. (Vgl. Paula N. Riccard, Begegnung mit RMR.
[mit unbekannten Versen]. Vorbemerkung von G. Holz in:
Vossische Zeitung. Unterhaltungsblatt Nr. 310 vom 25. 12. 1931.)

2100 SPIELE: 2, 269. Val-Mont, Anfang März 1926. EA: G 1953
(Entwurf); SW 1957 (Widmung).
Anfang März schreibt Rilke dieses Gedicht nieder, das er Mitte
des Monats in ein Exemplar der *Vierundzwanzig Sonette der*

Louize Labé (in seiner Übertragung) für die Baronin Inge von Wildenkron einträgt mit der Widmung: *Geschrieben für Baronin Wildencron (in Val-Mont, am Tage der Versuche) RMR.* Der Abdruck in den Gedichten 1906–1926 beruhte auf dem Entwurf, da das Widmungsexemplar noch nicht zur Verfügung stand.

2101 FÜR VERONIKA ERDMANN: 2, 269. Val-Mont, 10. 3. 1926. EA: G 1953.

In die Übertragung der »Gedichte« von Paul Valéry schreibt Rilke diese Verse und sendet sie Veronika Erdmann (geb. 1894), einer Schriftstellerin baltischer Herkunft, die früher Rilke öfters ihre Gedichte zugesandt hatte. Unterschrift: *Rainer Maria Rilke. (Val Mont, am 10. März 1926).* Im Begleitbrief bittet er sie um Zusendung ihrer Arbeit über Hans Arp.

Wie so häufig formuliert das Gedicht die Probleme des Dichtens; daß Dichten harte Arbeit ist, ist Rilkes Lehre seit seiner ersten Begegnung mit Rodin.

2102 DIE VOGELRUFE FANGEN AN ZU RÜHMEN: 2, 508. Val-Mont, Mitte März 1926. EA: G 1953.

2103 WER KANN AMBER SCHENKEN! WEM GEHÖRT ER?: 2, 270. Val-Mont, um den 1. 5. 1926. EA: G 1953.

Amber: Duftstoff.

Entwurf eines Widmungsgedichts mit dem Zusatz: *À Mme P. Verrijn-Stuart.* Er findet jedoch keine Verwendung. S. K 2104.

Zur thematisierten Funktion des Gedichtes (Teilnahmslosigkeit) s. Brief vom 2. 8. 1919 an Lisa Heise: *Das Kunst-Ding kann nichts ändern ... (es) ... steht den Menschen gegenüber, in sich erfüllt, mit sich beschäftigt, (wie eine Fontäne).*

2104 BRUDER KÖRPER IST ARM ...: DA HEISST ES, REICH SEIN: 2, 271. Val-Mont, 1. 5. 1926.

In das *Stunden-Buch* schreibt Rilke für seine holländischen Mitpatienten Frau Verrijn-Stuart und ihren Gatten diese Verse: *(Val-Mont, am 1. Mai 1926).*

2105 VON NAHENDEM REGEN FAST ZÄRTLICH VERDUNKELTER GARTEN: 2, 187. Vevey, 22. 5. 1926. EA: G 1953.

Das Gedicht legt Rilke am 25. 5. 1926 einem Brief an Kippenberg für dessen Frau bei.

2106 VOLLMACHT: 2, 187. Muzot, Anfang Juni 1926. ED: Insel-Almanach auf das Jahr 1927. EA: GW 1927.

Die Sehnsucht des Kranken, der zwischen zwei Kuraufenthalten von unbeschwerter Jugend träumt.

2107 ANKUNFT: 2, 188. Muzot, Anfang Juni 1926. EA: Aus RMRs Nachlaß 3. Folge 1950.

Anfang Juni kehrt Rilke zum letzten Mal nach Muzot zurück. S. den unter 2090 angegebenen Aufsatz von Werner Günther S. 215–216 (Motiv der fremden Geliebten).

2108 ELEGIE / AN MARINA ZWETAJEWA-EFRON: 2, 271. Muzot, 9. 6.
1926. ED: Insel Almanach 1952. EA: G 1953.
Rilke sendet die Elegie der russischen Lyrikerin Marina Iva-
novna Zwetajewa-Efron (1892–1941), die später mit Boris Pasternak befreundet ist und über den Rilke zu ihr schriftlichen
Kontakt bekommt. Das Gedicht in franz. Sprache *Marina: voici
galets et coquillages* 2, 678 gilt auch ihr. In den SW ist das Gedicht nach dem Entwurf abgedruckt, da die Widmungshand-
schrift unerreichbar blieb.
Kôm-Ombo: wohl eine Station auf Rilkes Ägypten-Reise von
1911. Das Gedicht fügt sich in seiner weltbejahenden Haltung
dem Grundton der DE und der SO ein (vgl. besonders 9. DE
und K 1525).

2109 LÄNGST, VON UNS WOHNENDEN FORT, UNTER DIE STERNE VER-
SETZTES: 2, 509. Muzot, zwischen 12. und 18. 6. 1926. EA: G 1953.
Zum Bild des Fensters vgl. den franz. Zyklus *Les Fenêtres*
(1968). Das Gedicht macht den Versuch, im Fenster ein im Verhältnis zu den traditionellen und mythologisch vermittelten
Symbolen (Leier und Schwan) sozusagen noch gegenwärtiges
zum dichterischen Bild zu steigern.

2110 WELCHER GELEGENE ORT: SICH AN DEN QUELLEN BEGEGNEN:
2, 274. Ragaz, Ende Juli 1926. EA: G 1953.
Entwurf eines Widmungsgedichts mit den Vermerken: *Gfn. H.*
und *Les Eaux de R.* Geschrieben für Gräfin Johanna Hartenau
(1865–1951), Pianistin und Sängerin. Rilke kannte sie bereits
aus den Ragazer Sommerwochen von 1924. Ende Juli 1926 ist
sie zusammen mit der Fürstin Taxis wieder in Ragaz.
Das in den SW »Die Wasser von Ragaz« überschriebene Gedicht bezieht sich auf die Thermalquellen in dem Kurort.

2111 DA MIT DEM ERSTEN HÄNDEREICHEN: 2, 509. Ragaz, kurz vor
dem 6. 8. 1926. EA: G 1953.
Wohl für die jugendliche holländische Sängerin Beppy Veder,
die in Basel studierte, entworfen. Die Verse sind ihr aber nie
ausgehändigt worden.

2112 DIE WEIDE VON SALENEGG: 2, 274. Ragaz, 6. 8. 1926. ED:
Bündnerisches Monatsblatt Nr. 9 September 1926 u. d. T.:
Sahle von Salenegg. EA: G 1953.
Für Oberst Hans-Luzius Gugelberg-von Moos trägt Rilke diese
Verse in das Gästebuch der Familie Gugelberg von Moos auf
Salenegg bei Maienfeld ein; das Gedicht bezieht sich auf die
uralte Sahlweide, Salix caprea, (das Wappenbild des einstigen
Besitzers Vespasian von Salis) im Brunnenhof von Salenegg,
die sich durch einen Absenker zum neuen Stamm verjüngt und
erneuert hatte. In einem Brief vom 18. 9. 1926 an Herrn von

Gugelberg beschwert sich Rilke zunächst darüber, daß das privat gedachte Gedicht in einem Lokalblatt veröffentlicht werden soll, stimmt aber doch zu. S. Salis 1952, S. 224.

Envoi: (frz.) Zueignungsstrophe.

2113 GESCHRIEBEN FÜR KARL GRAFEN LANCKOROŃSKI: 2, 276. Ragaz, 10. 8. 1926. ED: Das Inselschiff 1938 H. 2. EA: AW 1983.

Rilke schreibt dieses Gedicht anknüpfend an einen Vers aus einem Gedicht des Empfängers (Druck: Dichtung und Volkstum 40 1939, S. 126) aus dem Jahre 1910. *Geschrieben für Karl Grafen Lanckoroński (Ragaz, am 10. August 1926).* Der Empfänger (1848–1933) war österreichischer Mäzen und Kunstsammler. Rilke schenkte ihm dieses sein letztes großes Gedicht in deutscher Sprache, das er vollendet, bei seiner Abreise.

2114 FÜR ERIKA / ZUM FESTE DER RÜHMUNG / TAUBE, DIE DRAUSSEN BLIEB (EM 13): 2, 318. Ragaz, 24. 8. 1926. EA: EM 1950.

Rilkes letzte Antwort an Erika Mitterer (S. K 1963). Die Verse beziehen sich auf den elften Brief von Erika Mitterer, den sie nach einer schweren Operation schrieb.

2115 WENN LESEN SICH AUCH DA ALS NICHT BEQUEM ERWEIST: 2, 278. Ragaz, um den 25. 8. 1926. EA: G 1953.

Entwurf einer Widmung, deren nähere Umstände unbekannt sind.

2116 FÜR FRÄULEIN ALICE BÜRER: 2, 278. Ragaz, 27. 8. 1926.

Für Alice Bürer, die achtzehnjährige Telegraphistin am Postamt Ragaz, schreibt Rilke diese Zeilen in das *Buch der Bilder.* Unterschrift: *Rainer Maria Rilke (Ragaz, am 27. August 1926).* Das Datum scheint verschrieben zu sein für: 28. August 1926. Vgl. auch den nicht verwendeten Entwurf 2117.

2117 WIEVIEL BEGEGNEN IN DEM HÄNDEREICHEN: 2, 510. Ragaz, 28. oder 29. 8. 1926. EA: G 1953.

Ein Parallelentwurf mit dem Anfang: *Wieviel Begegnungen in einem Händereichen* findet sich ebenfalls in 2, 510. Zwei nicht verwendete Entwürfe mit dem Vermerk: *Alice B.* (S. K 2116). Zum Motiv des Händereichens vgl. 2093 und 2111.

2118 UND ALLES NIE-GEHÖRENDE SEI DEIN!: 2, 510. September 1926. EA: SW 1957.

Einzeiliges Bruchstück. Zum Thema vgl. a. K 1855 (Einhorn-Motiv).

2119 KOMM DU, DU LETZTER, DEN ICH ANERKENNE: 2, 511. Val-Mont, wohl gegen Mitte Dezember 1926. EA: G 1953.

Eingetragen ins Taschenbuch, Rilkes letztes Gedicht. Die Verse spiegeln seine letzte Krankheitsphase, wider: *... ich bin auf eine elende und unendlich schmerzhafte Weise erkrankt, eine wenig bekannte Zellenveränderung im Blut wird zum Ausgangspunkt für die grausamsten, im ganzen Körper verspreng-*

ten Vorgänge. Und ich, der ich ihm nie recht ins Gesicht sehen mochte, lerne, mich mit dem inkommensuralben anonymen Schmerz einrichten. Lerne es schwer, unter hundert Auflehnungen, und so trüb erstaunt. Ich wollte, daß Sie von dieser meiner Lage, die nicht die vorübergehendste sein wird, wissen. (Brief an Rudolf Kasser vom 15. 12. 1926). Am 29. 12. 1926 stirbt Rilke an Leukämie.

BIBLIOGRAPHIE

Die folgende Bibliographie enthält nur eine kleine Auswahl aus dem Schrifttum. Von den Ausgaben der Werke Rilkes wurden außer der maßgeblichen Ausgabe der Sämtlichen Werke (SW) nur solche Titel aufgenommen, in denen in größerem Umfang Erstveröffentlichungen (EA) zu finden sind, bzw. häufig zitierte, zuverlässige und leicht zugängliche Auswahlausgaben. Bezüglich der Erstausgaben von Gedichtsammlungen muß auf die angeführten bibliographischen Werke verwiesen werden.
Die Erstdrucke (ED) in Zeitschriften, Almanachen, Anthologien u. ä. sind jeweils nur im Kommentar zu dem entsprechenden Gedicht angeführt. Die außerordentlich umfangreiche Literatur zum Rilkeschen Werk und zur Rilkeschen Biographie wurde nach zwei Kriterien gesichtet: 1. wurde jüngeres Schrifttum dem älteren vorgezogen, sofern das jüngere das ältere aufarbeitet; 2. allgemeinere Darstellungen wurden mit einigen Ausnahmen den spezielleren Untersuchungen vorgezogen. Einzelinterpretationen lyrischer Texte, soweit angeführt, erscheinen nur im Kommentar bei dem entsprechenden Gedicht. Was Untersuchungen zum nichtlyrischen Werk angeht, sei auf den 2. Band verwiesen.

A. Ausgaben

I. Werkausgaben

Sämtliche Werke. Hrsg. vom Rilke-Archiv in Verbindung mit Ruth Sieber-Rilke Besorgt durch Ernst Zinn. I–VI. Insel-Verlag 1955, 1956 (erschienen 1957), 1959, 1961, 1965, 1966. (zit.: SW)
Werkausgabe in 12 Bänden. Insel-Verlag 1975 (textidentisch mit den SW).
Gesammelte Werke I–VI. Leipzig. Insel-Verlag 1927. Letzte Ausgabe 1930. (zit.: GW)
Ausgewählte Werke I–II. Hrsg. vom Rilke-Archiv in Weimar. Besorgt durch Ruth Sieber-Rilke, Carl Sieber und Ernst

Zinn. Leipzig 1938. Letzte Ausgabe Wiesbaden 1951. (zit.: AW)

Werke in 3 Bänden. Einleitung von Beda Allemann. Frankfurt Insel-Verlag 1966.

Werke. Auswahl in 3 Bänden. Leipzig. Insel-Verlag 1963.

Übertragungen. Hrsg. von Ernst Zinn und Karin Wais. Frankfurt 1975.

II. Gedichtausgaben

Ausgewählte Gedichte einschließlich der Duineser Elegien und der Sonette an Orpheus. Auswahl und Nachwort von Erich Heller. Frankfurt 1966. [2]1973.

Ausgewählte Gedichte (Auswahl von Katharina Kippenberg). Leipzig Bd. 1: 1927. Bd. 2: 1935. Insel-Bücherei 400 und 480. (zit.: AG)

Gesammelte Gedichte I–IV. Leipzig 1930–1934. (Liebhaberausgabe, in nur 225 Exemplaren erschienen) (zit.: GG)

Gedichte 1906–1926. Wiesbaden 1953. (zit.: G 1953)

Späte Gedichte. Leipzig 1934. (zit.: SG)

»Aus Taschen-Büchern und Merk-Blättern – in zufälliger Folge – 1925«. (Aus Rainer Maria Rilkes Nachlaß. Dritte Folge) Wiesbaden 1950.

Verse und Prosa aus dem Nachlaß. Leipzig 1929. (zit.: VPN)

Aus der Frühzeit Rainer Maria Rilkes. Vers, Prosa, Drama (1894–1899). Hrsg. von F. A. Hünich. Leipzig 1921. (zit.: Fz)

Briefe, Verse und Prosa aus dem Jahre 1896. (Rainer Maria Rilke im Jahre 1896. 3. Band. Hrsg. von Richard von Mises) New York 1946 (zit.: BVP).

Preiswerte Gedichtausgaben: Hinzuweisen ist auf die zahlreichen Ausgaben in der Reihe der ›insel taschenbücher‹ (Das Buch der Bilder, Das Stunden-Buch, Die neuen Gedichte, Duineser Elegien / Die Sonette an Orpheus, Ausgesetzt auf den Bergen des Herzens) und der ›Bibliothek Suhrkamp‹ (Gedichte an die Nacht, Duineser Elegien).

III. Tagebuch- und Briefausgaben

1. SAMMELAUSGABEN

Gesammelte Briefe I–VI. Hrsg. von Ruth Sieber-Rilke und Carl Sieber. Leipzig 1936–1939. (zit.: GB)

Briefe und Tagebücher aus der Frühzeit 1899–1902. Leipzig 1931. (zit.: BTF)
Briefe aus den Jahren 1902–1906. Leipzig 1929. Letzte Ausgabe 1930.
Briefe aus den Jahren 1906–1907. Leipzig 1930.
Briefe aus den Jahren 1907–1914. Leipzig 1933.
Briefe aus den Jahren 1914–1921. Leipzig 1937.
Briefe aus Muzot. 1921–1926. Leipzig 1935.
Tagebücher aus der Frühzeit. Leipzig 1942. (zit.: TF) Neudruck: Frankfurt 1973.
Briefe. 2 Bde. Besorgt durch Karl Altheim. Wiesbaden 1950. Vollständige Neuausgabe in 1 Bd. 1966.

2. BRIEFWECHSEL

RMR und Lou Andreas-Salomé. Briefwechsel. Zürich und Wiesbaden 1952. Neue erweiterte Ausgabe 1975. (zit.: RMR-LAS Briefwechsel)
RMR – André Gide. Correspondance 1909–1926. Paris 1952. Deutsch: Stuttgart 1957.
RMR, Briefwechsel mit Benvenuta [Magda von Graedener-Hattingberg]. Eßlingen 1954.
RMR Briefwechsel mit Hugo von Hofmannsthal (in Vorbereitung).
RMR und Inga Junghanns: Briefwechsel. Wiesbaden 1959.
RMR. Briefe an seinen Verleger 1906–1926 [Anton Kippenberg]. Leipzig 1934. Neue erweiterte Ausgabe in 2 Bden. Wiesbaden 1949.
RMR, Katharina Kippenberg. Briefwechsel. Wiesbaden 1954.
RMR et Merline [Baladine Klossowska]. Correspondance 1920 –1926. Zürich 1954.
RMR. Briefe an Sidonie Nádherný von Borutin. Frankfurt 1973.
RMR. Die Briefe an Frau Gudi Nölke. Aus Rilkes Schweizer Jahren. Wiesbaden 1953.
RMR – Helene von Nostitz. Briefwechsel. Frankfurt 1976.
RMR. Briefe an Baronesse (Láska) van Oe(stéren). (RMR im Jahre 1896. Hrsg. von Richard von Mises. 2. Bd. New York 1945).
Die Briefe an Gräfin Sizzo 1921–1926. Wiesbaden 1950. (Aus RMRs Nachlaß. Vierte Folge). – Erweiterte Neuausgabe 1977.

RMR und Marie von Thurn und Taxis. Briefwechsel. 2 Bde. Zürich und Wiesbaden 1951.
RMR. Briefe an Nanny Wunderly-Volkart 1919–1926. 2 Bde. Frankfurt 1977.

B. Bibliographien und Dokumentationen

I. Bibliographien

Rilke-Bibliographie. Bearbeitet von F. A. Hünich. 1. Teil: Das Werk des Lebenden. Leipzig 1935.
Walter Ritzer, RMR. Bibliographie. Wien 1951.
Bibliographisches Handbuch der deutschen Literaturwissenschaft 1945–1972. Hrsg. von Clemens Köttelwesch. Bd. 2: 1830 bis zur Gegenwart. Frankfurt 1976. Sp. 705–757.
Katalog der Rilke-Sammlung Richard von Mises. Frankfurt 1966.

II. Dokumentationen

Insel-Almanach auf das Jahr 1967. RMR zum vierzigsten Todestag. Frankfurt 1966.
Insel-Almanach auf das Jahr 1977. RMR 1875–1975. Eine Dokumentation. Frankfurt 1976.
RMR 1875–1975. Eine Ausstellung des Deutschen Literaturarchivs im Schiller-Nationalmuseum Marbach. 1975.
Ingeborg Schnack, Rilkes Leben und Werk im Bild. Wiesbaden 1956. [2]1966. (Als Insel Taschenbuch 35 1973)
Ingeborg Schnack, RMR. Chronik seines Lebens und seines Werkes. 2 Bde. Frankfurt 1975.

C. Erinnerungsbücher und wissenschaftliche Literatur

I. Erinnerungsbücher

Lou Albert-Lasard, Wege mit Rilke. Frankfurt 1952.
Lou Andreas-Salomé, Lebensrückblick. Zürich und Wiesbaden 1951. [2]1968. (Als Taschenbuch 54 1974).
Lou Andreas-Salomé, Rainer Maria Rilke. Leipzig 1928.
Maurice Betz, Rilke in Frankreich. Wien, Leipzig, Zürich 1938.

Maurice Betz, Rilke vivant. Paris 1937. Deutsch: Rilke in Paris. Zürich 1948.

Gert Buchheit (Hrsg.), RMR. Stimmen der Freunde. Ein Gedächtnisbuch. Freiburg 1931.

Magda von Graedener-Hattingberg, Rilke und Benvenuta. Ein Buch des Dankes. Wien 1944. ²1947.

Rudolf Kassner, Buch der Erinnerung. Leipzig 1938.

Rudolf Kassner, Gespräche mit Rilke. In: Univers. 14 1959, S. 597–602.

Rudolf Kassner, Umgang der Jahre. Gleichnis – Gespräch – Essay – Erinnerung. Erlenbach–Zürich 1949.

Katharina Kippenberg, RMR. Ein Beitrag. Leipzig 1935. Wiesbaden ⁴1948.

Elya M. Nevar, Freundschaft mit RMR. Begegnungen, Gespräche, Briefe und Aufzeichnungen. Bern-Bümpliz 1946.

Elisabeth von Schmidt-Pauli, RMR. Ein Gedenkbuch. Stuttgart 1940. ²1946.

Marie von Thurn und Taxis-Hohenlohe, Erinnerungen an RMR. München 1932. ³1937. Letzte Ausgabe Frankfurt 1966.

Regina Ullmann, Erinnerungen an Rilke. St. Gallen 1945.

II. Wissenschaftliche Literatur

Beda Allemann, Zeit und Figur beim späten Rilke. Ein Beitrag zur Poetik des modernen Gedichts. Pfullingen 1961.

Beda Allemann, Rilke und Mallarmé: Entwicklung einer Grundfrage der symbolistischen Poetik. In: Wort und Gestalt. Fünf Kapitel deutscher Dichtung. München 1962. S. 81–100. Auch in: Rilke in neuer Sicht (hrsg. von Käte Hamburger) 1971, S. 63–82.

Joseph-François Angelloz, Rilke. Paris 1952. Deutsch u. d. T.: RMR. Leben und Werk. Zürich 1955.

Joseph-François Angelloz, RMR. L'Évolution Spirituelle du Poète. Paris 1936.

Lydia Baer, Rilke and Jens Peter Jacobsen. In: Modern Language Association of America, Publications 54 1939, S. 900–32 und 1133–80.

Dieter Bassermann, Der andere Rilke. Bad Homburg 1961.

Dieter Bassermann, Am Rande des Unsagbaren. Neue Rilke-Aufsätze. Berlin und Buxtehude 1948.

Dieter Bassermann, Rilkes Vermächtnis für unsere Zeit (Vorträge). Berlin und Buxtehude 1946.

Dieter Bassermann, Der späte Rilke. München 1947. Essen und Freiburg ²1948.

Herbert W. Belmore, Rilke's Craftmanship. An Analysis of his Poetic Style. Oxford 1954.

Herbert W. Belmore, Sexual Elements in Rilke's Poetry. In: German Life and Letters 19 1965/66, S. 252–261.

Hans Berendt, RMRs Neue Gedichte. Versuch einer Deutung. Bonn 1957.

Kurt Berger, RMRs frühe Lyrik. Entwicklungsgeschichtliche Analyse der dichterischen Form. Diss. Marburg 1931. Nachdruck: New York, London 1968.

Bernhard Blume, Die Stadt als seelische Landschaft im Werk RMRs. In: Monatshefte für deutschen Unterricht, deutsche Sprache und Literatur. Volume 43 1951, S. 65–82 und 133–149.

Otto Friedrich Bollnow, Rilke. Stuttgart 1951. ²1956.

Hans Boventer, Rilkes Zyklus »Aus dem Nachlaß des Grafen C. W.«. Versuch einer Eingliederung in Rilkes Werk. Berlin 1969.

B. L. Bradley, RMRs Neue Gedichte. Bern, München 1967.

B. L. Bradley, RMRs Der Neuen Gedichte anderer Teil. Bern, München 1976.

Franz Josef Brecht, Schicksal und Auftrag des Menschen. Philosophische Interpretationen zu RMRs Duineser Elegien. München 1949.

Sophie Brutzer, Rilkes russische Reisen. Diss. Königsberg 1934. Nachdruck: Darmstadt 1969.

Else Buddeberg, RMR. Eine innere Biographie. Stuttgart 1955.

Else Buddeberg, Kunst und Existenz im Spätwerk Rilkes. Eine Darstellung nach seinen Briefen. Karlsruhe 1948.

Else Buddeberg, Die Duineser Elegien RMRs. Ein Bild vom Sein des Menschen. Karlsruhe 1948.

Eliza Marian Butler, RMR. Cambridge 1941. ²1946.

Václav Černý, RMR, Prag, Böhmen und die Tschechen. Prag 1966.

Charles Dédéyan, Rilke et la France I–IV. Paris 1961–1963.

Peter Demetz, René Rilkes Prager Jahre. Düsseldorf 1953.

Peter Demetz, Weltinnenraum und Technologie. In: Sprache

im techn. Zeitalter H. 17/18 1966, S. 4–11. U. d. T.: In Sachen Rilke in: Insel-Almanach auf das Jahr 1967, S. 31–41.

Peter Dettmering, Rilkes »Engel«, psychologisch gesehen. In: P. D., Dichtung und Psychoanalyse. Thomas Mann – RMR – Richard Wagner. München 1969, S. 81–154.

M. Egenhoff, Zur Textgrundlage der biblischen Gedichte in RMRs Neuen Gedichten. In: Wirkendes Wort 18 1968, S. 245 bis 258.

Ursula Emde, Rilke und Rodin. Marburg 1949.

Hartmut Engelhardt, Der Versuch, wirklich zu sein. Zu Rilkes sachlichem Sagen. Frankfurt 1973.

Walter Falk, Leid und Verwandlung. Rilke, Kafka, Trakl und der Epochenstil des Impressionismus und Expressisonismus. Salzburg 1961.

Walter Falk, Rilkes spanische Reise. In: Spanische Forschungen der Görresgesellschaft. Reihe 1: Gesammelte Aufsätze zur Kulturgeschichte Spaniens 14 1959, S. 210–240.

Karl-Heinz Fingerhut, Das Kreatürliche im Werke RMRs. Untersuchungen zur Figur des Tieres. Bonn 1970.

Margot Fleischer, Nietzsche und Rilkes Duineser Elegien. Diss. masch. Köln 1958.

Ulrich Fülleborn, Das Strukturproblem der späten Lyrik Rilkes. Heidelberg 1960, ²1973.

Jean Gebser, Rilke und Spanien. Zürich 1940. ²1946. Neuauflage: Frankfurt 1977.

W. L. Graff, Rilkes lyrische Summen. Berlin 1960.

Romano Guardini, RMRs Deutung des Daseins. Eine Interprepretation der zweiten, achten und neunten Duineser Elegie. Berlin 1941. ²1946 (Bern). ³1948 Godesberg.

Romano Guardini, RMRs Deutung des Daseins. Eine Interpretation der Duineser Elegien. München 1953. ²1961.

Werner Günther, Weltinnenraum. Die Dichtung RMRs. Bern/Leipzig 1943. Berlin/Bielefeld ²1952.

Hans-Wilhelm Hagen, Rilkes Umarbeitungen. Ein Beitrag zur Psychologie seines dichterischen Schaffens. Diss. Greifswald 1931

Käte Hamburger, Die phänomenologische Struktur der Dichtung Rilkes. In: K. H., Philosophie der Dichter. Novalis, Schiller, Rilke. Stuttgart, Berlin, Köln, Mainz 1966, S. 179–275. Auch in: Rilke in neuer Sicht (Hrsg. von K. H.) 1971, S. 83–158.

Käte Hamburger, Rilke. Eine Einführung. Stuttgart 1976.

Käte Hamburger (Hrsg.), Rilke in neuer Sicht. Stuttgart, Berlin, Köln, Mainz 1971.

Ludwig Hardörfer, Formanalytische Studien zu RMRs Duineser Elegien. Diss. Mainz 1954.

Marlene Heck, Das »Offen-Geheime«. Zur Todesdarstellung im lyrischen Werk RMRs. Diss. Bonn 1969.

Eckhard Heftrich, Die Philosophie und Rilke. Freiburg, München 1962.

Erich Heller, Rilke und Nietzsche. Mit einem Exkurs über Denken, Glauben und Dichten. In: E. H., Enterbter Geist. Essays über modernes Dichten und Denken. Berlin und Frankfurt 1954, S. 175–244. Auch in: Nirgends wird Welt sein als innen. 1975, S. 71–120.

Erich Heller, Nirgends wird Welt sein als innen. Versuche über Rilke. Frankfurt 1975. (Suhrkamp Taschenbuch 288).

Alfred Hermann, Rilkes ägyptische Gesichte. In: Symposion IV 1955, S. 367–461. Selbständig veröffentlicht: Darmstadt 1966.

B. Herzog, Der Gott des Jugendstils in Rilkes Stundenbuch. In: Schweizer Rundschau 60 1961, S. 1237–41. Auch in: Jugendstil 1971.

Robert Heinz Heygrodt, Die Lyrik RMRs. Versuch einer Entwicklungsgeschichte. Freiburg 1921.

Hans-Egon Holthusen, RMR in Selbstzeugnissen und Bilddokumenten. Hamburg 1958. 86.–90. Tsd. 1971. (rowohlts monographien 22).

Hans-Egon Holthusen, Rilkes Sonette an Orpheus. Versuch einer Interpretation. München 1937.

Richard Jayne, The Symbolism of Space and Motion in the Works of RMR. Frankfurt 1972.

Klaus W. Jonas, Rilke und die Welt des Tanzes. In: Deutsche Weltliteratur 1972.

Klaus Kanzog, Wortbildwahl und phallisches Motiv bei RMR. Beitrag zu einem zukünftigen Rilke-Wörterbuch. In: Zeitschrift für deutsche Philologie 76 1957, S. 203–228.

Fritz Kaufmann, Sprache als Schöpfung. Zur absoluten Kunst im Hinblick auf Rilke. In: Zeitschrift für Ästhetik und allgemeine Kunstwissenschaft 28 1934, S. 1–54.

Fritz Kaufmann, Das Reich des Schönen. Bausteine zu einer Philosophie der Kunst. Stuttgart 1960. Darin: S. 278–311: Rilke.

Hans Kaufmann, Krisen und Wandlungen der deutschen Literatur von Wedekind bis Feuchtwanger. Fünfzehn Vorlesungen. Berlin und Weimar 1966. Darin über die DE und SO S. 485–500. ²1969 S. 495–510.

Byong-Ock Kim, Rilkes Militärschulerlebnis und das Problem des verlorenen Sohnes. Bonn 1973.

Katharina Kippenberg, RMRs Duineser Elegien und Sonette an Orpheus. Wiesbaden 1946. ⁶1948.

Werner Kohlschmidt, Rilke und Obstfelder. In: Werner Kohlschmidt, Dichter, Tradition und Zeitgeist. 1965, S. 176–189. Zuerst in: Die Wissenschaft von deutscher Sprache und Dichtung. 1963, S. 458–477.

Werner Kohlschmidt, Rilke-Interpretationen. Lahr 1948.

Dietgard Kramer-Lauff, Tanz und Tänzerisches in Rilkes Lyrik. München 1969.

Heinrich Kreutz, Rilkes Duineser Elegien. München 1950.

Hans-Henrik Krummacher, Das »Als ob« in der Lyrik. Erscheinungsformen und Wandlungen einer Sprachfigur der Metaphorik von der Romantik bis zu Rilke. Köln, Graz 1965.

Hermann Kunisch, RMR. Dasein und Dichtung. Berlin 1944. ²1975.

Hermann Kunisch, RMR und die Dinge, Köln 1946.

Marcel Kunz, Narziß. Untersuchungen zum Werk RMRs. Bonn 1970.

K. Langenheim, RMR. Das Buch der Bilder. Entstehung und Deutung. Diss. masch. Kiel 1962.

Clara Mágr, RMR und die Musik. Wien 1960.

Siegfried Mandel, RMR. The Poetic Instinct. Carbondale and Edwardsville 1965.

Siegfried Mandel, RMR: Visions of Christ. A Posthumous Cycle of Poems. Edited, with an Introduction, by Siegfried Mandel. Boulder 1967.

Eudo C. Mason, Zur Entstehung und Deutung von Rilkes Stunden-Buch. (1961). Neudruck in: Exzentrische Bahnen 1963, S. 181–204.

Eudo C. Mason, Die Inspiration und der Begriff des »Ordnens« bei Rilke. In: Sprache im techn. Zeitalter H. 17/18 1966, S. 19–26.

Eudo C. Mason, Lebenshaltung und Symbolik bei RMR. Weimar 1939. Oxford ²1964.

Eudo C. Mason, Rilke und Stephan George. In: Gestaltung, Um-gestaltung. Festschrift zum 75. Geburtstag von H. A. Korff. Leipzig 1957, S. 249–278. Auch in: Exzentrische Bahnen 1963. Auch in: Rilke in neuer Sicht 1971, S. 9–37.

Eudo C. Mason, Rilke und Goethe. Köln, Graz 1958.

Eudo C. Mason, Rudolf Kassner z. Gedächtnis. In: Wort und Wahrheit 1960. Auch in: Exzentrische Bahnen 1963.

Eudo C. Mason, Rilkes Humor. In: Deutsche Weltliteratur. Von Goethe bis Ingeborg Bachmann. Festgabe für J. Alan Pfeffer. Tübingen 1972, S. 216–244.

Eudo C. Mason, RMR. Sein Leben und sein Werk. Göttingen 1964. (Kleine Vandenhoeck-Reihe 192/194).

Eudo C. Mason, Der Zopf des Münchhausen. Eine Skizze im Hinblick auf Rilke. Einsiedeln 1949.

Gerhart Mayer, Rilke und Kassner. Eine geistige Begegnung. Diss. Marburg 1951. Bonn 1960.

Herman Meyer, Rilkes Cézanne-Erlebnis. In: Jahrbuch für Ästhetik und allgemeine Kunstwissenschaft 2 1952/54, S. 69 bis 102. Auch in: H. M., Zarte Empirie. 1963, S. 244–286.

Herman Meyer, Rilkes Sachlichkeit. In: Deutsche Weltliteratur. Von Goethe bis Ingeborg Bachmann. Festgabe für J. Alan Pfeffer. Tübingen 1972, S. 203–215.

Herman Meyer, Die Verwandlung des Sichtbaren. Die Bedeu-tung der modernen bildenden Kunst für Rilkes späte Dich-tung. In: Deutsche Vierteljahresschrift für Literaturwissen-schaft und Geistesgeschichte 31 1957, S. 465–505. Auch in: H. M., Zarte Empirie. 1963.

√ Hermann Mörchen, Rilkes Sonette an Orpheus. Stuttgart 1958.

Ruth Mövius, RMRs Stunden-Buch. Entstehung und Gehalt. Leipzig 1937.

Wolfgang Müller, RMRs Neue Gedichte. Vielfältigkeit eines Gedichttypus. Diss. Mainz 1971. Meisenheim 1971.

Christiane Osann, RMR. Der Weg eines Dichters. Zürich 1941. ²1947.

H. F. Peters, RMR: Masks and the Man. Seattle 1960.

Hans W. Panthel, RMR und Maurice Maeterlinck. Berlin 1973.

Walter Rehm, Orpheus. Der Dichter und die Toten. Selbstdeu-tung und Totenkult bei Novalis–Hölderlin–Rilke. Düsseldorf 1950. ²1972 (Darmstadt).

Walter Rehm, Rilke und die Duse. In: Symposion 1 1948, S. 337
bis 406. Auch in: W. R., Begegnungen und Probleme. Bern
1957, S. 346–417.
Walter Rehm, Wirklichkeitsdemut und Dingmystik. In: Lo-
gos 19 1930, S. 297–358.
Paul Requadt, Rilkes Venedigdichtung. In: P. R., Die Bilder-
sprache der deutschen Italiendichtung von Goethe bis Benn.
Bern, München 1962. Auch in: Rilke in neuer Sicht. 1971,
S. 38–62.
Patrik Reuterswärd, Zu einigen Kunstinterpretationen RMRs.
In: Idea and Form. Uppsala 1959.
Rilke heute. Beziehungen und Wirkungen. Hrsg. von Ingeborg
H. Solbrig und Joachim W. Storck. Frankfurt 1975 (Suhr-
kamp Taschenbuch 290).
Rilke heute. Beziehungen und Wirkungen. 2. Band. Frankfurt
1976 (Suhrkamp Taschenbuch 355).
James Rolleston, Rilke in Transition. New York 1970.
Hellmut Rosenfeld, Das deutsche Bildgedicht. Leipzig 1935.
Darin: Rilke und das Bildgedicht S. 246–258.
Judith Ryan, Umschlag und Verwandlung. Poetische Struktur
und Dichtungstheorie in RMRs Lyrik der mittleren Periode
(1907–1914). München 1972 (Winkler-Studien).
Jean Rudolf von Salis, Rilkes Schweizer Jahre. Ein Beitrag zur
Biographie von Rilkes Spätzeit. Frauenfeld 1936. ³1952
(1975 als Suhrkamp Taschenbuch 289).
Albert Scholz, R's Marien-Leben. In: German Quarterly Review
33 1960, S. 132–146.
Egon Schwarz, Das verschluckte Schluchzen. Poesie und Politik
bei RMR. Frankfurt 1972.
Hans Schwerte, Studien zum Zeitbegriff bei RMR. Diss. Erlan-
gen 1948 (masch.).
Carl Sieber, René Rilke. Die Jugend RMRs. Leipzig 1932.
Carl Sieber, Rilkes äußerer Weg zu Goethe. In: Euphorion 37
1936, S. 51–60.
Marianne Sievers, Die biblischen Motive in der Dichtung RMRs.
Berlin 1938. Nachdruck: Nendeln 1967.
Erich Simenauer, RMR. Legende und Mythos. Bern, Frankfurt
1953.
Herbert Singer, Rilke und Hölderlin. Köln, Graz 1957.
August Stahl, Das Sein im »angelischen Raum«. Zum Gebrauch
des Konjunktivs in der Lyrik RMRs. In: Zeitschrift für deut-

sche Philologie 89 1970, S. 481–510. Auch in: Rilke in neuer Sicht. 1971, S. 196–224.

August Stahl, »Vokabeln der Not« und »Früchte der Tröstung«. Studien zur Bildlichkeit im Werke RMRs. Heidelberg 1967.

Jacob Steiner, Rilkes Duineser Elegien. Bern und München 1962. ²1969.

Jacob Steiner, Die Thematik des Worts im dichterischen Werk Rilkes. In: Neophilologus 46 1962, S. 287–308. Auch in: Rilke in neuer Sicht. 1971, S. 173–196.

Anthony Stephens, Zur Funktion sexueller Metaphorik in der Dichtung Rilkes. In: Schiller-Jahrbuch 18 1975, S. 521–548.

Anthony Stephens, RMRs »Gedichte an die Nacht«. An Essay in Interpretation. Cambridge 1972 (Deutsche Übersetzung in Vorbereitung).

Anthony Stephens, Rilke's Essay »Puppen« und das Problem des geteilten Ich. In: Rilke in neuer Sicht. 1971. S. 159–172.

Joachim W. Storck, RMR als Briefschreiber. Diss. masch. Freiburg 1957.

L. de Sugar, Baudelaire et RMR. Paris 1954.

Annemarie Wagner, Unbedeutende Reimwörter und Enjambement bei Rilke und in der neueren Lyrik. Diss. Bonn 1930.

Karin Wais, Studien zu Rilkes Valéry-Übertragungen. Tübingen 1967.

K. E. Webb, Das Buch der Bilder. A Study of Rilke's Changing Attitudes and Artistry. Univ. of Penn. 1969.

Helmut Wocke, Rilke und Italien. Gießen 1940. ²1942.

Friedrich Wilhelm Wodtke, Das Problem der Sprache beim späten Rilke. In: Orbis Litterarum 11 1956, S. 64–109.

Friedrich Wilhelm Wodtke, Rilke und Klopstock. Diss. masch. Kiel 1948.

Maurice Zermatten, Les années valaisannes de Rilke avec des lettres inédites à ses amis valaisans. Lausanne 1941.

Ernst Zinn, RMR und die Antike. In: Antike und Abendland Bd. 3. 1948, S. 201–250.

Erna Zoller, Autobiographisches in RMRs Weißer Fürstin. In: Schweizer Rundschau. Zürich, Juni 1958, S. 168–174.

ALPHABETISCHES VERZEICHNIS
DER SAMMELTITEL, EINZELTITEL UND
GEDICHTANFÄNGE